Bourgogne

Vue aérienne de Vézelay.
L. Lourdel/Getty Images

Les microrégions du guide :
(voir la carte à l'intérieur de la couverture ci-contre)

SOMMAIRE

H. Lenain/hemis.fr

NOS INCONTOURNABLES

NOS COUPS DE CŒUR

NOS ITINÉRAIRES

DÉCOUVRIR LA BOURGOGNE

1 DIJON ET LA CÔTE

2 LA BOURGOGNE DU SUD

POUR CHAQUE SITE, RETROUVEZ NOS ADRESSES

3 LE BRIONNAIS ET LE CHAROLAIS

4 LE MORVAN

5 LE NIVERNAIS ET LA PUISAYE

6 SENS ET L'AUXERROIS

COMPRENDRE LA BOURGOGNE

ORGANISER SON VOYAGE

NOS INCONTOURNABLES

★★★ Vaut le voyage ★★ Mérite un détour ★ Intéressant

★★

Abbaye de Cluny

Vestiges et images 3D font revivre ces volumes abyssaux, où circulait au 11e s. la « lumière du monde », chatoyante sur les robes de bure des bénédictins. **Voir p. 138.**

DEA/S VANNINI/De Agostini Editore/age fotostock

K. Thomas/Blickwinkel/age fotostock

★★★

Dijon

La richesse du musée des Beaux-Arts, l'élégance de ses rues médiévales, l'offre gastronomique et culturelle… La capitale des ducs de Bourgogne cultive un art de vivre qui a de quoi séduire. **Voir p. 30.**

VFRed/iStock

★★★

Hospices de Beaune

Pêle-mêle des images fortes : le *Jugement dernier* (15e s.) qui tétanise ; la « chambre des pôvres » avec ses tentures rouge sang et puis le souvenir d'un film culte *La Grande Vadrouille*. **Voir p. 80.**

★★★

Vignobles de la côte

De Dijon à Santenay : Chambolle-Musigny, Nuits-St-Georges, Aloxe-Corton, Meursault, Puligny-Montrachet, ces appellations d'exception sont devenues mythiques. Chacune offre un véritable voyage pour les sens. **Voir p. 71.**

H. Lenain/hemis.fr

C. Guérard/© Guédelon – 2018

★★

Chantier médiéval de Guédelon

Comment construire aujourd'hui un château avec les méthodes et les outils du 13e s. ? Une leçon de choses qui est aussi une belle leçon d'histoire. **Voir p. 361.**

★★★

Vézelay

Sur la « colline éternelle », la basilique Ste-Marie-Madeleine attire depuis le 10e s. les pèlerins en route pour St-Jacques-de-Compostelle. **Voir p. 243.**

boerescul/iStock

★★

Château de Cormatin

Magnifiquement restauré et entretenu, ce château du 17e s. décline, dans un écrin baroque et opulent, l'univers raffiné des précieuses d'autrefois. **Voir p. 148.**

A. Chicurel/hemis.fr/Getty Images

Ch. Guy/hemis.fr

Ch. Boisvieux/Getty Images

★★

Canal du Nivernais

Déambuler le long du canal, c'est découvrir la nature embarquée dans une incroyable histoire, celle d'une voie de communication, construite dès le 18e s. pour acheminer du bois de chauffage vers la capitale. **Voir p. 331.**

★★

Parc naturel régional du Morvan

À l'écart des grands axes, ses vastes forêts et ses lacs forment un lieu privilégié pour marcher, faire du VTT ou revivre, *via* ses maisons à thème, des traditions oubliées. **Voir p. 234.**

G. Giuglio/hemis.fr

★★★

Abbaye de Fontenay

Admirable que ce monastère cistercien (12e s.) restauré dans tout son dépouillement. Jamais le vide ne nous aura autant comblés.
Voir p. 436.

NOS COUPS DE CŒUR

Les voûtes de la Collancelle, environs de Corbigny.
Ch. Guy/hemis.fr

TOP 5 **Vignobles**

1. **Côte de Nuits** (p. 64)
2. **Côte de Beaune** (p. 71)
3. **Mercurey** (p. 172)
4. **Pouilly-sur-Loire** (p. 322)
5. **Chablis** (p. 417)

Vignoble de Chablis.
M. Rock/Cephas/Photononstop

❤ **Déguster** un verre de Chablis après avoir parcouru les reliefs du vignoble en compagnie d'un guide de terroir. Et tirer de cette aventure pédestre une lecture géologique, géographique, climatique, tant la marche sollicite tous nos récepteurs sensoriels… **Voir p. 417.**

❤ **S'évader** dans le Morvan, à pied, à vélo ou en voiture et découvrir les traditions morvandelles grâce à l'excellente pédagogie de son réseau d'écomusées. Ou bien lézarder à l'ombre des mélèzes face au lac des Settons, à 600 m d'altitude. **Voir p. 240.**

❤ **Explorer** les voûtes de la Collancelle en bateau, ou, plus insolite, en stand up paddle. Ainsi vous observerez à votre rythme l'intérieur de ces magnifiques ouvrages d'art voûtés – trois tunnels d'une longueur de 758 m, 268 m et 212 m – envahis par une végétation luxuriante. **Voir p. 332.**

❤ **Admirer** le portail de l'abbaye bénédictine de Charlieu, et s'évader ensuite sur les routes pittoresques du Brionnais, circuit méconnu. **Voir p. 206.**

❤ **Célébrer** les grands crus au cours de la saint Vincent tournante, le dernier week-end de janvier. Cette tradition populaire qui fêtera sa 75e édition en 2019 est partagée chaque année par 40 000 bons vivants. **Voir p. 551.**

Parc naturel régional du Morvan.
Ch. Boisvieux/hemis.fr

Canal du Nivernais et rochers du Saussois.
Ch. Boisvieux/hemis.fr

❤ **Arpenter**, voire escalader le Saussois, et explorer la géographie singulière de ce site mythique consigné dans tous les abécédaires de l'escalade française ; du sommet, superbe vue panoramique sur toute la vallée de l'Yonne. **Voir p. 410.**

❤ **S'émerveiller** devant le puits de Moïse, chef-d'œuvre médiéval de la sculpture bourguignonne, une immense colonne hexagonale flanquée de six grandes statues. Celle de Moïse est dotée d'un réalisme saisissant. **Voir p. 51.**

Le vignoble et le château du Clos de Vougeot en automne.
Ch. Boisvieux/hemis.fr

TOP 5 En famille

1. Château de Guédelon (p. 361)
2. Bibracte-Mont Beuvray (p. 273)
3. Grottes d'Arcy-sur-Cure (p. 407)
4. Fabuloserie de Dicy (p. 385)
5. Chemin de fer touristique de la vallée de l'Ouche (p. 101)

La Fabuloserie de Dicy.
B. Rieger/hemis.fr

❤ **Chiner,** lire, écouter, partager… Les amateurs de livres et de vieux papiers seront comblés. Ville du livre, Cité du mot, Centre culturel de rencontres… La Charité-sur-Loire ne manque pas de caractères. En prime, un prieuré clunisien inscrit au patrimoine mondial de l'Unesco et étape majeure du chemin de St-Jacques-de-Compostelle. **Voir p. 318.**

❤ **Rencontrer** Colette, cette singulière femme de lettres de la Belle Époque, dans sa maison natale, à St-Sauveur-en-Puisaye, et approfondir les connaissances de son œuvre au musée qui lui est dédié. **Voir p. 356.**

❤ **Humer** les odeurs épicées d'anis vert qui s'échappent des bâtiments claustraux du joli village de Flavigny-sur-Ozerain, reconvertis en ateliers de dragéification après la Révolution. **Voir p. 460.**

❤ **Comprendre** les processus de fabrication et les mille utilisations, médicales ou cosmétiques, du cassis, baie emblématique de la Bourgogne, au Cassissium de Nuits-St-Georges, avant de déguster un kir en terrasse. **Voir p. 70.**

La chartreuse de Champmol, le Puits de Moïse de 1395-1405, chef-d'œuvre du sculpteur flamand Claus Sluter, détail d'un ange.
Ch. Boisvieux/hemis.fr

La Grande Forge de Buffon.
H. Lenain/hemis.fr

❤ **Détailler** les vitraux contemporains de la cathédrale St-Cyr-et-Ste-Julitte de Nevers et dénicher les espiègleries tapies entre les lignes de plomb, à l'image de ces portraits cachés de personnalités politiques. **Voir p. 304.**

Le chœur gothique de la cathédrale de Nevers.
Ch. Guy/hemis.fr/Getty Images

❤ **Plonger** dans la grande forge, à proximité de Montbard, créée au 18e s. par le célèbre naturaliste Buffon, premier rouage d'une révolution industrielle implacable. **Voir p. 442.**

❤ **Acclamer** les célèbres jouteurs clamecycois le 14 Juillet, lors d'une fête rappelant la tradition du flottage à bûches perdues, qui fit pendant près de trois siècles la fortune de Clamecy. Ou assister à la fête du flottage pour découvrir les techniques des flotteurs de l'époque. **Voir p. 345.**

TOP 5 **Abbayes et églises**

1. **Fontenay** (p. 436)
2. **Vézelay** (p. 243)
3. **Cluny** (p. 138)
4. **La Charité-sur-Loire** (p. 318)
5. **Pontigny** (p. 387)

Ancienne abbaye cistercienne de Pontigny.
H. Lenain/hemis.fr

❤ **S'endormir** sur la cime d'un arbre dans une chênaie plusieurs fois centenaire. La chambre d'hôte « Les Galants » propose des hébergements insolites et tout confort pour des nuits étoilées. **Voir p. 359.**

❤ **Se recueillir** en écoutant un ensemble de cordes ou des chants grégoriens à la lueur des bougies dans l'abbaye de Pontigny, seconde fille de Cîteaux. Elle a conservé cette géométrie rigoureuse, faite de volumes imposants et de pierres blanches typiques des abbayes cisterciennes, inspirant la paix et l'harmonie. **Voir p. 387.**

La Charité-sur-Loire.
Julian Elliott Photography/Getty Images

Le musée de la Mine de Blanzy.
J.-M. Charles/age fotostock

❤ **Frissonner** devant les aventures contées du formidable son et lumière à découvrir au château de St-Fargeau, avec ses 600 acteurs et 60 cavaliers, et découvrir les combles constitués de 1 000 t de poutres de chêne datant des 17e, 18e et 19e s. Superbe ! **Voir p. 351.**

❤ **Marcher** sur les traces des gueules noires, explorer plus de 200 m de galeries, partager le quotidien des mineurs de la mine de Blanzy. Une immersion passionnante racontée par les anciens, qui ont participé à l'exploitation du charbon. **Voir p. 226.**

❤ **Remonter** le temps, image après image, au musée Nicéphore-Niépce de Chalon-sur-Saône, et comprendre les ressorts de la photographie depuis son invention jusqu'à l'image numérique. Près de trois millions de photos et d'objets, dont la géniale chambre de la Découverte, premier appareil photographique au monde. **Voir p. 167.**

TOP 5 **Châteaux**

1. Cormatin (p. 148)
2. Bazoches (p. 255)
3. Ancy-le-Franc (p. 424)
4. Tanlay (p. 421)
5. Bussy-Rabutin (p. 457)

Le château de Tanlay.
Hoffmann Photography/age fotostock

Chalon-sur-Saône, place Saint-Vincent.
P. Jacques/hemis.fr

Préparez votre voyage en retrouvant tous nos coups de cœur sur notre site internet ***voyages.michelin.fr***

Retrouvez-nous également sur Facebook® ***Facebook.com/MichelinVoyage***

NOS ITINÉRAIRES

Personnalités nivernaises
en 6 jours

H. Lenain/hemis.fr

En bref : 200 km marqués par métiers et ouvrages de caractère.

• J-1 St-Sauveur-en-Puisaye

Le matin, visite du château de St-Fargeau (**p. 351**). L'après-midi, découverte de St-Sauveur, village natal de Colette (**p. 356**). Nuit à St-Fargeau ou St-Sauveur.

• J-2 Guédelon

Visite du chantier, participation à un atelier (**p. 361**), puis parc animalier de Boutissaint (**p. 354**) ou escapade à St-Amand-en-Puisaye, village de potiers (**p. 350**). Nuit à St-Fargeau ou St-Sauveur (**p. 356**).

Conseils : Faites l'expérience de dormir dans une cabane, aux Galants (p. 359).

Clamecy.
Ch. Boisvieux/age fotostock

• J-3 Clamecy

Visite de Clamecy, « capitale » du flottage de bois (**p. 336**). L'après-midi, découverte de la vallée de l'Yonne et des coteaux de Tannay (**p. 343**). Nuit à Clamecy.

• J-4 Canal du Nivernais

Journée balade, à pied ou à vélo, le long du canal du Nivernais (**p. 331**). Nuit à Châtillon-en-Bazois ou Bazolles.

• J-5 Nevers

Visite de la cathédrale, du musée de la Faïence et des Beaux-Arts et du palais ducal (**p. 304**). Nuit sur place.

• J-6 La Charité-sur-Loire

Visite de la ville et du prieuré (**p. 318**) ; l'après-midi, escapade dans le vignoble de Pouilly-sur-Loire (**p. 322**).

Les terres discrètes du Brionnais et du Charolais en 5 jours

G. Gerault/hemis.fr

En bref : 230 km d'une région peu connue malgré ses bijoux clunisiens.

• J-1 Mâcon

Visite de Mâcon (**p. 114**) le matin ; après-midi dans le Mâconnais (**p. 122**) ou dans les vignobles de Fuissé (**p. 131**). Nuit à Mâcon.

• J-2 Solutré

Le matin, ascension de la roche de Solutré (**p. 130**). L'après-midi, circuit de la route Lamartine, Berzé-la-Ville et Berzé-le-Châtel (**p. 133**). Nuit dans les environs de Charlieu (**p. 213**).

• J-3 Charlieu

Visite de l'abbaye bénédictine de Charlieu (**p. 206**) puis circuit des églises et châteaux en Brionnais (**p. 211**) : Iguerande et Anzy-le-Duc. Nuit à Anzy-le-Duc ou alentours (**p. 213**).

Conseils : Ceux qui ont du temps pourront compléter leur visite avec le musée de la Soierie (p. 209) et le couvent des Cordeliers (p. 210).

• J-4 Semur-en-Brionnais

Le matin, visite de la ville (**p. 203**). Après-midi à la basilique clunisienne de Paray-le-Monial (**p. 188**). Nuit à Paray-le-Monial.

Conseils : le mercredi, ne ratez pas le marché aux bovins de St-Christophe-en-Brionnais.

• J-5 Cluny

Le matin, visite de l'abbaye de Cluny et de la vieille ville (**p. 138**). L'après-midi, retour sur Mâcon en faisant le détour par le château de Cormatin (**p. 148**).

Le cloître du couvent des Cordeliers à Charlieu.
B. Jaubert/imageBROKER/age fotostock

Découverte de la vallée de l'Ouche
en 5 jours

A. Soumillard/hemis.fr

En bref : 200 km de la vallée de l'Ouche à la côte de Nuits.

J-1 Dijon

Le matin, découverte du musée des Beaux-Arts (**p. 35**) ; l'après-midi, balade dans le quartier Notre-Dame (**p. 42**) puis visite du puits de Moïse (**p. 51**). Nuit sur place.

J-2 & 3 Vallée de l'Ouche

Le matin, visite du château de Commarin puis baignade au lac de Panthier (**p. 96**). L'après-midi, vol en montgolfière à Chailly-sur-Armançon. Le lendemain, vélo, balade ou croisière sur l'Ouche à Cap Canal (**p. 101**). Nuits à Châteauneuf-en-Auxois ou alentours (**p. 99**).

***Conseils :** Avec les enfants, prenez le chemin de fer entre Bligny-sur-Ouche et Pont-d'Ouche (p. 101).*

Intérieur des hospices de Beaune.
H. Lenain/hemis.fr

J-4 Beaune

Visite des hospices (**p. 80**) et de la ville ; pique-nique au parc de la Bouzaise (**p. 88**). L'après-midi, tour des remparts et visite de la moutarderie Fallot (**p. 88**). Nuit sur place.

J-5 La Côte

Visite de quelques domaines. Sur la côte de Nuits (**p. 64**) : Gevrey-Chambertin, Clos de Vougeot, Nuits-St-Georges. Sur la côte de Beaune (**p. 71**) : Aloxe-Corton, Savigny-lès-Beaune, Meursault. Possiblité de faire la route des grands crus à pied ou à vélo (un sentier longe la route) (**p. 79**). Retour à Dijon.

Perles en Auxois et en Auxerrois
en 6 jours

boerescu/iStock

En bref : 220 km de vignobles, vergers et cités de caractère.

• J-1 Auxerre

Le matin, visite de la ville (**p. 392**) ; l'après-midi, découverte des villages viticoles de Coulanges-la-Vineuse, Irancy et St-Bris-le-Vineux (**p. 404**). Nuit à Auxerre.

• J-2 Chablis

Le matin, visite de l'abbaye de Pontigny (**p. 387**). Balade dans les vignobles de Chablis (**p. 417**) l'après-midi, pourquoi pas avec un guide ? Nuit à Chablis.

• J-3 Noyers-sur-Serein

Découverte de la jolie cité médiévale (**p. 428**) ; visite du château d'Ancy-le-Franc (**p. 424**) ou de Tanlay (**p. 421**) l'après-midi. Nuit à Chablis (**p. 418**).

• J-4 Fontenay

Visite de l'abbaye de Fontenay (**p. 436**) et de la Grande Forge de Buffon (**p. 442**). Nuit à Montbard (**p. 443**).

• J-5 Flavigny-sur-Ozerain

Balade dans le village le matin (**p. 460**) ; MuséoParc Alésia (**p. 453**) et Alise-Ste-Reine (**p. 454**) l'après-midi. Nuit à Flavigny.

• J-6 Semur-en-Auxois

Découverte de Semur-en-Auxois (**p. 445**) le matin. L'après-midi, visite du château de Bussy-Rabutin (**p. 457**), puis de la fromagerie Berthaut à Époisses (**p. 448**).

Le Centre d'interprétation, conçu par Bernard Tschumi, au MuséoParc Alésia.
S. Blanc/MuséoParc Alésia

Voie verte en côte châlonnaise
en 6 jours

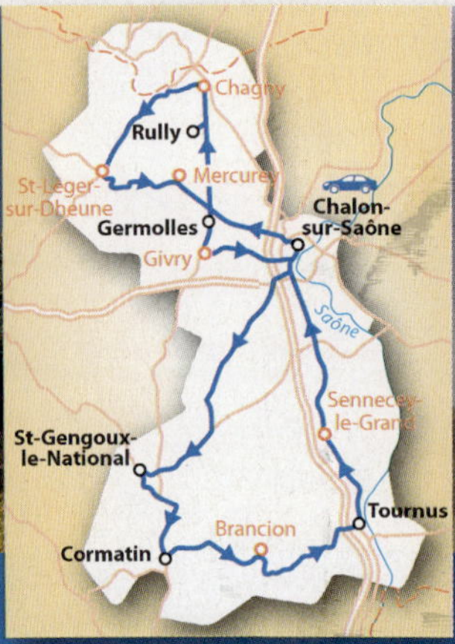

M. Rock/Cephas/Photononstop

En bref : 200 km le long de la Saône à travers vignobles et Voie verte.

• J-1 Chalon-sur-Saône

Chemin de l'Orbandale et visite du musée Nicéphore-Niépce (**p. 167**) le matin puis musée Denon l'après-midi (**p. 171**). Nuit à Chalon.

• J-2 Côte chalonnaise

Découverte de la côte chalonnaise et de ses bons crus *via* la Voie verte et le canal du Centre : Rully, Chagny, St-Léger-sur-Dheune, Mercurey, Germolles, Givry (**p. 172**). Nuit à Chalon (**p. 175**).

Côte chalonnaise, les vendanges.
M. Rock/Cephas/Photononstop

• J-3 & 4 St-Gengoux-le-National

Ce joli village est une base idéale pour rayonner à pied ou à vélo le long de la Voie verte (**p. 152**). 28 boucles possibles ! Nuit sur place.

Conseils : Vous trouverez à St-Gengoux tous les renseignements pour organiser votre virée à vélo (p. 154).

• J-5 Cormatin

Le matin, visite du fabuleux château de Cormatin aux décors du 17e s. (**p. 148**) ; après-midi à Brancion (**p. 126**). Nuit à Tournus (**p. 164**).

• J-6 Tournus

Visite de Tournus et hôtel-Dieu-musée Greuze (**p. 160**) le matin. Après-midi détente à la réserve naturelle de La Truchère Ratenelle (**p. 163**). Nuit à Tournus.

Conseils : Si vous disposez d'une journée supplémentaire, vous pouvez longer la Saône par la Voie bleue via *Sennecey-le-Grand (p. 162).*

Nature et découvertes en Morvan
en 7 jours

P. Escudero/hemis.fr

En bref : 250 km pour se ressourcer entre lacs et forêts.

• J-1 Vézelay

Visite de la basilique et du village (**p. 243**). Nuit sur place.

• J-2 Bazoches

Visite du château (**p. 255**) et panorama du mont de la Justice (**p. 252**). Nuit au lac des Settons ou alentours (**p. 271**).

• J-3 Lac des Settons

Journée activités au lac (**p. 269**) et nuit sur place.

• J-4 Château-Chinon

Le matin, visite de la ville (**p. 280**) ; l'après-midi, le Mont Beuvray : oppidum et musée de Bibracte (**p. 273**). Nuit aux alentours (**p. 278**).

• J-5 Bibracte

Gorges de la Canche (**p. 276**) et musée des galvachers à Anost (**p. 276**) le matin ; Alligny-en-Morvan et son musée des Nourrices et des Enfants de l'Assistance publique (**p. 269**) l'après-midi. Nuit à Saulieu (**p. 270**).

• J-6 Saulieu

Le matin, découverte de Saulieu et du musée François-Pompon (**p. 265**) ; l'après-midi, la maison du parc (**p. 235**) et son musée de la résistance puis Quarré-les-Tombes (**p. 268**). Nuit à Avallon (**p. 262**).

• J-7 Avallon

Découverte de la ville fortifiée et du musée de l'Avallonnais Jean-Després le matin. Circuit dans la vallée du Cousin l'après-midi (**p. 261**).

Vue aérienne du château de Bazoches.
L. Lourdel/Getty Images

Sur les pas des moines cisterciens
en 9 jours

Hoffmann Photography/age fotostock

En bref : 500 km jalonnés d'abbayes grandioses.

• J-1 Cluny

Visite des vestiges de l'abbaye de Cluny (**p. 138**), l'une des capitales spirituelles de la chrétienté, le matin, et de l'église abbatiale St-Philibert à Tournus (**p. 157**) l'après-midi. Nuit sur place.

• J-2 Chalon-sur-Saône

Visite du musée Nicéphore-Niépce (**p. 167**) le matin puis promenade autour de l'ancien couvent des Cordeliers (**p. 169**). L'après-midi, visite et dégustation au Clos de Vougeot (**p. 69**). Nuit aux alentours de Cîteaux (**p. 108**).

• J-3 Cîteaux

Visite de l'abbaye de Cîteaux (**p. 105**), berceau de l'ordre cistercien, le matin, et de l'abbaye de La Ferté l'après-midi (**p. 173**). Nuit à Dijon (**p. 54**).

• J-4 Dijon

Le matin, balade en ville et visite du musée des Beaux-Arts (**p. 35**). Après-midi au Musée archéologique, installé dans l'ancienne abbaye St-Bénigne (**p. 49**). Nuit à Dijon.

• J-5 Fontenay

Découverte de l'abbaye de Fontenay (**p. 436**). La suite de la journée sera consacrée aux villages de Semur-en-Auxois (**p. 445**) et de Flavigny-sur-Ozerain (**p. 460**). Nuit aux alentours (**p. 465**).

• J-6 Pontigny

Le matin, visite de Pontigny (**p. 387**) et de Quincy (**p. 422**). Balade dans le vignoble chablisien et découverte de Noyers-sur-Serein (**p. 428**), l'après-midi. Nuit à Chablis (**p. 417**).

• J-7 Auxerre

Le matin, découverte de la ville d'Auxerre et visite de l'abbaye St-Germain (**p. 392**). Après-midi dans les villages viticoles de l'Auxerrois (Coulanges-la-Vineuse, St-Bris-le-Vineux). Nuit sur place.

Conseils : Au printemps, balade parmi les cerisiers en fleurs dans le vignoble.

• J-8 Vézelay

Vallée de la Cure (**p. 405**) et abbaye de Reigny (**p. 406**) le matin. L'après-midi, découverte de la basilique Ste-Marie-Madeleine de Vézelay (**p. 243**). Nuit sur place.

• J-9 La Charité-sur-Loire

Visite de la cité monastique (**p. 319**) le matin. Pouilly-sur-Loire et son vignoble (**p. 322**) l'après-midi.

Conseils : Pourquoi ne pas dormir dans une abbaye ? Reigny, Vauluisant, Cluny, Tournus proposent des hébergements (souvent luxueux) au sein même des édifices monastiques. Voir « Nos adresses » dans les villes correspondantes.

Auxerre.
I. Vdovin/age fotostock

Intérieur de la basilique de Vézelay.
J.-P. Lescourret/Getty Images

DÉCOUVRIR LA BOURGOGNE

Irancy, le village et le vignoble en automne.
H. Lenain/hemis.fr

PIER
IMPORT
nac
MATY
3 SUISSES
Yves

Dijon et la Côte 1

Carte Michelin Départements 320 – Côte-d'Or (21), Saône-et-Loire (71)

Dijon, rue Liégeard et hôtel Aubriot.

Ch. Boisvieux/hemis.fr

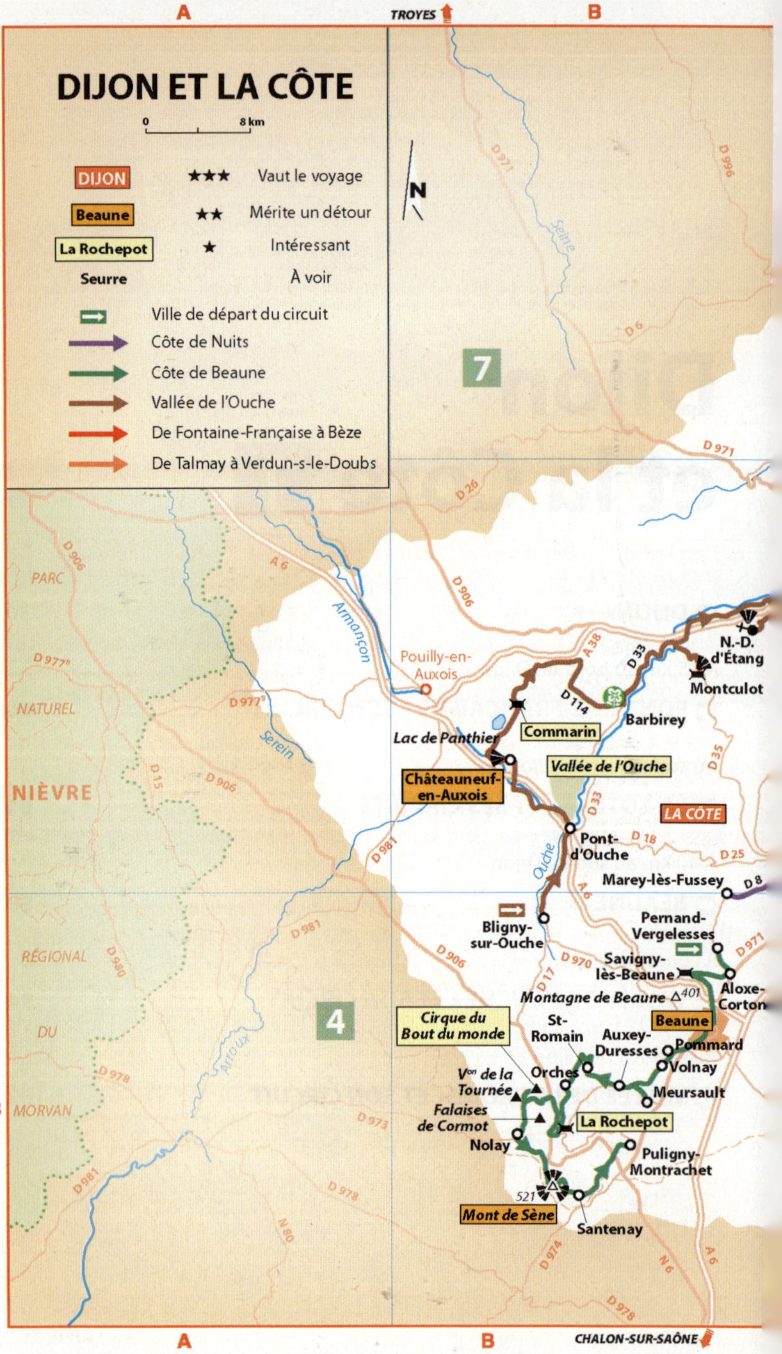
DIJON ET LA CÔTE
0 8 km
DIJON ★★★ Vaut le voyage
Beaune ★★ Mérite un détour
La Rochepot ★ Intéressant
Seurre À voir
Ville de départ du circuit
Côte de Nuits
Côte de Beaune
Vallée de l'Ouche
De Fontaine-Française à Bèze
De Talmay à Verdun-s-le-Doubs
A
B
1
2
3
TROYES
CHALON-SUR-SAÔNE
N
7
4
PARC NATUREL RÉGIONAL DU MORVAN
NIÈVRE
LA CÔTE
Pouilly-en-Auxois
Lac de Panthier
Commarin
Châteauneuf-en-Auxois
Vallée de l'Ouche
Pont-d'Ouche
Bligny-sur-Ouche
N.-D. d'Étang
Montculot
Barbirey
Marey-lès-Fussey
Pernand-Vergelesses
Savigny-lès-Beaune
Aloxe-Corton
Montagne de Beaune 401
Beaune
Cirque du Bout du monde
St-Romain
Auxey-Duresses
Pommard
Volnay
Meursault
Orches
Von de la Tournée
Falaises de Cormot
La Rochepot
Nolay
Puligny-Montrachet
521
Mont de Sène
Santenay
Seine
Armançon
Serein
Ouche
Arroux
A 6
A 38
D 971
D 996
D 6
D 26
D 906
D 33
D 114
D 977
D 15
D 981
D 35
D 18
D 25
D 8
D 970
D 17
D 980
D 978
D 973
D 974
N 80
N 6

C
PARIS
CHAUMONT
D
HAUTE-MARNE
HAUTE-SAÔNE
1
Fontaine-Française
St-Seine-sur-Vingeanne
Til-Châtel
Source de la Bèze
Bèze
Rosières
Beaumont-sur-Vingeanne
D 960
D 27
D 959
D 901
D 996
D 974
A 31
D 674
D 67
D 70
D 2
D 474
Saône
Ste-Foy
Messigny-et-Vantoux
Suzon
D 7
D 971
Arcelot
D 70
Talmay
Bèze
D 976
D 475
Talant
DIJON
Lac Kir
D 961
D 12
2
600
Mont Afrique
Chenôve
CÔTE-D'OR
A 39
Marsannay-la-Côte
Fixey
Fixin
Brochon
Gevrey-Chambertin
Reulle-Vergy
Chambolle-Musigny
Vougeot
Clos de Vougeot
Vosne-Romanée
Nuits-St-Georges
La Karrière
Comblanchien
N.-D. de Cîteaux
D 996
Canal de Bourgogne
Ouche
D 20
D 459
Auxonne
JURA
BESANÇON
D 673
Doubs
St-Jean-de-Losne
Vée de la Saône
A 39
D 35
Bagnot
A 36
D 976
D 468
D 673
PONTARLIER
Loue
Seurre
D 905
D 472
D 35
N 73
D 469
D 5
Doubs
3
D 905
A 39
2
D 970
Verdun-sur-le-Doubs
SAÔNE-ET-LOIRE
GENÈVE
A 391
N 83
N 73
CHALON-SUR-SAÔNE
C
D
BOURG-EN BRESSE

Dijon

★★★

155 114 Dijonnais – Agglomération : 243 244 hab. – Côte-d'Or (21)

La capitale de la Bourgogne, trop longtemps réduite à quelques clichés culinaires, vinicoles ou provinciaux, a aujourd'hui tout d'une grande cité culturelle : sa richesse patrimoniale est remarquablement mise en valeur, notamment car l'élégant centre historique est en grande partie piétonnier. Le musée des Beaux-Arts poursuit sa gigantesque métamorphose, qui devrait s'achever en 2019, le hissant au niveau des plus grands musées d'art européens. Le centre-ville, autour des Halles et de la rue Berbisey, est truffé de restos, bars et boutiques branchés et design, qui offrent une alternative aux plus classiques et néanmoins incontournables rendez-vous gastronomiques, cavistes et vendeurs de moutarde et pain d'épice. On vous le dit, Dijon s'est réveillée !

NOS ADRESSES PAGE 53
Hébergement, restauration, achats, activités, etc.

S'INFORMER

Office du tourisme – *11 r. des Forges - 21000 Dijon - ✆ 0 892 70 05 58 - www.destinationdijon.com - avr.-sept. : 9h30-18h30, dim. et j. fériés 10h-18h ; reste de l'année : 9h30-13h, 14h-18h, dim. et j. fériés 10h-16h - fermé 1er janv., 25 déc. - 2e bureau – Puits de Moïse, Centre Hospitalier Spécialisé de la Chartreuse - ✆ 0 892 70 05 58 - avr.-sept. : 9h30-12h30, 14h-18h ; reste de l'année : 9h30-12h30, 14h-16h30.*

Visites guidées – *Dijon propose un vaste programme de visites guidées, sous la conduite de guides-conférenciers. Rens. à l'office de tourisme.*

Le Parcours de la Chouette – *Découvrez Dijon en 22 étapes (1h de marche). Dép. du sq. Darcy. Trois nouvelles boucles, soit 15 étapes supplémentaires, invitent désormais à la découverte d'autres facettes de Dijon : quartier Jean-Jacques Rousseau, quartier Zola et l'accès au Puits de Moïse. 2,99 € pour l'application smartphone et tablette. Se rens. à l'office de tourisme.*

SE REPÉRER

Carte de microrégion C2 (p. 28-29) – La capitale de la Bourgogne est desservie par les autoroutes A 31, A 36, A 38 et A 39. Elle se trouve à 40 km au nord de Beaune.

SE GARER

Nombreux parkings dans le centre-ville (Gare, Darcy, Grangier, Trémouille-Marché, Ste-Anne, Dauphine, Condorcet, Tivoli-Berbisey) et deux parkings-relais (voir p. 53).

À NE PAS MANQUER

Les tombeaux des ducs (au musée des Beaux-Arts) ; le puits de Moïse (à la chartreuse de Champmol ; réservez vos billets auprès de l'office de tourisme) ; le quartier Notre-Dame.

AVEC LES ENFANTS

Le musée de la Vie bourguignonne, le parcours de la Chouette, la fabrique de pain d'épices, le tour du lac Kir, le parc du château d'Arcelot.

Le palais des ducs et des états de Bourgogne, à Dijon.
L. Fontaine/Michelin

1

Nous vous conseillons vivement de commencer la visite par le palais des Ducs et des États de Bourgogne, berceau des grands ducs d'Occident. Il accueille aujourd'hui le musée des Beaux-Arts, dont la magnifique salle des tombeaux des ducs de Bourgogne constitue une parfaite entrée en matière de l'histoire bourguignonne.

Découvrir Plan de ville p. 40-41

★★ LE PALAIS DES DUCS ET DES ÉTATS DE BOURGOGNE C2

Les bâtiments du palais ont été construits entre le 14e s. et le 19e s. Malgré une régularité classique qui leur a été imposée à la fin du 17e s. sous la direction de l'architecte royal Jules Hardouin-Mansart, les édifices témoignent des multiples fonctions auxquelles ils ont été assignés au fil de l'histoire : résidences des ducs de Bourgogne, siège du gouverneur de l'assemblée représentative de la province sous l'Ancien Régime, école de dessin à l'origine du musée, enfin mairie de Dijon. Le palais, dominé par la tour Philippe-le-Bon, abrite aujourd'hui l'hôtel de ville et le musée des Beaux-Arts. La façade arrière, de style flamboyant, est visible du côté du square des Ducs-de-Bourgogne.
Pénétrez dans la cour d'honneur et approchez-vous des grilles.

Cour d'honneur

Le palais des Ducs et des États de Bourgogne abrite, à gauche, l'ensemble des services de l'hôtel de ville, et à droite, le musée des Beaux-Arts. Au fond, le logis du roi, bel ensemble aux grandes lignes horizontales délimité par les deux ailes en équerre, dominé par la tour Phillipe-le-Bon, est dû à l'architecte lyonnais Jean Poncelet.

Tour Philippe-le-Bon

11 r. des Forges - ✆ 0 892 70 05 58 - www.destinationdijon.com - visite guidée sur demande préalable (45mn) de déb. avr. à mi-nov. : tlj sf lun. 10h30, 11h15, 12h,

Dijon d'hier et d'aujourd'hui

À LA CROISÉE DES ROUTES COMMERCIALES

Dijon doit sa naissance à sa position géographique. À l'origine, la petite cité se trouvait en effet à la jonction de deux grandes voies commerçantes allant jusqu'à la Méditerranée : celle de l'étain, qui remontait vers les îles Britanniques par le sillon Rhône-Saône, et celle de l'ambre, qui arrivait de la Baltique. Ravagée par les invasions barbares, elle se retranche au 3e s. à l'abri d'un solide **castrum** (camp fortifié) gallo-romain. Son nom, *Divio*, n'est cité pour la première fois qu'au 6e s., par Grégoire de Tours. Ce nom a suscité diverses interprétations. Selon l'une d'elles, il viendrait de « *due vie* », la ville située à la jonction de deux voies…

À cette époque, la ville, florissante, a pour seigneur l'évêque de Langres. En 1016, le roi de France, **Robert le Pieux**, hérite du duché de Bourgogne et contraint l'évêque à lui céder Dijon. Pratiquement détruite en 1137 par un terrible incendie, la ville est rebâtie par le duc **Hugues II**, un descendant du Capétien Robert le Pieux, qui la dote d'une large enceinte englobant l'abbaye St-Bénigne – une enceinte qui, jusqu'au milieu du 19e s., parviendra à contenir le développement de l'agglomération.

En 1187, soit cinquante ans plus tard, le successeur d'Hugues II érige Dijon en commune. Sous le règne des ducs capétiens, la ville est prospère, mais n'acquiert tous les attributs d'une capitale et ne connaît son véritable âge d'or qu'avec l'avènement des grands ducs d'Occident, Philippe le Hardi, Jean sans Peur, Philippe le Bon et Charles le Téméraire.

LE BERCEAU DES GRANDS DUCS D'OCCIDENT

Lorsque **Philippe le Hardi** (1342-1404) reçoit le duché de Bourgogne en apanage des mains du roi Jean le Bon, inaugurant la lignée des quatre ducs de la maison de Valois, il peut s'appuyer sur un domaine déjà fortement organisé. Mais le parlement est à Beaune; Dijon n'accueille que la chambre des comptes. La puissance économique se concentre dans les villes du Brabant, de Flandre et d'Artois, que le duc pacifie après son mariage avec **Marguerite de Flandre**. Dijon est en quelque sorte une capitale « dynastique » où l'on naît et où l'on meurt (inhumation à la chartreuse de Champmol) : Charles le Téméraire n'y passera que quelques mois au cours de sa vie. En un siècle, les ducs, qui comptent parmi les princes les plus puissants de la chrétienté et les mécènes les plus riches, font de Dijon, à l'écart des guerres (souvent lancées pour rétablir l'ordre dans les villes insoumises), une ville d'art au rayonnement incontestable : le palais sert de cadre prestigieux à des réceptions fastueuses; la Sainte-Chapelle qui le jouxte est le siège de l'ordre de la Toison d'or *(voir encadré p. 36)*. L'activité manufacturière de la ville n'est pas négligeable. Le négoce prospère permet aux grands bourgeois de construire d'opulentes demeures que l'on peut encore voir rue des Forges, rue Vauban, rue Verrerie…

LA CAPITALE DE LA PROVINCE DE BOURGOGNE

Tout change avec le rattachement du duché à la couronne de France. L'annexion en 1477 par **Louis XI** provoque un soulèvement général, la **mutemaque**, que les troupes royales répriment. Les Dijonnais en profitent pour négocier un certain nombre de concessions, dont le maintien des états de Bourgogne (assemblée régionale des députés du clergé, de la noblesse et du tiers état) et, surtout, le transfert du parlement de Beaune à Dijon. En 1479, le roi en visite jure solennellement à St-Bénigne de « garder les franchises, libertés, immunités, droits et privilèges » dont jouissait jusqu'ici le duché. Puisque Dijon est une ville frontière, il fait néanmoins construire une forteresse (connue au 19e s. sous le nom de « château des Gendarmes »), réparer les fortifications et représenter le pouvoir royal dans le duché par un gouverneur.

ESSOR DE LA CITÉ PROVINCIALE

Capitale administrative sous les **princes de Condé**, Dijon connaît, au 17e s., un développement urbanistique important, en dépit de la Fronde où l'entraîne le Grand Condé. L'essor se poursuit au siècle des Lumières après l'établissement de l'université (1723), la fondation de l'Académie (1725), de l'École de dessin (1766), dont les élèves les plus connus sont Rude et Prud'hon, et la création d'un diocèse (1731). **Jules Hardouin-Mansart** transforme le palais des Ducs pour y loger les états de Bourgogne. Ses membres et les parlementaires donnent à la ville sa parure de superbes hôtels particuliers de style classique. La chartreuse de Champmol est détruite pendant la Révolution. Sous l'Empire et la Restauration, la ville subit peu de changements. À partir de 1851, elle connaît un nouvel élan avec la construction de la ligne de chemin de fer Paris-Lyon-Méditerranée (PLM), au point de voir sa population doubler entre 1850 et 1892.

LE PORT DE DIJON

À l'entrée du port, côté ville, un obélisque datant de 1780 rappelle sa création ainsi que celle d'un réseau de **1 000 km de canaux** à travers la Bourgogne. Dans l'esprit du prince de Condé, gouverneur de la province, ce réseau devait permettre de relier par voie d'eau Dijon à Paris, vers le nord, et au Bassin méditerranéen, vers le sud, et, au moyen d'une dérivation de la Saône, rejoindre la Loire par le canal du Centre, faisant ainsi le lien avec l'océan Atlantique. Cet ensemble devait s'appeler le canal des Deux-Mers, mais la Révolution limita ces ambitions. Le premier bateau atteignant Dijon par le sud arriva sous Napoléon Ier, le premier bateau venu de Paris rejoignit la ville vers 1820 seulement, et la liaison avec l'océan avorta. Sur la route de Corcelles, Gustave Eiffel, né à Dijon en 1832, en spécialiste de l'architecture métallique, avait réalisé un pont levant qui enjambait le canal. Il s'agit aujourd'hui d'un port de plaisance, dans un quartier en plein développement, l'écoquartier dit « Heudelet 26 ».

PERSPECTIVES ACTUELLES

Dijon figure au palmarès des 20 plus grandes villes de France. Elle concentre environ 20 % des emplois de Bourgogne. Siège de la cour d'appel et de préfecture, pôle universitaire, la ville s'est dotée du plus grand centre commercial de Bourgogne (la Toison d'Or), d'un Zénith et d'une piscine olympique. Dijon fait preuve de dynamisme et se lance dans des projets urbains d'envergure. Depuis juillet 2015, le centre historique est classé au patrimoine mondial de l'Unesco.

DIJON, VILLE GOURMANDE

Dans cette cité de la douceur de vivre, dotée d'un patrimoine incomparable, la gastronomie tient une place de choix, notamment à l'occasion de la **Foire internationale et gastronomique de Dijon**. De nombreuses activités locales sont liées aux sciences alimentaires et culinaires, et c'est d'ailleurs sur le campus de Dijon que le **Centre européen des sciences du goût** a élu domicile.

13h45, 14h30, 15h15, 16h, 16h45 et 17h30, juil.-août nocturne merc. et vend. 20h30, 21h30 et 22h30 ; reste de l'année : mar. 14h, 15h et 16h, w.-end 11h, 12h, 14h et 16h - fermé 1er janv., 25 déc. - 3 € (-18 ans 1,50 €).

Achevée au 15e s. par Philippe le Bon, en même temps que le logis ducal, cette tour haute de 46 m et de 7 étages a fière allure. Avec pour fonction première l'habitation et l'accès aux chambres, la tour était aussi le symbole du prestige des ducs. La montée des 360 marches est ponctuée d'arrêts sur 3 paliers pour observer des frises et culots sculptés, aux emblèmes de Philippe le Bon et de la chevalerie de la Toison d'or. De la terrasse, on découvre une exceptionnelle **vue★** à 360° sur la ville, les vallées de l'Ouche et de la Saône, et les premiers contreforts du Jura. On peut distinguer la frontière entre le vieux Dijon et les nouveaux quartiers, entre les ruelles sinueuses cerclées par l'ancien castrum, et les voies urbaines rectilignes. Deux tables d'interprétation permettent d'identifier les nombreux espaces monastiques, les immeubles haussmanniens et les hôtels parlementaires, dans une belle harmonie de matériaux à l'éclat unique.

Par le passage couvert à gauche de la cour d'honneur, gagnez la cour de Flore.

MNÉMOTECHNIE

« Le hardi est sans peur devant le bon téméraire », voilà un bon moyen pour retenir les noms des quatre ducs de Bourgogne, Philippe le Hardi, Jean sans Peur, Philippe le Bon et Charles le Téméraire !

Cour de Flore

Les bâtiments qui l'entourent ont été terminés peu avant la Révolution. À l'angle nord-est se situe la **chapelle des Élus**, à laquelle on accède par l'office de tourisme *(11 r. des Forges)*. La décoration intérieure de la chapelle, monumentale, et les portes datent de l'époque de Louis XV. Elles sont dues à l'intervention de l'architecte du roi, Jacques V Gabriel. Souvent méconnue du fait de sa situation, la messe y était célébrée durant les sessions des états de Bourgogne.

Sous le porche donnant accès à la rue de la Liberté, un **magnifique escalier,** dessiné en 1735 par Jacques V Gabriel, conduit à la **salle des États** *(pour la visiter, adressez-vous à l'office de tourisme).*

Regagnez la cour d'honneur pour franchir le passage voûté, en face, qui donne accès à la cour de Bar.

Cour de Bar

C'est là qu'est l'entrée principale du musée. Elle accueille la terrasse du café du musée, ainsi que la librairie. Au sol, les dalles de béton ont remplacé les pavés. Le toit doré qui coiffe l'entrée du musée est censé rappeler les rehauts dorés qui égayaient les toitures du palais au temps des ducs. Cette belle cour est dominée par la **tour de Bar,** du nom du prisonnier René d'Anjou, duc de Bar et de Lorraine, comte de Provence, futur « roi René » enfermé en 1431 par Philippe le Bon. Construite par Philippe le Hardi au 14e s., appelée alors tour Neuve, elle demeure la partie la plus ancienne du palais. Elle est fermée au public durant les travaux, tout comme les cuisines ducales.

Place des Ducs-de-Bourgogne

De cette petite place, on reconstitue par la pensée le palais tel qu'il se présentait à l'époque ducale. La belle façade gothique est celle de la salle des tombeaux des ducs de Bourgogne, que domine la tour Philippe-le-Bon.

UN MUSÉE EN PLEINE RÉVOLUTION

Pour mieux présenter ses collections au public et en exposer davantage, le musée des Beaux-Arts de Dijon est en pleine rénovation. Lui qui n'exposait jusqu'alors que 17 % de ses œuvres voit ses surfaces d'exposition passer de 3 500 à 5 200 m² avec pour idée directrice de mettre en correspondance historique lieux et œuvres. Au moment de la rédaction de ce guide, seul un tiers du parcours de visite était donc ouvert : la partie Moyen Âge et Renaissance dans le palais des Ducs de Bourgogne (14e et 15e s.), et la galerie de Bellegarde (1614). Les travaux devraient s'achever à l'automne 2019. Coût total de l'entreprise : 60 millions d'euros.

★★★ MUSÉE DES BEAUX-ARTS C2

Palais des Ducs et des États-de-Bourgogne - ☎ 03 80 74 52 09 - http://beaux-arts.dijon.fr - ♿ - juin-sept. : 10h-18h30 ; reste de l'année : 9h30-18h - fermé mar., 1er janv., 1er et 8 Mai, 14 juil., 1er et 11 Nov., 25 déc. - possibilité de visite guidée sur demande (1h) - gratuit - 4 € audioguide.

Créé en 1799, ce palais du Moyen Âge est l'un des plus anciens musées de France, riche de 137 000 œuvres. L'accrochage et la présentation de 2 300 à 2 500 pièces sont régulièrement renouvelés.

Rez-de-chaussée – Après un hall où une porte gothique du palais de Philippe le Bon côtoie une baie Renaissance de la galerie de Bellegarde, le visiteur pénètre sous les voûtes du palais ducal.

Dans l'escalier se dresse une statue du maréchal de Saxe, œuvre de François Rude. Le palier présente l'ancienne porte du palais de justice de Dijon, sculptée par Hugues Sambin (16e s.). Au centre trône *Louis XIII enfant*, un grand bronze de François Rude.

1er étage – Il est consacré à l'évocation de la Bourgogne ducale pendant le Moyen Âge. La première salle, dédiée aux portraits et à la vie de cour des ducs de Bourgogne (1360-1477), se révèle instructive pour les représentations dont témoignent les tableaux : le portrait de trois quarts de Jean sans Peur révèle par exemple l'influence des pays du Nord. Même chose pour celui de son fils Philippe le Bon qui imposa le vêtement noir à la Cour après la mort de son père, comme en atteste son portrait réalisé par l'atelier de Rogier van der Weyden (vers 1445). L'ordonnance qu'il tient entre ses doigts, presque religieusement, symbolise son pouvoir que l'on pourrait facilement imaginer d'essence divine. Une belle couronne du 15e s., deux couteaux et un étui aux armes de Philippe le Bon trônent sous vitrine.

★★★ Salle des tombeaux des ducs de Bourgogne

Des tables interactives livrent de façon ludique des anecdotes et des détails sur l'histoire et les ornements des tombeaux.

Dans cette salle construite par Philippe le Bon, les tombeaux proviennent de la chartreuse de Champmol qu'avait fondée Philippe le Hardi en 1384 pour servir de nécropole à la nouvelle dynastie des ducs valois. Les tombeaux – plus exactement des cénotaphes, des monuments vides, les cercueils des ducs étant enterrés dans des caveaux sous le chœur de l'église – furent démontés à la Révolution, vandalisés (mains et visages mutilés), avant d'être restaurés puis finalement remontés dans cette salle en 1827. Cette pièce, l'ancienne salle des Festins, alors appelée salle des Gardes, servait de cadre aux ripailles de la « joyeuse entrée de Charles le Téméraire en 1474 ». Détruite par un incendie, elle fut reconstruite avec une impressionnante cheminée « flamboyante » au tout début du 16e s.

1

UN ORDRE PRESTIGIEUX : LA TOISON D'OR

Le siège de l'ordre de la Toison d'or était jadis la chapelle du palais ducal de Dijon, où le jeune comte de Charolais, futur Charles le Téméraire, fut fait chevalier en 1433. Dès 1404, un ordre dit de l'Arbre d'or avait été créé par le duc Philippe le Hardi, dont Jean sans Peur et Philippe le Bon reprirent l'idée. Né lors des cérémonies de mariage de Philippe le Bon avec Isabelle de Portugal, à Bruges, le 10 janvier 1430, l'ordre de la Toison d'or a pour insigne un collier auquel est notamment suspendue l'effigie d'une dépouille de bélier. Cette toison rappelle celle rapportée par Jason dans la mythologie grecque, ou celle de Gédéon dans l'Ancien Testament.

Deux motivations sont à l'origine de la création de l'ordre : rapprocher la Bourgogne de l'Église en maintenant vivant l'esprit de croisade attaché à la chevalerie, et conforter la position du duché par rapport à la couronne anglaise, au Saint Empire romain germanique et au royaume de France. Par le mariage de la fille unique de Charles le Téméraire, Marie de Bourgogne, en 1477, avec l'archiduc Maximilien d'Autriche, l'ordre entra dans la famille des Habsbourg.

Trois sculpteurs travaillèrent, de 1381 à 1410, au monumental **tombeau de Philippe le Hardi** : les Flamands Jean de Marville (conception générale), **Claus Sluter** et Claus de Werve, son neveu. Le gisant (détruit à la Révolution, il s'agit d'une restitution du 19e s.) repose sur une dalle de marbre noir soutenue par des arcatures d'albâtre formant un « cloître » sous lequel veille une assemblée de « pleurants » ou « deuillants », composée de 41 statuettes prodigieuses de réalisme. Ces membres du clergé, chartreux, parents, amis et officiers du prince, tous drapés dans des manteaux de deuil (distribués lors des funérailles), la tête recouverte d'un chaperon, composent le cortège funèbre. En 1830, Michelet constate dans son *Journal* que les tombeaux, « avec toute une population de chartreux en marbre », sont bien « la merveille de Dijon ».

L'œuvre du père servit de modèle au **tombeau** du fils et de son épouse, **Jean sans Peur et Marguerite de Bavière**, exécuté de 1443 à 1470. Le décor architectural, plus orné, correspond au style flamboyant alors en usage dans l'architecture. Le rabot et la feuille de houblon que l'on peut observer sur le bandeau supérieur sont les emblèmes du duc.

★★★ Salle des retables de la chartreuse de Champmol

Dans la salle suivante sont exposés les retables provenant de la chartreuse de Champmol. La richesse, la précision du travail et la parfaite conservation en font de véritables chefs-d'œuvre. Conçus pour inviter à la prière, ils offrent une vision éblouissante de l'histoire du Christ et des saints du Moyen Âge. Ils furent commandés en 1390 par Philippe le Hardi auprès du sculpteur Jacques de Baerze, puis peints et dorés par Melchior Brœderlam, considéré comme l'un des premiers grands primitifs flamands. Restaurés entre 2011 et 2013, on y retrouve tout l'éclat de l'or qui a conservé la patine du temps. Le centre du **retable de la Crucifixion** représente l'Adoration des Mages, la Crucifixion et la Mise au tombeau ; le volet de droite, saint Georges, sainte Madeleine, saint Jean l'Évangéliste, sainte Catherine et saint Christophe ; le volet de gauche saint Antoine, sainte Marguerite, un saint roi et sainte Barbe. Les revers des deux volets sont les seules œuvres de Melchior Brœderlam connues à ce jour. Sur le panneau de gauche, l'*Annonciation* (Gabriel, ailes à la verticale, déplie son phylactère face à Marie) et la *Visitation* ; sur le panneau de droite (près de la porte d'entrée), la *Présentation au Temple* et la *Fuite en Égypte*. À côté se

Pleurants du tombeau de Philippe le Hardi.
Y. Guichaoua/Guichaoua Photos/age fotostock

trouve le **retable des saints et martyrs**. Sur sa partie centrale se détachent des scènes de la vie des saints protecteurs et la décollation de saint Jean-Baptiste. Autres œuvres de belle facture : le **calvaire au Chartreux** (15e s.), destiné à la dévotion privée, et le magnifique **retable de saint Georges** (15e s.), rare vestige épargné de Champmol. Les cours aristocratiques aimaient particulièrement ce preux chevalier chassant l'obscurantisme.

Salle de la charteuse de Champmol

La salle 4 expose des vestiges archéologiques provenant de la chartreuse de Champmol (terres cuites, pierres polychromes, fragments des tombeaux) ainsi que des moulages des bustes des prophètes et des anges du puits de Moïse.

Galerie de Bellegarde

Au même niveau, la **galerie de Bellegarde** (salle 14) met l'accent sur la Renaissance en Italie (fin 15e s.-début 16e s.), de la peinture sur bois à la peinture sur toile. Sont présentées entre autres des peintures de Pontormo (saint Jean-Baptiste), Vasari, Bassano et Bernardino Luini avec sa *Vierge à l'Enfant* (1510), pleine de tendresse, une vision fidèle à ce registre iconographique qui apparaît au 14e s. On croise aussi Le Titien et Véronèse, deux chefs de file de l'école vénitienne au 16e s. avec *Moïse sauvé des eaux* (1580).

LES PLEURANTS : UNE TOURNÉE TRIOMPHALE

Pendant la rénovation de la salle des tombeaux, les pleurants, ces 39 statuettes d'albâtre d'environ 40 cm de haut figurant au pied des monuments funéraires, ont été démontés et ont fait le tour des États-Unis et de l'Europe. Pendant trois ans, elles ont voyagé, attirant près de 800 000 visiteurs. Un véritable triomphe avant que les sculptures ne réintègrent en 2013 les arcatures de leur cénotaphe. Jamais les Américains n'ont été aussi nombreux à visiter Dijon depuis !

Le Souvenir des Ducs

La salle 5, au deuxième étage, est consacrée au **Souvenir des Ducs de Bourgogne**. Elle livre une série de neuf pleurants néogothiques exécutés au 19e s. Elle reflète les travaux de l'architecte Claude Saint-Père qui avait lancé un programme de restauration en 1819 pour remplacer une dizaine de figures disparues ; quatre d'entre elles prirent les traits des restaurateurs : remarquez le pleurant qui cache une redingote sous son manteau de moine ! Admirez également la reproduction (à l'échelle 1/3) du puits de Moïse par Joseph Moreau. De là, on accède à **la tribune des musiciens** qui offre une **vue plongeante** spectaculaire sur les tombeaux.

Le Moyen Âge en Europe

Sous les toits du palais, la salle 6, Art et Civilisation, accueille le visiteur au **3e niveau,** dédié au Moyen Âge en Europe.

La salle 7 évoque la préciosité au service de la dévotion dans la France et l'Italie gothiques : émail cloisonné ou champlevé, traitement de l'ivoire, stéatite, bronze doré, cuivre…, autant de matières précieuses déclinées en objets de foi : croix-reliquaire ou processionnelle, monstrances, fermail, pyxide, navette à encens, châsse, reliquaires, retable en argent repoussé et doré du 16e s., **crosse dite « de Robert de Molesme »** (12e s.), tasse ayant appartenu à saint Bernard.

Dans la salle 8 (Bourgogne et Flandre, 15e s.), la **Nativité et l'Adoration des bergers★★** (1420-1425) du **maître de Flémalle**, appelé Robert Campin, est une œuvre déterminante dans l'évolution de la peinture flamande. Maître entre autres de Rogier van der Weyden (portraitiste de Philippe le Bon), Robert Campin est, avec Jan van Eyck, le principal initiateur du réalisme flamand. Inspiré de textes bibliques et légendaires, la toile représente une Salomé inquiète, doutant de la virginité de Marie.

Le **tryptique de la Crucifixion** de Goswyn van der Weyden, petit- fils de Rogier, est une œuvre restaurée où l'on retrouve des revers peints.

La salle 9 est consacrée à l'Espagne et l'Islam, et témoigne de la richesse des échanges entre Orient et Occident.

Ne manquez surtout pas, dans la salle 10, l'importante collection de **primitifs suisses et rhénans**, la plus riche de France, provenant pour la plupart de tableaux d'autels, dont les expressions reflètent la déploration : le **retable de sainte Marguerite★** du maître des Ronds de Cobourg, actif à Strasbourg à la fin du 15e s., et le **retable de la Passion★★** du maître à l'Œillet de Baden (1490). Le musée possède la plus importante collection en France des œuvres de **Konrad Witz**. Observez plus particulièrement *L'Empereur Auguste et la Sibylle de Tibur*.

La richesse des matériaux des armes et armures présentées dans les salles 11 et 12 témoigne de l'opulence et de la puissance du guerrier. Certaines armures, datant du 14e s., semblent prêtes pour le siège de Dijon par les Suisses (1513), sujet de la célèbre **tapisserie★★** présentée dans la salle 13, constituant la première représentation connue de la ville. Elle illustre la procession des Dijonnais lors de la bataille du 11 septembre 1513 *(voir encadré p. 42)*. Retrouvée chez un fripier en 1803 et revendue pour une somme dérisoire, elle est exposée depuis 1860. Une statue du 16e s., *La Mort*, ferme la marche.

Se promener Plan de ville p. 40-41

★★ AUTOUR DU PALAIS DES DUCS ET QUARTIER NOTRE-DAME C1-2

Circuit tracé en vert sur le plan de ville (p. 40-41) – Comptez 40mn (visite du musée des Beaux-Arts non comprise).

Signalé par un fléchage au sol, le parcours de la Chouette permet de découvrir différemment les plus belles rues de Dijon.

Le quartier ancien qui entoure le palais des Ducs et des États de Bourgogne a gardé beaucoup de cachet. En flânant dans ses rues, souvent piétonnes, on découvre de nobles hôtels en pierre de taille et de nombreuses maisons à pans de bois des 15e et 16e s. Ce qui subsiste du palais ducal est intégré dans des bâtiments de style classique du palais des États de Bourgogne.

★★ Place de la Libération C2

Au 17e s., à l'apogée de sa puissance parlementaire, la commune se sent l'âme d'une capitale et souhaite transformer le palais ducal, abandonné depuis Charles le Téméraire, en aménageant ses abords en « place Royale ». Les plans en hémicycle sont dessinés par l'architecte de Versailles, Jules Hardouin-Mansart, et exécutés par l'un de ses élèves, Robert de Cotte, de 1686 à 1701 : les arcades de cette jolie place, occupées par des boutiques et couronnées d'une balustrade de pierre, servent de contrepoint à la cour d'honneur du palais. En 2006, l'architecte français **Jean-Michel Wilmotte** réaménage le lieu, en lui donnant un aspect très contemporain. Le sol est recouvert de dalles en pierre de Bourgogne et des jets d'eau viennent animer la place, bordée de cafés et de restaurants.

Prenez la rue de la Liberté (ancienne rue Condé).

De la place de la Libération à la place Darcy, **la rue de la Liberté** est la grande artère commerçante et piétonne de la ville.

1

Place François-Rude (ou place du Bareuzai) C2

Au centre de la zone piétonne, cette place irrégulière et animée est bordée par une belle maison à pans de bois. Le **Bareuzai**, vigneron vêtu seulement de vert-de-gris, est considéré comme le bon génie du lieu. Depuis 1904, sa statue trône au sommet d'une jolie fontaine. Il foule diligemment le raisin, mais le produit de son travail ne s'écoule que lors des fêtes de la vigne. Quant à l'eau du Suzon, elle coule au-dessous de la place. Un carrousel 1900, signé Bailly-Cochet et, depuis 2013, un visage sculpté en feuillage, œuvre de Gloria Friedmann, occupent cette charmante placette.

Un peu plus loin, au carrefour avec la rue des Godrans et la rue Bossuet, se trouve le premier grand magasin de la ville, fondé en 1831. Son nom est encore lisible sur le fronton, « Au Pauvre Diable ». Revenez sur la place François-Rude pour emprunter, tout de suite à droite, la rue des Forges.

★ Rue des Forges C2

C'est l'une des rues les plus caractéristiques et les plus fréquentées de la ville. Aux nos 52, 54 et 56 s'élève la façade du 15e s. de l'**hôtel Morel-Sauvegrain**, maison de la nourrice de Charles le Téméraire.

Au no 40, un portail classique contraste avec l'élégante façade à arcatures (13e s.) de l'**hôtel Aubriot★**, bâti par l'un des premiers banquiers de Dijon. Notez les ouvertures triangulaires aménagées pour le change (le sol de la rue a été rehaussé), puis reculez pour admirer le toit de tuiles polychromes vernissées. C'est dans cet hôtel que naquit Hugues Aubriot, gouverneur de Dijon en 1364 et prévôt de Paris sous Charles V; il fit notamment construire la Bastille et voûter les premiers égouts. L'hôtel particulier fut reconstitué en 1908, dans le goût du Moyen Âge, pour le poète Stéphen Liégeard.

En face, au no 8 de la rue Stéphen-Liégeard, remarquez la **maison Chisseret** et sa façade Renaissance.

De retour dans la rue des Forges, vous apercevrez au no 38 la **maison Maillard dite Milsand**, à la façade Renaissance richement décorée. Elle fut édifiée en

DIJON ET LA CÔTE

SE LOGER

- Hostellerie Le Sauvage 9
- Hôtel des Ducs 1
- Hôtel Le Thurot 7
- Hôtel Montigny 3
- Hôtel République 15
- Hôtel Victor Hugo 11
- Hôtel Wilson 13
- Maison Philippe le Bon 17
- Quality Hotel du Nord Dijon Centre 5
- Vertigo Hôtel-spa 12

DIJON

1

SE RESTAURER

- Brasserie des Loges 1
- La Dame D'Aquitaine 10
- Le DZ'Envies 4
- L'Édito 16
- La Fringale 6
- La Maison des Cariatides.... 19
- Masami 8
- Restaurant et Caveau de la Porte Guillaume...... 17
- So.......................... 5
- Stéphane Derbord.......... 15
- Villa Vauban 7

DIJON ET LE 11 SEPTEMBRE

Le 11 septembre 1513, Dijon, assiégée par les Suisses, fait appel en désespoir de cause à la Vierge, par la procession de la statue de Notre-Dame de Bon-Espoir. Le surlendemain, le siège est levé *(la tapisserie offerte alors comme ex-voto se trouve au musée des Beaux-Arts).* Quelque 400 ans plus tard, le 11 septembre 1944, Dijon est libérée sans dommages de l'occupation allemande. Une seconde tapisserie, exécutée aux Gobelins et évoquant les deux libérations de la ville, est de nouveau offerte en ex-voto. Elle est suspendue dans l'église Notre-Dame, sous l'orgue. Le 11 septembre reste aujourd'hui encore un jour de commémoration à Dijon.

1561 pour le vicomte-maïeur Jean Maillard, le maïeur étant le premier magistrat municipal. Le niveau supérieur est attribué à l'architecte-sculpteur et maître menuisier Hugues Sambin, formé à Fontainebleau. Remarquez les choux bourguignons, les fleurs et les têtes sur serviettes qui encadrent les fenêtres. Au n° 34, l'**hôtel Chambellan** fut bâti par une riche famille de drapiers. Cet édifice du 15e s. constitue un bel et surprenant exemple d'architecture civile, révélateur de la fortune de ses propriétaires. La cour (galeries de bois de style gothique flamboyant) est fermée en raison de travaux.
Une fois devant l'office de tourisme, tournez à gauche vers la place Notre-Dame.

★ Église Notre-Dame C1

Pl. Notre-Dame - 03 80 30 45 02 - http://notre-dame-dijon.blogspot.fr - - visites hors offices et célébrations exceptionnelles.

L'édifice est un bel exemple de l'architecture gothique en Bourgogne (1230-1250), pour lequel le maître d'œuvre, ne disposant que d'un espace restreint, s'est livré à des prouesses techniques. « Chef-d'œuvre de raison », selon Viollet-le-Duc, elle fit l'objet d'une restauration importante sous le Second Empire.

Extérieur – En façade, au-dessus du porche monumental à trois baies, courent deux galeries d'arcatures, soulignées de trois rangées de **gargouilles** (19e s.). Les portails ont été martelés en 1794. Sur la gauche, un diable aux yeux exorbités fixe l'Est, l'Orient, symbole du Christ triomphant des ténèbres. Deux élégantes tourelles desservent les tours masquées par la façade : celle de droite porte une jolie curiosité : le **Jacquemart,** un automate mû par une horloge et frappant sur une cloche, a une curieuse histoire. Il est rapporté par Philippe le Hardi comme prise de guerre en 1382, à Courtrai, après sa victoire sur les Flamands révoltés contre Charles VI. Son nom de Jacquemart, qui désigne « lome qui fiert du martel la cloiche de lorreloige », n'apparaît qu'en 1458. Les Dijonnais s'avisent alors que le célibat doit peser à ce pauvre homme : en 1651, on lui adjoint une compagne, Jacqueline. En 1714, le spirituel poète Aimé Piron s'apitoie sur ces braves époux qui semblent avoir fait vœu de chasteté ; naissent alors un fils, Jacquelinet, « dont le marteau frappe la dindelle », puis, en 1884, une fille, Jacquelinette, qui sonne les quarts d'heure.

Intérieur – L'ensemble est très harmonieux : remarquez le triforium aux délicates colonnettes fuselées, la hauteur de la tour-lanterne à la croisée du transept et la hardiesse du chœur terminé par une abside polygonale. Dans la croisée du transept, **la lanterne** culmine à 34,20 m. Au croisillon gauche, le registre horizontal a conservé ses beaux vitraux du 13e s. Une fresque du 15e s. se détache à ses côtés. La chapelle à droite du chœur abrite la **statue de Notre-Dame de Bon-Espoir**. Le siège, les pieds et les mains de l'Enfant Jésus ont disparu. Son visage fut peint en noir pour une raison inconnue. Cette Vierge du 11e s. est l'objet d'une vénération particulière. On lui attribue une intervention divine dans la levée des sièges du 11 septembre (1513 et 1944, voir encadré p. 42). C'est surtout l'une des plus anciennes statues de Vierge en bois connue en France.

★ Quartier Notre-Dame B-C1

La **rue Musette** donne un peu de recul sur la façade de l'église et conduit à la place **Grangier**, occupée par de beaux édifices : la Poste, œuvre de Louis Perreau, architecte également de l'immeuble Art nouveau d'en face, orné d'une originale toiture en pagode *(à l'angle de la rue du Temple et de la rue du Château).*

Au bout de la rue de la Musette se trouvent les **halles**. Depuis le Moyen Âge, les marchands se regroupaient dans ce quartier, mais ce n'est qu'à la Révolution que fut bâti un marché couvert. Il fut installé dans l'ancienne église des Jacobins. Les nouvelles halles furent achevées en 1875. Inspirée des Halles de Paris, leur architecture métallique abrite aujourd'hui encore un marché animé *(mar., jeu., vend. et sam. mat.).*

Vous pouvez prolonger la promenade par la rue Musette jusqu'aux Halles. Pour poursuivre le circuit, revenez sur vos pas et longez l'église par sa gauche.

La **rue de la Chouette** dégage une vue d'ensemble sur la belle ordonnance du chevet. Sur un contrefort de la chapelle Chambellan (15e s.), on aperçoit l'oiseau sculpté, et poli par le temps, qui a donné son nom à la rue. Selon la tradition, il exauce un vœu si on le caresse de la main gauche. Très usée car vénérée par les Dijonnais depuis le début du 16e s., sa popularité en a fait le symbole du parcours qui porte son nom. Observez la maison à pans de bois au n° 10, la **maison Millière.** Construite en 1483, elle accueille aujourd'hui une boutique de la moutarderie Fallot et un salon de thé agrémenté d'un jardin intérieur (*voir « Nos adresses », p. 56).*

1

★ Hôtel de Vogüé C1

Situé au n° 8, c'est l'un des premiers hôtels parlementaires de Dijon. Il fut édifié au tout début du 17e s. Admirez sa jolie toiture en tuiles vernissées. Un portique à la riche décoration Renaissance s'ouvre sur la cour intérieure qui permettait l'accès des jardins aux carrosses.

★ Rue Verrerie C1

Elle doit son nom actuel à l'installation de maîtres verriers sous les arcades des rez-de-chaussée. Parmi de nombreuses maisons à pans de bois, les nos 8, 10 et 12 constituent un bel ensemble où l'on voit des poutres horizontales sculptées (appelées sablières). Des magasins de décoration et de design y ont élu domicile.

Vous pouvez prolonger la promenade par la rue de la Chaudronnerie.

Au n° 28, 12 statues décorent la façade de la **maison des Cariatides** (C1), édifiée en 1603.

Faites un crochet aux nos 39 et 41 de la **rue Vannerie** pour voir deux des plus beaux hôtels de la fin du 18e s. de la cité. Au n° 66 se trouve un hôtel Renaissance avec trois fenêtres ornées de sculptures près d'une logette à l'exubérant décor dû à Hugues Sambin.

La rue Vannerie conduit à la place St-Michel où se trouve l'église du même nom.

★ Église St-Michel D2

Extérieur – De style gothique flamboyant, conçue par le maître d'œuvre Louis Gilbert, cette église consacrée en décembre 1529 a connu des embellissements avec sa **façade★** décorée en pleine Renaissance et plusieurs remaniements avec ses deux tours achevées au 17e s. Les quatre étages aux fenêtres ornées de colonnes se terminent par une balustrade surmontée d'une lanterne coiffée d'une boule de bronze. La façade, où se superposent les trois ordres classiques, est majestueuse.

Le porche, en forte saillie, s'ouvre par trois portails aux voûtes en caissons sculptés. Sur toute la longueur de sa partie supérieure se développent une large frise de rinceaux et de grotesques, des ornements faits d'arabesques et des motifs végétaux enroulés. Au-dessous, dans les médaillons, se détachent les bustes des prophètes Daniel, Isaïe, Ézéchiel, ceux de Baruch, de David, avec sa harpe, et de Moïse portant les Tables de la Loi.

Le portail de droite, de 1537, est le plus ancien des trois. Le Jugement dernier, représenté sur le tympan du portail central, est l'œuvre du Flamand Nicolas de La Cour. Sur les vantaux de la porte figure *L'Adoration des mages et des bergers.* La statue de saint Michel, adossée au trumeau, est une œuvre du 16e s. qui remplaça la statue primitive détruite à la Révolution. Elle repose sur une console dont les sculptures s'inspirent de coutumes païennes et de textes sacrés ; on peut identifier David, Lucrèce, Léda et le cygne, Hercule combattant le lion de Némée, Apollon, Vénus, Judith, le jugement de Salomon, saint Jean-Baptiste, le Christ apparaissant à Marie-Madeleine.

Intérieur – Admirez la hauteur du chœur dépourvu de déambulatoire (comme à St-Bénigne) et ses boiseries du 18e s. Remarquez quatre toiles de **Franz Kraus**, peintre allemand du 18e s. : dans le transept nord, *L'Adoration des bergers* et *La Fuite en Égypte* ; dans la chapelle du St-Sacrement (qui abrite un bel autel flamboyant), *L'Adoration des Mages* et *La Présentation au Temple* destinés à la charteuse de Champmol. Le reste de la série, *L'Annonciation* et *La Visitation*, se trouve au musée d'Art sacré. Deux tableaux de Nicolas Bertin, *Jésus chez Marthe* et *Marie et l'annonciation* (1736 pour les deux), proviennent du couvent des Ursulines. Dans la dernière chapelle à gauche en sortant, remarquez le fragment d'une *Mise au tombeau* du 15e s. Admirez les vitraux du chœur et de la croisée du transept, de l'atelier Lobin à Tours, les boiseries établies entre 1730 et 1783, et le grand orgue datant de 1699.

★ Musée Rude C2

8 r. Vaillant - ✆ 03 80 48 64 83 - https://beaux-arts.dijon.fr - ♿ - juin-sept. : 10h-18h30 ; reste de l'année : 9h30-18h - fermé mar., 1er janv., 1er et 8 Mai, 14 juil., 1er et 11 Nov., 25 déc. - possibilité de visite guidée (1h) - gratuit.

Situé dans le transept de l'**église St-Étienne**, le musée Rude (une seule salle) présente les œuvres du sculpteur dijonnais (1784-1855). On peut notamment y admirer le moulage spectaculaire, grandeur nature, du *Départ des volontaires de 1792* (ou *La Marseillaise*), haut-relief qui orne l'Arc de triomphe à Paris. Des fouilles dans le chœur de l'église ont révélé des vestiges gallo-romains.

La Nef C2

1 pl. du Théâtre - ✆ 03 80 48 82 55 - www.bm-dijon.fr - ♿ - juil.-août : 14h-18h, sam. 10h-12h, 14h-17h ; reste de l'année : 11h-18h, sam. 10h-17h - fermé dim.-lun. et j. fériés.

Situé dans l'ancienne **église St-Étienne**, ce centre culturel ouvert en 2009 abrite une bibliothèque municipale et le pôle documentaire du musée des Beaux-Arts. Dans ce qui était le cloître de l'église, diverses expositions temporaires sont présentées au public. Sur le parvis, des terrasses de café attirent la jeunesse dijonnaise face aux colonnes néoclassiques du **Grand Théâtre**, inauguré en 1828.

Par la place du Grand-Théâtre et la rue Rameau, rejoignez la place de la Libération.

La place François-Rude, aussi appelée place du Bareuzai, donne accès à la rue des Forges.
RnDmS/iStock

1

★ AUTOUR DU PALAIS DE JUSTICE Plan de ville p. 40-41

Circuit tracé en vert sur le plan de ville (p. 40-41) – Comptez 30mn (sans la visite des musées). Secteur centré autour de l'ancien parlement (actuelle cour d'appel) : c'est ici le périmètre des « gens de robe ».
Partez de la place de la Libération et prenez, au sud, la rue Vauban.
Au n° 12, remarquez l'**hôtel Bouhier**, une demeure classique avec, derrière un portail monumental, une cour intérieure et une façade ornée de pilastres et de frontons. En face, la place St-Fiacre tire son nom d'un hôpital dédié au saint guérisseur accueillant les pèlerins *(emplacement au n° 13 r. Vauban)*.
Au n° 21, vous apercevez la façade de l'**hôtel Legouz-de-Gerland**, de style Renaissance, parée de quatre échauguettes ; la cour intérieure est de style classique, et rappelle la place Royale (actuelle place de la Libération). Legouz de Gerland était maître de la garde-robe de la dauphine en 1690.
Au n° 29 de la rue de l'Amiral-Roussin, l'**hôtel de Bretagne** présente une élégante cour qu'enjambe une balustrade incurvée. Juste à côté, vous verrez une belle porte au n° 27. Remarquez également la façade de l'**hôtel**

TUILES VERNISSÉES

De superbes toits de tuiles polychromes parent la ville de Dijon. Symboles de prestige, ils apparurent au 13e s. sur les cathédrales, puis sur les résidences princières. La mode passa puis revint aux 16e et 17e s., lorsque les parlementaires couvrirent le toit de leurs hôtels de riches parures. Ils furent encore appréciés à l'époque de l'Art nouveau : voyez les villas bâties cours du Parc, rue Devosge, rue Lecoulteux et rue de Rouen. En dehors de la cathédrale St-Bénigne, vous pourrez admirer ces toits dans le centre-ville, en vous promenant dans les rues d'Assas, des Forges, de la Chouette, des Cordeliers, de la Préfecture et Jeannin. *Pour en avoir une liste exhaustive, demandez le dépliant sur les toits vernissés à l'office de tourisme.*

Fyot-de-Mimeure, au n° 23, raffinée pour les uns, chargée pour les autres, dans une jolie cour intérieure (milieu du 16e s.).

Revenez ensuite sur vos pas jusqu'à l'angle de la rue Vauban et de la rue de l'Amiral-Roussin : au n° 16 s'élève une charmante maison à pans de bois, restaurée en 1900 par un ébéniste (remarquez les bas-reliefs). Celle-ci est originale par les sculptures en plis couchés de ses volets, ses deux poutres cornières ornées chacune d'une tête et sa fenêtre à droite surmontée d'une frise historiée.

Continuez jusqu'à la place Jean-Macé, où se situe, à l'angle de la rue Charrue, **l'hôtel de Vienne.** *Empruntez ensuite la rue Berbisey.*

Au n° 3, l'**hôtel de Sassenay** est un vaste hôtel parlementaire reconstruit à la fin du 17e s. Son avant-corps, pourvu d'une travée centrale rehaussée d'une haute arcade et d'une tourelle pentagonale forme un ensemble élégant.

Prenez à gauche rue Victor-Dumay, puis, à droite, la rue Ste-Anne.

★ Musée de la Vie bourguignonne B2

17 r. Ste-Anne - ✆ 03 80 48 80 90 - http://vie-bourguignonne.dijon.fr - ♿ - 9h30-12h30, 14h-18h - fermé mar., certains j. fériés - possibilité de visite guidée sur demande (1h) 6 € - gratuit.

Les mannequins, la reconstitution des boutiques du 19e s., les vieilles réclames plairont beaucoup aux enfants. Un parcours spécifique leur est d'ailleurs proposé.

Jouxtant le musée d'Art sacré, il est situé dans les bâtiments du **couvent des Bernardines**, premier monastère cistercien de femmes, fondé au 12e s. et transféré à Dijon en 1623. On y accède par l'ancien cloître, et son très joli **jardin des Apothicaires**.

Le rez-de chaussée retrace l'histoire locale grâce à des pièces d'ethnographie régionale et urbaine rassemblées par le collectionneur Perrin de Puycousin (1856-1949). Mannequins de cire, mobilier, objets ménagers évoquent, dans une mise en scène très soignée, les grands thèmes de la vie domestique. Au premier étage, le spectacle de la rue est superbement évoqué par la reconstitution de onze commerces dijonnais de l'époque, tels le salon de coiffure, l'épicerie, le marchand de jouets ou la boucherie. Dans la partie consacrée à la vie industrielle sont exposés de nombreux objets et une intéressante maquette d'une fabrique du 19e s. Une galerie est dédiée à l'histoire de la moutarde. Enfin, la galerie des bustes des personnalités marquantes de la Bourgogne témoigne de son importance dans les siècles passés.

★ Musée d'Art sacré B2

15 r. Ste-Anne - ✆ 03 80 48 80 90 - https://art-sacre.dijon.fr - 9h30-12h30, 14h-18h - fermé mar., certains j. fériés - possibilité de visite guidée sur demande (1h) - gratuit.

Remarquable par son originalité architecturale, l'ancienne église du monastère Ste-Anne (fin 17e s.), de plan circulaire et au dôme visible de loin, abrite du mobilier recueilli dans la Côte-d'Or depuis vingt ans : sculptures, peintures, crucifix finement décorés d'émaux de Limoges, calices, ornements sacerdotaux, statues de bois, dont une Vierge en majesté (fin 12e s.), et un élégant autel baroque de 1769. Orfèvrerie et objets de culte du 13e au 19e s. sont mis en valeur dans de grandes vitrines. Le maître-autel en marbre et stuc, exécuté par le sculpteur dijonnais Jean Dubois en 1672 sur le thème de la Visitation de la Vierge à sainte Élisabeth constitue la pièce majeure. Les deux statues de bronze sont placées sous un baldaquin en porphyre de Bourgogne. Les chapelles St-Benoît et du Saint-Sacrement se distinguent par les éléments qui ont été ajoutés à leurs autels. Une collection de vêtements et reliquaires des 18e et 19e s. conclut la visite de l'église.

Remontez la rue Ste-Anne jusqu'à la **chapelle des Carmélites**. *Seule la façade baroque (1642) est visible aujourd'hui.*
Prenez la rue Victor-Dumay à droite, vers la place des Cordeliers, puis empruntez la rue Hernoux à gauche. Vous retrouvez la rue de l'Amiral-Roussin, que vous prendrez à droite jusqu'à ce qu'elle devienne la rue de l'École-de-Droit. Au nº 3 siège le collège des Godrans.

Collège des Godrans C2

3 r. de l'École-de-Droit - ✆ 03 80 48 82 30 - vac. scol. : 14h-18h, w.-end 10h-12h, 14h-17h ; reste de l'année : tlj sf dim. 11h-18h, sam. 10h-17h - fermé lun. et j. fériés - gratuit - entrée libre.
La chapelle (17e s.) de l'ancien collège des Godrans, fondé au 16e s. par la riche famille dijonnaise éponyme et dirigé par les jésuites, abrite la bibliothèque patrimoniale et d'études ainsi que l'académie des sciences, arts et belles lettres. Riche de plus de 500 000 volumes, elle conserve de précieux manuscrits enluminés, en particulier ceux qui furent exécutés à la Révolution. La **salle de lecture** est l'une des plus belles de France.
Dans la cour *(accessible, entrée au n° 5)*, remarquez un joli **puits d'Amour** (16e s.). Des expositions, animations et visites guidées présentant à la fois des documents patrimoniaux et les magasins de conservation des 17e et 18e s. sont régulièrement proposées.
Remontez la rue du Palais jusqu'au n° 8 où se trouve l'entrée du palais de justice.

1

Palais de justice C2

Dans ce bâtiment siégeait le parlement de Bourgogne. La **façade à pignon**, de style Renaissance, comprend un porche soutenu par des colonnes. La porte, ciselée de guirlandes et de trophées et dotée d'une cariatide, est une copie (l'original, de Sambin, est conservé au musée des Beaux-Arts). À l'intérieur, la vaste salle des Pas-Perdus possède une **voûte★** en carène de bateau. La chambre Dorée, siège de la cour d'appel, est ornée d'un plafond aux armes de François Ier (1522). À l'opposé de l'entrée, la petite chapelle du St-Esprit est fermée par une clôture de bois sculptée par Sambin.
Remontez la rue Philippe-Pot et tournez à gauche rue des Bons-Enfants.

★ Musée Magnin C2

4 r. des Bons-Enfants - ✆ 03 80 67 11 10 - https://musee-magnin.fr - 10h-12h30, 13h30-18h - fermé lun., 1er janv., 25 déc. - possibilité de visite guidée sur demande (1h) - 3,50 € (-26 ans gratuit) - gratuit 1er dim. du mois - 5,50 € pdt expositions temporaires.
Installé dans l'élégant **hôtel Lantin** du 17e s., ce musée garde le caractère d'une demeure d'amateurs d'art. **Maurice Magnin**, haut magistrat passionné de peinture, et sa sœur Jeanne, peintre amateur et critique d'art, se sont attachés entre 1890 et 1938 à réunir des noms peu connus et à valoriser des talents cachés. La collection de tableaux (près de 1 500 pièces) présente, à côté de grands maîtres, des œuvres fort bien sélectionnées d'artistes moins illustres. L'accrochage est dense, usage qui prévalait au 19e s. Dans la bibliothèque trônent mobiliers et objets d'art. La salle Hollandaise est consacrée à la **peinture nordique** des 16e et 17e s., dont Le *Festin des dieux* de Jan van Bijlert. Dans la salle Zénithale, disposant d'un puits de lumière, la **peinture italienne** est mise à l'honneur avec des tableaux de Girolamo di Benvenuto, Allori, Strozzi ou Tiepolo.
Un grand escalier mène au 1er étage où sont regroupés les **peintres français** de la fin du 16e au 19e s. : Claude Vignon, Laurent de La Hyre, mais aussi le *Portrait de fillette en Diane chasseresse* d'Abraham van den Tempel, et beaucoup

d'autres comme Eustache Le Sueur, Sébastien Bourdon, J.-B. de Champaigne, Girodet, Géricault, Gros… Le **mobilier**, du début du 18e s. jusqu'au Second Empire, confère à ce « cabinet d'amateurs » une ambiance intimiste qui favorise l'appréciation des œuvres. Le tintement régulier des pendules rappelle que la demeure fut habitée deux siècles durant.

La rue des Bons-Enfants ramène à la place de la Libération.

De la place du Théâtre sur la droite, vous pouvez choisir de redescendre la rue Chabot-Charny qui abrite de nombreux hôtels particuliers (**hôtel des Barres** au n° 43, **hôtel de Cirey** au n° 62, **hôtel Villedieu de Torcy** au n° 64), jusqu'aux vestiges de **la porte St-Pierre** (1768) et l'élégante **place Wilson**. De là partent le large **cours du Général-de-Gaulle** et la rue de Longvic qui mène au **Consortium.**

Le Consortium Centre d'art D3

37 r. de Longvic - ✆ 03 80 68 45 55 - www.leconsortium.fr - ♿ - 14h-18h, vend. 14h-20h - fermé lun.-mar., j. fériés - possibilité de visite guidée (45mn) - 4 € (-18 ans gratuit), gratuit vend. 17h-20h - visites commentées gratuites vend. 18h30, 1er jeu. du mois 12h30 sur réserv. ; vac. scol. (zone A) : merc. 15h (6-10 ans accompagnés sur réserv.).

Installé dans une ancienne usine de L'Héritier-Guyot, le centre d'art contemporain présente depuis 1977, sur plus de 4 000 m², des expositions temporaires et des spectacles. Doté d'une extension imaginée en 2011 par les architectes Shigeru Ban et Jean de Gastines, le bâtiment de verre et béton fut le premier à avoir exposé en France les artistes Daniel Buren ou Cindy Sherman.

★ AUTOUR DE ST-BÉNIGNE Plan de ville p. 40-41

Comptez 40mn. Ce parcours vous fera découvrir une autre partie du centre-ville, autour de la gare.

★★ Cathédrale St-Bénigne B2

6 r. Danton - ✆ 03 80 30 39 33 - http://cathedrale-dijon.fr - 8h30-19h30, sam. 8h30-18h (en dehors des offices) - possibilité de visite guidée (1h).

Cette ancienne abbatiale est de pur style gothique bourguignon. En l'an 1001, l'abbé **Guillaume de Volpiano** fit bâtir sur les ruines d'une église une grande basilique romane, consacrée en 1018, que complétait une rotonde. En 1271, le bâtiment s'effondra et sa rotonde resta obstruée ; l'édifice gothique actuel fut alors construit contre la rotonde. Cette dernière ne survécut que partiellement à la Révolution. Remis au jour à partir de 1843, l'étage inférieur demeure l'un des témoins du sanctuaire roman. Il est surmonté d'une sacristie datant des années 1860.

L'église gothique possède une **façade** occidentale à contreforts massifs et saillants, que bornent deux grosses tours couronnées de deux étages octogonaux aux toits à pans coupés couverts de tuiles polychromes. Sous le porche, surmonté d'une petite galerie délicatement ajourée, l'encadrement du portail roman du 12e s. subsiste au milieu de la façade gothique. Il est orné d'un tympan des frères Bouchardon (18e s.) provenant de l'ancienne église St-Étienne. La croisée du transept est dominée par une flèche haute de 93 m, refaite en 1896, dans le style flamboyant.

L'**intérieur** présente des lignes très sobres et en impose par son ampleur : chapiteaux non sculptés, arcades du triforium simplement moulurées, colonnettes continues de la voûte jusqu'au sol dans la croisée du transept et jusqu'au sommet des massifs piliers ronds dans la nef principale. Dépouillée de ses œuvres d'art à la Révolution, St-Bénigne a accueilli des sculptures, de très nombreuses pierres tombales provenant d'autres églises de Dijon et les restes des ducs de Bourgogne. Voyez aussi les orgues (1743) de Charles et Robert Riepp (facteurs allemands installés à Dijon en 1735) et le beau maître-autel néoclassique.

★★ **Crypte romane** – *Pl. St-Bénigne - ✆ 03 80 30 39 33 - www.cathedrale-dijon.fr - 9h30-18h, sam. 9h30-16h, dim. 14h-18h - possibilité de visite guidée sur demande - 2 €.*
Les vestiges de la rotonde romane se limitent à une partie de transept hérissé à l'est de quatre absidioles et creusé au centre d'une fosse contenant les restes du sarcophage de saint Bénigne. Mort au 3e s., il est le premier martyr bourguignon et son tombeau est un but de pèlerinage le 20 novembre.
Cette sépulture fait face à une large ouverture sur l'étage inférieur de la rotonde, dont l'architecture hautement symbolique reprend celle conçue au 4e s. pour le tombeau du Christ à Jérusalem (seules huit rotondes de ce type sont connues au monde). Trois cercles de colonnes rayonnent depuis le centre, quelques-unes ayant conservé leurs chapiteaux primitifs, rares témoignages de la sculpture préromane. L'extrémité est de la rotonde donne accès à une chapelle du 6e s. qui pourrait être une *cella* (sanctuaire).

★ Musée archéologique B2

5 r. du Dr-Maret - ✆ 03 80 48 83 70 - https://archeologie.dijon.fr - avr.-oct. : tlj sf mar. 9h30-12h30, 14h-18h ; reste de l'année : merc. et w.-end 9h30-12h30, 14h-18h - fermé certains j. fériés - possibilité de visite guidée sur demande (1h) - gratuit.
Occupant l'aile orientale du cloître disparu de l'ancienne abbaye de St-Bénigne, vous trouverez dans le square, seul vestige des jardins de l'ancienne abbaye, des sarcophages mérovingiens des 5e et 6e s. Suite aux travaux du tramway, des fouilles ont mis au jour plusieurs vestiges d'envergure, datant du 14e s. au 19e s.

Niveau 2 – C'est là que commence la visite. Des vestiges mobiliers de différentes périodes, depuis le paléolithique jusqu'à l'époque mérovingienne, sont présentés dans les cellules du 17e s. Parmi ceux-ci figurent des poteries de la culture chasséenne (néolithique bourguignon), des fragments d'os, une tombe à incinération, un **bracelet en or** massif trouvé à **La Rochepot** (9e s. av. J.-C.), et le **trésor de Blanot★**, composé d'objets de l'âge du bronze final (ceinture, jambières, collier, bracelet).
Remarquez des sculptures régionales de dieux gallo-romains, une très jolie petite frise représentant les **déesses mères d'Alésia**, ainsi qu'un ex-voto en tôle de bronze mentionnant un culte au dieu Videtillus, vénéré à Dijon (Divio) sous le Haut-Empire. Une évocation de la vie quotidienne à l'époque gallo-romaine (fouilles du site de Mâlain), et des rites funéraires pendant la période mérovingienne permet d'imaginer les coutumes des civilisations qui ont précédé la nôtre.

Niveau 1 – La visite se poursuit au niveau 1. L'ancien **dortoir des moines★**, de style gothique (13e s.), est consacré à la **sculpture médiévale★★** de la région : le buste du Christ, réalisé par Claus Sluter pour le calvaire de la chartreuse de Champmol *(voir p. 52)*, voisine avec des fragments architecturaux ; au fond de la travée, le Christ en croix (vers 1410), attribué à Claus de Werve, et les deux tympans romans proviennent de St-Bénigne.

Sous-sol – Pour terminer votre visite, ne manquez pas de vous rendre au sous-sol : de superbes salles romanes du début du 11e s. (époque de Guillaume de Volpiano) y abritent des sculptures gallo-romaines.
Dans la première, ancienne salle capitulaire de l'abbaye, trône en majesté sur sa barque la **déesse Sequana★**, statuette en bronze trouvée avec le Faune dans les fouilles du sanctuaire des sources de la Seine (*Sequana* est le terme gaulois désignant la Seine). Ce sanctuaire était fréquenté à l'époque gallo-romaine (1er s. av. J.-C. - fin 4e s. apr. J.-C.).

1

Dans la deuxième salle, on trouve une remarquable **série d'ex-voto★** en bois miraculeusement préservés, qui illustrent les croyances populaires gallo-romaines en Bourgogne au début de l'ère chrétienne *(voir Sources de la Seine p. 464)*. Ces figures sculptées, qui datent du 1er s. av. J.-C., représentent des parties du corps humain. Elles étaient déposées par les pèlerins venus demander la guérison à la source sacrée.

Après la salle capitulaire, l'ancien **scriptorium★**, du début du 11e s., contient des ex-voto en pierre et des monuments funéraires fragmentés dont un ensemble lapidaire unique : 103 blocs avec notamment des stèles funéraires mettant en évidence des rares pièces de polychromie. La collection, provenant de *Divio* dès le 1er s. apr. J.-C., a fait l'objet d'un important travail de restauration.

Église St-Philibert B2

Édifiée au 12e s. et dotée d'une flèche de pierre au 16e s., on peut apprécier le travail en « roman fleuri » du portail occidental et son bel **intérieur★** de style roman bourguignon. Longtemps désaffectée, l'église est accessible depuis 2016 dans le cadre de visites guidées organisées par l'office de tourisme *(se rens. auprès de l'OT, voir p. 30)*.

★ Jardin des Sciences A2

14 r. Jehan-de-Marville - 1 av. Albert-1er - ☎ 03 80 48 82 00 - ♿ - 9h-12h30, 14h-18h, w. end 14h-18h - fermé mar., 1er janv., 1er et 8 Mai, 1er et 11 Nov., 25 déc.

Situé à deux pas de la gare, le vaste parc de l'Arquebuse – dédié aux sciences de la nature, de la terre, du vivant et de l'univers – comporte plusieurs pôles d'intérêt.

★ **Muséum de la Ville de Dijon** – Fondé en 1836 par Léonard Nodot, un Dijonnais passionné de nature, le muséum occupe le pavillon de l'Arquebuse, ancienne caserne des arquebusiers dijonnais construite en 1608. Entièrement rénové, le lieu interroge sur les enjeux de la biodiversité et la fragilité de l'environnement. Des installations multimédias scientifiques et interactives rendent le parcours très ludique.

Au rez-de-chaussée, l'histoire géologique bourguignonne est à l'honneur, avec une maquette donnant des repères sur quelque 300 millions d'années et de beaux spécimens de roches et de fossiles.

Le 1er étage est consacré à la diversité du monde animal grâce à un bel ensemble de **dioramas★** des animaux naturalisés, posés dans des décors soigneusement reconstitués, illustrant les principaux écosystèmes de la Côte-d'Or, mais aussi ceux d'autres parties du monde (toundra, prairie, désert, savane, forêt tropicale, etc.). Prenez également le temps d'apprécier la salle d'entomologie (étude des insectes) et sa collection de **papillons**. À l'issue de la visite, allez jeter un coup d'œil aux expositions temporaires du **pavillon du Raines**, près du planétarium.

Planétarium– Une exposition permanente et des projections de films sous un dôme de 10 m de diamètre explorent l'univers, le système solaire et l'origine de la Terre. Au rez-de-chaussée, un parcours ludique, pédagogique et documenté enseigne en 13 leçons comment inventer le futur. Au 1er étage, « Des étoiles à notre terre » raconte la genèse de notre planète, son fonctionnement et les matériaux qui la composent.

★ **Jardin botanique** – La flore de Bourgogne est devenue le thème central de ce jardin, fondé en 1773, qui réunit près de 4 000 espèces végétales et des parterres de fleurs parcourus d'allées ombragées. à l'ouest du jardin, l'arboretum accueille de remarquables essences exotiques. L'école de botanique vous accompagne dans la découverte de plantes sauvages, alimentaires et de la biodiversité. Parcourez les orangeries, les serres et le jardin de roche ;

Le Puits de Moïse, situé au centre du cloître de la chartreuse de Champmol.
Ch. Lehenaff/Photononstop

admirez, le long de l'avenue Albert-Ier, la **roseraie**. Ateliers, rencontres-débats, tables d'orientation, expositions temporaires et concours photo sensibilisent à l'écocitoyenneté.

Square Darcy AB1

Malheureusement, le manque d'entretien et les incivilités de certaines personnes peuvent rendre la promenade pénible, de jour comme de nuit.

Il doit son nom à l'ingénieur qui, en 1839, dota Dijon en eau potable et fut à l'initiative du passage de la ligne ferroviaire PLM. Le parc s'ouvre sur une réplique de l'**Ours blanc** du sculpteur bourguignon Pompon *(voir aussi Saulieu, p. 264)*. Bassins et cascades, vasques, terrasses à balustrades s'étagent dans un décor de verdure composé de massifs floraux et d'essences végétales.

Face au parc s'étend la **place Darcy** avec son arc de triomphe : la porte Guillaume. Datant du 18e s., elle était à l'origine intégrée aux remparts de la ville, mais ces derniers furent détruits au 19e s. La porte de style classique marque l'entrée dans la vieille ville. Dans son prolongement part la rue de la Liberté.

À l'extérieur du centre historique Plan de ville p. 40-41

★★★ Puits de Moïse A2 (en direction)

1 bd du Chan.-Kir - ✆ 0 892 70 05 58 - www.destinationdijon.com - avr.-oct. : 9h30-12h30, 14h-17h30 ; reste de l'année : 9h30-12h30, 14h-17h - fermé 1er janv., 25 déc. - possibilité de visite guidée sur demande (1h30) - 3,50 € (-18 ans gratuit).

À l'extérieur de la ville : En voiture, entrez avec votre véhicule dans le centre hospitalier de la Chartreuse (accès fléché depuis le centre-ville), puis suivez les indications dans l'enceinte de l'hôpital jusqu'au parking devant l'entrée du Puits (antenne de l'OT de Dijon).

Accès possible (fléché) également à pied depuis les jardins de l'Arquebuse.

Ce chef-d'œuvre de la sculpture médiévale est situé au milieu de l'ancien grand cloître de la **chartreuse de Champmol**. Alors que les premiers ducs de Bourgogne étaient inhumés à Cîteaux, Philippe le Hardi, désirant pour sa

dynastie une nécropole d'envergure royale, fonda cette chartreuse en 1383. Ce fastueux ensemble, réalisé par les meilleurs artistes de l'époque, fut détruit en 1793, et avec lui disparurent la plupart des trésors d'art qu'il contenait.
Hormis les tombeaux et retables exposés dans la salle des tombeaux des ducs de Bourgogne du musée des Beaux-Arts *(p. 35)* et le buste du Christ conservé au Musée archéologique *(p. 49)*, seules deux œuvres du célèbre sculpteur **Claus Sluter**, chef de file de l'école burgondo-flamande, ont échappé au désastre. Vous les verrez dans le parc de cet établissement psychiatrique qui occupe, depuis 1833, le site du monastère médiéval.
Le **puits de Moïse** est un édifice hexagonal en brique et pierre du 17e s. Il abrite cette sculpture à laquelle sont attachés les noms de Claus Sluter et de son neveu Claus de Werve. Il traduit l'exceptionnel rayonnement de la sculpture bourguignonne à l'époque médiévale. Symbole de la source de vie, le puits de Moïse servait de piédestal à un monumental calvaire, exécuté de 1395 à 1405, dont la partie supérieure disparut au 17e s. Vous pourrez donc admirer la partie basse du calvaire : une colonne hexagonale de 7 m de haut baignant dans un bassin alimenté par une source. Six grandes statues de Moïse et des prophètes David, Jérémie, Zacharie, Daniel et Isaïe sont adossées à la colonne. Un minutieux travail de restauration a rendu à ces sculptures d'un réalisme saisissant quelques traces bien visibles de polychromie. La figure de **Moïse**, la plus impressionnante peut-être, a donné son nom au monument. Chacun, dans une attitude différente, exprime son affliction devant la Passion du Christ avec une touchante vérité. L'ampleur et le mouvement des drapés préfigurent la sculpture baroque. Comme la plupart des pleurants du cénotaphe de Philippe le Hardi, les anges qui s'abritent sous la corniche sont l'œuvre de Claus de Werve.
Porte d'entrée de la chapelle construite au 19e s., **le portail**★ de l'ancienne chapelle compte cinq statues réalisées par Claus Sluter entre 1389 et 1394. De chaque côté de la Vierge à l'Enfant, placée sur le trumeau, le duc Philippe le Hardi et la duchesse Marguerite de Flandre sont représentés agenouillés, assistés de saint Jean-Baptiste et de sainte Catherine.

★ Parc de la Colombière D3 (en direction)

Depuis la place Wilson aux lignes très classiques, le très large et arboré cours du Général-de-Gaulle, bordé de demeures et de résidences cossues, conduit à ce beau parc. Avec ses parterres bordés d'ifs, sa vaste pelouse et sa profusion de tilleuls, de chênes, de frênes et de conifères, l'ancien parc des princes de Condé constitue un bien agréable but de promenade. Inspiré par Le Nôtre, son agencement à la française offre 16 allées en étoile, longues de 1 500 m, dont Louis XIV disait qu'elles étaient « les plus belles de son royaume ». Au cours de votre promenade, vous verrez des vestiges de la *Via* Agrippa, qui reliait Lyon à Trèves (en Allemagne), et vous remarquerez un temple d'Amour (17e s.), provenant du château de Bierre-lès-Semur et remonté dans le parc en 1965.

À proximité Carte de microrégion p. 28-29

Lac Kir C2

2 km à l'ouest du centre-ville par l'av. Albert-Ier et l'av. du Premier-Consul.
Les rives de ce plan d'eau artificiel de 37 ha, créé à l'initiative du célèbre chanoine, se prêtent à toutes sortes d'activités *(voir « Nos adresses »)*.

Talant C2

4 km à l'ouest de Dijon, par la rue de Talant.
Gagnez le haut du village (alt. 355 m) où se dresse l'église. L'esplanade était jadis occupée par un château, dont il ne reste qu'un cellier enfoui dans le sol.

De la table d'orientation, près de l'église, belle **vue★** sur Dijon et la vallée de l'Ouche. L'**église** (13e s.) renferme d'intéressantes **statues** : *Vierge à l'Enfant* (14e s.), deux Pietà (15e s.), saints, *Christ aux liens*, deux *Mises au tombeau* (16e s.), Christ médiéval suspendu dans le chœur, vie de saint Hubert en bas relief polychrome au revers de la façade. Elle possède aussi un important ensemble de **vitraux★**, réalisés par le peintre Gérard Garouste et le maître verrier Pierre-Alain Parot en 1997.

Mont Afrique C2

12 km à l'ouest de Dijon par la route de Corcelles – Comptez environ 1h.
Un chemin de ronde *(accessible aux piétons)* suivant le rebord du plateau offre de belles **vues** sur les environs immédiats de Dijon.

Château d'Arcelot C2

13 km au nord-est de Dijon par les D 70 et D 960.
1 r. du Colombier - ✆ 03 80 37 18 97 - www.arcelot.com - visite du château juil.-août : merc.-sam. 10h-12h, 14h-18h, dim. 14h-18h ; reste de l'année : se rens. - possibilité de visite guidée (45mn) - 6 € (-17 ans 4 €) - visite libre du parc tte l'année 3 € (-17 ans 1,50 €) - pas de paiement par carte bancaire - visite guidée costumée pour les enf. (8 à 12 ans) et livret de jeux.
Cette belle construction néoclassique fut dessinée au 18e s. par l'architecte régional Thomas Dumorey. Les deux pavillons ont été réunis par un corps central ajouté vers 1761. À cette époque, le château se pare de décors prestigieux : l'escalier monumental est orné d'une tapisserie des Flandres (fin 16e s.), la chapelle et le grand salon ont conservé leurs précieux et rares **décors★** en stuc coloré exécutés en 1765 par un artiste allemand, Reuscher. À l'étage, les meubles de la chambre du roi, pour la plupart réalisés à Dijon, témoignent de la vitalité de l'ébénisterie locale au 18e s. Remarquez le beau décor 19e s. du salon de chasse.
La visite se prolonge agréablement dans le grand parc à l'anglaise de 45 ha dessiné en 1805 par Jean-Marie Morel, l'auteur des jardins de Malmaison, près de Paris. Un chemin, bordé d'un arboretum, où vous remarquerez des arbres bicentenaires, mène au pavillon chinois qu'il fit construire sur l'étang.

NOS ADRESSES À DIJON

TRANSPORTS

2 lignes de tramway ont été inaugurées en 2012 (Dijon gare-Quétigny centre et Chenôve centre-Dijon Valmy) : 1 tram ttes les 5 à 15mn de 5h30 à 1h. Cinq lignes de bus (Lianes) circulent ttes les 6 à 10mn, de 5h30 à 1h du lun. au sam. et de 7h à 1h le dim. 13 lignes supplémentaires complètent le réseau dont City (navette gratuite du centre-ville ttes les 10mn, de 8h à 19h du lun. au sam.), Pleine lune (nocturne du jeu. au dim. de sept. à juin), Proxi, Flexo, Corol… Pass 1h 1,40 € ; Pass 10+ 1 14 €. Rens. sur les différents pass Voyages : Agence Divia - 16 pl. d'Arcy - 9h30-19h - www.divia.fr.
En sus, deux parkings-relais (T1, station Piscine Olympique et T2, station Valmy), accessibles du lun. au dim. 5h-1h (sortie 24h/24) aux clients du réseau Divia. Gratuit, il suffit de présenter son pass à la sortie du parking. Rens. sur www.divia.fr/page/parkings-relais.

HÉBERGEMENT

PREMIER PRIX

(11) **Hôtel Victor Hugo** – B1 - *23 r. des Fleurs - ✆ 03 80 43 63 45 - www.hotelvictorhugo-dijon.fr - P 4 €/j*

(gratuit si vous réservez directement par téléphone ou mail) - 23 ch. 62/68 € - 6 €. Adresse sympathique où les chambres claires, sobrement décorées et très bien tenues (certaines climatisées), sont plus spacieuses côté cour. Deux agréables petits salons et une grande salle rustique.

7 **Hôtel Le Thurot** – A1 - *4-6 passage Thurot - 03 80 43 57 46 - www.hotel-lethurot-dijon.com - P 8 €/j - 28 ch. 64/68 € - 7 €.* Tenu par d'anciens restaurateurs, cet hôtel familial très calme est niché dans une courette privative et ombragée par un if du 17e s. À 5mn de la place Darcy par l'av. Victor-Hugo.

9 **Hostellerie Le Sauvage** – B2 - *64 r. Monge - 03 80 41 31 21 - www.hotellesauvage.com - P 5 €/j sur réserv. - 22 ch. 57/79 € - 8 €.* Cet hôtel, un ancien relais de poste du 15e s., est idéalement situé à 10mn à pied du palais des ducs, au cœur d'un quartier vivant où foisonnent restaurants et cafés. Calme assuré : l'établissement se trouve au fond d'une jolie cour pavée. Les chambres sont agréables et mettent en valeur le cadre historique de l'ancien bâtiment (poutres, vieilles pierres).

15 **Hôtel République** – D1 - *3 r. du Nord - à deux pas de la pl. de la République - 03 80 73 36 76 - www.hotel-republique-dijon.fr - P 8 €/j - 22 ch. 64/72 € - 8,50 €.* Cet ancien relais de poste du 18e s. est une belle maison biscornue dotée d'une petite terrasse bien agréable en été.

BUDGET MOYEN

3 **Hôtel Montigny** – B1 - *8 r. Montigny - 03 80 30 96 86 - www.hotelmontigny.com - P 10 €/j - ♿ - fermé 23 déc.-2 janv. - 37 ch. 75 € - 9,50 € (12 € en chambre).* Hôtel proche du centre-ville. Les chambres, à la tenue irréprochable, sont fonctionnelles et bien insonorisées. Accueil courtois.

1 **Hôtel des Ducs** – C2 - *5 r. Lamonnoye - 03 80 67 31 31 - www.hoteldesducs.com - P 13 €/j (6 pl.) - ♿ - 36 ch. 79/185 €, 8 appart. (2-6 pers.) 109/189 € - 12 €.* Cet hôtel très habilement rénové est une excellente adresse située en plein cœur de Dijon. Accueil sympathique et service rigoureux.

13 **Hôtel Wilson** – C3 - *1 r. de Longvic - 03 80 66 82 50 - www.wilson-hotel.com - P 10 €/j (sur réserv.) - ♿ - 27 ch. 76/145 € - 9,50/14 €.* Ancien relais de poste du 17e s. où les chambres, sobrement décorées, s'ordonnent autour d'une cour intérieure. Plaisante salle du petit-déjeuner avec sa grande cheminée.

17 **Maison Philippe Le Bon** – B2 - *18 r. Ste-Anne - 03 80 30 73 52 - www.maisonphilippelebon.com - ♿ - 3 ch. et 1 suite 99/190 € - formules déj. 19/24 €, 39/48 €.* Savourez le plaisir de passer une nuit dans un hôtel particulier classé Monument historique, et de dîner dans la cour gothique, ou au restaurant La Closerie.

POUR SE FAIRE PLAISIR

5 **Quality Hotel du Nord Dijon Centre** – B1 - *Pl. Darcy - 03 80 50 80 50 - www.hotel-nord.fr - fermé vac. de Noël - 27 ch. 100/120 € - 10 € - Restaurant et Caveau de la Porte Guillaume.* Situé sur la place centrale, cœur animé et commerçant de Dijon, cet hôtel bénéficie de chambres fonctionnelles, bien insonorisées.

UNE FOLIE

12 **Vertigo Hôtel-Spa** – B1 - *3 r. Devosge - 03 80 40 40 40 - www.vertigohoteldijon.com - P 15 €/j - (hammam et sauna) - ♿ 2 ch. - 41 ch. 149/219 €, suite*

magique 399 € - ☕ 14/20 € - ✕ sous forme de bocaux (24h/24). Vivez une expérience des plus design, hors du commun : lit suspendu, déco renversante, Spa disco, salle de projection privée, mise à disposition gratuitement de voitures et vélos électriques (sur réserv.), bar arty sur 3 niveaux… Un coup de cœur qui donne le vertige !

RESTAURATION

Un large choix de restaurants se concentre tout autour des Halles, de la place de la Libération et dans le bas de la rue Berbisey.

PREMIER PRIX

1 **Brasserie des Loges** – C2 - *8 pl. du Théâtre - ✆ 09 81 99 68 04 - ♿ - tlj 7h30-0h - menus 13,90/23,90 € - carte 25/30 €.* Emplacement idéal pour cette brasserie traditionnelle, avec joli carrelage et banquettes en moleskine. Accueil charmant et cuisine sans prétention mais de bonne facture.

BUDGET MOYEN

16 **L'Édito** – B1 - *2 pl. Darcy - ✆ 03 80 30 69 43 - www.restaurant-ledito-dijon.fr - lun.-sam. 7h-0h, dim. 9h-0h - formule déj. 18,90/20,90 € bc, menu 29,90 €, carte 40 €.* Pour manger copieusement à toute heure, cette brasserie vous accueille, à deux pas de la gare, dans son décor décliné sur le thème de l'imprimerie. Un conseil : gardez une large place pour le café gourmand…

8 **Masami** – D2 - *79 r. Jeannin - ✆ 03 80 65 21 80 - www.restaurantmasami.com - fermé dim. et 2 sem. en août - formule déj. 14,50/24 € - 22/48 €.* La gastronomie japonaise avec une touche bourguignonne. Rigueur et finesse. Parmi les spécialités, ce bœuf charolais et foie gras avec sa sauce… œuf mollet.

17 **Restaurant et Caveau de la Porte Guillaume** – B1 - *Pl. Darcy - ✆ 03 80 50 80 50 - www.hotel-nord.fr - formules déj. 25,50/35 €, menu 46 €, carte 50 €.* Le restaurant de l'hôtel Quality Hotel du Nord Dijon Centre abrite une belle table distinguée, où les spécialités régionales sont à l'honneur : œufs en meurette, jambon persillé, coq au vin, miroir de cassis… Le bar à vin du caveau voûté ravira les amateurs de bourgognes.

5 **So** – C2 - *15 r. de l'Amiral-Roussin - ✆ 03 80 30 03 85 - fermé août, dim.-lun. - 27/35 €.* Épaulé en salle par Rié, sa compagne, le chef japonais So Takahashi, seul aux fourneaux après avoir œuvré dans de belles maisons, travaille les produits qu'il achète directement au marché voisin. Le résultat : une cuisine française traversée d'inspirations nippones, finement exécutée, légère et parfumée…

7 **Villa Vauban** – C2 - *15 r. Vauban - Hostellerie - ✆ 03 45 83 07 76 - www.restaurant-villavauban.com - fermé dim.-lun. - formules déj. 17/23 € - 29/37 €.* Dans un décor cosy et exotique, le chef Xavier Pernot propose une cuisine gastronomique moderne et créative à des prix raisonnables. L'accueil est à la hauteur du cadre et des saveurs.

POUR SE FAIRE PLAISIR

19 **La Maison des Cariatides** – C1 - *28 r. de la Chaudronnerie - ✆ 03 80 45 59 25 - www.thomascollomb.fr - fermé dim.-lun. - formule déj. 25/29 € - carte ou menu unique le soir 55/58 €.* Cette belle maison ancienne (1603) du quartier des antiquaires abrite une décoration contemporaine où l'on concocte une cuisine fraîche et soignée. Congélation et gaspillage

étant ici stigmatisés, le menu unique a été privilégié.

6 **La Fringale** – D2 - *53 r. Jeannin - ✆ 03 80 67 69 37 - fermé dim., lun. soir - formule déj. 18 € - menus 33/48 € - carte 50/80 €.* Ici, les produits de la mer sont à l'honneur, en arrivage direct du Guilvinec. Cette adresse à la décoration contemporaine est une institution dijonnaise (ne pas manquer les desserts maison).

4 **Le DZ'Envies** – C1 - *12 r. Odebert - ✆ 03 80 50 09 26 - www.dzenvies.com - fermé de déb. à mi-janv., dim. - formules déj. 17/21 € - 32/40 €.* Ce bistrot gastro, installé sur la place des halles, surprend par son style très épuré. La cuisine française revisitée avec une pointe d'exotisme, à la mode asiatique ou maghrébine, sollicite avec bonheur les papilles.

10 **La Dame d'Aquitaine** – B2 - *23 pl. Bossuet - ✆ 03 80 30 45 65 - www.ladamedaquitaine.fr - fermé le midi 10 juil.-31 août et dim., lun. midi, mar. midi, merc. midi tte l'année - forfait d'accueil 29 €, plats 6/15 €.* Dans cette majestueuse crypte du 13e s., les jeux de lumière mettent en valeur la pierre et l'art de la table d'une élégance sobre et contemporaine. Cuisine de saison croustillante comme cette palette de crus et cuits saupoudrée d'un crumble de blé bio.

UNE FOLIE

15 **Stéphane Derbord** – C3 - *10 pl. Wilson - ✆ 03 80 67 74 64 - www.restaurantstephanederbord.fr - fermé 2 sem. en fév., 2 sem. en juil., dim.-lun. - formule déj. 30 € - menus 55/105 €.* L'élégant restaurant contemporain et joliment fleuri de Stéphane Derbord revisite avec brio, finesse et précision la cuisine régionale et du marché, comme ce dos de sandre saisi sur peau avec ses asperges blanches et morilles à la crème de Montagny.

PETITE PAUSE

Comptoir des Colonies – *12 pl. François-Rude - ✆ 03 80 30 28 22 - www.comptoirdescolonies.fr - 7h30-20h - fermé 1er janv., 1er Mai, 25 déc.* Grande terrasse en été, petit salon cosy à l'étage en hiver et espace à l'esprit colonial serti de vieilles pierres (murs et poutres du 17e s.). Variété de cafés torréfiés de manière artisanale. À la carte, plus d'une centaine de thés Mariage Frères. Dommage que le service ne soit pas plus aimable…

La Causerie des Mondes – *16 r. Vauban - ✆ 03 80 49 96 59 - fermé dim.-lun. - 8h30-19h30.* Cette petite adresse a de quoi séduire avec ses murs tapissés de toile de jute, ses poutres apparentes, ses objets asiatiques et sa douce musique d'ambiance. La carte référence quelque 120 thés importés d'une douzaine de pays différents, 15 recettes de cafés et 5 sortes de chocolats. Quelques douceurs (cake, pain d'épice, tarte du jour) accompagnent les breuvages.

Maison Millière – *10-14 r. de la Chouette - ✆ 03 80 30 99 99 - www.maison-milliere.fr - mar.-jeu. 10h-19h, vend.-sam. 10h-21h30 - fermé lun.* Guillaume Millière, marchand drapier, fit édifier cette maison en 1483 derrière l'église Notre-Dame. La demeure, classée Monument historique, a été reprise par le couple Lieutet, qui l'a transformée en un restaurant-salon de thé. Artisans d'art, ils exposent aussi leurs créations (marqueterie de bois précieux, fleurs naturelles), en vente à la boutique avec diverses idées cadeaux (boîtes, bijoux…) et des produits régionaux.

ACHATS

Vous trouverez des antiquaires, des boutiques de décoration, art de la table et meubles dans le quartier autour de la rue de la Verrerie.

Parmi le respectable choix de marques de crème de cassis, Boudier, Lejay-Lagoute, L'Héritier-Guyot ou Briottet feront avec l'aligoté d'excellents kirs. Védrenne (de Nuits-St-Georges), au début de la rue Bossuet, est également un distillateur-liquoriste réputé (vous pouvez visiter l'usine de fabrication, voir Cassissium p. 70).

Marché des Halles – *Les Halles - mar. mat. et jeu.-sam. mat.* Très animé, excellents produits et de nombreuses terrasses tout autour.

La Route des Vins – *1 r. Musette - ✆ 03 80 30 45 01 - www.la-routedesvins.fr - tlj sf dim. 10h-19h30 - dégustation 10 € (4 verres).* Ce caviste, situé au cœur du centre-ville depuis une dizaine d'années, propose de nombreuses références et vous conseille pour bien choisir et déguster votre vin.

Mulot & Petitjean – *13 pl. Bossuet - ✆ 03 80 30 07 10 - www.mulotpetitjean.fr - 9h-12h, 14h-19h, lun. 14h-19h - fermé dim.* Dans cet hôtel particulier construit au 15e s., on découvre le pain d'épices de la maison Mulot & Petitjean, une entreprise fondée en 1796 et installée dans cette belle maison à colombages depuis 1838.

UF Boutique Maille – *32 r. de la Liberté - ✆ 03 80 30 41 02 - www.maille.com - lun.-sam. 10h-19h, dim. de déc. et certains j. fériés 11h-18h.* Cette maison fondée en 1747 est spécialisée dans les moutardes et les vinaigres de Dijon. Ne manquez pas de jeter un coup d'œil à la belle enseigne « Maille » située au-dessus de l'entrée.

La Boutique de la Truffe – *5 r. Chaudronnerie - ✆ 03 80 37 23 70 - www.truffedebourgogne.fr - mar.-sam. 10h-19h.* Venez découvrir les différentes variétés de truffes, déclinées en produits dérivés, et les secrets du cavage.

Fabrice Gillotte – *21 r. du Bourg - ✆ 03 80 30 38 88 - http://https://fabricegillotte.fr - lun. 14h-19h, mar.-vend. 9h15-12h, 14h-19h, sam. 9h-12h30, 14h-19h - fermé août.* Le magasin de Fabrice Gillotte, artisan chocolatier et Meilleur Ouvrier de France, met l'eau à la bouche avec ses créations. Venez découvrir ses chocolats, macarons ou croquets.

La Rose de Vergy – *1 r. de la Chouette - ✆ 03 80 61 42 22 - www.rosedevergy.com - 10h-19h - fermé dim.-lun. et j. fériés - possibilité de visite guidée à partir de 10 participants (30mn, 3,50 €/pers.), se rens.* Située dans le quartier de la Chouette, cette boutique-salon de thé (le laboratoire est en sous-sol) permet de découvrir et de goûter pains d'épice, biscuits et confiseries fabriqués selon d'anciennes recettes. Le jus de pommes chaud aux épices est très apprécié.

EN SOIRÉE

Les planches du théâtre du Sablier *(r. Berbisey)*, du théâtre du Parvis St-Jean *(pl. Bossuet)*, du Bistrot de la Scène *(r. d'Auxonne)* ou des Feuillants *(r. Condorcet)* sont régulièrement foulées par les comédiens. En mai a lieu le festival **Théâtre en mai**, qui privilégie les créations. La musique classique instrumentale, l'art lyrique et la danse se partagent la scène de l'Auditorium et de l'Opéra de Dijon *(pl. du Théâtre)*.

Pour boire un verre dans un bar animé, dirigez-vous vers la rue Auguste-Comte, appréciée des étudiants.

Chez Bruno – *80 r. Jean-Jacques-Rousseau - ✆ 03 80 66 12 33 - mar.-sam. 18h-23h.* Ambiance au coude à coude et debout dans ce micro bar à vins, où vous pourrez déguster également des planches de bons produits régionaux.

1

Bruno est très sympathique et accueille tout le monde avec bonne humeur, y compris sur le trottoir !

Bam Jam Café – *43 r. Auguste-Comte - ✆ 03 80 73 30 64 - mar.-dim. 17h-2h.* Nombreuses formules de restauration et concerts dans une ambiance jazzy.

ACTIVITÉS

Spectacles

La Minoterie – *75 av. Jean-Jaurès - ✆ 03 80 48 03 22 - www.laminoterie-jeunepublic.fr - lun.-vend. 9h30-13h, 14h-17h30 et les j. de spectacles.* Ce centre de création jeune public et d'éducation artistique est installé dans une ancienne friche de l'habillement de l'armée. Créé à l'initiative de la ville, il est le témoin de son dynamisme dans ses projets de réhabilitation. La compagnie l'Artifice anime dans ce lieu singulier de nombreux ateliers, stages et spectacles.

Visite d'usine

Fabrique de pain d'épices Mulot & Petitjean – *6 bd de l'Ouest - ✆ 03 80 66 30 80 - www.mulotpetitjean.fr - ♿ - mar.-sam. 10h-12h30, 14h-18h30 (dernière visite à 17h30) - 8 € (12-18 ans 6 €).* L'usine de fabrication des fameux pains d'épices a ouvert un petit musée : vous y découvrirez tous les secrets de fabrication, recette, ustensiles, réclames, guidé par une alléchante odeur qui conduit directement à la dégustation et à la boutique.

Parc acrobatique

In Forest – *Rte de Saussy - 21380 Messigny-et-Vantoux - D996 - ✆ 06 19 50 09 35 - www.inforest21.com - juil.-août : 10h-13h30, 14h-18h ; avr.-juin et sept.-oct. : merc. (sf sept.-oct.), w.-end, vac. scol. et j. fériés 14h-18h - réserv. recommandée - 18 € (-15 ans 16 €), paint ball enf. 13/18 €, laser game 8/16 €.* Sur 2 ha, en pleine forêt, 12 itinéraires d'accrobranches, dont 4 dédiés aux enfants. Également d'autres activités (paint ball pour enfants, laser game, bubble foot, etc.).

Lac Kir

Lac Kir – *Av. du Premier-Consul - www.dijon.fr.* Cette base nautique à l'entrée ouest de Dijon dispose d'un lac artificiel de 37 ha et de 3000 m² de plage. Nombreuses activités : pêche, canoë-kayak, aviron, voile, tennis, pétanque et volley-ball, mini-golf… Des transats sont à disposition et chaque vendredi du mois d'août, un concert se tient dans le cadre de D'jazz à la Plage.

Mulot & Petitjean, la plus ancienne fabrique de pain d'épices à Dijon.
L. Fontaine/Michelin

0
100
90
80
70
60
50
40
30
20
10
USINES DE LA MULATIERE
LYON

Fontaine-Française

898 Fontenois – Côte-d'Or (21)

Proche de la Franche-Comté, Fontaine-Française était autrefois une puissante seigneurie qui formait, en Bourgogne, une enclave relevant de la couronne de France. Cette paisible localité s'enorgueillit de posséder un beau château du 18e s. dominant un étang.

NOS ADRESSES PAGE 63
Hébergement, restauration, achats, activités, etc.

S'INFORMER

Regard sur le Val de Vingeanne – *1 r. du Gén.-Gandyl - 21610 Fontaine-Française - 06 31 75 06 89 - http://regard-sur-le-val-de-vingeanne.webnode.fr - horaire, se rens.*

SE REPÉRER

Carte de microrégion D1 (p. 28-29) – La ville se trouve sur la D 960, à 35 km de Dijon et à quelques kilomètres du canal de la Marne à la Saône.

AVEC LES ENFANTS

Les mystérieuses grottes de Bèze ou une promenade par le train touristique des Lavières *(voir « Nos adresses »)*.

Se promener

Château

2 r. Henry-Berger - 03 80 75 80 40 - www.chateau-fontainefrancaise.fr - visite guidée (40mn) juil.-août : 10h-12h, 14h-18h ; sept. : w.-end 10h-12h, 14h-18h - fermé lun.-mar. - 6 € (-18 ans 4 €) - accès libre au parc.

Bâtie au 18e s. sur les ruines d'un château féodal du 11e s., cette grande demeure d'une élégance toute classique accueillit de célèbres écrivains, comme Voltaire et Mme de Staël. Les salons et les chambres comptent de belles pièces de mobilier, notamment un ensemble de fauteuils au point de St-Cyr, figurant les fables d'Ésope, et des tapisseries des Gobelins.

Un **parc** à la française, agrémenté de beaux tilleuls, contient le charmant étang de Pagosse, gigantesque miroir qui reflète le château et le met en valeur.

À proximité Carte de microrégion p. 28-29

Til-Châtel C1

Ce bourg, au confluent de l'Ignon et de la Tille, appartient au verdoyant pays des Tilles, délimité et arrosé par les nombreux affluents de la rivière. Au 3e s. de notre ère, Til-Châtel s'appelait *Tilae Castrum*, en référence à un castrum qui avait été édifié en bordure de la **Via Agrippa** reliant Chalon à Langres. Bénéficiant d'un emplacement stratégique, ce camp romain permettait non seulement de surveiller la route, mais aussi de défendre la vallée de la Tille contre d'éventuels envahisseurs. Le castrum fut détruit lors d'une invasion au début du 5e s., et des fouilles menées dans le bas de Til-Châtel ont révélé des vestiges datant de l'époque romaine.

Église St-Florent – Cette église romane (12e s.) s'ouvre par un beau portail : au tympan, le Christ en majesté est entouré des symboles des quatre évangélistes. Le portail latéral, d'inspiration identique, est plus dépouillé. À l'intérieur,

Château de Fontaine-Française.
H. Milon/Michelin

on remarque les chapiteaux de la nef, la coupole sur trompes à la croisée du transept, l'abside en cul-de-four avec ses absidioles. L'église recèle un riche patrimoine : statues de bois anciennes (Christ aux outrages du 12e s. et calvaire italien du 17e s.), tombeau de saint Honoré et sa châsse naïve en bois peint, du 16e s., fonts baptismaux du 9e s. et cinq pierres tombales gravées. L'autel du 12e s. est construit sur une pierre qui serait celle du pont où fut décapité saint Florent.

Circuit conseillé Carte de microrégion p. 28-29

Circuit de 36 km tracé en rouge sur la carte de microrégion (p. 28-29) – Comptez environ 3h avec les visites. Quittez Fontaine-Française à l'est par la D 960.

St-Seine-sur-Vingeanne D1

Le village a conservé un joli **château** du 17e s., annoncé par un portail gardé de deux tours rondes. Surmontée d'un clocher à trois étages, l'**église**, de style roman bourguignon, commande la vue sur le château et les communs. Dans le chœur, remarquez un beau vitrail du 19e s. En haut de la grande nef, à droite en regardant l'autel, vous pourrez admirer un Christ de pitié en pierre polychrome du 16e s.

Prenez la D 30, au sud, sur 2 km. La route, tortueuse, passe entre bosquets et cultures vivrières.

Château de Rosières D1

03 80 75 96 24 - http://chateauderosieres.webnode.fr - 10h-19h - 4 € (-18 ans gratuit) - chasse au trésor pour les enf. (1,50 €).

Le donjon massif et l'une des tours datent du 15e s. L'escalier du pavillon (ajout du 17e s.) est typiquement Louis XIII. La porte et une petite tour d'enceinte complètent l'ensemble.

Franchissez la Vingeanne, puis le canal de la Marne à la Saône. Dans Beaumont, prenez à droite vers Champagne, puis tout de suite à droite pour trouver le château.

LE SAVIEZ-VOUS ?

Alors en guerre contre Philippe II d'Espagne, c'est à Fontaine-Française qu'**Henri IV**, à la tête de 510 cavaliers, triompha le 5 juin 1595 des armées espagnoles et de la Ligue catholique, plus fortes en nombre, commandées par Juan Fernández de Velasco, connétable de Castille, et par le duc Charles de Mayenne, chef des Guise. Un monument (1804) rappelle cette victoire qui eut une grande part dans la pacification générale du royaume.

Château de Beaumont-sur-Vingeanne D1

3 r. Richebourg - 03 80 47 74 05 - - visite guidée (30mn) juil. : tlj sf dim. 10h-12h, 14h30-18h30 ; sept. : 10h-12h, 14h30-18h30 ; reste de l'année : sur demande préalable - 4 € (-12 ans gratuit).

De dimensions réduites, mais de proportions parfaites, ce château aurait été construit vers 1724 par l'abbé Claude Jolyot, chapelain du roi qui venait y goûter le repos, loin de Versailles et de la Cour. La façade sur deux niveaux est ornée de fenêtres cintrées couronnées de masques. Ce très rare exemple en France de ce que l'on appelait une architecture « de folie » combine trois étages côté cour et deux côté jardin, avec des escaliers dérobés et un palier qui passe discrètement en travers des fenêtres. À l'intérieur, on visite deux salles lambrissées du rez-de-chaussée et la galerie voûtée en sous-sol supportant la terrasse de la façade arrière.

Rejoignez Bèze par Noiron.

Bèze C1

Riche d'un intéressant patrimoine naturel, ce petit bourg a également conservé quelques monuments du passé. Du 9e s., vous remarquerez les vestiges d'une ancienne tour de guet : la **tour des Francs**, autrefois intégrée à l'enceinte médiévale ; du 13e s., l'ancienne école monastique dont la façade, maintes fois remaniée, est reconnaissable à ses arcades gothiques, ses trèfles au-dessus des fenêtres et ses têtes sculptées. Notez aussi l'**église St-Rémi**, partiellement reconstruite au 18e s., et dont le clocher fortifié remonte au 13e s. Quant à la cure, un bâtiment carré du 20e s., elle fut la demeure du chanoine Kir.

Source de la Bèze – La résurgence des eaux de la Venelle et d'autres « pertes » jaillit dans une magnifique source de type vauclusien qui peut débiter, en période de crue, 18 000 litres par seconde. L'eau est potable et on y aperçoit des truites. Promenade aménagée sur les rives.

Grottes de Bèze – *Chemin des Grottes - 03 80 75 31 33 - www.beze.fr - visite guidée (45mn) juil.-août : 10h-12h, 14h-18h ; mai-juin et sept. : tlj sf lun. (sf j. fériés) 10h-12h, 14h-17h45 ; avr. et oct. : tlj sf lun. (sf j. fériés) 10h30-12h, 14h-17h30, vac. scol. (zone A) 14h-17h30 - 5,50 € (-12 ans 3 €).* Deux résurgences de la Tille, dont on peut voir les siphons profonds de 6 à 7 m, ont formé une rivière souterraine et des grottes qui, artificiellement reliées, se parcourent en barque sur une longueur de près de 300 m. La limpidité des eaux, d'une profondeur atteignant 18 m, quelques concrétions notables ainsi que la belle cheminée proche de l'entrée participent à la force d'envoûtement des lieux.

Abbaye St-Pierre – *R. de l'Encloître - 06 17 64 24 41 - http://abbayedebeze.blogspot.com - - RV aux jardins (déb. juin), juil.-août et J. du patrimoine : 15h-18h30 - fermé lun.-mar. - possibilité de visite guidée sur demande (1h30) - 4 € (-12 ans gratuit).* Le site, bordé par les eaux bleu-vert de la Bèze, conserve les vestiges d'une chapelle du 12e s. et des bâtiments du 18e s., bien que l'abbaye ait été fondée en l'an 630. On profitera du parc botanique dans lequel s'épanouissent de grands arbres plusieurs fois séculaires.

Revenez à Fontaine-Française par la D 960 en longeant la forêt de Velours.

NOS ADRESSES À FONTAINE-FRANÇAISE

HÉBERGEMENT/RESTAURATION

À proximité

PREMIER PRIX

Chambre d'hôte Les Champs Penets – *14 r. de la Cras - 21260 Sacquenay - 10 km au nord-ouest de Fontaine-Française par D 27A - ✆ 03 80 75 85 12 - ✆ 06 07 25 11 06 - www.leschampspenets.com - 3 ch. 68 € - table d'hôte 20 € sur réserv.* Cette ancienne ferme-centre équestre s'est reconvertie en maison d'hôte. Vous pourrez cependant toujours observer quelques chevaux en pension.

BUDGET MOYEN

Chambre d'hôte La Pitchounière – *13 rte de Lux - 21120 Til-Châtel - ✆ 03 80 95 36 28 - P - 2 ch. 75 €.* Deux vastes chambres lumineuses et un jardin où prendre son petit-déjeuner aux beaux jours font de cette halte un nid douillet.

Hôtel Le Bourguignon – *8 r. Porte-de-Bessey - 21310 Bèze - 11 km au sud-ouest de Fontaine-Française par D 960 - ✆ 03 80 75 34 51 - www.le-bourguignon.com - P 8 €/j - ♿ - fermé mi-oct.-mi-nov., 24-25 déc., 31 déc. - 25 ch. 75/86 € - ☕ 10 €, 1/2 P possible - ✕ formules déj. 14/18 € - menus 34/44 € - fermé vend., sam. midi.* Convivialité assurée dans cet établissement regroupant trois bâtisses, dont une maison à pans de bois. Chambres bien tenues. Logée derrière une façade Renaissance, la salle à manger rustique propose des plats du terroir.

Chambre d'hôte La Commanderie de la Romagne – *21610 St-Maurice-sur-Vingeanne - Hameau de la Romagne - 9 km au nord de Fontaine-Française par D 27 et D 30 - ✆ 03 80 75 90 40 - www.romagne.com - fermé janv.-fév. - 3 ch. 85 € ☕.* Étape d'histoire et de caractère que cette ancienne commanderie des Templiers. Les vastes chambres agrémentées de poutres, tomettes et meubles anciens ouvrent leurs fenêtres sur la rivière. Goûteux petit-déjeuner et très bon accueil.

Auberge Côté Rivière – *3 r. des Capucins - 21120 Is-sur-Tille - 5 km à l'ouest de Fontaine-Française par D 959 - ✆ 03 80 95 65 40 - www.auberge-cote-riviere.com - P ♿ - fermé 1 sem. en août et le dim. soir - 10 ch. 85/135 € - ☕ 12 € - 1/2 P 54 €/pers. - ✕ formule déj. 18/21 € - menu 30 €, carte 55 € - fermé dim. soir et lun.* Deux bâtisses entourées par un jardin au bord de la rivière. La maison bourgeoise, entièrement rénovée, abrite des chambres contemporaines. Le restaurant, logé dans la ferme, a gardé son cachet d'antan tout en adoptant une déco actuelle. Cuisine traditionnelle.

ACTIVITÉS

Train touristique des Lavières – *21120 Is-sur-Tille - ✆ 03 80 95 36 36 - http://cfti.e-monsite.com - ♿ - de mi-juin à mi-sept. : dim. 15h-19h - 2 € (dép. ttes les 20mn) - circuit de 1,4 km (15mn AR) dans la zone de loisirs, près d'Is-sur-Tille.* Datant de 1931, la locomotive Pétolat est classée Monument historique. Une locomotive Plymouth, datant de 1946, circule aussi.

La Côte

★★★

Côte-d'Or (21)

Pour les amateurs de vin, ce nom est mythique. De Dijon à Santenay, sur 65 km, se déploie l'un des plus célèbres vignobles du monde. À chaque étape de cette voie triomphale s'inscrit un nom prestigieux; chaque village, chaque coteau possède un titre de gloire. La découverte de cette région est l'occasion de partir à la rencontre de ceux et celles qui, grâce à leur savoir-faire, font vivre les grands crus de Bourgogne.

NOS ADRESSES PAGE 75
Hébergement, restauration, achats, activités, etc.

S'INFORMER

Office du tourisme du pays de Nuits-St-Georges – *3 r. Sonoys - 21700 Nuits-St-Georges - 03 80 62 11 17 - www.ot-nuits-st-georges.fr - mai-sept. : 9h30-12h30, 13h30-18h, sam. 9h30-12h30, 13h30-17h30, dim. 10h30-12h30, 13h30-16h; mars-avr. et oct.-nov. : tlj sf dim. 9h30-12h30, 13h30-17h30; reste de l'année : tlj sf dim. 9h30-12h30, 14h-17h, sam. 10h-12h - fermé 1er janv., 25 déc.*

SE REPÉRER

Carte de microrégion BC2-3 (p. 28-29) – La route des Grands Crus, d'environ 60 km, suit un axe nord-sud parallèle à l'A 6.

À NE PAS MANQUER

Les circuits conseillés des vignobles de la côte de Nuits et de la côte de Beaune vous proposent de pittoresques étapes (Beaune, les ruelles médiévales de Nolay, le château du Clos de Vougeot, La Rochepot) et de bons restaurants.

ORGANISER SON TEMPS

Prévoyez une demi-journée au moins pour la côte de Nuits et une journée pour la côte de Beaune. Réservez vos dégustations auprès des vignerons.

AVEC LES ENFANTS

Le parc Noisot à Fixin, le Cassissium à Nuits-St- Georges, une aventure au « Bout du monde » dans le vallon de la Tournée et la Maison aux Mille Truffes et Champignons de Marey-lès-Fussey.

Circuits conseillés Carte de microrégion p. 28-29

★★ CÔTE DE NUITS BC2

Circuit tracé en violet sur le schéma p. 67 et sur la carte de microrégion (p. 28-29) – 45 km de Dijon à Nuits-St-Georges – Comptez 1h. Quittez Dijon par la « route des Grands Crus ».

La « route des Grands Crus » (D 974) passe au pied de collines couvertes de vignes et traverse des villages aux noms de vins à la renommée mondiale. Une impression d'opulence se dégage de ces gros bourgs viticoles.

Chenôve C2

Le Clos du Roi et le Clos du Chapitre rappellent qui étaient les anciens propriétaires de ce vignoble : les ducs de Bourgogne et les chanoines d'Autun.

Le vignoble et le château du Clos de Vougeot.
Ch. Boisvieux/hemis.fr

1

Pressoirs des ducs de Bourgogne – *8 r. Roger-Salengro - ♿ - ✆ 03 80 52 82 83 - 15 juin-30 sept. 14h-19h - entrée libre.* Dans le vieux village fleuri, la cuverie abrite deux magnifiques pressoirs du 13e s. – ou leurs répliques, exécutées au début du 15e s., selon certains historiens. Ils pouvaient presser en une fois la vendange de 100 pièces de vin (une pièce est un tonneau contenant 228 litres de vin). En souvenir de la duchesse Marguerite, les villageois ont baptisé le pressoir du duc la « Grosse Margot », car il est considéré comme le plus imposant du monde.
Sortez de la cuverie à gauche, puis prenez le chemin tout de suite à gauche, qui conduit à un beau point de vue sur les vignes.
À proximité, la **rue Jules-Blaizet** égrène ses maisons vigneronnes, dont les plus anciennes remonteraient au 13e s.

Marsannay-la-Côte C2

41 r. de Mazy - 21160 Marsannay-la-Côte - www.destinationdijon.com - ✆ 08 92 70 05 58 (0,35 €/min) - 10h-13h, 14h-18h - fermé dim.-lun. et j. fériés.

Ce village produit des vins rosés (AOC) appréciés, obtenus par fermentation rapide des raisins noirs du pinot.
Poursuivez sur la route des Grands Crus. Vous traversez le joli village de **Couchey** *avant d'arriver à Fixin.*

Fixin C2

Producteur de vins au bouquet profond – certains se classent parmi les meilleurs de la côte de Nuits –, le village de Fixin *(prononcez « fissin »)* perpétue le souvenir d'un touchant témoignage de fidélité. Dans le parc de sa propriété, **Noisot**, ancien capitaine de la garde impériale, fit élever, en 1847, un monument à

LA BOURGOGNE VITICOLE

Informations, chiffres-clés et explications : voir p. 480 et p. 544.
Procurez-vous le très bon *Guide des Appellations de Bourgogne* (BIVB, 14,90 €) et consultez le site www.vins-bourgogne.fr.

Un vignoble de renom

LES CONDITIONS NATURELLES

Dans les combes (dépressions étroites et longues formées par l'érosion), seuls les versants est et sud sont plantés de vignes (8 000 ha en cépages fins) ; le versant nord est souvent couvert de bois. Il s'étage au-dessus de la plaine de la Saône, à une altitude variant de 200 à 300 m.

Tandis que le sommet des coteaux est couvert de buis ou parfois couronné de boqueteaux, le vignoble occupe les pentes calcaires, bien exposées à l'insolation matinale – la meilleure – et bien abritées des vents froids.

De cette exposition dépendent la production du sucre et, partant, le degré d'alcool. La pente facilite en outre l'écoulement des pluies, assurant à la vigne un sol sec, facteur de la qualité des crus.

LES GRANDS CRUS

La D 974 sépare sur une grande partie de son parcours les cépages de vins nobles des autres, les grands crus s'étalant en général à mi-pente. Pour les vins rouges, le cépage est le pinot noir fin, roi des ceps bourguignons. Les grands vins blancs sont produits à partir du chardonnay. Après la **crise du phylloxéra**, à la fin du 19e s., le vignoble fut entièrement reconstitué sur des porte-greffes américains. À toute chose malheur est bon, dit-on : les petits vignerons ont retrouvé leurs droits en rachetant des parcelles de grandes propriétés et la réduction des quantités s'est accompagnée d'une amélioration de la qualité.

Les deux grandes côtes, de Nuits et de Beaune, se partagent la célébrité : celle de Nuits pour le feu de ses crus ; celle de Beaune pour leur délicatesse. Chacune possède son arrière-côte, dont les crus peuvent, sans prétendre à la renommée des côtes, satisfaire l'amateur averti. Ils sont en outre nettement plus accessibles.

La côte de Nuits

Elle s'étend de Fixin à Corgoloin. Sa superficie est de 3 740 ha et sa production annuelle s'élève à 105 000 hectolitres, soit environ 14 millions de bouteilles. Le vignoble est implanté sur des coteaux formés de calcaires riches en fossiles, de marnes et de calcaires marneux. La côte de Nuits produit presque uniquement de très grands vins rouges. Ses crus les plus fameux sont, du nord au sud : le chambertin, le musigny, le clos-vougeot et la romanée-conti. Très riches et corsés, ses vins demandent huit à dix ans pour acquérir leurs incomparables qualités de corps et de bouquet. Au sud, sur les versants occidentaux de la Côte, le vignoble de la **haute côte de Nuits** produit des vins plus simples.

La côte de Beaune

Elle s'étend sur 5 950 ha répartis du nord au sud, d'Aloxe-Corton à Santenay, et produit d'abord de grands vins blancs, mais aussi d'excellents vins rouges. Le vignoble est implanté sur des sols calcaires dans les hauteurs, des marnes et des cailloutis dans les pentes, et sur des calcaires et des argiles en contrebas. Sa production annuelle s'élève à 215 000 hectolitres, soit 28 millions de bouteilles. Ses principaux crus sont, en rouge, le corton, le volnay, le pommard et le beaune, et, en blanc, le meursault et le montrachet. Les rouges sont puissants et fruités, tout comme les blancs, qui sont d'une fabuleuse richesse tant au nez qu'en bouche.

LA CÔTE

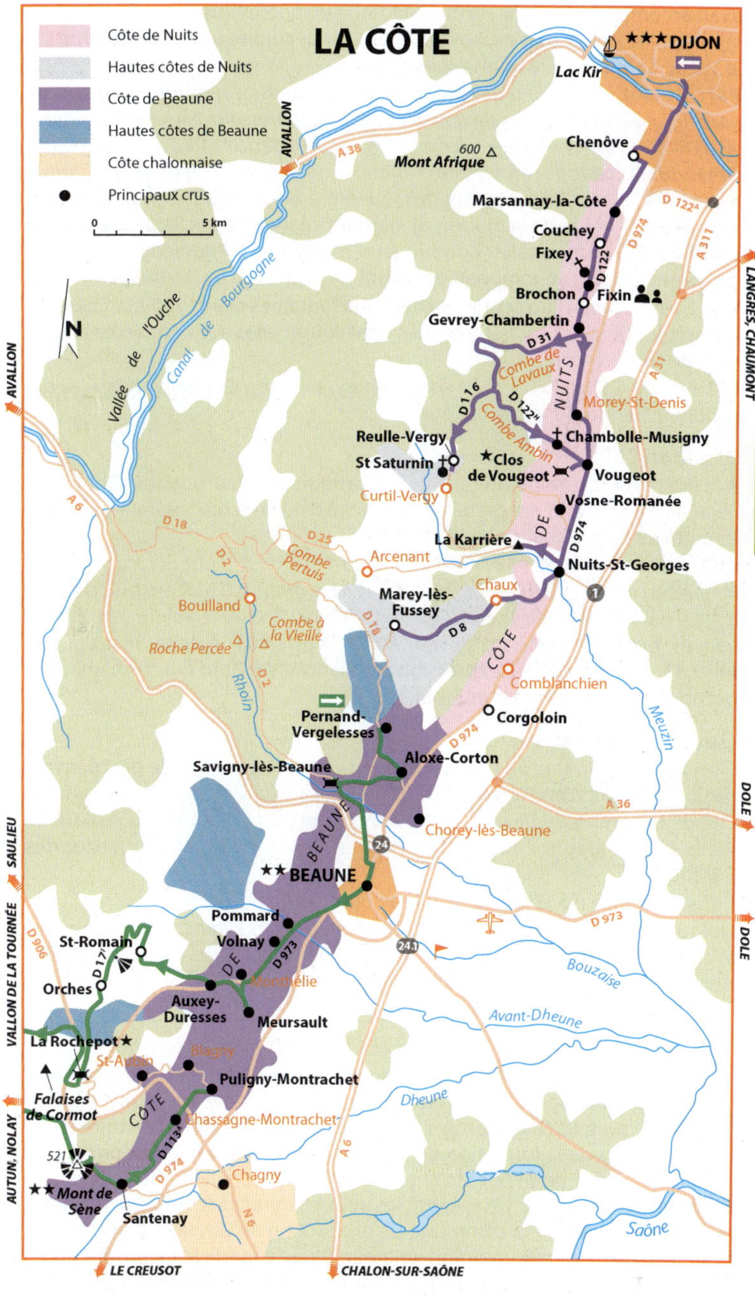
LA CÔTE
Côte de Nuits
Hautes côtes de Nuits
Côte de Beaune
Hautes côtes de Beaune
Côte chalonnaise
Principaux crus
0
5 km
N
★★★ DIJON
Lac Kir
Chenôve
600
Mont Afrique
Marsannay-la-Côte
Couchey
Fixey
Brochon
Fixin
Gevrey-Chambertin
Combe de Lavaux
Morey-St-Denis
Combe Ambin
Chambolle-Musigny
Reulle-Vergy
St Saturnin
Clos de Vougeot
Vougeot
Curtil-Vergy
Vosne-Romanée
La Karrière
Nuits-St-Georges
Arcenant
Combe Pertuis
Chaux
Marey-lès-Fussey
Bouilland
Combe à la Vieille
Roche Percée
Rhoin
Comblanchien
Corgoloin
Pernand-Vergelesses
Aloxe-Corton
Savigny-lès-Beaune
Chorey-lès-Beaune
★★ BEAUNE
Pommard
Volnay
Monthélie
St-Romain
Orches
Auxey-Duresses
Meursault
La Rochepot ★
St-Aubin
Blagny
Puligny-Montrachet
Falaises de Cormot
Chassagne-Montrachet
521
★★ Mont de Sène
Santenay
Chagny
CÔTE DE NUITS
CÔTE DE BEAUNE
Vallée de l'Ouche
Canal de Bourgogne
Meuzin
Bouzaise
Avant-Dheune
Dheune
Saône
A 38
A 6
A 31
A 311
A 36
D 122^A
D 974
D 122
D 31
D 116
D 122^H
D 18
D 25
D 2
D 8
D 973
D 17
D 113^A
D 906
N 6
1
24
24.1
AVALLON
LANGRES, CHAUMONT
DOLE
SAULIEU
VALLON DE LA TOURNÉE
AUTUN, NOLAY
LE CREUSOT
CHALON-SUR-SAÔNE
1

la gloire de Napoléon par le sculpteur **Rude** *(voir musée Rude p. 44)*. Dévoué jusqu'à la mort, le vieux soldat voulut être enterré face à son empereur, qu'il avait accompagné sur l'île d'Elbe. La tombe du fidèle Noisot est dominée par le mausolée et par une esplanade, d'où l'on découvre une vue étendue sur le Val de Saône, le Jura et les Alpes.

Parc Noisot – *Au milieu du village, prenez la rue Noisot montant jusqu'à un parking situé à 500 m, puis suivez l'allée des Pins (panneaux fléchés). Espl. Rude - ☎ 03 80 52 45 52 - www.mairiedefixin.fr - ♿ - musée de déb. mai à mi-sept. : w.-end 14h30-18h30 ; reste de l'année : sur demande - accès libre - 2,50 € (-12 ans gratuit) musée.* Un musée contenant des souvenirs des campagnes impériales est installé au 1er étage de la maison du gardien, réplique de celle de l'Empereur sur l'île d'Elbe. Un escalier conduit à un monument, *Napoléon s'éveillant à l'immortalité*, puis au tombeau de Noisot.

Du musée part un sentier menant aux fontaines et aux 100 marches que l'adorateur fit tailler en mémoire des Cent-Jours : elles donnent accès au plateau de l'arrière-côte.

La très jolie église du hameau voisin, **Fixey**, avec son clocher vernissé, serait la plus ancienne (10e s.) de la Côte.

Brochon C2

À la limite de la côte de Nuits, Brochon produit des bourgognes aligotés de caractère. En arrivant dans le village, prenez à gauche la rue Stéphen-Liégeard. Le château se trouve juste après le lycée.

Château – *☎ 03 80 52 93 01 - www.chateau-brochon.fr - visite guidée de mi-juil. à mi-août : jeu.-dim. 14h30 et 16h30 - 5 € (-12 ans gratuit).* Il fut construit de 1895 à 1899 par le poète Stéphen Liégeard (1830-1925). Oublié aujourd'hui, l'écrivain est pourtant passé à la postérité avec le titre de l'un de ses livres publié en 1887 : *La Côte d'Azur*. L'expression était lancée. Aujourd'hui, le château est occupé par un lycée et un internat.

Gevrey-Chambertin C2

C'est ici le type même de l'agglomération viticole immortalisée par l'écrivain régionaliste **Gaston Roupnel** (1872-1946). La ville s'échelonne au débouché de la combe de Lavaux, entre les coteaux du vignoble, où se situe le vieux centre assoupi autour de l'église et du château, et le quartier des Baraques.

Église – Édifiée du 13e au 15e s., elle a conservé un portail roman.

Quittez la route des Grands Crus (D 974) pour quelques kilomètres, et passez par la **combe de Lavaux**, *qui traverse de magnifiques paysages rocheux et boisés. Après Curley, vous atteignez Reulle-Vergy.*

LE CHAMBERTIN-CLOS DE BÈZE, UN CRU HORS NORME

Parmi les grands crus de Gevrey-Chambertin (une dizaine de climats), vins rouges très puissants qui acquièrent en vieillissant tout leur corps et tout leur bouquet, le chambertin-clos de bèze est entré dans l'histoire dès l'an 640, lors de la fondation de l'abbaye de Bèze, devenue propriétaire du clos. Le clos de bèze et le chambertin – « champ de Bertin », devenu « chambertin » dès le 13e s. – sont les deux climats *(voir encadré p. 486)* les plus prestigieux de la commune de production de Gevrey-Chambertin. Napoléon Ier en était un grand amateur. D'une superficie en production de 14,67 ha et de 13,62 ha respectivement, ces deux climats produisent en moyenne chaque année 67 000 et 62 000 bouteilles.

LA CONFRÉRIE DES CHEVALIERS DU TASTEVIN

Au lendemain de la grande crise de 1929, un petit groupe de Bourguignons, réunis dans une cave de Nuits-St-Georges, décide de fonder une société afin de mieux faire connaître les grands vins de Bourgogne. Ainsi est créée en 1934 cette célèbre confrérie, propriétaire du château du Clos de Vougeot dès 1945. C'est dans le cellier du château que se déroulent les fameux « chapitres », grands dîners réputés pour « leur qualité culinaire et vineuse d'exception » au cours desquels le Grand Conseil de l'Ordre intronise de nouveaux chevaliers selon un rite scrupuleusement établi en pseudo-latin, inspiré du *Malade imaginaire* de Molière. Plus sérieusement, une dégustation rigoureuse des vins de Bourgogne est réalisée deux fois par an par 250 professionnels du secteur viticole. L'objectif : sélectionner les bouteilles qui pourront porter le précieux habillage de la confrérie. « Jamais en vain toujours en vin », telle est la devise de la confrérie.
wwww.tastevin-bourgogne.com.

Église St-Saturnin de Reulle-Vergy C2

Dans un site charmant, au pied d'un promontoire rocheux dominant le confluent de deux ravins boisés, est bâtie la petite **église St-Saturnin** *(visites guidées sur demande, se rens. à la mairie de Reulle-Vergy).*
Rebroussez chemin jusqu'à Curley puis prenez la D 122 à droite, qui vous fait regagner la route des Grands Crus en passant par la jolie **combe Ambin**.

1

Chambolle-Musigny C2

Gaston Roupnel disait du très élégant chambolle-musigny qu'il est « de soie et de dentelle »... Les grands crus sont le **musigny** et **les bonnes-mares**. Ne ratez pas l'**église Ste-Barbe** : dans l'abside, remarquez des fresques flamandes du 16e s.

Vougeot C2

Ses vins très appréciés sont placés sous l'autorité d'une seigneurie : le Clos de Vougeot, avec ses 51 ha, reste un cru parmi les plus réputés de Bourgogne.
★ **Château du Clos de Vougeot** – *Allée Léonce-Bocquet - ✆ 03 80 62 86 09 - www.closdevougeot.fr - ♿ - avr.-oct. : 9h-18h30, sam. 9h-17h ; reste de l'année : 10h-17h - fermé 1er janv., 24-25 et 31 déc. - 7,50 € (-16 ans 2,50 €) - possibilité de visite guidée (1h) 11h30 et 14h30 (supplément 2,50 €).* Plantée au milieu des vignes, cette propriété qui a appartenu à l'abbaye de Cîteaux du 12e s. à la Révolution est visible de loin. Achevé à la Renaissance par l'abbé Loisier, le château a été restauré au 19e s. Disposé tout autour de la cour d'honneur, on découvre le grand cellier des moines (12e s.), où ont lieu les cérémonies de l'ordre du Tastevin, la magnifique **cuverie** (15e s.) aux quatre gigantesques pressoirs, la cuisine (16e s.) avec son immense cheminée et sa voûte nervurée soutenue par une unique colonne centrale, et enfin le dortoir des frères convers, qui présente une spectaculaire charpente du 17e s. C'est ici que dormaient les moines venus travailler depuis l'abbaye de Cîteaux, située à 12 km.
Continuez sur la route des Grands Crus (D 974) en direction de Beaune.

Vosne-Romanée C2

Son vignoble ne produit que des vins rouges riches, fins et délicats. Parmi les « climats » qui le constituent, ceux de romanée-conti (le prince de Conti en fut propriétaire en 1760), de la tâche et de richebourg sont de réputation mondiale.

Nuits-St-Georges C2

3 r. Sonoys - ✆ 03 80 62 11 17 - www.ot-nuits-st-georges.fr.

La coquette petite ville de Nuits, capitale de la Côte à laquelle elle a donné son nom, a ajouté au sien, en 1892, celui de son cru le plus coté, le saint-georges, constitué en vignoble dès l'an 1000. Cependant, la célébrité des vins de Nuits remonte à Louis XIV. Son médecin, Fagon, ayant conseillé au Roi-Soleil de prendre à chaque repas quelques verres de nuits et de romanée, à titre de remède, toute la cour voulut en goûter.

Bien qu'aucun de ses vins ne soit classé « grand cru », ils sont mondialement connus. Ils sont plus corsés que les autres bourgognes. Nuits produit aussi du **cassis** et du **crémant**, du **marc de Bourgogne** et du **jus de raisin**.

Église St-Symphorien – Ce vaste édifice, bâti au début du 13e s. dans un style roman de transition, se distingue par un chevet plat orné de trois baies à colonnettes et de sculptures sous une grande rosace, et par un clocher massif assis sur la croisée du transept. À l'intérieur, la nef principale, très haute et voûtée d'arêtes, abrite un buffet d'orgue sculpté (18e s.) et surtout une rare cage d'escalier tournant, curieux cylindre de bois ajouré de la fin du 16e s. Des vestiges de fresques (dont un martyre de saint Sébastien) et d'inscriptions du 15e s. sont visibles dans les bas-côtés.

Vous remarquerez encore à Nuits deux édifices du 17e s. : le **beffroi** de l'ancien hôtel de ville et l'hôpital St-Laurent ; l'actuel hôtel de ville, construit au 18e s. ; la moderne église Notre-Dame, aux vitraux colorés dus à J.-J. Borghetto (1957).

Musée – *12 r. Camille-Rodier - ✆ 03 80 62 01 37 - www.ville-nuits-saint-georges.fr - mai-oct. : 10h-12h, 14h-18h - fermé mar. - gratuit - possibilité de visite guidée sur demande du site archéologique des Bolards.* Il est installé dans une ancienne maison de vins. Dans les caves voûtées, la vie quotidienne des Gallo-Romains est évoquée à travers une collection d'objets découverts sur le site des Bolards, près de Nuits-St-Georges, tandis qu'une reconstitution de sépultures vient illustrer l'époque mérovingienne.

Une exposition annuelle présente un aspect du patrimoine nuiton illustré par des collections du musée.

★ **Cassissium** – *Passage des Frères-Montgolfier - av. du Jura - 21700 Nuits-St-Georges - ✆ 03 80 62 49 70 - www.cassissium.fr - ♿ - de déb. avr. à mi-nov. : 10h-13h, 14h-19h ; reste de l'année : tlj sf dim.-lun. 10h30-13h, 14h30-17h (sam. et vac. scol. 18h) - fermé 1er janv., 25 déc. - possibilité de visite guidée (2h) - 9,50 € (-12 ans gratuit).* Outre la visite du petit musée dédié au cassis, baie emblématique de la Bourgogne, vous pénétrerez, guidés par une délicieuse odeur de cassis, dans l'usine de fabrication Védrenne, toujours en activité *(pour voir l'usine en activité, venez du lun. au jeu. de 8h à 16h, visite guidée, 45mn)* : tous les secrets de fabrication de la liqueur de cassis vous seront révélés. Vous passerez par les chais (impressionnants foudres – tonneau de 32 000 litres – centenaires) où vieillissent les marcs et fines de Bourgogne. Enfin vous attend une dégustation (bar à jus fantastique pour les enfants).

Prenez la D 25 sur la droite en direction de Villars-Fontaine. À 3,5 km, sur la droite, se situe une ancienne carrière de pierre.

La Karrière C2

D 25 - ✆ 06 45 87 96 87 - http://villart.fr - ♿ - juil.-sept. merc.-dim. 10h-17h, avr.-juin et oct.-nov. dim. et j. fériés, 10h-17h - entrée libre.

Cette ancienne carrière de pierre a entamé une seconde vie : des graffitis gigantesques sur les parois et des sculptures l'ont transformée en un lieu complètement magique qui accueille l'été un festival à la réputation croissante, Street Art on the Roc *(voir Agenda p. 79)*.

Retournez à Nuits-St-Georges. Après Nuits-St-Georges, le circuit emprunte la D 8 et passe par Chaux et Marey-lès-Fussey, dans le vignoble de la haute côte de Nuits.

Marey-lès-Fussey B2-3

Maison aux Mille Truffes et Champignons – *Rte de Villers - ✆ 03 80 30 08 91 - http://mille-truffes-champignons.com - ♿ - mars-déc. : 10h-17h ; reste de l'année : sur demande préalable - fermé mar.-merc. - tarif, se rens. - possibilité de visite accompagnée (cavage et dégustation).* Ce centre d'interprétation présente la truffe de Bourgogne (panneaux didactiques, film). À l'extérieur, la géologie des truffes est abordée grâce à un tunnel en enrochement, puis un terrain forestier colonisé par des champignons de surface. Le parcours fléché donne de nombreuses explications.
Gagnez Pernand-Vergelesses à 5 km au sud par la D 18.

★★ CÔTE DE BEAUNE B3

Circuit tracé en vert sur le schéma p. 67 et sur la carte de microrégion (p. 28-29) – 65 km de Pernand-Vergelesses à Puligny-Montrachet – Comptez 1h30 environ. La côte de Beaune se différencie de celle de Nuits par ses grands terroirs à vin blanc.

Pernand-Vergelesses B3

Le village, adopté par le fondateur du théâtre du Vieux-Colombier à Paris, **Jacques Copeau** (1879-1949), présente un beau panorama sur le vignoble.
Gagnez Aloxe-Corton, à 2 km au sud-est de Pernand-Vergelesses, par la D 18 puis la D 115^{D}.

Aloxe-Corton B3

Les plus grands crus ne portent pas le nom d'aloxe *(prononcez « alosse »)*, mais de corton seul ou suivi du nom du climat. Sur une colline isolée, Charlemagne posséda des vignes, d'où le nom de corton-charlemagne, vin blanc de grande allure (cépage chardonnay), très corsé, ferme comme de l'acier.
Cependant, Aloxe-Corton produit surtout des vins rouges, déjà appréciés par Voltaire – qui les définissait comme « les plus francs de la côte de Beaune » –, dont le bouquet s'affine avec l'âge, tout en conservant du corps et de la chaleur.
À la sortie d'Aloxe-Corton, prenez à droite la D 974 sur 2 km puis à droite la D 2^{A}.

Savigny-lès-Beaune B3

Voir p. 89.
Rejoignez Beaune, à 6 km au sud par la D 18.

★★ Beaune B3

Voir p. 80.
Prenez la D 974 en direction d'Autun sur 3 km, puis continuez sur la D 973.

Pommard B3

Pommard tire son nom d'un temple antique dédié à Pomone, divinité des Fruits et des Jardins. Ses vins rouges « fermes, colorés, pleins de franchise, et de bonne conservation » furent recherchés par les rois et les poètes : Ronsard, Henri IV, Louis XV, Victor Hugo…
Château de Pommard – *✆ 03 80 22 12 59 - www.chateaudepommard.com - mars-nov. : 9h30-18h30 (dernière visite à 17h30), reste de l'année : 9h30-17h30 - fermé 1er janv., 24, 25 et 31 déc. - visite guidée uniquement avec dégustation (réserv. conseillée) - dégustation de 4 vins 20 € (45mn), visite et dégustation de 5 vins 30 € (60mn) - jardins accessibles librement.* Au cœur de jardins à la française, la visite du château permet de combiner histoire et patrimoine, art

1

et plaisir de la dégustation : 800 m² de caves voûtées du 18e s. et plus de 300 000 bouteilles.
Continuez sur la D 973 sur 2 km.

Volnay B3

Ses vins rouges, au bouquet très délicat et au goût suave, furent, dit-on, très appréciés de Louis XI. En 1477, ce roi, ayant acquis le duché, et avec lui les vignes, fit apporter toute la production de volnay à son château de Plessis-lès-Tours. Vous aurez une belle **vue** sur les vignobles, de l'esplanade en contrebas de la petite église du 14e s.
Continuez sur 3 km par la D 973.

Meursault B3

Cette bourgade, située sur l'emplacement d'un ancien camp romain que domine la belle flèche gothique en pierre de son église, devrait son nom à une frontière séparant la côte de Meursault et la côte de Beaune, appelée « saut du Rat » (en latin *muris saltus*). La ville est devenue célèbre depuis le tournage de *La Grande Vadrouille* (1966). Vestiges de l'ancien château fort (1337), les tuiles vernissées de la tour (actuel hôtel de ville) ont été posées en 1870. Ce sont elles qu'on voit dans le film avec Bourvil et Louis de Funès, dans la scène de l'incendie de la Kommandantur, qui n'était autre que l'hôtel de ville de Meursault.
Les meursaults, les puligny-montrachet et les chassagne-montrachet passent pour être les « meilleurs vins blancs du monde » : ils ont un goût particulier de noisette et un arôme luxuriant de grappe mûre, qui s'allient à une franchise et à une finesse exquises. particularité fort rare, ils sont à la fois secs et mœlleux.
La **paulée de Meursault**, dernière des Trois Glorieuses *(voir p. 554)*, est une fête réputée : à l'issue du banquet, où chaque convive apporte ses bouteilles, un prix littéraire est attribué, et le lauréat reçoit… 100 bouteilles de meursault.
Château de Meursault – *R. du Moulin-Foulot - ☏ 03 80 26 22 75 - www.chateau-meursault.com - mai-sept. : 10h-18h30 (visites guidées à 10h30 et 11h30 et ttes les h de 14h à 17h) ; oct.-avr. : 10h-12h, 14h-18h (visites guidées ttes les h) ; déc. et fév. : dim. 10h-13h - fermé janv. et fêtes de fin d'année.* Le cadre unique du château abrite des caves des 12e, 14e et 16e s. Différents types de parcours et de dégustations sont proposés (uniquement sur réserv.).
Gagnez Auxey-Duresses, 2,5 km à l'ouest, par la D 23 en passant par Monthélie.

Auxey-Duresses B3

Ce village de deux hameaux est niché dans une profonde combe menant à La Rochepot et à son château. Le vignoble produit des vins fins rouges et blancs qui, avant la loi sur les appellations d'origine, étaient vendus sous le nom de volnay et de pommard. L'église mérite une visite pour son beau triptyque du 16e s.
Rejoignez St-Romain, à 3 km au nord-ouest d'Auxey-Duresses, par la D 17E.

St-Romain B3

La localité se compose en fait de deux villages distincts.
St-Romain-le-Haut est situé sur un éperon calcaire au milieu d'un bel hémicycle de falaises, avec, sur le bord sud de l'éperon, les vestiges de son château des 12e et 13e s. *(site archéologique ; circuit de visite aménagé sur 200 m).*
Joliment restaurée, son église du 15e s. présente trois caractéristiques : une construction en gradins descendant vers le chœur, une cuve baptismale du 2e s. et une chaire réalisée en 1619 *(prévoyez de la monnaie pour l'éclairage automatique de l'église).*
En contrebas s'étend St-Romain-le-Bas, où se trouve la mairie, qui accueille une **exposition** permanente sur l'archéologie et l'ethnologie locales. *☏ 03 80 21 28 50 - juil.-août : 14h-18h - possibilité de visite guidée (1h) - gratuit.*

Avant **Orches**, bâti dans le rocher, la D 17^{I} offre une belle **vue★** sur St-Romain, Auxey, Meursault et le Val de Saône (source entourée de stèles gallo-romaines).
Après Orches, continuez 4 km sur la D 17^{I} en direction de La Rochepot.

★ La Rochepot B3

Le village s'étage au pied du promontoire rocheux qui supporte un château féodal. La famille des **Pot** donna son nom au château : ici naquit le petit-fils de Régnier Pot, Philippe (1428-1494), ambassadeur à Londres des ducs de Bourgogne, dont le tombeau, chef-d'œuvre de l'école bourguignonne, se trouve au musée du Louvre. La famille des **Carnot**, dont l'un des membres, **Lazare Carnot** (1753-1823), né à Nolay, fut « organisateur de la victoire » au temps de la Convention, eut une grande influence dès les débuts de la République. La reconstruction fidèle du château de La Rochepot est due au colonel Sadi Carnot, fils du président (1837-1894).

★ **Château** – *✆ 07 60 50 25 62 - https://chateau-de-la-rochepot.com - juil.-août : tlj 10h-18h30 ; mars-juin et sept.-nov. : 10h-17h30 ; reste de l'année : sur demande préalable - fermé mar., 1er janv., 25-26 déc. - possibilité de visite guidée sur demande (1h) - 8,50 € (-18 ans 6,50 €), visite guidée 11 €.* Le château de La Rochepot se dresse sur un **site★** féerique, le piton de la Roche-Nolay. La construction primitive (13e s.) fut remaniée au 15e s., mais le donjon fut rasé durant la Révolution. On remarquera les défenses extérieures et les tours massives mais élégantes. Deux ponts-levis mènent à la cour intérieure ; celle-ci, bordée d'une aile Renaissance avec tourelles couvertes de tuiles vernissées, possède un puits en fer forgé (1228) profond de 72 m. La visite permet de découvrir la salle des Gardes, dotée d'armes de guerre et d'une vaste cheminée ; la chambre du capitaine des gardes, belle pièce circulaire contenant une collection de coffres ; la cuisine et son fourneau monumental ; la salle à manger, remarquable par son riche mobilier néogothique et son décor floral peint ; l'ancienne chapelle (12e s.) ; la Chambre chinoise, cadeau de l'impératrice Tseu-Hi à Sadi Carnot ; et le chemin de ronde extérieur, offrant une vue sur les toits polychromes du château. Au fond de la cour, **panorama** sur le village et les collines.

Église – Cette ancienne priorale fut édifiée au 12e s. par les bénédictins de Flavigny *(voir p. 460)*. Elle possède des chapiteaux historiés (ânesse de Balaam, Annonciation, combat d'un chevalier contre un aigle) d'une facture rappelant celle d'Autun, et renferme plusieurs œuvres d'art intéressantes, en particulier un triptyque (16e s.) dû au peintre dijonnais Quentin, dont la partie centrale figure la déposition de Croix.

Quittez La Rochepot par la D 906 en direction d'Arnay-le-Duc. Poursuivez sur 4 km, puis prenez à gauche la D 111^{E} sur 2,5 km. À l'entrée de Vauchignon, suivez à droite la route remontant le vallon de la Cosanne, au pied de hautes murailles rocheuses, jusqu'à un pont (fin de la route).

Vallon de la Tournée B3

5 km - 30mn environ AR.

Le sentier de gauche, après une montée sous bois, mène à une grotte où la Cosanne coule en cascade sur des rochers de granit rose. L'autre sentier conduit à travers prés au **cirque du Bout du monde**. Dans un **site★** protégé remarquable, au milieu d'à-pics calcaires, tombe une cascade haute de 28 m. Vous y verrez une flore subméditerranéenne et une faune exceptionnelle, notamment des faucons pèlerins et des martinets à ventre blanc.

Traversez Vauchignon en direction de Nolay.

À la sortie de Cormot-le-Grand, contemplez les **falaises de Cormot**, remarquable école pour la varappe, dont la Dame de Paris est la plus majestueuse aiguille.

Nolay B3

11-13 r. de la République - 21340 Nolay - 03 80 21 80 73 - www.beaune-tourisme.fr - juin-sept. : tlj sf dim. 9h30-12h30, 14h-18h30 ; avr.-mai et oct. : tlj sf dim.-lun. 9h30-12h30, 14h-18h, j. fériés 9h30-12h30 ; reste de l'année : tlj sf dim.-lun. 9h30-12h30, 14h-17h30 - fermé 1er janv., 1er et 11 Nov., 25 déc.

Baignés par la Cosanne, des paysages partagés entre vignes et collines forment un écrin de nature autour de Nolay, charmante cité médiévale aux pittoresques maisons à pans de bois. Durant les beaux jours, les amateurs d'escalade pourront venir s'essayer sur les parois des falaises calcaires, aux environs du bourg.

★ **Vieilles halles** – *Marché sous les halles lun. matin.* Construites au 14e s., elles possèdent une solide charpente recouverte de lourdes dalles calcaires (des « laves » pesant près de 600 kg au m^3).

Église St-Martin – Cet édifice du 15e s., incendié pendant les guerres de Religion, puis reconstruit au 17e s., est surmonté d'un curieux clocher de pierre abritant un jacquemart en bois polychrome (16e s.). Parmi toutes les statues qui décorent l'église, remarquez celles de saint Jacques *(1re chapelle à droite)* et de saint Benoît, du 15e s. *(déambulatoire)*.

Prenez la D 973, puis à droite par la D 33 en direction de Dezize-lès-Maranges.

★★ Mont de Sène B3

On accède au mont de Sène, ou « montagne des Trois-Croix » (triple calvaire érigé au sommet), par des routes assez étroites. Ce belvédère offre un très beau **panorama★★**. Du sommet, on reconnaît au nord, au-delà de La Rochepot, la Côte et son célèbre vignoble ; à l'est, la vallée de la Saône, le Jura et les Alpes ; au sud, le Clunisois dominé par le mont St-Vincent ; à l'ouest, la masse du Morvan.

Poursuivez jusqu'à Dezize-lès-Maranges et rejoignez Santenay par la D 136.

Santenay B3

Pl. de la Gare - 21590 Santenay - 03 80 20 63 15 - www.ville-de-santenay.fr - juin-sept. : 9h30-12h30, 14h-18h30 ; mai : tlj sf lun. 9h30-12h30, 14h-18h, dim. et j. fériés 9h30-12h30 ; avr. et oct. : tlj sf dim.-lun. 9h30-12h30, 14h-18h ; reste de l'année : se rens.

Des bords de la Dheune au **mont de Sène★★**, dans un cirque de falaises, Santenay étend ses trois agglomérations entre de vastes vignobles qui, avec les eaux minérales lithinées, fortement salines, font sa renommée *(thermes fermés)*.

Isolée au pied des falaises, la petite **église St-Jean** possède une nef du 13e s. ; le portail en plein cintre est abrité par l'avancée d'un porche de bois ; le chœur (15e s.) est surmonté d'une curieuse voûte aux multiples ogives. Elle contient deux charmantes statues de saint Martin et de saint Roch en bois polychrome (15e s.), et une Vierge au dragon (17e s.) due au sculpteur santenois J. Bésullier.

Le **moulin Sorine**, moulin à vent du 19e s., toujours en état de marche, se visite toute l'année.

Continuez par la D 113A en direction de Chassagne-Montrachet sur 6 km.

Puligny-Montrachet B3

Ses vins blancs sont sublimes. Il semble que leur puissance provienne de vignes qui absorberaient mieux le soleil qu'ailleurs en Bourgogne. Moins onctueux que le meursault, leur vigoureux bouquet est très riche, leur robe presque verte. Les vins rouges ont beaucoup de corps et de finesse.

NOS ADRESSES DE LA CÔTE

HÉBERGEMENT

À Nolay

PREMIER PRIX

Camping La Bruyère – *R. du Moulin Larché - 5 km de La Rochepot par la D 973 - ✆ 03 80 21 87 59 - www.campingfrance.com - ♿ - fermé vac. de Noël - 24 empl. à partir de 8 €, 3 chalets 227/340 €/sem.* Situé à 500 m du lac et bordé par la forêt, ce petit camping est traversé par la rivière La Bruyère.

BUDGET MOYEN

Chambre d'hôte Au Temps d'Autrefois – *Pl. Monge - ✆ 06 89 75 99 98 - www.chambres-hotes-nolay.com - ⊭ - 3 ch. 68 €, 1 gîte 460 €/sem./4 pers., 1 suite 110 €* ☕. Une atmosphère délicieusement surannée règne en cette maison à colombages du 14e s., dressée sur une placette où glougloute une fontaine. L'intérieur est très chaleureux (poutres apparentes, mobilier ancien, carrelage de tomettes…) et les chambres sont coquettes et calmes. L'été, petit-déjeuner servi dans le jardin.

À Nolay

BUDGET MOYEN

Hôtel de la Halle – *6 pl. Monge - ✆ 03 80 21 76 37 - www.hotel-la-halle-nolay.com - P sur réserv. - 14 ch. 72 € - ☕ 9 €.* Face aux halles du 14e s., deux corps de bâtiment se répartissent de part et d'autre d'une cour intérieure joliment fleurie. Chambres simples mais bien tenues, plus spacieuses sur l'arrière.

À Chamboeuf

BUDGET MOYEN

Chambre d'hôte Les Sarguenotes – *23 r. du Sus-Amont - 6 km à l'ouest de Gevrey-Chambertin par D 31 - ✆ 03 80 51 84 65 - http://les.sarguenotes.free.fr - ⊭ P 🏊 - 5 ch. 78 €* ☕. Ressourcez-vous dans cette maison neuve, au calme, qui domine la campagne environnante. Les chambres manquent un peu de caractère, mais vous apprécierez leur bon confort, leurs prix sages et leur terrasse.

À Couchey

BUDGET MOYEN

Chambre d'hôte Les Brugères – *7 r. Jean-Jaurès - 2 km au sud de Marsannay par D 122 - ✆ 03 80 52 13 05 - http://francoisbrugere.wifeo.com - P - fermé déc.-fév. - 3 ch. 74/79 €* ☕. Étape parfaite pour parler vin et le goûter que cette charmante habitation du 17e s., propriété d'un viticulteur. Les chambres, joliment aménagées, s'agrémentent de poutres apparentes et de meubles chinés chez les antiquaires. Cave ouverte aux visites et aux dégustations.

À Meursault

BUDGET MOYEN

Hôtel-restaurant Le Chevreuil – *Pl. de la République - ✆ 03 80 21 23 25 - www.lechevreuil.fr - P - 10 ch. 80/100 € - ☕ 10 € - ✕ formules 25/33 €, menus 44/64 €.* Mais pourquoi ce Chevreuil est-il célèbre depuis 1872 ? Pour sa « terrine chaude de la mère Daugier », dont la recette est bien gardée. Elle s'accompagne de bons crus, proposés par la propriétaire, fille de vignerons. Les chambres, sobres et contemporaines, sont personnalisées par de belles couleurs.

À Nuits-St-Georges

BUDGET MOYEN

Chambre d'hôte Nuits d'étape – *R. Paul Cabet - ✆ 06 19 92*

1

41 07 - 2 ch. 85 € ☕. Deux chambres, un vaste séjour, une cuisine et une salle de douche composent ce gîte situé au rdc d'une belle maison de caractère. Son emplacement, en plein cœur de Nuits-St-Georges, est idéal pour arpenter le centre et dîner en ville sans prendre sa voiture.

Hôtel La Gentilhommière – *13 r. de la Serrée - ✆ 03 80 61 12 06 - www.lagentilhommiere.fr - P 🏊 ♿ - fermé mi-déc.-janv. - 20 ch. 89/115 €, 11 suites 170/200 € - ☕ 15 € - ✕ formule déj. 25,90 € - menu 35/59 €, carte 70 € - fermé mar. soir et sam. midi.* Ce pavillon de chasse du 16ᵉ s., à l'écart de la ville, possède un parc traversé par une rivière. Les suites sont thématiques (Afrique, Orient, Zen, Pop Art…). Les plus spacieuses se situent dans l'annexe.

À Meursault

POUR SE FAIRE PLAISIR

Hôtel Les Charmes – *10 pl. du Murger - ✆ 03 80 21 63 53 - www.hotellescharmes.com - P 🏊 ♿ - 13 ch. 95/140 € - ☕ 13 €.* Cette ancienne propriété de viticulteurs (18ᵉ s.) abrite des chambres spacieuses garnies de meubles anciens, ou contemporaines et colorées. Joli parc arboré.

À Savigny-lès-Beaune

POUR SE FAIRE PLAISIR

Hôtel Le Hameau de Barboron – *✆ 03 80 21 58 35 - www.hameau-barboron.com - P ♿ - 14 ch. 99/220 €, 1 appart. 250 € - ☕ 15 € - ✕ 39,50 € - sur réserv.* Au milieu d'une vaste réserve de chasse, bel ensemble de fermes fortifiées (16ᵉ s.) restaurées où vous logerez dans des chambres personnalisées, au cachet champêtre préservé.

À Puligny-Montrachet

UNE FOLIE

La Maison d'Olivier Leflaive – *10 pl. du Monument - ✆ 03 80 21 37 65 - www.olivier-leflaive.com - P ♿ - fermé 20 déc.-5 fév. - 13 ch. 140/265 € - ☕ 16 € - ✕ repas dégustation 65/90 € - fermé dim.* Cette bâtisse du 17ᵉ s. magnifiquement et originalement rénovée est aussi un espace de convivialité pour qui veut découvrir et déguster des vins prestigieux. Visite des vignes (30 €), visite de cave (18 €), dégustation de vins (20 € pour 4 vins au choix) en compagnie de sommeliers. Olivier Leflaive est un défricheur en matière de pédagogie œnologique. Et ce, en toute simplicité.

RESTAURATION

À Volnay

PREMIER PRIX

Auberge des Vignes – *D 974 - ✆ 03 80 22 24 48 - www.aubergedesvignes.fr - P - fermé dim. soir, mar. soir, merc. - menus 17/24 €.* Ancienne ferme où mets traditionnels et suaves volnays se dégustent dans un cadre rustique. Flambées réconfortantes en hiver ; véranda et terrasses tournées vers les vignes.

BUDGET MOYEN

Le Cellier Volnaysien – *2 pl. de l'Église - ✆ 03 80 21 61 04 - www.restaurant-lecelliervolnaysien.com - fermé de mi-déc. à mi-janv., merc. et le soir (sf sam.) - formule déj. 19,90 € - 25,50/32,50 €.* Traversez le petit jardin fleuri planté d'arbres rares et découvrez cette belle maison du 18ᵉ s. avec son perron et ses caves voûtées. Une des trois salles à manger est aménagée dans l'ancienne cuverie. Cuisine locale simple et vins du château de Savigny à prix très sages.

À Gevrey-Chambertin

BUDGET MOYEN

Chez Guy – *3 pl. de la Mairie - ✆ 03 80 58 51 51 - www.chez-guy.fr - ♿ - fermé 14-28 août, vac. de Noël, dim.-lun. - formule déj. 18 € - 32 €.* On peut être moderne en apparence et fidèle à la tradition sur le fond ! La preuve avec ce restaurant au cadre contemporain dont la cuisine est enracinée dans le terroir : cocotte de joue de bœuf au pinot noir, carottes confites à la cardamome… Sans oublier la remarquable cave qui met la Bourgogne à l'honneur.

À Meursault

BUDGET MOYEN

Le Bouchon – *1 pl. de l'Hôtel-de-Ville - ✆ 03 80 21 29 56 - www.restaurant-le-bouchon.com - fermé 23 déc.-20 janv., dim.-lun. - formules déj. 11/13,50 € - 26/38 €.* La façade affiche d'emblée l'esprit bouchon de ce petit bistrot. Salle aux grandes baies vitrées tournées vers l'hôtel de ville. Menus traditionnels et plats du terroir.

À Chambolle-Musigny

BUDGET MOYEN

Le Chambolle – *28 r. Caroline-Aigle - ✆ 03 80 62 86 26 - www.restaurant-lechambolle.com - fermé mi-déc.-mi-fév., dim. soir de mi-fév. à avr., merc. et jeu. soir - menus 26,50/39 €, carte 45 €, sur réserv. uniquement.* Dans cette salle à manger chaleureuse et rustique (imposante cheminée), on s'attable pour goûter des plats du terroir très savoureux. Accueil souriant.

Le Millésime – *1 r. Traversière - ✆ 03 80 62 80 37 - www.restaurant-le-millesime.com - fermé 1er-15 janv., dim.-lun. - formule déj. 19,90 € - menus 33/65 €.* Au centre de ce village réputé pour sa production viticole, cet ancien bistrot a été repris par un jeune chef talentueux, Matthieu Mazoyer. Cuisine au goût du jour et vins à emporter.

À Nuits-St-Georges

POUR SE FAIRE PLAISIR

La Cabotte – *24 Grande-Rue - ✆ 03 80 61 20 77 - www.lacabotte.fr - fermé dim.-lun. - formule déj. 19,50 € - menu 35/75 €.* La salle à manger – poutres et pierres apparentes, mobilier sombre et éclairage moderne – donne sur le spectacle des cuisines. Plats au goût du jour et belle cave raisonnée.

À Pommard

POUR SE FAIRE PLAISIR

Auprès du Clocher – *1 r. de Nackenheim - ✆ 03 80 22 21 79 - www.aupresduclocher.com - fermé 24 déc.-1er janv., mar.-merc. - formule déj. 26 € - menu 32/72 €.* Jean-Christophe Moutet propose une cuisine inventive et légère mais néanmoins bourguignonne, à déguster au cœur du village, face à l'église. Service stylé et décoration chic.

À Fixin

BUDGET MOYEN

Au Clos Napoléon – *4-6 r. de la Perrière - ✆ 03 80 52 45 63 - www.clos-napoleon.com - formules déj. 14,90/17,90 € - menu 22/49 € - 4/8 €/verre (bar à vin).* Au restaurant, plats régionaux traditionnels accompagnés par une excellente carte des vins. La cave du bar à vin est impressionnante, comptant plus de 150 appellations, essentiellement de Bourgogne. L'équipe dynamique et passionnée réserve un accueil des plus chaleureux aux novices comme aux initiés. La sélection de vins est logée dans un caveau datant du 17e s. Une agréable terrasse, avec vue sur le vignoble, sublime la dégustation.

À Gevrey-Chambertin

POUR SE FAIRE PLAISIR

Rôtisserie du Chambertin – *6 r. du Chambertin - 21220 Gevrey-Chambertin - ✆ 03 80 34 33 20 - www.rotisserie-chambertin.com - tlj midi et soir - formule déj. 23 € - menus 28/38 €, carte 50 € - ch. 150/180 €.* Avec ses pierres apparentes, ses banquettes et son superbe bar en bois, ce restaurant est le complément idéal de l'hôtel (9 ch. luxueuses) qui l'accueille. Au programme, une belle cuisine bourguignonne, à base de produits sélectionnés : jambon persillé maison, escargots en cassolette au beurre persillé, tartes aux fruits… Superbe carte des vins et atelier de dégustation (24 €/pers. sur réserv.). Exceptionnel !

ACHATS

À Marsannay-la-Côte

Château de Marsannay – *2 r. des Vignes - ✆ 03 80 51 71 11 - www.chateau-marsannay.com - tlj (sf dim. de mi-nov. à mars) 10h-12h, 14h-18h - fermé de fin déc. à déb. janv.* Le domaine du château de Marsannay compte 40 ha plantés de vignes (dont 28 en AOC Marsannay). La visite des caves à fûts et à bouteilles (environ 220 000) s'achève par une dégustation des vins au caveau. Différentes formules sont proposées, comme un forfait déjeunatoire autour de 5 climats (64 €/pers. sur réserv.).

À Nuits-St-Georges

Cartron Joseph – *25 r. du Dr-Louis-Legrand - ✆ 03 80 62 00 90 - www.cartron.fr - 8h-12h, 13h30-17h30, vend. 8h-12h, 13h30-16h30 - fermé w.-end et j. fériés.* Depuis 1882, la maison Cartron élabore eaux-de-vie et liqueurs selon des méthodes artisanales privilégiant le respect du fruit et utilise, pour ce faire, bonbonnes d'osier, foudres, demi-muids et alambics de cuivre hérités des ancêtres. Les locaux abritent une petite boutique où vous trouverez, entre autres, la double crème de cassis 19°, le marc de Bourgogne et diverses eaux-de-vie de fruits.

Fruirouge et Cie – *40 Grande-Rue - ✆ 03 80 27 31 59 - www.fruirougeetcompagnie.com - 9h30-12h, 14h30-19h - fermé dim.-lun. et janv.-fév.* La ferme Fruirouge a ouvert cette boutique dédiée aux produits régionaux en plein cœur de Nuits-St-Georges. Un concept d'épicerie fermière qui rend hommage aux produits des terroirs d'ici et d'ailleurs. En plus des confitures, boissons et condiments aux fruits rouges, vous avez le choix entre liqueurs, confits d'oignon, de tomate, moutardes, mais aussi escargots, terrines de lapin, de sanglier ou de cerf… le tout 100 % produits fermiers !

La Ferme Fruirouge – *2 pl. de l'Eglise - Hameau de Concœur - ✆ 03 80 62 36 25 - www.fruirouge.fr - 9h-12h, 14h-19h - fermé mar.-merc., 1er janv., 25 déc.* Le cassis est entré dans la vie de la famille Olivier à la fin du 19e s. et n'en est jamais ressorti. Les propriétaires, installés dans la ferme familiale, cultivent framboises, fraises, groseilles, cerises, pêches de vigne, sans oublier le produit phare de la maison, le cassis noir de Bourgogne, qu'ils transforment artisanalement en confitures, boissons et condiments, de la crème de cassis en passant par le ketchup de cassis. Dégustation des produits de la ferme.

Le Cavon de Bacchus – *19 r. Crébillon - ✆ 03 80 61 15 32 - www.cavon.com - 10h-12h, 14h-19h - fermé dim.-lun.* Parmi la soixantaine de domaines proposés (plus de 3 000 références) par ces passionnés du vin, vous trouverez de belles appellations Villages comme les plus prestigieuses références de Bourgogne. Une large sélection à prix, somme toute, raisonnables.

À Aloxe-Corton

Château Corton – *5 r. de Corton - D 974 entre Beaune et Nuits-St-Georges - ✆ 03 80 26 28 79 - www.corton-andre.com - avr.-oct. : 10h-13h, 14h-18h30 ; reste de l'année : 10h-12h45, 14h-17h30, dim. 10h-12h - fermé 1er janv., 25 déc.* Ce château, le seul situé sur l'aire d'appellation grand cru de la côte de Beaune, au magnifique toit de tuiles vernissées, est idéalement situé dans un écrin de verdure. Visite du caveau et dégustation des vins du domaine. Corton produit à la fois un grand cru rouge (Corton) et un grand cru blanc (Corton-Charlemagne).

À Corgoloin

Domaine d'Ardhuy – *Clos des Langres - D 974 (à la sortie de Corgoloin, faire 500 m puis prendre dir. Beaune) - ✆ 03 80 62 98 73 - www.ardhuy.com - sur RV - 9h-12h, 14h-18h, w.-end sur demande.* Le Clos des Langres possède un manoir du 18e s., construit autour d'un pressoir du 17e s. inscrit aux Monuments historiques. Visite du domaine et possibilité de dégustation de différents crus.

À Pommard

Les Domaines de Pommard – *6 pl. de l'Europe - ✆ 03 80 24 17 20 - lun.-vend. 9h30-12h30, 14h-18h15, sam. 9h30-19h, dim. 9h30-17h.* Seize vignerons de Pommard se sont fédérés pour créer cette boutique qui propose des vins au prix de la vente à la propriété. Dégustation sur réserv. Accueil très chaleureux et conseils avisés.

ACTIVITÉS

Baignade

Nolay est doté d'un plan d'eau aménagé pour la baignade surveillée près d'un camping.

Escalade

Entre Dijon et Nuits-St-Georges, les falaises et les rochers des combes font la joie des varappeurs. Rens. : *✆ 03 80 62 11 17 - www.ot-nuits-st-georges.fr.*

Randonnée

Randonnée des Grands Crus – La route des Grands Crus est longée par un sentier pédestre et VTT sur une soixantaine de kilomètres.

Vol en montgolfière

Air Escargot – *25 chemin du 6-sept.-1944 - 71150 Remigny - ✆ 03 85 87 12 30 - www.air-escargot.com - tôt le mat. (entre 6 et 8h) et fin d'apr.-midi (entre 17h et 19h) - 260 €/1 pers., 490 €/2 pers. (-12 ans 130 €).* Baptême de l'air en montgolfière (1h30 env.) au-dessus des vignobles. Comptez 3-4h de disponibilité.

Autour du vin

Imaginarium – *Av. du Jura - 21700 Nuits-St-Georges - ✆ 03 80 62 61 40 - www.imaginarium-bourgogne.com - ♿ - visite guidée (1h30) 10h-17h, lun. 14h-17h - fermé 1er janv., 25 déc. - 15/21 € (-17 ans 7 €).* Boutique de 250 m², un spectacle son et lumière (40mn), et un espace ludique (la Magie des bulles).

AGENDA

Street Art on the Roc – à la Karrière, Villars-Fontaine (voir p. 70) - *http://villart.fr - 1 sem. fin août.* Dans une magnifique carrière désaffectée, musique (classique, rock, fanfares…), cinéma et théâtre en plein air, happenings, brocante.

Beaune

★★

21 661 Beaunois – Côte-d'Or (21)

Quelle beauté ! Au cœur du vignoble bourguignon, Beaune est à la fois la capitale viticole de la Bourgogne et une incomparable ville d'art. Le splendide hôtel-Dieu, la basilique-collégiale Notre-Dame, les remparts, dont les bastions abritent les caves les plus connues de Bourgogne, constituent l'un des plus beaux ensembles de la région. Dans les ruelles, restées très pittoresques, pullulent bars à vin, restos tendance et petites boutiques. Une étape inoubliable !

NOS ADRESSES PAGE 90
Hébergement, restauration, achats, activités, etc.

S'INFORMER

Office du tourisme – *6 bd Perpreuil - 21200 Beaune - ✆ 03 80 26 21 30 - www.beaune-tourisme.fr - juin-sept. : 9h-19h, dim. et j. fériés 9h-18h - avr.-mai et oct. : 9h-18h30, dim. et j. fériés 9h30-18h - reste de l'année : 9h30-12h30, 13h30-18h, dim. et j. fériés 10h-12h30, 13h30-17h - fermé 1er janv., 25 déc. - vente des vins 3e w.-end de nov. : vend.-dim. 9h-18h.*

Visites guidées – *Beaune propose une visite-découverte (2h) « De ville en cave » de mi-avr. à fin oct. : sam. 15h30 - 9,50 €/pers. (-18 ans 6 €) animée par un guide - rens. et réserv. à l'office de tourisme.*

SE REPÉRER

Carte de microrégion B3 (p. 28-29) – Beaune est très bien desservie : au carrefour de l'A 6, de l'A 31 (nord) et de l'A 36 (est).

SE GARER

La vieille ville est cernée par un périphérique, tournant dans le sens inverse des aiguilles d'une montre. En haute saison, garez-vous à proximité (parkings à l'extérieur des remparts) et visitez la cité à pied.

À NE PAS MANQUER

L'hôtel-Dieu ; le magnifique polyptyque du *Jugement dernier* de Van der Weyden ; les tapisseries de la collégiale Notre-Dame ; une balade en ville.

AVEC LES ENFANTS

La « chambre des pôvres » de l'hôtel-Dieu, les parcs de la Bouzaise et de la Creusotte, la moutarderie Fallot, la collection de voitures, motos et avions du château de Savigny-lès-Beaune.

★★★ Découvrir l'hôtel-Dieu Plan de ville p. 84 A2

R. de l'hôtel-Dieu - ✆ 03 80 24 45 00 - www.hospices-de-beaune.com - ♿ - de mi-mars à mi-nov. : 9h-18h30 ; reste de l'année : 9h-11h30, 14h-17h30 - possibilité de visite guidée sur demande (1h) - 8,50 € (-18 ans 4 €), 11,70 € billet combiné avec les musées de Beaune (musée du Vin de Bourgogne et musée des Beaux-Arts). Comptez 1h30 de visite.

Merveille de l'art burgondo-flamand, l'hôtel-Dieu de Beaune fut fondé en 1443 par le chancelier de Philippe le Bon, **Nicolas Rolin**. Et c'est d'ailleurs à la puissante famille Rolin *(voir Autun, p. 289)* que la ville doit ses plus grands trésors. À l'intérieur de cet écrin médiéval, parvenu intact jusqu'à nous, un service hospitalier en activité jusqu'en 1971.

Les Hospices de Beaune.
S. Vidler/age fotostock

1

À L'EXTÉRIEUR

Façade extérieure

La vaste et haute toiture d'ardoise est le principal élément décoratif de cette sobre façade. Avec ses lucarnes, ses girouettes, ses fins pinacles et sa dentelle de plomb, elle est d'une parfaite élégance. Au centre, une flèche aiguë fuse vers le ciel. Le porche d'entrée est surmonté d'un auvent d'une grande légèreté dont les trois pignons d'ardoise à pendentifs se terminent en pinacles ouvragés. Les girouettes portent différents blasons. Sur la porte aux beaux vantaux, remarquez le guichet de fer forgé aux pointes acérées et le heurtoir, magnifiques pièces ciselées datant du 15e s.

★★★ Toiture et cour d'honneur

Les bâtiments qui l'entourent forment un ensemble à la fois intime et cossu, « plutost logis de prince qu'hospital de pauvres ». Les ailes de gauche et du fond sont surmontées d'une magnifique **toiture de tuiles vernissées.** Cette parure multicolore, ponctuée de tourelles, est percée d'une double rangée de lucarnes et hérissée de girouettes armoriées et d'épis de faîtage (en plomb) ouvragés. Une galerie à pans de bois, desservant le 1er étage, repose sur de légères colonnettes de pierre formant le cloître au rez-de-chaussée. Le bâtiment de droite, construit au 17e s. sur des dépendances, ne dépare pas l'ensemble. Son imposante toiture d'ardoise fut restaurée de 2007 à 2009. L'entrée, protégée par un auvent, est signalée par une flèche qui s'élève à 50 m du sol. Le vieux puits, avec son armature de fer forgé et sa margelle de pierre, complète cet harmonieux ensemble.

À L'INTÉRIEUR

★★★ Grand-Salle ou « chambre des pôvres »

Cette immense salle des malades (50 m de long, 14 m de large et 16 m de haut) a conservé une magnifique **voûte** en carène de navire renversée, dont les longues poutres transversales (des entraits) sont comme « avalées » par des dragons multicolores symbolisant l'enfer. Dès l'entrée, vous serez frappé par l'impeccable alignement des 28 lits à colonnes, derrière lesquels court la « ruelle », qui permettait aux infirmières d'administrer les soins en toute intimité. Le mobilier d'inspiration médiévale fut reconstitué lors de la restauration de 1875 opérée par Maurice Ouradou, gendre de Viollet-le-Duc. Au sol, le carrelage porte les initiales de Guigone de Salins et Nicolas Rolin, et la devise « Seulle », expression du fidèle attachement de ce dernier à son épouse. Au fond de la salle, au-dessus de la grande porte, admirez un **Christ aux liens★** datant de la fin du 15e s. et sculpté dans un seul et même fût de chêne.

Chapelle

Une simple cloison de style flamboyant (reconstituée au 19e s. ainsi que le grand vitrail) séparait la Grand-Salle de la chapelle. Du fait de cette proximité, les malades pouvaient suivre les offices sans même devoir se déplacer. C'est dans ce lieu de prière, au-dessus de l'autel, que prenait place autrefois le fameux retable de Rogier van der Weyden, commandé par Nicolas Rolin. Remarquez une plaque funéraire en bronze à la mémoire de Guigone de Salins, fondatrice de l'hôtel-Dieu, qui, à la mort de son époux en 1461, veilla au bon fonctionnement de l'hôpital.

Salle Ste-Anne

Ne se visite pas. Cette pièce était à l'origine dotée de lits réservés aux « âmes nobles ». Le mur est orné d'une somptueuse tapisserie aux armes des fondateurs, représentative des couvertures jadis posées sur les lits des malades les jours de fêtes solennelles.

Salle St-Hugues

Cette salle de malades a été partiellement réaménagée dans son décor du 17e s., les lits étant ceux en usage à la fin du 19e s. Les peintures murales, d'Isaac Moillon, représentent neuf miracles du Christ ainsi que saint Hugues en évêque

RICHES HOSPICES

Les Hospices de Beaune (sous cette appellation sont rassemblés l'hôtel-Dieu, l'hospice de la Charité et le centre hospitalier) possèdent notamment un magnifique vignoble de 60 ha situé sur la côte de Nuits et la côte de Beaune, de Gevrey-Chambertin à Puligny-Montrachet, et aussi à Chablis. Il compte des crus universellement réputés. C'est un titre de gloire que de figurer parmi les « vignerons des Hospices » (au nombre de 25).

Chaque année, sous la halle médiévale, a lieu la célèbre vente aux enchères des vins des Hospices de Beaune. Les annonces du crieur ne sont plus guettées par les experts, car le marteau et la voix du commissaire-priseur ont pris le relais. Seule la « pièce de charité » – tonneau d'un grand cru cédé au profit d'associations ou d'œuvres charitables – est encore vendue à la bougie, d'où le nom d'« enchères à la chandelle ».

Le bénéfice de ce que l'on a appelé « la plus grande vente de charité du monde » est toujours consacré à la modernisation des installations chirurgicales et médicales de l'hôpital de Beaune et, pour l'édition 2015, aux victimes des attentats qui ont frappé Paris le 13 novembre 2015.

et en chartreux. Ce dernier, ressuscitant des enfants morts de la peste, est aussi représenté sur le retable de l'autel.

Salle St-Nicolas

Ancienne infirmerie des malades « en danger de mort », cette salle contenait 12 lits occupés par des malades des deux sexes. Lors de sa visite en 1658, Louis XIV, choqué par cette mixité, octroya une rente de 500 livres à l'hôtel-Dieu afin d'aménager des espaces séparant les hommes des femmes. Aujourd'hui, cette salle abrite une exposition permanente sur l'histoire de l'hôtel-Dieu. Remarquez la magnifique maquette (en paille) des bâtiments. Au centre de la salle, un pavage de verre permet de voir couler la Bouzaise, sur laquelle cette partie de l'hôpital fut construite afin de faciliter l'évacuation des eaux usées.

Cuisine

Un décor ancien a été reconstitué autour de la vaste cheminée gothique à double foyer, munie d'un étonnant **tournebroche** à automate datant de 1698. Remarquez également la statue de sainte Marthe.

Laboratoire et pharmacie

La salle présente un grand mortier de bronze (1760) qui servait à la préparation des remèdes, ainsi qu'une superbe collection de **pots en faïence** du 18e s. dans lesquels étaient stockées poudres, huiles et concoctions les plus diverses.

Salle du Polyptyque

Entrée par la salle St-Louis. Elle a été spécialement construite pour accueillir le tableau du **Jugement dernier★★★** de Rogier van der Weyden. Cet extraordinaire chef-d'œuvre de l'art flamand, réalisé entre 1445 et 1448, fut soigneusement restauré au 19e s., quoique scié dans l'épaisseur afin de pouvoir exposer les deux faces simultanément. Une loupe mobile permet de mesurer l'incroyable minutie des détails et la vérité d'expression de tous les personnages.

Dans le panneau central du **retable ouvert**, le Christ préside au Jugement dernier; il trône sur un arc-en-ciel au milieu de nuées d'or, évoquant le paradis, au-dessus de saint Michel qui pèse les âmes. Autour des deux grandes figures, la Vierge et saint Jean-Baptiste implorent la clémence du Seigneur. Derrière eux prennent place les apôtres, quelques personnages importants intercédant en faveur de l'humanité, les damnés et les sauvés.

Sur le mur latéral droit, on voit le **revers du retable**. Les admirables portraits de Nicolas Rolin et de sa femme sont accompagnés de grisailles représentant saint Sébastien et saint Antoine, qui fut le premier patron de l'hôtel-Dieu, et la scène de l'Annonciation.

Remarquez aussi, sur un autre registre, une superbe tapisserie « aux mille fleurs » (début 16e s.) racontant la légende de saint Éloi.

Salle St-Louis

Construite en 1661 sur l'emplacement d'une ancienne grange, elle abrite notamment des **tapisseries de Tournai** (début 16e s.) figurant la parabole de l'Enfant prodigue, ainsi qu'une série de **tapisseries de Bruxelles** (fin 16e s.) retraçant l'histoire de Jacob. Des coffres gothiques et une fontaine complètent le décor de cette pièce, qui marque la fin de la visite.

Sortie par la boutique.

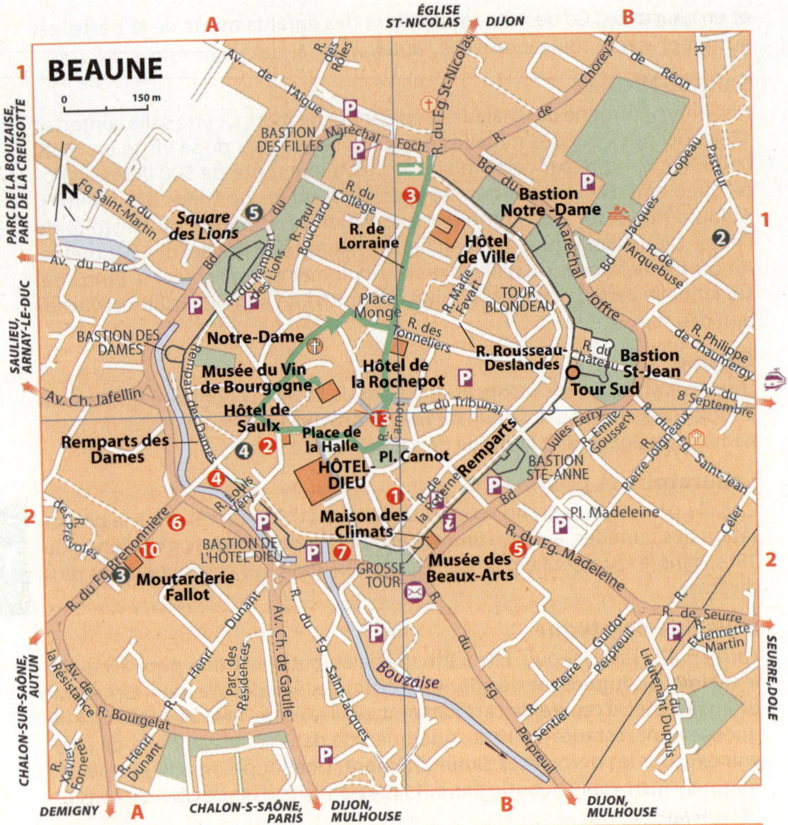

SE LOGER
- Hostellerie de Bretonnière .. 3
- Hôtel La Villa Fleurie 2
- Hôtel Le Cep 4
- Hôtel Le Foch.............. 5

SE RESTAURER
- Le Bénaton................ 1
- Le Caveau des Arches....... 4
- La Ciboulette............... 3
- Le Comptoir de Tontons 5
- La Dilettante 6
- Le Jardin des Remparts 7
- Ma Cuisine................ 10
- Le P'tit Paradis............ 13
- Le Relais de Saulx.......... 2

Se promener Plan de ville ci-dessus

★ DANS LE CENTRE A1-2

Circuit tracé en vert sur le plan de ville (ci-dessus). Parkings près des boulevards Foch et Joffre. Entrez par la porte St-Nicolas, arc de triomphe élevé sous Louis XV. Admirez le porche baroque à droite. Engagez-vous dans la **rue de Lorraine**, et laissez sur votre gauche l'**hôtel de ville**, qui occupe les bâtiments de l'ancien couvent des Ursulines (17e s.).

Belle maison au n° 55 rue de Lorraine et chapelle de l'oratoire (1710). Plus loin, les nos 18, 20, 22 et 24 forment un bel ensemble de maisons du 16e s. Au n° 10, l'hôtel de la Charité (1645) a conservé sa belle porte. Remarquez également, dans la **rue Rousseau-Deslandes** (à gauche), le n° 10 : une maison romane ornée au 1er étage d'arcatures tréflées. Reprenez la rue de Lorraine.

★ Hôtel de la Rochepot A1

Au n° 9 de la place Monge, cet édifice datant de 1522 possède une jolie façade gothique avec une galerie à trois étages. Si la porte est ouverte, n'hésitez pas à jeter un œil dans la cour ! Également sur la place s'élèvent le beffroi avec sa couverture de poutrelles (14e s.) et la statue de Monge, enfant du pays, par Rude. Aîné des quatre fils d'un commerçant forain de Beaune, **Gaspard Monge** (1746-1818) se révéla très tôt doué pour les sciences physiques et les mathématiques. Créateur de la géométrie descriptive, ministre de la Marine pendant la Révolution, il fonda l'École polytechnique et participa à la campagne d'Égypte (1797-1801) menée par Napoléon Ier.
Engagez-vous dans l'agréable rue Carnot, piétonne et commerçante, qui mène jusqu'à la **place Carnot**, arborée et animée. Les terrasses sont envahies dès que le soleil pointe un rayon. Au n° 4 de la place Carnot (au-dessus du restaurant Le Carmin) se trouve une maison du 16e s. dont les montants des fenêtres à meneaux sont joliment sculptés. Remarquez, sur la lucarne, la devise de la maison : « Humilité et vertu ».
Prenez la rue Psaumot.

Place de la Halle A2

Vous voici au cœur de la ville. Autour de la place et dans les rues avoisinantes, remarquez les belles devantures des magasins de spécialités régionales : vins et alcools bien sûr, mais aussi confiseries. Au-delà des Hospices, on peut s'arrêter rue Rolin, au marché aux vins, pour une dégustation. L'hôtel-Dieu domine l'ensemble par sa belle toiture d'ardoises. À ses côtés la façade chargée de la Caisse d'Épargne a été construite en 1894.
Longez-la.
Au n° 13 de la place Fleury, ne manquez pas l'**hôtel de Saulx**, avec sa jolie tourelle et sa cour intérieure.
Au bout de la place, prenez à gauche la rue Édouard-Fraysse.
Près de la collégiale, à voir de préférence du parvis, la **maison du Colombier** est une ravissante demeure Renaissance.

★ Collégiale Notre-Dame A1

Pl. du Gén.-Leclerc - ✆ 03 80 24 57 71 - ♿ - 9h-19h - possibilité de visite guidée sur demande (45mn) - 3 € (-11 ans gratuit).
Cette « fille de Cluny », entreprise vers 1120 et largement inspirée de St-Lazare d'Autun, reste, malgré des adjonctions successives, un bel exemple de l'art roman bourguignon.

1

LA CAPITALE… DU BOURGOGNE

Sanctuaire gaulois puis romain, siège d'un parlement au Moyen Âge, Beaune fut jusqu'au 14e s. la principale résidence des ducs de Bourgogne, avant qu'ils ne se fixent définitivement à Dijon. Les archives de la ville possèdent la charte originale des libertés communales accordées par le duc Eudes en 1203. L'enceinte et les tours, toujours en place de nos jours, ont été édifiées à partir du 15e s. à la mort du dernier duc de Bourgogne, Charles le Téméraire, en 1477, la ville résista avec opiniâtreté à Louis XI et ne se rendit qu'après un siège de cinq semaines.
La rivalité entre Dijonnais et Beaunois fit couler des flots d'encre fielleuse sous la plume du poète satirique **Alexis Piron** (1689-1773), également l'auteur d'épigrammes contre Voltaire.

Extérieur – Un large porche à trois nefs du 14e s. dissimule la façade. Le décor sculpté a été détruit pendant la Révolution, mais les beaux **vantaux** aux panneaux sculptés (15e s.) subsistent. Dans cet ensemble de belles proportions, on reconnaît les différentes phases de construction : déambulatoire et absidioles de pur style roman, chœur remanié au 13e s. et arcs-boutants du 14e s.

La tour de la croisée du transept, où les baies en tiers-point se superposent aux arcatures romanes, est coiffée d'un dôme galbé avec un lanternon du 16e s.

Intérieur – La haute nef, voûtée en berceau brisé, est flanquée d'étroits bas-côtés voûtés d'arêtes. Un triforium aux baies partiellement aveugles entoure l'édifice, qui offre un décor d'arcatures et de pilastres cannelés d'inspiration autunienne. La croisée du transept est couverte d'une coupole octogonale sur trompes. Le chœur, entouré d'un déambulatoire sur lequel s'ouvrent trois absidioles en cul-de-four, est remarquable par ses proportions. Notez la présence dans le chœur d'une Vierge noire du 12e s. Outre la décoration des pilastres des bras du transept, on peut apprécier la réussite des sculptures de certains chapiteaux de la nef figurant l'arche de Noé, la lapidation de saint Étienne et l'arbre de Jessé.

En remontant le bas-côté gauche, regardez dans la deuxième chapelle les fresques du 15e s. représentant la résurrection de Lazare, attribuées à l'artiste bourguignon Pierre Spicre, une Pietà du 16e s. et, dans la troisième chapelle, deux retables du 15e s. Dans le bas-côté sud, au niveau de la première travée, la chapelle Renaissance est ornée d'un beau plafond à caissons.

★★ **Tapisseries** – Cette magnifique suite de tapisseries, dites « de la vie de la Vierge », marque le passage de l'art du Moyen Âge à la Renaissance. Cinq panneaux aux riches couleurs, tissés en laine et soie, retracent l'histoire de la Vierge en une série de 19 tableaux. Commandés en 1474, puis exécutés d'après les cartons de Spicre, sur les indications du cardinal Rolin, ils furent offerts à l'église en 1500 par le chanoine Hugues Le Coq. Remarquez les effets de profondeur et de moirage dus à l'emploi de demi-teintes. Le plus beau tableau se cache peut-être derrière le maître-autel…

Bâtiments monastiques – On peut y accéder par une porte romane ouvrant dans le transept ; une partie du cloître (13e s.) et la salle capitulaire ont été restaurées.

Prenez la petite rue d'Enfer, à droite, quand on regarde la collégiale.

Musée du Vin de Bourgogne A2

R. Paradis - ✆ 03 80 22 08 19 - www.beaune.fr - avr.-sept. : tlj sf mar. 10h-13h, 14h-18h ; mars et oct.-nov. : tlj sf lun.-mar. 10h-13h, 14h-18h - possibilité de visite guidée sur demande (1h) - 5,80 € (-18 ans 3,80 €) - billet donnant accès au musée des Beaux-Arts.

Il est installé dans l'ancien **hôtel des ducs de Bourgogne★**, des 15e et 16e s., où la pierre et le bois se complètent harmonieusement. La cour intérieure évoque un délicieux décor de théâtre. La Porterie, bâtiment du 15e s. situé à droite de la porte d'entrée, est intéressante. La cuverie (14e s.), à laquelle on accède par un vaste portail, abrite une impressionnante collection de pressoirs et de cuves. L'histoire du vignoble bourguignon et de la culture de la vigne est retracée au rez-de-chaussée. On voit notamment une Vierge au raisin (N.-D. de Beaune), statue en pierre polychrome du 16e s. Au 1er étage sont évoqués la tonnellerie (2 films de 20mn chacun), le commerce et les arts bachiques. La salle d'honneur, dite « salle de l'Ambassade des vins de France », est décorée de tapisseries des ateliers d'Aubusson, l'une de Lurçat (*Le Vin, source de vie*) et les autres de Michel Tourlière (*Le Vigneron* et *Les Oiseaux sauvages*).

Vue aérienne des hospices et de la ville.
A. Chicurel/hemis.fr

★ LES REMPARTS

▶ *On peut en effectuer le tour extérieur complet à pied. Suivez les boulevards extérieurs, par l'ouest, à partir du boulevard Joffre.*

Assez bien conservés, ils forment autour de la vieille ville un chemin de ronde presque ininterrompu de 2 km, avec des enclaves privées ici et là. Leur ceinture de moellons, rectangulaire, est festonnée de quelques tours et de huit bastions de formes variées, à bossages. L'un de ces bastions est double : il s'agit de celui de l'ancien château, dit **bastion St-Jean** (B1).

La tour nord du château, hérissée de gargouilles et creusée d'une niche abritant une statue de Vierge à l'Enfant, plonge dans le fossé planté de grands cerisiers. Après avoir dépassé la tour Blondeau en saillie sur le rempart, vous arrivez devant le **bastion Notre-Dame** (B1), au faîte garni de beaux arbres et dont une charmante échauguette coiffe l'éperon.

Le rempart s'interrompt de part et d'autre de la porte St-Nicolas. Vient ensuite la tour des Filles, dénaturée par la toiture qui la recouvre, avant de parvenir au **square des Lions** (A1), dominant un jardin.

Suivent le **rempart des Dames** (A2), promenade ornée d'une double file de grands platanes, et la tour de l'hôtel-Dieu, au bas desquels court un ruisseau aboutissant à un lavoir. Vous découvrez alors la « Grosse Tour » du rempart Madeleine, laquelle date du 16e s.

Musée des Beaux-Arts B2

6 bd Perpreuil - ✆ 03 80 24 98 70 - www.beaune.fr - ♿ - de mi-sept. à déc. : tlj sf mar. 10h-13h, 14h-18h - possibilité de visite guidée sur demande (1h) - 11,30 € (enf. 5 €) - billet donnant accès au musée du Vin.

Fondé en 1850, ce musée présente ses collections de sculptures et de peintures, du 12e au 20e s., sous l'angle d'un double parcours à la fois thématique et chronologique. Les thèmes privilégiés sont l'histoire de Beaune ou la représentation du paysage entre le 17e et le 19e s. Parmi les œuvres maîtresses, voyez les allégories des quatre éléments de l'atelier de Brueghel de Velours, la Croix vivante de la fin du 16e s. Admirez aussi les tons lumineux des toiles de Venise par **Félix Ziem** (1821-1911), né à Beaune, dont le musée possède une trentaine de tableaux.

Maison des Climats B2

6 bd Perpreuil (entrée par l'office de tourisme) - ✆ 03 80 26 21 30 - www.climats-bourgogne.com - ♿ - horaires de l'office de tourisme (voir p. 80) - entrée libre.

Cet espace muséographique donne des explications intéressantes sur les climats de Bourgogne et leur classement à l'Unesco. Un film (7mn) présente l'activité viticole de cette bande de terre de 60 km de long, qui s'étire de Dijon à Santenay, donnant les vins parmi les plus côtés du monde. Des tablettes permettent de suivre en réalité virtuelle l'évolution de l'exploitation des vignobles depuis l'Antiquité.

Poursuivez la promenade le long des remparts pour passer devant le bastion Ste-Anne, propriété privée aujourd'hui transformée en gîte. Vous terminez devant la **tour sud** du château, entourée d'arbres, et que précède le fossé garni de haies et de bambous. Prenez un peu de recul pour profiter du tableau qu'offrent la tour avec, à son sommet, une petite maison à pinacles noirs et, à l'arrière-plan, les toits vernissés d'autres bâtiments.

À voir aussi Plan de ville p. 84

★ Moutarderie Fallot A2

31 r. du Fg-Bretonnière - ✆ 03 80 22 10 10 - www.fallot.com - visite guidée sur demande préalable (1h) tte l'année : horaires, se rens. - fermé dim., 1er janv., 25 déc. - 10 € (-18 ans 8 €).

Créée en 1840, la moutarderie Fallot est la dernière maison familiale et indépendante de Bourgogne (il y avait une trentaine d'artisans moutardiers au 18e s.). Son savoir-faire artisanal repose toujours sur le broyage des graines à la meule de pierre. Ce procédé qui évite l'échauffement de la pâte de moutarde préserve ainsi toutes les qualités gustatives. Deux circuits sont proposés : le parcours *Découverte*, historique et didactique, permet de saisir les différentes étapes (nettoyage, trempage – autrefois avec du verjus – broyage…) nécessaires à la transformation de la graine de Sénevé (plante herbacée crucifère à fleurs jaunes qui prospérait surtout grâce à la potasse que produisaient alors les fourneaux à charbon de bois très nombreux dans la région) jusqu'au conditionnement du condiment. Le second circuit, *Sensations fortes,* vous invite à observer, derrière de grands panneaux vitrés interactifs, l'actuel site de production qui emploie une vingtaine de salariés. Les graines, une fois pesées, sont acheminées dans des bacs de trempage (vinaigre, eau, sel) pour faciliter la séparation de l'écorce et de l'amande.

Bénéficiant depuis 2009 de l'Indication géographique protégée « Moutarde de Bourgogne », la moutarderie a relancé, en partenariat avec d'autres acteurs régionaux, la culture de la graine de moutarde en Bourgogne. Celle-ci couvre aujourd'hui 50 % des 2 000 tonnes de moutarde produites chaque année dans le monde. Les autres graines sont essentiellement importées du Canada. Avant de partir, n'oubliez pas de vous attarder au bar à moutarde et de déguster, entre autres, la moutarde aux fruits rouges, au raifort ou au *yuzu*.

Église St-Nicolas A1 (en direction)

Sortez de la ville au nord par la D 974.

L'église (13e s.) du quartier des Vignerons possède une tour romane coiffée d'une belle flèche de pierre. Un porche du 15e s., pourvu d'une charpente couverte de tuiles et supportée par des piliers en pierre de taille, abrite un

CONNAISSEZ-VOUS LE POIVRE DE CASSIS ?

À l'origine de cette nouvelle épice, les producteurs de cassis de Bourgogne, en partenariat avec le Comité des plantes à parfum, aromatiques et médicinales. Une soixantaine de producteurs sur près de 300 ha fournissent ainsi la quasi-totalité de la production mondiale du bourgeon de cassis, ingrédient unique permettant l'élaboration du poivre de cassis. Parmi les 150 variétés de cassis, seules quelques-unes sont sélectionnées, la plus noble étant le Noir de Bourgogne. Réalisée en bouture sèche, la plante demande 3 ans avant de donner la première production. Récoltés en hiver, les bourgeons, après avoir été minutieusement sélectionnés, sont congelés (pour une conservation optimale), puis séchés, broyés et tamisés. L'épice conditionnée est désormais prête ; elle a la force d'un poivre associée à la douceur acidulée du cassis. Une vraie gourmandise adoubée par de nombreux chefs et disponible en boutique.

portail du 12e s. Le tympan monolithe représente saint Nicolas sauvant trois jeunes filles que leur père voulait vendre.

Parc de la Bouzaise A1 (en direction)

Sortez par l'avenue du Parc (Rue du Fg-St-Martin).

C'est un très agréable but de promenade, avec ses beaux ombrages et son lac artificiel aux sources de la rivière *(canotage), et aussi le d*épart de randonnées le long des sentiers beaunois. Il abrite des jeux d'enfants (5-12 ans, dont certains sont accessibles aux enfants en fauteuil roulant), un petit parc animalier et un jardin anglais qui raviront les plus jeunes.

Parc de la Creusotte (avenue du Parc, à côté du parc de la Bouzaise)

Jouxtant le parc de la Bouzaise, le parc de la Creusotte a été réaménagé dans un esprit contemporain et dans le respect de l'environnement. Vous découvrirez la nature en déambulant sur des cheminements surélevés afin d'en préserver la flore et la faune.

À proximité Carte de microrégion p. 28-29

Montagne de Beaune B3

5 km au nord-ouest par la D 970.

De la table d'orientation située près du monument aux morts *(à 600 m environ au sud de la statue de N.-D.-de-la-Libération)*, on découvre une **vue** étendue sur la ville aux jolis toits de tuile brune, sur le vignoble et, au sud, sur les monts du Mâconnais. La lumière y est plus belle encore l'après-midi.

Château de Savigny-lès-Beaune B3

6 km au nord-ouest par la D 18.

R. du Gén.-Leclerc - 03 80 21 55 03 - www.chateau-savigny.com - de mi-avr. à mi-oct. : 9h-18h30 ; reste de l'année : 9h-12h, 14h-17h30 - fermé 3e sem. en janv., 25 déc. - 11 € (-16 ans 5 €).

Dans ce village connu pour ses vins de qualité se dresse un imposant château du 14e s., construit par Jean de Frolois, maréchal de Bourgogne, qui accueille désormais de surprenantes collections. À l'entrée, le « petit château » (fin 17e s.), remarquable par son appareillage en calcaire grossier, a été aménagé pour recevoir un espace de dégustation-vente de vins ainsi qu'une exposition de **voitures Abarth** de compétition (courses de côte et d'endurance). La visite du parc révèle bien des surprises, avec une trentaine de

prototypes de tracteurs-enjambeurs et, surtout, près de 80 **avions de chasse**, dont un Mystère IV, un Ouragan et un F84G de la Patrouille de France, une série de Mirage (III à V), un Jaguar (1971) ayant participé à la guerre du Golfe, un Vampire, etc. Une dizaine de véhicules de pompiers viennent compléter cette incroyable collection.
Le château a été remanié par la famille Bouhier au 17e s. : les ouvertures ont alors été multipliées. L'intérieur est agencé pour les séminaires et réceptions. Le 2e étage est réservé à la **moto** et aux maquettes d'avions. Réunissant plus de 250 exemplaires de motos★ de tous les pays, des marques les plus prestigieuses (Norton, Honda, Blériot, Vélocette, Agusta, Peugeot, BSA, NSU, Horex...) aux plus éphémères, cet ensemble en présente les évolutions mécaniques et esthétiques depuis le début du 20e s.

Comblanchien C3

12 km au nord-est par la D 974.
Le bourg est connu pour sa pierre de calcaire dur que l'on extrait des falaises voisines : elle est fréquemment employée en remplacement du marbre, plus coûteux. Le village vécut dans la nuit du 21 au 22 août 1944 une épreuve terrible : soupçonné d'abriter des résistants, il fut en grande partie incendié. Vingt-trois habitants furent emmenés en otages à Dijon : 12 furent libérés, 2 s'enfuirent et 9 ne rentrèrent qu'en 1945 après avoir été déportés en Allemagne.

NOS ADRESSES À BEAUNE

VISITE

Bon à savoir – *Le service billetterie de l'office de tourisme offre des tarifs groupés sur les visites des sites incontournables de la région.*

HÉBERGEMENT

PREMIER PRIX

5 **Hôtel Le Foch** – A1 - *24 bd du Maréchal Foch - 03 80 24 05 65 - www.hotelbeaune-lefoch.fr - fermé 1er - 15 janv. - 10 ch. 40/75 € - 8 €.* Situé en bordure du boulevard Foch, ce petit hôtel simple est une entrée de gamme tout à fait correcte. Le bar soigné dans son décor rétro (les amateurs de vieux guides Michelin seront ravis) est très plaisant.

BUDGET MOYEN

3 **Hostellerie de Bretonnière** – A2 - *43 r. du Faubourg Bretonnière - 03 80 22 15 77 - www.hotelbretonniere.com - P - 32 ch. 80/118 € - 11,50 €.* Cet ancien relais de poste s'ouvre sur une cour intérieure, autour de laquelle sont disposées les chambres. Certaines, en duplex, disposent de petites terrasses. Grand confort, accueil sympathique, bon petit-déjeuner sous une agréable verrière. Excellente adresse.

2 **Hôtel La Villa Fleurie** – B1 - *19 pl. Colbert - 03 80 22 60 00 - www.lavillafleurie.fr - P 4 € - fermé janv. - 10 ch. 69/149 € - 9 €.* Délicatement décorées et délicieusement apprêtées, les chambres de cet hôtel de famille, aménagées avec goût dans une grande et belle demeure 1900, sentent bon les vacances. La villégiature, qui respire le calme et la sérénité, est un excellent point de chute pour découvrir la région.

Hôtel Grillon – Hors plan - *21 rte de Seurre - 03 80 22 44 25 - www.hotel-grillon.fr - P - fermé en fév. et le mar. - 12 ch. 85/115 € - 11 €.* Pimpante demeure rose blottie dans son jardin clos, avec coquettes chambres rénovées et personnalisées, salon-bar en caveau et terrasse fleurie pour le petit-déjeuner l'été.

UNE FOLIE

4 **Hôtel Le Cep** – A2 - *27 r. Maufoux - ✆ 03 80 22 35 48 - www.hotel-cep-beaune.com - P 21 €/j - ♿ - 34 ch. et 30 suites 214/584 € - ☕ 21 €.* Hôtels particuliers (16e et 18e s.) dont les vastes chambres abritent chacune un vrai musée. Petit-déjeuner servi dans un caveau voûté ou, l'été, dans la cour Renaissance.

RESTAURATION

PREMIER PRIX

6 **La Dilettante** – A2 - *11 r. du Faubourg-Bretonnière - ✆ 03 80 21 48 59 - tlj sf dim. 12h-0h - plats 7/25 €.* Ici, on joue la carte du local et de la simplicité : à l'ardoise, des plats composés des produits trouvés au marché le jour même, avec une touche japonisante réussie. Au mur, une impressionnante carte des vins. La salle aux murs de brique est confortable, les meubles sont chinés et l'ambiance feutrée. Une bonne adresse !

BUDGET MOYEN

3 **La Ciboulette** – B1 - *69 r. de Lorraine - ✆ 03 80 24 70 72 - fermé 3 sem. en fév. et lun.-mar. - 21/40 €.* Deux salles à manger égayées d'un mobilier en rotin et de boiseries. Appétissante petite carte traditionnelle mâtinée d'une touche bourguignonne.

10 **Ma Cuisine** – A2 - *Passage Ste-Hélène - ✆ 03 80 22 30 22 - fermé août, 23 déc.-5 janv., merc. et w.-end - menu 28 €, carte 55 €.* Tout tourne autour du vin dans ce petit restaurant où le livre de cave, riche de quelque 800 références, accompagne les suggestions du marché.

2 **Le Relais de Saulx** – A2 - *6 r. Louis-Véry - ✆ 03 80 22 01 35 - fermé sam.-lun. midi - 25/34 €.* Olivier Streiff a repris, avec sa compagne, cette maison de caractère (1673) du centre de Beaune. Il y sert une cuisine goûteuse, dans une ambiance bistrot, qui régalera les amateurs de produits bio… avec presque toujours un risotto à la carte. Réservation conseillée.

13 **Le P'tit Paradis** – A1 - *25 r. Paradis - ✆ 03 80 24 91 00 - www.restaurantleptitparadis.fr - fermé 3 sem. en août, 22 déc.-15 janv., sam.-dim. - formule déj. 22 €, menus 29/36 €, carte 45 €.* Un « p'tit coin de paradis » niché dans une vieille rue pavée du centre. Salle cosy, un peu petite mais joliment décorée, pour déguster des recettes de saison. Terrasse en été.

POUR SE FAIRE PLAISIR

4 **Le Caveau des Arches** – A2 - *10 bd Perpreuil - ✆ 03 80 22 10 37 - www.caveau-des-arches.com - fermé 3 sem. août, 20 déc.-10 janv. et dim.-lun. - 26/58 €.* Insolite, ce restaurant est logé dans un caveau souterrain en pierre (18e s.) intégrant les soubassements d'un pont du 15e s. Carte traditionnelle et bon choix de bourgognes.

5 **Le Comptoir des Tontons** – B1 - *22 r. du Fg-Madeleine - ✆ 03 80 24 19 64 - www.lecomptoirdestontons.com - ouv. les soirs du mar. au sam. - 45/50 €.* Cuisine faite à partir des produits des jardins et fermes de la région, bio pour la plupart.

UNE FOLIE

1 **Le Bénaton** – A2 - *25 r. du Fg-Bretonnière - ✆ 03 80 22 00 26 - www.lebenaton.com - fermé en avr.-nov. merc., jeu. midi et sam. midi ; déc.-mars merc.-jeu. - formule déj. 34 € - menus 60/96 €.* Original ! Ici, la vaisselle personnalisée participe à la création de recettes jouant sur les textures et les

1

contrastes. À découvrir dans la salle contemporaine ou en terrasse.

7 **Le Jardin des Remparts** – A2 - *10 r. de l'Hôtel-Dieu - 03 80 24 79 41 - www.le-jardin-des-remparts.com - P - fermé 1 sem. en avr., 1 sem. en oct., 23 déc.-15 janv., lun. (sept.-mai), mar. (oct.-déc.), dim. - menus 32/85 €, carte 100 €.* Dans une maison des années 1930 accrochée aux remparts, belles salles à manger bourgeoises et ravissant jardin-terrasse pris d'assaut en été. Cuisine actuelle réalisée avec de bons produits par le jeune chef, Christophe Bocquillon.

À proximité

BUDGET MOYEN

Pierre & Jean – *2 r. de la Poste - 71150 Chagny - 03 85 87 08 67 - www.pierrejean-restaurant.fr - fermé lun.-mar. et en hiver (se rens.) - formule déj. sf w.-end 19,50 €, menus 32/39 €.* La maison Lameloise a ouvert un bistrot chic dans un ancien chai du 18e s. Autant dire que les plats sont savoureux, colorés, inventifs et séduisants.

UNE FOLIE

L'EdEm – *Imp. des Chenevottes - 21190 Chassagne-Montrachet - 03 80 21 94 94 - www.restaurant-edem.com - fermé lun.-mar. - 37/105 €.* La combinaison des noms d'Émilie Rey et d'Édouard Mignot a donné l'EdEm, restaurant gastronomique à la cuisine raffinée et moderne. Un menu spécial permet de déguster 5 ou 6 plats, dont par exemple le foie gras des Landes ou les grenouilles suivant la saison.

PETITE PAUSE

Passion Millot – *1 pl. Monge - 03 80 22 10 35 - www.passionmillot.com - juil.-août : mar.-vend. 9h-19h, sam. 8h-19h, dim. 9h-13h, 15h-19h ; sept.-juin : mar.-vend. 9h-12h30, 14h-19h, sam. 8h-19h, dim. 9h-13h, 15h-18h30 - fermé lun. (sf mi-juil.-mi août et j. fériés).* Anciennement Maison Bouché depuis 1925, cette adresse a été reprise par les époux Millot. Leurs trois domaines de prédilection sont la chocolaterie, la pâtisserie et la confiserie-glace.

BOIRE UN VERRE

Sur la place Carnot, les terrasses ont la chance de rester ensoleillées toute la journée. Un lieu idéal pour prendre son petit-déjeuner ou l'apéritif…

ACHATS

Marché aux vins – *7 r. de l'Hôtel-Dieu - 03 80 25 08 20 - www.marcheauxvins.com - avr.-oct. : 10h-19h ; reste de l'année : 10h-12h, 14h-19h - fermé 1er janv., 24-25 déc. et de mi-janv. à déb. fév.* Il est situé face aux célèbres Hospices dans l'ancienne église des Cordeliers (13e et 14e s.). Visite libre des caves avec différents circuits de dégustation possibles : 4 ou 6 crus bourguignons (10/15 €), 9 vins avec quatre Premiers Crus (21 €)… Espace de vente de vins et de produits dans le cellier des gourmets.

Eddy Raillard – *4 r. Monge - 03 80 22 23 04 - mar.-sam. 8h-12h30, 14h30-19h et dim. 9h-12h (sf nov.-avr.) - fermé lun., 3 sem. en juil., 1er janv.* Entrez donc dans cette boutique et vous serez conquis. Des saucissons pendent au plafond. Le jambon persillé, le pâté et l'andouillette maison respirent la fraîcheur. La noix de jambon sec, la tourte beaunoise, le jambonneau cuit font saliver. D'ici peu, on parlera de cette adresse comme d'une institution…

Cave Patriarche Père et Fils – *5-7 r. du Collège - ☏ 03 80 24 53 78 - www.patriarche.com - 9h30-11h15, 14h-17h15 - fermé 1er janv., 24-25 et 31 déc.* Les plus grandes caves de Bourgogne (20 000 m²), situées dans l'ancien couvent des Dames de la Visitation, datent des 14e et 16e s. Visite audioguidée et dégustation de 10 vins (17 €/pers.).

Vins de Bourgogne Denis-Perret – *Pl. Carnot - ☏ 03 80 22 35 47 - www.denisperret.fr - du dim. de Pâques à fin sept. : 9h-12h, 14h-19h, sam. 10h-12h, 14h-19h, dim. 10h-12h ; reste de l'année : lun.-vend. 9h-12h, 14h-19h (sf lun. janv.-Pâques : 18h), sam. 10h-12h, 14h-19h.* Cinq négociants-propriétaires se sont associés pour vous présenter les plus grands crus de Bourgogne : clos-vougeot, montrachet, chambertin… Un tel florilège pourrait laisser pantois si l'équipe d'accueil n'était là pour vous aider dans votre choix et vous conseiller telle ou telle recette en accompagnement.

L'Athenaeum de la Vigne et du Vin – *5 r. de l'Hôtel-Dieu - face aux Hospices de Beaune - ☏ 03 80 25 08 30 - www.athenaeum.com - 10h-19h - fermé 1er janv., 25 déc.er* Cette librairie a acquis une réputation internationale pour son catalogue quasi exhaustif d'ouvrages sur la Bourgogne, l'œnologie et la gastronomie. Vous y trouverez aussi nombre d'objets de cave : tire-bouchons, couteaux de sommelier, verres de dégustation… Un bel espace où il fait bon musarder.

Mulot & Petitjean – *1 pl. Carnot - ☏ 03 80 22 06 18 - www.mulotpetitjean.fr - avr.-déc. : 9h-12h, 14h-19h, w.-end et j. fériés (sf dim. janv.-mars) 9h-12h30, 14h30-19h.* Cette maison, fondée en 1796, propose des pains d'épice de toutes sortes, ainsi qu'une sélection de spécialités bourguignonnes (crème de cassis, moutarde, marc de Bourgogne…).

Alain Hess – *7 pl. Carnot - ☏ 03 80 24 73 51 - www.fromageriealainhess.com - lun.-vend. 9h-12h15, 14h30-19h15, sam. 9h-19h15, dim. 10h-13h.* Derrière les majestueuses boiseries de sa façade, cet artisan-fromager propose une irrésistible farandole crémière qui s'acoquine à loisir avec la vaste palette des vins sélectionnés. Une référence depuis 4 générations. Testez le Délice de Pommard.

EN SOIRÉE

Le Bistrot Bourguignon – *8 r. Monge - ☏ 03 80 22 23 24 - 11h-15h, 18h-23h - fermé dim.-lun., 4 sem. en hiver et le soir du mar. au jeu. de mi-déc. à mi-mars.* Mariage heureux du vin et de la musique jazz dans ce sympathique bistrot installé dans une demeure ancienne. Vous pouvez vous y restaurer et savourer quelques verres, installé dans de moelleux fauteuils ou sur la terrasse.

ACTIVITÉS

Vineatours – *14 rte de Monthélie - ☏ 06 73 38 37 19 - www.vineatours.com - départ de l'office du tourisme de Beaune (porte Marie de Bourgogne).* Excursions, haltes-dégustations au cœur des vignes, rencontres avec les propriétaires. Trois circuits sont proposés : côtes de Nuits, côte de Beaune et Beaujolais. 2h30 de visite. Journée complète pour le circuit Beaujolais. Tarifs, se rens.

Visiotrain – *R. de l'Hôtel-Dieu - ☏ 06 08 07 45 68 - www.visiotrain.com - avr.-oct. uniquement - 7,50 € (-12 ans 4,50 €).* Visite commentée de la vieille ville et du vignoble beaunois à bord de wagonnets vitrés (40mn env.).

Vallée de l'Ouche

★

Côte-d'Or (21)

Le tracé sinueux de l'Ouche se fraie un chemin entre falaises calcaires, prairies et collines boisées, qui ont valu à cette trouée verdoyante le surnom de « Suisse bourguignonne ». Ce sont de riants paysages que vous découvrirez volontiers à pied, le long des nombreux sentiers de randonnée qui sillonnent la région, en bateau, sur le canal de Bourgogne, qui emprunte quelque temps la vallée de l'Ouche, ou encore à bord du petit train à vapeur de Bligny…

NOS ADRESSES PAGE 98
Hébergement, restauration, achats, activités, etc.

S'INFORMER

Office du tourisme de Bligny-sur-Ouche – *21 pl. de l'Hôtel-de-Ville - 21360 Bligny-sur-Ouche - ✆ 03 80 20 16 51 - www.tourismepouillybligny.fr - de mi-juin à mi-sept. : 9h30-12h30, 14h-18h, dim. 9h-12h30 ; avr. et oct. : tlj sf dim. 9h-12h30, 14h-18h - fermé certains j. fériés.*

Office du tourisme des sources de l'Ouche à l'Auxois – *Port de plaisance - la Capitainerie - 21320 Pouilly-en-Auxois - ✆ 03 80 90 77 36 - www.tourismepouillybligny.fr - juil.-août : 9h-12h30, 14h-19h, dim. 9h-12h30, 14h-17h, j. fériés 10h-12h30 ; de mi- à fin juin et de déb. à fin sept. : 9h-12h30, 14h-19h, dim. et j. fériés 9h-12h30 ; de déb. avr. à mi-juin et de mi-sept. à fin oct. : 9h-12h30, 14h-18h ; reste de l'année : tlj sf dim. 9h-12h30, 14h-17h30 - fermé vac. de Noël, 11 Nov.*

SE REPÉRER

Carte de microrégion AB2-3 (p. 28-29) – *L'A 38 et l'A 6 permettent de rallier assez facilement les localités de la vallée. Bligny-sur-Ouche, point de départ de ce circuit, se trouve à 50 km au sud-ouest de de Dijon.*

À NE PAS MANQUER

Châteauneuf-en-Auxois, les jardins de Barbirey, le château de Commarin, et des balades le long de la vallée de l'Ouche et du canal de Bourgogne en bateau ou en train.

ORGANISER SON TEMPS

Prévoir une journée au minimum pour profiter des visites et de la nature.

AVEC LES ENFANTS

Le chemin de fer touristique, une croisière sur La Billebaude à Cap Canal, les randonnées pédestres ou à vélo le long du canal de Bourgogne, une baignade dans le lac de Panthier.

Circuit conseillé Carte de microrégion p. 28-29

Circuit au départ de Bligny-sur-Ouche vers Dijon, tracé en marron sur la carte de microrégion (p. 28-29) – 60 km environ – Comptez environ 2h sans les visites.

Après **Bligny** (B3), la route (D 33) suit la verdoyante vallée de l'Ouche dans un paysage vallonné, entre des pentes boisées parsemées de rochers.

Juste avant **Pont-d'Ouche** (B2), vous passez sous le grand ouvrage d'art (500 m de long) qui permet à l'autoroute A 6 de franchir la vallée, puis la route rejoint le canal de Bourgogne. Remarquez, au passage, l'**aqueduc** sur lequel le canal de Bourgogne franchit l'Ouche. La vallée s'élargit et le fond devient boisé et rocheux. Bientôt, des rochers apparaissent à gauche dans les côtes et la forêt de Bouhey émerge.

Châteauneuf-en-Auxois.
W. Dieterich/age fotostock

1

★★ Châteauneuf-en-Auxois B2

Sis sur ce magnifque **site★** qui domine la vallée de la Vandenesse et le canal de Bourgogne, ce vieux bourg est célèbre pour son château fort. Il commandait la route de Dijon à Autun. On l'aperçoit de l'autoroute A 6 de Dijon comme du canal de Bourgogne. La **vue** la plus saisissante naît de la D 18A au sud, aussitôt après que vous avez franchi le canal.

Le **village★** forme un bel ensemble médiéval, avec ses vestiges de remparts et ses rues étroites, et possède de vieilles demeures fort bien conservées, construites du 14e au 17e s. par de riches marchands bourguignons. Notez des linteaux de porte sculptés ou en accolade, et remarquez l'échoppe d'un potier d'étain dans la rue principale.

★ Château *✆ 03 80 49 21 89 - www.chateauneuf-cotedor.fr et https://chateau neuf.bourgognefranchecomte.eu - de mi-mai à mi-sept. : 9h30-12h30, 14h-18h45 ; de déb. janv. à mi-mai et de mi-sept. à fin déc. : 10h-12h30, 14h-17h45 - fermé lun., 1er janv., 1er Mai, 1er et 11 Nov., 25 déc. - possibilité de visite guidée sur demande (45mn) - 5 € (-12 ans gratuit) - gratuit 1er dim. du mois (oct.-mai).* Au 12e s., le sire Jean de Chaudenay, dont le château en ruine s'élevait dans un joli site à Chaudenay-le-Château *(6 km au sud)*, fit bâtir pour son fils une seigneurie indépendante. Ce dernier, suivant l'usage féodal, prit le nom de Jean de Châteauneuf et s'y installa en 1175. La forteresse fut agrandie et remaniée dans le style gothique flamboyant à la fin du 15e s. par Philippe Pot, sénéchal de Bourgogne. Le dernier propriétaire, le comte Georges de Vogüé, en fit don à l'État en 1936.

L'imposante construction, ceinturée d'épaisses murailles flanquées de tours de défense massives, sur quatre niveaux, est séparée du village par un fossé. Jadis, deux portes fortifiées desservaient le château ; aujourd'hui, un nouveau pont-levis, encadré de grosses tours rondes, donne accès à la cour intérieure, d'où l'on a une vue d'ensemble sur deux corps de logis, le donjon du 12e s. et l'ancien chemin de ronde.

Le **logis des hôtes,** ou « logis de Philippe Pot », a été aménagé en centre d'interprétation. Il conserve ses belles ouvertures en accolade traversées de meneaux. L'étage a perdu son plancher. Seules subistent les traces d'un escalier et de la grande cheminée dans l'une des pièces qui permettent d'identifier les différentes étapes de construction, retracées sur cinq écrans. En complément du support vidéo, une maquette animée illustre la vie au château.

Le **grand logis**, surmonté de hautes lucarnes, a bénéficié de plusieurs campagnes de restauration ; la salle des Gardes impressionne par ses vastes proportions, ses carreaux de pavement et son imposante cheminée portant la devise de Philippe Pot.

La **chapelle** (1481), voûtée en coque de bateau renversé, restaurée avec soin, a retrouvé ses belles peintures à la détrempe ; elle abrite dans le chœur la réplique du tombeau de Philippe Pot en armure, exposé au Louvre.

Les **chambres**, à l'étage, ont été aménagées aux 17e et 18e s. Celle de Charles Ier de Vienne (1597-1659), dans le donjon, est précédée d'une pièce qui a gardé ses cloisons en galandage (15e s.). Elle abrite une immense cheminée et une tenture de la fin du 16e s., composé de sept tapisseries, qui illustre la vie de Moïse. Dans l'exécution de l'ensemble, on reconnaît l'esprit médiéval mâtiné d'apports venus d'Italie. Les mobiliers ont fait l'objet d'une campagne de restauration. De la chambre de Vienne, admirez la **vue** sur les contreforts du Morvan et, en premier plan, sur le canal de Bourgogne.

De Châteauneuf-en-Auxois, prenez la direction de Vandenesse-en-Auxois.

Lac de Panthier B2

Ce réservoir d'eau de 120 ha de superficie est le plus grand lac de la Côte-d'Or. Mis en eau en 1836, il alimente, tout comme les quatre autres construits (Chazilly, Le Tillot, Grobois, Cercey), le canal de Bourgogne. L'objectif est d'assurer la navigabilité du canal quelle que soit la saison. Différentes activités aquatiques et nautiques sont proposées. Baignade surveillée en été.

Prenez la D 977bis au nord-est sur 4 km.

★ Château de Commarin B2

03 80 49 23 67 - www.commarin.com - visite guidée (55mn) juil.-août : 10h-19h ; avr.-juin et sept.-oct. : 10h-18h - visite libre parc tte l'année - 7,90 € (-16 ans 4,40 €) - 3,50 € parc seul.

Aux confins de l'Auxois et de la Côte, ce grand château du 14e s. est habité par la même famille depuis 26 générations. Il a été réaménagé au 18e s. par Marie-Judith de Vienne (1699-1780), marquise de Damas d'Antigny, grand-mère de Talleyrand. On franchit ses douves en eau entre deux tours carrées. Dans la cour d'honneur, deux tours rondes (fin 14e s.), vestiges d'un château féodal, précèdent le corps de logis élevé en 1702 et couvert de beaux combles à la française. L'aile gauche a été reconstruite sous Louis XIII, au-dessus d'une jolie chapelle gothique laissée intacte *(fresques et plafond restaurés au 17e s.)*. Celle-ci

LE TRIANGLE MAGIQUE D'HENRI VINCENOT

Natif de Dijon, **Henri Vincenot** (1912-1985) vécut dans le village de Commarin. Sa maison se trouve désormais place Henri-Vincenot. Ce chantre de l'Auxois portait un amour immodéré à sa région où il aimait se ressourcer en été dans ce qu'il appelait son « triangle magique » : Commarin, Châteauneuf et Bussières. Cette passion, on la retrouve dans ses romans, comme *Le Pape des escargots (1972)* ou *La Billebaude (1978)*, mais aussi dans nombre de ses peintures, car ce cheminot était également journaliste et peintre. Son œuvre complète se trouve à la boutique du château de Commarin.

LIGNE DE PARTAGE DES EAUX

Sur l'autoroute A 6, avant d'arriver au péage de Pouilly-en-Auxois, à l'ouest de Dijon, un panneau indique la « ligne de partage des eaux ». C'est en fait le **mont de Pouilly** (559 m), à proximité, qui est « le toit du monde occidental » (selon les termes d'Henri Vincenot, voir encadré ci-contre) : situé à l'intersection des trois bassins versants de la Seine, de la Saône et de la Loire, l'eau qui ruisselle sur ses pentes sud s'en va vers la Méditerranée; celle qui coule sur le versant nord prend la direction de mer du Nord, et l'eau qui s'écoule à l'ouest se dirige vers l'Atlantique.

abrite une Vierge bourguignonne (on la reconnaît à son déhanchement caractéristique) du 15e s., une *Mise au tombeau* du 16e s. et 2 chasubles de l'époque Louis XIV et Louis XV, frappées aux armes des seigneurs de Commarin. Les boiseries murales proviennent du château de Châteauneuf (voir ci-avant).

À l'étage, dans le grand salon domine la représentation en majesté de Charles X (atelier de Gérard), assortie d'un délicat portrait de Mme de Vogüé. On rencontre, au fil de la visite, l'étonnante personnalité de Marie-Judith de Vienne qui marqua de son empreinte la gestion et la décoration du château, notamment par de belles **tapisseries★** héraldiques du 16e s. aux teintes miraculeusement conservées. Dans la tour ronde siègent un lit à baldaquin, et un original fauteuil qui se transforme en prie-Dieu. Une seconde chambre, plus modeste, abrite une horloge, dont le mécanisme apparent est fascinant, puis une riche bibliothèque, dont un rare exemplaire original de l'Encyclopédie de Diderot et d'Alembert.

En redescendant dans la cour, n'oubliez pas de pénétrer dans les belles écuries du 17e s., bâties sur le modèle du château de Chantilly et dans la grande cuisine (aile droite), qui a conservé son aménagement d'époque.

Le domaine est propice à la promenade. Vous y verrez une glacière de 1775, dans une tour voûtée et conique (en restauration).

Prenez la D 33B vers l'est, puis la D 114 (10 km).

Jardins de Barbirey B2

2 r. du Château - ✆ 03 80 49 08 81 - www.chateaudebarbirey.com - ♿ - juil.-août : tlj sf lun.-mar. 14h-19h ; mai, juin et sept. : w.-end et j. fériés 14h-18h - possibilité de visite guidée sur demande (1h30) - 6 € (-12 ans 3 €).

Ce parc de 8 ha a été réaménagé autour de beaux communs (17e et 18e s.) et d'un château remanié au 19e s. Le vaste potager fleuri (iris et pivoines) construit en deux terrasses (bassin central et parterres géométriques) fait face au parc à l'anglaise. Remarquez le mur à abeilles, au fond du potager, avant d'emprunter le sentier sous les arbres, bordé d'une jolie palissade de fer forgé, qui descend vers les bords fleuris du ruisseau et de l'étang. Dans la prairie et le parc, des œuvres contemporaines et des bancs invitent à découvrir des points de vue inattendus. Admirez au passage le magnifique travail du jardinier et sculpteur réputé d'art topiaire : Hubert Puzenat, dont la superbe collection de buis. Sur l'autre rive, passez le bois pour découvrir le verger et les terrasses pour plantes de rocaille.

Poursuivez sur la D 33 jusqu'à Pont-de-Pany, puis prenez la D 35 vers le sud-est pendant 6 km jusqu'au château de Montculot, qui se situe avant d'arriver à Urcy.

Château de Montculot B2

Cette élégante demeure du 18e s., aujourd'hui à l'abandon, se distingue par sa façade rocaille, son parc et ses pièces d'eau. L'une d'elles, la source du

LE CANAL DE BOURGOGNE

Achevé en 1832, ce canal long de 242 km opère la jonction entre l'**Yonne** et la **Saône**, de Laroche-Migennes (alt. 84 m) à St-Jean-de-Losne (alt. 182 m). Empruntant les vallées opposées de l'Armançon et de l'Ouche, il franchit, à 378 m d'altitude, le faîte de séparation des bassins de la Seine et du Rhône par un tunnel long de 3 333 m : la **voûte de Pouilly**. La navigation de plaisance, en forte croissance, emprunte le canal de Bourgogne sur toute sa longueur, mais la batellerie commerciale ne l'utilise que sur deux sections : Migennes-Tonnerre et Dijon-St-Jean-de-Losne. Au total, 189 **écluses** jalonnent son parcours, soit en moyenne une tous les 1,3 km, avec une forte concentration entre Venarey-les-Laumes et Pouilly.

Le site **www.le-canal-de-bourgogne.com** dresse l'historique du canal et contient toutes sortes de renseignements utiles : haltes nautiques ; distance entre les écluses ; conditions de navigation et horaires de prise en charge ; liens vers des loueurs de bateaux.

Foyard, fut chantée par **Lamartine** *(voir route Lamartine p. 542)*, qui hérita de ce domaine familial. Le poète y composa une partie de son œuvre entre 1801 et 1831, avant de vendre la propriété.

Du site, on a une **vue** dégagée à l'est sur le mont Afrique et le mont de Siège, tous deux flirtant avec les 600 m d'altitude.

Retournez à Pont-de-Pany, puis prenez la D 905 vers Velars-sur-Ouche. La route offre des vues sur les ouvrages d'art de la voie ferrée Paris-Dijon établie sur la falaise dominant le canal. Au sud de Velars-sur-Ouche, prenez la D 10F vers N.-D.-d'Étang.

Notre-Dame-d'Étang B2

30mn à pied AR.

En 1435, la statuette miraculeuse d'une Vierge à l'Enfant *(aujourd'hui conservée dans l'église de Velars)* fut trouvée au sommet de la colline d'Étang. Le site devint dès lors un important lieu de pèlerinage et, en 1896, y fut inaugurée une chapelle coiffée d'un dôme portant une monumentale statue de la Vierge. L'endroit révèle un beau **panorama** sur la vallée de l'Ouche et les hauteurs boisées environnantes.

Revenez à Velars-sur-Ouche, puis gagnez Dijon par la D 10 ; peu avant l'arrivée, l'Ouche s'élargit en un plan d'eau artificiel : le lac Kir (voir p. 52). Si vous voulez faire un petit détour par le mont Afrique, rejoignez plutôt Dijon par la D 108.

NOS ADRESSES DANS LA VALLÉE DE L'OUCHE

HÉBERGEMENT

À Lusigny-sur-Ouche

POUR SE FAIRE PLAISIR

Chambre d'hôte La Saura – *Rte de Beaune - 2 km au sud de Bligny-sur-Ouche par D 970 - ✆ 03 80 20 17 46 - www.la-saura.com - P - fermé 20 déc.-15 janv. - 4 ch. 110/145 €* . Les chambres, soignées et confortables, donnent toutes sur un charmant jardin ou les toits du village.

À Bligny-sur-Ouche

BUDGET MOYEN

L'Escarboucle – *2 pl. du 11-Novembre-1918 - ✆ 03 80 20 02 62 - www.escarboucle-maisondhotes.fr - 2 ch. et 2 suites 80/110 € - table d'hôte sur* *réserv. 30 € bc.* Une maison d'hôtes où il fait bon vivre sur la terrasse ouverte sur le jardin, ou à l'ombre des sous-bois bordant la prairie et sa rivière.

À Châteauneuf-en-Auxois

BUDGET MOYEN

Chambre d'hôte Mme Bagatelle – *R. des Moutons - ✆ 03 80 49 21 00 - www.chezbagatelle.fr - 🚭 P - fermé fév. - 4 ch. 65/110 € ☕ - ✕ table d'hôte sur réserv. 30 € bc.* Au cœur de ce charmant village, une ancienne bergerie aménagée avec goût. La pierre, le bois et les poutres créent une atmosphère chaleureuse dans ses chambres confortables. Deux pièces en mezzanine, pratiques pour les familles. Une adresse de caractère.

À Vandenesse-en-Auxois

PREMIER PRIX

Camping Lac de Panthier – *1 chemin du Lac - ✆ 03 80 49 21 94 - www.lac-de-panthier.com - 🏊 intérieure chauffée et bassins extérieurs - 61 hébergements locatifs, 150 emplacements - à partir de 20,5 € - fermé oct.-mars.* Situé en bordure du lac de Panthier, le camping propose toutes les commodités d'un 4 étoiles. Sauna et espace fitness, salle de détente, restaurant, épicerie…

À Pouilly-en-Auxois

PREMIER PRIX

Camping Vert Auxois – *15 r. du Vert-Auxois - ✆ 03 80 90 71 89 - www.camping-vert-auxois.fr - 🏊 - ouv. avr.-sept., 67 empl. 13/24 € (base 2 pers. avec tente et vélo) - ✕ 1/2 P possible (23 €/17 € pour les 3-12 ans).* Près de 70 emplacements dont 5 mobile homes et 2 tentes Canada treck, le tout disposé dans un grand jardin en bordure du canal de Bourgogne. Bar-café.

À La Bussière-sur-Ouche

UNE FOLIE

L'Abbaye de la Bussière – *15 km au nord de Bligny-sur-Ouche via la D33 - ✆ 03 80 49 02 29 - www.abbayedelabussiere.fr - ♿ - fermé 2 janv.-12 fév. - 20 ch. 225/580 € - ☕ 25 € - ✕ 1/2 P possible à partir de 2 nuitées.* Au cœur d'un superbe parc, une abbaye cistercienne (12e s.) restaurée avec soin, dotée de fastueuses chambres très confortables et de salons cossus. Ici coexistent deux restaurants, orchestrés par le chef Guillaume Royer : le Bistrot des Moines (avr.-oct. : fermé dim. et le soir sf lun.-mar. ; nov.-mars : fermé dim.-mar. et le soir - menus 29/39 €) met à l'honneur une fine cuisine respectant la qualité des produits et les saisons, et le 1131 (fermé le midi sf dim., lun. soir, mar. soir - menus 98/130 €) pour déguster par exemple le topinambour du potager à l'araignée de mer ou le pigeonneau de Bresse.

À Barbirey-sur-Ouche

POUR SE FAIRE PLAISIR

Les Jardins de Barbirey – *2 r. du Château - ✆ 03 80 49 08 81 - www.chateaudebarbirey.com - 12 ch. 100/140 € ☕, lofts (2-6 pers.) 120 €/2 pers. (35 €/pers. suppl.) ☕.* Attenantes au château, au-dessus des écuries, les chambres magnifiquement rénovées sont en lisière des 8 ha, méticuleusement travaillés. Potager en terrasses, verger, pièces d'eau, belvédère, pigeonnier, carrière jalonnent un répertoire féerique hautement chlorophyllé. Un lieu à ne pas manquer.

RESTAURATION

À Lusigny-sur-Ouche

BUDGET MOYEN

Auberge des Sources – *2 km au sud de Bligny-sur-Ouche par*

1

D 970 - ✆ 03 80 20 10 52 - 🅿 - fermé 24-25 déc. - ouv. ts les midis sf sam. - formule déj. 14 € - carte 30 €. En dépit du manque de clarté (l'intérieur en bois tamise la lumière), cette petite auberge sans prétention mise sur un rapport qualité-prix intéressant. Une cuisine simple, agrémentée de quelques spécialités à la carte, et accompagnée bien sûr des incontournables vins de la région.

À Châteauneuf-en-Auxois

PREMIER PRIX

L'Orée du Bois – *Grande-Rue - ✆ 03 80 49 25 32 - www.ldb-chateauneuf.com - fermé déc.-janv. ; ouv. les w.-ends de fin nov. et fév.-mars, fermé le mar. d'avr. à mi-nov. (sf juil.-août) - 15/25 €.* Cette belle maison à colombages du 15e s. propose une grande variété de crêpes sucrées et salées, ainsi que des plats traditionnels.

BUDGET MOYEN

Le Grill du Castel – *Grande-Rue - ✆ 03 80 49 22 00 - www.hostellerie-de-chateauneuf.com - fermé mi-déc.-mi-janv. ; mi-janv.-avr. : fermé mar.-merc. ; mai-sept. : fermé mar. (sf juil.-août) - formule déj. 14,90 €, menus 19,90/26 €, carte 35 € - ch. 65/80 €.* À proximité du château, le restaurant abandonne, pour l'été seulement, le feu dans la cheminée, mais on y déguste toute l'année de bonnes viandes grillées que l'on peut relever avec des moutardes régionales. L'été, service en terrasse.

À Vandenesse-en-Auxois

PREMIER PRIX

Restaurant chez Lucotte – *R. du Moulin - ✆ 03 80 49 22 38 - www.chez-lucotte.fr - fermé août et 24 déc.-1er janv. - formule déj. 14,50 €.* Restauration familiale (terrine, jambon persillé, bœuf bourguignon…). Ambiance locale animée par les motards. Terrasse en bordure du canal. Accueil très amical.

BUDGET MOYEN

Restaurant de l'Auxois – *4 pl. de la Mairie - D 18 - ✆ 03 80 49 22 36 - www.restaurantdelauxois.com - 🅿 ♿ - fermé lun. et dim. soir en hiver, ouv. dim. soir juil.-oct. - formule déj. 18,50 € - menus 26/40 €.* Ce restaurant rustique propose une cuisine traditionnelle de qualité, à savourer autour d'une cheminée l'hiver ou dans un agréable jardin fleuri l'été. Produits locaux de saison et belle carte des vins.

À Pouilly-en-Auxois

BUDGET MOYEN

Hôtel de la Poste – *Pl. de la Libération - ✆ 03 80 90 86 44 - www.hoteldelaposte-pouilly.fr - fermé 14 nov.-5 déc. et dim.-lun. - formule déj. 15,50 € café compris - menus 22/44 € - ch. 65/79 € ☕ 8 €.* Auberge en pierre sur la place centrale de cette localité bourguignonne. Salle à manger-véranda de style campagnard et choix traditionnel aux accents régionaux. Chambres modestes mais spacieuses.

À La Bussière-sur-Ouche

L'Abbaye de la Bussière – *Voir p. précédente.*

À Velars-sur-Ouche

POUR SE FAIRE PLAISIR

L'Auberge Gourmande – *17 allée de la Cude - 13 km de Dijon par la A 38 - ✆ 03 80 33 62 51 - www.auberge-velars.com - 🅿 ♿ - fermé 2 sem. début janv., mi-août-mi-sept., dim. soir et mar.-merc. - 22,50/60 €.* Voici une petite auberge de campagne comme on les aime : intérieur cossu et chaleureux, cuisine du terroir attentive aux saisons et terrasse donnant sur un jardin.

ACHATS

Maison de pays de l'Auxois Sud – *Le Seuil - ✆ 03 80 90 75 86 - www.maison-auxois.com - 10h-18h (juil.-août 18h30), dim. et j. fériés 15h-18h - fermé 1er-2 janv., 25-26 déc., sam. mat. et dim. en janv.* La maison assure la promotion des produits de l'Auxois. On y trouve aussi bien des produits de bouche (pain d'épice, nectars de cassis, de framboise ou de groseille, biscuits de Vergy ou de Fouchères, terrine morvandelle aux cèpes, saucisson de bison, moutardes, escargots, vins et liqueurs) que de l'artisanat (poteries, jouets en bois, sculptures, etc.).

ACTIVITÉS

Chemin de fer touristique de la vallée de l'Ouche – *21360 Bligny-sur-Ouche - ✆ 03 80 20 17 92 - ✆ 06 30 01 48 29 - http://chemindefervalleedelouche.blogspot.fr - ♿ les départs et arrivées se font à Bligny - juil.-août : dép. 15h30 tlj sf dim. de Bligny-sur-Ouche ; mai-juin et sept. : dép. dim. et j. fériés 14h45 et 16h30 de Bligny-sur-Ouche ou 15h10 de Pont-d'Ouche - ouverture billetterie 14h - 8,50 € AR (3-10 ans 3 €), 5,50 € AS (3-10 ans 2,50 €).* Ce petit train en traction vapeur ou diesel (selon les jours) vous fait cahoter sur l'ancienne ligne Dijon-Épinac (seconde ligne ferroviaire autorisée en France). Comptez 1h AR à travers une superbe vallée qui vous conduira de Bligny-sur-Ouche jusqu'à Pont-d'Ouche.

Cap Canal-Bateau-promenade La Billebaude – *Port de plaisance - 21320 Pouilly-en-Auxois - ✆ 03 80 90 77 36 - www.cap-canal.fr - mai-oct. sur réserv. - fermé 1er Mai, 14 Juil.* Découverte de la vie et de l'histoire insolite du canal de Bourgogne lors de croisières commentées de 1h15, 2h15 ou à la journée, à bord de La Billebaude, bateau-promenade de 50 places. Deux circuits sont proposés : le circuit souterrain de la Voûte, de plus de 3 km (dép. 9h30 et 14h45 - 13 €, -12 ans 8 € - env. 2h15 AR) ; le circuit des Écluses (dép. 9h30 et 14h45 - 26 € AR pour la journée, -12 ans 16,50 €). À visiter aussi la halle abritant le Toueur électrique du 19e s. et la centrale hydroélectrique qui l'alimentait.

Randonnées à vélo – *L'office du tourisme des sources de l'Ouche à l'Auxois loue VTT, VTC ou vélos électriques pour découvrir la véloroute le long du canal de Bourgogne. À partir de 4 €/h. 4 circuits sont proposés : le plus facile (17 km, 1h30) part du bassin de Pouilly-en-Auxois, dir. Thoisy-le-Désert, puis Chailly-sur-Armançon et retour sur la véloroute à Éguilly.*

Les Découvertes de Sanvignes – *www.creusotmontceautourisme.com.* Sentier piéton balisé sur plus de 7 km à travers les anciens sites miniers. Également : circuits de randonnée des combes, balades creusotines, lande de la Chaune, circuits de mémoire (Montceau-les-Mines), balades de Saint-Sernin-du-Bois, voies celtes.

Golf

Hôtel-golf du château de Chailly – *Allée du Château - ✆ 03 80 90 30 40 - www.chailly.com - mai-sept. : 8h-20h ; mars-avr. et oct.-déc. : 9h-18h ; reste de l'année : 10h-16h30.* Golf 18 trous. Se rens.

1

Vallée de la Saône

★

Côte-d'Or (21), Saône-et-Loire (71)

La Saône, majestueuse, prend sa source au contact du plateau lorrain et des Vosges, à 395 m d'altitude. Sa très faible pente et la régularité de son débit en font une voie d'eau facile et douce, navigable sur la plus grande partie de son cours.

NOS ADRESSES PAGE 108
Hébergement, restauration, achats, activités, etc.

S'INFORMER

Office du tourisme Rives de Saône – *13 r. Bossuet - 21250 Seurre - ☏ 09 61 38 56 11 - www.saone-tourisme.fr - avr.-sept. : 10h-12h30, 14h-18h, dim. 9h-13h ; reste de l'année : tlj sf dim.-lun. 10h-12h, 14h-16h30, sam. 10h-12h - les dim. pairs s'adresser au bureau de Seurre, les dim. impairs s'adresser au bureau de St-Jean-de-Losne - 2 r. de la Liberté - ☏ 03 80 37 15 70.*

Office du tourisme Saône-Doubs-Bresse – *3 pl. Charvot - 71350 Verdun-sur-le-Doubs - ☏ 03 85 91 87 52 - www.tourisme-verdun-en-bourgogne.com - juil.-août : 9h30-12h30, 14h-18h, dim. 10h-12h ; mai-juin et sept. : tlj sf dim. 9h30-12h30, 14h-18h ; janv.-avr. et oct.-déc. : tlj sf dim. 9h30-12h30, 14h-16h30, sam. 9h30-12h - fermé vac. de Noël, 1er Mai, 1er et 11 Nov.*

Office du tourisme d'Auxonne – *11 r. de Berbis - 21130 Auxonne - ☏ 03 80 37 34 46 - www.capvaldesaone-tourisme.fr - de mi-juin à mi-sept. : 10h-18h, dim. 10h-12h30, 13h30-18h ; reste de l'année : tlj sf w.-end 9h-12h, 13h30-17h30.*

SE REPÉRER

Carte de microrégion CD2-3 (p. 28-29) – La Saône coule du nord au sud, via Chalon-sur-Saône, Tournus et Mâcon.

À NE PAS MANQUER

Le château de Talmay ; les villes fortifiées (Verdun-sur-le-Doubs, St-Jean-de-Losne et Auxonne).

AVEC LES ENFANTS

La Maison du blé et du pain à Verdun-sur-le-Doubs, les activités nautiques *(voir « Nos adresses »).*

Circuit conseillé Carte de microrégion p. 28-29

DE TALMAY À VERDUN-SUR-LE-DOUBS CD2-3

Circuit de 76 km tracé en orange sur la carte de microrégion (p. 28-29) – Comptez environ 1h30.

★ Château de Talmay D2

Pl. du Château - ☏ 03 80 36 13 64 - www.chateau-talmay.com - visite guidée (45mn) 1er août-15 sept. : 13h-19h - fermé lun. - 7 € (enf. 4 €).

Le puissant donjon carré du 13e s., haut de 46 m, coiffé d'une toiture d'époque Louis XIV surmontée d'un lanternon, est le seul vestige du château féodal primitif qui fut détruit en 1760 et remplacé par le beau château actuel de style classique. Le corps de logis porte à son fronton une curieuse décoration : Cybèle au centre, le Soleil et la Lune à droite et à gauche.

Une voie de passage nord-sud

PAYSAGES DE LA SAÔNE

La Saône promène ses eaux lentes dans une large plaine (fossé bressan) entre le Massif central et le Jura. Elle pénètre en Bourgogne aux abords de Pontailler et conflue avec le Rhône à la sortie de Lyon. Chaque hiver, la rivière inonde sa vallée et dépose des alluvions fertiles dont bénéficient les prairies voisines, les « paquiers », ainsi que les cultures maraîchères (vers Auxonne). Les vallées de l'Ouche et des Tilles, anciens marécages, sont aujourd'hui dévolues à des cultures industrielles comme le tabac ou la betterave. Après Seurre, la Saône se rapproche de la Côte, mais en reste séparée par une zone boisée discontinue (forêts de Cîteaux et de Gergy).

UNE VOIE DE PASSAGE

Axe naturel nord-sud majeur en Europe occidentale, la Saône permit à la Bourgogne de s'ouvrir au commerce dès l'âge du bronze, avec les routes de l'**ambre** (venant de la mer Baltique), de l'**étain** (de Cornouailles, par la vallée de la Seine) et du **sel** (d'Italie).

Dès l'époque romaine, Lyon est reliée à Trèves (Allemagne) par la *Via Agrippa*, qui traverse Mâcon, Tournus, Chalon-sur-Saône et Langres. On emprunte aussi la Saône, et Chalon-sur-Saône joue dès lors un rôle de port fluvial et d'entrepôt de la corporation des « nautes ». Parmi les produits importés d'Italie figure le vin : on a pu retrouver à Chalon-sur-Saône, dans le lit de la rivière, un dépôt estimé à 24 000 pointes d'amphores.

LE SAVIEZ-VOUS ?
À l'époque romaine, la Saône s'appelait *Arar*. Elle devint *Souconna* après la conquête, à partir d'une racine qui signifie « marécage ».

Aux 13e et 14e s., les foires de Chalon-sur-Saône sont de grandes assises du commerce international : les drapiers de Dijon, Châtillon, Beaune y côtoient ceux de Flandre et les marchands italiens. La Saône est reliée par un canal à la Loire en 1793, puis à la Seine en 1832, au Rhin en 1833 et à la Marne en 1907. En 1840, pour effectuer le trajet Chalon-Lyon par un bateau à vapeur mû par des roues à aubes, il fallait compter six heures à la descente et neuf heures à la remontée.

Des travaux d'aménagement devaient permettre la remontée des convois poussés de 4 000 t de Fos-sur-Mer (Bouches-du-Rhône) à Auxonne, mais ce projet a été abandonné, et la navigation de tels convois n'est possible que jusqu'à Mâcon. Pour l'instant, la Saône se contente des bateaux de croisière.

PATRIMOINE INDUSTRIEL

Le **barrage à aiguilles** d'Auxonne – l'un des plus longs ouvrages de ce type conservé en France (220 m) – fut conçu en 1840 d'après un modèle mis au point par l'ingénieur **Charles Poiré**.

Il s'agit d'un barrage mobile à fermettes et aiguilles de bois, de section carrée, que l'on place les unes à côté des autres pour former la bouchure du barrage. Hautes de 3 à 5 m et larges de 10 à 12 cm, ces aiguilles se manipulent les unes après les autres. Donc, en période de crue, on les retire manuellement, on couche les fermettes… et le barrage s'efface !

On visite tout d'abord de belles pièces Renaissance, avec plafond sculpté et boiseries du 17e s., puis la bibliothèque, une salle ornée de boiseries Louis XIV et le corps de garde, doté d'une belle cheminée. Du haut de la tour, un panorama s'offre à l'ouest sur la Côte, prolongée au nord par le plateau de Langres, tandis que se profilent au sud-est les hauteurs du Jura.

Le **jardin à la française**, créé en 1753 et arrosé par la Vingeanne, se compose de parterres, de terrasses, de quinconces, de bassins et d'un labyrinthe. Au milieu du parc, huit platanes datant de 1752 forment un arrondi, depuis lequel on a une très belle vue sur le château. Le verger compte près de 360 poiriers et pommiers, dont certaines espèces très anciennes.

Prenez la D 976, au sud de Talmay, sur 7 km. Continuez 10 km sur la D 976 puis, après Athée, prenez à gauche la D 24 vers Auxonne. Garez votre voiture près du jardin de l'hôtel de ville.

Auxonne D2

Tout témoigne du rôle de place forte tenu par cette ancienne ville frontalière : casernes, arsenal, remparts, champ de tir et château militaire du 15e s. Comme pour apaiser les esprits, la Saône passe calmement le long d'allées ombragées et offre un plan d'eau apprécié des plaisanciers.

La **porte de Comté**, qui date de 1503, avait été conservée dans les fortifications ultérieures, disparues depuis.

Église Notre-Dame – Élevée aux 13e et 14e s., elle est hérissée de gargouilles et de statues. Son transept est flanqué à droite d'une tour romane. Le porche (16e s.) abrite les statues des prophètes, refaites en 1853 par le sculpteur Buffet. Six d'entre elles sont une copie fort libre du puits de Moïse de la chartreuse de Champmol à Dijon *(voir p. 52)*. À l'intérieur, remarquez dans l'absidiole droite une belle Vierge au raisin, œuvre bourguignonne du 15e s. ; sur le quatrième pilier de la nef, à droite, une châsse de saint Hubert, polychrome, peinte au 15e s. ; dans la première chapelle du bas-côté gauche, un Christ aux liens du 16e s. et un saint Antoine ermite de la fin du 15e s. ; dans le chœur, un aigle en cuivre servant de lutrin, et des stalles du 16e s.

Près de l'église, au centre de la place d'Armes et face à l'**hôtel de ville**, édifice en brique du 15e s., s'élève la **statue** *Lieutenant Napoléon Bonaparte* par Jouffroy (1857).

Rejoignez le château par la rue du Bourg, puis la rue du Dr-Roussel (maisons anciennes).

Prenez la D 20 sur 18 km en direction de St-Jean-de-Losne.

St-Jean-de-Losne C3

Véritable « échangeur » en eau, l'ancienne capitale de la batellerie est à l'origine du canal de Bourgogne, et à proximité du point de départ du canal du Rhône au Rhin. C'est aussi l'une des plus petites communes de France (36 ha de terre et 20 ha d'eau).

Cette ancienne place forte soutint en 1636 un siège mémorable contre les Autrichiens, alors que la Saône servait de frontière entre la France et le Saint Empire romain germanique. Les quelques centaines d'hommes de sa garnison résistèrent aux 60 000 soldats du général Gallas, les contraignant à la retraite. Dans l'**église**, surmontée d'un clocher à tourelles et de beaux toits à forte pente, un vitrail illustre l'étonnante victoire contre les impériaux. La plus ancienne maison de la ville (15e s.) abrite le **musée de la Batellerie (Maison des mariniers** *(3 r. de la Liberté - ☎ 06 41 75 25 13 - www.musee-saintjeandelosne.com - mai-sept. : 10h-12h, 14h30-18h30 ; avr. et oct. : 10h-12h, 14h30-18h ; reste de l'année : sur demande préalable - possibilité de visite guidée (1h) - gratuit)*, aux beaux plafonds à la française en chêne.

Sortez de St-Jean-de-Losne par la D 976 et continuez sur 16 km en direction de Seurre.

Seurre C3

Cette active petite ville est située près du confluent de deux bras de la Saône, point de vue que l'on apprécie particulièrement depuis l'extrémité de la rue de Beauraing. Seurre possède un **hôpital** du 17e s. dont la salle commune rappelle, en plus modeste, la Grand-Salle de l'hôtel-Dieu de Beaune *(voir p. 81)*. On peut voir aussi l'église St-Martin, du 14e s., quelques maisons à pans de bois et, au n° 13 de la rue Bossuet, la maison où vécurent les parents du grand prédicateur et où cohabitent maintenant l'office de tourisme et l'écomusée de la Saône.

Sortez de Seurre en direction de Trugny, prenez la D 35^{D} puis la D 5 sur 16 km, avant de tourner à gauche sur la D 970.

Verdun-sur-le-Doubs C3

Cette petite localité occupe un joli site au confluent de la Saône et du Doubs, dans un paysage de prairies et de murailles en ruine. La spécialité locale est la **pochouse verdunoise**, une matelote de poissons composée de brochet, anguille, perche, tanche et d'un vin blanc régional.

Maison du Blé et du Pain – *2 r. de l'Égalité - ✆ 03 85 76 27 16 - www.ecomusee-bresse71.fr - ♿ - de déb. fév. à mi-déc. : 14h-18h - fermé 1er Mai - 3,50 € (-18 ans gratuit).* Cette antenne de l'écomusée de la Bresse bourguignonne *(voir p. 180)* rappelle que Verdun-sur-le-Doubs se trouve au débouché de la plaine céréalière du Val de Saône. On y découvre les origines et l'évolution de la culture du blé, ainsi que l'histoire de la meunerie et de la panification (collection de pains, maquettes d'outils et machines, animations).

1

À proximité Carte de microrégion p. 28-29

Abbaye Notre-Dame de Cîteaux C2

16 km au nord de Seurre par la D 973 et la D 996.

✆ 03 80 61 32 58 - www.citeaux-abbaye.com - ♿ - visite guidée (1h15) juil.-août : 10h30-17h, dim. et 15 août 12h15-17h ; de fin avr. à fin juin et sept.-oct. (hors vac. de la Toussaint) : tlj sf lun.-mar. 10h30-16h30, dim. 12h15-16h30 ; vac. de la Toussaint : 14h30-16h30, dim. et 1er nov. 12h15-16h30 - fermé lun. - 7,50 € (-12 ans gratuit) - L'hôtellerie compte 40 ch. réservées à la retraite (rens. au ✆ 03 80 61 35 34).

L'abbaye est toujours le lieu de vie d'une communauté monastique dont les visiteurs doivent respecter le climat de silence et de recueillement.

LE LIEUTENANT BONAPARTE

Le régiment d'artillerie de La Fère est en garnison à Auxonne depuis décembre 1787 lorsque Bonaparte y entre, au début de juin 1788, en qualité de lieutenant en second. Il a alors 18 ans et suit les cours théoriques et pratiques de l'École royale d'artillerie, avec un très vif désir de s'instruire qui le fait remarquer, comme à Valence, sa garnison précédente. Épuisé par les veilles et par les privations auxquelles sa maigre solde le contraint, il quitte Auxonne le 1er septembre 1789 pour sa Corse natale. Il revient à Auxonne en février 1791 et assiste en spectateur attentif aux événements qui se précipitent à Paris. En avril, il est nommé lieutenant, et cinq ans plus tard, commandant en chef de l'armée d'Italie. On connaît la suite…

L'abbaye de Cîteaux.
P. Somelet/Photononstop

Haut lieu de la chrétienté en Occident, tout comme Cluny, l'abbaye de Cîteaux connut des débuts difficiles, avant de prendre son essor sous la prodigieuse impulsion du futur saint Bernard et de devenir une école de spiritualité. Ce rameau détaché de Cluny rayonna alors à travers le monde. Il offre aujourd'hui une occasion unique de découvrir la vie cistercienne et son histoire.

Très durement malmenée après sa vente en 1791 à des spéculateurs qui la pillèrent et la démantelèrent, Cîteaux n'a conservé que quelques bâtiments. La **bibliothèque,** achevée en 1509, se distingue par sa façade de brique émaillée et se compose de deux niveaux superposés aux fonctions distinctes : au rez-de-chaussée, les cellules du **cloître des copistes** (1260) accueillirent jusque vers le milieu du 14e s. le travail des moines copistes, enlumineurs et relieurs. L'immense salle voûtée de l'étage servait, quant à elle, de **salle de lecture**. Son fonds de quelque 10 000 manuscrits fut saisi à la Révolution ; vous pourrez en admirer de superbes exemplaires (notamment la Bible d'Étienne Harding, probablement le premier ouvrage réalisé dans le scriptorium de Cîteaux, ainsi que le Légendier de Cîteaux) à la bibliothèque municipale de Dijon.

Remarquez aussi, parallèle à la rivière, un long bâtiment de 80 m appelé le **définitoire** (1699), où se réunissait l'exécutif du chapitre général, et, de facture plus récente (1722), un bel édifice dû à Nicolas Lenoir, où résident actuellement les moines. L'**église,** qui renfermait les tombeaux des premiers ducs de Bourgogne (dont celui de Philippe Pot, conservé au Louvre), a totalement disparu ; un nouveau lieu de culte a été inauguré en 1998, à l'occasion des 900 ans de la fondation de l'abbaye.

Bagnot C3

9 km au sud de l'abbaye de Cîteaux par la D 996 et la D 20.

À proximité de la forêt de Cîteaux, le village de Bagnot possède une petite **église** d'origine romane dont le chœur est orné de **peintures murales★**, datant de la fin du 15e s., surnommées « les Diables de Bagnot ». Le *Jugement dernier*, thème central du cycle, témoigne d'une imagination populaire pourvue de nombreux détails. Observez aussi le calendrier des mois qui court sur l'arc doubleau de la voûte.

Un peu d'histoire

AUX ORIGINES DE L'HISTOIRE CISTERCIENNE

C'est sur ces terres, autrefois peuplées de roseaux (« cistels » en vieux français), que **Robert de Molesme**, recherchant avec ses compagnons l'esprit de la règle de saint Benoît (silence, pauvreté, éloignement du monde), fonde en 1098 l'**ordre des Cisterciens**. En 1108, un moine anglais, **Étienne Harding,** devient abbé de Cîteaux. On lui doit la Charte de charité, véritable texte constitutionnel de l'ordre. En 1113, trois ans avant de devenir abbé de Clairvaux, **Bernard de Fontaine** vient à son tour donner un élan au « nouveau monastère ». En trois ans, Cîteaux donne naissance à quatre « filles » : La Ferté (1113), Pontigny (1114), Clairvaux et Morimond (1115).

Au 17e s., dans l'Orne, l'abbé de Rancé se consacre à la réforme de son monastère, la Trappe. L'abbaye de Cîteaux demeure à distance de ces courants réformateurs. En 1892, une scission s'opère officiellement pour donner deux observances : l'**ordre des Trappistes**, à vocation contemplative, et l'**ordre de Cîteaux**, dont les membres pouvaient s'adonner à un ministère pastoral, intellectuel ou charitable.

Pendant la période révolutionnaire, l'expulsion des moines cisterciens porte un coup quasi fatal à l'abbaye. Cîteaux renaît pourtant en 1898 grâce à plusieurs communautés, dont l'ordre cistercien de la Stricte Observance, reconnu par les trappistes. Le 21 mars 1998, pour fêter les 900 ans de la fondation de l'abbaye, plus de 700 moines et moniales de la famille cistercienne se réunissent à Cîteaux, dans une église fraîchement inaugurée.

LE CANAL DE LA CENT-FONS

C'est sur un site marécageux et donc riche en eau que les moines fondent l'abbaye de Cîteaux. Mais, au 12e s., cet apport en eau devint insuffisant. La communauté opta alors pour une solution de taille : la construction d'un canal d'amenée d'eau de 10 km de long, qui déviait la rivière Cent-Fons (de « cent fonts », cent sources, souvent orthographiée à tort « Sansfond »). Cette déviation apporta à l'abbaye l'eau et la pente dont elle avait besoin pour faire fonctionner des moulins. L'exercice s'avéra d'autant plus difficile que la pente naturelle, très faible (1 %), nécessitait de suivre la courbe de niveau au plus près. Le résultat constitue un bel exploit technique.

Un **sentier de randonnée**, au départ des sources à Fenay *(chemin à la hauteur de la fourche des D 108K et D 996)*, longe la Cent-Fons, puis le canal de dérivation, à partir de l'étang de Saulon-la-Chapelle, en passant par le pont-canal des Arvaux (conçu lui aussi au 12e s.), qui enjambe la Varaude à Noiron-sous-Gevrey. Remarquez au passage la **forêt du Millénaire**, plantée en 1998 par les villes de Noiron et de Mayence (Allemagne) en l'honneur de l'abbaye.

NOS ADRESSES DANS LA VALLÉE DE LA SAÔNE

HÉBERGEMENT

À Poncey-les-Athée

PREMIER PRIX

Chambre d'hôte La Galante – *1 r. Galante - ✆ 07 82 30 36 01 - www.lagalante.fr - P - 2 ch. 65 €* ☕. Une jolie fermette située dans un écrin de verdure, à deux pas d'une rivière.

À Athée

PREMIER PRIX

Chambre d'hôte Les Laurentides – *27 r. du Centre - 5 km au nord d'Auxonne sur D 24 - ✆ 03 80 31 00 25 - www.giteleslaurentides.com - P - 4 ch. 65 €* ☕. Cette accueillante ferme de 1870 allie charme et confort. Les chambres sont aménagées dans l'ancien grenier ; les plus agréables donnent sur le magnifque jardin. Petit-déjeuner servi dehors aux beaux jours. Salon et cuisine équipée à disposition des hôtes.

À Flagey-Échézeaux

BUDGET MOYEN

Chambre d'hôte Le Petit Paris – *6 r. du Petit-Paris - ✆ 03 80 62 84 09 - http://petitparis.bourgogne.free.fr - P - 4 ch. 85/90 €* ☕. Nichée dans un parc, cette demeure du 17e s., décorée de tableaux réalisés par la maîtresse de maison, abrite quatre chambres aménagées autour de l'atelier de peinture et dotées d'un confort douillet. Côté détente, initiation au dessin, promenades près du bassin de pisciculture ou dans le vignoble de la côte de Nuits (entre Beaune et Dijon).

À Saulon-la-Rue

UNE FOLIE

Hôtel Château de Saulon – *67 r. de Dijon - ✆ 03 80 79 25 25 - www.chateau-saulon.com - P 2 ch. - fermé 5 sem. en hiver - 32 ch. 139/230 € - ☕ 18 € - ✂ formules déj. 20/32 €, 35/75 €.* Joli petit château du 17e s. entouré d'un parc arboré agrémenté d'une piscine et d'un étang privé. Les chambres offrent un cadre contemporain (mobilier fonctionnel). Dans une dépendance, salle à manger où l'on sert une cuisine actuelle. Dégustation de vins.

RESTAURATION

À Verdun-sur-le-Doubs

POUR SE FAIRE PLAISIR

Hostellerie Bourguignonne – *2 av. du Prés.-Borgeot - 22 km de Beaune - ✆ 03 85 91 51 45 - www.hostelleriebourguignonne.com - P - fermé vac. de fév., vac. de la Toussaint, dim. soir hors. sais., mar.-merc. - formule déj. 25/35 € - menus soir 38/78 € - ch. 120/160 € ☕ 14 € - 1/2 P possible.* Hostellerie charmante proposant une carte traditionnelle valorisant le terroir. Spécialité de pochouse, superbe sélection de bourgognes, décor rustique raffiné, belle terrasse. Chambres personnalisées.

À Flagey-Échézeaux

UNE FOLIE

Restaurant Christian Quenel – *12 pl. de l'Église - ✆ 03 80 62 88 10 - www.christianquenel.com - fermé merc. et dim. soir - formules déj. 20/25 € - menus 32/85 €.* Au centre d'un village viticole, cet élégant restaurant contemporain est apprécié par une clientèle fidèle. Appétissante cuisine actuelle à base de beaux produits. Accueil aimable.

ACHATS

À St-Nicolas-lès-Cîteaux

Abbaye de Cîteaux – *✆ 03 80 61 34 28 - www.citeaux-abbaye.com - 10h-12h30, 14h30-18h30, dim. 14h-18h30 (18h mi-nov.-avr.) - fermé lun., 1 sem. en janv.* Dans la sobre boutique aménagée dans un bâtiment restauré, vous trouverez, outre le fameux fromage façonné et affiné sur place par les moines, des bonbons au miel et quelques produits d'autres monastères.

À Longchamp

Brasserie des Ducs – *2 allée du Petit-Pont - ✆ 06 18 42 18 68 - www.brasseriedesducs.fr - ouv. au public du jeu. au sam. 14h-19h.* Située dans les anciennes faïenceries de Longchamp, la brasserie propose cinq bières diférentes, de la 33 cl au fût de 30 l.

ACTIVITÉS

Activités nautiques et de plein air

Base de loisirs – *Rte d'Athée - 21130 Auxonne - ✆ 03 80 37 36 61 - www.ligue21.org/baseauxonne - mai-août : 9h-12h30, 13h30-18h, w.-end, j. fériés, avr. et sept. sur réserv.* Cette base de loisirs aménagée à deux pas du centre-ville fera le bonheur des amateurs de sport grâce à la qualité de ses installations. Un éventail complet d'activités parmi lesquelles la planche à voile, le canoë et le kayak. Encadrement assuré par des professionnels qualifiés.

Randonnée

Toutes sortes de promenades à pied sont possibles au dép. de Verdun-sur-le-Doubs, notamment un circuit de 17 km le long de la Saône (Verdun-Verjux-Gergy) et un autre de 10 km le long du Doubs (Verdun-Les Bordes-Saunières). Brochures disponibles à l'office de tourisme.

La maison d'hôte Le Petit Paris, à Flagey-Échézeaux.
R. Manin/age fotostock

5022CH

La Bourgogne du Sud 2

Carte Michelin Départements 320 – Saône-et-Loire (71)

Chalon-sur-Saône dans la lumière du soir.
J.-P. Garcin/Photononstop

LA BOURGOGNE DU SUD

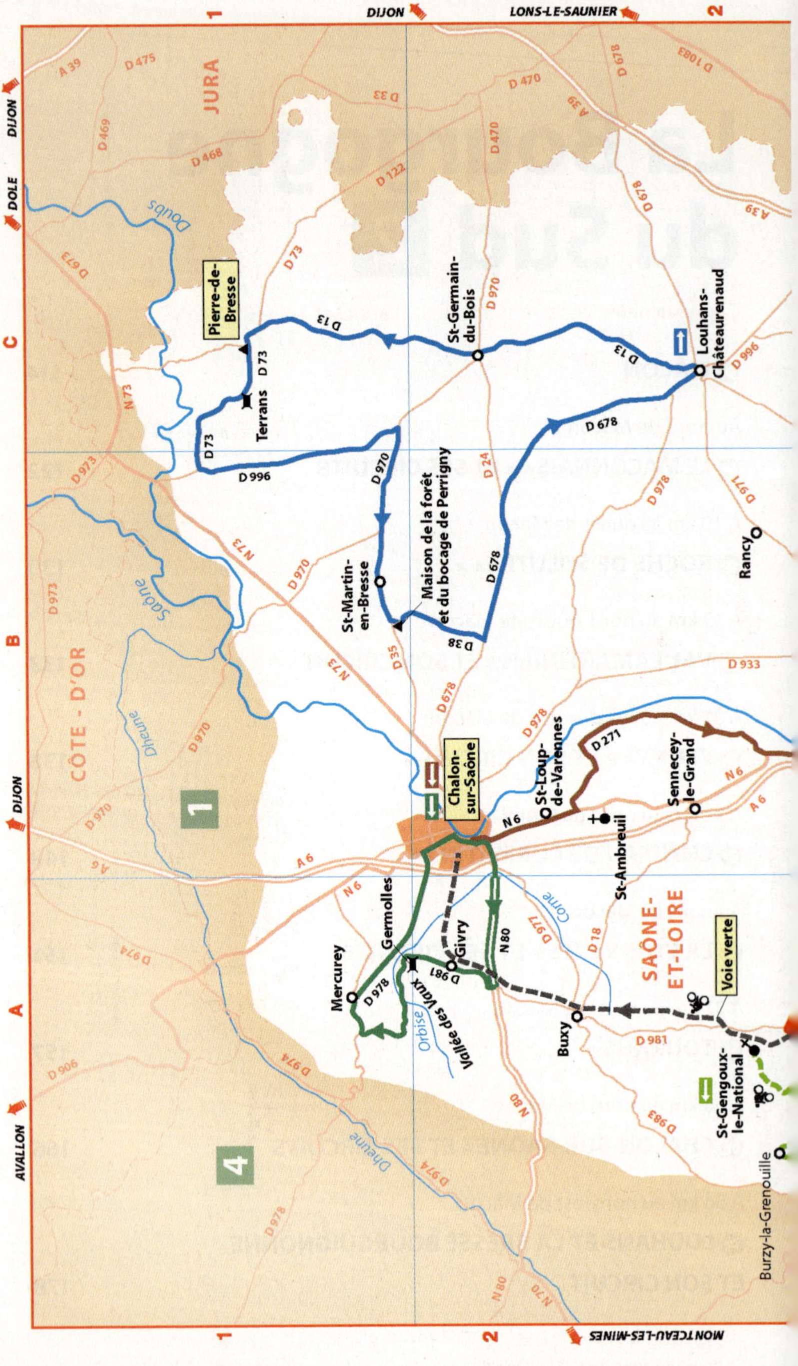

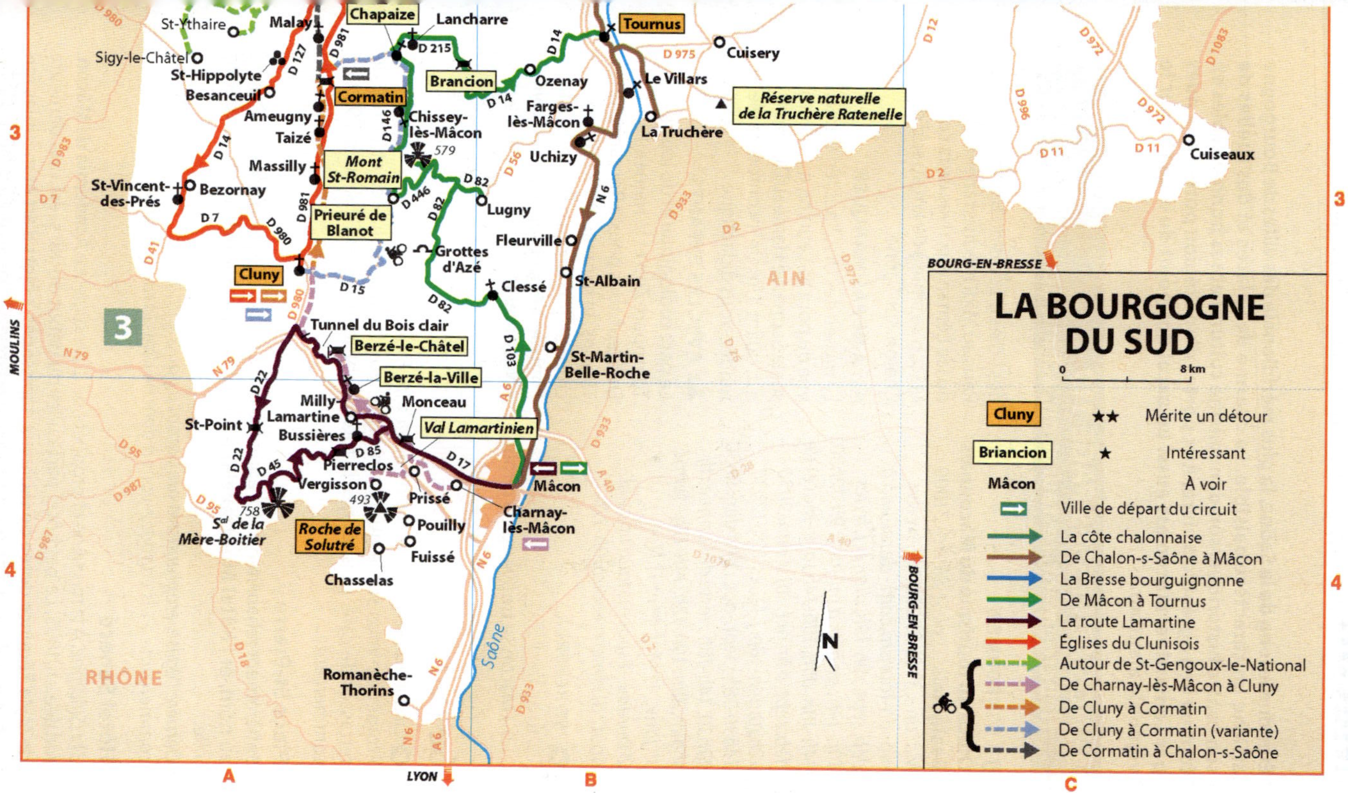
LA BOURGOGNE DU SUD
0
8 km
Cluny
★★ Mérite un détour
Briancion
★ Intéressant
Mâcon
À voir
Ville de départ du circuit
La côte chalonnaise
De Chalon-s-Saône à Mâcon
La Bresse bourguignonne
De Mâcon à Tournus
La route Lamartine
Églises du Clunisois
Autour de St-Gengoux-le-National
De Charnay-lès-Mâcon à Cluny
De Cluny à Cormatin
De Cluny à Cormatin (variante)
De Cormatin à Chalon-s-Saône
St-Ythaire
Malay
Chapaize
Lancharre
Tournus
Cuisery
Sigy-le-Châtel
St-Hippolyte
Besanceuil
Cormatin
Brancion
Ozenay
Le Villars
Réserve naturelle de la Truchère Ratenelle
La Truchère
Ameugny
Taizé
Chissey-lès-Mâcon
Farges-lès-Mâcon
Uchizy
Cuiseaux
Massilly
Mont St-Romain
579
St-Vincent-des-Prés
Bezornay
Lugny
Prieuré de Blanot
Fleurville
Grottes d'Azé
Cluny
Clessé
St-Albain
AIN
BOURG-EN-BRESSE
3
MOULINS
Tunnel du Bois clair
Berzé-le-Châtel
St-Martin-Belle-Roche
Berzé-la-Ville
Milly-Lamartine
Monceau
St-Point
Bussières
Val Lamartinien
Pierreclos
Vergisson
Prissé
Mâcon
493
758
Sal de la Mère-Boitier
Roche de Solutré
Pouilly
Charnay-lès-Mâcon
Fuissé
Chasselas
Saône
RHÔNE
Romanèche-Thorins
N
LYON
A
B
C
4
D 981
D 127
D 215
D 14
D 146
D 56
D 82
D 446
D 7
D 980
D 15
D 41
D 983
N 79
D 22
D 45
D 85
D 17
D 103
A 6
N 6
D 95
D 987
D 18
D 933
D 975
D 12
D 972
D 996
D 11
D 1083
D 2
A 40
D 1079

Mâcon

33 350 Mâconnais – Saône-et-Loire (71)

Étendue le long de la Saône, la plus méridionale des villes de Bourgogne affiche un caractère paisible. Le charme des places et des ruelles de son centre historique, son dynamisme culturel et ses bonnes tables en font un lieu agréable à vivre. Aux portes d'une région portée aux nues par Lamartine, Mâcon est aussi un excellent point de départ pour le vignoble alentour.

NOS ADRESSES PAGE 119
Hébergement, restauration, achats, activités, etc.

S'INFORMER

Office du tourisme du Mâconnais Beaujolais– *1 pl. St-Pierre - 71000 Mâcon - ✆ 03 85 21 07 07 - www.macon-tourism.com - de mi-juin à déb. sept. : 9h-19h, dim. et j. fériés 10h-14h ; de déb. à mi-juin : 9h-12h30, 14h-18h, dim. 10h-14h ; avr.-mai et de déb. sept. à fin oct. : tlj sf dim. 9h30-12h30, 14h-18h, j. fériés 10h-12h30, 14h30-18h ; sept.-oct. : tlj sf dim. 9h30-12h30, 14h-18h ; reste de l'année : tlj sf dim.-lun. 10h-12h, 14h-17h - fermé 1er janv., 1er Mai, 1er et 11 Nov.*

2e bureau - Espace Lamartine juil.-août : tlj sf merc. et dim. 9h-17h.

SE REPÉRER

Carte de microrégion B4 (p. 112-113) – Mâcon se trouve au carrefour des voies d'accès du bassin de Paris au Midi méditerranéen et du lac Léman aux rives de la Loire. Mâcon se situe à 60 km au sud de Chalon-sur-Saône.

À NE PAS MANQUER

Le musée des Ursulines ; en soirée, la vue du pont St-Laurent, qui s'illumine sur la Saône. Le Hameau Dubœuf est, quant à lui, un incontournable rendez-vous didactique.

AVEC LES ENFANTS

Le parc zoologique et de loisirs Touroparc Zoo et le Hameau Dubœuf, tous deux à Romanèche-Thorins ; le hameau Dubœuf ; une croisière en bateau pour découvrir Pont-de-Vaux et ses environs (voir « Nos adresses »).

Se promener Plan de ville p. 117

Circuit tracé en vert sur le plan de ville (p. 117).

Promenez-vous sur le quai Lamartine, aux façades colorées et bordé de terrasses de café, puis longez la rue Carnot (maison du 17e s. au n° 79), très commerçante.

Place St-Pierre B2

Entièrement réhabilitée, cette agréable place est bordée par l'**église St-Pierre**, au nord, et l'**hôtel Montrevel** qui lui fait face. Ce dernier abrite l'hôtel de ville.

Derrière l'église, empruntez la rue Carnot à gauche (maison du 17e s. au n° 79), très commerçante. Puis engagez-vous à gauche dans la rue Sigorgne.

Hôtel Senecé B2

31 r. Sigorgne. À la fois siège et propriété de la prestigieuse **Académie de Mâcon**, fondée en 1805, ce bel hôtel particulier du début du 18e s. est une demeure de style Régence dotée de tableaux, tapisseries, objets d'art et meubles formant les collections historiques de l'Académie. Celle-ci s'enorgueillit d'avoir compté parmi ses membres l'illustre Alphonse de Lamartine qui, en 1811, fut le plus jeune (il avait alors 21 ans). Par la suite, il assura la présidence de l'Académie à quatre reprises.

Rejoignez la petite rue Batillat puis, au bout à droite, empruntez l'escalier de la montée des Trois-Têtes. Vous débouchez place de la Baillé ; et prenez l'allée de Matisco.

★ Musée des Ursulines B2

5 r. des Ursulines - ☏ 03 85 39 90 38 - www.musees-bourgogne.org - ♿ - 10h-12h, 14h-18h, dim. et j. fériés 14h-18h - fermé lun., certains j. fériés - possibilité de visite guidée (1h) - 6 € (-18 ans gratuit).

Aménagé dans un ancien couvent du 17e s., le musée municipal évoque l'histoire et l'urbanisme de Mâcon à travers sa section d'**archéologie**. Des objets exhumés lors des fouilles de Solutré *(voir p. 130)* et d'autres sites régionaux apportent d'intéressantes informations sur la préhistoire en Macônnais. Des statuettes provenant du Trésor de Mâcon, des amphores et outils ainsi qu'un four de potier gaulois et tout un mobilier funéraire issu de la nécropole de Mâcon illustrent les âges du bronze et du fer dans la vallée de la Saône, et rappellent l'importance de l'antique *Matisco* à l'époque gallo-romaine. Parmi les plus belles pièces du musée, remarquez la **mosaïque** du gladiateur en entraînement et le plus vieux **jeu d'échec** retrouvé, taillé dans du bois de cerf. Consacrée à l'époque médiévale, une collection lapidaire expose des fragments de sculptures et monuments romans et gothiques. Les arts et traditions populaires font l'objet d'une section d'**ethnographie** où sont notamment à l'honneur le travail des vignerons (reconstitution d'une pièce à vivre) et celui des bateliers, ainsi que des céramiques et du mobilier bressan.

L'**espace Lamartine** présente des gravures, sculptures, dessins ainsi que des objets personnels ayant appartenu au poète et homme politique.

La section des **beaux-arts** comprend quant à elle des œuvres françaises et flamandes du 16e s. ; des œuvres françaises des 17e et 18e s. de Le Brun, Perrier, Ph. de Champaigne, Greuze ; des tableaux romantiques (Corot), académiques et symbolistes (Puvis de Chavannes) du 19e s. La peinture moderne et contemporaine est illustrée par des toiles cubistes (Gleizes, M. Cahn, Villon) et d'art concret (Nemours).

L'ancienne chapelle du couvent est réservée aux expositions temporaires.

Descendez à droite la rue de la Préfecture pour atteindre la place St-Vincent.

Vieux St-Vincent B2

De l'ancienne **cathédrale** St-Vincent, fondée au 6e s. et détruite à la Révolution, ne subsistent que les parties les plus anciennes : l'avant-nef, deux tours octogonales et la travée qui les réunit. On distingue encore l'amorce de la nef. Dans l'**avant-nef**, on peut voir l'ancien tympan (11e s.) dont les sculptures ont été mutilées pendant les guerres de Religion. En cinq registres superposés se développent les scènes du Jugement dernier : la résurrection des morts, le paradis et l'enfer. Le narthex abrite aujourd'hui un **musée lapidaire** *(240 r. de Strasbourg - ☏ 03 85 39 90 38 - www.macon.fr - ♿ - juin-sept. : 10h-12h, 14h-18h, dim. et j. fériés 14h-18h - reste de l'année sur demande - fermé lun., 14 Juil. - gratuit - possibilité de visite guidée (45mn) sur demande préalable (2,50 €).*

Rejoignez la rue du Pont par la rue St-Vincent.

Pont St-Laurent B2

Jusqu'au traité de Lyon, en 1601, où la Bresse fut rattachée au royaume de France, Mâcon était une ville frontière. Elle était fortifiée, ainsi que le pont St-Laurent, dont l'existence est attestée pour la première fois en 1077. Au

Le prince du romantisme

« AIMER, PRIER, CHANTER, VOILÀ TOUTE MA VIE »

Né en 1790 à Mâcon, **Alphonse de Lamartine** connaît une enfance heureuse à Milly. À 21 ans, lors d'un premier voyage en Italie, il s'éprend d'une Napolitaine, **Antoniella**, qu'il fera revivre plus tard en personnage de fiction sous le nom de Graziella. Pendant une cure à Aix-les-Bains, en 1816, le jeune homme tombe éperdument amoureux de **Julie**, épouse du physicien Jacques Charles. Cet amour total, cet « ineffable bonheur d'aimer », brisé par la maladie et l'absence de Julie, qui mourra quelques mois plus tard, lui inspire *Le Lac*, ode au lac du Bourget.

En 1820 paraissent les *Méditations poétiques,* qui marquent le début de la gloire. Marié à la jeune Anglaise **Mary Ann Birch**, il connaît, parallèlement à sa carrière diplomatique, une intense période de création : *La Mort de Socrate, Les Nouvelles Méditations poétiques, Le Dernier Chant du pèlerinage d'Harold*… Le 5 novembre 1829, il est élu à l'Académie française.

De 1831 à 1833, il part voyager en Orient pour tenter de raviver la flamme de sa foi que des doutes métaphysiques font vaciller. Son itinéraire le mène jusqu'à Nazareth et Jérusalem. Au cours de ce « pèlerinage », sa fille de 10 ans, **Julia**, qu'il a laissée avec sa mère à Beyrouth, meurt de phtisie. Cet événement douloureux est traité dans le poème *Gethsémani*. Très affecté, remettant en cause les principes religieux qui l'avaient guidé jusque-là, il publie, en 1836, *Jocelyn,* qui connaîtra un accueil triomphal.

« LA POÉSIE DOIT SE FAIRE PEUPLE »

Chargé d'affaires en octobre 1827 à Florence et ne voulant pas se lier au nouveau roi Louis-Philippe, Lamartine se démet de ses fonctions diplomatiques. Il préfère garder sa liberté pour l'action politique. D'abord député de Bergues, dans le Nord, il est élu député de Mâcon en 1837, et réélu en 1842 et 1846. Il milite pour « l'intérêt de ces classes laborieuses, de ces masses prolétaires si souvent foulées sous nos lois aveugles » et plaide pour l'abolition de la peine de mort. Il expose ses idées dans le journal *Le Bien public,* qu'il crée à Mâcon en septembre 1842. Avec son *Histoire des Girondins*, publiée en 1847, qui évoque la période révolutionnaire, il connaît un immense succès. En 1848, après le renvoi de Guizot et l'abdication du roi, Lamartine s'oppose à une régence et contribue à la fondation de la IIIe République, proclamée le 27 février.

Il est membre de l'éphémère gouvernement provisoire, où il tient le portefeuille des Affaires étrangères. La suppression des Ateliers nationaux et les émeutes de juin marquent la fin de son prestige. Le résultat des élections du président de la République au suffrage universel, le 20 décembre 1848, est sans appel : Louis-Napoléon Bonaparte l'emporte avec 5 millions de suffrages contre seulement 18000 voix à Lamartine.

Le Second Empire met fin à sa carrière politique. D'incessantes difficultés financières l'obligent à ce qu'il appelle « ses travaux forcés littéraires », puis la mort de sa femme, en 1863, assombrissent la fin de sa vie. Le poète s'éteint le 28 février 1869 à Paris. Il devait être enterré au Panthéon, mais resta selon ses vœux, en sa terre d'élection, où il repose à St-Point *(voir p. 136)*, près de sa famille.

117

MÂCON

SE LOGER		SE RESTAURER			
Brit Hôtel	1	L'Autre Rive	7	La Part des Anges	6
Hôtel de Bourgogne	8	Épikure	8	Pierre	2
		L'Éthym'Sel	11	Le St-Laurent	5

18e s., cet ouvrage fit l'objet d'importants travaux de restauration et d'élargissement. Il offre une jolie **vue★** sur les quais et la ville, dominée par les tours du Vieux St-Vincent.

Remarquez, sur une arche nord, la statue de saint Nicolas (patron des mariniers). Notez aussi pour la petite histoire que le plan d'eau de la Saône, en face de l'hôtel d'Europe et d'Angleterre, fut utilisé pour la première escale technique des voyages effectués de 1937 à 1939 par les hydravions de la compagnie Imperial Airways qui reliaient Southampton… à l'Australie par Brindisi et l'Égypte.

Revenez vers la ville et tournez à gauche sur la rue Dombey.

Maison de bois B2

22 r. Dombey (elle abrite un restaurant).

Construite à la fin du 15e s., cette jolie maison Renaissance ornée de fines colonnes sculptée forme l'angle de la place aux Herbes. Des animaux et des personnages grotesques et fantastiques d'inspiration grivoise décorent les entablements.

LE VIGNERON QUI INVENTA L'EAU CHAUDE

Vers 1830, les vignes du Beaujolais furent dévastées par le « ver coquin » ou pyrale, et les vignerons se trouvèrent désemparés face à ce fléau. Un certain **Benoît Raclet**, vigneron de Romanèche-Thorins, remarqua qu'un pied de vigne planté le long de sa maison, près du déversoir des eaux de ménage, se portait à merveille. Il décida d'arroser tous ses ceps avec de l'eau portée à 90 °C, dès le mois de février, afin de tuer les œufs de la pyrale. C'est ainsi qu'il sauva sa vigne, sous l'œil sceptique de ses voisins. Ceux-ci finirent pourtant par adopter sa technique. Les vignerons lui sont à jamais reconnaissants d'avoir découvert la technique de l'échaudage des vignes, qui fut généralisée et utilisée jusqu'en 1945.

À proximité Carte de microrégion p. 112-113

Romanèche-Thorins A4

17 km au sud de Mâcon par la N 6.

Au cœur des beaujolais-villages, Romanèche-Thorins est réputé pour son célèbre cru du moulin-à-vent, « seigneur des beaujolais », qui doit son appellation à un vieux moulin situé au milieu des vignes, en haut d'une colline. Deux sites d'attractions majeurs, l'un consacré au monde animal, l'autre dédié à l'univers du vin et de la vigne, vous inviteront à y passer de bons moments.

Parc zoologique et de loisirs Touroparc Zoo – *Au carrefour de La Maison-Blanche, sur la N 6, prenez la D 466^E (route de St-Romain-des-Îles). 400 r. du Parc - 03 85 35 51 53 - www.touroparc.com - - 9h-19h - parc d'attractions juil.-août : 12h-18h ; reste de l'année : 13h30-18h - fermé 1er janv., 24-25 et 31 déc. - 23,50 € (-12 ans 19,90 €) - restaurants, snacks et aires de pique-nique.* Ce parc zoologique un peu vieillissant accueille, sur 10 ha, quelque 140 espèces d'animaux de cinq continents évoluant pour certains en semi-liberté. Ne manquez pas la serre tropicale, le vivarium ou encore la planète sauvage, où vous découvrirez des tigres blancs royaux. Une volière de 2000 m³ présente des calaos et un bassin de 1 500 m² accueille des hippopotames, les stars du zoo. Le lieu abrite également des attractions pour enfants : monorail aérien, petit train, « TGV des étoiles », toboggans et jeux aquatiques.

★ **Hameau Dubœuf** – *796 rte de la Gare - 03 85 35 22 22 - www.hameauduvin.com - 10h-18h - fermé 25 déc. - possibilité de visite guidée sur demande (2h) - 18/20 € (-16 ans 6/10 €).* « Stationné » en gare de Romanèche-Thorins, cet œnoparc de 30 000 m² est avant tout un outil de promotion conçu avec les moyens spectaculaires du producteur de beaujolais Georges Dubœuf, mais c'est aussi une très belle vitrine sur les vignobles du beaujolais et du mâconnais. La visite commence dans la salle des pas perdus d'une gare 1900 *(reconstitution)*, où l'on prend son ticket pour partir à la découverte de l'univers du vin. S'en suit un espace muséographique présentant les outils du vigneron (impressionnant pressoir mâconnais de 1708) et de beaux objets d'art comme la compression de tastevins réalisée par l'artiste César. Théâtres optiques, théâtre d'automates et films se succèdent, dont une comédie musicale en 3D mettant en scène Paul Bocuse et Bernard Pivot. Une dégustation vient logiquement clore la visite dans la **salle du Limonaire★**.

En face du Hameau Dubœuf, le **musée de la gare** explique le lien qui unissait le vin et le rail aux 19e et 20e s. Elle abrite le **wagon impérial** qu'utilisait Napoléon III pour saluer la foule, une collection d'objets et des maquettes de trains électriques.

Rendez-vous ensuite au **centre de vinification** en petit train afin de découvrir les étapes de la production des vins Dubœuf. Enfin, profitez du **jardin en Beaujolais** et humez les fragrances que l'on retrouve dans les arômes des vins.
Musée du Compagnonnage Guillon – *98 r. Pierre-François-Guillon - ✆ 03 85 35 22 02 - www.musee-compagnonnage71.fr - juin-sept. : 10h-18h ; reste de l'année : 14h-18h - fermé de mi-déc. à déb. janv. - 4 € (-18 ans gratuit) - gratuit 1er dim. du mois.* Voici une belle illustration du compagnonnage à travers la collection de **Pierre-François Guillon** (1848-1923). Des chefs-d'œuvre, des documents et des souvenirs ont été réunis dans cet atelier où, à la fin du 19e s., ce compagnon charpentier dirigeait une école de dessin appliqué à la construction en bois.

NOS ADRESSES À MÂCON

HÉBERGEMENT

BUDGET MOYEN

8 **Hôtel de Bourgogne** – A2 - *6 r. Victor-Hugo - ✆ 03 85 21 10 23 - www.hoteldebourgogne.com - P 10 € - 59 ch. 72/125 € - ☕ 13 €.* Au cœur de la ville, cet hôtel pimpant (façade rouge brique, chambres personnalisées) dispense calme et sérénité avec un confort standard.

1 **Brit Hôtel** – A2 - *✆ 03 85 38 18 10 - http://hotel-macon.brithotel.fr - P 8 € - 58 ch. 68/134 € - ☕ 11 €.* Décoration sobre et accueil agréable dans cet hôtel idéalement situé en amont du centre-ville historique. Les chambres sont calmes et le petit-déjeuner met l'accent sur les produits locaux.

À proximité

PREMIER PRIX

Hôtel La Vieille Ferme – *Bd du Gén.-de-Gaulle - 71000 Sancé - ✆ 03 85 21 95 15 - www.hotel-restaurant-lavieilleferme.com - P ♿ - 24 ch. 58/70 € - ☕ 9 € - ✕ formules déj. 13/17 € - 25/45 €.* Halte champêtre dans un parc au bord de la Saône. Chambres fonctionnelles et sobres, aménagées dans une construction aux allures de motel. La « vieille ferme » abrite le restaurant rustique (pierres et poutres apparentes, cheminée), ouvert sur une jolie terrasse.

BUDGET MOYEN

Auberge de la Tour – *604 r. Vrémontoise - 71000 Sennecé-lès-Mâcon - ✆ 03 85 36 02 70 - www.auberge-tour.fr - P - fermé dim. soir, lun. et mar. midi - 24 ch. 73/98 € - ☕ 12 € - ✕ formules déj. 18/24 €, menus 30/50 €.* Agréable auberge familiale, rustique, simple et proche de la tour de guet, curiosité du village. Les chambres sont toutes diférentes. Cuisine du terroir soignée – le patron est passionné par les produits régionaux – et beau choix de vins du Mâconnais.

Chambre d'hôte Château de Salornay – *1024 rte de Salornay - 71870 Hurigny - 6 km à l'ouest de Mâcon par D 82 puis rte secondaire - ✆ 03 85 34 25 73 - www.chateau-de-salornay.fr - P - 6 ch. 80 € (dégressif dès la deuxième nuitée) ☕.* Ce château des 11e et 15e s. a beaucoup d'allure avec ses belles tours et ses épaisses murailles couronnées d'un chemin de ronde. Les chambres (l'une d'elles occupe le donjon), vastes et nanties de meubles anciens, ouvrent sur les champs alentour.

RESTAURATION

PREMIER PRIX

11 **L'Éthym'Sel** – A2 - *10 r. Gambetta - ✆ 03 85 39 48 84 - ♿ - fermé 1 sem. vac. de Pâques, de*

2

fin juil. à mi-août, mar. soir, merc. et dim. soir de sept. à juin, dim.-lun. en juil.-août - formule déj. 16,50 € - menu 19 €. Situé en retrait des quais, voici un restaurant classieux, contemporain et reposant, entièrement rénové, où il fait bon s'attabler. La cuisine traditionnelle y est savoureuse.

BUDGET MOYEN

8 **Épikure** – A2 - *74 r. Joseph-Dufour - ✆ 03 85 38 24 53 - fermé 2 sem. en août, dim. et lun. - formule déj. 16 € - menus 23/33 €.* La nouvelle adresse de Julien Ducoté, que l'on a connu étoilé dans son restaurant de Boulogne-Billancourt, lorgne du côté « bistrot chic », tant par le cadre (pierres apparentes, sol en béton ciré) que par l'assiette, avec 2 ou 3 menus à choix, pour une cuisine au plus près des saisons, subtile et actuelle. Le pâté en croûte au foie gras est appelé à devenir un classique.

6 **La Part des Anges** – B2 - *80 Quai Lamartine - ✆ 03 85 38 51 08 - www.restaurant-part-des-anges.fr - fermé dim., lun. - formule déj. 11,50/15,90 € - menus 26,50/35,50 €.* Sur le quai Lamartine, ce restaurant très fréquenté par les Mâconnais propose une cuisine bistronomique à l'accent régional. Thomas Saillant cuisine les produits frais et c'est bon !

L'Ambroisie – Hors plan - *103 r. Marcel-Paul - ✆ 03 85 38 12 21 - www.lambroisie.fr - ♿ - fermé de déb. à mi-août et dim. - formules déj. 15,50/17,90 € - menus 28,50/35 €.* Ce sympathique bistrot, agrandi d'une véranda, mérite une halte pour ses plats dans l'air du temps et son service professionnel.

POUR SE FAIRE PLAISIR

Le Poisson d'Or – Hors plan - *Allée du Parc - ✆ 03 85 38 00 88 - www.lepoissondor.com - 🅿 ♿ - fermé 1 sem. en avr., de fin août à déb. sept., 24-25 déc. et déb. janv., dim. soir, mar.-merc. - menus 26/80 €.* Cuisine du terroir joliment revisitée et friture de poissons (en été) dans ce restaurant au bord de la Saône, près du port de plaisance. Salle surplombant la rivière et terrasse face à l'eau.

UNE FOLIE

2 **Pierre** – A2 - *7 r. Dufour - ✆ 03 85 38 14 23 - www.restaurant-pierre.com - ♿ - fermé 3 sem. en juil., 1 sem. en hiver, dim. soir, lun.-mar. - formule déj. 29 € - menus 54/98 €.* Pierres, poutres apparentes et cheminée composent le cadre élégant et l'ambiance chaleureuse de ce restaurant. La cuisine propose des classiques du terroir revisités.

À proximité

BUDGET MOYEN

7 **L'Autre Rive** – B2 - *143 quai Bouchacourt - 1750 St-Laurent-sur-Saône - 1,5 km à l'est - ✆ 03 85 39 01 02 - www.lautrerive.fr - fermé 1 sem. en avr., 2 sem. fin août, 23-26 déc., dim. soir, lun., mar. midi - formule déj. 21 € - menus 29/43 € - carte 45 €.* Rien ne manque dans ce restaurant situé sur l'« autre rive » : salle-véranda chaleureuse, agréable et lumineuse terrasse refaite, chic et harmonieuse, face à la Saône et carte associant poulet de Bresse, saveurs iodées et légumes du Val de Saône.

POUR SE FAIRE PLAISIR

5 **Le St-Laurent** – B2 - *1 quai Bouchacourt - 1750 St-Laurent-sur-Saône - 1,5 km à l'est - ✆ 03 85 39 29 19 - www.lespritblanc.com - fermé 24 déc. - 12h-13h30, 19h-22h - formules déj. 22/25 € - menus 28/57 €.* Terrasse avec vue sur le pont St-Laurent, datant du 11e s. Ses plats mijotés ont ravi les papilles de Mitterrand et Gorbatchev.

UNE FOLIE

Hôtel-restaurant Château de La Barge – *155 rte des Bergers - 71680 Crèches-sur-Saône - Les Granges - 7,5 km au sud de Mâcon - 03 85 23 93 23 - www.chateaudelabarge.fr - - formules déj. 17/25 € - menus 52/98 € bc - ch. 110/170 €, 4 suites 155/280 € - 15 €.* Un écrin de sérénité et de plaisir gustatif : les chefs préparent des mets de choix et de qualité, délicatement nimbés de savoir-faire bourguignon. Un régal !

ACHATS

Chaque année au mois d'avril se tient le Salon des vins au Parc des expositions.

Maison mâconnaise des Vins – *484 av. de Lattre-de-Tassigny - 03 85 22 91 11 - www.maison-des-vins.com - 11h30-22h.* Salle d'exposition, librairie, boutique, dégustations menées par des professionnels… Son restaurant (13,50/25 €) permet de savourer des spécialités régionales en compagnie de crus sélectionnés.

Cave de Chaintré – *Le Clos-Reyssié - 71570 Chaintré - Le Clos Reyssié - 5 km de Mâcon-Sud par D 186 - 04 74 04 41 66 - www.julienaschaintre.fr - 9h-12h, 14h-18h, sam. 9h30-12h30, 14h-18h - fermé dim. et j. fériés.* Créée à l'initiative d'une association regroupant 100 vignerons, la cave propose des vins blancs issus du cépage chardonnay (pouilly-fuissé, saint-véran, beaujolais, mâcon) et quelques crus rouges (juliénas).

EN SOIRÉE

Le Galion Pub – *46 r. Franche - 03 85 38 39 45 - 22h-3h - fermé dim.-merc.* En bois d'acajou, le décor de ce pub s'inspire des vaisseaux d'antan. Institution des nuits mâconnaises. Soirées à thème, se rens.

Crescent Jazz Club – *03 85 39 08 45 - www.lecrescent.net.* Idéalement situé en plein cœur du quartier piétonnier, ce club de jazz propose des soirées dans ses caves voûtées les vendredis et samedis soir ainsi qu'un festival sur 4 jours la deuxième quinzaine de juillet.

ACTIVITÉS

En amont du pont St-Laurent, la Saône forme un bassin de 300 m de largeur : sur ce plan d'eau se déroulent les championnats de France d'aviron.

Croisières à bord du Ville-de-Pont-de-Vaux 2 – *03 85 30 30 02 - www.croisieresurlasaone.com - horaires variables : se rens. - réserv. obligatoire - fermé oct.-avr. - balade (2h30) : 16 € (-12 ans 13 €) - croisières déjeuner : 65/80 € (-12 ans 51/66 €).* Visitez Pont-de-Vaux et ses environs au fil de l'eau. Large choix de croisières commentées, accompagnées ou non d'un repas dans la salle de restaurant. Une manière agréable de découvrir la région.

Le Mâconnais

★★

Saône-et-Loire (71)

Entre Saint-Véran et Tournus, de la vallée de la Grosne au Val de Saône, les monts du Mâconnais, couverts de terre rouge, de vigne et parsemés de pittoresques villages dominés par les églises romanes, dégagent un indéniable charme. Région de transition entre le Nord et le Midi, le Mâconnais séduit par son climat doux et son patrimoine historique, architectural et naturel.

NOS ADRESSES PAGE 128
Hébergement, restauration, achats, activités, etc.

S'INFORMER

Voir p. 114.

SE REPÉRER

Carte de microrégion AB3-4 (p. 112-113) – Entre la côte chalonnaise au nord, le Charolais à l'ouest, le Beaujolais au sud et la vallée de la Saône à l'est, les monts du Mâconnais sont facilement accessibles de Tournus comme de Mâcon.

À NE PAS MANQUER

Les ruelles du village médiéval de Brancion.

AVEC LES ENFANTS

Le château de Brancion, les grottes de Blanot, le site naturel de la Boucherette, les grottes d'Azé, qui révèlent quelques secrets de la préhistoire.

Circuits conseillés Carte de microrégion p. 112-113

DE MÂCON À TOURNUS AB3-4

Circuit tracé en vert sur le schéma ci-contre et sur la carte de microrégion (p. 112-113) – 105 km – Comptez une demi-journée. Quittez Mâcon par la D 103.

Ce parcours permet de traverser une région pittoresque offrant de belles **vues** et de visiter de nombreux édifices de caractère, notamment des églises romanes.

Clessé B3

Parmi ses maisons anciennes, ce village viticole (cave coopérative) possède une **église** romane de la fin du 11e s. cantonnée d'une élégante petite tour à pans et à flèche en tuiles vernissées, comme celle du beau clocher octogonal, à arcatures et baies géminées, qui domine l'ensemble. La nef unique est couverte d'une charpente.

Prenez la D 403B puis la D 82 en direction des grottes d'Azé.

Grottes d'Azé A3

Rizerolles - ✆ 03 85 33 32 23 - www.grottes-aze71.fr - visite guidée sur demande préalable (1h30) juil.-août : 10h30, 13h, 14h30, 16h et 17h30 ; reste de l'année : 10h30, 14h30 et 16h - fermé nov.-mars - 8 € (-18 ans 4,50 €) - 17 € billet famille.

Un **musée** présente de très nombreuses pièces provenant en majeure partie des fouilles effectuées dans les **grottes**. L'accès à celles-ci se fait par un arboretum. La première grotte, longue de 208 m, fut successivement le refuge d'ours des cavernes (ossements vieux de 300 000 ans), d'hommes

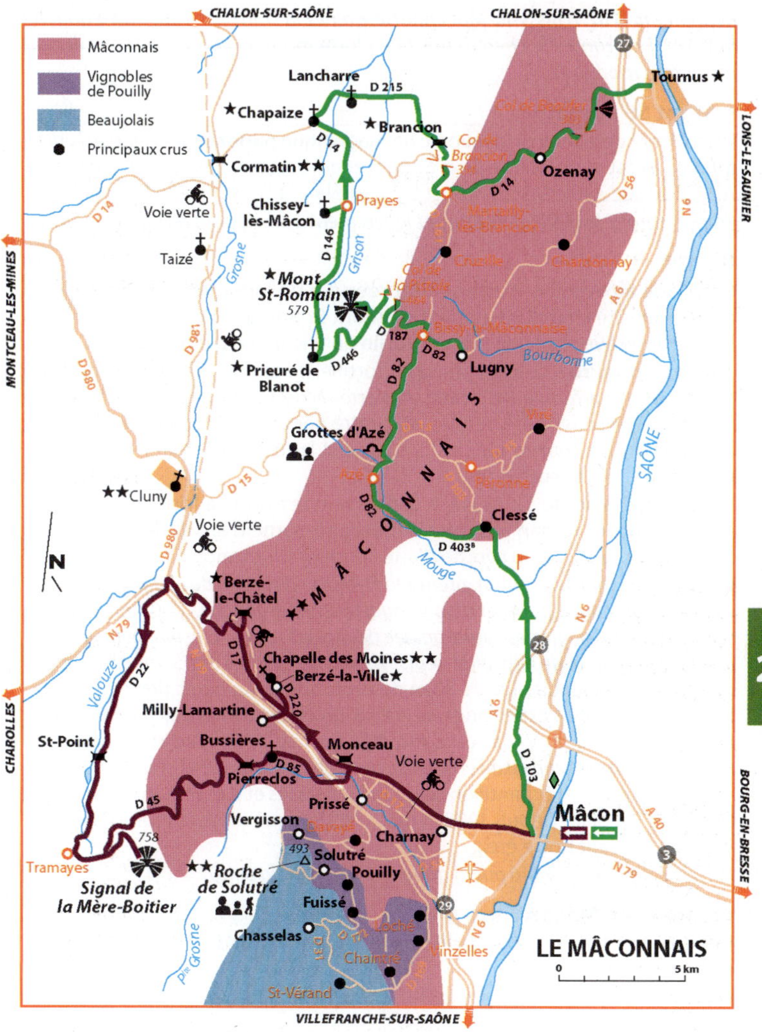

préhistoriques, d'Éduens, de Gallo-Romains, etc. Dans une autre grotte coule une rivière souterraine qu'un parcours aménagé permet de suivre sur 800 m. *Poursuivez sur la D 82 pendant 10 km.*

Lugny B3

Niché dans la verdure sur la route des Vins du Mâconnais, Lugny produit un vin blanc très apprécié et possède une cave coopérative moderne. L'**église**, proche des vestiges de l'ancien château fort, renferme un retable en pierre du 16e s. représentant les 12 apôtres autour de Jésus.

2 km. Sur le **site naturel de la Boucherette**, un sentier permet de découvrir la faune et la flore typiques des plateaux calcaires secs : remarquez, au printemps et en été, les orchidées *(fleurs protégées)* et les papillons argus bleu nacré.

Reprenez la D 82. À Bissy-la-Mâconnaise, prenez la D 161 sur 4 km puis à gauche la D 187. Empruntez le chemin (route en forte montée) vers la tour accolée au restaurant (parking).

★ Mont St-Romain A3

Du sommet de la tour, on découvre un magnifique **panorama**★★ *(table d'orientation)* : à l'est sur la plaine de la Saône, et au-delà sur la Bresse, le Jura et les Alpes ; au sud sur le Mâconnais et le Beaujolais ; à l'ouest sur le Charolais.
Prenez à droite la D 487, puis tournez légèrement à droite pour récupérer la D 446.

Blanot A3

Ce village aux vieilles maisons clôturées par de jolis murs de pierre sèche occupe un site charmant au pied du mont St-Romain. L'église, couverte de lauze, forme avec l'ancien prieuré voisin un ensemble plein de cachet.
★ **Ancien prieuré** – Le logis principal, fortifié, de ce prieuré clunisien du 14e s. présente une harmonieuse façade en pierre sèche. Celle-ci est percée à gauche d'un passage sous voûte, renflée au centre par une tour à pans, et flanquée à droite par une tour ronde du 15e s. devant laquelle trois tombes mérovingiennes ont été découvertes.
Église – De la fin du 11e s., elle a conservé une abside à frise ajourée et un curieux clocher roman à toiture débordante, orné d'arcatures lombardes. À l'intérieur, le chœur est voûté d'une coupole sur trompes.
Grottes – *Au nord de Blanot, prenez la D 446 en direction de Fougnières. 500 m après ce hameau, à hauteur d'un virage, tournez à gauche. ✆ 03 85 50 03 79 - www.blanot.fr/les-grottes - visite guidée (50mn) juil.-août : 12h-19h (dernière visite à 18h) ; mai-juin et de déb. à mi-sept. : w.-end 12h-19h - 6 € (-15 ans 4 €).* Les grottes s'enfoncent à plus de 80 m de profondeur. Au cours des temps géologiques, la voûte s'est effondrée, créant un chaos de pierres gigantesques. Entre le hameau du Vivier et le mont St-Romain *(1 km de circuit avec escaliers en forte pente et passages étroits)*, on visite 21 salles. En fin de circuit, une vitrine présente un échantillonnage de silex taillés et d'ossements d'animaux retrouvés sur place depuis 1988 et datés de l'époque moustérienne (100 000 à 40 000 ans avant notre ère).
Prenez à gauche la D 146 puis à gauche à nouveau la D 187.

Chissey-lès-Mâcon A3

L'**église** du 12e s., à l'élégant clocher clunisien, abrite de très curieux chapiteaux historiés.
Quittez Chissey-lès-Mâcon par la D 187 puis prenez à droite la D 282.

★ Chapaize A3

À proximité du Bisançon, rivière que borde à l'est la belle forêt de Chapaize, ce petit village agricole abrite quelques maisons typiques du vignoble de la Côte, dont certaines remontent au 18e s. Il est dominé par une église très originale, dernier témoin d'un prieuré roman fondé au 11e s. par les bénédictins de Chalon.
★ **Église St-Martin** – Construite du premier quart du 11e s. au début du 13e s. en belle pierre calcaire locale, dans un style roman marqué d'influences lombardes (des maçons venus d'Italie ont sans doute participé à sa réalisation), elle se distingue par la hardiesse de son clocher.
L'église est érigée selon un plan basilical. Elle comporte une nef centrale, rehaussée au 12e s. d'épais contreforts soutenant les murs latéraux et un sobre pignon triangulaire souligné d'arcatures. À son sommet, un campanile lombard (milieu du 11e s.) s'élève à une hauteur inattendue (35 m). Le **clocher**,

symbole de pouvoir, était un privilège inscrit dans la féodalité : autrement dit, le seigneur du village étant maître du clocher, plus ce dernier était beau et élevé, plus le sire était puissant. Pour accroître l'effet de hauteur, le clocher a fait l'objet de subtils artifices architecturaux. Son 1er étage – aussi haut que les deux autres additionnés – est légèrement pyramidal et orné de bandes lombardes verticales. Les baies sont inégales et de niveaux décalés, et leur largeur augmente avec l'élévation…

Des sculptures archaïques rongées par les intempéries ornent d'un décor floral ou d'un visage les chapiteaux des baies de la façade et du clocher ; remarquez, sur la face nord de celui-ci, la colonne où s'adosse un personnage en pied, préfiguration des statues-colonnes.

À l'**intérieur**, laissez-vous surprendre dès l'entrée par deux singularités : les proportions des piliers (4,80 m de circonférence) et leur inclinaison vers la gauche. La croisée du transept est voûtée d'une admirable coupole ovoïde sur trompes, soutenue par des arcs en plein cintre. Abside et absidioles sont voûtées en cul-de-four. L'une d'elles est éclairée par une fenêtre ornée de colonnettes à chapiteaux sculptés (baies latérales percées au 19e s.).

Prenez à droite la D 314B puis la D 215 à droite vers Lancharre puis à nouveau la première à droite.

Lancharre A3

Le hameau englobe les vestiges d'un couvent de chanoinesses établi au 11e s. par les sires de Brancion. L'**ancienne église** conventuelle réunit deux édifices accolés des 12e et 14e s. composant le chevet et le transept sur lequel s'élève, à gauche, un clocher carré percé de grandes baies ogivales. De la nef disparue, où prend place le cimetière, il ne subsiste qu'un pan de mur et la première travée jouxtant le chœur.

À l'intérieur, remarquez les vastes absides et absidioles, voûtées en cul-de-four ; le chœur, dont l'arc triomphal retombe sur deux élégants piliers aux chapiteaux sculptés de têtes, et la coupole sur trompes supportant le clocher ; une dizaine de dalles funéraires des 13e et 14e s., certaines gravées à l'effigie de dames ou de chevaliers.

Poursuivez sur la D 215 sur 3 km et tournez à droite pour prendre la D 159 sur 2 km. Gagnez le vieux bourg de Brancion, perché sur son promontoire.

2

VOYAGE EN TERRES SECRÈTES

Tous les ans depuis 1999, en juillet, la coopérative des « Terres Secrètes », qui regroupe 120 viticulteurs de Bourgogne, organise une promenade au crépuscule parmi les vignes du Mâconnais, non loin des célèbres roches de Vergisson et Solutré. Au programme : balade, dégustation et découverte de la Bourgogne secrète qui se conclut par un dîner champêtre. Au fait, en quoi ces terres sont-elles si secrètes ? Pour Robert Perrin, vice-président de la cave coopérative : « Les appellations Terres Secrètes émanent de parcelles souvent minuscules, nichées dans les plus jolis villages du Mâconnais, des clos, des lieux dits jalousement gardés, choisis pour leur exposition et la richesse de leurs sols. Seuls les initiés, ceux qui en connaissent l'existence, pourront apprécier la saveur de leurs vins… »

Vignerons des Terres Secrètes - ✆ 03 85 36 60 64 - http://terres-secretes.com - Marche dégustation au crépuscule. Départ d'une cave de 18h30 à 21h. 2 nouveaux parcours - 6 € verre et le porte-verre pour les dégustations, 11 € repas champêtre à l'issue de la marche.

★ Brancion A3

L'accès est interdit aux voitures. Utilisez le parc de stationnement.

Au cœur du pays de l'art roman, ce charmant bourg médiéval, soigneusement restauré, est perché sur une arête d'où se dessinent deux ravins profonds et s'étalent des monts boisés. Protégé par ses remparts et son château fort, c'est l'un des sites les plus vertigineux du Mâconnais. Il offre le cadre à une jolie promenade.

Après avoir franchi l'enceinte du 14e s. par la porte fortifiée à herses ouverte sur le village, vous découvrirez tour à tour les restes imposants du château fort, les ruelles sinueuses bordées de maisons médiévales, les halles du 14e s. avec leur superbe charpente, et, bien sûr, l'église fièrement perchée à l'extrémité du promontoire.

Château – *✆ 03 85 32 19 70 - www.chateau-de-brancion.com - avr.-sept. : 10h-12h30, 13h-18h30 ; reste de l'année : 10h30-12h30, 13h-17h - fermé de mi-nov. à fin mars - possibilité de visite guidée sur demande (50mn) - 8 € (-16 ans 3 €) - visite ludique et costumée pour les enf. - audioguide.* L'histoire du château peut se résumer en trois grandes phases : la seigneurie jusqu'en 1259, la châtellenie ducale jusqu'en 1477 et la châtellenie royale jusqu'à la Révolution. Forts de leur position, les seigneurs de Brancion, batailleurs, furent souvent en conflit avec les moines de Cluny. Lors des croisades, ils levèrent une armée, mais celles-ci firent leur ruine, les obligeant à céder leur fief aux ducs de Bourgogne, et Josserand le Grand mourut à la bataille de la Mansourah, en Égypte (son gisant est visible dans l'église). Le château féodal, entouré d'arbres et de buis, remonte au début du 10e s. (fondations en arêtes de poisson). Remanié au 14e s. par Philippe le Hardi, qui lui adjoignit un logis, le château fut démantelé pendant la Ligue, en juin 1594, par les troupes du colonel d'Ornano. Une fois franchie la Poterne, nom donné à la porterie depuis le 17e s., vous trouverez sur votre droite la **tour** et le **logis de Beaufort,** et dans la salle des assises une petite exposition d'objets liés à la vigne. Dans la **tour de la Chaul,** la salle Sainte-Catherine abrite des expositions temporaires. Le **logis de l'An mille** est l'un des plus anciens vestiges du château. Construit par les ducs capétiens de Bourgogne (1032 à 1361), le **logis de Beaujeu** avait une vocation résidentielle. Les éléments architecturaux en place donnent une idée de son niveau de confort : plafond boisé, cheminée à chaque niveau. Sur les ornements du **donjon** du 12e s. apparaissent différents blasons de l'art héraldique et une peinture murale illustrant le départ de Josserand le Grand à la croisade. De sa plateforme *(87 marches)*, où une table d'orientation a été aménagée, vous aurez une **vue★** d'ensemble sur le village et son église, la vallée de la Grosne et les monts du Charolais. Un nouveau parcours, longeant le fossé, permet de voir les façades du château sous un angle inédit.

Église St-Pierre – *Mêmes horaires que le château.* C'est un bâtiment trapu du 12e s., de style roman, surmonté d'un clocher carré et dont la pureté des lignes s'allie aux tons de la pierre calcaire et à la toiture de « laves » (pierres plates extraites sur les collines calcaires de la rive droite de la Saône).

À l'intérieur, on peut voir des **peintures murales** de la fin du 13e s., et de nombreuses pierres tombales. Parmi les peintures murales, remarquez sur la paroi droite de l'abside une *Résurrection des morts*.

La terrasse de l'église, située à l'extrémité du promontoire, commande une **vue** sur toute la vallée avec le village de La Chapelle-sous-Brancion au premier plan.

Reprenez la D 159 puis prenez à gauche la D 14 sur 6 km.

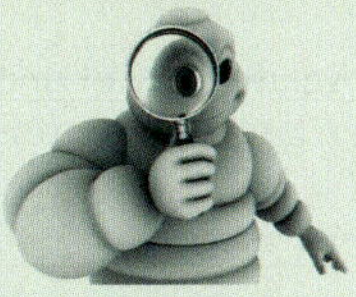

Le vignoble mâconnais

LE PAYS

Si les monts du Mâconnais sont peu élevés (ils culminent à 758 m au **signal de la Mère-Boitier**), ils présentent cependant des aspects variés : forêts, landes arides, vignoble. C'est en Macônnais qu'apparaissent les premières influences méditerranéennes : les grands toits pointus couverts d'ardoise ou de tuile plate disparaissent au profit des toits plats couverts de tuile ronde dite tuile romaine ou provençale.

UN BRIN D'AUDACE À L'ORIGINE

Les moines de Cluny ont planté ici les premières vignes, mais c'est au 17e s. que le Mâconnais acquiert ses titres de noblesse grâce à **Claude Brosse**. Simple vigneron de Chasselas, ce dernier n'hésite pas à entreprendre le voyage de Paris afin de faire connaître les vins de son pays. Il charge deux barriques de son meilleur vin sur une charrette à bœufs et arrive dans la capitale après un voyage de 33 jours. à Versailles, il assiste à la messe du roi. Après l'office, Louis XIV, qui remarque cet inconnu à la taille herculéenne, ordonne qu'il lui soit amené. Sans se démonter, Claude Brosse expose au monarque le but de son voyage et lui dit son espoir de vendre son vin à quelque grand seigneur. Le roi demande à goûter ce vin sur-le-champ et le trouve bien supérieur à ceux de Suresnes et de Beaugency, alors en usage à la Cour. Les vins de Mâcon sont désormais adoptés par tous les courtisans, et l'audacieux vigneron fait fortune.

UN TERROIR GÉNÉREUX

Bien que ses vins aient théoriquement droit à l'appellation bourgogne, le Mâconnais se distingue des Côtes par son homogénéité géologique, dominée par le calcaire et l'argile rouge, la densité de sa production, plus élevée, la présence du cépage gamay pour les vins rouges et la prédominance des vins blancs. Pour ces derniers, l'encépagement est constitué par le chardonnay, noble cépage blanc de la Bourgogne et de la Champagne.

Sa surface viticole, d'environ 6 800 ha, jouxte dans sa partie sud le Beaujolais (qui lui « prend » d'ailleurs quelques crus) et s'étend de Romanèche-Thorins, au sud, à Tournus, au nord. **Le vignoble est implanté sur des sols siliceux, argileux ou sableux, mêlés à des grès.** Sa production totale annuelle est de 340 000 hl environ, dont 87 % de vins blancs.

DES VINS RÉPUTÉS

En dehors de l'appellation mâcon, qui produit des vins rouges, rosés et blancs, toutes les autres appellations du Mâconnais ne donnent que des vins blancs. La plus célèbre est celle de pouilly-fuissé. Elle donne un vin de bonne garde (cinq à dix ans), d'une belle couleur d'or vert, sec, nerveux, fruité d'abord et, avec le temps, bouqueté. Les appellations pouilly-fuissé, pouilly-loché, pouilly-vinzelles, saint-véran et viré-clessé produisent des vins réputés. Les autres vins blancs sont vendus sous le nom de bourgogne blanc, mâcon, mâcon supérieur et mâcon-villages.

Ozenay B3
Situé dans un vallon, le bourg possède un petit castel *(privé)* du 13e s. et une église du 12e s. La plupart des maisons sont précédées d'un large auvent formant ce qu'on appelle une « galerie mâconnaise ».
Poursuivez sur la D 14 pendant 7 km.

★ **Tournus** B3
Voir p. 157.

NOS ADRESSES DANS LE MÂCONNAIS

HÉBERGEMENT

À Azé

PREMIER PRIX

Chambre d'hôte de Rizerolles – *Rizerolles - 8,5 km au sud-ouest de Lugny par D 82 - ✆ 03 85 33 33 26 - www.chambres-d-hotes-de-rizerolles.sitew.com - ⊭ P - fermé oct.-mars - 5 ch. 59 € ☕.* Dans ce hameau posté au pied des vignes, une vieille maison en pierre, embellie par un balcon fleuri et une cour ombragée, abrite des chambres dont on a récemment refait le décor. Accueil sympathique.

À Blanot

PREMIER PRIX

Les Chambres de Blanot – *Le bourg - 13 km au sud-ouest de Brancion par D 146 - ✆ 06 11 01 74 94 - www.chambresdeblanot.fr - ⊭ ♿ - 4 ch. 60/95 €.* Petite maison d'hôte soignée et bien sympathique, à l'image de ce petit-déjeuner pris en terrasse avec fruits frais et confitures maison.

À Malay

PREMIER PRIX

Hôtel-restaurant La Place – *1 rte de Cluny - D 981 - ✆ 03 85 50 15 08 - www.hoteldelaplace.com - P 🏊 ♿ - fermé 1er- 2 janv. et 25-26 déc. - 30 ch. 65/70 € -er ☕ 11 € - ✕ menus 20,50/36 €.* En plus de chambres correctes et confortables avec leurs sanitaires complets, cet hôtel dispose d'une piscine pendant l'été et d'une aire de jeux. Salle à manger aux accents rustiques avec ses murs en pierre ornés de vieux outils. Une adresse familiale, très sympathique.

À Brancion

UNE FOLIE

Hôtel La Montagne de Brancion – *au col de Brancion - ✆ 03 85 51 12 40 - www.lamontagnedebrancion.com - P 🏊 extérieure chauffée (mi-mai à sept.) - ♿ - fermé nov.-mars, lun.-mar. en basse sais., lun. en moyenne sais. - 12 ch. 90/240 € et 4 suites 180/340 € - ☕ 16/19 € - ✕ menus 29/57 € (fermé midi sf dim.).* Cette charmante demeure perchée sur une colline face au vignoble offre une vue superbe sur les monts du Mâconnais et même jusqu'au mont Blanc certains jours. Ses chambres calmes au décor design et épuré donnent toutes sur le jardin.

À Étrigny

PREMIER PRIX

Ferme-auberge de Malo – *Lieu-dit Malo - 9 km au nord de Brancion par D 159 puis rte secondaire - ✆ 03 85 92 21 47 - www.aubergemalo.com - P - réserv. obligatoire - 3 ch. 61 € ☕ - ✕ 16/20 €.* Murs crépis, poutres, photos anciennes, cuivres et cheminée décorent la salle des repas de cette jolie ferme médiévale. Chambres d'hôte calmes, coquettes et équipées de wifi. La ferme-auberge fait aussi camping à la ferme (ouv. mai-oct. - 25 empl. 12 €). À table, dégustez légumes du potager, volailles et porcs élevés sur place et charcuteries maison.

RESTAURATION

À Viré

UNE FOLIE

Frédéric Carrion Hôtel Spa Restaurant – *Pl. André-Lagrange - 03 85 33 10 72 - www.hotel-restaurant-carrion.fr - 15 € - - fermé 3 sem. en janv., 1 sem. début sept., mar. midi, sam. midi et lun. - formule déj. 35 € - menus 65/96 € - ch. 145/210 €, suite 290 € - 20 €.* Cet établissement étoilé dispense une cuisine à la fois traditionnelle et inventive, servie dans une élégante salle à manger (drapés, lustres en verre de Murano). On apprécie la créativité des dressages, les mariages heureux des saveurs et la carte régionale des vins. Un sans-faute.

À Blanot

BUDGET MOYEN

L'Auberge du Prieuré – *Le bourg - Le Bourg - 13 km au sud-ouest de Brancion par D 146 - 03 85 36 09 96 - www.aubergedeblanot.fr - - fermé mar. de mi-juin à mi-sept.; dim. soir, lun.-mar. de mi-sept. à mi-juin; déc.-fév. - plats 19/29 €.* Bonne cuisine basée sur des produits de saison aux accents du monde : saumon de Saint-Gengoux aux agrumes, curry d'aubergines ou plat « végé » au wok.

À Mancey

BUDGET MOYEN

Auberge du Col des Chèvres – *23 rte du col des Chèvres - Dulphey - 03 85 51 06 38 - http://auberge-coldeschevres.fr - - fermé dim. soir, merc. soir et sam. midi - formules déj. 12,50/14,50 € - menus 24/35 €.* Cette auberge familiale située aux avant-postes du village plaît pour son accueil aimable, sa cuisine traditionnelle (comme cet émincé de bœuf et joue de bœuf, sauce au poivre) régulièrement renouvelée et son cadre rustico-champêtre sans façon.

L'église Saint-Martin de Chapaize.
W. Bibikow/age fotostock

Roche de Solutré

★★

Saône-et-Loire (71)

Site emblématique du Sud mâconnais, à l'entrée du Val lamartinien, les roches de Solutré et de Vergisson se découvrent depuis la Bresse, de Bourg-en-Bresse à Mâcon. D'une importance archéologique de premier plan, ce superbe escarpement calcaire, dont la forme insolite s'élève au-dessus des vignes, a révélé l'un des plus riches gisements préhistoriques d'Europe.

NOS ADRESSES PAGE 132
Hébergement, restauration, achats, activités, etc.

S'INFORMER

Office du tourisme du Mâconnais Beaujolais – *1 pl. St-Pierre - 71000 Mâcon - ☏ 03 85 21 07 07 - www.macon-tourism.com - de mi-juin à déb. sept. : 9h-19h, dim. et j. fériés 10h-14h ; de déb. à mi-juin : 9h-12h30, 14h-18h, dim. 10h-14h ; avr.-mai et de déb. sept. à fin oct. : tlj sf dim. 9h30-12h30, 14h-18h, j. fériés 10h-12h30, 14h30-18h ; sept.-oct. : tlj sf dim. 9h30-12h30, 14h-18h ; reste de l'année : tlj sf dim.-lun. 10h-12h, 14h-17h - fermé 1er janv., 1er Mai, 1er et 11 Nov. - 2e bureau - Espace Lamartine juil.-août : tlj sf merc. et dim. 9h-17h.*

SE REPÉRER

Carte de microrégion A4 (p. 112-113) – La roche de Solutré est à 10 km à l'ouest de Mâcon par la D 54.

AVEC LES ENFANTS

Le musée de la Préhistoire, la Maison du Grand Site.

Se promener

En venant de Mâcon par la D 54, traversez Solutré et, après le cimetière, prenez la deuxième route à droite qui aboutit au parking.

Panorama

1h AR. Suivez les marques jaunes. Prévoyez de l'eau et de bonnes chaussures. Un sentier bien aménagé conduit au Crot-du-Charnier (où se trouve le musée), puis au sommet de la roche de Solutré (alt. 493 m). Sur les hauteurs, les **pelouses calcaires** abritent des espèces animales et végétales rares (papillon flambé, orchidées sauvages, œillet des chartreux, digitale jaune…). Le parcours offre une **vue** étendue sur la vallée de la Saône, la Bresse, le Jura et, lorsque les conditions climatiques s'y prêtent, les Alpes et le Mont-Blanc.

Le président **François Mitterrand** (1916-1995) fit l'ascension de la roche de Solutré chaque lundi de Pentecôte de 1946 à 1994.

Au départ de la place du village de Vergisson, une belle randonnée permet de découvrir d'autres points de vue sur les deux roches.

★ Musée de la Préhistoire

Chemin de la Roche - ☏ 03 85 35 85 24 - www.rochedesolutre.com - avr.-sept. : 10h-18h ; reste de l'année : 10h-17h - fermé de mi-déc. à mi-janv., 1er Mai - possibilité de visite guidée sur demande (1h) - 5 € (-18 ans gratuit) - gratuit 1er dim. du mois.

Enterré au pied de la roche, ce musée présente le résultat des fouilles menées dans ce **site de chasse** préhistorique (ossements de chevaux et de rennes, dents d'homme de Néandertal, nombreux outils en silex). Puis le **jardin botanique** propose un parcours pour découvrir les espèces végétales tout en déambulant entre les lieux de fouilles.

Maison du Grand Site

R. Fernand-Bucchianeri - ✆ 03 85 35 82 81 - www.rochedesolutre.com - ♿ - avr.-sept. : 10h-18h; reste de l'année : 10h-17h - fermé de mi-déc. à mi-janv., 1er Mai - possibilité de visite guidée sur demande (1h30) - 5 € (-18 ans gratuit) - café.

En contrebas du musée, cette structure d'accueil et d'information propose une exposition permanente consacrée à l'histoire du paysage et à sa conservation, une exposition temporaire, une boutique d'artisanat local, un jardin où il est possible de se restaurer à l'ombre du marronnier ainsi que des jeux en bois.

Solutré-Pouilly

Au pied de la roche de Solutré, ce village calme est typique de la région, avec ses belles maisons bourguignonnes.

À proximité Carte de microrégion p. 112-113

Pouilly A4

Ce hameau donne son nom à nombre de crus : pouilly-fuissé, pouilly-loché, pouilly-vinzelles, trois vins blancs aux arômes de fruits, d'amandes et de noisettes, d'épices douces ou de miel.

Fuissé A4

Avec Chaintré, Solutré, Pouilly et Vergisson, c'est l'une des communes produisant le pouilly-fuissé, un grand vin blanc. Parsemé de remarquables maisons, Fuissé est le type même du village de vignerons aisés.

Prenez la D 172 à droite, puis de nouveau à droite vers Chasselas.

SOLUTRÉ, SITE DE CHASSE DU PALÉOLITHIQUE

Identifié pour la première fois à Solutré, l'**outillage de pierre** désigné dès lors comme **solutréen** (18 000 à 15 000 ans av. J.-C.) est caractérisé par des retouches plates obtenues par pression, progrès technique de la taille de la pierre qui permit de réaliser des bifaces d'une extrême finesse : les « feuilles de laurier ». La fin de cette période est marquée par l'apparition de l'aiguille à chas.

Un immense ossuaire – Les premières fouilles entreprises au pied de la roche en 1866 mirent au jour un incroyable amoncellement d'ossements de chevaux, formant, avec quelques os de bisons, d'aurochs, de cerfs et de mammouths, une couche de 0,5 à 2 m d'épaisseur sur près de 4 000 m^2 (environ 100 000 individus). Ce site de chasse fut fréquenté pendant plus de 50 000 ans par les hommes du paléolithique supérieur.

Du mythe à la réalité – En 1872, le géologue et archéologue préhistorien **Adrien Arcelin**, émet l'hypothèse d'une « chasse à l'abîme », selon laquelle les chasseurs préhistoriques auraient rassemblé les chevaux au sommet de la roche, d'où ils les auraient contraints à se jeter dans le vide en les effrayant par le bruit et le feu. Cette théorie a depuis longtemps été démentie. Des fouilles réalisées de 1968 à 1976 ont en effet permis de démontrer que c'est au pied même de l'escarpement que les troupeaux de chevaux sauvages étaient traqués jusqu'aux blocs d'effondrement, pour être ensuite abattus et dépecés sur place, surpris lors de leur migration printanière.

Chasselas A4
Le bourg est dominé par des rochers gris affleurant sous la lande. Il a fourni un cépage qui donne un raisin de table renommé. On y produit du saint-véran. Le paysage est tourmenté, et la couleur ocre de la terre tranche avec les gris des rochers.
Revenez en arrière, puis prenez à droite la D 31 vers St-Vérand. Passez par Chânes et Vinzelles (D 169) pour regagner Mâcon.

NOS ADRESSES A SOLUTRÉ-POUILLY

HÉBERGEMENT

PREMIER PRIX

La Grange du Bois – *Après Solutré, continuez vers la Grange-du-Bois - ✆ 03 85 35 85 28 - http://lagrangedubois.webnode.fr - P - 3 ch. 60 € ☕, gîte 2 à 6 pers. 290/320 €/sem. - ✕ table d'hôte 22 € (le soir seult, sur réserv.).* Véritable havre de paix que cette bâtisse face à la roche. Produits fermiers bio (œufs, lapins, fromages…) pouvant être cuisinés sur place. Des activités et séjours à thèmes sont proposés.

RESTAURATION

POUR SE FAIRE PLAISIR

La Courtille de Solutré - *Rte de la Roche - ✆ 03 85 35 80 73 - www.lacourtilledesolutre.fr - fermé dim. soir, lun., mar. - formules déj. 24/28 € - menus 39,50/43,50 € - ch. 6 ch. 90/110 € (☕ 12 €).* Une jolie maison de pays, sa charmante terrasse à l'ombre d'un vieux marronnier… et ce jeune chef basque dynamique, Adrien de Yparraguirre, qui travaille avec passion de bons produits, à accompagner d'une belle sélection de pouilly-fuissé ! 6 jolies chambres pour l'étape.

À Fuissé

UNE FOLIE

L'O des Vignes – *R. du Bourg - ✆ 03 85 38 33 40 - www.lodesvignes.fr - fermé 2 sem. début janv., mar.-merc. - formule déj. 27 € - menus 47/72 € - ch. 5 ch. 90/130 €.* La salle, spacieuse et épurée, est à l'image de la cuisine, actuelle, avec une rigueur toute japonisante.

ACHATS

L'Atrium – *Rte de la Roche - ✆ 03 85 35 83 83 - www.pouilly-fuisse.net - juin-sept. : lun.-sam. 10h-12h, 14h-19h, dim. et j. fériés 14h30-19h ; oct.-mai : mar.-vend. 9h30-12h, 14h-18h30, sam. 10h-12h, 14h-19h et les dim. et j. fériés mars-mai et oct.-nov. 14h30-19h.* 80 domaines de Pouilly-Fuissé vous invitent à une dégustation.

À Fuissé

Château de Fuissé – *sortie A6 (Mâcon-Sud), dir. Vinzelles - ✆ 03 85 35 61 44 - www.chateau-fuisse.fr - 10h-12h, 14h-16h, w.-end et j. fériés sur demande - fermé 2 sem. en août et 1 sem. à Noël.* Au cœur d'une propriété viticole de 35 ha, demeure flanquée d'une tour du 15e s. Visite des caves du 17e s. et dégustation dans la salle Renaissance de pouilly-fuissé provenant de terroirs réputés.

Val Lamartinien

★

Saône-et-Loire (71)

Partout où se pose le regard, s'est posé auparavant celui de Lamartine. De sa maison d'enfance à son château de St-Point, en passant par la forteresse de Berzé-le-Châtel, le poète a ici laissé sa trace. La chapelle de Berzé-la-Ville, dont les peintures murales sont contemporaines de Cluny, mérite le détour.

NOS ADRESSES PAGE 137
Hébergement, restauration, achats, activités, etc.

S'INFORMER

Office du tourisme du Mâconnais Beaujolais – *1 pl. St-Pierre - 71000 Mâcon - ✆ 03 85 21 07 07 - www.macon-tourism.com - de mi-juin à déb. sept. : 9h-19h, dim. et j. fériés 10h-14h ; de déb. à mi-juin : 9h-12h30, 14h-18h, dim. 10h-14h ; avr.-mai et de déb. sept. à fin oct. : tlj sf dim. 9h30-12h30, 14h-18h, j. fériés 10h-12h30, 14h30-18h ; sept.-oct. : tlj sf dim. 9h30-12h30, 14h-18h ; reste de l'année : tlj sf dim.-lun. 10h-12h, 14h-17h - fermé 1er janv., 1er Mai, 1er et 11 Nov. - 2e bureau - Espace Lamartine juil.-août : tlj sf merc. et dim. 9h-17h.*

SE REPÉRER

Carte de microrégion A4 (p. 112-113) – Entre Cluny et Mâcon, le Val Lamartinien domine la vallée de la Petite Grosne.

À NE PAS MANQUER

Les peintures murales du 12e s. de la chapelle de Berzé-la-Ville, les extérieurs du château de Berzé-le-Châtel, le panorama sur la vallée de la Saône.

AVEC LES ENFANTS

Expliquez-leur les ingénieux systèmes de défense de la forteresse de Berzé-le-Châtel avant de découvrir avec eux les jardins étagés comprenant un potager fleuri, des arbres fruitiers et les fantaisies de l'art topiaire.

2

Circuit conseillé

LA ROUTE LAMARTINE A4

Circuit de 60 km tracé en bordeaux sur le schéma p. 123 et sur la carte de microrégion (p. 112-113) – Comptez une journée.

Amateurs de poésie ou tout simplement de belle nature, ce circuit *(voir p. 542)* vous permettra de retrouver les horizons et le décor familier aux sources desquels Alphonse de Lamartine puisa son inspiration. Afin de mieux préparer cette excursion, faites d'abord étape à **Mâcon** où vous pourrez visiter **l'hôtel Senecé** *(voir p. 114)*, qui retrace la vie et l'œuvre du poète Lamartine. Vous y verrez aussi l'**hôtel familial** *(3 r. Bauderon-de-Senecé)* avec, dans le même corps de logis, la maison où naquit l'écrivain *(18 r. des Ursulines)* et l'**hôtel d'Ozenay** *(15 r. Lamartine)*, maison paternelle où il vécut jusqu'à son mariage et où il aurait composé ses premiers vers.

Voir aussi la page thématique sur Lamartine p. 116.

Empruntez la D 17 à l'ouest de Mâcon sur 9 km.

Château de Monceau A4

Visite des extérieurs uniquement - 9h-19h - entrée libre.
Ancienne propriété de son oncle *(accueillant aujourd'hui un établissement pour personnes âgées)*, ce fut l'une des résidences favorites de Lamartine, où il vécut en grand seigneur vigneron, malgré les difficultés financières dues à sa prodigalité (« Je suis démoralisé du gousset », disait-il). C'est dans un kiosque appelé « la Solitude », au milieu des vignes, qu'il écrivit en 1847 son *Histoire des Girondins*.
Passez par La Roche-Vineuse et, sur la D220, prenez à gauche vers Milly-Lamartine.

Milly-Lamartine A4

★ **Maison d'enfance de Lamartine** – *✆ 03 85 37 70 33 - visite guidée (1h) mai-sept. : dim. et j. fériés 16h - 7 € (enfant 5 €).* Une grille en fer forgé précède la maison. C'est dans cette demeure, construite au début du 18e s. par son trisaïeul, que Lamartine passa son enfance, en alternance avec Mâcon. Il restera toute sa vie très attaché à ce village et à ses paysages de vignobles. En 1860, il dut, pour éviter la ruine, se résigner à vendre la propriété familiale chère à son cœur. Vous pouvez voir *(sur réserv.)* l'intérieur encore meublé de la maison, ainsi qu'un espace évoquant l'enfance de Lamartine, ses sources d'inspiration et son activité viticole.
L'**église** du 12e s. a été restaurée. En haut du village, devant la mairie, remarquez le buste en bronze du poète, et profitez de la vue sur le vignoble.
Suivez la D 212, puis la D 220 en direction de Berzé-la-Ville.

★ Berzé-la-Ville A4

Situé sur un éperon rocheux, ce charmant village domine le Val Lamartinien. Sillonnez les ruelles pour voir le puits à deux étages, les **fours à gypse** et l'**église Notre-Dame de la Purification** dont le chœur et l'abside sont ornés d'un décor blanc sur fond rouge réalisé au pochoir.
★★ **Chapelle des Moines** – *Chemin-des-Moines - ✆ 03 85 36 66 52 - www.cluny-abbaye.fr/Explorer/Chapelle-des-moines-de-Berze-la-Ville - mai-août : 9h30-12h30, 14h-18h30 ; avr., sept.-oct. : 9h30-12h30, 14h-17h30 - fermé nov.-mars et 1er Mai - possibilité de visite guidée (40mn) - 3,50 € - 11 € billet combiné avec l'abbaye de Cluny.* La chapelle romane du prieuré est célèbre pour ses **peintures murales**★★, magnifique exemple de l'art clunisien. Suivant l'école française, elles auraient été réalisées au début du 12e s. ; d'autres sources les dateraient de la fin du 11e s. Selon une thèse américaine, les peintures dites « mixtes » (fresques retouchées à sec) seraient alors contemporaines de celles de Cluny III, sans doute exécutées par les mêmes maîtres, et donc seuls témoignages de cette grandiose construction… L'entrée se fait par la chapelle basse (11e s.) où un film explique la technique de la fresque véritable. Un corridor permet d'accéder à la chapelle haute (12e s.), ornée dans le chœur de magnifiques peintures d'époque romane *(celles de la nef ont pratiquement disparu)*. Sur la voûte en cul-de-four de l'abside, on reconnaît un Christ en majesté, entouré d'apôtres, d'évêques, de diacres, donnant à saint Pierre un parchemin (la Loi). Les deux abbés bénédictins (et clunisiens) en tenue d'apparat sur les faces internes de l'arc assistent à cette scène fondatrice de l'église pour marquer leur continuité avec les apôtres. Sur le soubassement des fenêtres, des groupes de saints vénérés à Cluny et des martyrs émergent de draperies simulées. Sur les faces latérales de l'abside, on découvre, à gauche, la légende de saint Blaise et, à droite, le martyre de saint Vincent de Saragosse sur son gril, en présence de Dacien, préfet de Rome. De ce superbe ensemble se dégage une influence

La forteresse de Berzé-le-Châtel.
DoucetPh/iStock

fortement byzantine. En effet, l'atelier clunisien qui travailla dans cette chapelle était dirigé par des peintres bénédictins venus du monastère du Mont-Cassin, dans le Latium, en Italie, où l'Empire romain d'Orient exerça son influence jusqu'au 11e s.

2

Continuez sur la D 17 puis tournez à droite sur la D 309. De la route, on aperçoit la triple enceinte de la forteresse de Berzé-le-Châtel.

★ Forteresse de Berzé-le-Châtel A3

✆ 03 85 36 60 83 - www.berze.fr - juil.-août : 10h-18h ; avr.-juin : tlj sf lun. 14-18h ; sept.-oct. : tlj sf lun. 14h-17h, dim. 14h-16h - possibilité de visite guidée (55mn) - 7 € (-18 ans 5 €) - 9 € billet combiné avec La Chapelle des Moines - tarif réduit sur présentation du Guide vert Michelin.

Au milieu des coteaux couverts de vigne, dominant sur son éperon rocheux la vallée de Solutré et la Voie verte, cette très ancienne forteresse de la Bourgogne du Sud est mentionnée dès l'an 991 dans un cartulaire de Cluny, où il est dit qu'un castrum est construit au-dessus d'une chapelle – chapelle carolingienne qui existe d'ailleurs toujours. Au 13e s., afin de défendre la route de l'abbaye de Cluny, les fortifications sont consolidées et le château agrandi, avant d'être modernisé au 15e s. Réputé imprenable (Louis XI échoue devant ses murs lors de sa reconquête de la Bourgogne en 1471), Berzé ne sera pris que par la traîtrise ou la ruse. à la suite des guerres de la Ligue, il est érigé en comté, en reconnaissance de la fidélité de ses propriétaires au roi.

Les terrasses mettent en évidence l'impressionnant **système défensif**★★ de la forteresse médiévale : Berzé dispose encore de 13 tours dont deux donjons. L'intérieur du château, toujours habité, ne se visite pas : seules les parties annexes (tour, prison, salle de garde) sont accessibles. On prolonge la visite dans les jardins étagés avec un grand potager fleuri, des arbres fruitiers, des charmes et des ifs taillés en pièces d'échecs. La **vue**★★ sur la vallée est splendide.

Rejoignez St-Point par la D 22.

St-Point A4

Décorée d'une fresque (Christ en majesté) dans l'abside, sa petite **église** de type clunisien abrite deux tableaux peints par Mme de Lamartine.

★ **Château de Lamartine** – *03 85 50 50 30 - http://chateaulamartine.com - visite guidée uniquement (1h) de fin avr. à fin juin : w.-end et j. fériés 11h, 15h, 16h et 17h ; juil.-août : tlj 11h, 15h, 16h et 17h ; sept. : w.-end 11h, 15h, 16h et 17h - 8,50 € (-15 ans 5 €).* Lamartine avait reçu la propriété en dot à l'occasion de son mariage, en 1820. Il la restaura, l'agrandit et y ajouta un péristyle néogothique qui rappelle les origines anglaises de son épouse, Mary Ann, inspiratrice et décoratrice des lieux : on lui doit plusieurs peintures, dont les portraits de leur fille Julia, née ici, et de son chien Fido, ainsi que la belle « cheminée des Poètes » dans la chambre à coucher. Le cabinet de travail, au plafond voûté, la chambre et le salon ont gardé l'empreinte de Lamartine, qui y reçut de nombreux amis (Hugo, Nodier, Liszt...). Le domaine compte de beaux arbres : le chêne de Jocelyn se dresse à 1 km du château. Au fond du parc, une chapelle abrite les tombeaux de Lamartine et de sa famille.

Continuez sur la D 22 et, après Tramayes, prenez à gauche la D 45. La route, pittoresque, révèle de beaux points de vues.

Signal de la Mère-Boitier A4

Un chemin goudronné, très raide, donne accès à un parking.

15mn AR. Du signal, point culminant (758 m) du Mâconnais, quelques percées entre les arbres permettent d'entrevoir un beau **panorama** balayant la butte de Suin au nord-ouest, la montagne de St-Cyr à l'ouest, la Bresse et le Jura à l'est *(table d'orientation).*

Suivez la D 45 sur 13 km.

Château de Pierreclos A4

144 chemin du Château - 03 85 35 73 73 - www.chateaudepierreclos.com - juil.-août : tlj sf sam. 10h-18h ; avr.-juin et sept. : tlj sf lun. et sam. 14h-18h ; reste de l'année : se rens. - fermé janv.-mars, 1er et 11 nov., 25-26 déc. - 7,50 € (-12 ans 5 €) - visite et dégustation des vins du domaine 10 €.

Datant du 13e s. (donjon) et du 17e s., ce beau château, qui offre une magnifique **vue★** sur le vignoble mâconnais, fut plusieurs fois dévasté (guerres de Cent Ans et de Religion, Révolution française) avant d'être abandonné vers 1950. De bonnes volontés ont permis de le sauver *in extremis* en 1986. On y conserve le souvenir de Marguerite Michon de Pierreclau (Mlle de Milly), la Laurence de *Jocelyn*, et de Nina de Pierreclau, sa belle-sœur, maîtresse de Lamartine.

Une grille en fer forgé, appuyée sur deux **pavillons en carène** (17e s.), ferme l'avant-cour. Dans la cour intérieure subsistent le chœur et le clocher de l'ancienne église du 12e s. À l'intérieur du château, on remarquera l'élégance du grand escalier Renaissance se déroulant en spirale. On visite également une église romane aux beaux chapiteaux, une grande cuisine et une boulangerie à four banal, une salle des Armes servant aux soldats du seigneur, le sommet de la tour seigneuriale, de grandes caves voûtées du 12e s. et des cachots.

L'**abbé Dumont**, premier maître et ami de Lamartine, lequel l'a immortalisé dans *Jocelyn*, repose contre le chevet de la petite église.

De l'éperon de Monsard *(par Grand-Bussières)*, on dispose d'une **vue** sur le circuit effectué, avant de rentrer à Mâcon *(15 km).*

NOS ADRESSES DANS LE VAL LAMARTINIEN

HÉBERGEMENT

À St-Point-Lac

PREMIER PRIX

Camping Lac de St-Point-Lamartine – *03 85 50 52 31 - www.campingsaintpoint.com - ♿ - avr.-oct. - 102 empl. 13/17 € - locatif 60/70 €.* Vous choisirez ce camping pour sa plaisante situation, au bord du lac de St-Point. Restaurant, baignade et pêche à proximité. Jeux pour enfants.

BUDGET MOYEN

Les deux Sources - *Le Mont - 71960 Serrières - 03 85 30 39 94 - www.lesdeuxsources.com - 3 ch. 90/95 €.* Sur les hauteurs du village, cette maison en pierre entourée d'un magnifique jardin dispose de chambres confortables et spacieuses. Ici, la nature est reine : on entend le bêlement des moutons qui paissent sur la colline. L'accueil est charmant. Seul bémol : il existe peu de possibilités de se restaurer dans les environs (pensez à réserver une table à l'avance).

RESTAURATION

À Berzé-la-Ville

BUDGET MOYEN

Le Moustier – *Au bourg - 03 85 37 77 41 - www.restaurantlemoustier.fr - mai-sept. : fermé merc. ; reste de l'année : lun. soir, mar. soir, merc., jeu. soir - formule déj. 15 € - menus 25/33,50 €.* De la terrasse de cette belle maison du 18e s., vous admirerez les monts du Mâconnais. Intérieur chaleureux (poutres, pierres apparentes, cheminée). Cuisine traditionnelle, faite maison.

À Milly-Lamartine

BUDGET MOYEN

L'Auberge de Jack – *2 pl. de l'Eglise - Le bourg - 03 85 36 63 72 - P - fermé le soir et lun. - formule déj. 14 € - menus 23/33,50 €.* Bienvenue chez Jack : posté juste devant l'église, l'établissement joue la carte du terroir et du caractère avec un décor de bois et d'affiches anciennes qui caractérise les bouchons lyonnais. On aime la cuisine savoureuse et copieuse, accompagnée de vins de la région. Des w.-ends à thèmes culinaires sont régulièrement proposés.

À Bourgvilain

BUDGET MOYEN

Auberge Larochette – *Le Bourg - 03 85 50 81 73 - www.aubergelarochette.com - fermé dim. soir (sf juil.-août), lun., mar. midi, et jeu. soir d'oct. à mars - formule déj. 18 € - menus 28/46 €.* Cette sympathique auberge dévoile une cuisine fraîche et maîtrisée : porchetta de lapin, quenelles de brochet au coulis d'écrevisses… La cheminée crépite en hiver, la terrasse ombragée permet de profiter de l'été. Accueil attentionné.

À Serrières

BUDGET MOYEN

Le Dirose – *Lieu-dit Vers la croix - 03 85 35 71 49 - http://ledirose.wix.com/le-dirose - fermé dim. soir, lun. et mar. soir - formule déj. 14,50 € - menus 25,50/38 €.* Ce restaurant traditionnel propose des spécialités préparées avec les produits du terroir : mardi midi tête de veau, vendredi midi jambon à la broche l'été et choucroute l'hiver.

Cluny

★★

4 624 Clunisois – Saône-et-Loire (71)

Saccagée à la Révolution, puis démontée et vendue pierre par pierre, celle qui fut longtemps la plus grande église de la chrétienté ne nous est parvenue qu'à l'état de vestiges. Aujourd'hui, les travaux de restauration conjugués à l'imagerie 3D donnent une vision précise de ce haut lieu du christianisme qui exerça une influence considérable sur la vie religieuse, intellectuelle, politique et artistique de l'Occident tout entier. Avant ou après la visite, ne manquez pas de vous promener dans le bourg, qui a gardé intact le charme de la cité médiévale, qualifiée au 11e s. de « lumière du monde ».

NOS ADRESSES PAGE 146
Hébergement, restauration, achats, activités, etc.

S'INFORMER

Office du tourisme – *6 r. Mercière - 71250 Cluny - ✆ 03 85 59 05 34 - www.cluny-tourisme.com - mai-sept. : 9h30-18h30 ; avr. : 9h30-12h30, 14h30-18h30 ; reste de l'année : se rens. - fermé 1er janv., 1er Mai, 11 nov., 25 déc.*

Visites guidées – *En juil.-août, l'agence Visit'Cluny, en partenariat avec l'office de tourisme, propose des visites guidées de la cité médiévale incluant une dégustation de 3 vins (ou de jus de fruits) et de 3 produits du terroir (dim. et mar.-jeu. 12h et 17h). Rens. à l'office de tourisme ou à l'abbaye au ✆ 03 85 59 05 34 - www.cluny-tourisme.com.*

Clun-e-tour – *Location de tablettes (4 €) à l'office de tourisme pour découvrir la cité médiévale.*

SE REPÉRER

Carte de microrégion A3 (p. 112-113) – Cluny se trouve à 21 km au nord-ouest de Mâcon par les D 17 et D 980.

SE GARER

Vous trouverez des parkings sur les places de l'Abbaye et du Marché.

À NE PAS MANQUER

La reconstitution en 3D de l'ancienne abbaye ; le superbe clocher octogonal de l'Eau-Bénite.

AVEC LES ENFANTS

La grande maquette de Cluny au musée d'Art et d'Archéologie, les chevaux du haras national.

Découvrir l'abbaye Plan de l'abbaye p. 140

Sur la **place de l'Abbaye★** se dresse la longue façade gothique, restaurée, du palais dit « du pape Gélase », mort à Cluny en 1119. En prenant beaucoup de recul, vous apercevrez le clocher et le haut de la tour de l'Horloge. À l'opposé, les **anciennes écuries de St-Hugues** *(expositions)* et l'hôtellerie (1095).

★★ Abbaye

Pl. du 11-Août-1944 - ✆ 03 85 59 15 93 - www.cluny-abbaye.fr - ♿ - juil.-août : 9h30-19h ; avr.-juin et sept. : 9h30-18h ; reste de l'année : 9h30-17h - fermé certains j. fériés - possibilité de visite guidée - 9,50 € (-18 ans gratuit) - 11 € billet combiné avec la Chapelle de Berzé - gratuit 1er dim. du mois (nov.-mars) - audioguide (4,50 €/pers. ou 6 €/2 pers.).

Place de l'Abbaye, Cluny.
J. Larrea/age fotostock

Voir le chapitre « Art et culture », l'école clunisienne p. 501.

Symbole de la primauté de l'ordre clunisien à son apogée, Cluny fut la plus vaste église de la chrétienté (longueur intérieure de 177 m) jusqu'à la reconstruction de St-Pierre de Rome au 16e s. (186 m) ; l'église, appelée Maior Ecclesia, fut élevée en grande partie de 1088 à 1130, succédant à une église plus ancienne, dont on a retrouvé les fondations au sud, à la place du cloître actuel.

La Maior Ecclesia comportait une avant-nef, une nef de 5 vaisseaux et de 11 travées, 2 transepts, 5 clochers et près de 300 fenêtres ; elle était parée de 225 stalles ; la voûte de l'abside peinte était soutenue par une colonnade de marbre. De cette merveille ne restent que les bras droits des deux transepts.

C'est un archéologue américain, le **professeur américain Kenneth John Conant**, qui fut responsable des fouilles de 1928 à 1960. Les deux maquettes du farinier, celle du grand portail et celle de l'abside de la basilique, ont été réalisées selon ses plans.

Avant-nef – Les fouilles archéologiques ont permis de dégager ce vaste espace et de mettre au jour les bases des piliers et du portail de la nef. À l'avant, deux tours carrées appelées les **Barabans** encadraient le portail gothique. Dans les églises clunisiennes, l'avant-nef est également appelée « Galilée », en référence aux processions pascales qui célébraient l'apparition du Christ en terre de Galilée après sa mort.

★★ **Maior Ecclesia** (l'église majeure) – Dans le palais du pape Gélase, grâce à la magie du virtuel, l'église apparaît au temps de sa splendeur. Le film *(9mn)* restitue sur grand écran et en 3D les immenses volumes de l'abbatiale. De même, la visite est ponctuée par des vidéos, situées dans le bras sud du grand transept, à la croisée du petit transept et près du farinier, qui reconstituent en 3D la perspective in situ.

Passage Galilée – Cet ancien passage du 12e s., permettant de relier la Galilée (ou avant-nef) de Cluny II au collatéral sud de la grande église de Cluny III, était emprunté par les grandes processions des bénédictins. Une installation permet d'y découvrir la perspective vers l'intérieur de l'église Cluny III que les moines avaient sous les yeux lorsqu'ils pénétraient dans ce passage.

La lumière du monde

TROIS GRANDES ÉTAPES

Cluny I – Première église, de taille modeste, construite dans la tradition carolingienne (date de construction inconnue).

Cluny II – Seconde église, exemple précoce du premier art roman (fin 10e s.). Elle reçoit, dès sa consécration, des reliques de saint Pierre et saint Paul.

Cluny III – Basilique St-Pierre-et-St-Paul, dont le chantier débute vers 1085. Elle est environ 6 fois plus étendue que Cluny II !

L'abbaye de Cluny à la fin du 18e s.

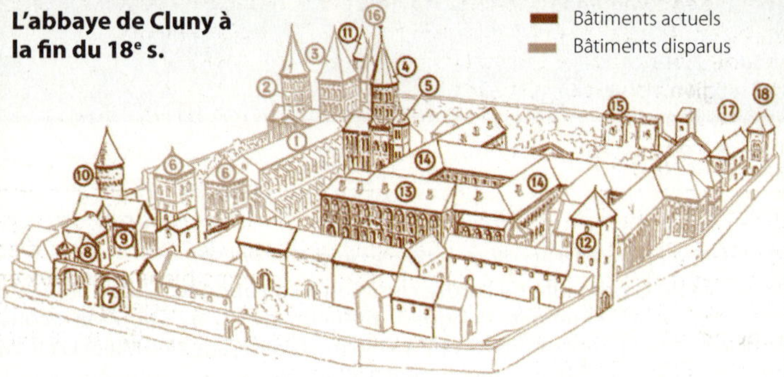

1) Basilique St-Pierre-et-St-Paul - **2**) Clocher des Bisans - **3**) Clocher du Chœur - **4**) Clocher de l'Eau-Bénite - **5**) Clocher de l'Horloge - **6**) Barabans - **7**) Portes d'honneur - **8**) Palais de Jean de Bourbon - **9**) Palais de Jacques d'Amboise - **10**) Tour Fabry - **11**) Tour Ronde - **12**) Tour des Fromages - **13**) Façade du pape Gélase - **14**) Bâtiments claustraux - **15**) Porte des Jardins - **16**) Clocher des Lampes - **17**) Farinier - **18**) Tour du Moulin

L'ASCENSION

L'abbaye bénédictine connaît, peu après sa fondation en 910 par Guillaume Ier d'Aquitaine, dit Le Pieux, un développement très rapide. « Partout où le vent vente, l'abbaye de Cluny a rente », a-t-on coutume de dire dans la région. L'ordre voit quelques-uns de ses fils élus papes : **Sylvestre II**, dont la papauté dure de 999 à 1003, et **Urbain II** qui, reconnaissant lui-même le pouvoir de Cluny, lance en 1098 à l'attention de l'abbé Hugues la fameuse phrase : « Vous êtes la lumière du monde. » Lorsque **saint Hugues** meurt, après soixante ans de « règne », il a légué au monastère une prospérité inouïe. La construction de la gigantesque église abbatiale qu'il avait lancée s'achève sous **Pierre le Vénérable**, abbé de 1122 à 1156. L'abbaye compte alors 460 moines.

LA DÉCADENCE

Le train de vie des moines, qui dirigent alors un véritable empire monastique, les expose très vite aux stigmatisations de saint Bernard, abbé de Clairvaux et instigateur de l'**ordre cistercien**. Celui-ci dénonce ces évêques qui « ne peuvent s'éloigner à quatre lieues de leur maison sans traîner à leur suite soixante chevaux », et pour qui « la lumière ne brille que dans un candélabre d'or ou d'argent ».

La guerre de Cent Ans correspond, pour Cluny, à une ère de moindre rayonnement. Les abbés se partagent entre la Bourgogne et Paris où, à la fin du 15e s., Jacques d'Amboise fait rebâtir l'hôtel élevé après 1330 par un de ses prédécesseurs, Pierre de Châlus. Ce simple pied-à-terre, mis à la disposition des rois de France, qui souvent en usèrent, donne une idée du luxe princier dont s'entouraient les abbés clunisiens.

Tombée en commende (l'abbé est nommé par le roi) au 16e s., la riche abbaye, qui n'est plus qu'une proie, est dévastée durant les guerres de Religion. Pillée, elle perd alors ses plus précieux ouvrages.

LE SAVIEZ-VOUS ?

C'est à Cluny qu'eurent lieu :
- sous Odilon, la première commémoration des défunts le lendemain de la Toussaint ;
- la traduction du Coran en latin ;
- le premier vote à bulletin secret pour élire l'abbé ;
- l'apparition du fameux chapeau rouge sur la tête des cardinaux.

LA DESTRUCTION

En 1791, l'abbaye ferme. Commencent alors les profanations. En septembre 1793, la municipalité donne l'ordre de démolir les tombeaux et d'en céder les matériaux. Les bâtiments sont vendus comme biens nationaux en 1798 à un marchand de biens de Mâcon, qui entreprend consciencieusement la démolition de la nef. L'abbatiale est peu à peu mutilée. En 1823 ne restent debout que les parties encore visibles de nos jours.

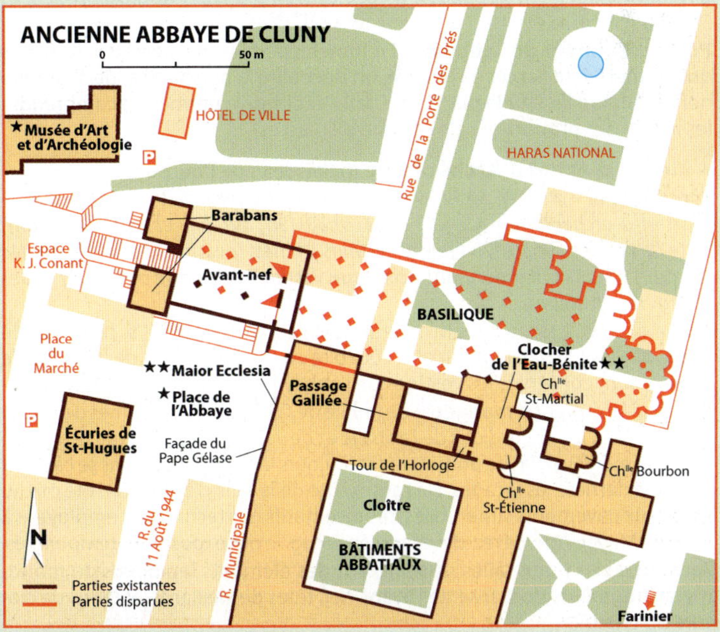

Vestiges de la basilique St-Pierre-et-St-Paul – Les dimensions du **bras sud** du grand transept, qui était aussi long à lui seul que la cathédrale d'Autun (80 m), permettent d'imaginer les proportions audacieuses de l'abbatiale. Son élévation (31 m sous la coupole) est unique dans l'art roman, dont il est un pur spécimen. Un vaste programme de restauration a permis de retrouver son dernier aspect connu avant la Révolution : murs, arcs et colonnes ont été restaurés dans les teintes utilisées à l'époque. Il compte trois travées, dont la centrale, couverte d'une coupole octogonale sur trompes, porte le beau **clocher octogonal de l'Eau-Bénite★★.**

La chapelle St-Étienne est romane, celle de St-Martial date du 14e s. Le bras sud du petit transept renferme la **chapelle Jean de Bourbon**, de la fin du 15e s. (bustes de personnages de l'Ancien Testament sculptés), et une abside romane.

Cloître et bâtiments abbatiaux – Abritant l'École des arts et métiers depuis 1901, les bâtiments abbatiaux construits au 18e s. autour d'un immense cloître forment un ensemble harmonieux ; deux grands escaliers de pierre avec rampe en fer forgé marquent deux des angles. Dans la cour, beau cadran solaire.

Ordonnés en U autour du jardin, les bâtiments conventuels datent du 18e s.

Traversez la cour pour rejoindre l'édifice gothique, qui abrite le farinier et le cellier.

Farinier – Élevé à la fin du 13e s. contre la **tour du Moulin** (début du 13e s.) et long de 54 m, il fut amputé de près de 20 m au 18e s. pour dégager la partie sud de la façade de l'édifice claustral donnant sur les jardins.

La salle basse, ancien **cellier**, comprend deux nefs voûtées d'ogives. La **salle haute**, couverte d'une forte charpente en chêne du 13e s., forme un cadre admirable aux sculptures provenant de l'abbaye : le sanctuaire de l'abbatiale est restitué à une échelle réduite, pour présenter les très beaux **chapiteaux★** du chœur et les fûts de colonnes, disposés en hémicycle autour de l'autel en marbre des Pyrénées (consacré par Urbain II en 1095). Ces pièces soustraites à la ruine sont les premiers témoins de la sculpture romane bourguignonne qui allait s'épanouir à Vézelay *(voir p. 243)*, Autun *(voir p. 288)* et Saulieu *(voir p. 264)*.

Porte d'honneur de l'abbaye – En franchissant les deux arcades romanes qui permettaient l'accès à l'abbaye, on découvre la perspective de la grande nef de l'abbatiale : sur la place, une dalle explicative permet de comprendre les immenses proportions de l'édifice disparu.

★ Musée d'Art et d'Archéologie (palais Jean de Bourbon)

Parc Abbatial - ✆ 03 85 59 12 79 - www.cluny-abbaye.fr/Actualites/le-musee-d-art-et-d-archeologie - ♿ - juil.-août : 9h30-19h ; avr.-juin et sept. : 9h30-18h ; reste de l'année : 9h30-17h - fermé certains j. fériés - possibilité de visite guidée (45mn) - 9,50 € - billet donnant accès aux vestiges de l'église abbatiale et des bourgs monastiques.

Le gracieux logis qui abrite le musée, construit au 15e s. par Jean de Bourbon, était le palais abbatial. à côté d'œuvres marquantes de la sculpture civile, y sont conservés les vestiges de l'abbaye découverts lors des fouilles.

Entrée – Une grande **maquette** de la ville de Cluny au 13e s. permet de mieux appréhender les dimensions de l'abbaye et de voir que la ville actuelle a gardé son plan médiéval : la rue principale est toujours la même, les jardins se cachent toujours derrière les façades. De l'autre côté de la salle d'entrée ont été mis au jour deux pavements superposés, représentatifs des techniques employées à la fin du Moyen Âge. Le rez-de-chaussée accueille des expositions temporaires.

Au sous-sol – Deux salles rassemblent des éléments lapidaires du monument : fragments de la frise de l'avant-nef, têtes de vieillards, arcades de clôture du chœur.

À l'étage – Des sculptures et des éléments architecturaux provenant de façades de maisons donnent un aperçu de la décoration de la ville au Moyen Âge (grande frise des vendanges avec claire-voie restituée, enseigne de commerce, linteau de fenêtre portant une scène de tournoi).
La **bibliothèque** contient plus de 4 500 ouvrages, dont la moitié est issue de celle de l'abbaye (quelques incunables).

Se promener dans le vieux Cluny

Prévoyez du temps pour vous promener dans le bourg monastique et y découvrir de belles maison médiévales – il en a été recensé plus de 150 –, surtout romanes. Vous y croiserez les élèves ingénieurs des Arts et Métiers Paris Tech, installés à Cluny, grâce auxquels la cité est aujourd'hui aussi une ville étudiante. De nombreuses manifestations culturelles et artistiques maintiennent une activité constante dans les rues du bourg.

★ Maisons romanes

Beaux logis romans, en particulier aux nos 17, 25 et 27 de la rue de la République, aux nos 6 (hôtel des Monnaies, du 12e s.), 12 et 15 de la rue d'Avril, et au no 17 de la rue Lamartine.

Tour des Fromages

6 r. Mercière - 03 85 59 05 34 - www.cluny-tourisme.com - mai-sept. : 9h30-18h30 ; avr. : 9h30-13h, 14h-17h30 ; de déb. à mi-oct. : 9h30-12h30, 14h30-17h ; vac. de la Toussaint et de Nöel : 9h45-12h30, 14h30-17h ; reste de l'année : tlj sf dim. 9h30-12h30, 14h30-17h - fermé 1er janv., 1er Mai, 11 Nov., 25 déc. - 2,50 € (enf. 1,50 €) - 11,50 € billet combiné avec la Cité-Abbaye et le musée d'Art et d'Archéologie.

Du haut de cette tour du 11e s. (120 marches), vous aurez une **vue** sur l'abbaye et le clocher de l'Eau-Bénite, le farinier et la tour du Moulin, le clocher de St-Marcel, la place et l'église Notre-Dame.

Église Notre-Dame

Le parvis, avec sa fontaine du 18e s. et ses vieilles maisons, a beaucoup de cachet. L'église, au clocher quadrangulaire, bâtie peu après 1100, fut l'une des premières à être transformée et agrandie à l'époque gothique. Il ne reste de l'avant-nef que le dallage. Le portail du 13e s. est délabré, mais il ouvre sur un vaisseau d'une belle ordonnance, qui révèle sous ses hautes voûtes une tour- lanterne aux consoles sculptées. Les stalles et les boiseries datent de 1644.

Église St-Marcel

Pl. St-Marcel - 03 85 59 07 18 - - juin-sept. : 8h-18h (en dehors des offices).

Elle possède un clocher★ roman octogonal à trois étages, surmonté d'une élégante flèche polygonale en brique (42 m) du 16e s. De la D 980, on a une belle vue sur le clocher et l'abside de l'église.

Hôtel de ville

Il est installé dans le logis construit par les abbés Jacques et Geoffroy d'Amboise à la fin du 15e s. et au début du 16e s. La façade sur jardin a une décoration originale, dans le goût de la Renaissance italienne.

Tour Fabry et tour Ronde

Du jardin proche de l'hôtel de ville, on découvre la tour Fabry (1347), au toit en poivrière, et la tour Ronde (1260), à l'est, plus ancienne, qui ponctuaient l'enceinte médiévale.

À voir aussi

Haras national

2 r. Porte-des-Prés - ✆ 03 85 59 85 19 - www.equivallee-haras-cluny.fr - ♿ - visite guidée (1h15) avr.-oct. : se rens. - fermé lun. - 7 € (-16 ans gratuit).

Colbert institue en 1665 l'administration des haras nationaux afin de répondre aux besoins des chevaux pour les guerres. Après la Révolution, Napoléon Ier rétablit l'institution des haras par le décret de 1806 et celui de Cluny est alors décidé. Les écuries, construites en 1807 et 1880 avec les pierres de la basilique, abritent des étalons et des juments, suitées ou non de poulains, confiées au haras pour la « monte ». Pendant la période de monte, de mai à juillet, les étalons sont répartis dans les divers haras de Bourgogne. En dehors de cette période, il est possible de les voir travailler à l'extérieur. Le haras de Cluny compte des étalons de trait (dont l'auxois, race bourguignonne) et des pur-sang (dont d'anciens champions), pour la reproduction des chevaux de course.

Circuit conseillé Carte de microrégion p. 112-113

ÉGLISES DU CLUNISOIS A3

Circuit de 39 km tracé en rouge sur la carte de microrégion (p. 112-113) – Comptez 1h environ. Quittez Cluny au nord par la D 981.

Taizé

Ce village perché sur les collines de la Grosne accueille en été des dizaines de milliers de jeunes du monde entier, venus prier dans un esprit fraternel. La communauté, à laquelle le pape Jean-Paul II rendit visite en 1986, comprend aujourd'hui une centaine de frères issus des diverses Églises chrétiennes et originaires d'une vingtaine de pays, qui ont pour but la réconciliation des peuples séparés et des chrétiens divisés. Certains frères vivent dans les quartiers déshérités des grandes villes du globe pour soutenir les plus défavorisés.

Sur place, un village de toile et de nombreux bungalows d'hébergement, des ateliers d'artisanat et une salle d'exposition-vente témoignent de la vitalité de la communauté.

Église de la Réconciliation – Inaugurée en 1962, c'est le lieu de la prière commune. Elle a été agrandie en 1990. Sa façade de béton brut, percée d'un grand portail et d'étroites verrières, sert aux trois prières quotidiennes ; sa nef est bordée, à droite, par un passage donnant accès aux cryptes et éclairé de petits vitraux carrés représentant les grandes fêtes liturgiques. Son **carillon** (de cinq cloches) est disposé à l'extérieur. La première crypte s'ordonne autour d'un pilier central soutenant le chœur ; la seconde est une chapelle orthodoxe.

Église paroissiale – Cette église romane du 12e s., éclairée de petits vitraux, a été aménagée dans un style dépouillé. Utilisée

> **FRÈRE ROGER**
>
> Né en Suisse en 1915, il vient s'installer à Taizé en 1940 et y crée une communauté religieuse. En 1949, ils sont sept à s'engager pour la vie par les vœux monastiques. Frère Roger devient prieur et, en 1952, il rédige la règle de Taizé. Cet apôtre de l'œcuménisme est assassiné le 16 août 2005 par une déséquilibrée. Il avait déjà choisi son successeur, **frère Aloïs**.

également pour la prière œcuménique de la communauté, elle est surtout consacrée à la prière personnelle et silencieuse.
Poursuivez au nord sur la D 414.

Ameugny
Construite en beau calcaire rouge de la région, l'**église**, d'aspect massif, est du 12e s. La nef de trois travées est voûtée en berceau brisé. À la croisée du transept, une coupole sur trompes supporte le lourd clocher carré, au beffroi ajouré.
Reprenez la D 981 sur 5,5 km jusqu'à Malay, en passant par Cormatin (voir p. 148).

Malay
L'église romane de ce doyenné de Cluny (12e s.) présente, dans le cimetière, une partie chœur-transept-abside de fière allure avec son solide clocher carré à baies géminées et les hauts pignons des bras du transept. À l'intérieur, remarquez la nef voûtée en berceau, le chœur sous coupole et les absides en cul-de-four.
Prenez la D 207 (vers l'ouest) puis tournez à gauche sur la D 127 vers St-Hippolyte.

St-Hippolyte
Au sommet de la colline se dresse l'ancienne église priorale, à demi ruinée. Contigu à l'ancien couvent (transformé en ferme), cet édifice roman (11e s.) a gardé son beau chevet à triple abside et surtout son singulier et puissant clocher, visible de loin. En forme de domino percé au centre de deux étages de baies en plein cintre (géminées au 2e étage) sous arcatures, ce dernier a été élargi et fortifié sur les côtés (remarquez les meurtrières) à l'époque des guerres de Religion. De l'ensemble, construit en petit appareil de pierre blonde, subsistent aussi le chœur, à coupole sur trompes, et les murs de la nef. Du chevet, on embrasse un vaste panorama sur la vallée de la Guye.
Tout près de là, visitez le curieux village de Besanceuil, tout en pierre blonde, avec ses maisons groupées au pied d'une échine boisée dominant la vallée, son château (habité) du 14e s. aux tours carrées, et sa belle chapelle romane du 11e s. au porche en charpente.
Rejoignez la D 14 au sud vers Salornay-sur-Guye et suivez-la sur 14 km jusqu'à Bezornay.

Bezornay
Le joli hameau de Bezornay, juché sur une crête, fut au Moyen Âge une dépendance de Cluny, comme en témoignent les restes de son enceinte, sa tour de défense et son ancienne chapelle (aujourd'hui habitation privée) à la curieuse abside en forme de cône renversé.
Prenez à gauche la D 41.

St-Vincent-des-Prés
Sa petite église romane (11e s.) présente un clocher à arcatures aveugles élevé sur le chœur au-dessus d'une abside, elle aussi ornée d'arcatures et de colonnes engagées. À l'intérieur, la voûte en berceau coiffant la triple nef est soutenue par quatre énormes piles rondes et deux piliers plus minces avec chapiteaux sculptés, l'un de volutes, l'autre de fleurs de lys. Le chœur est à coupole sur trompes, l'abside à cul-de-four.
Continuez sur la D 41 jusqu'à Donzy-le-National, puis prenez à gauche la D 7 vers Cluny.

NOS ADRESSES À CLUNY

HÉBERGEMENT/RESTAURATION

PREMIER PRIX

Camping Municipal St-Vital – *30 r. des Griottons - sortie est par D 15, rte d'Azé - 03 85 59 08 34 - www.cluny-sejours.fr - de mi-avr. à mi-oct. - 171 empl. 14/21 €/2 pers. - locatif (4-6 pers.) 369/499 €/sem.* Un agréable site ombragé et verdoyant, situé non loin du cœur de la ville et le long duquel passe la Voie verte. Magnifque vue sur Cluny. Tennis et centre équestre à proximité.

BUDGET MOYEN

Chambre d'hôte Le Clos de l'Abbaye – *6 pl. du Marché - 03 85 59 22 06 - www.closdelabbaye.fr - 4 ch. 70/90 € et 1 suite 120 €.* Cette belle maison construite à la fin du 18e s. est idéalement placée, dans l'enceinte même de l'ancienne abbaye. Les vastes chambres donnent sur les vestiges. La maîtresse de maison, qui connaît bien la région, vous accueille avec chaleur. Confitures maison au petit-déjeuner, pris dans une grande salle ou dans le jardin aux beaux jours.

Chambre d'hôte La Maison des Gardes – *18 av. Charles de Gaulle - 03 85 59 19 46 - www.lamaisondesgardes.com - - 3 ch. 70 €, 2 suites 80/110 €.* Cette ancienne maison de garde, à deux pas de l'abbaye, compte trois chambres dans le bâtiment principal et deux autres, dont une suite, dans l'annexe. On appréciera la grande simplicité des lieux, mise en valeur par quelques meubles anciens. Petit-déjeuner servis dans le jardin ou devant la cheminée du salon.

Hôtel de Bourgogne – *Pl. de l'Abbaye - 03 85 59 00 58 - www.hotel-cluny.com - 10 €/j - - fermé déc.-janv., mar.-merc. en fév. - 13 ch. 89/166 € et 3 appart. 166 € - 11 €.* Lamartine venait se reposer dans cet hôtel particulier de caractère situé en face de l'abbaye bénédictine. Salon agréable, chambres spacieuses et parfaitement tenues. Sol en damier, murs clairs, sièges Louis XVI et cheminée en pierre au restaurant. Cuisine traditionnelle.

Maison Tandem – *21 r. d'Avril - 06 67 27 82 46 - www.maison-tandem.com - extérieure - fermé 16 déc.-7 janv. - 4 ch. 90/130 €.* En plein cœur de la cité, non loin de l'abbaye, cette maison fut élevée en 1904 par le cuisinier du dernier empereur d'Autriche… Noble histoire ! C'est aujourd'hui une maison d'hôte élégante, entre charme vintage et chic contemporain ; aux beaux jours, on prend son petit-déjeuner sur la terrasse, au-dessus du jardin.

POUR SE FAIRE PLAISIR

Hostellerie Le Potin Gourmand – *4 Champ-de-Foire - 03 85 59 02 06 - www.potingourmand.com - - 12 ch. 108/215 € - 14 € - 20/49 € - fermé lun.-mar.* Aménagé dans une ancienne fabrique de poterie du 18e s., l'établissement qui offre des prestations haut de gamme, associe style contemporain et design à la tradition bourguignonne (histoire, patrimoine et gastronomie). Spa (sauna, hammam).

À Igé

POUR SE FAIRE PLAISIR

Hôtel Château d'Igé – *R. du Château - 13 km à l'est de Cluny par D 134 - 03 85 33 33 99 - www.chateaudige.com - extérieure chauffée - - 17 ch. 89/359 € - 20 € - 1/2 P possible - 32/70 €.* Ce château fort (1235) du Mâconnais vous accueille dans des chambres personnalisées (tapisseries, baldaquins, voûtes). Appartements dans les tours. Cuisine raffinée à base de produits du terroir dans un cadre à l'esprit médiéval ou en terrasse, face à un superbe jardin.

À Cormatin

PREMIER PRIX

Chambre d'hôte La Filaterie – *25 r. de la Filaterie - 71460 Cormatin - ✆ 03 85 50 15 69 - www.chambres-hotes-la-filaterie.fr - P - fermé de mi-nov. à fin fév. - 5 ch. 54/69 €* ☕. Aménagées dans un ancien moulin, les chambres sont vastes, au calme et fraîchement décorées. Abondant petit-déjeuner (buffet).

BUDGET MOYEN

La Brasserie du Nord – *Pl. du Marché - ✆ 03 85 59 09 96 - fermé 15 déc.-15 janv. - 20/28 €.* Ce restaurant entièrement rénové mise sur le style brasserie cossue. Séduit par sa charmante terrasse sur la place de l'Abbaye, vous apprécierez ses différents atouts : des prix abordables, même le w.-end, et son ouverture jusque tard le soir, chose rare à Cluny.

La Nation – *21 r. Lamartine - ✆ 03 85 59 05 45 - ♿ - fermé 15 déc.-15 janv. - plat du jour 10 € - menu 21/29 €.* Restaurant-brasserie, récemment rénové dans un décor moderne. Spécialités régionales - bœuf bourguignon, escargots, andouillette - et viandes charolaises. Vous pourrez également déguster de belles salades sur sa terrasse.

POUR SE FAIRE PLAISIR

Hostellerie d'Héloïse – *7 r. de Mâcon - ✆ 03 85 59 05 65 - www.hostelleriedheloise.com - ♿ rest. seult - fermé 20 déc.-31 janv., fin juin-début juil., merc., jeu. midi, dim. soir - formule déj. 21 € bc - menus 27,50/52 € - ch. 75 € - ☕ 11 €.* Un établissement familial à l'entrée de la ville, apprécié pour son accueil chaleureux et sa cuisine de tradition soignée. Grande salle lumineuse et véranda. Si vous souhaitez faire étape, demandez l'une des chambres rénovées.

PETITE PAUSE

Pâtisserie-chocolaterie Germain – *23-25 r. Lamartine - ✆ 03 85 59 11 21 - www.chocolaterie-germain.fr - tlj 7h-20h.* Cette entreprise familiale régale les Clunisois depuis 1978 avec ses nombreuses spécialités : la coupe tropicale (crème caramel au sucre de canne, à l'ananas et aux litchis), l'épice et griottes (pain d'épice et sa crème aux cerises), la perle bourguignonne, le palet or ou encore le blanc-cassis. La maison propose de savourer ces douceurs dans le joli salon de thé, situé juste à côté de la pâtisserie.

ACHATS

Le Cellier de l'Abbaye – *13 r. Municipale et r. du 11-Août-1944 - ✆ 03 85 59 04 00 - mar.-sam. 9h30-12h15, 15h-19h, dim. 10h-12h30 (en juil.-août seult).* Préférez l'entrée située rue du 11-Août-1944 pour pénétrer dans cette cave, historique et prestigieuse. Un superbe couloir voûté en pierre conduit à la boutique où des casiers en bois, des étagères couvertes de bouteilles et quelques fûts composent le mobilier. On trouve ici plus de 1500 références de vins locaux, mais aussi des whiskies, cognacs et liqueurs.

ACTIVITÉS

Ludisport – *Pl. des Martyrs-de-la-Déportation - à l'ancienne gare - ✆ 03 85 22 10 62 - ✆ 07 83 91 62 59 - www.ebike71.com/location-ludisport - fermé nov.-mars.* Grande variété de vélos, disponibles sur plusieurs sites le long de la Voie verte.

Château de Cormatin

★★

Saône-et-Loire (71)

Voici un château que l'on peut qualifier de royal : conçu par un architecte des bâtiments du roi Henri IV, on y rend hommage à Louis XIII. Tandis qu'à Paris la plupart des décors du 17e s. ont disparu, ceux de Cormatin vous plongeront dans l'univers raffiné des précieuses, alors très en vogue. L'entretien des lieux, diligemment mené, et les minutieuses restaurations du décor intérieur, ont fait du château de Cormatin une attraction « souveraine » qui connaît aujourd'hui un succès mérité.

S'INFORMER

Office du tourisme – *6 Grande Rue (en face du château) - 71460 Cormatin - ✆ 03 85 50 71 49 - www.ot-senneceylegrand.com - horaires, se rens. - contacter l'office de tourisme de St-Gengoux-le-National pdt les périodes de fermeture (voir p. 151).*

SE REPÉRER

Carte de microrégion A3 (p. 112-113) – Le château de Cormatin se trouve à 13 km au nord de Cluny par la D 981.

AVEC LES ENFANTS

Le labyrinthe végétal.

Découvrir le château

1 Grande-Rue - ✆ 03 85 50 16 55 - www.chateaudecormatin.com - visite guidée (1h) de mi-juil. à mi-août : 10h-18h ; de déb. avr. à mi-juil. et de mi-août à mi-nov. : 10h-12h, 14h-17h30 - fermé de mi-nov. à fin mars - 11 € (-17 ans 5,50 €) - visite libre du parc et des salles 1900 (6 €, -17 ans 3 €).

Patiemment restaurés depuis 1980 par les actuels propriétaires, château et jardins ont retrouvé leur faste du 17e s. Les maîtres des lieux animent le plus souvent personnellement et avec passion les visites guidées, cherchant à restituer la vie quotidienne d'autrefois au château.

En 1598, sous Henri IV, l'édit de Nantes met fin aux luttes entre catholiques et protestants. Édifié de 1606 à 1625, au lendemain des guerres de Religion, par le gouverneur de Chalon, **Antoine du Blé d'Uxelles**, Cormatin revêt une architecture sobre aux lignes rigoureuses, caractéristique des façades militaires de l'époque. Vraisemblablement dessiné par **Jacques II Androuet du Cerceau**, le château présentait à l'origine trois ailes en équerre ; l'aile sud s'écroula en 1815, lorsqu'on tenta d'y installer une fabrique de tissu.

Les façades illustrent le style « rustique français » prôné par du Cerceau : refus des ordres antiques (sauf pour les deux portes monumentales de la cour), haut soubassement de pierre, chaînages des angles et des encadrements de fenêtres… Les larges fossés en eau et les imposants pavillons d'angle à échauguettes et canonnières lui donnent une apparence défensive, confirmée par les traces d'un mur-rempart (détruit à la fin du 17e s.) qui fermait la cour d'honneur. D'importants travaux de restauration ont été accomplis, présentés dans un pavillon qui abrite une maquette, à l'emplacement de l'ancienne aile sud.

À L'INTÉRIEUR

La somptueuse décoration Louis XIII de l'aile nord est l'œuvre du marquis **Jacques du Blé** (fils d'Antoine) et surtout de son épouse, **Claude Phélipeaux**, qui y vécut plus longtemps. Intimes de Marie de Médicis, habitués du salon

Le château de Cormatin.
L. Lourdel/Photononstop

littéraire des **précieuses**, ils voulurent recréer dans leur résidence d'été la sophistication de la mode parisienne. Les ors, peintures et sculptures qui couvrent murs et plafonds témoignent d'un maniérisme érudit, où tableaux, décors et couleurs sont chargés d'un sens allégorique.

L'aile nord possède un rare **escalier**★★ monumental à cage unique (1624) dont les trois volées droites, flanquées de vigoureux balustres, tournent autour d'un vide central. C'est le plus ancien et le plus vaste spécimen de ce type (23 m de haut et copie de l'escalier de Marie de Médicis au palais du Luxembourg), succédant aux escaliers Renaissance à deux volées séparées par un mur médian.

En haut de l'escalier s'ouvre la **bibliothèque-salon** 1900 décorée par l'ancien directeur de l'opéra de Monte-Carlo, Raoul Gunsbourg. Seule pièce occupée par les actuels propriétaires et ouverte à la visite, elle possède le charme des espaces privés et abrite de beaux objets hétéroclites. La décoration est dominée par une œuvre immense, *La Ronde antique* d'Auguste Feyen-Perrin, tableau qui aurait inspiré *La Danse* de Matisse (1909). Remarquez les collections d'insectes et de papillons.

Ouverte en 2016, la **chambre Lamartine**, où celui-ci aimait à séjourner, abrite un lit Empire d'origine.

Réalisée en pleine révolte protestante (1627-1628, siège de La Rochelle), l'**antichambre de la Marquise**★ (fille et sœur de ministres) est un hommage au roi Louis XIII représenté en jeune cavalier au-dessus de la cheminée : les lambris rouge cramoisi (couleur d'autorité) célèbrent les activités et les vertus du monarque.

La **chambre de la Marquise**★★ possède un magnifique plafond à la française or et bleu, symbole de fidélité ; le grand tableau de Vénus et Vulcain, œuvre de la seconde école de Fontainebleau, illustre les feux de l'amour, tandis que les corbeilles de fleurs et de fruits des boiseries célèbrent la fécondité. Par contingences sociales, la femme se devait d'avoir son propre appartement pour recevoir, comme en témoigne une lithographie de cette vaste pièce.

CORMATIN ET FLÉCHÈRES, UN PATRIMOINE SAUVEGARDÉ

Lorsqu'Anne-Marie Joly, Pierre Almendros et Marc-Simonet Lenglart se lancent dans la rénovation de **Cormatin** en 1980, ils ne soupçonnent pas l'ampleur de la tâche… Épris d'architecture, ils ont redonné vie au château et aux jardins et font partager leur passion à des milliers de visiteurs. Cormatin ne se veut surtout pas une « usine à touristes ».
Forts de leur succès, ils décident d'acquérir en 1998, pour le rénover, le château de **Fléchères**, situé dans l'Ain, au nord de Lyon. Là encore, ils ont découvert de très belles fresques sous les boiseries, le papier peint ou les badigeons. Contemporain de Cormatin, à 60 km au sud, et entouré d'un parc de 35 ha, Fléchères est un autre témoignage de l'art de vivre au 17e s.

Au boudoir et à la garde-robe succède le **cabinet des Curiosités★★** (dit aussi « des Miroirs »), qui abrite un des plus anciens plafonds « à ciel », mis à la mode par Marie de Médicis. Dit cabinet des merveilles, ses collections (objets rares et exotiques) étaient le reflet du prestige et du goût du propriétaire des lieux. Pièce maîtresse des **appartements du Marquis**, le *studiolo* de Jacques du Blé, dit **cabinet d'Harmonie★★★**, où sainte Cécile, patronne des musiciens, représente l'harmonie morale : pas de musique dans cette pièce réservée à la lecture et à la méditation. L'opulente décoration baroque est dominée par un intense bleu de lapis-lazuli (d'origine) et de riches dorures, dont l'éclat permettait de refléter la lumière des bougies, si nécessaire à l'étude.
Installées en lieu et place de ce qui aurait dû être l'antichambre du Marquis, les impressionnantes **cuisines** datent du 18e s. La **chambre du Marquis** évoque le grand art versaillais. Les tapisseries de Bruxelles, des vaisselles et des sièges Louis XIV meublent cette grande pièce, sous un portrait du monarque représenté en empereur romain portant une perruque.
Dans l'aile ouest, aménagée dans le style fin 19e s.-début 20e s., ne manquez pas la chambre au lit napolitain de l'actrice **Cécile Sorel** et une jolie **chapelle** voûtée.

★★ LES JARDINS

Redessinés et plantés en 1992, ils sont arrivés aujourd'hui à maturité, et font se succéder plusieurs espaces distincts, très ordonnés, réalisés dans l'esprit bien compris des jardins à la française.
Une allée bordée de haies de charmes conduit au château, introduit par un premier espace engazonné ponctué d'ifs taillés, aux formes géométriques multiples. Prenez à droite vers les jardins réguliers. Ils offrent, outre un joli assortiment de vivaces ourlé de haies de buis, de belles perspectives sur les façades extérieures du château.
Du haut de la volière, la vue d'ensemble permet de comprendre la parabole, très typique du 17e s., qu'exprime le plan du parc : le parterre est un aperçu du paradis, avec au centre la fontaine de vie. Dans un triangle, un pommier évoque le fruit défendu et le paradis perdu, le thème étant repris par la sculpture de la fontaine.
Labyrinthe – Il représente l'errance et les difficultés. De l'extérieur à l'intérieur, les sept allées figurent les sept ciels, et donc l'idée d'élévation pour parvenir au septième.
Des alignements de liquidambars, arbres très colorés à l'automne, et un passage dans l'agréable potager le long du Grand Canal et le théâtre de verdure complètent cette luxuriante flânerie. L'été, un salon de thé avec terrasse est ouvert dans les communs du château.

Des cyclistes sur la Voie Verte, près de Berzé-le-Châtel.
Ch. Goupi/age fotostock

La Voie verte

★

Saône-et-Loire (71)

2

La Voie Verte relie Chalon-sur-Saône aux portes de Mâcon en passant par les roches de Solutré, Vergisson et le Val Lamartinien. Idéale pour les familles (78 km), elle constitue un itinéraire généralement facile, sans fortes pentes, à l'écart de la circulation automobile. Au cœur de ce tronçon, St-Gengoux-le-National, petite cité de caractère, est un excellent point de départ (location et réparation de vélos) pour ceux qui s'apprêtent à sillonner la région.

NOS ADRESSES PAGE 154
Hébergement, restauration, achats, activités, etc.

S'INFORMER

Office du tourisme Sud Côte chalonnaise – *4 av. de la Promenade - 71460 St-Gengoux-le-National - ✆ 09 77 35 14 40 - www.tourisme-sud-cote-chalonnaise.com - mai-sept. : 9h30-12h30, 14h-18h, dim. et j. fériés 9h30-12h30 ; reste de l'année : tlj sf dim. 9h30-12h, 14h-18h - fermé 1er janv., 1er Mai, 1er et 11 Nov., 25 déc. - possibilité de visite guidée (2h, 5 € avec dégustation) et nombreuses propositions de balades (à pied, vélo ou à cheval).*

SE REPÉRER

Carte de microrégion A2-3-4 (p. 112-113) – La Voie verte relie Givry à Charnay-lès-Mâcon en passant par Buxy, St-Gengoux-le-National, Cormatin et Cluny. Les circuits décrits ci-après vont de Charnay-lès-Mâcon à Chalon-sur-Saône, soit un total de 75 km.

AVEC LES ENFANTS

Le parcours Acro'Bath à Bergesserin *(voir « Nos adresses »)* ; le circuit « Les petits chevaliers », à la découverte de St-Gengoux-le-National *(rens. auprès de l'office de tourisme).*

Circuits conseillés Carte de microrégion p. 112-113

13 boucles de cyclotourisme sont possibles au départ de St-Gengoux. Nous vous en proposons quelques-unes. Informez-vous auprès du bureau d'information touristique de St-Gengoux pour plus d'itinéraires.

AUTOUR DE ST-GENGOUX-LE-NATIONAL A2-3

Circuit de 26 km tracé en pointillés sur la carte de microrégion (p. 112-113) – Comptez environ 2h. Départ de St-Gengoux-le-National. Niveau difficile, dénivelé, référence boucles 9 et 13.

Cette balade très agréable permet de découvrir un coin d'un charme exquis, en particulier autour de Burnand avec sa petite église romane (11e s.), ses peintures murales récemment mises au jour et son magnifique château privé. Le parcours passe par St-Martin-de-Croix, Burnand, Curtil-sous-Burnand (village pittoresque au bel habitat rural), **St-Ythaire**, Bierre, **Sigy-Le-Châtel**, St-Huruge, **Burzy-la-Grenouille**, avec retour à St-Gengoux.

St-Gengoux-le-National

Au carrefour de Mâcon, Chalon-sur-Saône, Cluny et Autun, cette petite cité médiévale de 1 100 habitants témoigne encore de son passé clunisien. Dès le 11e s., un prieuré (1020) puis une église (1120) sont construits sous la férule de la puissante abbaye de Cluny. La consécration royale vient avec Saint Louis (13e s.) quand, sur son chemin vers Cluny, il doit se reposer à St-Gengoux. L'accueil est si agréable que le monarque lui accorde par charte (1245) le régime « des bonnes villes du Royaume ». Par cet acte, les habitants peuvent élire leur maire. Un privilège que n'obtient Chalon que trois siècles plus tard. Renommée « Jouvence » après la Révolution (les habitants s'appellent toujours les « Jouvenceaux »), la cité est rebaptisée St-Gengoux-le-National en 1881.

Dès l'entrée du village, on remarque l'imposant **donjon** (fin 12e s.) avec sa tour-escalier à vis (17e s.) qui toise le grand **lavoir★** (1852). Le signe le plus visible de cet héritage clunisien est bien sûr l'**église paroissiale**, avec son clocher roman octogonal à trois étages *(voir encadré ci-contre)* et son transept du 12e s. Cette inhabituelle flèche pointue (1867) qui domine l'édifice n'a qu'un seul objectif : hisser le pouvoir spirituel au-dessus du pouvoir temporel que symbolise le temps, la tour de l'Horloge. Une insolite passerelle en bois, le

LE TOUR DE BOURGOGNE À VÉLO

Près de 1 000 km d'itinéraires cyclables constitués de voies vertes et de véloroutes permettent de faire le tour de Bourgogne en longeant les canaux et en empruntant les chemins de halage, d'anciennes voies ferrées ou des chemins à travers les vignobles.

L'« Eurovéloroute des Fleuves », projet européen, reliera à terme Nantes à Constanta (sur les rives de la mer Noire, en Roumanie), soit 3 650 km de voies cyclables suivant les cours de la Loire, du Rhin et du Danube à travers 10 pays… La portion bourguignonne de l'Eurovéloroute propose actuellement 28 boucles, sur près de 730 km, sur les 800 prévus à terme. *Rens. sur www.eurovelo6-france.com.*

pontet, relie le clocher au beffroi. À l'intérieur de l'église, on observe une rare **paroi à claire-voie** en pierre du 16e s.

La rue du Commerce, qui s'échappe ensuite, propose de nombreuses curiosités : belle maison aux fenêtres à meneaux Renaissance, superbe **escalier en encorbellement★**, échauguette élancée et percée d'archères. Une singularité qui révélait surtout aux passants la richesse de son propriétaire…

Quelques pas plus loin, la **maison des Concurés** possède une belle porte Renaissance. Ne manquez pas la **maison à pans de bois★** rue du Mouton et rue du Moulin-à-Cheval, la rue pavée d'andouilles (pavés non conformes), les fenêtres géminées, à trilobes ou en accolade et la **Fontaine de Manon** (1785).

DE CHARNAY-LÈS-MÂCON À CLUNY A3-4

Circuit de 23 km tracé en pointillés sur la carte de microrégion (p. 112-113) – 140 m de dénivelé environ. Départ devant l'ancienne gare de Charnay, qui abrite aujourd'hui le syndicat d'initiative. Déconseillé aux enfants de moins de 8 ans.

Point de départ de la Voie verte, le petit bourg de **Charnay-lès-Mâcon** (A4) est dominé par l'église romane **Ste-Madeleine** et son charmant clocher octogonal, coiffé d'une toiture en dôme. Cet édifice du 12e s. est doté d'un tympan contemporain représentant le Christ entouré de Marie-Madeleine et de Pierre.

D'abord plane, la Voie verte traverse bientôt des paysages tourmentés : on aperçoit à gauche un beau **panorama**, avec une succession d'escarpements recouverts de roche cristalline, parmi lesquels on reconnaît la fameuse **roche de Solutré★★** (A4) (*voir p. 130*).

Sur la droite, on rencontre très vite les vignes du Mâconnais : Prissé, La Roche-Vineuse, qui alignent des paysages peignés.

Une première halte et une boucle de 21,5 km dans le Val lamartinien *(voir p. 133)*, sur les traces du célèbre poète, est possible à **Prissé** (A4). Elle vous conduira à **Berzé-la-Ville** *(voir p. 134)* en passant par **Vergisson,** où se dresse la roche, voisine de celle de Solutré, et qui culmine à 485 m.

À moins de 5 km, près de la **forteresse de Berzé-le-Châtel** *(voir p. 135)*, la Voie verte conquiert un petit tronçon de l'ancienne voie ferrée, avec le **tunnel du Bois clair** *(1,6 km)*, aménagé pour le passage des cyclistes et la protection des chauves-souris qui s'y sont installées. Il faut compter une dizaine de minutes pour franchir ce tunnel qui évite un contournement escarpé d'environ 5 km.

À la sortie du tunnel, la Voie verte retrouve un tracé sinueux jusqu'à Cluny.

DE CLUNY À CORMATIN A3

Circuit de 14 km tracé en pointillés sur la carte de microrégion (p. 112-113) – Niveau facile, aucun dénivelé.

Cluny★★ (*voir p. 138*) n'est qu'à 800 m de la Voie verte et mérite bien sûr une visite. Profitez-en pour voir l'abbaye, son musée d'Art et d'Archéologie, et son panorama du haut de la tour des Fromages.

De Cluny à Cormatin, la Voie verte est parfaitement plane ; chevaux, vaches et taureaux

LE SAVIEZ-VOUS ?

Les clochers clunisiens ont trois étages : le premier, aveugle, illustre la condition humaine prise dans la glèbe, loin de Dieu ; le deuxième, à mi-chemin entre terre et ciel, ténèbres et lumière, montre la progressive élévation de l'homme, tandis que le troisième matérialise, dans sa floraison architecturale (fenêtres géminées, moulures, colonnettes), l'épanouissement de l'homme en prise avec la vie spirituelle.

paissent à proximité. La promenade devient familiale : elle est d'ailleurs plus fréquentée, presque jusqu'à l'encombrement en été. Mais on y passe, en toute saison, à vélo, à rollers ou à pied. Il n'est pas rare de croiser en chemin des marcheurs en route vers St-Jacques, via Le Puy-en-Velay, venant parfois même d'Allemagne.

On longe et on traverse des bosquets de la forêt de Cluny. Les roches et la couleur de la terre changent à plusieurs reprises tout au long du parcours qui passe dans une zone de faille érodée.

Des boucles de plusieurs niveaux de difficulté vous sont proposées : moyenne sur 31 km en passant par Bray, ou plus difficiles sur 35 km en direction de Blanot jusqu'à **Massilly**, et sur 34 km jusqu'à **Cormatin** en traversant **Chapaize** *(voir p. 124)* et sa jolie petite église de style roman.

À **Massilly**, il est également possible de suivre une boucle de 10 km reliant les églises romanes de Massilly, Bray, Chissey-lès-Mâcon, Ameugny et Taizé (difficulté moyenne).

Après avoir traversé la Grosne, on aperçoit sur la gauche le village escarpé de **Taizé** *(voir p. 144)*, et on remarque une belle ferme en contrebas.

Rejoignez ensuite le château de **Cormatin★★** (*voir p. 148*), tout proche, qui possède un somptueux intérieur Louis XIII.

On traverse à nouveau la Grosne pour pénétrer dans le village de Cormatin.

DE CORMATIN À CHALON-SUR-SAÔNE AB2-3

▶ *Circuit de 38 km tracé en pointillés sur la carte de microrégion (p. 112-113) – Niveau facile, aucun dénivelé. Comptez 2h30.*

Quittez Cormatin pour rejoindre **Malay** (A3). Après avoir admiré son église romane, remettez-vous en selle pour parcourir 5 km jusqu'à **St-Gengoux-le-National** (A2) dont le bourg médiéval mérite une halte *(voir p. 152)*. En passant par étiveau et ses vignobles, vous atteignez **Buxy** (A2), où vous prendrez le temps d'apprécier son vieux bourg et ses anciennes maisons vigneronnes. Là encore des itinéraires bis de niveaux et de distances variables sont proposés au départ de Savigny-sur-Grosne, Sercy, Étiveau, Jully-lès-Buxy où à la sortie de Buxy. Offrez-vous une dernière halte à **Givry** *(voir p. 172)* avant de rejoindre **Chalon-sur-Saône** (B2), où se termine cet agréable circuit de découverte.

NOS ADRESSES SUR LA VOIE VERTE

Consulter aussi « Nos adresses à Cluny », p. 146.

ORGANISER SON VOYAGE

p. 541.

La Voie verte s'enrichit constamment de nouveaux tronçons. Pour en connaître précisément tous les tracés, consulter le site **www.la-bourgogne-a-velo.com**.

Des boucles de cyclotourisme intégrant des tronçons de la Voie verte sont aussi proposées autour du canal du Centre, de Chalon-sur-Saône à Montchanin, et autour de la Loire en Bourgogne, de Digoin à Cronat.

De Chalon-sur-Saône, un tronçon permet de gagner Nolay (23,6 km), aux frontières de la Côte-d'Or, en longeant en partie le canal du Centre. Pour poursuivre le long du canal, continuez de Remigny jusqu'à St-Léger-sur-Dheune (8,2 km).

Un tronçon au cœur du Brionnais permet de longer la Loire en Bourgogne : entre Iguerande et St-Yan (25 km), puis de Digoin à Cronat (52 km).

Le « Guide des balades vertes entre Grosne et Guye », en vente (8 €) à l'office du tourisme de St-Gengoux-le-National, est idéal pour sillonner la région.

LOCATION DE VÉLOS

Kits Voie verte – Ils permettent de n'emprunter la Voie verte que dans un sens et de rallier son point de départ entre Dijon et Mâcon en mettant son vélo dans le bus ou le train. *En vente dans les gares SNCF - valables pour 1, 2 ou 3 à 6 pers. - ligne de bus n° 7 entre Chalon et Mâcon : 6 bus/j - TER à Dijon, Nuits-St-Georges, Beaune, Chagny, Chalon, Tournus, Mâcon : une quinzaine de trains par jour - se rens. au ☎ 03 85 21 02 20.*

Vélos à assistance électrique – *Location à l'espace loisirs de la gare de St-Gengoux-le-National - ☎ 03 85 48 56 85 - hors sais. à l'office de tourisme (voir S'informer, p. 151).*

Location – *Office de tourisme de Charnay- lès-Mâcon, 2727 rte de Davayé - 71850 Charnay- lès-Mâcon - ☎ 03 85 21 07 14. - tlj du 30 mars au 15 sept., merc., sam., dim., j. fériés et veille de j. fériés du 16 sept. au 4 nov. - 9h-12h30, 13h30-18h. Au départ de la Voie verte.*

HÉBERGEMENT

À St-Gengoux-le-National

PREMIER PRIX

Hôtel-restaurant de la Gare – *Rte de la Gare - ☎ 03 85 94 18 50 - P - 5 ch. 46 € - ☕ 7 € - ✕ formule déj. 13 €, menus 20/32 € - 1/2 P possible.* Petit hôtel simple et bien tenu avec des chambres confortables correctement équipées. Accueil sympathique et très soucieux de la clientèle.

Chambre d'hôte Les Lierres – *7 r. des Chapeliers - à proximité de l'église - ☎ 06 09 51 00 11 - www.les-lierres.fr - ⊭ - 2 ch. 60 € ☕.* Paisibles et coquettes chambres au cœur de la cité médiévale, disposant d'un petit coin cuisine avec lavabo, réfrigérateur, micro-ondes, bouilloire électrique.

À Burnand

BUDGET MOYEN

Chambre d'hôte Les Trois Fontaines – *61 r. Trois-Fontaines - situé dans le hameau de St-Martin-de-Croix - 2 km au sud-ouest de St-Gengoux - ☎ 03 85 47 76 49 - www.bourgogne-troisfontaines.com - ⊭ P - 2 ch. 75 € ☕ - ✕ 25 € sur réserv.* Dans cette ancienne demeure de maître, vous bénéficierez d'une suite parentale avec une entrée indépendante comprenant un salon-bibliothèque, un centre documentaire, une salle de jeux, etc. Magnifique jardin sur l'arrière de la maison. Un espace idéal pour les familles, niché au cœur d'un magnifique hameau verdoyant.

RESTAURATION

À St-Gengoux-le-National

BUDGET MOYEN

Restaurant de la Gare – *Rte de la Gare - ☎ 03 85 94 18 50 - fermé lun. soir et mar. soir - formule déj. 13 € - menus 20/32 €.* Sans prétention, la cuisine est ici une affaire sérieuse. On est là pour manger ! Finalement, une cuisine traditionnelle copieuse et riche, digne de ces repas dominicaux qu'on prenait autrefois dans les campagnes.

À Buxy

POUR SE FAIRE PLAISIR

L'Empreinte – *2 Grande-Rue - ☎ 03 85 92 15 76 - www.lempreinte-restaurant.fr - P ♿ - fermé 2 sem. en hiver, mar.-merc. - formule déj. 29 € - menus 45/70 €.* Bien

2

situé au centre du village. Décor contemporain dans la salle ornée d'une cheminée en pierre et terrasse intérieure agrémentée de barriques. Cuisine soignée, de région et de saison.

ACHATS

À St-Gengoux-le-National

Cave des Vignerons de Buxy St-Gengoux-le-National – *R. Longemeau - ✆ 03 85 92 61 75 - www.vigneronsdebuxy.fr - juil.-août : lun.-sam. 9h-12h, 14h-18h30 ; avr.-juin et sept.-oct. : mar.-sam. 9h-12h, 14h-18h30 ; nov.-mars : mar.-sam. 9h-12h, 14h-17h30.* Pour découvrir une large gamme de vins produits dans la région.

La Crémaillère – *R. du Commerce - www.boutiquelacremaillere.fr - juin-sept. et déc. : tlj sf lun. 10h-12h, 15h-19h, dim. 10h-12h ; avr.-mai et oct.-nov. : mar., vend.-sam. 10h-12h, 15h-19h, dim. 10h-12h ; janv.-mars : sam. 10h-12h, 15h-19h, dim. 10h-12h.* Cette initiative municipale réunit dans une belle bâtisse médiévale une dizaine d'artistes et artisans locaux.

Marché – *Chaque 1er et 3e mar. du mois de 7h à 13h (ts les mar. en hte sais.), le marché de St-Gengoux accueille jusqu'à 70 exposants en haute saison.*

À Prissé

Vignerons des Terres Secrètes – *158 r. Les Grandes-Vignes - ✆ 03 85 37 64 89 - www.terres-secretes.com - avr.-sept. : 9h-12h30, 13h30-19h, dim. 9h-12h30, 14h-19h ; reste de l'année : 9h-12h30, 13h30-18h30, dim. 9h-12h30, 14h-18h30 - fermé 1er janv., 25 déc.* Cette cave propose une gamme complète des vins de la région : pouilly-fuissé, saint-véran, mâcon blanc, rouge et rosé, ainsi que des crémants légers et fruités.

À Buxy

L'Épicurien des Vignes – *19 Grande-Rue - ✆ 03 85 92 14 12 - www.lepicuriendesvignes.com - 9h-12h30, 15h30-19h, dim. 9h-12h - fermé lun.-mar., vac. de fév., dernière sem. d'août.* Cette boutique chic propose une sélection de plats à emporter, une large gamme de produits d'épicerie fine (confitures, foie gras…) et plus d'une centaine de références de vins.

ACTIVITÉS

À Bergesserin

Acro'Bath – *✆ 03 85 50 87 14 - www.acrobath.com - juil.-août : 10h-19h ; reste de l'année : w.-end, j. fériés et vac. scol. 14h-19h - fermé de la Toussaint à dim. de Pâques - multipass 19 € (-14 ans 17 €, enf. 9 €).* Prenez la passerelle pour l'aventure et le grand frisson avec 120 ateliers répartis en 6 parcours à partir de 6 ans. À découvrir en famille ou entre amis, mais toujours en toute sécurité. Espace minikid pour les enfants de 3 à 5 ans. Jeux géants en bois, défis d'adresse et d'équilibre.

AGENDA

La Cavalcade – *À St-Gengoux, 1er dim. de mai.* Chaque année, la Cavalcade accueille l'arrivée du printemps : défilé de chars fleuris, animations musicales.

Tournus

★

5 663 Tournusiens – Saône-et-Loire (71)

Si l'abbaye St-Philibert constitue l'un des témoins majeurs du premier art roman en France, les attraits de Tournus, porte nord du vignoble du Mâconnais, étirée en bord de Saône, n'en sont pas moins nombreux. Laissez-vous entraîner sur les pas de Gerlannus grâce à un itinéraire piétonnier qui vous emmène à la découverte des maisons gothiques, des hôtels particuliers et des jolies places de la ville. Flânez sur les quais de la Saône et empruntez le circuit Tournus Chemin d'Arts pour découvrir monuments, musées et galeries d'artistes.

NOS ADRESSES PAGE 163
Hébergement, restauration, achats, activités, etc.

S'INFORMER

Office du tourisme du Mâconnais tournugeois – *2 pl. de l'Abbaye - 71700 Tournus - ✆ 03 85 27 00 20 - www.tournus-tourisme.com - juil.-août : 9h30-12h30, 14h-18h ; avr.-juin et sept. : 9h30-12h30, 14h-18h, dim. et j. fériés 10h-12h30, 14h-18h ; reste de l'année : tlj sf dim. et j. fériés 9h30-12h30, 14h30-17h30 - fermé 1er janv., 1er et 11 Nov., 25 déc.*

SE REPÉRER

Carte de microrégion B3 (p. 112-113) – Entre la Saône et la N 6, la ville est située à 24 km au sud de Chalon-sur-Saône et 31 km au nord de Mâcon.

SE GARER

Vous trouverez à vous garer près de l'abbaye ou sur les quais.

À NE PAS MANQUER

L'abbaye St-Philibert, l'hôtel-Dieu qui accueille le musée Greuze ; empruntez l'un des sentiers de la réserve naturelle de La Truchère Ratenelle.

AVEC LES ENFANTS

À Cuisery, le petit centre Éden qui propose des expositions sur la faune et la flore bourguignonnes, une balade d'observation de la nature dans la réserve de La Truchère Ratenelle, la base de loisirs nautiques de Laives ainsi que des croisières sur la Saône ou la Seille *(« voir Nos adresses »)*.

2

Découvrir l'abbaye Plan de l'abbaye p. 160

On accède à l'abbaye de Tournus depuis la N 6 par la rue Albert-Thibaudet, qui passe entre les deux tours rondes marquant jadis l'entrée principale de l'enceinte de l'abbaye, la « porte des Champs ».

★★ Abbaye St-Philibert

Bâtie aux 10e et 11e s., **la façade** faite de belles pierres en petit appareil se présente comme une sorte de donjon percé d'archères. La construction harmonieuse est du premier art roman (10e-11e s.). La nudité des murs puissants est rompue par des bandes lombardes, tandis que le parapet crénelé avec mâchicoulis reliant les tours renforce l'aspect militaire de l'édifice. L'une des tours a été rehaussée, à la fin du 11e s., par un clocher à deux étages, ornementé par deux statues-colonnes et surmonté d'une flèche. Des restaurations eurent lieu au 19e s. *Pénétrez dans l'église.*

Chapelle St-Michel (a) – C'est la salle haute de l'avant-nef *(accès par un escalier à vis)*, dont la construction est antérieure à celle de la nef. Son plan est

identique à celui du rez-de-chaussée, mais l'étonnante élévation du vaisseau central et la luminosité en modifient totalement l'aspect.
La grande baie cintrée, qui ouvre sur la tribune d'**orgue** mise en place en 1629, marquait l'entrée d'une abside construite en encorbellement à cette hauteur. Autour de l'**arc de Gerlannus**, les sculptures archaïques des chapiteaux sont une survivance de l'époque carolingienne : l'inscription de Gerlannus à la base de l'archivolte pourrait évoquer l'an 1000.
Le narthex ou avant-nef, dite Galilée, est un lieu de recueillement et de transition entre l'extérieur et le sanctuaire. Son architecture y atteint une singulière grandeur : quatre énormes piliers à tailloir circulaire la divisent en trois nefs de trois travées. La voûte, dont une travée, à gauche, est peinte en échiquier noir et blanc (blason des Digoine, puissante famille mâconnaise), s'orne au-dessus de l'entrée de la nef d'un Christ en majesté (1) ; une autre fresque du 14e s., sur le mur du fond du bas-côté gauche, figure la Crucifixion (2). Des pierres tombales sont logées sous le dallage.
Nef – Dépourvue d'ornementation, la nef (milieu du 11e s.) est illuminée d'une lumière rosée. Disposition très originale, la voûte centrale se compose d'une suite de cinq berceaux transversaux juxtaposés qui reposent sur des arcs doubleaux, aux claveaux alternativement blancs et roses, s'appuyant sur des colonnettes surmontant de grandes colonnes. Les fenêtres hautes qui éclairent la nef sont dissimulées par les arcs. Une voûte d'arêtes prodigieusement rehaussée, compartimentée par des doubleaux, couvre les collatéraux. Sur les intrados (correspondant à la surface intérieure d'un arc ou d'une voûte) des grandes arcades figurent des peintures illustrant un décor végétal et animalier. Les chapelles latérales du bas-côté nord ont été ouvertes aux 14e et 15e s. Une niche du collatéral sud abrite une statue-reliquaire du 12e s. d'influence auvergnate, Notre-Dame-la-Brune (3). En cèdre peint et redoré au 17e s., cette Vierge a gardé sa majestueuse beauté au calme rayonnant.
Transept et chœur – Édifiés au début du 12e s. par Francon de Rouzay, ils tranchent avec le reste de la construction par la blancheur de la pierre et montrent l'évolution rapide de l'art roman. Les vices qui nous guettent et le châtiment encouru y sont représentés. Après l'ampleur de la nef, une rupture

UNE CITÉ MONASTIQUE

Ayant échappé aux persécutions lyonnaises de 177, **saint Valérien** (chrétien d'Asie Mineure) vient à Tournus évangéliser la population ; il y est martyrisé. Le sanctuaire fondé à l'emplacement de son tombeau est converti en abbaye sous le vocable de saint Valérien. Au début du 9e s., des moines vendéens fuient devant les Vikings et mènent une vie errante avant de s'installer à l'abbaye, concédée par Charles le Chauve. Ils y apportent les reliques de **saint Philibert**, fondateur de Jumièges, mort à Noirmoutier en 685, qui devient le nouveau saint patron de l'abbaye, et lui donne un élan considérable.
Une invasion hongroise, en 937, compromet sa prospérité. Incendiée, puis reconstruite, elle est quelques années plus tard abandonnée par les religieux, regroupés en Auvergne au monastère de St-Pourçain. L'abbé Étienne, ancien prieur, est rappelé à l'abbaye St-Philibert en 949, sur décision du concile. Sous son impulsion reprennent les constructions, qui s'achèvent au 12e s. Plusieurs fois endommagée au cours des siècles, elle est restaurée et remaniée jusqu'au saccage perpétré par les huguenots en 1562. Transformée en collégiale en 1627, l'église paroissiale échappe ainsi à la destruction en 1790.

Tournus, les bords de Saône et l'abbaye en arrière-plan.
F. Guiziou/hemis.fr

s'opère au niveau du transept et le chœur surprend par son étroitesse, l'architecte ayant dû suivre les contours de la crypte existante. Le mobilier liturgique a été réalisé par l'artiste géorgien Goudji pour l'an 2000. L'abside en cul-de-four est supportée par six colonnes surmontées de fenêtres entourées d'un fin décor sculpté. Le **déambulatoire** (début du 11e s.), voûté en berceau, compte cinq chapelles rayonnantes. La chapelle axiale abrite la châsse de saint Philibert (4). Au sol, des **mosaïques** (5) très fines de la fin du 12e s. alternent les mois et les signes du zodiaque : on remarquera la facture très antiquisante (influence des ateliers d'Autun ?) et la belle qualité des tesselles (les blondes proviennent de Tunisie). Il ne subsiste que quatre médaillons (mai, juin et juillet). Les **vitraux** modernes, d'un camaïeu rouge-brun, éclairent sobrement le déambulatoire.

★ **Crypte** – *Accès par le croisillon nord, à gauche du chœur.* Cette crypte, aux murs épais, est une construction de l'abbé Étienne, de la fin du 10e s. La partie centrale est bordée par deux rangs de très fines colonnes, dont certaines à fût galbé, aux chapiteaux à feuillages inspirés de l'antique. Notez le sarcophage de saint Valérien et la présence d'un puits très profond à l'intérieur de la crypte.

Bâtiments abbatiaux

Pour rejoindre le cloître, on traverse l'ancienne **salle des Aumônes (b)**, ou parloir (13e s.) Elle abrite une collection lapidaire comprenant les statues-colonnes et les chapiteaux provenant de la tour nord, ainsi que des sculptures venant du cloître.

Cloître – Du cloître St-Ardain du 11e s., il ne reste que la galerie nord. Un portail du 13e s. s'ouvre à son extrémité sur le bas-côté de l'église. Les bâtiments sud abritent la bibliothèque de la ville et celle de l'abbaye, qui conserve de nombreux manuscrits enluminés du Moyen Âge. C'est le siège du Centre international d'études romanes. La tour carrée du Prieuré les domine.

Salle capitulaire – Rebâtie en style gothique par l'abbé Bérard après un incendie en 1239, elle abrite des expositions temporaires. On peut en admirer l'intérieur voûté d'ogives par les baies romanes donnant sur le cloître.

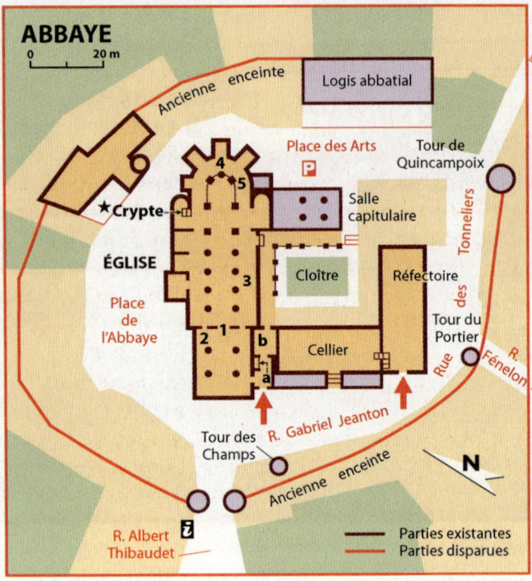

Sortez place des Arts et admirez le **chevet** aux cinq chapelles, de style carolingien, ainsi que la splendide tour-clocher du 12e s., d'inspiration clunisienne.

Logis abbatial – C'est un bel édifice *(privé)* de la fin du 15e s.

Au-dessus des maisons apparaît l'extrémité de la **tour de Quincampoix,** érigée après l'invasion des Hongrois en 937. Elle fait partie de l'enceinte de l'ancienne abbaye, au même titre que la tour du Portier, donnant accès à la ville.

Réfectoire – Cette magnifique salle (12e s.), longue de plus de 33 m et haute de 12 m, est un grand vaisseau voûté en berceau légèrement brisé. En 1627, après la sécularisation de l'abbaye, elle fut utilisée pour jouer à la paume, d'où le nom de Ballon. Le réfectoire sert de cadre à des expositions.

Cellier – Également du 12e s., il est éclairé par deux ouvertures en forme de soupirail, placées très haut, et voûté en berceau brisé sur doubleaux. Les caves s'étendent en dessous.

Se promener

En quittant la place de l'Abbaye, vous découvrirez la tour du Portier et l'église St-Valérien, édifice roman du 11e s. Belle galerie gothique au n° 38 de la rue du Docteur-Privey. Appréciez l'ambiance de la rue du Passage-Étroit, où les traboules et hôtels particuliers sont nombreux. Par la rue des Magasins, dont le puits à l'angle de la rue de la Cruche-Cassée inspira Greuze, puis en continuant sur la rue du Bief-Potet où coule un ruisseau, vous arrivez à l'hôtel-Dieu qui abrite notamment le musée Greuze.

★ Hôtel-Dieu-Musée Greuze

21 r. de l'Hôpital - ✆ 03 85 51 23 50 - www.tournus.fr - ♿ - avr.-oct. : 10h-13h, 14h-18h - fermé lun.-mar., 1er Mai - possibilité de visite guidée sur demande - 5 € (-12 ans gratuit).

Abbé de Tournus de 1660 à sa mort en 1715, **Emmanuel Théodose de La Tour d'Auvergne**, duc d'Albret et cardinal de Bouillon, institua l'hôtel-Dieu

en 1672. La première salle de malades (salle des femmes) fut terminée en 1675. Le **cardinal de Fleury**, qui lui succéda en 1715, acheva les travaux de l'hôtel-Dieu. L'établissement cessa son activité au début des années 1980.
Les salles anciennes témoignent des conditions de soins et de vie hospitalières depuis le 17e s. Les lits clos en chêne sont alignés dans les salles des femmes et des hommes, séparées par la chapelle du St-Sacrement, et dans celle des soldats, plus tardive. Des vitrines présentent du matériel médical (observez les clystères en étain), et de l'orfèvrerie religieuse. La ruelle de service, un couloir à l'arrière des lits, donne un aperçu de l'envers du décor.
La très belle **apothicairerie★** du 17e s. conserve quelque 300 pots en faïence de Nevers et de Dijon. L'herboristerie (19e s.), la salle des étains et le jardin des simples complètent la visite de cet établissement dans lequel, en 1960, travaillaient encore cinq religieuses de l'ordre de Ste-Marthe.
L'hôtel-Dieu abrite aussi le **musée Greuze,** consacré à l'archéologie du Tournugeois et à l'art graphique. Il présente une collection de peintures des écoles française, flamande et italienne, du 14e s. au 20e s., et des œuvres d'art contemporain. Le musée possède notamment une collection très riche et variée des dessins et peintures de Jean-Baptiste Greuze (voir encadré p. préc.), le « peintre des passions de l'âme ». La salle des originaux présente trois œuvres de jeunesse, dont un autoportrait.
*En sortant du musée, remarquez sur la belle place de l'***Hôtel-de-Ville***, ornée d'une statue de Greuze, la maison gothique et la tour d'angle du* **logis de l'Escargot**.
*Empruntez la rue de la Pompe, limite du castrum romain, puis la rue des Boucheries, pour atteindre l'***église Ste-Madeleine**.

Église Ste-Madeleine

Le porche en plein cintre (12e s.) a subsisté, avec ses fines colonnettes ornées de galons perlés et ses chapiteaux décorés de feuillages ou d'oiseaux affrontés. L'intérieur présente une nef voûtée d'ogives du 15e s., et, sur le bas-côté droit, une chapelle Renaissance dont la jolie voûte est décorée de caissons carrés reliés par un réseau de nervures. On y voit un tabernacle de style Empire et une Madeleine en bois doré.
Prolongez par la rue Désiré-Mathivet et l'avenue du 23-Janvier.

Musée du Vélo

Av. du Mar.-de-Lattre-de-Tassigny - D 906 - Le Pas-Fleury - ✆ 03 85 20 01 28 - vac. de fév. et avr.-sept. : tlj sf lun. 14h-18h30 ; oct. : w.-end 14h-18h - 6 €.
C'est la collection d'un passionné que l'on découvre sur les 600 m² qu'occupe le musée. On y trouve 200 cycles étonnants et une collection d'objets dédiés à la petite reine.
Du pont sur la Saône, prolongeant la rue Jean-Jaurès, on a une belle vue sur **l'église St-Philibert** *et sur la ville.*
N'hésitez pas à poursuivre la promenade jusqu'au **port de plaisance**.

CÉLÈBRES TOURNUSIENS

Né à Tournus en 1725, **Jean-Baptiste Greuze** (1725-1805) est apprécié pour ses portraits, où son talent s'exprime plus librement que dans certaines scènes domestiques à caractère moralisateur, prisées en leur temps par Diderot.
Critique littéraire, **Albert Thibaudet** (1874-1936) analysait un texte comme un biologiste l'aurait fait d'un organisme vivant, cherchant à comprendre et non pas à juger.

À proximité Carte de microrégion p. 112-113

Sennecey-le-Grand B2

10 km au nord de Tournus par la N 6.

Au bord d'une grande place ceinturée de fossés, la mairie et l'office de tourisme occupent ce qui reste du château féodal. La partie disparue a été remplacée au 19e s. par une **église** monumentale de style classique.

Sennecey-le-Grand est également un haut lieu de la Résistance marqué par le tragique épisode du raid du 3e régiment de SAS, le 4 septembre 1944.

Musée international des SAS – *Pl. de l'Église - ✆ 03 85 44 82 54 - www.ot-senneceylegrand.com - ♿ - juil.-août : 9h-12h30, 14h-18h30, sam. 9h-12h, 14h-18h, dim. et j. fériés 10h-12h ; reste de l'année : tlj sf dim. et j. fériés 8h30-12h, 13h30-18h, sam. 9h-12h, 14h-17h - possibilité de visite guidée sur demande (1h30) - gratuit.* Au centre de la petite salle d'exposition trône une Jeep entourée de vitrines abritant des armes et objets personnels ayant appartenu à des membres du Special Air Service.

À proximité du bourg de Sennecey-le-Grand, vous pouvez également visiter deux églises romanes, de plan très simple, dotées d'arcatures lombardes, toitures de « laves » et un clocher carré porté par une petite coupole sur trompes.

Église St-Julien – *Accès par la D 332, direction Ruffey.* Sa nef et son clocher sont du 11e s.; le reste de l'édifice est du 15e s., ainsi que les fresques du chœur. Ces dernières ont fait l'objet d'une restauration permettant de révéler, sous le badigeon de chaux, le Christ et les symboles évangélistes représentés dans une belle palette ocre et terre de Sienne.

Église St-Martin de Laives – *À 2,5 km à l'ouest. Accès par la D 18 vers Laives et, après le passage sous l'autoroute, tournez à gauche.* Située sur un éperon d'où la vue s'étend sur la Bresse, le Jura, Chalon et ses environs, la vallée de la Grosne et le Charolais *(tables d'orientation)*, cette église du 11e s. fut complétée par des chapelles aux 15e et 16e s. Remarquez les clefs de voûte sculptées.

Cuisery B3

8,5 km à l'est de Tournus par la D 975.

Cuisery accueille depuis 1999 l'association **Village du livre** de Cuisery : 17 professionnels du livre (libraires, bouquinistes, antiquaires, artisans du livre et artistes) se sont installés dans les anciens commerces du village. Des animations culturelles ponctuent l'année (marché mensuel du livre, Nuits du livre, marché du disque et de la BD). *Plus de rens. sur cuisery-villagedulivre.com.*

Église Notre-Dame – La sobriété extérieure de cette église (16e s.) contraste avec la richesse de sa décoration intérieure : des stalles en chêne, un triptyque du peintre flamand Guérard (16e s.) et de belles **peintures murales** (v. 1530) dans la chapelle Caron, figurant la résurrection de Lazare et les prophètes.

Centre Éden – *R. de l'Église - ✆ 03 85 27 08 00 - www.centre-eden71.fr - ♿ - juil.-août : 10h-18h ; des vac. de Pâques aux vac. de la Toussaint : tlj sf lun. 14h-18h - fermé 1er Mai - 5 € (enfant 2 €) - visite avec tablette numérique (5 € suppl.) - gratuit 1er dim. du mois.* Dans cet espace muséographique moderne et dans le parc qui l'entoure, doté d'une station météorologique, sont présentés les cinq grands milieux naturels de la Bourgogne (forêt, bocage, pelouses calcaires, milieux humides, vallées alluviales), leur flore et leur faune (notamment les insectes). Un **planétarium**, peut accueillir jusqu'à 30 personnes. *Projection et explications (1h) sur le ciel et les étoiles avec un animateur - vac. scol. : mar.-jeu. ; avr.-oct. : dernier dim. du mois - 7 € (enf. 5 €), visite libre du musée comprise.*

★ Réserve naturelle de La Truchère Ratenelle B3

8,5 km au sud de Tournus. Prenez la D 37 puis, à Lacrost, à droite, la D 933 (vers Pont-de-Vaux) jusqu'à Pont-Seille (stationnement avec panneau à gauche dans le lieu-dit). 03 85 51 35 79 - www.cen-bourgogne.fr - possibilité de visite guidée - dépliant à la Maison de la réserve et dans les principaux offices de tourisme.

Classée en 1980, cette réserve nationale de 94 ha a pour objet de préserver ces milieux naturels remarquables (dépression tourbeuse, étendues sableuses et étang marécageux), témoignant de la présence de paysages anciens, refuge d'une faune et d'une flore sauvages spécifiques. Selon les dernières études, ces écosystèmes se seraient développés durant le Moyen Âge.

30mn. Au départ du parking indiqué à gauche, au-delà de la Maison de la réserve. Un sentier en sous-bois longe la rive de l'**étang Fouget** jusqu'à un observatoire (canards et hérons à demeure et passage d'oiseaux migrateurs comme la rousserolle effarvatte ou le bruant des roseaux), puis emprunte une passerelle sur pilotis au-dessus des herbiers.

1h. Second parking à droite par la D 376. La boucle de découverte de l'étonnante **succession de dunes et de tourbières★** commence en sous-bois et devient tout de suite sableuse. Les arbres chétifs cèdent peu à peu la place à de vastes étendues d'une végétation rase et grise, comme en pleine toundra : c'est le « lichen des rennes », parsemé de callunes fausse bruyère et de corynéphores, touffes d'herbe semblables à des hérissons en boule. Les passages arborés (bouleaux, chênes) alternent avec des zones dégagées.

15mn. Au nord-ouest de la dune se trouve une tourbière. À l'entrée de la troisième clairière de lichens (borne), prenez à droite (presque derrière soi) et entrez dans le sous-bois. L'eau apparaît, le passage est surélevé par endroits sur des planches *(ne pas s'en écarter)*. De part et d'autre apparaissent les formes rondes et moelleuses des coussins de sphaignes, dont la décomposition forme la tourbe. Il faut un œil averti (et plus près du sol) pour détecter les petits droséras, plantes carnivores qui pallient la pauvreté du terrain en se nourrissant des insectes qui se collent sur leurs poils. Le sentier débouche sur la route, à quelques dizaines de mètres du parking à droite.

2

NOS ADRESSES À TOURNUS

HÉBERGEMENT

Ville-étape entre le Nord et le Midi, Tournus connaît des affluences importantes le w.-end. Il est prudent de réserver si l'on veut faire une halte.

PREMIER PRIX

Village Motel – *R. des Lauriers - sortie A 6 - 03 85 51 07 45 - www.village-motel.com - P réservée aux résidents - - 41 ch. 56/75 € - 8,30 €.* Un peu à l'écart de la ville, ce motel, entouré de verdure, abrite des chambres de plain-pied récemment rénovées, simples et fonctionnelles.

UNE FOLIE

La Tour du trésorier – *9 pl. de l'Abbaye - 03 85 27 00 47 - www.tour-du-tresorier.com - P - 4 ch. 150/170 € et 1 suite 220 € .* Sophie et Thierry Lindbergh proposent 5 chambres d'hôte dans une demeure du 15e s., bâtie sur les remparts. Certaines donnent sur l'abbaye, d'autres sur la Saône. Demandez la chambre de la tour offrant une vue plongeante à 360° sur l'ensemble. Une décoration ultra-soignée et un grand parc font de ce séjour une expérience rare et privilégiée.

À Gigny-sur-Saône

PREMIER PRIX

Domaine de l'Épervière – *6 r. du Château - 19 km au nord-est de Tournus. Prendre la N 6 puis D 18 - ✆ 03 85 94 16 90 - www.domaine-eperviere.com - piscine chauffée - ♿ - avr.-sept. - 160 empl. 27/58 € et 5 mobile homes.* Ce camping est aménagé autour d'un château des 14e et 18e s., dans un parc boisé de 11 ha au bord d'un étang. Emplacements bien ombragés. Tennis à proximité.

À Uchizy

BUDGET MOYEN

Chambre d'hôte Domaine de l'Arfentière – *Rte de Chardonnay - 10 km au sud de Tournus par N 6 puis D 163 - ✆ 03 85 40 50 46 - www.raphaelsallet.fr - non-fumeurs - P - 4 ch. 70 € petit-déj. compris.* Profitez de votre passage dans cette maison de vignerons pour déguster et acheter des vins du domaine. Les chambres sont claires et plutôt modernes. Deux d'entre elles ouvrent sur les vignes.

RESTAURATION

La table est ici de haute volée. Pas moins de quatre restaurants étoilés se disputeront vos papilles (voir Guide Rouge Michelin).

BUDGET MOYEN

Le Terminus – *21 av. Gambetta - ✆ 03 85 51 05 54 - www.hotel-restaurant-terminus-tournus.fr - fermé dim. midi et merc. - formule déj. 18,50 € - menu 32 €, carte 55 € - ch. 11 ch. 75 € - petit-déj. 11 €.* À la carte de cet ancien buffet de gare 1900, une cuisine au goût du jour qui place la fraîcheur au-dessus de toutes les vertus ! On déjeune ou on dîne côté brasserie, dans une salle intime et cosy. À l'étage, 11 chambres au décor contemporain. Salle du petit-déjeuner délicieusement rétro.

Le Bistrot du rempart – *2 av. Gambetta - ✆ 03 85 51 10 56 - www.lerempart.com - tlj midi et soir sf 24 déc. - menu du jour 19,90 € - menus 29,90/55 € - carte 33/44 €.* Le restaurant de cet hôtel, bien connu à Tournus, propose une cuisine traditionnelle régionale de qualité : au menu, œufs en meurette, quenelles de brochet et crémeux au chocolat, fait maison à partir de produits de saison évidemment. Autre adresse dans une ambiance plus classique, Le Quartier gourmand.

POUR SE FAIRE PLAISIR

Aux Terrasses – *18 av. du 23-Janvier - ✆ 03 85 51 01 74 - www.aux-terrasses.com - ♿ - fermé 2 sem. en janv., 2 sem. en juin, 2 sem. en nov. et dim.-lun. - formule déj. 26 € - menus 40/95 € - ch. 120/250 € - petit-déj. 17 €.* Étape de charme : salles à manger alliant touches classiques, baroques et modernes, beau jardin intérieur et cuisine traditionnelle complice du terroir, pensée par le chef Jean-Michel Carrette. Chambres insonorisées.

Restaurant Greuze – *1 r. Albert-Thibaudet - ✆ 03 85 51 13 52 - www.restaurant-greuze.fr - ♿ - fermé 1 mois en hiver et mar.-merc. - 43/120 €.* Vénérable maison (vieilles pierres, poutres) rendue célèbre par Jean Ducloux. La fine cuisine signée Yohann Chapuis remet la tradition à l'aune d'une modernité visitée par un esthétisme inventif, comme ces langoustines « nacrées » avec leur caviar de perles de citron.

UNE FOLIE

Meulien – *1 bis av. des Alpes - ✆ 03 85 51 20 86 - www.meulien.com - P - fermé dim. soir et lun.-mar. - formule déj. 35 € - menus 62/98 €.* Ce restaurant de la rive gauche s'agrémente d'une décoration contemporaine.

Chaleureuse atmosphère familiale et cuisine soignée au goût du jour, mâtinée de saveurs exotiques (gingembre, combava...).

À Ozenay

POUR SE FAIRE PLAISIR

Le Relais d'Ozenay – *Le bourg - à 6 km au sud-ouest de Tournus par la D 14 - ✆ 03 85 32 17 93 - www.le-relais-dozenay.com - ♿ - fermé 3 sem. en janv., 1 sem. en oct. et mar.-merc. - formule déj. (sf j. fériés) 24 € - menus 39/75 €.* Le village pittoresque d'Ozenay réserve de bonnes surprises. La savoureuse cuisine concoctée ici avec des produits du terroir, souvent bio, en fait partie. Grande terrasse sur l'arrière.

ACHATS

Les Vignerons de Mancey – *N 6 - sortie Tournus, prendre en dir. de Chalon-sur-Saône - ✆ 03 85 51 71 62 - www.lesvigneronsdemancey.fr - mai-sept. : 8h30-12h30, 13h30-19h, dim. et j. fériés 9h30-12h30, 15h-18h ; oct.-avr. : 9h-12h30, 14h-18h30, dim. et j. fériés 9h30-12h30, 15h-18h - fermé 1er janv., 25 déc.* Cette cave est la vitrine d'une association regroupant une soixantaine de vignerons qui cultivent 140 ha de vignes. Plus de 85 appellations proposées (gevrey-chambertin, meursault, pommard, mercurey...).

ACTIVITÉS

Base de loisirs nautiques de Laives – *71240 Laives - Lacs de Laives - www.laives-bourgogne.fr/fr/base-nautique - juin : w.-end 9h-18h ; juil.-août : 9h30-18h, w.-end 9h-18h - 3 € (-16 ans 2 €).* 37 ha de plan d'eau : baignade surveillée, pédalo, canoës, paddle, pêche, jeux, pique-nique, balades en forêt, VTT...

Base nautique L'Embarcadère - *Prom. du Barrage - 71290 La Truchère - ✆ 03 85 51 70 93 - www.l-embarcadere71.com - mai-sept. - en hiver au restaurant Le Débarcadère à Cuisery (03 85 21 11 34).* Location de bateaux à moteur sans permis, bateaux électriques et possibilités de croisières avec passage d'écluses.

Alpha croisières – *71700 Chardonnay - ✆ 03 85 40 55 50 - www.alpha-croisiere.com - janv.-août : lun.-vend. 9h-18h30, sam. 9h-17h30 ; reste de l'année : lun.-vend. 9h-18h30 - fermé dim.* Croisières sur la Saône ou la Seille, plus sauvage, à bord de confortables bateaux (2 à 12 pers.). Rens. au Pavillon Saône.

La Voie bleue – Le tronçon de Mâcon à Tournus (32 km) permet de découvrir les bords de la Saône à vélo. Une quinzaine de circuits VTT balisés à travers le Tournugeois, ainsi que 11 circuits à vélo dont 5 circuits balisés au départ de Tournus. Rens. à l'OT.

AGENDA

Le magazine *Tournugeois Passions* (en ligne sur www.tournus-tourisme.com) recense tout l'agenda du Mâconnais-Tournugeois.

Chalon-sur-Saône

★

45 390 Chalonnais – Agglomération : 74 911 hab. – Saône-et-Loire (71)

Ville natale de Nicéphore Niépce, Chalon-sur-Saône est la deuxième agglomération de Bourgogne. Deux circuits permettent de partir sur les traces de l'inventeur de la photographie et de découvrir le riche patrimoine de la cité. Son centre ancien se dévoile au détour de rues piétonnes, agrémentées de nombreuses places où se retrouve la jeunesse chalonnaise. N'hésitez pas à traverser la Saône vers l'île St-Laurent pour apprécier le panorama sur la ville et ses quais accueillants. Ses alentours s'enorgueillissent de nombreux vignobles de renom.

NOS ADRESSES PAGE 175
Hébergement, restauration, achats, activités, etc.

S'INFORMER

Office du tourisme – *4 pl. du Port-Villiers - 71100 Chalon-sur-Saône - 03 85 48 37 97 - www.achalon.com - avr.-oct. : 9h30-12h30, 14h-18h ; reste de l'année : tlj sf dim.-lun. 9h30-12h30, 14h-17h30 - fermé 1er janv., 25 déc.*

Visites guidées – *Visites générales ou thématiques par des guides conférenciers : le quartier de la cathédrale, la cité au temps de Nicéphore Niépce, la vie chalonnaise à la Renaissance, l'histoire des ponts de Chalon… Programme disponible à l'Espace patrimoine au 03 85 93 15 98 et à l'office de tourisme.*

Chemin de l'Orbandale – *Des flèches incrustées dans le sol dessinent un parcours dans le Vieux Chalon. Départ de l'office de tourisme.*

SE REPÉRER

Carte de microrégion B1-2 (p. 112-113) – Au carrefour de plusieurs nationales (N 6, N 78, N 80) et sur le passage de l'A 6, Chalon est également desservie par le TGV.

SE GARER

Parkings gratuits à l'est de la ville, sur la place du Collège et près de la promenade Ste-Marie.

À NE PAS MANQUER

Le musée Nicéphore-Niépce, le musée Denon et le vieux Chalon.

AVEC LES ENFANTS

La galerie des Sciences de l'abbaye de La Ferté, à St-Ambreuil, une balade à vélo le long des bords de la Saône *(voir « Nos adresses »)*.

Se promener Plan de ville ci-contre

Voir le circuit tracé sur le plan ci-contre. Comptez 1h (sans la visite des musées).

Chalon est une ville agréable dont le centre historique est parcouru de nombreuses rues piétonnes animées et bordées de boutiques. Signalé par un fléchage au sol, *le Chemin de l'Orbandale* permet de découvrir les plus belles rues et monuments.

Débutez la visite au **port Villiers**. Une rangée de marches offre, depuis 1840, une halte pour admirer la Saône et l'**île St-Laurent**. Au centre de la place siège la statue de **Nicéphore Niépce**. À gauche, quai des Messageries, se situe le musée de la photographie portant le nom de l'inventeur.

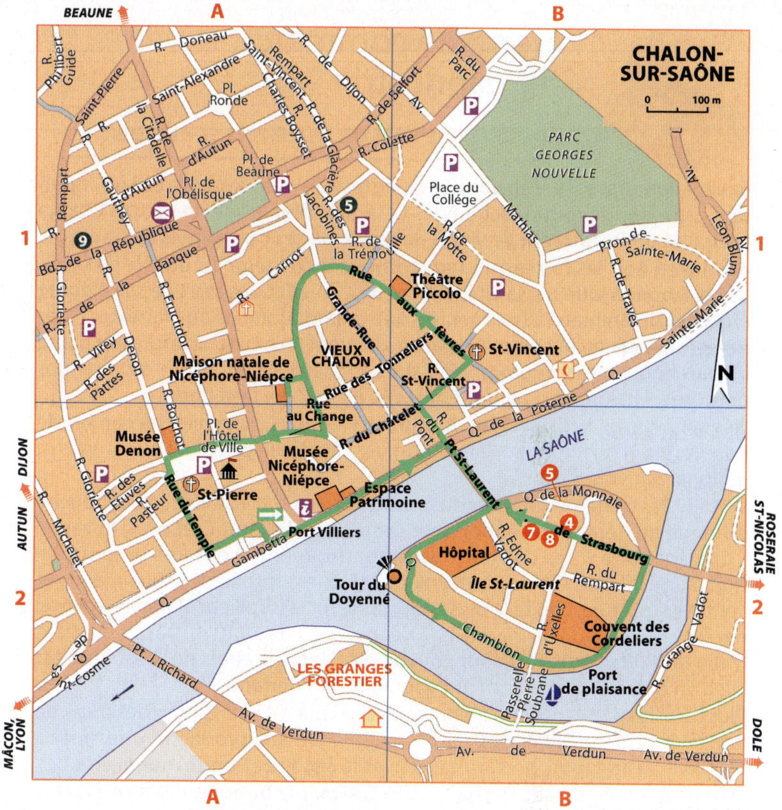

SE LOGER
- Hôtel St-Régis 9
- Hôtel Les Jacobines 5

SE RESTAURER
- Le Bistrot 4
- Le Bourgogne 7
- Chez Jules 5
- Parcours 8

★★ Musée Nicéphore-Niépce A2

28 quai des Messageries - ✆ 03 85 48 41 98 - www.museeniepce.com - juil.-août : 10h-18h ; reste de l'année : 9h30-11h45, 14h-17h45 - fermé mar. et j. fériés - possibilité de visite guidée sur demande (1h30) - gratuit.

Situé dans l'hôtel des Messageries royales (18e s.), le musée conserve une riche collection composée de trois millions de photographies, 6 000 appareils photographiques, et d'objets permettant d'expliquer les techniques de la photographie depuis son invention par Nicéphore Niépce jusqu'à l'image numérique. La visite est jalonnée de bornes audiovisuelles ou interactives. Les tirages professionnels y côtoient les épreuves amateurs. La presse illustrée tient une place importante en tant que support essentiel à la diffusion planétaire du médium. La présentation permet de suivre les progrès spectaculaires de l'image : projection lumineuse (lanternes magiques), vues stéréoscopiques (relief), premières éditions d'albums par W. H. Fox Talbot (*The Pencil of Nature*, 1844), photochromies de Louis Ducos du Hauron (1868), holographie (1948-1970)… Cette progression s'accélère au 20e s., qui voit l'apparition du format 24 x 36 (1923) et le succès populaire de la « photo ». Parmi les pièces exposées, on trouve les premiers Kodak et Polaroids, des petits appareils espions,

Terre de commerce et d'industrie

DE L'EMPIRE ROMAIN À L'EMPIRE SCHNEIDER

Sa situation stratégique en bordure d'une grande voie navigable et à un important carrefour de routes incita Jules César à choisir le site de l'actuel Chalon pour établir un entrepôt de vivres au temps de ses campagnes en Gaule.
Au Moyen Âge, les **foires aux sauvagines** sont les témoins du rôle de carrefour européen joué par la cité. Chalon doit en effet une part de sa célébrité aux peaux d'animaux à fourrure tels que renards, fouines ou blaireaux… Les foires, qui avaient lieu deux fois par an, duraient un mois et comptaient parmi les plus fréquentées d'Europe. Mais si le commerce de la fourrure a longtemps perduré à Chalon, c'est aujourd'hui celui du cuir qui s'est imposé.
Dès la fin du 18e s., la création du **canal du Centre**, puis celle des canaux de Bourgogne et du Rhône au Rhin contribuent au développement du commerce régional par voie d'eau.
En 1839, les usines **Schneider** du Creusot *(voir p. 220)* installent au débouché du canal du Centre une importante usine dite « Le Petit Creusot », devenue « Creusot-Loire ». Les chantiers navals entreprennent dès lors la construction d'une longue série de bateaux métalliques : torpilleurs, sous-marins et contre-torpilleurs. L'unité la plus importante fut le torpilleur *Mangini*, lancé en décembre 1911 pour la marine bolivienne. Long de 78,10 m, il avait un tirant d'eau de 3,08 m, trop fort pour pouvoir descendre le cours de la Saône. C'est avec un bateau porteur qu'il dut gagner la Méditerranée.
Plus tard, les habitants de Chalon-sur-Saône purent voir le long des quais de la ville des submersibles de type SC 1. Cette dernière production, destinée à la Bolivie et au Japon, ne s'arrêta qu'avec la Seconde Guerre mondiale.
Spécialisée dans la métallurgie lourde, Creusot-Loire subit de plein fouet la crise sidérurgique de 1984. D'autres industries se sont implantées depuis, à l'instar de St-Gobain ou Areva.

L'ÉMERGENCE D'UN GÉNIE INVENTIF

Chalon voit naître **Joseph Nicéphore Niépce** en 1765 *(au 15 r. de l'Oratoire)*. **Nicéphore ?** Ce prénom, Joseph Niépce se l'attribue après avoir été… remercié d'un poste d'instituteur. Nicéphore est à la fois le patriarche des iconostases et « celui qui apporte la victoire ». Tout un programme pour un chercheur de génie, passionné par la peinture et les arts…
Niépce met au point, avec son frère Claude, un moteur dont le principe est celui du moteur à réaction, le « pyréolophore ». Il dessine aussi une version de la draisienne, qu'il appelle la « machine à courir assis ». Passionné par la lithographie (gravure sur pierre), il réussit, en 1816, à fixer en négatif l'image obtenue au moyen de la chambre noire, puis, en 1822, à avoir une image positive fixée. Après ces résultats, Niépce élabore vers 1826 un procédé de photogravure : l'**héliographie**. Il meurt à Chalon en 1833, six ans avant la consécration officielle de sa trouvaille par François Arago.
La toute première photographie, *Point de vue du Cras*, prise de sa fenêtre à St-Loup *(voir p. 173)* après dix heures de temps de pose, sur une plaque d'étain recouverte de bitume de Judée, est précieusement conservée dans un bain d'hélium à l'université d'Austin au Texas.

l'appareil lunaire d'Hasselblad (programme Apollo), et le Globuloscope panoramique (1981). Pièce centrale des collections : la chambre de la Découverte, premier appareil photographique au monde utilisé par Niépce, auquel une salle est consacrée, et des héliographies, considérées comme les premières photographies (1826). Daguerre (son associé en 1829) développe un matériel commercialisable : le **daguerréotype**. Notez le grand photographe (ancien terme désignant l'appareil photographique) de Chevalier (vers 1840), les appareils Dagron ou Bertsch pour la photographie microscopique, les Dubroni (photographie instantanée, 1860), les canons à ferrotypes (support métallique au lieu du verre), les cyclographes (photographie panoramique, 1890) de Damoiseau, la « photosculpture » de Givaudan… Le musée s'interroge sur l'évolution de la photographie en tant qu'art et sur sa fonction documentaire, ses usages populaires ou commerciaux et son lien indéfectible avec l'édition.

Espace Patrimoine A2

24 quai des Messageries - ✆ 03 85 93 15 98 - www.chalon.fr - ♿ - juin-sept. : 10h-12h45, 13h30-18h ; reste de l'année : tlj sf lun. 10h-13h, 14h-18h - fermé 1er janv., 1er Mai, 25 déc. - possibilité de visite guidée sur demande (1h30).

L'hôtel Colmont-Fusselet, édifié en 1773, abrite ce centre d'interprétation de l'architecture et du patrimoine. Celui-ci accueille une exposition permanente de photographies, plans et gravures anciennes qui permet de découvrir des points de vues insolites et les grandes périodes historiques de la ville, jusqu'aux années 1980. Un grand plan marqueté au sol représente le cœur historique. Un parcours permet une découverte de la création architecturale contemporaine et son intégration dans l'environnement paysager et urbain.

Traversez le pont St-Laurent, orné d'obélisques, qui offre une jolie vue sur les deux rives.

Hôpital B2

7 quai de l'Hôpital - ✆ 03 85 93 15 98 - www.chalon.fr - visite guidée sur demande préalable (2h) auprès de l'Espace patrimoine - 3,60 € (-18 ans gratuit).

Les chanoines n'avaient pas autorisé le chancelier Rolin à installer ses hospices à Chalon ; il les installa donc à Beaune. Seul le bâtiment à degrés d'inspiration flamande date de la construction initiale (1528). Il comprend, au 1er étage, des pièces lambrissées, le réfectoire, le couloir des cuisines et la pharmacie (1715). Les bâtiments s'étendirent à partir du 17e s. et, dès le début du 18e s., certaines pièces furent ornées de magnifiques **boiseries★**. La **chapelle**, d'architecture métallique (1873), a recueilli des œuvres d'art provenant des parties démolies à l'époque : boiseries armoriées, chaire du 17e s., rare Vierge à l'encrier et verrières Renaissance.

Le quai mène à la tour du Doyenné, ancien escalier de la cathédrale.

Tour du Doyenné B2

Jadis proche de la cathédrale, ce beffroi du 15e s. fut démonté en 1907, puis reconstruit à la pointe de l'île.

Poursuivez quai Jules-Chamblon jusqu'à l'ancien couvent des Cordeliers.

Ancien couvent des Cordeliers B2

Fondé en 1450 à la demande de Philippe le Bon, il fut démoli en 1914 pour en faire une caserne.

Longez le port de plaisance jusqu'au pont de la Genise, édifié en 1459 et reconstruit à plusieurs reprises, et le quai de la Monnaie.

Des pompes élévatoires y ont été installées vers 1871. Empruntez la rue de Strasbourg qui foisonne de bars et restaurants.

Retraversez la Saône et empruntez la rue du Pont, puis la rue St-Vincent à droite.

Cathédrale St-Vincent B1

Sanctuaire de l'ancien évêché de Chalon (supprimé en 1790), St-Vincent ne présente pas un aspect homogène. Ses parties les plus anciennes remontent à la fin du 11e s., de styles gothique et roman, tandis que le chœur est du 13e s. La façade détruite à la Révolution et reconstruite comme ses deux clochers néogothiques au 19e s. (1825) lui donnent un air étrange. À l'intérieur, les piliers cantonnés de pilastres cannelés et de colonnes engagées sont dotés pour certains de chapiteaux semblables à ceux d'Autun. Dans la chapelle absidiale nord, remarquez la grande armoire eucharistique contemporaine en bronze doré (1986) et, dans le chœur, le dais finement sculpté. L'abside abrite un triptyque de 1608 (Crucifixion). Dans la chapelle donnant accès à la sacristie, on admire une voûte à cinq clefs pendantes et un beau vitrail représentant la femme aux 12 étoiles de l'Apocalypse. Le bras droit du transept ouvre sur la chapelle Notre-Dame-de-Pitié (Pietà du 15e s. et tapisseries Renaissance) ainsi que sur un cloître du 15e s. Dans le bas-côté droit, nombreuses pierres tombales et chapelles fermées par des claustras (« grilles » de pierre). La dernière chapelle latérale contient une Pietà polychrome du 16e s. Une maquette tactile à destination des malvoyants a été installée à l'entrée de l'édifice.

★ Maisons séculaires et hôtels particuliers du vieux Chalon

Certaines des demeures séculaires du vieux Chalon méritent d'être signalées, surtout dans le quartier St-Vincent, où de belles façades à pans de bois ou façade plate ont été dégagées sur la place éponyme. Notez une statue du saint à l'angle de la **rue St-Vincent**. Remarquez aux nos 9-11 le corps de logis de la **maison de la Mothe**, demeure fin 15e s.-début 16e s., à pans de bois et de pierre, dont la tourelle abrite un escalier à vis. La **maison des Trois-Greniers**, au n° 7, est surmontée de toits percés de trois niveaux de lucarnes. À côté, la **maison dite des Lombards** est une « maison tour » du 13e s.

Remontez la rue aux Fèvres jusqu'au **théâtre Piccolo** (B1), dont seule la façade à pilastres de pierre, ornés de chapiteaux, date de 1776.

Prolongez cette rue commerçante jusqu'à la rue Saint-Georges.

Au n° 40, la **maison Chambion**, bâtie sur une partie de l'ancienne commanderie de St-Antoine, mêle des éléments de différents styles (oriental et médiéval). Au n° 38, l'**hôtel de Sassenay** forme avec l'**hôtel de Virey**, sur la place Pontus-de-Tyard, un bel ensemble architectural.

En empruntant un tout petit passage voûté sur votre droite, vous observerez, rue de l'Oratoire, la **maison natale de Nicéphore Niépce** (A1), adossée à la **villa Denon**, et la **tour Saudon**, vestige de l'enceinte gallo-romaine. *Regagnez la rue Saint-Georges et remarquez, à l'angle de la rue des Tonneliers, les vestiges de la* **tour du Beffroi de l'Hôtel-de-Ville**. Cette rue abrite, au n° 8, l'**hôtel Noirot**, construit en 1710 pour l'ancien maire de Chalon, et, au n° 5, l'**hôtel Chiquet** où résidèrent Napoléon Ier, puis le pape Pie VII.

Jetez un œil au n° 37 de la rue du Châtelet, où la **maison des Quatre-Saisons** dispose d'une belle façade (17e s.) avec bas-reliefs, médaillons et gargouilles.

Empruntez la rue au Change.

Au n° 3 se trouve la **maison Perry**, d'architecture classique, richement décorée, *puis gagnez la place de l'Hôtel-de-Ville.*

L'**hôtel de ville,** implanté en 1844, s'élève sur les restes du couvent des Carmes (15e s.), puis du tribunal (1822). Sa façade néoclassique est l'œuvre d'Eugène Piot. Sa place animée accueille la jeunesse chalonnaise sur ses terrasses ensoleillées.

Sur la gauche se dresse l'église St-Pierre et en face le musée Denon.

Chalon-sur-Saône, place Saint-Vincent.
P. Jacques/hemis.fr

2

Église St-Pierre A2

Construite de 1698 à 1713 dans un style italien, cette ancienne chapelle bénédictine présente une façade imposante (refaite au 19e s.). À l'intérieur s'ouvrent une vaste nef et un chœur sous coupole peuplés de statues, dont certaines sont du 17e s. : saint Pierre et saint Benoît à l'entrée du chœur, sainte Anne et la Vierge terrassant le dragon dans le transept. Dans le chœur, stalles sculptées et orgue d'époque Régence surmonté d'un Saül jouant de la harpe.

★ Musée Denon A2

3 r. Boichot - ✆ 03 85 94 74 41 - www.museedenon.com - 9h30-12h, 14h-17h30 - fermé mar. et j. fériés - possibilité de visite guidée sur demande - gratuit.

Installé dans une annexe (18e s.) de l'ancien couvent des Ursulines, ce musée porte le nom de l'une des gloires de la ville : le baron Dominique Denon, dit Vivant Denon *(voir encadré p. 172)*. Une opération de rénovation a été menée afin d'améliorer la mise en valeur des expositions temporaires. Les riches collections présentées couvrent l'art pictural du 17e au 20e s. L'école italienne est illustrée par le Napolitain Solimena et des toiles baroques de Giordano et Bassano*;* le Siècle d'or hollandais (17e s.) par Hans Bollongier et de belles natures mortes de Jean-David De Heem. La peinture française se distingue par des paysages préimpressionnistes du peintre chalonnais étienne Raffort.

Les pièces archéologiques exposées ont pour la plupart été retrouvées lors de fouilles subaquatiques ou de dragage de la Saône : les « feuilles de laurier », les vases et les fibules en bronze gaulois et les dagues du Moyen Âge témoignent de la présence ancienne de l'homme en Chalonnais. Ne manquez pas le très réaliste groupe gallo-romain en pierre : un lion terrassant un gladiateur.

Face au musée, revenez par la rue du Temple.

Au n° 33 se trouve le **musée du Souvenir du combattant**, au sein de la **chapelle des Hospitaliers,** seul vestige de la commanderie des templiers.

LE BARON DENON

Diplomate de l'Ancien Régime, né à Chalon-sur-Saône en 1747, **Dominique Denon, dit Vivant Denon,** fréquente Voltaire et Pierre le Grand. Graveur renommé, membre de l'Académie des beaux-arts en 1787, il part en Italie ; de retour à Paris, il est considéré par la Convention comme un émigré : son ami, le peintre David, le sauve de justesse de la guillotine. Lors de la campagne d'Égypte, il réalise le relevé des monuments, avant de devenir le conseiller artistique de Napoléon, surintendant des arts en quelque sorte, grand pourvoyeur et organisateur des musées de France. Ayant quitté ses fonctions officielles, il se consacre, comme son compatriote Niépce, au procédé nouveau de la **lithographie**. Artiste talentueux, il est aussi l'auteur d'un roman, *Point de lendemain*. Les autoportraits du baron, dessinés et gravés, sont visibles au musée Denon.

À proximité Carte de microrégion p. 112-113

Roseraie St-Nicolas B2 (en direction)

À 4 km au nord-est. Des quais, prenez les ponts des îles de la Saône au sud, puis la rue Julien-Leneuveu à gauche.

Circuit de 5 km au départ de l'aire de loisirs St-Nicolas. Comptez 1h30. Cette prestigieuse roseraie (comptant quelque 25 000 plants) dissémine ses parterres au milieu d'immenses pelouses semées de bosquets.

Circuits conseillés Carte de microrégion p. 112-113

LA CÔTE CHALONNAISE AB1-2

Circuit de 70 km tracé en vert sur la carte de microrégion (p. 112-113) – Comptez environ 3h. Quittez Chalon au sud-ouest par la N 80. Rejoignez la D 981, que vous prenez à droite vers Givry.

La côte chalonnaise forme un trait d'union entre les côtes de Beaune et de Nuits au nord, le Mâconnais et le Beaujolais au sud. Elle produit certains crus réputés, tels que le mercurey, le givry, le montagny, le rully et le bouzeron. Les vignerons y élaborent surtout des vins rouges (pinot noir) dans le nord et des vins blancs (chardonnay) dans le sud.

Givry A2

Givry produit des vins déjà appréciés du bon roi Henri IV. La localité offre l'aspect d'une tranquille petite cité de la fin du 18ᵉ s., avec son hôtel de ville installé dans une porte monumentale de 1771, ses fontaines et son **église**. Chef-d'œuvre de Gauthey, cette dernière est couverte de coupoles et de demi-coupoles ; quatre groupes de deux grosses colonnes entourent sa nef.

MERCUREY

Entre Givry et Rully, Mercurey est une sympathique étape. Son Appellation Village de la côte chalonnaise est l'une des plus importantes de Bourgogne et compte 32 climats classés en Premier Cru. Sur près de 23 000 hl produits en rouge chaque année en moyenne, plus d'un quart le sont en Premier Cru. Moins connus car quantitativement moins importants, les blancs (3 981 hl) sont aussi très appréciés pour leurs notes épicées ou minérales. *(Source BIVB)*

La **halle ronde**, ancien marché aux grains, dont les grandes arcades laissent apercevoir la jolie spirale de l'escalier central, date du début du 19e s.
Continuez au nord sur la D 981.

Château de Germolles A1-2

100 pl. du 5 Septembre-1944 - ✆ 03 85 98 01 24 - www.chateaudegermolles.fr - visite guidée (1h20) de déb. mai à mi-oct. : 9h45-12h30, 14h-19h30 ; de mi-mars à fin avr. et de mi-oct. à mi-nov. : tlj sf lun. 14h-18h ; reste de l'année : sur demande préalable - visite libre du parc - 8 € (-12 ans 2 €) - parc seul 2,50 € (-12 ans gratuit).
Cette maison forte du 13e s. – que précède une ferme du 14e s. à fenêtres à meneaux – fut rachetée au 14e s. par Philippe le Hardi. Il l'offrit à son épouse, Marguerite de Flandre, qui la transforma en « maison de plaisance ducale ». La demeure prend à l'époque un aspect très bucolique : une bergerie voit le jour, on se met à cultiver la vigne, une immense roseraie s'épanouit… La visite guidée, très intéressante, permet de découvrir un vaste cellier roman-gothique, deux chapelles superposées et plusieurs pièces du château. La plus remarquable est sans doute la chambre de Marguerite de Bavière, la belle-fille de Marguerite de Flandre, épouse de Jean sans Peur. On y voit des **peintures murales** d'époque extrêmement rares (car les demeures princières du 14e et 15e s. ont pratiquement disparu en France), représentant les initiales des propriétaires du château (M et P) et des chardons.
Espace ouvert sur les prés qui l'environnent, le **parc** du château vaut le coup d'œil : on y découvre, entre autres, tilleuls, mûriers, chênes, cyprès, arbres exotiques (ginkgo biloba, araucaria) et, à la belle saison, lauriers et orangers.
À Germolles, prenez à gauche un chemin vicinal dans la vallée des Vaux.

Vallée des Vaux A1-2

C'est le nom donné à la haute vallée de l'Orbise, tout à fait pittoresque. À partir de Mellecey, les villages situés à mi-côte présentent le type des cités viticoles avec les celliers attenants aux maisons : St-Jean-de-Vaux *(où débute la D 124, que vous prenez à droite)*, St-Mard-de-Vaux. *Dans St-Mard, tournez à droite vers Bourgneuf-Val-d'Or. Empruntez la D 978 à droite pour revenir à Chalon-sur-Saône. Poussez ensuite via la D 978 jusqu'à Mercurey distant de 5 km.*

DE CHALON-SUR-SAÔNE À MÂCON B2-3-4

Circuit de 90 km tracé en marron sur la carte de microrégion (p. 112-113) – Comptez environ 2h. Quittez Chalon par la N 6. Après 11 km, tournez à gauche sur la D 6 pour rejoindre Marnay, au débouché de la Grosne, puis suivez la direction de Boyer et de la halte nautique en empruntant la D 271. St-Loup est à 7 km au sud de Chalon par la N 6.

St-Loup-de-Varennes B2

Maison Nicéphore-Niépce – *2 r. Nicéphore-Niépce - ✆ 01 40 09 18 58 - www.niepce.com - visite guidée (30mn) juil.-août uniquement : 10h-18h (dernier départ 17h) - fermé mar. et j. fériés - 6 € (enfant 3 €).* Il est émouvant de découvrir la chambre d'où fut prise la première photographie, ainsi que le grenier qui abritait les expériences de Niépce et de Daguerre. Dans les lieux mêmes de l'invention, vous découvrirez les premiers procédés et appareils photo reproduits et commentés.
Poursuivez sur la N 6 pendant 3 km.

St-Ambreuil B2

Abbaye de La Ferté – *✆ 06 22 91 40 11 - visite guidée (1h) juil.-août : 10h30, 11h30, 14h30, 15h30, 16h30 et 17h30, sam. 10h30, 11h30, 14h30, 15h30 et 16h30 - 7,50 €*

2

(-16 ans gratuit). Dernier vestige de l'abbaye, avec le réfectoire en voûtes d'ogives, cette aile du 17e s. est l'ancien logis de l'abbé. Les appartements de ce dernier sont décorés de mobilier des 17e et 18e s. Dans l'amusante galerie des Sciences sont réunis à la fois instruments de mesure et ouvrages scientifiques, ainsi que des portraits et bustes de la savante dynastie familiale Thénard, qui compte l'inventeur de l'eau oxygénée et celui du célèbre crayon Conté !

Au sud de **Tournus★** *(voir p. 157)*, la Saône reçoit la Seille, sur la rive gauche, au petit village de **La Truchère** (charmante écluse sur le bras sud de l'embouchure de la Seille, restaurants et location de bateaux).

Retournez sur Tournus et reprenez la N 6 en direction de Mâcon sur 3 km.

Le Villars B3

Dans ce village vécurent le pianiste **Alfred Cortot** (1877-1962) et l'ingénieur **Gabriel Voisin** (1880-1973), qui fut, avec son frère, le premier à construire industriellement des avions en France. L'**église**, curieux édifice des 11e et 12e s. à deux nefs (l'une, condamnée, était réservée aux religieuses d'un prieuré contigu), est précédée d'un vaste porche et contient quelques sculptures.

Continuez 3 km sur la N 6.

Tandis qu'à droite s'élèvent les monts du Mâconnais, on trouve, sur la gauche, de nombreuses petites routes qui mènent aux anciens « ports » de Farges et d'Uchizy (simples accès fluviaux pour des villages bâtis sur des terrasses hautes, à 2 ou 3 km de la rivière). Les bords de la Saône permettent la pratique de la pêche. Sur la rive, aux « ports », quelques maisons sont regroupées, avec parfois une auberge où déguster les traditionnelles fritures et cuisses de grenouilles.

Farges-lès-Mâcon B3

Ce village possède une **église** romane du début du 11e s., dont l'intérieur ne manque pas d'intérêt. La nef, aux beaux piliers, présente une certaine ressemblance avec celle de St-Philibert de Tournus (*visite libre ou sur demande à la mairie 8h-18h - ✆ 03 85 40 51 00).*

Empruntez la D 210 sur 1,5 km.

Uchizy B3

L'**église** aurait été construite à la fin du 11e s. par les moines de Tournus. Elle est surmontée d'un haut clocher constitué de cinq étages en dégradé, le dernier n'étant pas d'origine.

Poursuivez par la N 6, entre l'autoroute et la Saône.

Au niveau de **Fleurville**, la Saône reçoit la Ressouze, qui passe par Pont-de-Vaux, en Bresse.

Les amateurs d'églises romanes s'arrêteront à **St-Albain** pour apprécier l'heureuse harmonie de l'édifice.

Peu avant d'arriver à Mâcon, à **St-Martin-Belle-Roche**, remarquez les carrières dans des falaises de couleur ocre.

NOS ADRESSES À CHALON-SUR-SAÔNE

TRANSPORTS

Mis en place par le Grand Chalon, le « Pouce » est une navette gratuite qui passe toutes les 15mn, suivant un circuit ponctué par 17 arrêts dans les lieux de grande affluence (tlj sf dim. 9h-19h).

HÉBERGEMENT

PREMIER PRIX

5 **Hôtel Les Jacobines** – A1 - *10 r. des Jacobines - 03 85 48 12 24 - www.hotel-lesjacobines.com - P 2,50 €/j - fermé 2 sem. fin août - 23 ch. 36,50/45 € - 6,50 € - 1/2 P 59 €.* Les chambres de cet hôtel, un brin exiguës, n'offrent qu'un confort sommaire, mais on appréciera de trouver un hébergement en plein centre-ville pratiquant des prix très bas.

Hôtel de la Thalie – Hors plan - *77 r. François-Protheau - 03 85 46 84 24 - www.hotel-thalie.com - P - 54 ch. 49/109 € - 8,90 €.* Un établissement propret, où toutes les chambres rénovées disposent du confort standard : TV, sdb, climatisation, double vitrage.

BUDGET MOYEN

Hôtel À la Villa Boucicaut – Hors plan - *33 bis av. Boucicaut - 03 85 90 80 45 - www.la-villa-boucicaut.fr - P 7 €/j - - 16 ch. 89/109 € - 11,50 €.* Situé dans un quartier calme de Chalon, cet hôtel-là a tout des villégiatures de charme : parquet en chêne, déco raffinée, ambiance cosy… Pour un peu, on se croirait en chambre d'hôte. Jaccuzzi dans la véranda.

POUR SE FAIRE PLAISIR

9 **Hôtel St-Régis** – A1 - *22 bd de la République - 03 85 90 95 60 - P 12 €/j - 35 ch. 120 € - 12 €.* Sur un boulevard animé, cet immeuble du début du 20e s. a un charme très provincial. Chambres contemporaines qui ont été rénovées. Plaisant salon.

Hôtel Le St-Georges – Hors plan - *32 av. Jean Jaurès - 03 85 90 80 50 - www.le-saintgeorges.fr - P 7 €/j - - 51 ch. 120/170 € - 15 € - 21/38 €.* À proximité de la gare, ce bel hôtel aux lignes épurées derrière sa façade classique propose des prestations de qualité auxquelles s'ajoute un agréable Spa. Voir « Restauration » ci-contre.

À proximité

BUDGET MOYEN

Hôtellerie du Val d'Or – *140 Grande-Rue - 71640 Mercurey - 13 km au nord-ouest par D 978 - 03 85 49 23 85 - www.le-valdor.com - P 8 €/j - fermé mi-déc.-début janv. - 12 ch. 85/90 € - 11,50 € - 17,90/26 € - fermé mar. midi, merc., dim. soir.* Dans ce village vigneron de la côte chalonnaise, l'ancien relais de poste entièrement restauré propose une douzaine de chambres. Agréable jardin. Salle à manger rustique avec cheminée et poutres apparentes.

POUR SE FAIRE PLAISIR

Hôtel Le Dracy – *4 r. du Pressoir - 71640 Dracy-le-Fort - 9 km à l'ouest par D 978 - 03 85 87 81 81 - www.ledracy.com - P extérieure et intérieure - - 47 ch. 95/140 € - 13 € - 22/46 €.* Jardin arboré, piscine, parasols, Le Dracy a des airs de vacances. Les chambres, toutes équipées et décorées avec soin, sont bien tenues. Le restaurant La Garenne défend une bonne cuisine traditionnelle, respectueuse des saisons.

RESTAURATION

BUDGET MOYEN

7 **Le Bourgogne** – B2 - *28 r. de Strasbourg - ✆ 03 85 48 89 18 - www.restau-lebourgogne-chalon.fr - fermé 1 sem. en fév., 2 sem. fin juil.-début août, sam. midi, dim. soir et lun. - 20/34 €.* Le haut plafond aux poutres apparentes et le mobilier d'inspiration Louis XIII de la salle à manger confèrent une atmosphère « rustico-bourguignonne » au lieu. Cuisine traditionnelle revisitée.

5 **Chez Jules** – B2 - *11 r. de Strasbourg - ✆ 03 85 48 08 34 - www.restaurant-chezjules.com - fermé 2 sem. en hiver, 2 sem. fin août, jeu. et dim. - formule déj. 16,50 € - menus 19,50/34 €.* Sur l'île St-Laurent, une salle au cadre rustique et simple. Dans l'assiette : tradition, suggestions du jour et grand choix de desserts.

POUR SE FAIRE PLAISIR

8 **Parcours** – B2 - *32 r. de Strasbourg - ✆ 03 85 93 91 38 - www.restaurantparcours.com - fermé merc. et dim. - formules déj. 17/21 € - menus 29/55 €.* Sur l'île St-Laurent, ce restaurant propose une cuisine inventive et colorée, élaborée à partir de produits de terroir. Belle carte des vins. Salle dans la cave voûtée.

4 **Le Bistrot** – B2 - *31 r. de Strasbourg - ✆ 03 85 93 22 01 - ♿ - fermé dim.-lun. - 30/60 €.* Agréable bistrot tout de rouge vêtu (boiseries, banquettes, lustres…). Au sous-sol, le salon voûté donne sur la cave vitrée. Cuisine actuelle avec légumes du jardin et beaux bourgognes.

Le St-Georges by Georges – Hors plan - *32 av. Jean-Jaurès - ✆ 03 85 90 80 50 - www.le-saintgeorges.fr - ♿ - formule déj. 21 € - menus 24/38 €.* Cadre brasserie mêlant cuir et bois pour une cuisine traditionnelle épaulée par le chef-cuisinier Georges Blanc.

À proximité

BUDGET MOYEN

Auberge des Alouettes – *1 rte de Givry - 71880 Châtenoy-le-Royal - 4 km à l'ouest - ✆ 03 85 48 32 15 - www.aubergedesalouettes.fr - ♿ - fermé 1 sem. en juin, 2 sem. en juil., dim. soir, mar. soir et merc. - formule déj. 17 € - menus 23,50/42 €.* Atmosphère chaleureuse dans cette auberge bordant une artère fréquentée. Attablez-vous près de l'élégante cheminée en pierre pour déguster les suggestions du jour.

UNE FOLIE

L'Amaryllis – *Chemin de Martorez - 71100 St-Rémy - 3 km au sud-ouest - ✆ 03 85 48 12 98 - www.lamaryllis.com - P - fermé 1re sem. de janv., 1re sem. de nov., dim. soir-mar. midi - menu du marché 35 € - menus 65/110 €.* Paisible minoterie du 19e s. surplombant un bief. Salle à manger rustique agencée autour de l'ancienne machinerie, véranda, terrasse. Cuisine personnalisée et belle carte des vins.

PETITE PAUSE

La Maison des Vins de la côte chalonnaise – *2 prom. Ste-Marie - ✆ 03 85 41 64 00 - www.maisonvinsbourgogne.com - lun.-sam. 9h-19h - fermé dim. et j. fériés.* Cette maison réputée, tenue par une association de viticulteurs de la côte chalonnaise, ne propose que des vins régionaux aux prix de la propriété. Givry, montagny, rully ou mercurey, tous ont été choisis après dégustation à l'aveugle… Autant dire qu'ici on connaît très bien le métier. Dégustations, vente de verres, carafes, tire-bouchons et divers accessoires de cave.

ACHATS

De la place St-Vincent à la place de l'Hôtel-de-Ville, vous traversez le Chalon commerçant. Sur votre droite, la rue aux Fèvres, la Grande-Rue et la rue St-Georges sont aussi bien achalandées.

Marché – Depuis 1448, le marché anime la place St-Vincent et la rue aux Fèvres. Vend. et dim. matin.

Le Cellier St-Vincent – *14 pl. St-Vincent - ✆ 03 85 48 78 25 - www.celliersaintvincent.fr - 9h-12h15, 14h-19h15, sam. 9h-19h15, dim. 9h-12h30 - fermé lun. et j. fériés.* Cave à vin maintenant complétée par un bar à vin, « Le 120 ». « La cave abrite 800 références de vins, des milliers de flacons, les grands noms qui font rêver et les vins de copains que l'on partage sans compter », dixit le patron, Pascal Laville. Également, large sélection de champagnes, spiritueux, whiskies, liqueurs, jus de fruits, bières de toutes les régions du monde.

À proximité

Légendes Gourmandes – *40 r. des Confréries - ✆ 03 85 48 05 64 - www.legendes-gourmandes.com - lun.-vend. 8h-12h, 13h-16h30.* Mme Lotz propose à ses clients un véritable tour de France gastronomique : de la Provence à la Bretagne, en passant par la Bourgogne, elle a sélectionné toutes sortes de produits pour leurs qualités gustatives (vinaigres, terrines, sardines, sirops, caramels, alcools, etc.).

EN SOIRÉE

Place St-Vincent – Bordée de maisons polychromes à colombages, cette place regroupe la majorité des cafés, bars à vin et pubs de la ville, dont les terrasses se dressent autour d'une fontaine.

L'Abattoir – *52 quai St-Cosme - ✆ 03 85 90 94 70 - www.labattoir.com - horaires selon les manifestations - entrée libre.* Centre national de production des arts de la rue, L'Abattoir accueille toute l'année artistes et compagnies. À l'issue de leur séjour, ceux-ci proposent un chantier, représentation publique et gratuite d'une étape de création. En juillet, le festival « Chalon dans la rue » rassemble plus de 350 000 personnes.

ACTIVITÉS

La Voie verte – *Rens. à l'office de tourisme du Grand Chalon - ✆ 03 85 48 37 97.* Entre le sud des Maranges et la vallée de la Grosne, sur environ 80 km à travers la côte chalonnaise, la Voie verte longe le canal du Centre.

La Voie bleue – Cet itinéraire permet de découvrir les bords de la Saône à vélo. Deux premiers tronçons ont été ouverts : de Monts-les-Seurre à Chalon-sur-Saône (33 km), et de Mâcon à Tournus (32 km). Dans le futur, cette Voie bleue longera sur 180 km les bords de Saône, de la Saône-et-Loire à la Côte-d'Or.

Louhans et la Bresse bourguignonne

6 354 Louhannais – Saône-et-Loire (71)

Connue pour sa Grande-Rue bordée d'arcades, Louhans est aussi le siège de la confrérie des Poulardiers de Bresse. Son important marché aux volailles et ses foires de gros bétail classent cette petite ville attrayante au rang de « Site remarquable du goût ». Capitale de la Bresse bourguignonne, elle offre un bon point de départ pour partir à la découverte d'une région mise à l'honneur par un écomusée particulièrement riche.

NOS ADRESSES PAGE 182
Hébergement, restauration, achats, activités, etc.

S'INFORMER

Office du tourisme du pays de la Bresse bourguignonne – *Antenne de Louhans-Châteaurenaud - Pl. St-Jean - 71500 Louhans-Châteaurenaud - 03 85 75 05 02 - www.bresse-bourguignonne.com - juil.-août : 9h30-12h30, 14h-18h30, sam. 9h30-12h30, 14h-18h, dim. 9h30-13h ; avr.-juin et sept. : tlj sf dim. 9h30-12h30, 14h-18h30, sam. 9h30-12h30, 14h-18h ; reste de l'année : tlj sf dim. 9h30-12h, 14h-18h, sam. 9h30-12h, 14h-17h - fermé 1er janv., 1er Mai, 1er et 11 Nov., 25 déc.*

SE REPÉRER

Carte de microrégion C2 (p. 112-113) – Cette jolie cité au confluent de la Seille et du Solnan se trouve à 29 km à l'est de Tournus par les D 975 et 971.

À NE PAS MANQUER

Les maisons médiévales, l'écomusée de la Bresse bourguignonne à Pierre-de-Bresse.

ORGANISER SON TEMPS

Le lundi matin a lieu l'authentique marché aux volailles de Bresse, sur le Champ-de-Foire.

AVEC LES ENFANTS

L'écomusée de la Bresse bourguignonne et ses nombreuses antennes et activités, une balade en canoë-kayak, le site de loisirs du Domaine de la Loge.

Se promener

Louhans s'appelait Löwing (ville agréable pourvue d'eau) à l'époque gallo-romaine ; elle était alors installée sur une colline. Au 5e s., les Burgondes lui donnèrent son implantation actuelle. C'est avec le commerce du sel qu'elle se développa et devint un relais prospère entre le Jura et la vallée de la Saône.

★ Grande-Rue

Les 157 arcades de ses vieilles maisons, aux piliers de bois ou de pierre, constituent un superbe ensemble, dont la construction remonte à la fin du Moyen Âge. La maison du Bailli (16e s.) et la loggia en sont de remarquables exemples. La longueur de cette artère (400 m) en fait un exemple unique en France.

Hôtel-Dieu

3 r. Capit.-Vic - 03 85 75 54 32 - www.louhans-chateaurenaud.fr - visite guidée uniquement (1h15) avr.-oct. : 10h30, 14h30 et 16h ; reste de l'année : 14h30 et 16h - fermé mar., janv.-fév., 1er Mai, 25 déc. - 5,50 € (-18 ans gratuit).

Cet édifice en pierre rose de Préty, des 17e et 18e s., abrite deux grandes salles communes séparées par une grille en fer forgé. Les lits à ruelle des malades portent chacun une plaque dite de fondation où est mentionné leur destinataire – les donateurs offraient en général ce secours aux habitants d'une ville. La chapelle est ornée de belles boiseries. La pharmacie, décorée de boiseries Louis XIV, renferme une exceptionnelle collection de flacons en verre soufflé et de faïences lustrées italo-hispano-mauresques des 15e et 16e s. On y voit aussi un groupe bourguignon en bois d'une disposition très rare : la Vierge de pitié est agenouillée devant le Christ mort (début 16e s.).

Église St-Pierre

C'est un édifice fortement restauré en pierre et brique, couvert de tuiles polychromes vernissées. Sur le flanc gauche, voyez le clocher-porche et la grande chapelle aux pavillons à tourelle (14e s.).

L'Atelier d'un journal

29 r. des Dôdanes - ✆ 03 85 76 27 16 - www.ecomusee-bresse71.fr - ♿ - horaires, se rens. - possibilité de visite guidée sur demande (1h30) - 3,50 € (-18 ans gratuit) - musée municipal gratuit à l'étage - audioguide (2 €).

Les journalistes en herbe et leurs parents auront plaisir à découvrir cette antenne de l'écomusée de la Bresse bourguignonne *(voir p. 180)*. Installé dans les locaux du journal bressan *L'Indépendant*, abandonnés en 1984 après un siècle d'activité, l'atelier d'imprimerie a conservé ses machines, son odeur d'encre et de plomb. Ses bureaux ont été reconstitués dans le style qui fut le leur pendant les années 1930. À l'étage, le **musée des Beaux-Arts** expose les peintres régionaux (Auguste de Loisy, Jules Guillemin, Pierre Lenoir), de la peinture classique et des œuvres contemporaines (Boucher, Prud'hon, Pascin, Cocteau).

À proximité Carte de microrégion p. 112-113

Rancy B2

12 km au sud-ouest de Louhans par la D 971.

Chaisiers et pailleuses – *Imp. de l'Écomusée - ✆ 03 85 76 27 16 - www.ecomusee-bresse71.fr - de mi-mai à fin sept. : 14h-18h - fermé mar. - possibilité de visite guidée (1h) - 3,50 € (-18 ans gratuit).* Cette autre antenne de l'écomusée de la Bresse bourguignonne *(voir p. 180)* présente l'évolution et les différentes étapes de fabrication des chaises, depuis le travail du bois jusqu'au paillage (démonstrations). Ce savoir-faire n'était, au début du 19e s., qu'une activité d'appoint pour les agriculteurs de la région, mais il devint un métier à part entière vers la fin du siècle. Aujourd'hui, le petit village bressan de Rancy est le deuxième producteur français de chaises paillées.

Cuiseaux C3

21 km au sud-est de Louhans par la D 996, puis la D 972.

Située dans une enclave verdoyante de la Bourgogne au sein de la Franche-Comté, Cuiseaux, à la vocation traditionnellement agricole, est réputée pour ses productions en charcuterie. Longtemps ville frontière très exposée, elle fut fortifiée au 12e s. De son enceinte, qui comptait alors 36 tours, elle

ENFANT DU PAYS

Le peintre **Édouard Vuillard** (1868-1940) est né à Cuiseaux. Membre du groupe des Nabis, dont le théoricien fut Maurice Denis, il se lia au milieu symboliste et utilisa une palette raffinée pour évoquer des scènes intimistes.

LA BRESSE LOUHANNAISE OU BOURGUIGNONNE

La proximité du puissant duché de Bourgogne a éclipsé pendant des siècles les efforts du nord de la Bresse. Ces « terres d'outre-Saône », ayant longtemps constitué une zone frontalière, ont souvent été disputées. Peu fréquentée par la noblesse et longtemps privée d'administrations locales efficaces, la région louhannaise s'est progressivement affirmée grâce à l'essor de ses exploitations agricoles et à la naissance d'une bourgeoisie qui a pris en main la gestion de la ville et de ses environs. À la manière d'un centre culturel, l'**écomusée de la Bresse bourguignonne** *(voir ci-dessous)* s'applique à mettre en valeur les points forts de la région.

conserve encore quelques vestiges. La vieille ville et les environs permettent d'agréables promenades, ici parmi des maisons anciennes, là en forêt ou en campagne.

Église – Le chœur de cet édifice moderne est intéressant ; outre des statues du 16e s. en bois polychrome, il renferme deux tableaux de primitifs italiens. De belles stalles du 15e s. en bois sculpté viennent encore l'enrichir. Le bas-côté gauche abrite une statue de la Vierge noire du 13e s., très vénérée.

La Maison de la mémoire cuisellienne – *Cour du Château-des-Princes-d'Orange - ✆ 03 85 76 27 16 - www.ecomusee-bresse71.fr - de juin à mi-sept. : 14h-18h - fermé lun.-mar. - 3,50 € (-18 ans gratuit).* Située dans l'enceinte du château des princes d'Orange, cette antenne de l'écomusée de la Bresse bourguignonne *(voir ci-dessous)* rappelle que Cuiseaux fut une zone de viticulture jusqu'à la fin du 19e s. Elle présente le vignoble jurassien, les outils et ustensiles propres au vigneron (documentaire audiovisuel sur la fabrication des tonneaux) ainsi qu'une « chambre à feu » (pièce à vivre).

Circuit conseillé Carte de microrégion p. 112-113

LA BRESSE BOURGUIGNONNE

Circuit au départ de Louhans tracé en bleu sur le schéma ci-contre et sur la carte de microrégion (p. 112-113) – 100 km - Comptez 2h environ. Quittez Louhans par la D 13 en direction de St-Germain-du-Bois, situé à 15 km au nord.

St-Germain-du-Bois C2

Maison de l'agriculture bressane – *Rte de Sens - ✆ 03 85 76 27 16 - www.ecomusee-bresse71.fr - de mi-mai à fin sept. : 14h-18h - fermé mar. - 3,50 € (-18 ans gratuit).* L'écomusée de la Bresse bourguignonne consacre cette antenne au monde paysan bressan. Elle retrace l'évolution du matériel agricole du 19e s. à nos jours et présente les productions traditionnelles avec, en premier lieu, le maïs et le poulet (programme audiovisuel). Un espace est réservé au cheval ; on y voit la reconstitution d'un atelier de bourrelier harnacheur et on y apprend ce que sont un étalonnier ou un hongreur.

Continuez sur la D 13 en direction de Pierre-de-Bresse, à 17 km.

Pierre-de-Bresse C1

★ **Écomusée de la Bresse bourguignonne** – *Château - ✆ 03 85 76 27 16 - www.ecomusee-bresse71.fr - de mi-mai à fin sept. : 10h-18h ; reste de l'année : 10h-12h, 14h-18h, w.-end 14h-18h - fermé 1er Mai - possibilité de visite guidée (1h30) - 8 € (-18 ans gratuit) - audioguide disponible (2 €).*

L'écomusée est relayé par plusieurs antennes. En dehors de celles de Cuiseaux et St-Germain-du-Bois (citées plus haut), elles sont installées à Louhans et Rancy *(voir p. 179)*, St-Martin-en-Bresse (Maison de la forêt et du bocage, voir ci-dessous), St-André-en-Bresse (domaine Plissonnier), Ménetreuil (Maison de l'eau, moulin de Montjay), Romenay (ferme du Champ-Bressan, musée du Terroir), Ratte (moulin de la Croix), Sagy (galerie des Moulins), Varennes-St-Sauveur (Tuilerie) et Verdun-sur-le-Doubs (maison du Blé et du Pain, *voir p. 105)*.

Entouré d'un parc de 30 ha, c'est un bel édifice du 17e s. en brique claire et à toits d'ardoise. Ses douves et son plan en U, flanqué aux quatre angles de tours rondes coiffées d'un dôme, trahissent sa construction sur l'emplacement d'une maison forte. L'axe de la cour d'honneur a été magnifié au 18e s. par une avant-cour encadrée par de vastes communs que cerne une deuxième boucle de douves. Dans l'aile centrale du château, qui abrite l'écomusée, l'escalier du vestibule d'entrée et deux salles (18e et 19e s.) témoignent des aménagements intérieurs d'époque. Sur trois niveaux, des expositions permanentes et temporaires présentent le milieu naturel, l'histoire, la vie traditionnelle et l'économie actuelle du terroir (documentaires audiovisuels).

Empruntez la D 73 en direction de Charette-Varennes.

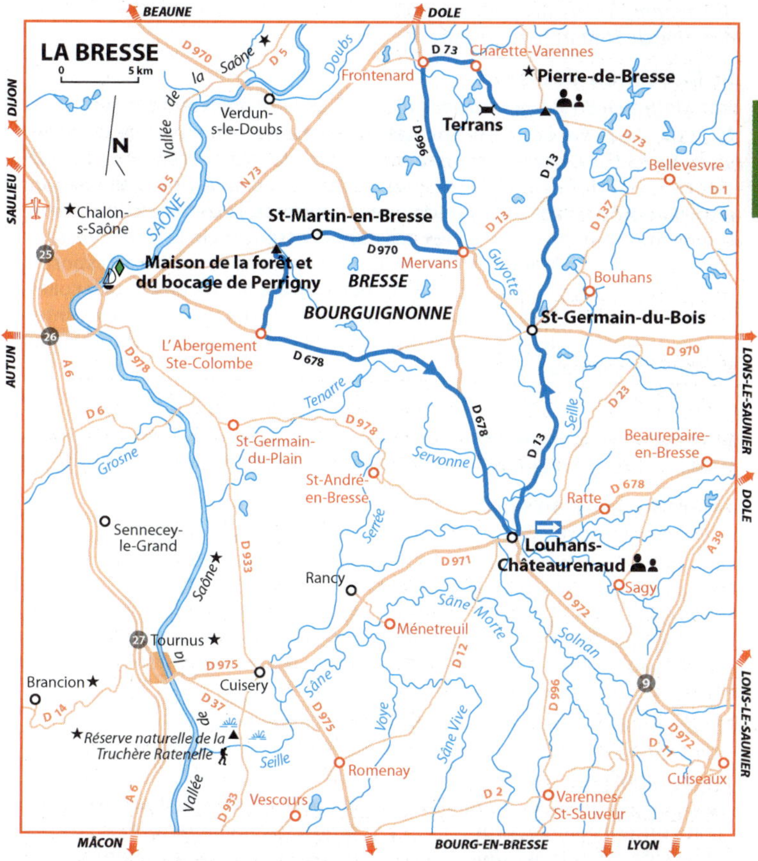

LE POULET DE BRESSE

La renommée de la volaille de Bresse, qui constitue, aujourd'hui encore, une ressource importante pour la région, remonte au 17e s. L'Appellation d'origine contrôlée a été attribuée en 1957. Le fameux poulet à plumes blanches est élevé en liberté (minimum 10 m^2 par poulet) pendant quatre à cinq mois ; il est nourri principalement au grain et termine sa vie dans une épinette (cage fermée) pour un bon engraissement. Les plus recherchés sont les poulardes à la chair tendre et juteuse, et surtout les chapons (castrés à 8 semaines), qui sont engraissés plus longtemps et préparés avec un soin particulier pour les fêtes de fin d'année (ils sont alors roulés et serrés dans une toile végétale).

Château de Terrans C1

Ne se visite pas. Le dessin du château, dont la construction débuta en 1765, est d'une grande sobriété. Une belle grille en fer forgé ferme la cour d'honneur, laissant apparaître une élégante façade dont la porte d'entrée est précédée d'un escalier encadré de deux lions.

Poursuivez sur la D 73 jusqu'à Frontenard et prenez à gauche la D 996 en direction de Louhans. À Mervans, prenez à droite la D 970 sur 7 km et tournez à gauche en direction de St-Martin-en-Bresse.

St-Martin-en-Bresse B1

À St-Martin-en Bresse, poursuivez sur la D 35 jusqu'au hameau de Perrigny.

Maison de la forêt et du bocage de Perrigny – *Hameau de Perrigny - ✆ 03 85 76 27 16 - www.ecomusee-bresse71.fr - de mi-mai à fin sept. : uniquement dim. 14h-18h - possibilité de visite guidée sur demande (1h) - 3,50 € (-18 ans gratuit).* Au centre du secteur boisé de la Bresse, l'écomusée de la Bresse bourguignonne présente ici les différentes essences de la forêt bressane (sculptures d'Alan Mantle) et les métiers directement liés au bois. Disposant d'une muséographie renouvelée, il accueille un atelier à charbon, une collection de meubles, d'objets en osier et d'œuvres d'art. Des panneaux d'interprétation bordent le sentier du Long-Bois, du lavoir et du trieur à grains sur la place du hameau.

Prenez la D 38 vers L'Abergement-Ste-Colombe et regagnez Louhans par la N 78.

NOS ADRESSES À LOUHANS

HÉBERGEMENT/RESTAURATION

PREMIER PRIX

Logis Hôtel du Cheval Rouge – *5 r. d'Alsace - ✆ 03 85 75 21 42 - P 7 € - ♿ - fermé vac. de la Toussaint - 14 ch. 65 € - ☕ 10 € - 1/2 P possible 120 €/2 pers. - ✕ rest. fermé mar., merc. midi et jeu. midi - formule déj. 24 € - 30/42 €.* Cet ancien relais de poste abrite des chambres à prix attractifs. Situées dans l'annexe, elles offrent, loin de la rue passante, confort et calme.

POUR SE FAIRE PLAISIR

Hôtel Le Moulin de Bourgchâteau – *Chemin de Bourgchâteau - ✆ 03 85 75 37 12 - www.bourgchateau.com - P - fermé vac. de Noël - 19 ch. 67/150 € - ☕ 9 € - 1/2 P possible (70/80 €) - ✕ fermé lun. - formule déj. 19 €, menu 27/68 €.* Moulin céréalier (1778) sur la Seille, converti en hôtel-restaurant de caractère. Chambres progressivement rénovées. Rouages, caisson de meule, poutres et vieilles pierres, terrasse au bord de l'eau font le charme du restaurant ; plats traditionnels dont certains soulignent l'origine italienne des patrons.

À proximité

BUDGET MOYEN

Hôtel Vuillot – *36 r. Vuillard - 71480 Cuiseaux - 21 km au sud-est par D 972 - ✆ 03 85 72 71 79 - www.hotelvuillot.fr - P chauffée - fermé 1-15 janv., 1 sem. en fév., 1 sem. en oct. - 15 ch. 72/80 € - 10 € - 1/2 P possible (106 €/2 pers.) - fermé dim. soir et lun. midi - formule déj. 13 € - 20/41 €.* Maison bourguignonne en belle pierre du pays abritant de grandes chambres proprettes, dans un bourg conservant des vestiges de ses anciennes fortifications.

ACHATS

Marché aux volailles de Bresse – *Pl. de la Charité - ✆ 03 85 76 75 10 - www.bresse-bourguignonne.com - lun. 8h-12h30.* Marché aux volailles reconnu « Site remarquable du goût ». Parmi les autres spécialités de Louhans : la tête de veau et les Corniottes, pâte à choux sur un fond de pâte brisée faite à l'origine le jour de l'Ascension par les religieuses de l'hôtel-Dieu.

À proximité

Foire de la Balme – *71330 Bouhans - 21 km au nord par D 13 - ✆ 03 85 72 02 49 - www.foire-de-la-balme.com - dernier w.-end d'août.* Ne manquez pas cette manifestation commerciale, l'une des plus importantes de France, qui a lieu au village de Bouhans depuis 1645 le dernier w.-end du mois d'août ! 350 exposants en moyenne rassemblant des domaines d'activités aussi variés que l'artisanat, le jardinage, l'ameublement, le bricolage, l'alimentation, etc.

ACTIVITÉS

Canoë-Kayak Club – *9 chemin de la Chapellerie - 71500 Louhans - ✆ 03 58 62 73 63 - ✆ 06 86 69 24 04 - www.kayak-louhans.fr - avr.-oct. : lun.-sam. 14h-19h, dim. sur réserv. ; reste de l'année : se rens. - à partir de 5 €/h, 15 €/1/2 j, 25 €/j.* Promenades à la journée ou à la demi-journée.

La Voie bressane – un circuit bucolique de 39 km à travers la campagne de la Bresse bourguignonne, entre Louhans et St-Marcel.

Site de loisirs du Domaine de la Loge – *10 rte du Sorbier - 71580 Flacey-en-Bresse - Domaine de la Loge - 14 km à l'est par D 21 et St-Martin-du-Mont - ✆ 03 85 74 05 06 - www.domainedelaloge.fr - ♿ - piscine extérieure.* Au cœur de 40 ha (classés « Réserve naturelle libre »), le domaine comprend un parcours VTT et un centre d'équitation (manège couvert pour les débutants). Il est habilité à accueillir un public handicapé. Également 2 gîtes (5 pers. et 12 pers.) à louer.

Le Brionnais et le Charolais 3

Carte Michelin Départements 320 – Loire (42), Saône-et-Loire (71)

Paysage du Brionnais.
Picavet/Getty Images

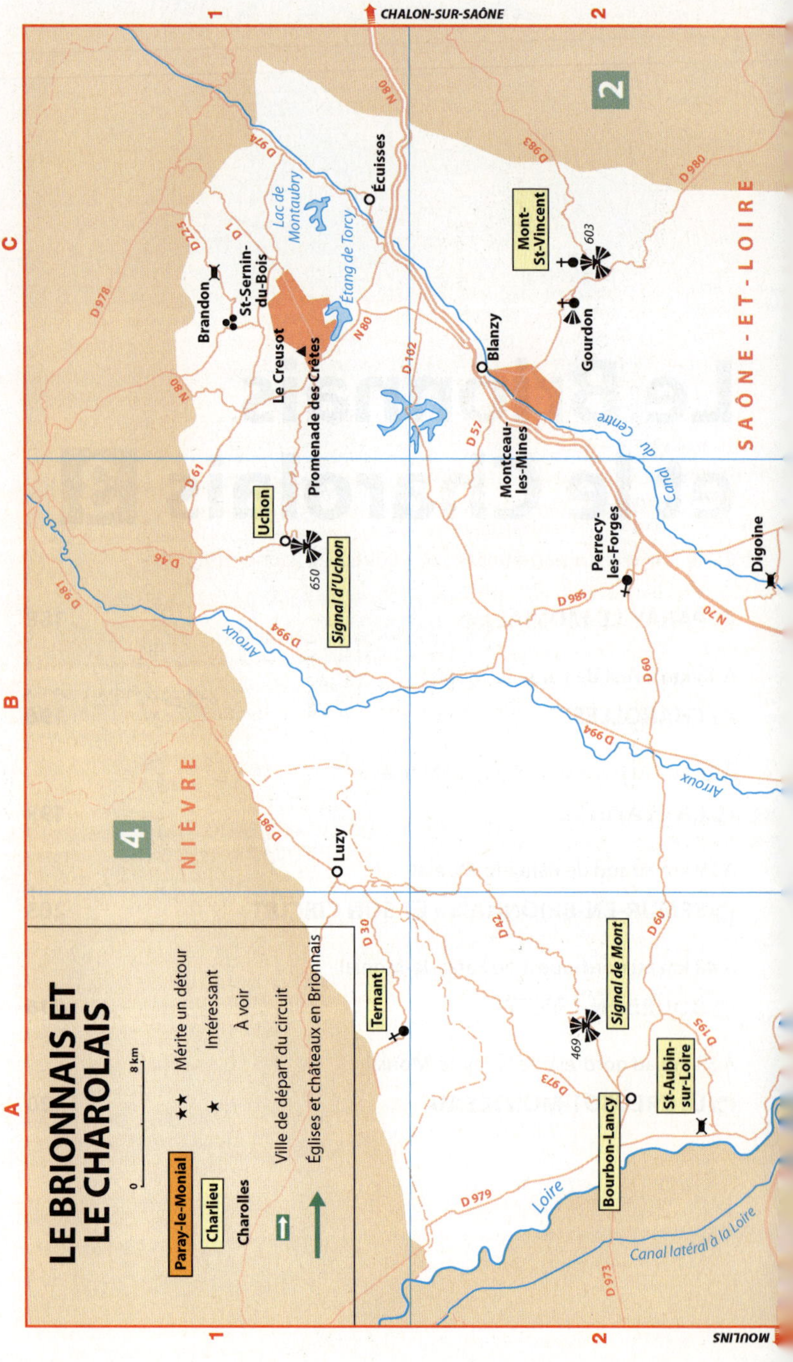
LE BRIONNAIS ET LE CHAROLAIS
0
8 km
Paray-le-Monial
★★ Mérite un détour
Charlieu
★ Intéressant
Charolles
À voir
Ville de départ du circuit
Églises et châteaux en Brionnais
CHALON-SUR-SAÔNE
MOULINS
NIÈVRE
SAÔNE-ET-LOIRE
Brandon
St-Sernin-du-Bois
Lac de Montaubry
Étang de Torcy
Écuisses
Le Creusot
Promenade des Crêtes
Blanzy
Montceau-les-Mines
Mont-St-Vincent
603
Gourdon
Canal du Centre
Uchon
650
Signal d'Uchon
Perrecy-les-Forges
Digoine
Arroux
Luzy
Ternant
469
Signal de Mont
Bourbon-Lancy
St-Aubin-sur-Loire
Loire
Canal latéral à la Loire
N 80
D 974
D 1
D 225
D 978
D 61
D 46
D 981
D 994
D 102
D 57
D 983
D 980
D 985
N 70
D 60
D 30
D 42
D 973
D 979
D 195
A
B
C
1
2
4

MÂCON
MOULINS
ROANNE
ALLIER
LOIRE
RHÔNE
Digoin
Paray-le-Monial
Charolles
Vendenesse-lès-Charolles
Butte de Suin
593
Mont des Carges
Dompierre-les-Ormes
Arboretum domanial de Pézanin
Bois-Ste-Marie
Montagne de St-Cyr
771
Matour
Chaumont
Drée
Varennes-sous-Dun
Montceaux-l'Étoile
Varenne-l'Arconce
Anzy-le-Duc
St-Christophe-en-Brionnais
La Clayette
Marcigny
Semur-en-Brionnais
Montagne de Dun
721
Mussy-sous-Dun
St-Julien-de-Jonzy
Stèle de Bagneaux
Mailly
Châteauneuf
Iguerande
Chauffailles
La Bénisson-Dieu
Charlieu
Loire
N 79
N7
D 994
D 985
D 983
D 352
D 982
D 130
D 34
D 20
D 79
D 41
D 987
D 43
D 18
D 10
D 8
D 9
D 122
D 482
D 4
D 487
D 31
D 337
D 13
D 70
D 385
A
B
C
3
4
N

Paray-le-Monial

★★

9 201 Parodiens – Saône-et-Loire (71)

Haut lieu de pèlerinage dédié au culte du Sacré-Cœur, Paray-le-Monial est aussi un joyau d'art roman et une cité tournée vers la mosaïque contemporaine. Sa basilique est considérée comme le plus bel exemple conservé d'architecture clunisienne. Située sur la Bourbince, un affluent de la Loire que longe le canal du Centre, elle constitue également un bon point de départ de la Voie verte.

NOS ADRESSES PAGE 193
Hébergement, restauration, achats, activités, etc.

S'INFORMER

Office de tourisme de Paray-le-Monial – *25 av. Jean-Paul-II - 71600 Paray-le-Monial - ☎ 03 85 81 10 92 - www.tourisme-paraylemonial.fr - juil.-août : 9h-19h, dim. et j. fériés 10h-19h ; du w.-end de Pâques à fin juin et de déb. sept. à mi-oct. : 9h-12h, 13h30-18h, dim. et j. fériés 10h-12h30, 14h30-17h30 ; reste de l'année : tlj sf dim. 9h-12h, 13h30-18h - fermé 1er janv., 1er et 11 Nov., 25 déc.*

Visites guidées – *Pour découvrir la richesse architecturale de Paray-le-Monial et de sa basilique, suivez les visites-découvertes proposées par l'office de tourisme en juil.-août : 14h30. Des livrets-jeux pour les enfants leur permettent de découvrir l'histoire en s'amusant, ainsi que des visites nocturnes aux flambeaux (de mi-juil. à mi-août : merc. 21h). Audioguides disponibles à l'office de tourisme. Location de vélos et de vélos à assistance électrique.*

SE REPÉRER

Carte de microrégion B3 (p. 186-187) – Paray-le-Monial se trouve entre Digoin et Charolles, à 71 km à l'est de Moulins et 66 km à l'ouest de Mâcon.

SE GARER

Parking du Moulin-Liron près de la basilique, sur la rive gauche de la Bourbince.

À NE PAS MANQUER

La basilique du Sacré-Cœur, la *Via Vitae* au Musée du Hiéron.

AVEC LES ENFANTS

Le parc du Moulin Liron, l'ObservaLoire de Digoin.

Découvrir la basilique

★★ Basilique du Sacré-Cœur

Av. Jean-Paul-II - ☎ 03 85 81 10 92 - www.tourisme-paraylemonial.fr - ♿ - 9h-19h - 3 € audioguide - 5 € (-12 ans gratuit) possibilité de visite guidée (90mn) juil.-août : 14h30.

Sur la rive droite de la Bourbince aménagée en **coulée verte** se dresse l'église primitivement dédiée à Notre-Dame, puis élevée au rang de basilique en 1875. Construite d'un jet entre 1092 et 1109, sous la direction de saint Hugues, abbé de Cluny, l'église peut être considérée comme un modèle réduit de la célèbre abbaye (contemporaine de Cluny III). Elle n'en conserve cependant que la structure architecturale, délaissant la magnificence décorative et le gigantisme conçus à la gloire de Dieu, au profit d'une beauté abstraite, favorable au recueillement, fondée sur l'agencement rythmique des volumes, les jeux

L'hôtel de ville de Paray-le-Monial, installé dans l'ancienne maison Jayet.
F. Guiziou/hemis.fr

d'ombres et de lumières et le dépouillement ornemental. Les rares sculptures privilégient largement les motifs géométriques, dont saint Hugues découvrit probablement la séduisante perfection dans l'art islamique, à l'occasion de deux voyages en Espagne.

Extérieur – La façade est d'une élégante asymétrie : deux tours carrées, épaulées à leurs angles par de puissants contreforts, présentent quatre étages de fenêtres dont le premier éclaire l'avant-nef ; la tour de droite, construite au début du 11e s., a une décoration très sobre ; celle de gauche, postérieure, est plus riche puisque les étages supérieurs sont percés de deux baies séparées par une colonne et, au dernier, l'arc des baies est formé de deux rangs de claveaux (pierres taillées en biseau) au lieu de trois, tandis que les chapiteaux des colonnettes sont réunis par un cordon d'oves et de losanges. La tour octogonale située à la croisée du transept a été restaurée en 1856.

Pour admirer l'unité du chevet, harmonieusement étagé, contournez l'édifice et placez-vous en haut de l'escalier de la chapelle St-Jean. Au passage, vous découvrirez le bras nord du transept, dont la belle porte romane est décorée de motifs floraux et géométriques.

Intérieur – À la hauteur de l'édifice (22 m dans la nef principale) et à la sobriété du décor s'ajoutent les caractéristiques de l'art clunisien. Une restauration a redonné à l'intérieur sa magnificence, faisant ressortir la belle pierre dorée et les sculptures. Le chœur et son déambulatoire à trois absidioles – le promenoir des Anges – constituent un ensemble d'une grande élégance. L'écrivain Huysmans (1848-1907) observait le symbole de la Trinité dans la triple nef comportant trois travées, trois arcatures au-dessus des grandes arcades surmontées de trois fenêtres. Les chapiteaux historiés et les frises de billettes en damier des fines colonnes sont un exemple typique de l'art bourguignon du 12e s. L'abside en cul-de-four est décorée d'une peinture du 14e s., représentant le Christ en gloire. Un autel du 11e s. est orné d'une dalle en gaufrure de diamant. Remarquez les lustres contemporains en laiton de Jean-Charles Detallante inspirés du bestiaire mythologique roman ainsi que le très beau chemin de croix sur émaux, réalisé par les moines de l'abbaye de Ligujé.

LE SANCTUAIRE DU SACRÉ-CŒUR DE JÉSUS

La grâce mystique – Fille du notaire royal de Verosvres-en-Charolais, **Marguerite-Marie Alacoque** manifeste très tôt le désir de devenir religieuse, vœu qu'elle réalise à 24 ans. Le 20 juin 1671, elle entre au couvent de la Visitation de Paray-le-Monial. À partir de 1673, elle a des apparitions du cœur charnel de Jésus. Dès lors, elle se consacre au culte du Sacré-Cœur. Sœur Marguerite-Marie a été béatifiée en 1864 puis canonisée en 1920.

Un nouveau culte – Ce n'est qu'au début du 19e s. que la dévotion au Sacré-Cœur se développe. 200 000 personnes participent en 1873 au premier grand pèlerinage, où se décide la consécration de la France au Sacré-Cœur de Jésus. Chaque année, la fête se renouvelle le troisième vendredi qui suit la Pentecôte. Le pape Jean-Paul II est venu à Paray-le-Monial en octobre 1986.

Les sessions d'été – Depuis 1976, la communauté catholique de l'Emmanuel organise des sessions internationales, attirant aujourd'hui plus de 20 000 pèlerins par an. De tendance « charismatique » (en référence aux « charismes » ou manifestations de l'Esprit saint), cette communauté met l'accent sur l'adoration, la louange et l'évangélisation, ce qui s'entend jusque dans les rues en juillet et août.

Jardin du cloître

Dans l'enceinte des bâtiments monastiques, le cloître a été reconstruit au 18e s. dans un style classique. Le jardin est organisé, comme au Moyen Âge, suivant un plan en croix. Vous y découvrirez l'hysope, la guimauve, la sauge, la bourrache, l'oreille d'âne… entourées d'armoise et de santoline, odorantes en toute saison. Dans la cour, un jardin mosaïque accueille l'œuvre monumentale de Joël Barguil. Observez la belle porte romane qui donnait accès à l'église.

Parc des Chapelains

Ce vaste enclos, orné d'un chemin de croix, accueille les grandes cérémonies de pèlerinage. Un **diorama** est consacré à la vie de sainte Marguerite-Marie. *Pl. du Card.-Perraud - ✆ 03 85 81 62 22 - www.sacrecoeur-paray.org - ♿ - tlj - entrée libre.*

Chapelle des Apparitions

R. de la Visitation - ✆ 03 85 81 62 22 - ♿ - 8h30-19h30 - possibilité de visite guidée sur demande.

C'est dans cette chapelle que sainte Marguerite-Marie reçut ses principales révélations, illustrées dans le chœur. La châsse en argent doré abritant ses reliques se trouve dans une chapelle à droite.

★ Musée du Hiéron

13 r. de la Paix - ✆ 03 85 81 79 72 - www.musee-hieron.fr - ♿ - juil.-août : 10h30-12h30, 14h-18h ; de mi-mars à fin juin et sept.-déc. : tlj sf lun.-mar. 10h30-12h30, 14h-18h - fermé 1er janv., 25 déc. - 4 € (-18 ans gratuit) - 5 € billet famille (2 adultes + enf.).

Ce bâtiment à la charpente en bois, métal et verre inspirée de Gustave Eiffel abrite un intéressant musée d'art sacré. Avec ses objets liturgiques, ses peintures anciennes, dont *La Lévitation de Thomas Cori* par Cavallucci, ses sculptures, comme le *Christ au sourire* (16e s.) et le très beau **tympan d'Anzy-le-Duc** (12e s.), il présente l'image du Christ de manière thématique. Dans chaque salle, une œuvre contemporaine entre en résonance avec les œuvres anciennes. Ne manquez pas la **Via Vitae★★** (ou *Chemin de vie*), réalisée entre 1894 et 1904 par le joaillier Joseph Chaumet. Ce chef-d'œuvre d'orfèvrerie monumentale (haut de 3 m), composé de 138 figurines d'or et d'ivoire (hautes de 10 à 12 cm), retrace la vie du Christ sur une montagne de marbre et d'albâtre. L'étage inférieur est consacré aux expositions temporaires et aux ateliers pédagogiques.

Chapelle La Colombière

19 r. Pasteur - 03 85 81 03 02 - ouv. tlj 9h-18h.
En face du musée du Hiéron se tient la chapelle dédiée à Claude de La Colombière, le directeur spirituel de sainte Marie-Marguerite, qui fut canonisé en 1992. De style néo-byzantin, elle est dotée d'un décor de **mosaïques** et de vitraux des frères Mauméjean.

★ Hôtel de ville

La façade en pierre dorée de ce bel hôtel Renaissance, construit en 1525 par un riche drapier, Pierre Jayet, est ornée de coquilles et de médaillons représentant les rois de France et des notables parodiens.

LE SAVIEZ-VOUS ?
À l'origine de « Paray », le latin *paries*, qui signifie « paroi, clôture », sans doute des anciennes fortifications. « Monial » vient de « moine » en ancien français. À l'instar de Cluny, la ville s'est construite autour de la basilique. Au fil des siècles, de nombreuses communautés religieuses s'y sont fixées.

Tour St-Nicolas

Cette grosse tour carrée du 16e s. est le clocher de l'ancienne église St-Nicolas, reconvertie en lieu culturel. La façade qui borde la place Lamartine s'orne d'une belle rampe en fer forgé et d'une fine tourelle construite en encorbellement à la pointe du pignon.

Musée Paul-Charnoz

32 av. de la Gare - 03 85 81 40 80 - www.musee-carrelage-charnoz.org - ♿ - juil.-août : 14h30-18h ; reste de l'année : sur demande - possibilité de visite guidée (1h) - 3,50 € (-15 ans gratuit).
Créé en 1994 par les ouvriers de l'usine de carrelages Cerabati, non loin de l'entreprise qui a fermé ses portes en 2005, le musée organise chaque année une exposition temporaire autour de l'étonnante **grande rosace** (12,5 m de diamètre) qui avait été réalisée pour l'Exposition universelle de 1900, et de la « fresque » qui reçut le premier prix à celle de 1889.

Maison de la mosaïque contemporaine

15b quai de l'Industrie - 03 85 88 83 13 - www.maisondelamosaique.org - déb. juil.-mi sept. : 15h-18h ; reste de l'année : 14h-17h.
Ouvert à tous, ce centre d'art est à la fois un lieu d'expositions temporaires et un atelier proposant des stages et des formations. Une vidéo retrace l'histoire de la mosaïque et explique les techniques utilisées.

Parc du Moulin Liron

Entre le canal du Centre et la Bourbince, ce parc de 15 ha, planté de près de 850 arbres, offre une promenade agréable avec une belle vue sur la basilique.

À proximité Carte de microrégion p. 186-187

Digoin B3

14 km à l'ouest de Paray-le-Monial par la D 979.
7 r. Nationale - 71160 Digoin - 03 85 53 00 81 - www.tourismecharolaisbrionnais.fr - juil.-août : 9h-12h30, 14h-19h, dim. et j. fériés 9h-12h30 ; mai-juin et

3

LE SAVIEZ-VOUS ?

Suite au rattachement de l'Alsace-Lorraine à la Prusse en 1870, la **faïencerie** de Sarreguemines rapatria ses activités en France en créant deux usines, l'une à Vitry-le-François, la seconde à Digoin. Aujourd'hui, ce savoir-faire perdure à Digoin au travers de grès et poteries culinaires, véritables références notamment pour les professionnels de la restauration.

sept. : 9h30-12h30, 14h-17h30, dim. et j. fériés 9h30-12h30 ; avr. et oct. : tlj sf dim. 9h30-12h, 14h-17h, sam. 9h30-12h ; reste de l'année : tlj sf w.-end 14h-17h - fermé vac. de Noël, certains j. fériés.

Digoin se trouve au point de rencontre des vallées de la Loire, de l'Arroux, de l'Arconce, de la Vouzance et de la Bourbince. Leurs canaux tranquilles, leurs eaux poissonneuses et leurs rives parcourues de sentiers attirent amateurs de tourisme fluvial, pêcheurs et randonneurs venus apprécier le charme des lieux.

Église Notre-Dame-de-la-Providence – Ce bel édifice de style à la fois roman et byzantin fut érigé au 19e s. Les sculptures des tympans de la façade ont été réalisées de 1976 à 1978. L'intérieur, très vaste, est éclairé par des vitraux d'une belle facture, notamment ceux imitant des mosaïques, du revers de la façade.

Musée de la Céramique – *8 r. Guilleminot - 03 85 53 88 03 - mai-sept. : 9h-12h, 14h-18h, lun. 10h-12h, 14h-17h, sam. 14h30-18h ; reste de l'année : tlj sf dim. 10h-12h, 14h-18h, sam. 14h30-18h - fermé 1er janv., 25 déc. - possibilité de visite guidée (1h) - 6 € (-18 ans 3 €).* Aménagé dans une hôtellerie du 18e s., il présente l'histoire de la céramique de l'époque gallo-romaine à nos jours (10 000 pièces), ainsi que les différents procédés de fabrication : moulage, coulage, tournage, décoration, émaillage et cuisson. Remarquez la fontaine filtrante (1900) et les pièces de barbotine.

ObservaLoire – *R. des Perruts - 03 85 53 75 71 - www.observaloire.com - - juil.-août : 10h-18h ; reste de l'année : tlj sf mar. 14h-18h - fermé de mi-nov. à mi-mars - 5 € (-6 ans gratuit).* Dans cet espace consacré au patrimoine historique et naturel de Digoin, véritable carrefour d'eaux, vous découvrirez notamment une **salle sous l'eau** présentant les différentes espèces locales de poissons (aloses, brêmes, brochets, etc.). Le phénomène des crues, la vie des mariniers d'antan et le trafic fluvial à Digoin sont également évoqués au moyen de maquettes, d'outils, de documents d'époque, de vidéos et d'archives sonores. De l'observatoire, jolie **vue** sur le pont-canal et la Loire *(longues-vues et jumelles disponibles).*

NOS ADRESSES À PARAY-LE-MONIAL

HÉBERGEMENT

Les pèlerins affluent à Paray-le-Monial en juillet et août, et le 16 octobre, fête de sainte Marguerite-Marie. Pensez à réserver votre hébergement !

PREMIER PRIX

Grand Hôtel de la Basilique – *18 r. de la Visitation - ✆ 03 85 81 11 13 - www.hotelbasilique.com - P 6,50 €/j - avr.-oct. - 45 ch. 57/115 € - ☕ 9 € - ✕ formule déj. 16 €, menus 24/45 €.* Depuis cinq générations, la même famille tient cet hôtel dont les chambres sont tournées en partie vers la basilique. Repas servis dans une salle à manger lumineuse fleurant bon la campagne et la tradition.

Clos des Oliviers – *1 Cours Jean Jaurès - ✆ 06 18 99 81 65 - 3 ch. 57/75 €.* À quelques pas de l'hôtel de ville, cette maison d'hôte fraîchement rénovée vous accueille avec son carré de verdure où poussent quelques arbres qui fleurent bon la Méditerranée. La bâtisse qui date de 1852 abritent des chambres spatieuses et agréables, avec parquet au sol.

L'Apostrophe – *Voir Restauration.*

RESTAURATION

BUDGET MOYEN

L'Apostrophe – *27 av. de la gare - ✆ 03 85 25 45 07 - www.restaurantlapostrophe.fr - P ♿ rest. seult - fermé fin avr.-début mai, 2 sem. fin août, dim.-lun. (sf. dim. de Pâques et Fête des mères) - formule déj. 26 € - menus 29/67 € - ch. 85/95 € ☕ 12 €.* Restaurant moderne et sympathique avec une cuisine traditionnelle mâtinée de saveurs exotiques comme ce Saint-Pierre au chorizo, encornets, pesto d'oseille et fumet d'agrumes au yuzu. Les 14 chambres sont simples et élégantes.

POUR SE FAIRE PLAISIR

Hostellerie des 3 Pigeons – *2 r. Dargaud - ✆ 03 85 81 03 77 - http://h-3-p.com - P 6,70 €/j - ♿ - fermé mi-nov.-mi-mars - formule déj. 16 € - menus 21/56 € - ch. 40 ch. 65/75 € ☕ 11 €.* En salle ou sur la belle terrasse arborée, une cuisine traditionnelle (escargots, contre-filet de charolais poêlé sauce roquefort…) à prix corrects. Les chariots de fromages régionaux et de desserts maison valent le détour. La formule déjeuner est souvent intéressante.

À proximité

PREMIER PRIX

Chambre d'hôte Les Bruyères – *721 r. des Bruyères - 71600 Vitry-en-Charollais - 6 km au nord-ouest de Paray-le-Monial (dir. Digoin) et D 479 à gauche après le passage à niveau - ✆ 03 85 81 10 79 - http://ferme-des-bruyeres.fr - ⊭ P - Table d'hôte 18 € (fermé mar.) - ch. 51 € ☕.* Cette ferme charolaise, spécialisée dans l'élevage et l'agriculture biologiques, vous accueille pour un séjour nature. Les chambres, sises dans l'ancienne grange, ont gardé les lucarnes par lesquelles on nourrissait jadis les bêtes. La cuisine est élaborée à partir de bœuf, porc, volaille et légumes bio produits sur place. Vente directe.

POUR SE FAIRE PLAISIR

Auberge de Vigny – *71160 Digoin - Le Bourg de Vigny - 13 km à l'ouest de Paray-le-Monial - ✆ 03 85 81 10 13 - www.aubergedevigny.fr - P ♿ - fermé 3 sem. en janv., 3 sem. en oct., dim. soir de nov. à mars et lun.-mar. - formule déj. 20 € - menus 27/43 €.* Cuisine au goût du jour servie

3

dans une ancienne salle de classe qui respire aujourd'hui le bonheur. Ici, la maîtresse de maison est excellente pâtissière ! Jardin-terrasse ensoleillé.

ACTIVITÉS

Cyclotourisme

Location de vélos et de rosalies – *Se rens. auprès de l'office du tourisme de Paray-le-Monial.* Location possible toute l'année. Comptez 8 € la demi-journée (enf. 7 €), 12 € la journée (enf. 9 €) ; vélos électriques 15 € la demi-journée, 20 € la journée (caution obligatoire).

Voie verte – *www.paraylemonial.fr.* Paray-le-Monial se situe au carrefour de plusieurs voies vertes. Le long du Canal du Centre, 15 km sont aménagés entre Volesvres et Digoin. Cette piste cyclable continue le long du Canal latéral à la Loire vous permettant de rejoindre Bourbon-Lancy. Sur près de 57 km, découvrez les bocages charolais où paissent les fameux bœufs. Un nouvel itinéraire s'offre à vous en direction du sud. L'ancienne voie ferrée a été transformée en voie verte. Elle vous invite à pédaler sur 60 km jusqu'à Roanne dans la Loire.

Excursions

Le Relais du Canalou – *76 av. du Gén.-de-Gaulle - 71160 Digoin - ✆ 03 85 53 76 74 - www.canalous-plaisance.fr.* Au départ de Digoin, une promenade en bateau sur les canaux est possible de mars à mi-novembre. La base nautique accueille un port de plaisance avec 120 emplacements et une capitainerie.

AGENDA

Mosaïque contemporaine - *déb. juil.-mi-sept. - ✆ 03 85 88 83 13 - https://maisondelamosaique.org.* Chaque été, une grande exposition des meilleurs mosaïstes contemporains est organisée dans divers lieux de la ville.

Paray-le-Monial.
P. Escudero/hemis.fr

Charolles

2 758 Charollais – Saône-et-Loire (71)

Sillonnée de canaux et traversée par l'Arconce et la Semence, l'ancienne cité de Charles le Téméraire se dévoile au détour de ses quais, de ses vieilles rues et de ses placettes fleuries.

NOS ADRESSES PAGE 198
Hébergement, restauration, achats, activités, etc.

S'INFORMER

Office du tourisme – *24 r. Baudinot - 71120 Charolles - ✆ 03 85 24 05 95 - www.ville-charolles.fr - juil.-août : 9h30-12h30, 14h-18h, dim. 9h30-12h30 ; mai-juin et sept. : 9h30-12h30, 14h-17h30, dim. et j. fériés 9h30-12h30 ; avr. et oct. : tlj sf dim. 9h30-12h, 14h-17h, sam. 9h30-12h ; reste de l'année : tlj sf w.-end 14h-17h.*

SE REPÉRER

Carte de microrégion B3 (p. 186-187) – Charolles se trouve entre Paray-le-Monial (13 km à l'ouest) et Mâcon (54 km à l'est).

AVEC LES ENFANTS

La Maison du charolais, le chemin des fours à chaux jusqu'à Vendenesse-lès-Charolles.

Découvrir

Du celte *Kadrigel*, « forteresse entourée d'eau », la ville devint *Quadrigillae*, puis *Carolliae* à l'époque gallo-romaine. Du 14e s., elle conserve les vestiges du **château** des comtes de Charolais, avec la fière tour du Téméraire et la tour des Diamants, aujourd'hui occupée par l'hôtel de ville. **Vue** agréable depuis les jardins en terrasse. En bas de la rue Baudinot, l'ancien couvent des Clarisses, où vécut dans sa jeunesse **Marguerite-Marie Alacoque** *(voir Paray-le-Monial, p. 190)* abrite l'office de tourisme.

Musée du Prieuré

4 r. du Prieuré - ✆ 03 85 24 24 74 - www.ville-charolles.fr - juil.-août : 10h-12h, 14h-18h ; mai-juin et sept. : 14h-18h - fermé mar. - possibilité de visite guidée sur demande (1h30) - 3 € (-18 ans gratuit).

Logé dans un bâtiment du 15e s., le musée rassemble une belle collection de **faïences★** de Charolles. De nombreux objets signés HP témoignent du talent d'Hippolyte Prost (1844-1892), fondateur de la faïencerie. Remarquez le service à café japonisant aux bords crénelés, orné de branches de cerisier. En 1879, Élisabeth Parmentier, décoratrice ayant travaillé avec Majorelle, s'installa à Charolles et établit un style qui devint caractéristique : bouquets légers agrémentés d'insectes ou de papillons. Une autre époque glorieuse est illustrée par les pièces Art déco de Jules Molin, dont la famille reprit la faïencerie en 1892. Le musée présente des œuvres des peintres régionaux Jean Laronze (1852-1937) et Paul-Louis Nigaud (1895-1937). Dans la chapelle, sculptures de **René Davoine** (1888-1962), dont l'atelier est visible sur la promenade St-Nicolas. Avant de partir, ne manquez pas la salle capitulaire (15e s.) aux poutres sculptées, décorées de masques. En été, une exposition temporaire de céramique design ou contemporaine est proposée.

Maison du Charolais

43 rte de Mâcon - ✆ 03 85 88 04 00 - www.maison-charolais.com - ♿ - espace muséographique mars-oct. : 10h-18h ; reste de l'année : 11h-17h - fermé 1er nov.,

UNE HISTOIRE MOUVEMENTÉE

Racheté par Philippe le Hardi en 1390, le comté se trouve dans l'héritage de Charles le Téméraire. À sa mort, Louis XI nomme un bailli royal à Charolles, qui passe à l'Autriche avec la dot de Marguerite de Bourgogne. Ainsi, au fil de l'histoire, le comté passera alternativement entre les mains de la couronne de France et de celle d'Autriche avant de revenir au royaume d'Espagne. Le statut particulier de la cité perdurera jusqu'en 1761, où elle sera rattachée à la couronne de France.

25 déc. - 5,50 € (-12 ans 3,50 €) - 7,60 € (-12 ans 3,80 €) avec audioguide ou dégustation.

Ce parcours qui mène des prés aux champs de foires à bestiaux vous permettra de tout savoir sur la race charolaise et son terroir de production. Une dégustation de viande est proposée en fin de visite.

Depuis la Maison du charolais, vous pourrez vous rendre à pied à Vendenesse-lès-Charolles *(voir ci-après)* en suivant le **chemin des fours à chaux** *(6 km)*.

À proximité Carte de microrégion p. 186-187

Vendenesse-lès-Charolles C3

5 km au nord-est par la D 17.

Fours à chaux – *03 85 88 39 78 - http://foursachaux.free.fr - mai-oct. : 10h-19h - possibilité de visite guidée sur demande (1h) - 3 €.* Des travaux de restauration ont rendu aux fours du village l'aspect qu'ils avaient au début du 20e s. Construites en 1870, ces curieuses installations produisirent, au plus fort de leur activité, quelque 1 000 tonnes de chaux. Leurs imposantes cheminées de brique témoignent d'une activité industrielle locale aujourd'hui disparue.

Château de Digoine B2

À Palinges, 14 km au nord-est de Charolles par la D 25, puis à droite la D 128. Lieu-dit Digoine - 03 85 70 20 27 - www.chateaudedigoine.fr - 15 juil.-31 août : 12h-19h ; reste de l'année : se rens. - 10 € (-12 ans gratuit) - visite guidée sur demande préalable.

Cette belle demeure du 18e s., construite sur l'emplacement d'un château fort, présente deux façades d'aspect très différent. La façade d'entrée néoclassique, flanquée de deux pavillons en saillie, est précédée d'une cour d'honneur que ferme une grille en fer forgé ; elle porte un élégant fronton sculpté. La façade donnant sur le jardin anglais comprend, quant à elle, en son milieu, un avant-corps à deux étages ; à ses extrémités se dressent deux tours d'angle de la forteresse d'origine, cylindriques et à coupoles.

LE BŒUF DE CHAROLLES

La richesse des herbages en Charolais et en Brionnais, conjuguée au savoir-faire des éleveurs, est à l'origine du succès de la **race charolaise**, race bovine mondialement reconnue pour son rendement et la qualité de sa viande. À Charolles, plusieurs fois par an, des foires interdépartementales – dont le concours Reproducteurs (en novembre) et le célèbre Festival du bœuf charolais (en décembre) – exposent à la vente vaches, veaux, broutards, génisses et taureaux. Depuis 2010, le bœuf de Charolles bénéficie de l'Appellation d'origine controlée pour ses qualités spécifiques. La Saône-et-Loire possède plus de 630 000 bovins charolais, soit la moitié des races à viande, et fournit un quart de la viande consommée en France.

À l'intérieur, une enfilade de pièces de réception permet de découvrir un subtil décor aquatique par Clodion (1782), une bibliothèque troubadour et un **théâtre** à l'italienne attribué à Cicéri (1842), célèbre pour avoir décoré l'Opéra de Paris.

Ne manquez pas, dans le parc de 35 ha, les orangers bicentenaires du parterre de la cour d'honneur, le jardin floral, la belle roseraie qui présente plus d'une soixantaine de variétés de rosiers anciens, le potager avec sa serre (vers 1830), et le jardin à la française, face à la serre, redessiné vers 1920 par le paysagiste Achille Duchêne.

★ Mont des Carges C3

16 km à l'est par la N 79 puis la D 79.

D'une esplanade où s'élèvent les monuments dédiés au maquis de Beaubery et au bataillon du Charolais se déploie une **vue★** embrassant le pays de Loire à l'ouest, tout le Charolais et le Brionnais au sud, les monts du Beaujolais à l'est.

★ Butte de Suin C3

20 km à l'est par la D 17.

À proximité de la D 17, à mi-chemin entre Charolles et Cluny, se dresse la butte de Suin (593 m), qui portait jadis un oppidum ainsi qu'un temple dédié à Mercure. Aujourd'hui, les amateurs de deltaplane évoluent à proximité.

Laissez la voiture au parking derrière le monument aux morts et prenez le sentier qui passe à droite de l'église.

À hauteur de la statue de la Vierge, montez à droite les escaliers qui donnent accès à la table d'orientation *(15mn à pied AR)*. De là, on découvre un magnifique **panorama★★** circulaire sur la vallée de la Saône et le Charolais.

NOS ADRESSES À CHAROLLES

HÉBERGEMENT/RESTAURATION

UNE FOLIE

Hôtel de la Poste – *2 av. de la Libération - 03 85 24 11 32 - www.hotel-laposte-doucet.com - P sur réserv. - extérieure chauffée - - fermé 2 sem. en janv., dim. soir et lun. - 18 ch. 130/350 € - 17 € - fermé dim. soir-mar. midi (avr.-sept), dim. soir-mar. soir (oct.-mars) - menus 45/105 €.* Le restaurant de Frédéric Doucet sert des produits régionaux avec talent et inventivité dans un décor raffiné ou sur l'agréable terrasse « chlorophyllée ». L'hôtel propose des chambres confortables et contemporaines dans le bâtiment principal ou dans une dépendance à quelques pas, accessible par une passerelle au-dessus de la rivière.

ACHATS

Jetez un coup d'œil à la faïence de Charolles ; la production moderne est intéressante.

AGENDA

Foire d'octobre – *4e jeu. d'oct. - 03 85 24 17 54 - www.ville-charolles.fr/foires-aux-bestiaux.* Foire aux taureaux et autres bovins. Ambiance pittoresque !

Festival du bœuf – *1er w.-end de déc. - rens. 03 85 24 17 54 - www.ville-charolles.fr/foires-aux-bestiaux.* Concours de bovins de boucherie, dégustations…

Journées médiévales - *un w.-end. en août - gratuit.* Découvrez la vie médiévale à travers des animations, ateliers pour enfants, marché médiéval et visites guidées.

La Clayette

1 706 Clayettois – Saône-et-Loire (71)

Réputée pour ses courses et concours hippiques, cette « ville du cheval » s'étage au-dessus de la vallée de la Genette. À l'extrémité de son agréable plan d'eau ombragé de platanes se dresse un imposant château fortifié. Ses environs réservent d'autres belles surprises, à l'instar du château de Drée, avec son somptueux intérieur et ses jardins à la française.

NOS ADRESSES PAGE 202
Hébergement, restauration, achats, activités, etc.

S'INFORMER

Office du tourisme La Clayette Chauffailles en Brionnais – *3 rte de Charolles - 71800 La Clayette - 03 85 28 16 35 - www.pays-clayettois.fr - juil.-août : 9h30-12h30, 14h-18h30, dim. et j. fériés 14h-17h ; reste de l'année : 9h-12h, 14h-17h - fermé vac. de Noël, certains j. fériés.*

Office de tourisme Verts Vallons de Sud Bourgogne – *6 pl. de l'Église – 71520 Matour - 03 85 59 72 24 - www.tourisme-hautclunisois.com - mai-juin : mar.-sam. 8h30-12h30, 13h30-17h30 ; juil.-août : 9h30-12h30, 14h30-18h30, dim. et j. fériés 9h30-12h30 ; reste de l'année : mar.-sam. 9h-12h - fermé vac. de Noël, certains j. fériés.*

SE REPÉRER

Carte de microrégion C4 (p. 186-187) – La Clayette se trouve sur la D 985, entre Charolles au nord et Charlieu au sud.

À NE PAS MANQUER

Le château de Drée ; la vue du sommet de la montagne de Dun ainsi que de la montagne de St-Cyr ; les essences forestières de l'arboretum domanial de Pézanin.

AVEC LES ENFANTS

Le parc du château de Drée, la Maison des patrimoines en Bourgogne à Matour et le Lab 71 à Dompierre-les-Ormes.

3

Se promener

Prononcez **La Claite**, car, au Moyen Âge, La Clayette s'écrivait « La Claète », marquant une sorte de frontière entre les terres royales du Mâconnais et le duché de Bourgogne.

Les armes de la ville portent un cheval, témoin d'une très ancienne tradition, puisqu'on dit que le cheval blanc d'**Henri IV** aurait été élevé ici.

Château

Ne se visite pas. Entouré de douves peuplées d'énormes carpes, ce château du 14e s. a subi d'importantes transformations aux 18e et 19e s. Ses vastes communs à tourelles du 14e s. et son orangerie du 18e s. ne manquent pas de caractère.

À proximité Carte de microrégion p. 186-187

★ Château de Drée C3

À Curbigny, 4 km au nord par la D 193.

D 193 - 03 85 26 84 80 - www.chateau-de-dree.com - visite guidée uniquement (1h) juin-août : 10h-17h30 ; avr.-mai et sept.-oct. : tlj sf mar. 14h-17h - 12,50 € (-18 ans 8,50 €) - visite libre des jardins et dépendances (6, 50 €).

Ce château du 17e et 18e s. se compose d'un corps de logis et de deux ailes en équerre. De la grille d'entrée, la **vue** sur la façade est grandiose. Des colonnes ioniques, formant portique, soutiennent un balcon et, au 1er étage, un blason sculpté.
À l'intérieur, les pièces de réception et les chambres sont ornées d'un beau **mobilier★★** de style Louis XIV, Louis XV ou Louis XVI, de tapis de la Savonnerie et de superbes tentures (les propriétaires appartiennent à une famille de filateurs du Nord). Remarquez la salle à manger Directoire et le ravissant salon d'angle, d'époque Louis XV. À l'étage, quatre chambres se visitent avant de descendre à la chapelle dédiée au Sacré-Cœur. Vous découvrirez aussi des lieux plus inattendus comme la cuisine du 19e s., les écuries, le chenil, la glacière, la lampisterie, le colombier et la prison.
Entièrement restauré, un parc de 10 ha entoure le château *(des chasses à l'œuf y sont organisées à Pâques)*. Entre les communs, des parterres au tracé géométrique plantés de lavandes, de rosiers roses et de buis embaument l'entrée. Puis la terrasse entourant le château conduit à la roseraie, agrémentée d'un bassin orné de jets d'eau. À l'arrière, apparaissent les jardins à la française plantés de 25 000 buis formant une véritable broderie végétale. La promenade se poursuit dans les sous-bois qui dissimulent une folie, la Tour des Demoiselles.

Bois-Ste-Marie C3

7 km au nord-est par la D 79.
Bâtie au 12e s., l'**église**, au clocher ajouré et à l'imposant chevet, fut restaurée au 19e s. Sur le côté droit, une porte au tympan sculpté représente la Fuite en Égypte. À l'intérieur, égayée par la coloration rouge et blanc alternée des arcs doubleaux de la voûte, l'abside voûtée en cul-de-four est entourée d'un déambulatoire très bas avec colonnes jumelées dont la disposition est originale; remarquez les chapiteaux ornés de scènes amusantes ou de feuillages.

Montagne de Dun C4

10 km au sud-est par la D 987 puis la D 283 en passant par St-Racho.
On atteint le sommet (alt. 721 m) par la route en direction de Chauffailles. Le nom de Dun provient du celte *dun,* qui a donné *dunum* à l'époque gallo-romaine, « lieu fortifié et élevé », comme *Augustodunum* (Autun).
De l'esplanade, près de la chapelle, vestige d'une place forte détruite par Philippe Auguste lors des luttes féodales (1180), on découvre une **vue★** circulaire : vers le nord-est, la montagne de St-Cyr et la Grande-Roche; plus à l'est, la dépression de la Grosne et le col du Champ-Juin; vers le nord, le Charolais et la vallée de l'Arconce; vers le nord-ouest, la région de La Clayette; plus à l'ouest, le Brionnais, la vallée de la Loire; et vers le sud-ouest, les monts de la Madeleine.

Mussy-sous-Dun C4

11 km au sud par la D 985.
Un important viaduc ferroviaire (561 m), réalisé à la fin du 19e s., traverse la vallée. Certaines de ses piles sont hautes de 60 m.

Chauffailles C4

13 km au sud par la D 985.
Chef-lieu d'un canton très verdoyant, Chauffailles a longtemps profité de la prospérité de son industrie textile.
Musée de Tissage – *46 r. du 8-Mai - 03 85 84 65 16 - http://museedetissage.fr.gd - - juil.-août : 14h30-18h ; avr.-juin et sept. : merc. et w.-end*

14h30-18h - possibilité de visite guidée - 4 € (-14 ans 2 €). On y découvre toutes les étapes de la fabrication, « du fil à l'étoffe ».

Montagne de St-Cyr C3

15 km au nord-est par la D 79 puis, à Trappe-Loup, prenez la D 41. Après Montmelard, continuez sur 3 km et tournez à gauche.

Un chemin à droite donne accès à la table d'orientation de la montagne de St-Cyr, à 771 m d'altitude, plus haut sommet de la Bourgogne du sud. On y bénéficie d'un large **panorama** sur les monts du Charolais et, par beau temps, sur les Alpes.

Matour C3

19 km à l'est par la D 987.

6 pl. de l'Église - 71520 Matour - 03 85 59 72 24 - www.tourisme-haut-clunisois.com - juil.-août : 9h30-12h30, 14h30-18h30, dim. 9h30-12h30 ; reste de l'année : tlj sf dim.-lun. 9h-12h.

La « petite Suisse du Mâconnais » occupe le centre d'un vaste cirque de montagnes boisées, à la naissance de la Grosne. Au pied des pentes couvertes de cultures qui l'environnent, le bourg, station verte de vacances, s'est doté d'équipements de loisirs (piscine, tennis, etc.). Son étang invite à la pêche et à la promenade tandis que la forêt, en partie plantée de résineux, couvre des sommets qui révèlent de vastes panoramas et offrent la possibilité de belles randonnées…

Maison des patrimoines en Bourgogne du Sud – *Parc du Manoir - 03 85 59 78 84 - www.matour.fr/fr/maison-des-patrimoines - - juil.-août : tlj sf mar. 14h-19h ; avr.-juin et de déb. sept. à mi-oct. : w.-end 15h-18h - gratuit - possibilité de visite guidée (1h30) sur demande préalable (5 €, -17 ans 4 €, -13 ans gratuit).* Le manoir du Parc, au cœur du village, accueille sur 2 niveaux et 800 m² des expositions didactiques et vivantes qui invitent à découvrir différents aspects du patrimoine de la région : nature, histoire et traditions.

Dompierre-les-Ormes C3

20 km au nord-est par la D 79 puis la D 41 (après Trappe-Loup).

Lab 71 – *2 chemin du Molard - 03 85 50 37 10 - www.lab71.fr - - de mi-juin à mi-sept. : 10h-18h ; des vac. de printemps aux vac. de la Toussaint (ttes zones) : lun.-vend. 14h-18h - fermé w.-end, déc.-mars, 1er Mai et vac. de Noël - possibilité de visite guidée sur demande (2h) - 5 € (6-18 ans 2 €).*

Ce lieu de découverte scientifique accueille Effervé'Sciences, un showroom de 800 m² pour expérimenter les sciences de manière ludique et faire découvrir le développement durable aux plus jeunes. Les thèmes évoluent au fil des ans.

Arboretum domanial de Pézanin C3

22 km au nord-est par la D 79 puis la D 41, en dir. de Dompierre-les-Ormes.

03 85 50 28 43 - - accès libre - possibilité de visite guidée sur demande.

Créé de 1903 à 1923 près de son château par le grand-père de **Louise de Vilmorin,** cet arboretum occupe un site agréable de 27 ha. Dans le parc agrémenté d'un étang, propriété de l'état depuis 1935, sont entretenues avec soin quelque 450 espèces d'arbres et arbustes originaires du monde entier, dont de remarquables essences forestières, comme le chêne hétérophile, qui possède deux sortes de feuilles, les 37 variétés d'érables, ainsi que les cyprès chauves dont les racines apparentes, dites pneumatophores, leur permettent de ne pas s'asphyxier en zone marécageuse.

NOS ADRESSES À LA CLAYETTE

HÉBERGEMENT

À proximité

PREMIER PRIX

Chambre d'hôte Michèle Desmurs-Morin – *La Saigne - 71800 Varennes-sous-Dun - 4 km à l'est de La Clayette par D 987 puis rte secondaire - ✆ 03 85 28 12 79 - http://michele.desmurs.pagesperso-orange.fr - ⊭ P - 4 ch. 65/75 €* ☕. Cette ancienne ferme rénovée est en pleine campagne. Deux chambres sont un peu rétro avec une suite sous les toits. Choisissez la troisième, plus sympathique avec ses murs de pierre et ses tomettes, ou la suite pour 4 personnes si vous venez en famille. Ambiance décontractée chez ces éleveurs de charolais.

BUDGET MOYEN

Le Saint Cyr – *Le Bourg - 15 km au nord-est de La Clayette par la D 79, puis à Trappe-Loup, prendre la D 41 - ✆ 03 85 50 20 76 - www.lesaintcyr.fr - fermé lun. et mar. midi ; nov.-mars : fermé lun. et mar. midis, vend. et dim. soirs - 7 ch. 58/99 € - 1 appt. 125 € - 2 gîtes 360/820 €/sem. - ✕ formule déj. 14 € - carte 16/45 €.* Profitez de la douceur de la campagne et des saveurs de la table, avec une vue panoramique sur le paysage environnant.

RESTAURATION

BUDGET MOYEN

La Belle Époque – *✆ 03 85 28 10 46 - juil.-août : tlj midi et soir ; reste de l'année : ts les midis, vend. et sam. soir - formule déj. 13 € - menus 16,50/27,50 €.* Face au château, cette brasserie dispose d'une terrasse accueillante quoique un peu bruyante. Très fréquentée par les locaux, c'est un lieu de halte idéal pour les amateurs de viande (charolaise, bien sûr).

À proximité

PREMIER PRIX

Ferme-Auberge des Collines – *71800 Amanzé - 9 km au nord-ouest de La Clayette par D 989 puis D 279 - ✆ 03 85 70 66 34 - www.fermeaubergedescollines.com - P - 12/23,50 €, réserv. obligatoire - fermé de fin oct. à fin mars - ch. 60 €* ☕. La jolie tour carrée de cette ferme témoigne de son passé lointain. Le décor est campagnard avec ses poutres et ses tomettes. Charolais élevés sur place et légumes du potager. Quelques chambres calmes sur les champs ou le jardin fleuri.

ACHATS

Les Chocolats Bernard-Dufoux – *32 r. Centrale - ✆ 03 85 28 15 76 - www.chocolatsdufoux.com - mar.-sam. 9h-19h, dim. et j. fériés 9h-13h (déc. et sem. de Pâques 9h-19h).* Le Club des Croqueurs de chocolat désigne Bernard Dufoux comme l'un des meilleurs chocolatiers de France depuis 1998. Le choix de la matière première et un savoir-faire acquis durant quarante ans de travail expliquent un tel succès. Le palet d'or, le Conquistador et les chocolats aux épices pour l'apéritif comptent parmi les spécialités de cet artisan, qui donne aussi des cours le premier mercredi de chaque mois (sur réserv., ✆ 03 85 28 08 10). D'autres boutiques à Lyon, Chalon et Dijon.

Église collégiale St-Hilaire.
D. Caviglia/hemis.fr

Semur-en-Brionnais

★

723 Semurois – Saône-et-Loire (71)

3

L'ancienne capitale du Brionnais apparaît sur un promontoire couvert de prés et de bois. Le château, l'église romane, l'ancien prieuré et l'auditoire de justice (mairie) du 18e s. composent un ensemble architectural séduisant dans les tons ocre-rose, qui fait de ce village une étape charmante.

NOS ADRESSES PAGE 213
Hébergement, restauration, achats, activités, etc.

S'INFORMER

Office du tourisme de Marcigny - Semur-en-Brionnais – *Château St-Hugues - 71110 Semur-en-Brionnais - ✆ 03 85 25 13 57 - www.chateau-semur-en-brionnais.fr - juin-août : 10h-12h, 14h-19h, dim. et j. fériés 14h-19h ; avr.-mai et sept. : 10h-12h, 14h-18h, dim. et j. fériés 14h-18h ; reste de l'année : 10h-12h, 14h-17h, dim. et j. fériés 14h-17h - fermé de mi-nov. à fin fév. - fermé 1er nov.*

SE REPÉRER

Carte de microrégion B4 (p. 186-187) – Semur-en-Brionnais se trouve à 29 km au sud de Paray-le-Monial.

À NE PAS MANQUER

Les sites clunisiens du Brionnais, notamment l'abbaye bénédictine de Charlieu ; l'église d'Anzy-le-Duc.

ORGANISER SON TEMPS

Les églises et châteaux du Brionnais méritent une journée.

AVEC LES ENFANTS

Les animations du château St-Hugues ; le musée de la Soierie à Charlieu, le musée du Reflet brionnais à Iguerande ; la foire au bétail de St-Christophe-en-Brionnais ; une croisière fluviale au départ de Briennon ou une randonnée à dos d'âne *(voir « Nos adresses »)*.

Se promener

★ Église St-Hilaire

☏ 03 85 25 13 57 - ♿ - 8h-20h - possibilité de visite guidée sur demande (1h) - 3 € (-12 ans gratuit).

De style clunisien, elle présente un très beau chevet; son aspect trapu est atténué par la hauteur des murs pignons à l'extrémité du chœur et des bras du transept, et sa sévérité par les corniches de modillons sculptés qui règnent à la base des toits. L'élégant clocher octogonal qui la domine est remarquable par son double étage d'arcatures romanes géminées qui s'ouvrent, à l'étage supérieur, sous un réseau de voussures.

Le portail ouest est richement décoré, mais ses sculptures sont traitées avec une certaine maladresse dans le modelé. À la clef de la voussure extérieure, on voit, comme à Charlieu *(voir p. 208)*, l'agneau nimbé. Au linteau est représenté un épisode de la vie de saint Hilaire : s'opposant à l'arianisme, il est condamné par un concile d'évêques ariens et est exilé en Asie Mineure; en chemin, il rencontre un ange qui lui rend l'espoir et sa place parmi les évêques; cependant, le diable s'empare brutalement de l'âme du président du concile.

La nef est très harmonieuse avec son triforium soutenu par des arcs à deux voussures, qui vient, au revers de la façade, former une tribune ronde en saillie, supportée par un encorbellement prenant appui sur la clef de voûte de la porte. Cette tribune est vraisemblablement inspirée de celle de la chapelle St-Michel établie au-dessus du grand portail dans l'église abbatiale de Cluny.

Château St-Hugues

Pl. Bouthier-de-Rochefort - ☏ 03 85 25 13 57 - www.chateau-semur-en-brionnais.fr - juin-août : 10h-12h, 14h-19h, dim. et j. fériés 14h-19h; avr.-mai et sept. : 10h-12h, 14h-18h, dim. et j. fériés 14h-18h; reste de l'année : 10h-12h, 14h-17h, dim. et j. fériés 14h-17h - fermé de mi-nov. à déb. mars - possibilité de visite guidée sur demande (1h) - 4 € (-10 ans gratuit).

Du château, **vue** sur les coteaux et, au loin, sur les monts du Forez et de la Madeleine. On visite ce qu'il reste de la résidence de la puissante famille des Semur dont est issu saint Hugues, le fameux abbé de Cluny : le donjon rectangulaire bâti au 9e s., rare exemple de donjon roman, peut-être le plus ancien de Bourgogne, ainsi que deux petites tours arrondies aménagées en prison au 18e s. Collection d'affiches de la Révolution française. 👪 Des animations (jeux de piste, tir à l'arc, quilles, mât de cocagne, visites nocturnes aux flambeaux) ont lieu l'été.

Circuit conseillé Carte de microrégion p. 186-187

★★ ÉGLISES ET CHÂTEAUX EN BRIONNAIS B3-4

▶ Circuit de 97 km tracé en vert sur le schéma ci-contre et sur la carte de microrégion (p. 186-187) – Comptez au moins une journée. Quittez Semur-en-Brionnais au sud-est par la D 8.

Cette région, dont l'élevage des bovins constitue la ressource principale, est jalonnée de splendides églises romanes que l'on découvre avec bonheur en suivant les chemins du Roman *(voir encadré p. 206)*. Le Brionnais formait autrefois l'un des 19 bailliages du duché de Bourgogne, dont la capitale était alors Semur-en-Brionnais. C'est un pays vallonné, d'où l'on découvre la vallée de la Loire, le Forez et les monts du Beaujolais. Il s'étend principalement sur la rive droite de la Loire, entre Charlieu et Paray-le-Monial.

L'abondance de matériaux de premier ordre, bancs de calcaire jaunâtre d'un grain très fin, à la fois résistant et facile à travailler, explique les tons ocre ou jaune de la plupart des édifices du Brionnais, qui prennent une belle couleur bronze au soleil couchant.

St-Julien-de-Jonzy B4

édifié sur l'une des plus hautes collines de la région, le village offre un beau **panorama** sur les paysages vallonnés du Brionnais et du Beaujolais.

Église – De l'édifice roman du 12e s., l'église actuelle, raccourcie, conserve un clocher carré et un joli **portail**★ sculpté dont certains détails rappellent le porche de Charlieu : les sculptures du tympan et du linteau sont prises dans un même bloc de grès dont la finesse met en valeur la virtuosité de l'artiste. La Cène prend place au linteau : toutes les têtes, sauf deux, ont été martelées en 1793 par les révolutionnaires, qui ont changé le nom du bourg en Bellevue-de-Cray. Les plis de la nappe, comme ceux des vêtements séraphiques au-dessus, sont traités avec souplesse; une scène du lavement des pieds figure à chaque extrémité.

À l'intérieur, l'ancienne croisée du transept, voûtée d'une coupole sur trompes, forme l'avant-nef de l'église. Les quatre colonnes engagées ont conservé de beaux chapiteaux; celle de droite présente un décor de feuilles d'eau, réminiscence de l'art cistercien.

Prenez la D 8 sur 11 km, après être sorti du village à l'est.

Châteauneuf B4

L'**église** est mise en valeur par un cadre boisé. Une des dernières constructions romanes en Bourgogne, elle se signale par sa façade massive, son portail latéral droit dont le linteau porte une sculpture naïve des 12 apôtres. Entrez-y, pour observer les fenêtres hautes de la nef, dont les ouvertures sont supportées par de fines colonnes à chapiteaux et, au transept, la coupole sur trompes dont la base octogonale est allégée par une galerie à arcatures.

Prenez la D 987 sur environ 5 km puis la D 487 sur 5 km.

UNE FLORAISON DE PIERRE

Dans l'étroit espace compris entre l'Arconce et le Sornin, une douzaine d'églises romanes construites sous l'influence de Cluny méritent d'être vues, ainsi que plusieurs châteaux. Si le **granit** et le **grès** ne permettent d'obtenir que des effets de ligne ou de masse comme à Varenne-l'Arconce, Bois-Ste-Marie, Châteauneuf ou St-Laurent-en-Brionnais, le **calcaire**, au contraire, se prête au travail du sculpteur – d'où la beauté des façades et des portails décorés. Les mêmes thèmes se déclinent autour des expressions et des attitudes des personnages. Au tympan apparaît le Christ en majesté, ou bien le Christ de l'Ascension, nimbé. Les linteaux ont une décoration particulièrement fouillée : nombreux personnages assistant au triomphe du Christ. La disproportion met bien en évidence la hiérarchie entre le Christ, les évangélistes, la Vierge et les apôtres.

Résonance romane fédère en Bourgogne du Sud les trois centres d'études d'art roman, dont le Centre international d'études des patrimoines en Charolais-Brionnais, qui a mis en place une signalétique pour suivre les **chemins du Roman**. *Pour en savoir plus : 03 85 39 45 71 - www.destination-saone-et-loire.fr.*

★ Abbaye bénédictine de Charlieu B4 (Loire), plan de l'abbaye ci-contre

04 77 60 09 97 - juil.-août : 10h-12h, 13h-19h ; avr.-juin et sept.-oct. : tlj sf lun. (sf j. fériés) 10h-12h30, 14h-18h30 ; reste de l'année : tlj sf lun. (sf j. fériés) 10h-12h30, 14h-17h30 - fermé janv., 24-25 et 31 déc. - 3 € (-12 ans gratuit) - 12 € billet combiné avec le couvent des Cordeliers, le prieuré de Pommiers et le château de la Bastie-d'Urfé - gratuit 1er w.-end de juin - visite guidée sur demande 4,30 € (enf. 2,70 €).
Fondée vers 870 et rattachée à Cluny vers 930, l'abbaye fut transformée en prieuré un siècle plus tard. Au 12e s., elle bénéficia de la collaboration des architectes et artistes de Cluny (qui reconstruisirent l'église, puis ajoutèrent l'avant-nef et le nouveau portail, cette fois-ci latéral), ainsi que de l'aide de Philippe Auguste, son protecteur, qui la fit fortifier.

En entreprenant leurs recherches, les archéologues ont découvert sur le site de l'abbaye une succession de constructions. Les **fouilles** attestent ainsi la présence de deux églises, du 9e et du 10e s., ainsi que d'une abbatiale du 11e s., légèrement désaxée. À partir du 10e s., l'église est flanquée de collatéraux pour permettre la circulation des pèlerins autour des reliques des saints Fortuné et Étienne. La prieurale du 11e s. adopte le plan de la croix latine, avec un transept et un chœur à absidioles orientées typiquement bénédictin.

Au moment de la Révolution, le prieuré ne compte plus que six moines. Il est sécularisé en mars 1789, et les bâtiments – dont l'église St-Fortuné, « la plus parée des filles de Cluny » – sont en grande partie démolis. Le site entame alors une longue période de déclin qui se poursuivra jusque vers la fin du 19e s. De St-Fortuné ne subsistent aujourd'hui que la dernière travée, dont les chapiteaux sont typiques du Brionnais, et l'avant-nef ajoutée au 12e s.

La façade nord de l'avant-nef s'ouvre par un **grand portail★★** du 12e s., véritable chef-d'œuvre de l'art roman. Bien que toutes les têtes aient été brisées ou martelées à la Révolution, il continue d'éblouir par la qualité de sa décoration sculptée.

Le tympan du **petit portail,** à droite, est lui aussi intéressant. On reconnaît au linteau des animaux qui sont amenés vers un personnage assis pour être sacrifiés : la scène s'inspire des représentations antiques de sacrifices païens

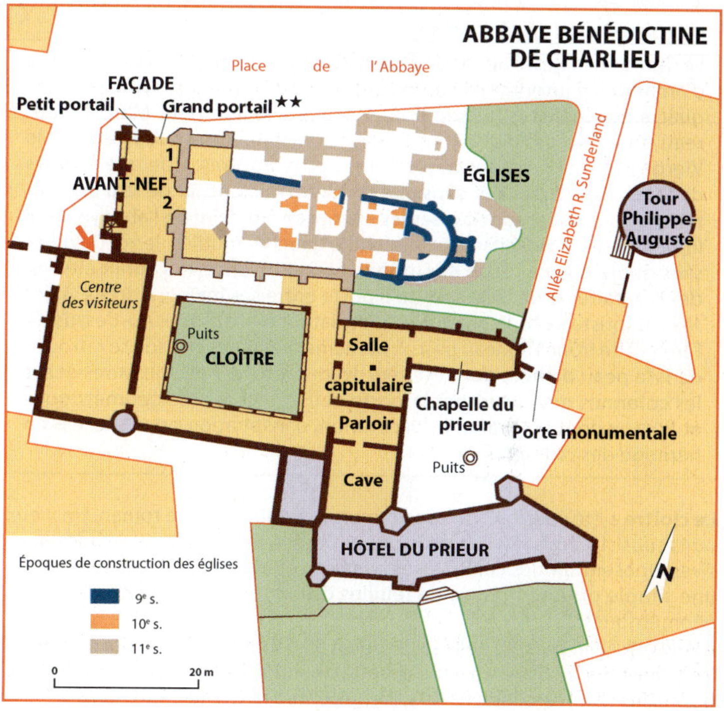

pour évoquer le temple de Jérusalem et les rites de l'ancienne Alliance. Elle est surmontée par les noces de Cana, premier miracle du Christ. À l'archivolte, la transfiguration du Christ est dominée par un nuage : de ces nuées sortaient le visage et le bras de Dieu (martelés) pour désigner son fils. Ce portail résume par ses scènes successives le passage de l'ancienne à la nouvelle Alliance.

Le **Centre des visiteurs**, aménagé dans l'ancien dortoir des novices, à l'entrée de l'abbaye, évoque les anciens ordres religieux présents dans le pays de Charlieu, et constitue une bonne introduction à la visite. De là, vous pénétrez à proprement parler dans l'abbaye.

À l'intérieur de l'abbaye, l'**avant-nef**, édifice rectangulaire de 17 m de long sur 10 m de large environ, comprend deux salles superposées, voûtées d'arêtes, dont une abrite un **sarcophage gallo-romain** (1), trouvé au cours des fouilles. À l'est, le mur est constitué par la façade occidentale de l'ancienne église St-Fortuné, consacrée en 1094, qui comporte : un portail (2), dont le tympan, encadré de trois voussures à arêtes vives, figure le Christ en majesté ; deux baies géminées à voussures, séparées à l'extérieur par un pilier flanqué d'une colonnette cannelée à chapiteau corinthien (au-dessus, deux figures affrontées).

On accède à l'**étage du porche** par un escalier à vis. À l'est, la grande baie est flanquée de deux petites arcades aveugles et surmontée de belles voussures reposant sur les chapiteaux à feuillages des colonnes engagées. Elle offre une vue d'ensemble sur les fondations des trois sanctuaires des 9e, 10e et 11e s. qui se sont succédé à cet emplacement. La vue englobe également la tour Philippe-Auguste, l'hôtel du prieur et les toits de la ville. Dans la première travée de l'ancienne église du 11e s., observez d'intéressants chapiteaux : une représentation de Daniel dans la fosse aux lions et une sirène bicaudée.

DÉCRYPTAGE DU TYMPAN

Le Christ en majesté apparaît dans une mandorle (gloire ovale en forme d'amande), soutenue par deux anges et entourée des symboles des quatre évangélistes (l'ange pour Matthieu, le lion pour Marc, le taureau pour Luc, et l'aigle pour Jean) ; sur le linteau sont représentés la Vierge assistée de deux anges et les douze apôtres. Quelques copies de têtes ont été placées, sans que l'on soit vraiment sûr de leur attribution (les originaux sont conservés au musée lapidaire de l'abbaye). Aux impostes des piédroits apparaissent, à gauche, mutilés, le roi David et sans doute Boson, roi de Bourgogne et de Provence, qui aurait été l'un des bienfaiteurs de l'abbaye, qu'il porte entre ses mains ; à droite, saint Jean-Baptiste et l'évêque Robert, fondateur de l'abbaye. Au-dessus de l'archivolte trône l'agneau pascal. Le même travail de la toison se retrouve dans la peau de bête dont est vêtu Jean-Baptiste. Aux voussures et sur les colonnes qui encadrent la porte s'allient les motifs géométriques et floraux dont la luxuriante décoration, d'inspiration orientale, est un héritage des croisades.

Le cloître a été édifié au 15e s., en remplacement du cloître roman. Un vieux puits subsiste, adossé à la galerie ouest. Dans la galerie est, six arcades massives reposent sur des colonnettes jumelées dont les chapiteaux présentent une simple ornementation de feuilles d'acanthe, d'oiseaux et de motifs géométriques.

Le parloir *(visite guidée)*, belle salle voûtée du début du 16e s., abrite un **musée lapidaire** où, à côté d'anciens chapiteaux du prieuré, on remarque deux bas-reliefs : l'un, carolingien (10e s.), représente à nouveau Daniel dans la fosse aux lions ; l'autre (12e s.) figure l'Annonciation dans un ensemble de quatre arcades accolées.

Voûtée de deux berceaux en plein cintre, **la cave** *(visite guidée)* accueille un **musée d'Art religieux** comportant un bel ensemble de statues du 15e au 19e s., dont une Vierge à l'oiseau provenant de l'église d'Aiguilly, près de Roanne, et une Vierge à l'Enfant, toutes deux gothiques (15e s.). Remarquez aussi les visages expressifs des petits chantres (19e s.).

La salle capitulaire date du début du 16e s. Ses ogives reposent sur un pilier rond portant un lutrin sculpté dans la masse.

Édifiée à la fin du 15e s., **la chapelle du prieur** est surmontée d'un clocheton couvert de lamelles de bois. Le carrelage de terre cuite a été reconstitué sur le modèle ancien.

L'hôtel du prieur *(non accessible)* borde une élégante cour ornée en son centre d'un puits au couronnement en fer forgé. La construction (1510) comprend deux tours d'angle aux toitures couvertes de petites tuiles de Bourgogne. Sur la tour située à l'angle sud-est figure le blason des prieurs de la Madeleine.

Depuis la place de l'abbaye, admirez la **porte monumentale** du 16e s., en anse de panier, surmontée de créneaux décoratifs et d'un blason de prieur.

En face de l'abbaye, vous apercevrez la tour Philippe-Auguste.

Tour Philippe-Auguste – Cette imposante tour, de belle pierre ocrée, faisait partie du système défensif de l'abbaye construit sur ordre du roi vers 1180. Philippe Auguste estimait la place forte de Charlieu « très utile à la Couronne ».

Église St-Philibert – Commencée au 13e s., cette église a reçu son tympan au 20e s. Sans transept, elle possède une nef de cinq travées, flanquée de bas-côtés, et un chœur rectangulaire, caractéristique de l'art bourguignon.

Le Christ en Gloire, tympan du grand portail, à l'abbaye Saint-Fortuné de Charlieu.
C. Sappa/De Agostini/De Agostini Editore/age fotostock

Elle abrite de beaux objets d'art : chaire en pierre monolithe du 15e s., **stalles** des 15e et 16e s. Ces dernières sont accompagnées de panneaux peints : ceux de gauche représentent 12 saints et saintes ; ceux de droite, du maître huchier Colinet – un huchier étant un ouvrier fabriquant des huches et des coffres –, font se succéder les apôtres portant chacun une phrase du *Credo*. Remarquez la statue de Notre-Dame-de-Septembre, patronne de la corporation des tisserands, portée chaque année lors de la procession qui a lieu le deuxième dimanche de septembre. Dans la chapelle Ste-Anne, à droite du chœur, le retable peint sur pierre (15e s.) représente la Visitation et la Nativité. Dans la chapelle St-Crépin, à gauche du chœur, se dévoilent une Pietà du 17e s. et la statuette de saint Crépin, patron des cordonniers et des bourreliers, en pierre polychrome.

★ **Musée de la Soierie** – *9 bd du Gén.-Leclerc - ✆ 04 77 60 28 84 - http://musees-de-charlieu.webnode.fr - avr.-oct. : 10h-12h30, 14h-18h - fermé lun. - possibilité de visite guidée (45mn) - 4,50 € (-18 ans 2 €) - 8 € billet combiné avec le Musée hospitalier - démonstration de tissage.* Logé dans l'ancien hôtel-Dieu du 18e s., ce musée témoigne des traditions du tissage de la soie à Charlieu. La ville est d'ailleurs le siège de la dernière corporation de tisserands en France. Le beau choix de soieries (luxueuses robes anciennes, créations personnalisées pour les grandes familles, échantillons de tissus de rêve…), accompagnant les imposants métiers à tisser, offre un reflet de l'évolution des techniques depuis le 19e s. Du métier « à bras » au métier sans navette, l'ensemble du matériel présenté fonctionne en **démonstrations★**. À l'étage, exposition de tissus et de créations de grands couturiers.

Musée hospitalier – *9 bd du Gén.-Leclerc - ✆ 04 77 60 28 84 - http://musees-de-charlieu.webnode.fr - ♿ - avr.-oct. : 10h-12h30, 14h-18h - fermé lun. - possibilité de visite guidée sur demande (45mn) - 4,50 € (-18 ans 2 €) - 8 € billet combiné avec le musée de la Soierie.* L'hôtel-Dieu, où officièrent pendant trois siècles les religieuses de l'ordre de Ste-Marthe, a cessé son activité en 1981. Transformé en musée, il témoigne de l'atmosphère quotidienne d'un petit hôpital, de la fin

3

du 19e s. aux années 1950. L'apothicairerie a conservé son aménagement du 18e s., et la lingerie, ses belles armoires régionales.
L'une des grandes salles des malades a été reconstituée avec son double alignement de lits ceints de rideaux; par la fenêtre qui permettait aux malades d'assister de leur lit à l'office, on contemple la chapelle qui abrite un bel **autel en bois doré** (1733), au devant paré de cuir repoussé.
Rejoignez le n° 32 de la rue Jean-Morel.
Maison des Anglais – C'est la plus jolie de la vieille ville. Datant du début du 16e s., elle est dotée de fenêtres à meneaux séparées par une niche gothique, d'une galerie et de deux échauguettes qui flanquent la façade. Pour apercevoir sa tour du guetteur, empruntez la rue de la Fromagerie sur quelques mètres.
Tournez à droite dans la rue André-Farinet.
Observez les maisons à pans de bois au n° 31 et au n° 27. Au n° 29, **maison St-Louis** en pierre du 13e s.; à l'angle en vis-à-vis, au n° 22, quelques vestiges d'un grenier à sel du 14e s.
Prenez à droite dans la rue Charles-de-Gaulle.
Maison des Armagnacs – Au n° 9, cette maison des 13e et 14e s. présente deux fenêtres géminées, surmontées d'arcs trilobés, décorés à gauche d'un motif floral, à droite d'une tête humaine; l'étage à pans de bois surplombe le tout.
Prenez la rue Michon et la rue Chanteloup, commerçante. Tournez à droite, à la hauteur de l'église, pour trouver la rue du Tour-de-l'Église, qui compte diverses maisons à pans de bois et bancs d'échoppe. Gagnez ensuite la rue du Merle.
Aux angles formés avec la rue des Moulins (n° 11), puis avec la rue des Moulins et la place St-Philibert, se dressent de vieilles maisons à pans de bois.
★ **Couvent des Cordeliers** – *Sortez à l'ouest par la rue Ch.-H.-Rouiller. Chemin des Cordeliers - ✆ 04 77 60 07 42 - www.loire.fr - ♿ - juil.-août : 10h-13h, 14h-19h; avr.-juin et sept.-oct. : tlj sf lun. 10h-12h30, 14h-18h; fév.-mars et nov. : tlj sf lun. 14h-17h - 3 € (-12 ans gratuit) - 12 € billet combiné avec le prieuré de Pommiers, l'abbaye bénédictine de Charlieu et le château de la Bastie-d'Urfé - possibilité de visite guidée (45mn) 4,30 € (-12 ans gratuit).* C'est au 13e s. que les bourgeois de Charlieu firent appel aux franciscains, qui s'établirent à St-Nizier-sous-Charlieu. Situés hors des remparts de la ville, les bâtiments de leur couvent ont souffert de la guerre de Cent Ans.
Les galeries du **cloître** (fin 14e-15e s.) sont décorées de motifs végétaux très variés. Les **chapiteaux**★ de la galerie nord *(à droite en entrant)* sont les plus intéressants. Ils représentent peut-être les vices et les vertus. D'après cette hypothèse, on reconnaîtrait, dans l'ordre, à l'intérieur, l'hermine (la pureté), le félin (la prudence), le porc-épic (la justice), l'agneau (la douceur), le coq et l'écureuil (le travail), le chien (la fidélité); à l'extérieur, on trouve dans cette même portion un autre chien (la vigilance), une chouette (la sagesse), une tête de religieux (la sérénité), un animal casqué (le courage), deux dragons (le mal contrôlé) et un visage voilé (la pudeur). Les vices occupent l'autre partie de la galerie : à l'extrémité opposée, on voit le singe (la lubricité), le serpent (l'hypocrisie), le perroquet (le bavardage), le vieillard (l'orgueil), un moine et une femme (la luxure) et, à l'intérieur, le soldat et la mort (la luxure), le chien (la paresse), les lions (la colère), le centaure (le vol) et de nouveau le singe.
L'**église** (14e s.) à nef unique, sans transept, avec trois chapelles latérales au sud (fin 15e-début 16e s.), a été en partie restaurée. Le mur sud du chœur présente un bel ensemble de peintures murales (14e-16e s.).
Prenez la D 487 puis la D 4 sur 11 km environ.

La Bénisson-Dieu B4

Dans la vallée de la Teyssonne, le village possède une **église** précédée d'une grande tour carrée du 15e s. Ce sont les seuls vestiges de l'abbaye fondée au 12e s. par les disciples de saint Bernard et qui devint un couvent de femmes au 17e s. La nef de l'église, du début de la période gothique, est couverte d'une superbe toiture aiguë à **tuiles vernissées** disposées en losanges.

Dans le bas-côté droit sont réunies de belles œuvres du 15e s. : stalle abbatiale, statues en pierre du Père éternel et de sainte Anne, la Vierge et l'Enfant (de l'école de Michel Colombe). La chapelle de la Vierge, à droite en entrant, est une adjonction du 17e s. due à l'abbesse de Nérestang : peintures murales et belle Vierge en marbre blanc.

Revenez vers la Loire et prenez la D 482 sur la gauche après l'avoir franchie.

Iguerande B4

Cette **église** trapue (début 12e s.) aux lignes très pures occupe le sommet d'une butte dominant la vallée de la Loire, le Forez à gauche et les monts de la Madeleine à droite. Remarquez les modillons sculptés du chevet et, dans la nef et le chœur, de curieux chapiteaux dont celui du « cyclope » musicien *(1er pilier de gauche).*

Musée du Reflet brionnais – *Pl. de l'Église - ✆ 03 85 84 15 69 - http://museerefletbrionnais.pagesperso-orange.fr - visite guidée (1h20) de déb. mai à fin oct. : 14h30-18h - fermé lun.-mar. - 4 € (-12 ans 2 €).* À deux pas de l'église, de l'autre côté de la place fleurie, il occupe les trois niveaux d'une maison ancienne. Bien mis en scène, ses « personnages » évoquent la vie brionnaise entre 1850 et 1950 : le triporteur de l'épicier, la fanfare, la pêche, la vie quotidienne, le **travail de la vigne** et les costumes.

Traversez de nouveau la Loire pour gagner la D 122, en direction de Melay.

Peu après avoir passé le canal, vous trouverez à droite le court chemin et le pont qui mènent à la **stèle de Bagneaux**. Elle commémore l'atterrissage, dans la nuit du 19 au 20 mars 1943, d'un avion anglais venu déposer ici trois chefs de la Résistance : Jean Moulin, le général Delestraint et Christian Pineau. Jean Moulin, venu unifier la Résistance, sera arrêté dans le Rhône le 21 juin et mourra quelques semaines plus tard des suites de terribles tortures.

Continuez 8 km sur la D 122 puis prenez à droite sur la D 989.

Marcigny B4

Pl. des Halles - 71110 Marcigny - ✆ 03 85 25 39 06 - www.brionnais-tourisme.fr - juil.-août : 9h-12h, 14h-18h30, dim. et j. fériés 10h30-12h30 ; reste de l'année : tlj sf dim. 9h-12h, 14h-18h, j. fériés 10h30-12h30 - fermé vac. de Noël, 1er janv., 1er Mai, 1er et 11 Nov., 25 déc.

Marcigny est agréablement située à proximité de la Loire, sur les dernières pentes du Brionnais. La ville a conservé autour de l'église des maisons à pans de bois du 16e s. Entre la place du Cours et la place Reverchon, remarquez un hôtel particulier de 1735. Marcigny est le siège, depuis 1850, d'une fabrique de poterie culinaire renommée, **Émile Henry** *(magasin sur place).*

Tour du Moulin – *9 r. de la Tour - ✆ 03 85 25 37 05 - www.tour-du-moulin.fr - de mi-juin à mi-sept. : tlj sf mar. 10h-12h, 14h-18h ; de déb. avr. à mi-juin et de mi-sept. à déb. nov. : tlj sf mar. 14h-18h - possibilité de visite guidée sur demande - 4,50 € (-12 ans gratuit) - exposition temporaire, se rens. - gratuit 1er dim. du mois.* Cette grande tour, vestige du prieuré des dames de Marcigny, le premier prieuré clunisien de femmes fondé au 11e s., est une belle construction du 15e s., aux murs curieusement ornés de boulets de pierre en relief (bossages). Un **musée** consacré à l'histoire locale y a été installé : outre des collections de faïences

anciennes, parmi lesquelles des majoliques italiennes, il présente d'importantes sculptures du 12e au 17e s., une pharmacie comptant 113 vases de Nevers et deux drageoirs de Bernard Palissy (16e s.). Au dernier étage, on découvre l'envolée de la haute **charpente★** en châtaignier, prête à affronter les tempêtes.
Rejoignez la D 982 au nord de Marcigny et prenez à droite la D 10 vers Charolles.

★ Anzy-le-Duc B3

Agréablement campé sur les hauteurs, dans la vallée de l'Arconce, le village s'est développé autour de son prieuré fondé au 9e s. par le monastère de St-Martin d'Autun. Un de ses premiers prieurs, Hugues de Poitiers, connu pour sa sainteté et ses liens avec le fondateur de Cluny, contribua largement à la renommée et à l'essor de cette fondation. Comme tant d'autres, le prieuré est tombé en décadence avant de disparaître à la Révolution. Son église a traversé les siècles et reste l'un des plus beaux exemples d'art roman dans la région, sur le même modèle que Charlieu.
★ **Église** – *✆ 03 85 25 39 06 - 8h-19h (en dehors des offices) - possibilité de visite guidée sur demande (1h).* Sa construction aurait été entreprise au début du 11e s. La beauté de l'édifice, surmonté d'un magnifique **clocher** roman, tour polygonale à trois étages de baies, est rehaussée par les tons dorés de la pierre. La nef, couverte de voûtes d'arêtes et éclairée par des fenêtres hautes, a des lignes très pures. Les chapiteaux, fort bien conservés, représentent, dans la nef, des scènes bibliques et des allégories. Bien qu'en assez mauvais état, les **fresques** du chevet montrent une grande qualité d'exécution ; elles évoquent la vie des saints Jean-Baptiste et Hugues d'Anzy. Celles du chœur, récemment restaurées, représentent l'ascension du Christ. L'une d'elles fait allusion à Letbaldus, de Semur (magistrat) qui, au 9e s., fit don de sa villa d'Anzy-le-Duc pour y établir une colonie bénédictine.
Contournez les dépendances de l'ancien prieuré, dont une tour carrée forme l'élément principal. Un **portail** primitif percé dans le mur d'enceinte comporte un tympan représentant à gauche l'Adoration des Mages, à droite le péché originel, le linteau figurant la séparation des élus et des damnés.
Vous pouvez faire un détour par Montceaux-l'étoile, à 4 km au nord par la D 174.

Montceaux-l'Étoile B3

Au portail de l'**église**, sous le cintre, admirez le tympan et le linteau sculptés dans un seul bloc de pierre : ils figurent l'Ascension, comme à Anzy-le-Duc et à St-Julien-de-Jonzy *(voir p. 205)*. Les colonnes portant les voussures sont ornées de chapiteaux.
Suivez la D 130 sur 9 km puis à St-Didier-en-Brionnais, prenez à gauche la D 108 vers Varenne-l'Arconce.

Varenne-l'Arconce B3

Le transept saillant et le clocher carré de type « Paray-le-Monial » donnent à l'**église** une silhouette massive. Le grès dont elle est bâtie a restreint la décoration sculptée. Au-dessus d'une porte sud, un élégant tympan représente l'agneau de Dieu. L'intérieur contient des statues en bois, dont certaines polychromes, ainsi qu'un Christ du 16e s.
Continuez 5 km au sud-est par la D 158 en passant par Oyé.

Château de Chaumont B3

La façade Renaissance du château est flanquée d'une tour ronde ; l'autre façade, de style gothique, est moderne. L'ampleur de ses bâtiments est saisissante.
Revenez sur Oyé et gagnez Semur par la D 20 puis la D 989, en passant par St-Christophe-en-Brionnais.

St-Christophe-en-Brionnais B4
Grande-Allée-de-Tenay - 71800 St-Christophe-en-Brionnais - 03 85 25 98 05 - juil.-août : mar. 9h-17h30, merc. 9h-18h, jeu.-vend. 14h30-16h30, sam. 9h-16h ; reste de l'année : mar. 9h-17h30, merc. 9h-18h, jeu.-vend. 14h30-16h30, sam. 9h-12h - fermé j. fériés - visite guidée de la foire merc. 9h-16h - 2 € (1h15) suivie d'une dégustation de viande (avr.-oct. 9h30-12h30 - 2 €) - fermé j. fériés.
St-Christophe-en-Brionnais est célèbre depuis 1488 pour sa foire au bétail de race charolaise, la plus importante de France avec 60 000 charolaises vendues par an. Chaque mercredi voit en moyenne défiler 120 acheteurs et 1 300 apporteurs pour environ 1 500 000 € de transactions hebdomadaires. Pour garantir les paiements, assurer la transparence des cours et définir un prix selon la loi de l'offre et de la demande, le marché au cadran a été introduit en 2009. Acheteurs et vendeurs se rencontrent désormais sur un seul site et en un temps imparti (le temps de l'enchère presque toujours dégressive) par l'intermédiaire du responsable des ventes. Les informations nécessaires à la vente sont diffusées sur un écran, « le cadran ». Ce système de vente électronique sert à la commercialisation des jeunes bovins, des animaux dits « maigres » tandis que les bovins de boucherie continuent à être négociés sur le marché traditionnel. Notons que le lieu s'est engagé dans une démarche de développement durable. Avec près d'un hectare de toiture recouverte de panneaux photovoltaïques, la centrale fournit l'électricité d'une ville de 1 500 habitants. Cette action a permis au village de recevoir le prix des éco-maires.

NOS ADRESSES À SEMUR-EN-BRIONNAIS ET SES ENVIRONS

HÉBERGEMENT

À Charlieu et ses environs

BUDGET MOYEN

Chambre d'hôte Le Lion d'Or – *2 bd Louis Valorge - 09 72 32 13 84 - 06 85 98 31 05 - www.giteleliondor.fr - P - 5 ch. 68 €, suite 113 €, gîte 260/360 €/sem.* Les chambres, à la fois sobres et bien décorées (toutes sont personnalisées), sont un havre de paix. Deux d'entre elles peuvent communiquer afin de constituer une suite familiale. Spa et jacuzzi.

Hôtel Relais de l'Abbaye – *415 rte du Beaujolais - 04 77 60 00 88 - www.relais-abbaye.fr - P - 28 ch. 68/110 € - 12 € - 1/2 P possible - 21/88 €.* Sur la rive gauche du Sornin, établissement rénové où vous séjournerez dans des chambres fonctionnelles, colorées et bien tenues. Pelouse avec aire de jeux pour enfants. Salle à manger néorustique, paisible terrasse et plats classiques aux accents du terroir.

POUR SE FAIRE PLAISIR

Chambre d'hôte Domaine du château de Marchangy – *5,5 km au nord-ouest par D 227 puis rte secondaire - 04 77 69 96 76 - www.marchangy.com - P - 3 ch. 105/125 €.* Au milieu de son parc, ce château du 18e s. en fera rêver plus d'un avec sa cour d'honneur, ses écuries et sa ferme. Les chambres, aménagées dans les dépendances, sont spacieuses, calmes, confortables et agrémentées par des ciels de lit. Belle terrasse.

À Iguerande et ses environs

PREMIER PRIX

Terre Amoureuse – *La Bourbe - 4 km d'Iguerande par D 9 - 03 85 24 89 11 - 06 38 01 08 24 - www.terreamoureuse.fr -*

3

- 2 ch. de 2-4 pers. à partir de 55 €, 1 yourte de 1-6 pers. 90/110 €. Au cœur de la verte campagne du Brionnais, Terre Amoureuse est née de la passion de Florence et Anne-Sophie pour la terre, l'agriculture raisonnée et la valorisation d'un territoire via son patrimoine et ses acteurs.
Une nuit sous la yourte, la découverte du jardin en terrasse seront autant de façons de partager l'enthousiasme et la vision de ce couple engagé, qui propose aussi des écoséjours itinérants.

POUR SE FAIRE PLAISIR

La Colline du Colombier – *3,5 km au sud-ouest par D 9 et rte secondaire - 03 85 84 07 24 - www.troisgros.com - - ouv. de mi-mars. à fin nov. et fermé mardi sf juil.-août et merc. - formule déj. 36 € - 45 €.* En pleine campagne, dominant la Loire, une ferme ancienne réhabilitée en restaurant rustico-chic (charpente et pierres apparentes) par la maison Troisgros. Belle cuisine aux accents du terroir. Vous aurez le choix de dormir en gîte (tour ou longère 350 €/nuit 4 pers., 2 nuits mini) ou dans l'une des trois cadoles, une construction contemporaine somptueusement épurée, posée sur pilotis face au paysage brionnais. Une réussite (300 € par cadole et 2 nuits mini).

À Anzy-le-Duc

BUDGET MOYEN

Chambre d'hôte Les Pradelles – *Chemin des Colins - À droite face à l'église - 03 85 25 26 02 - 06 76 29 14 49 - - 4 ch. 75 € - 22 €.* Paisible minoterie du 19e s. surplombant un bief. Salle à manger rustique agencée autour de l'ancienne machinerie, véranda, terrasse. Cuisine personnalisée et belle carte des vins.

RESTAURATION

À Semur-en-Brionnais

BUDGET MOYEN

L'Entrecôte Brionnaise – *R. Bouthier-de-Rochefort - 03 85 25 10 21 - www.entrecotebrionnaise.com - fermé aux vac. de Noël - 12,50/30 € - le soir sur réserv.* Cuisine régionale traditionnelle pour manger grenouilles, escargots, viande charolaise et autres produits du terroir avec vue sur le jardin si vous n'êtes pas en terrasse.

À Charlieu et ses environs

BUDGET MOYEN

Côté et Saveurs – *4 pl. de la Bouverie - 09 87 30 11 97 - www.cote-saveurs.com - fermé les soirs sf vend.-sam., et lun. midi - formule déj. 15 € - menus 27/41 €.* Cette adresse combine intelligemment cuisine gastronomique et produits de terroir, à commencer par l'andouille de Charlieu. En salle ou en terrasse, savourez cette cuisine inventive et raffinée.

POUR SE FAIRE PLAISIR

L'Atelier de Rongefer – *22 r. Jean-Jaurès - 04 77 60 01 57 - www.atelierrongefer.fr - - fermé dim. soir et mar.-merc. - formule déj. en sem. 16/19 € - 29/56 €.* Carine et Fabien Gautier ont troqué le moulin bordant le Sornin contre ce superbe atelier – une ancienne usine textile – avec poutrelles métalliques, verrière et élégant décor au classicisme très contemporain. Cuisine audacieuse comme ce pavé de cabillaud au lait d'amande et croûte de cacao.

À Marcigny et ses environs

BUDGET MOYEN

Restaurant Le Vieux Puits – *11 pl. du Cours - 03 85 25 11 05 - www.restaurant-levieuxpuits.fr - fermé lun. soir, mar. soir et dim. - formule* *déj. 13,50 € - 14,50/25 €.* La viande charolaise gouverne ici la cuisine bourguignonne. En sus, une carte brasserie assez éclectique.

ACHATS

Leblanc – *71340 Iguerande - Le Bas - 3,5 km au sud-ouest par D 9 et rte secondaire - ✆ 03 85 84 07 83 - www.huile-leblanc.com - 9h-19h.* Sur les étagères de la boutique se côtoient huiles de noisette, pistache, pignons de pin, sésame grillé, pépins de raisin et une sélection de vinaigres fins et de moutardes réalisées à la meule de pierre. N'oubliez pas de jeter un coup d'œil au moulin, instrument de travail de la famille depuis 1878. Les méthodes artisanales employées n'ont pas bougé d'un iota en quatre générations.

ACTIVITÉS

Les Écuries de Nandax – *42720 Nandax - Aux perraux - 10 km au sud par D 49 et D 57 - ✆ 04 77 65 33 00 - www.ecuries-de-nandax.com - 7h-21h.* Ce centre équestre affilié à la FFE propose différentes activités pour petits et grands : baptêmes, cours, stages, randonnées…

Les Marins d'eau douce – *Port de plaisance - 42720 Briennon - ✆ 04 77 69 92 92 - ✆ 04 77 60 12 42 - www.lesmarinsdeaudouce.fr - avr.-oct.* Les Marins d'eau douce organisent des croisières fluviales à bord de l'Infatigable : croisière-repas de Briennon à Melay (à partir de 40 €/4h), croisière de Briennon à la Teyssonne (1h45 env. AR, 10 €/pers., 7 € 3-12 ans). Journée découverte, journée batellerie pour les enfants et autres activités sont proposées selon le nombre d'inscrits. Se rens.

Voie Verte Marcigny-Iguerande – *www.la-bourgogne-a-velo.com.* 47 km de circuit.

Bougres d'ânes – *Lieu-dit Putinat - 71340 Melay - ✆ 03 85 84 16 70 - www.bougresdanes.com.* Randonnées à dos d'âne dans le bocage brionnais, de quelques heures à plusieurs jours.

Bourbon-Lancy

★

5 054 Bourbonniens – Nièvre (58), Saône-et-Loire (71)

Bâtie sur une colline d'où l'on découvre la vallée de la Loire et les plaines du Bourbonnais, Bourbon-Lancy est à la fois une ville au cachet ancien et une station thermale réputée, dotée d'un casino et d'un golf. Non loin se dresse le château de St-Aubin-sur-Loire. Au nord, Ternant attire les amateurs d'art et Luzy, les amoureux de randonnées.

NOS ADRESSES PAGE 219
Hébergement, restauration, achats, activités, etc.

S'INFORMER

Office du tourisme et du thermalisme de Bourbon-Lancy – *Pl. de la Mairie - 71140 Bourbon-Lancy - ✆ 03 85 89 18 27 - www.tourisme-bourbonlancy.com - de mi-juil. à mi-août : 9h30-12h30, 14h-18h, dim. 9h30-12h30, 14h-18h ; de mi-juin à mi-juil. et de mi-août à mi-sept. : 9h30-12h30, 14h-18h, dim. 9h30-13h ; de déb. avr. à mi-juil. et de mi-sept. à fin oct. : tlj sf dim. 9h30-12h30, 14h-18h ; reste de l'année : tlj sf dim. 9h30-12h30, 14h-17h, sam. 9h30-12h30 - fermé certains j. fériés - visite guidée de la ville avr.-sept. : mar. ou sur demande (3 €).*

SE REPÉRER

Carte de microrégion A2 (p. 186-187) – *cartes Michelin Départements 320 C10 et 319 G11.* Bourbon-Lancy se situe en aval de Digoin, par la D 979.

À NE PAS MANQUER

La vieille ville et sa tour de l'Horloge, puis, en bord de Loire, le château de St-Aubin à la décoration raffinée.

AVEC LES ENFANTS

Soyez ponctuel pour voir le « Bredin » tirer la langue en sonnant les heures ! Balades sur les bords de la Loire ou dans les forêts.

Se promener

VIEILLE VILLE

Circuit au départ du beffroi.

Près de la mairie, le beffroi (fin 14e s.) est élevé sur une porte fortifiée – actuelle **tour de l'Horloge★**. Passez-la pour admirer le « Bredin » (prononcez « beurdin » : simplet, innocent), un **automate** qui sonne les heures en tirant la langue.

Rue de l'Horloge, vous pourrez admirer une **maison de bois★**, dite **maison Sévigné**, du 16e s. richement ornée : colonne cornière, chapiteaux sculptés, fenêtres en accolade, médaillons vernissés…

Poursuivez dans la rue Notre-Dame pour jeter un coup d'œil au petit jardin de la collégiale, à droite. Passez sous le porche de l'hôtel de Guy de Salin et prenez à gauche le long des remparts *(tour complet : 4 km)*. Remarquez les deux échauguettes. Continuez tout droit pour voir la vue se dégager sur un beau **panorama**. Le chemin passe sous un bosquet d'acacias après lequel vous remonterez à gauche vers l'église du Sacré-Cœur, près de la mairie.

Bourbon-Lancy.
Ch. Guy/hemis.fr

Église St-Nazaire et musée

Pl. du Musée - ✆ 03 85 89 18 27 - www.bourbon-lancy.com - juil.-août : vend.-dim. 14h30-18h30 ; reste de l'année : se rens. auprès de l'office de tourisme - possibilité de visite guidée sur demande (1h) - gratuit.

Cet édifice de style roman, à plafond lambrissé et plan basilical augmenté d'un transept, dépendait du prieuré clunisien fondé par Ancel de Bourbon. Il abrite depuis 1901 un musée qui expose des antiquités locales (admirez les Vénus gallo-romaines découvertes en 1984), des fragments lapidaires provenant d'églises environnantes, ainsi que des peintures et sculptures du 19e s. Voyez notamment les œuvres de Puvis de Chavannes.

3

QUARTIER THERMAL

Hospice d'Aligre

On peut voir dans la chapelle une jolie chaire sculptée offerte en 1687 par Louis XIV à Mme Élisabeth d'Aligre, abbesse de St-Cyr. À gauche de la chapelle, sur le palier du grand escalier, se trouve une statue en argent de sa descendante, la marquise d'Aligre (1776-1843), bienfaitrice de l'hospice.

Station thermale

Au pied de la colline fortifiée, dans la cour des bains, les sources jaillissent à une température de 56 à 60 °C, débitant plus de 400 000 litres par jour. Utilisées dès l'Antiquité romaine, elles soignent les affections rhumatismales (arthrose) et circulatoires.

À proximité Carte de microrégion p. 186-187

★ Château de St-Aubin-sur-Loire A2

7 km au sud par la D 979.

✆ 03 85 53 95 20 - www.chateaudestaubin.com - visite guidée (1h) de mi-juin à mi-sept. : 14h30, 15h, 15h30, 16h et 16h30 - fermé sam. - 9 € (enf. 7 €) - enf. 7 ans mini.

Dominant la Loire, l'élégante construction néoclassique de pierre blonde fut édifiée dans les années 1770 par l'architecte Verniquet (1727-1804) comme résidence de chasse pour le président du parlement d'Aix-en-Provence. De la salle à manger à la cuisine, et du grand escalier aux appartements privés, vous pourrez apprécier le raffinement du mobilier et de la décoration.
Dans une galerie des communs, bâtis en brique, découvrez les portraits de famille des St-Mauris (15e-19e s.). Et pour finir, profitez des chaises longues installées près du chenil, au pied du vaste potager.

★ Signal de Mont A2

8 km au nord-est par la D 60.
15mn AR. Du belvédère (alt. 469 m), **panorama★** sur le Val de Loire, les monts du Morvan, le signal d'Uchon, le Charolais, la Montagne bourbonnaise et, par temps clair, sur les monts d'Auvergne.

★ Ternant A1

19 km au nord-est par la D 973 puis la D 223.
L'amateur d'art qui visite le Nivernais ou le Morvan ne doit pas manquer de se rendre à Ternant pour voir, dans la modeste **église** de ce village, deux magnifiques triptyques flamands.
★★ Triptyques – Du 15e s., en bois sculpté peint et doré, ils ont été offerts à l'église, l'un par le baron Philippe de Ternant, chambellan du duc de Bourgogne Philippe le Bon, l'autre par son fils Charles.
Le **grand triptyque** est consacré à la Passion : sur le panneau central est reproduite la mort du Christ ; en bas, la pâmoison de la Vierge soutenue par saint Jean et les saintes femme est représentée ; au premier plan sont agenouillés le donateur Charles de Ternant et sa femme, Jeanne. Sur le compartiment de gauche, la Pietà est entourée de saint Jean, de Marie Madeleine et des saintes femmes. À droite figure la Mise au tombeau. Les volets peints représentent l'agonie au jardin des Oliviers, le Christ portant sa croix, la Résurrection et la descente de Jésus aux limbes.
Plus ancien, le **petit triptyque** est traité avec une finesse exquise ; il est dédié à la Vierge. Au centre du panneau sculpté, dans la scène de la Dormition, un petit ange extrait du chevet de la Vierge son âme, figurée par une fillette en prière. En haut du panneau, remarquez l'Assomption de la Vierge portée au ciel sur un croissant de lune que soutient un ange. À gauche du motif central apparaît la dernière audience de la Vierge aux apôtres, tandis qu'à droite se déroule son cortège funèbre. Les peintures des volets sont remarquables. Outre des scènes de la vie de la Vierge – l'Annonciation, la Vierge couronnée, le Christ portant le globe, les funérailles de la Vierge –, on y découvre également le donateur Philippe de Ternant, vêtu du damier (armes de la maison), le cou orné du collier de la Toison d'or, et son épouse, Isabeau, en costume d'apparat, accompagnée de la Vierge couronnée.

Luzy B1

28 km au nord-est par la D 973.
Pl. Chanzy - 58170 Luzy - 03 86 30 02 65 - www.tourismebazoisloiremorvan.fr - 9h-12h30, 14h-17h30, sam. 8h30-12h30 - fermé dim.
Ville importante au Moyen Âge, Luzy s'épanouit encore à l'ombre de la tour des barons de Luzy (14e s.), un donjon circulaire à campanile. C'est aujourd'hui une agréable localité traversée par l'Alène, sur la bordure sud du Morvan, d'où partent des sentiers de randonnée qui vous permettront de découvrir la région.
Tapisseries de l'hôtel de ville – *2 pl. de l'Hôtel-de-Ville - 03 86 30 02 34 - www.mairie-luzy.fr - 9h-12h30, 13h30-17h, vend. 9h-12h30 - fermé w.-end et j. fériés.*

Une salle de la mairie, installée dans l'hôtel Nault de Champagny, est décorée de remarquables **tapisseries d'Aubusson**, du début du 18e s., relatant l'histoire d'Esther, courageuse libératrice de ses compatriotes hébreux exilés en Perse. Racine s'inspira du livre éponyme de la Bible pour une œuvre où il fallait « que l'amour soit entièrement banni » ; sa tragédie (1689) est illustrée ici. L'ensemble, qui comprend deux compositions principales et six panneaux à un seul personnage, est d'une belle fraîcheur de coloris.

NOS ADRESSES À BOURBON-LANCY

HÉBERGEMENT

PREMIER PRIX

Hôtel La Tourelle du Beffroi – *17 pl. de la Mairie - ✆ 03 85 89 39 20 - www.hotellatourelle.fr - 8 ch. 68/84 € - ☕ 12 €.* Emplacement agréable, près des remparts de la vieille ville et à l'ombre du beffroi, pour ce petit établissement aux airs de pension de famille. Chambres parfois exiguës.

RESTAURATION

BUDGET MOYEN

Le Restaurant du Cloître – *1 Parc-Thermal - ✆ 03 85 89 18 91 - www.restaurantducloitre.fr - ♿ - fermé déb. janv.-mi-fév., dim. soir (sf juil.-août) - Le Bistrot : ouv. ts les midis jeu.-dim. ; Le Restaurant : ouv. ts les soirs merc.-sam. et dim. midi - formule déj. 14/18 € - 27/62 €.* Situé au cœur du Parc thermal, au premier étage du Grand Hôtel, dans un ancien couvent de visitandines bâti au 18e s., ce restaurant tenu par un maître-restaurateur propose une cuisine de qualité (produits frais réalisés par les artisans locaux) mâtinée de combinaisons originales comme cette truite fario fumée et grillée, servie en croûte de fromage fermier. La terrasse donne de plain-pied sur les arcades de l'ancien cloître.

ACTIVITÉS

Randonnée pédestre
Plusieurs dépliants, disponibles à l'office de tourisme, offrent une description des circuits de randonnées (passage de la Voie verte, balades vertes, etc.). Le plus court, partant du beffroi, fait le tour de la ville et de ses remparts ; les autres, toujours de niveau facile, vous emmèneront sur les bords de la Loire ou dans les forêts. Parmi les circuits possibles autour de Luzy : circuit Campagne (6 km) ; circuit des Crêtes (8 km). Rens. et guides (« 30 balades et randonnées en Sud-Morvan » et « Balades Vertes ») disponibles à l'office de tourisme.

Le Creusot-Montceau

21 887 Creusotins et 18 772 Montcelliens – communauté urbaine : 87 745 hab. – Saône-et-Loire (71)

Liés par une histoire industrielle et minière hors du commun, les deux pôles de la communauté urbaine du Creusot-Montceau, constituée en 1970, ont fusionné sans pour autant perdre leur singularité. Dans cette région fortement marquée par la métallurgie et l'extraction du charbon, la générosité, le courage et la détermination des hommes et des femmes sont au cœur du paysage. Les écomusées et les sentiers de randonnée, offrant des panoramas à couper le souffle, proposent un voyage incomparable à la découverte d'une vallée au patrimoine unique en son genre.

NOS ADRESSES PAGE 228
Hébergement, restauration, achats, activités, etc.

S'INFORMER

Creusot Montceau Tourisme – *Château de La Verrerie - 71200 Le Creusot - 03 85 55 02 46 - www.creusotmontceautourisme.com - de mi-juin à mi-sept. : 9h30-12h30, 13h30-18h ; de déb. mars à mi-juin et de mi-sept. à fin oct. : tlj sf dim. 9h30-12h, 14h-18h, sam. 14h-18h ; reste de l'année : tlj sf dim.-lun. 9h30-12h, 14h-18h, sam. (hors déc.-janv.) 14h-18h - fermé vac. de Noël, certains j. fériés.*

SE REPÉRER

Carte de microrégion C1-2 (p. 186-187) – En bordure nord-est du Massif central, Le Creusot se trouve à 15 km au nord-est de Montceau-les-Mines. Les deux villes sont à une quarantaine de kilomètres à l'ouest de Chalon-sur-Saône.

À NE PAS MANQUER

La visite du carreau du puits St-Claude, à Blanzy ; le panorama du mont St-Vincent.

AVEC LES ENFANTS

Le parc de la Verrerie au Creusot ; le musée de l'Homme et de l'Industrie, le musée de la Mine, l'usine Aillot - Galerie du Camion ancien ; la villa Perrusson à Écuisses ; une promenade en train au parc touristique des Combes ; les activités aquatiques au plan d'eau du Breuil.

Se promener

LE CREUSOT C1

★ Château de la Verrerie

Construite en 1787 par Barthélemy Jeanson, l'ancienne cristallerie de la reine Marie-Antoinette fut longtemps prospère, mais la concurrence de Baccarat ainsi que des querelles internes menèrent à sa fermeture en 1832. Cinq ans plus tard, les frères **Schneider** rachetèrent les terrains et bâtiments de la Verrerie, et le site devint la résidence des maîtres de forges du Creusot, si puissants que la ville faillit prendre en 1856 le nom de « Schneiderville »… Au début du 20e s., Henri Schneider confia les travaux d'embellissement du château à l'architecte Sanson et au peintre Felz, afin que l'édifice reflète la puissance de cette dynastie industrielle. Racheté par la ville en 1971, le château de la Verrerie accueille aujourd'hui l'office du tourisme communautaire du Creusot, le musée de l'Homme et de l'Industrie, les services de la communauté urbaine

Château de la Verrerie.
A. J. Cassaigne/Photononstop

Creusot-Montceau, ainsi que des expositions illustrant l'épopée industrielle du Creusot, le tout dans un parc de 28 ha.

En pénétrant dans la cour du château, on est tout de suite frappé par la silhouette singulière de deux tours coniques dont la couleur sombre contraste avec l'éclatante blancheur des ailes du château : il s'agit des anciens fours de la cristallerie. Le four ouest, qui servit tour à tour de temple protestant puis de chapelle, abrite désormais les expositions temporaires de la **galerie d'art municipale**. Quant au four est, nul ne se douterait qu'il renferme une étonnante salle de spectacle.

3

Musée de l'Homme et de l'Industrie – *Château de la Verrerie - ✆ 03 85 73 92 00 - www.ecomusee-creusot-montceau.fr - juil.-sept. : 10h-12h30, 14h-18h30; reste de l'année : tlj sf mar. 14h-17h30 - fermé déc.-janv., 1er Mai, 1er et 11 Nov. - 9,80 € (-18 ans 6,30 €) - billet donnant accès au Pavillon de l'industrie et le Petit-théâtre - gratuit 1er dim. du mois (oct.-juin) - parcours enf. téléchargeable ou disponible sur tablette.* Installé dans le corps principal du château de la Verrerie, le musée retrace l'histoire de l'industrie et évoque celle du Creusot et de sa région à travers une collection de gravures, photos, tableaux, tapisseries et maquettes. Remarquez celle, animée, d'une **usine miniature** (fin 19e s.). À l'étage, l'aile gauche du château présente la dynastie industrielle des Schneider (série de portraits de divers membres de la famille). Dans l'aile droite, des lithographies et des maquettes mettent en perspective les cités ouvrières, la cristallerie et les trois âges du château (à partir de 1836 : lieu de résidence de la famille Schneider; à partir de 1905 : travaux et transformation du château; 1971 : création de l'écomusée).

Une importante collection de cristaux aide à comprendre la complexité et la qualité d'un travail de précision.

Petit Théâtre – *Château de la Verrerie - ✆ 03 85 73 92 00 - www.ecomusee-creusot-montceau.fr - visite guidée (30mn) de mi-juin à mi-sept. : 12h, 15h30 et 17h30; reste de l'année : tlj sf mar. 14h et 17h30, sam. 14h, 15h30 et 17h30 - fermé déc.-janv., 1er Mai, 1er et 11 Nov. - 9,80 € (-19 ans 6,30 €) - billet donnant accès au*

Du minerai au patrimoine

LES DÉBUTS

Le minerai de fer fut exploité dès le Moyen Âge dans la région de Couches, et les Creusotins en firent commerce à partir du 16e s. Les importants gisements houillers d'Épinac et de Blanzy, découverts au 17e s., ne seront exploités industriellement qu'après 1769. En 1782, l'industriel de Wendel s'associe à un Anglais pour créer une fonderie de canons. Trois ans plus tard a lieu la première fonte au coke (un combustible), donnant le signal du développement de la région.

L'ÂGE D'OR

En 1836, **Joseph-Eugène Schneider**, maître de forges à Bazeilles, et son frère Adolphe s'installent au Creusot, alors peuplé de 3 000 habitants. L'année suivante commence la construction des locomotives à vapeur et des appareils moteurs de grands navires. En 1843, l'invention du marteau-pilon, due à l'un des ingénieurs de l'usine, **François Bourdon** (1797-1865), permet la forge des grosses pièces : matériel de chemin de fer, pièces pour l'équipement des centrales électriques, des ports, des usines, etc. Sous le Second Empire se développe l'usage de l'acier pour les plaques de blindage et les pièces d'artillerie. Depuis l'extension des usines Schneider, Le Creusot a – fait exceptionnel en France – décuplé sa population. Montceau s'est aussi beaucoup développée, avec l'exploitation intensive du bassin houiller de Blanzy à partir de 1856. Après la Seconde Guerre mondiale (1949), est créée la Société des forges et ateliers du Creusot (usines Schneider), qui fusionne en 1970 avec la Compagnie des ateliers et forges de la Loire, donnant naissance à **Creusot-Loire**.

DYNAMIQUE DE RECONVERSION

La grave crise économique des années 1980, qui affecta les industries minières et sidérurgiques, et qui entraîna le dépôt de bilan de Creusot-Loire en 1984, accéléra la reconversion économique et les efforts de diversification industrielle du Creusot-Montceau. Aujourd'hui, la région accueille notamment des entreprises au service de l'électronique et des télécommunications.

PERSPECTIVES TOURISTIQUES

L'intérêt historique ou technique que présentent certaines mines, usines ou cités ouvrières (comme la **Combe des mineurs**, plus ancienne cité creusotine, datant de 1826) a inspiré l'idée d'utiliser ces atouts patrimoniaux dans l'élaboration d'un programme touristique. Au rang des initiatives originales, le **train des Deux-Vallées**, ou « tacot des Crouillottes », qui servait à acheminer les déblais des usines Schneider, effectue au départ de la gare creusotine des Combes un circuit au pied de la colline du Gros-Chaillot, procurant des vues sur le mont Beuvray, la vallée du Mesvrin et, plus au sud, sur Le Creusot *(voir « Nos adresses au Creusot et à Montceau »)*.
De la même façon, le **canal du Centre**, artère vitale dans cette région de collines, qui eut pour fonction de desservir les centres industriels dès 1794, joue aujourd'hui un nouveau rôle économique, celui de la navigation de plaisance.

musée de l'Homme et de l'Industrie et au Pavillon de l'Industrie - gratuit 1er dim. du mois (oct.-juin). Au début du 20e s., l'ancien four à verre de la cristallerie (four est) du château fut transformé en un ravissant théâtre à l'italienne, au décor inspiré du Petit Trianon à Versailles. Prenez le temps d'admirer sa coupole en trompe-l'œil, découvrez la loge qui accueillit Sarah Bernhardt, un étonnant tableau des machineries, et les souterrains qui desservent l'ensemble du château.

Pavillon de l'Industrie – *Cour du Manège - château de la Verrerie - ✆ 03 85 80 81 51 - www.pavillon-industrie.fr - ♿ - de mi-juin à mi-sept. : 10h-12h30, 13h30-18h30 ; vac. de Pâques et vac. de la Toussaint : tlj sf mar. 10h-12h, 14h-18h ; reste de l'année : tlj sf mar. 14h-18h - fermé déc.-janv., 1er Mai, 1er et 11 Nov. - 5 € (-18 ans gratuit) - 9,80 € billet combiné avec Château de la Verrerie - 15,80 € billet famille (2 adultes + enf.).* Logé dans la salle du jeu de paume du château, ce centre d'interprétation inauguré en 2015 est consacré au rôle du Creusot dans l'aventure industrielle. Il est soutenu par l'Académie François-Bourdon, du nom du concepteur du marteau-pilon à vapeur *(voir ci-dessous).* Fondée en 1985, cette institution possède un extraordinaire fonds documentaire consacré à l'histoire industrielle du Creusot de 1782 à 1985, soit quelque 40 000 livres, 240 000 photographies et 150 000 plans, sans parler de plus d'un millier d'objets. La visite se fait uniquement par l'intermédiaire d'une tablette interactive (2h de contenu, photos, vidéos, jeux). Le parcours est divisé en 5 espaces : Le Creusot, terre d'industrie (2 superbes plans-reliefs identiques à ceux de l'Exposition universelle de 1900) ; des femmes et des hommes ; une section formation et recherches ; de l'acier aux machines (belles maquettes, objets patrimoniaux, pièces de haute technologie à taille réelle) ; et enfin un film (10mn) sur l'industrie d'aujourd'hui.

Parc de la Verrerie

Cet espace de détente et de loisirs est agrémenté, à l'est du château, de jardins à la française en terrasses, dessinés au début du 20e s. Le reste du parc, aménagé à l'anglaise, descend vers un étang et une île peuplés de canards et de cygnes. Vous trouverez aussi des serres et un arboretum, des espaces de jeux, une piscine et un petit parc animalier. Aux abords, remarquez la **tour des Bandages** (19e s.) qui cachait, sous sa façade d'allure médiévale, une machine industrielle disgracieuse.

Le marteau-pilon

Installé place du 8-Mai-1945, au carrefour sud de la ville, ce mastodonte de 100 tonnes (1875) est devenu l'emblème de la ville du Creusot. À l'époque de sa mise en service, en 1877, il trônait du haut de ses 21 m sur les ateliers de l'usine du Creusot. Il fut pendant plusieurs années l'outil de forgeage le plus puissant du monde. On entendait alors les coups de pilon de cette machine révolutionnaire, capable d'une frappe très précise, jusqu'à 10 km à la ronde… Imitée par de grandes forges comme celle de St-Chamond, ou même de Bethléem aux États-Unis, cette machine-outil finit par être démontée en 1931, puis offerte à la ville du Creusot en 1969. Elle témoigne aujourd'hui d'une ingénieuse invention qui fit faire un bond à l'industrie métallurgique.

MONTCEAU-LES-MINES C2

Manufacture de Bonneterie Perrin

17 r. Claude-Forest - ✆ 03 85 67 72 85 - https://manufacture-perrin.com - ♿ - visite guidée (45mn) tlj sf w.-end 10h et 14h30 - 6 € (-12 ans gratuit) - boutique. Créée en 1924, cette manufacture familiale de chaussettes et collants 100 % made in France propose une visite de ses ateliers. Les salles des machines (en activité le jour et parfois la nuit) vous livreront tous les secrets du tricotage, de l'appairage, et ce jusqu'au packaging.

Usine Aillot - Galerie du Camion ancien

27 r. des Prés - ✆ 06 84 54 69 23 - www.usineaillot.canalblog.com - ♿ - mai-oct. : 1er et 3e vend. du mois 18h30-0h, 1er dim. du mois 14h-18h30 - possibilité de visite guidée (1h) - 6,50 € (-12 ans gratuit) - 15 € billet famille (2 adultes + 2 ados). Bar ouv. aux mêmes horaires.

Installé dans la vieille usine Aillot du 19e s., ce lieu d'échange présente une collection exceptionnelle de poids lourds (1940-1980), dont certains sont mythiques : les camions conduits par Jean-Paul Belmondo et Bernard Blier dans *100 000 dollars au soleil* (1964), par Yves Montand dans *La Menace* (1977), ou encore le Berliet GBC 6x6 Sahara, le premier à avoir traversé le désert de Ténéré. Ce lieu propose des expositions permanentes (livres de route, photos, journaux) et des rencontres culturelles au bar, très accueillant avec sa déco vintage.

À proximité Carte de microrégion p. 186-187

AUTOUR DU CREUSOT BC1

Promenade des Crêtes C1

Par la rue Jean-Jaurès, la rue de Longwy, la D 28 (direction Marmagne) et un virage à droite à angle aigu, rejoignez la route des Crêtes.

Cette route en lacet domine le bassin du Creusot. Dans sa partie boisée, un espace aménagé avec table d'orientation offre une **vue** générale sur l'agglomération et ses environs. En poursuivant, une seconde échappée permet de constater l'étendue des anciennes usines Schneider et la place centrale que tenait dans ce cadre le château de la Verrerie.

St-Sernin-du-Bois C1

5 km au nord du Creusot par la D 138.

Le château, un gros donjon carré du 14e s., et un ancien prieuré forment un ensemble pittoresque, à proximité d'un étang servant de réserve d'eau.

Château de Brandon C1

10 km au nord-est du Creusot par la D 43, puis à droite après Bouvier, à St-Pierre-de-Varennes.

✆ 03 85 55 45 16 - www.chateau-de-brandon.com - ♿ - visite guidée (50mn) juil.-août : jeu.-dim. 13h30, 15h et 16h30 ; reste de l'année : se rens. - 6,50 € (-10 ans 3,50 €).

Bâtie à l'emplacement d'un camp romain, cette forteresse médiévale subit des modifications sous Louis XIII, dont l'aménagement du corps de logis sur la cour haute. La cour basse conserve des écuries du 12e s. et une poterne du 14e s. Autour du château, on contemple un joli panorama sur la campagne environnante, le mont St-Vincent et les monts du Charolais.

Écuisses C1

14 km au sud-est du Creusot par la D 28, puis la N 80.

Villa Perrusson– *1 r. de la Gare - ✆ 03 85 68 21 14 - www.villaperrusson.fr - ♿ - visite guidée (45mn) de déb. juin à mi-sept. : 14h, 15h, 16h et 17h - 4 € (-18 ans 2 €).*

Antenne de l'écomusée du Creusot-Montceau, cette villa est constituée d'un corps de logis édifié en 1869, le pavillon Perrusson, auquel fut adossé à la fin du 19e s. le pavillon Desfontaines (œuvre de l'architecte Tony Ferret),

Uchon, rochers en granit dans le Parc naturel régional du Morvan.
Ch. Boisvieux/hemis.fr

du nom des familles qui y habitèrent durant six générations. Cette demeure, située proche du canal du Centre (qui favorisait les échanges commerciaux), avait une vocation « publicitaire » : à l'image d'un catalogue, les décors de ses façades et toitures permettaient aux commanditaires de pouvoir apprécier la qualité des productions réalisées à l'usine de céramique voisine. Ses façades très ornées (remarquez le bow-window et la tourelle) étaient visibles par les passagers de la ligne de chemin de fer. Seuls les extérieurs sont ouverts à la visite : dans un jardin remarquable, au détour d'allées sinueuses, et en passant devant un joli bassin, on découvre une orangeraie, des écuries et un jardin potager.

Après le lieu-dit Les Sept-Écluses, la route emprunte une levée de terrain entre le canal en tranchée et l'étang de Longpendu, qui se déverse vers la Saône par la Dheune ou vers la Loire par la Bourbince.

★ Uchon B1

18 km à l'ouest du Creusot par la D 228.

À mi-pente, dans un décor assez rude de blocs granitiques épars, ce petit village occupe un **site★** remarquable. On peut y voir un pan de tour en ruine, une vieille église et un oratoire abritant une colonne surmontée d'une Vierge, où se réunissaient au 16e s. les fidèles venus prier pour éloigner les épidémies de peste.

Centre monastique orthodoxe – *de mi-juil. à mi-sept. : mar., jeu. et w.-end 15h-18h ; reste de l'année : se rens.* Depuis 1989, ce petit centre affilié à l'Église orthodoxe française s'est installé dans l'ancienne cure. Le père abbé (higoumène), qui enseignait l'art des icônes à Paris, a entrepris de décorer la chapelle et le réfectoire de belles **fresques byzantines★**, riches de significations.

★ Signal d'Uchon – *1,5 km au sud d'Uchon par la D 275. Au sommet de la montée, 100 m environ après l'hôtel Bernard, prenez à droite un chemin goudronné. Laissez la voiture sur le parking aménagé. De là, gagnez à pied le rocher sur lequel se trouve la table d'orientation, à 650 m d'altitude.* Le **panorama** semi-circulaire englobe le village d'Uchon et s'étend sur la dépression de l'Arroux, jusqu'aux monts de la Madeleine et aux monts Dôme. Plus près se dressent les sommets du Morvan : le mont Beuvray à la masse trapue, le mont Préneley et le Haut-Folin.

AUTOUR DE MONTCEAU-LES-MINES

Blanzy C2

3 km au nord-est de Montceau-les-Mines.
Située au bord du canal du Centre, la cité est devenue prospère à partir de 1860 grâce à ses houillères. Nombre d'industries sont venues renforcer celle de la fonderie : plastiques, robinetterie, tuyauterie, matériaux de construction et pneumatiques avec Michelin.
★ **Musée de la Mine** – *34 r. du Bois-Clair - 03 85 68 22 85 - www.musee-mine-blanzy.fr - visite guidée (1h30) juil.-août : tlj sf mar. 14h-17h ; avr.-juin et sept.-oct. : w.-end et j. fériés 14h-17h - 6 € (-17 ans 3 €).* Un **chevalement** de 22 m de haut signale le carreau du puits St-Claude, aujourd'hui transformé en antenne de l'écomusée du Creusot-Montceau, après l'arrêt de l'activité minière en 1992 sur ce site. D'anciens mineurs de ce puits de 30 m de profondeur, exploité de 1857 à 1881, vous proposent une découverte originale de l'activité minière dans la région. Dans le pavillon d'accueil, un film présente les anciennes méthodes de travail des mineurs jusqu'aux dernières techniques. À l'étage, l'exposition permanente est consacrée à la vie dans le bassin de Blanzy (maquettes, photos, lettres et documents d'époque).
À l'extérieur, vous découvrirez une **lampisterie**, abritant un treuil des années 1920 et une collection de lampes, que les mineurs échangeaient contre un jeton avant de descendre (seul moyen de vérifier si tout le monde était remonté). En suivant les rails, on croise de vieilles berlines et les cages dédiées à la descente. Après une **salle des machines** en parfait état de fonctionnement, vous cheminerez sur quelque 200 m de galeries présentant l'évolution de l'abattage et du roulage du charbon ainsi que des techniques de soutènement. Représentez-vous les dangers, la chaleur, la poussière et l'obscurité qui régnaient ici, grâce à une reconstitution fidèle des moyens de communication et engins de l'époque, dont le petit train qui emmenait les mineurs au bassin à charbon, parfois à 20 km du point de départ. Des bacs suspendus conduisent à la galerie boisée, en usage jusqu'en 1965. Découvrez enfin la fierté de la région : le plateau-rabot à soutènement marchant, avancée technique ultramoderne, unique en France. On ressort bouleversé de ce voyage hors du temps et au centre de la Terre…

Gourdon C2

9 km au sud-est de Montceau-les-Mines par la D 980.
Une route étroite et en forte montée conduit à Gourdon, d'où l'on découvre un vaste **panorama★** sur la ville, le bassin de Blanzy, Montcenis, Le Creusot et, plus loin, les monts du Morvan. Ce petit village perché possède une **église** romane du 11e s., avec triforium aveugle et fenêtres hautes, et un intéressant ensemble de chapiteaux. Des travaux ont mis au jour des fresques du 12e s. ayant pour thème principal la vision de l'Apocalypse.

★ Mont-St-Vincent C2

13 km au sud-est par la D 980.
Bâti à la proue d'une colline, sur la ligne de partage des eaux entre la Loire et la Saône, ce village du Charolais occupe un des points culminants de Saône-et-Loire (603 m). C'est du village que part chaque année le signal des Feux celtiques de la St-Jean, allumés pour célébrer le retour de la belle saison.

La villa Perrusson.
P. O. Signe/Michelin

À l'entrée du bourg, une rue monte à droite à angle aigu jusqu'à une station de télévision et de météorologie. À proximité, du sommet d'une tour-belvédère *(longue-vue, table d'orientation)*, socle d'un ancien moulin disparu, on découvre un immense **panorama★★** sur les monts du Morvan, les dépressions du Creusot et d'Autun, les monts du Mâconnais et du Charolais.

Église – Bâtie à la fin du 11e s., l'église était celle d'un prieuré clunisien. Le porche carré, surmonté d'une tribune, abrite un portail dont le tympan sculpté, très dégradé, représente un Christ en majesté entre saint Pierre et saint Paul. La nef est voûtée de berceaux transversaux comme celle de St-Philibert de Tournus, tandis que les bas-côtés sont voûtés d'arêtes. La croisée du transept est surmontée d'une coupole sur trompes. Du terre-plein bordant le cimetière, on a une jolie **vue** sur le chevauchement des vallons du nord.

3

Musée Jean-Régnier – *R. du Grenier-à-Sel - ✆ 03 85 79 98 41 - http://passionpatrimoinemtstvincent.e-monsite.com - de fin mars à mi-oct. : w.-end et j. fériés 14h-18h - fermé Vend. saint - possibilité de visite guidée sur demande (1h) - gratuit.* Installé dans le bâtiment restauré d'un grenier à sel (15e s.), ce musée rassemble les découvertes archéologiques (du néolithique au haut Moyen Âge) faites dans la région.

Perrecy-les-Forges B2

19 km au sud-ouest de Montceau par la N 70 et la D 60.

Ce bourg industriel possède une **église** romane, vestige d'un ancien prieuré bénédictin, précédée d'un **porche-narthex★** de grande ampleur et de belle facture (musée du Prieuré à l'étage). Au tympan du portail trône le Christ dans une gloire soutenue par deux séraphins aux six ailes accolées. En contraste avec l'austérité de cette évocation aux lignes aiguës, les sculptures du linteau (Passion du Christ) et des chapiteaux offrent plus de souplesse et de vie. La croisée du transept, éclairée par des baies géminées, est surmontée d'une coupole sur trompes. L'édifice est mis en valeur, côté sud, par l'ingénieuse matérialisation au sol des plans de l'ancien cloître, grâce à des arbustes et des talus gazonnés.

NOS ADRESSES AU CREUSOT ET À MONTCEAU

HÉBERGEMENT

À Montceau-les-Mines

PREMIER PRIX

Hôtel Le Nota Bene – *70 Quai Jules Chagot - 03 85 69 10 15 - www.notabene.fr - P ♿ - 46 ch. 62/80 € - 10 € - 1/2 P possible - formules déj. 10/17 € - carte 17/40 €.* Face au pont levant du canal, cet hôtel entièrement rénové se signale par sa devanture habillée de bois blond. Chambres simples et fonctionnelles. Salle à manger ornée d'une fresque évoquant l'Italie ; la spécialité maison est la tavola (tranche de pain de campagne avec sa garniture et passée au four). Salle de squash et de musculation.

À St-Symphorien-de-Marmagne

PREMIER PRIX

Hôtel-Restaurant La Rose des vents – *28 rte de la Brume - 03 85 78 39 78 - www.larosedesvents71.com - P ♿ - 17 ch. 64/68 € - 9 € - 1/2 P possible 17 €/pers. - fermé dim. soir et lun.-mar.* À 11 km du Creusot, cet agréable hôtel offre de grandes chambres, certaines avec vue panoramique sur la vallée du Mesvrin. Une pause calme et dépaysante que l'on peut prolonger au restaurant.

RESTAURATION

À Montceau-les-Mines

UNE FOLIE

Le France – *7 pl. Beaubernard - 03 85 67 95 30 - www.jeromebrochot.com - P ♿ - fermé sam. midi, dim. soir et lun. - formules déj. 21/25 € - 45/80 € - ch. 75/105 € - 15 € - 1/2 P possible.* Ce restaurant de la partie haute de la ville cache une élégante salle à manger contemporaine tout en beige et blanc. Cuisine inventive qui ne dénature pas la saveur des produits.

À St-Vallier

BUDGET MOYEN

Le Moulin – *4,5 km au sud de Montceau-les-Mines - 03 85 57 18 85 - www.restaurantdumoulin.fr - P - fermé 2 sem. fin fév., 2 sem. fin août, lun. soir, mar. soir, dim. soir et merc. - formules déj. 13,50/14,50 € - menus 24,50/36,50 €.* Une auberge sans prétention à dénicher à l'extérieur du village, en bordure du canal du Centre. Cuisine traditionnelle servie dans une salle à manger campagnarde.

EN SOIRÉE

Le Casino – *17 r. du Breuil - Le Breuil - au bord du plan d'eau - 03 85 89 38 80 - www.casino-bourbon-lancy.fr - 10h-2h, vend. et sam. 10h-4h.* Ce casino situé face au plan d'eau ne se contente pas de faire vibrer les flambeurs. Un programme complet de spectacles, de conférences et d'expositions tout au long de l'année redonnera le sourire aux moins chanceux. Et si toutes les tables de jeu sont prises, on trouvera bien une place parmi celles du restaurant.

ACTIVITÉS

Activités nautiques

Les plans d'eau sont nombreux dans la région et se prêtent aux activités les plus diverses. Les pêcheurs apprécieront particulièrement l'étang de Longpendu (poissonneux), les véliplanchistes, les lacs de la Somme et de Torcy

CARTE BANCAIRE
CREDIT MUTUEL
A0000000421010
CB
le 13/07/20 a 16:50:02
CORA MOULINS
LES METZ 57
[illegible]2754
[illegible]0600861

[illegible]**5647
[illegible]900E7470
03[illegible] 00[illegible] 409687

[illegible] EUR
[illegible]

TICKET CLIENT
A CONSERVER

(venteux), et les canoéistes, le lac du Plessis (quiet). Sur un site aménagé de 13 ha, verdoyant et ombragé, le plan d'eau du Breuil dispose de plusieurs aires de jeux pour enfants, d'une agréable plage de sable et d'un toboggan aquatique pour les apprentis casse-cou. Aires de pique-nique à proximité, pour continuer à profiter de la fraîcheur de l'eau pendant le repas.

Parcs de loisirs

Promenade en train au parc touristique des Combes – *R. des Pyrénées - ✆ 03 85 55 26 23 - www.parcdescombes.com - dép. gare du Creusot ou gare des Combes (35mn) - juil.-août : 11h-19h ; reste de l'année : se rens. sur Internet - Pass Partout, train et attractions à volonté 19,50 € (-1,20 m 14,50 €) - 1 ticket 3,90 €, 10 tickets 37 €.* Outre une vaste gamme d'activités ludiques et sportives (luge d'été, Nautic Jet, Déval'train, Vertingo…), ce parc de loisirs de 70 ha propose un voyage en « tacot des Crouillottes ». Ce train du début des années 1900 vous fera découvrir au long d'un itinéraire ponctué de tunnels, gorges et cascades, de magnifiques points de vue sur les monts du Beaujolais et le Morvan. Circuits de 5 km ou 10 km.

Blanzy Aventure – *Rte des Thibourins - 71450 Blanzy - Le Bois des Ranches - ✆ 06 44 04 33 51 - www.blanzyaventure.fr - avr.-oct. : merc., w.-end, j. fériés et vac. scol. 10h-19h.* 11 parcours accrobranches et acrobatiques, 90 ateliers et 700 m de tyroliennes. Tarifs : se rens.

Randonnée pédestre – Pour des informations sur les circuits : www.bouger-nature-en-bourgogne.com.

Golf

Golf du Château d'Avoise – *9 r. de Mâcon - 71210 Montchanin - 8 km au sud-est du Creusot par D 28 - ✆ 03 85 78 19 19 - http://golf-avoise.com - juil.-sept. : 8h30-18h ; avr.-juin et oct. : 8h30-17h30 ; reste de l'année : 9h-16h30.* Un parcours 18 trous sur un domaine de 120 ha, entre chênes centenaires et plan d'eau. Parcours technique de grande qualité. Club-house avec restauration rapide et gastronomique.

Le Morvan 4

Cartes Michelin Départements 319 et 320 –
Côte-d'Or (21), Nièvre (58), Saône-et-Loire (71), Yonne (89)

Mont Beuvray, haie de hêtres dans le Parc naturel régional du Morvan.
Ch. Boisvieux/hemis.fr

LE MORVAN

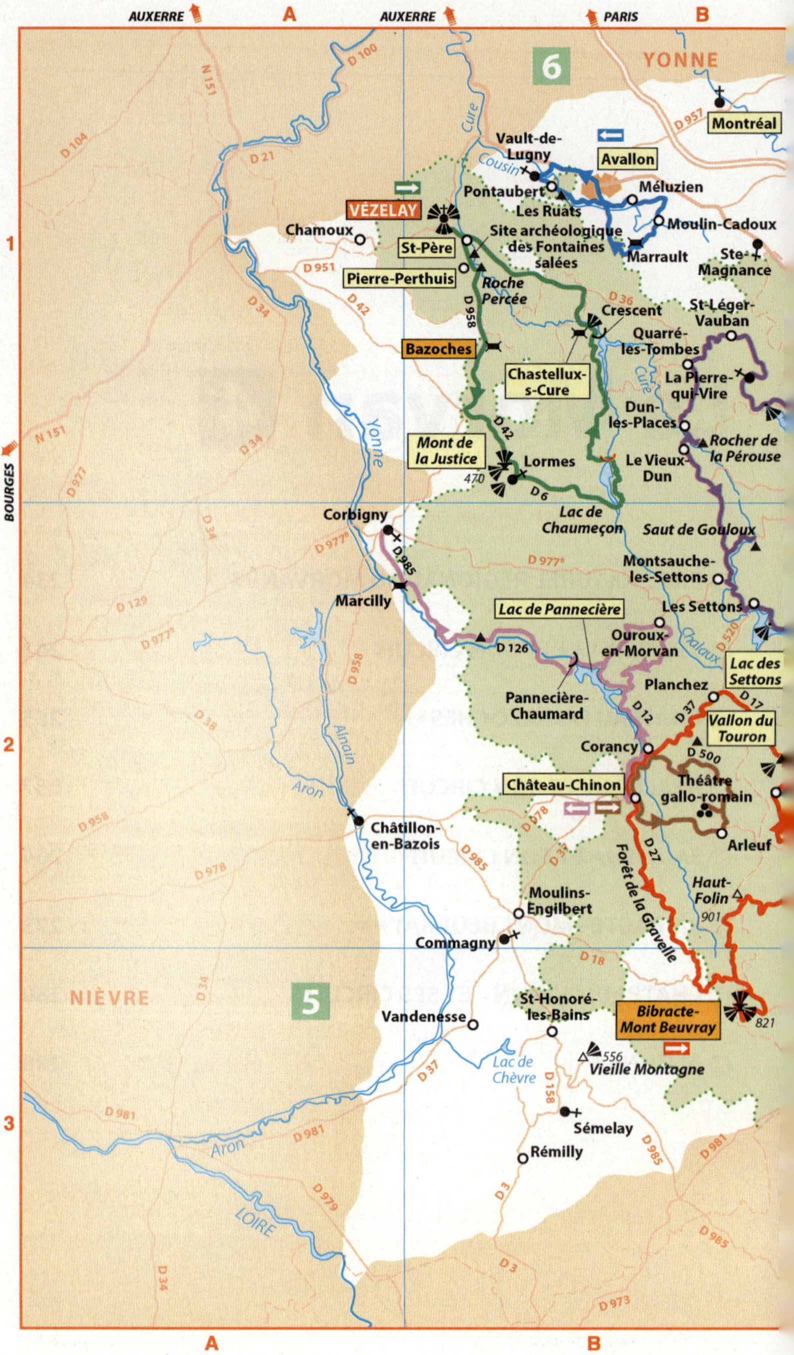
AUXERRE
A
AUXERRE
PARIS
B
YONNE
6
Montréal
Vault-de-Lugny
Avallon
Cousin
Cure
Pontaubert
Méluzien
VÉZELAY
Les Ruats
Moulin-Cadoux
Chamoux
Site archéologique des Fontaines salées
St-Père
Marrault
Ste-Magnance
Pierre-Perthuis
Roche Percée
Crescent
St-Léger-Vauban
Bazoches
Quarré-les-Tombes
Chastellux-s-Cure
La Pierre-qui-Vire
Dun-les-Places
Mont de la Justice
Lormes
Le Vieux-Dun
Rocher de la Pérouse
470
Yonne
Lac de Chaumeçon
Corbigny
Saut de Gouloux
Montsauche-les-Settons
Marcilly
Lac de Pannecière
Les Settons
Ouroux-en-Morvan
Chalaux
Lac des Settons
Pannecière-Chaumard
Planchez
Vallon du Touron
Corancy
Alnain
Château-Chinon
Théâtre gallo-romain
Aron
Arleuf
Châtillon-en-Bazois
Forêt de la Gravelle
Haut-Folin
901
Moulins-Engilbert
Commagny
NIÈVRE
5
St-Honoré-les-Bains
Bibracte-Mont Beuvray
821
Vandenesse
Lac de Chèvre
556
Vieille Montagne
Sémelay
Rémilly
Aron
LOIRE
BOURGES
1
2
3
D 100
N 151
D 104
D 21
D 957
D 951
D 42
D 34
D 958
D 36
N 151
D 977
D 6
D 977B
D 985
D 129
D 126
D 12
D 37
D 17
D 520
D 500
D 38
D 978
D 27
D 18
D 158
D 981
D 979
D 3
D 973
A
B

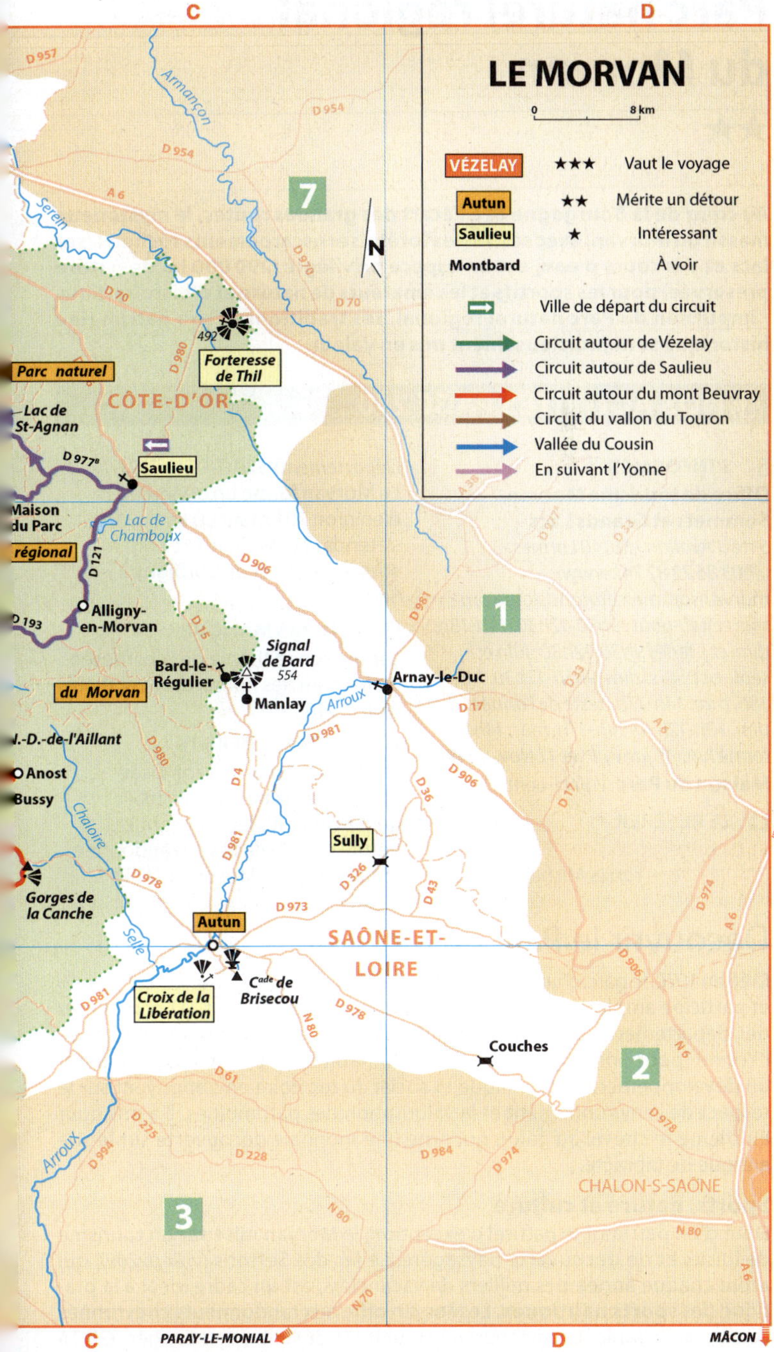

C
D
LE MORVAN
0
8 km
VÉZELAY ★★★ Vaut le voyage
Autun ★★ Mérite un détour
Saulieu ★ Intéressant
Montbard À voir
Ville de départ du circuit
Circuit autour de Vézelay
Circuit autour de Saulieu
Circuit autour du mont Beuvray
Circuit du vallon du Touron
Vallée du Cousin
En suivant l'Yonne
1
2
3
7
N
Armançon
Serein
Forteresse de Thil
492
Parc naturel
CÔTE-D'OR
Lac de St-Agnan
Saulieu
Maison du Parc
Lac de Chamboux
régional
Alligny-en-Morvan
Signal de Bard
554
Bard-le-Régulier
Manlay
Arnay-le-Duc
Arroux
du Morvan
N.-D.-de-l'Aillant
Anost
Bussy
Chaloire
Sully
Gorges de la Canche
Autun
Selle
SAÔNE-ET-LOIRE
Croix de la Libération
Cade de Brisecou
Couches
CHALON-S-SAÔNE
DIJON
PARAY-LE-MONIAL
MÂCON

Parc naturel régional du Morvan

★★

Côte-d'Or (21), Nièvre (58), Saône-et-Loire (71), Yonne (89)

Au cœur de la Bourgogne et à l'écart des grandes routes, le mystérieux massif du Morvan, avec ses vastes forêts, ses escarpements rocheux, ses lacs et ses cours d'eau, est un espace privilégié (290 000 ha de nature préservée) pour les sportifs et les amateurs de nature et d'histoire. Sous l'impulsion du Parc naturel régional, ses traditions et son patrimoine historique sont judicieusement mis en valeur.

NOS ACTIVITÉS PAGE 240

S'INFORMER

Office de tourisme Morvan, Sommets et Grands Lacs – *5 rte d'Avallon - 58140 Lormes - ✆ 03 86 22 82 74 - www.morvansommetsetgrandslacs.com - mai et juil.-août : 9h30-12h30, 14h-18h, dim. et j. fériés 9h30-12h30 ; juin et sept.-oct. : tlj sf dim. 9h30-12h30, 14h-18h, mar. 14h-17h ; reste de l'année : tlj sf dim. 10h-12h30, 14h-17h, mar. 14h17h - fermé lun., 1er janv., 1er et 11 Nov., 25 déc.*

Maison du Parc *(voir ci-contre).*

SE REPÉRER

Carte de microrégion (p. 232-233) – *cartes Michelin Départements 320 C/F 5/8, 319 F/I 7/11.*

Le Morvan forme un quadrilatère d'environ 70 km sur 50 km, s'étendant d'Avallon à St-Léger-sous-Beuvray et de Corbigny à Saulieu.

À NE PAS MANQUER

Les maisons à thème de l'écomusée du Morvan ; les nombreuses activités *(voir p. 240).*

AVEC LES ENFANTS

La Maison du Parc, l'écomusée du Morvan, la base de loisirs des Settons, les lacs, les sentiers nature et les balades en randonnée (équestre, pédestre ou en VTT).

Découvrir le Parc du Morvan

Créé en 1970, le parc, d'une superficie de 2 909 km^2, couvre l'essentiel du « pays » et participe amplement à son essor touristique. Regroupant 117 communes des départements de la Côte-d'Or, de la Nièvre, de la Saône-et-Loire et de l'Yonne (pour une population de 74 000 habitants), son rôle est d'assurer un développement économique et social du territoire en s'appuyant sur le respect de l'environnement et la valorisation des patrimoines. Il a pris pour emblème le cheval au galop qui orne une monnaie découverte sur le site antique de Bibracte.

Sports, nature et culture

Doté d'un patrimoine naturel d'exception, le Morvan mise sur un tourisme de loisirs et de découverte paysagère. Le lac des Settons *(voir p. 269)*, qui attire chaque année des milliers de vacanciers, est un cadre idéal à la pratique des **sports nautiques.** Le Morvan offre aux randonneurs chevronnés comme aux simples promeneurs une multitude de sentiers aménagés : **GR 13**

Rafting sur la rivière Chalaux, dans le Parc naturel régional du Morvan.
Ch. Boisvieux/hemis.fr

et 131 (grande traversée du Morvan du nord au sud), **GR de pays** (tour du Morvan par les grands lacs), circuits de **petite randonnée** et sentiers de découverte et de valorisation du patrimoine *(voir « Nos activités »)*. En hiver, les pentes du Haut-Folin, point le plus élevé du massif, font le bonheur des **skieurs de fond**.
De nouveaux circuits balisés Morvan Trail (course à pied nature) et **vélos** (sur petites routes) viennent compléter l'offre des circuits vélo tout-terrain qui font la renommée du Morvan au côté de la randonnée pédestre.
Le visiteur pourra par ailleurs se documenter sur les traditions et métiers du cru en visitant les **maisons à thème** de l'écomusée du Morvan réparties sur le territoire *(voir encadré p. 237)*.

4

Maison du Parc C1

À St-Brisson, 10 km à l'ouest de Saulieu - ✆ 03 86 78 79 57 - http://tourisme.parcdumorvan.org - juil.-août : 10h-13h, 14h-18h ; avr.-juin et sept.-nov. : 9h30-12h30, 14h-17h30, w.-end et j. fériés 10h-12h30, 14h-17h30 ; reste de l'année : tlj sf lun.-mar. et w.-end 9h30-12h30, 14h-17h30 - possibilité de visite guidée sur demande (1h30) - gratuit - librairie, boutique, restaurant.
Au cœur de ce vaste domaine de 40 ha, un ensemble de bâtiments du 19e s. abrite plusieurs structures : la **Maison du tourisme du Parc** vous fournira toutes sortes d'informations utiles ainsi que deux sites de l'écomusée du Morvan *(voir encadré p. 237)*.
Pour vous familiariser avec les milieux naturels de la région, promenez-vous dans l'**arboretum**, l'**herbularium** (jardin conservatoire), le **verger** conservatoire et le **sentier de découverte** de l'étang Taureau qui permet de traverser la tourbière grâce à une passerelle en bois. Vous pourrez apercevoir des vaches Highland, introduites ici pour entretenir les prairies humides. Enfin, il est possible de pique-niquer dans le domaine ou de se restaurer au Bistrot du Parc, qui propose des produits locaux (*✆ 03 86 76 03 25 - www.lebistrotduparc-morvan.fr*).

Le massif du Morvan

LE MORVAN AUX QUATRE VISAGES

Selon l'étymologie celtique, Morvan signifierait « montagne noire ». La première approche du Morvan s'effectue par les franges, qui offrent des points de vue uniques sur le massif morvandiau, en particulier depuis des plateaux calcaires, qui ceinturent le massif, débouchant ensuite sur des vallées très ouvertes.

En pénétrant plus avant dans le massif, les paysages s'organisent autour de vallées bocagères larges qui font suite à une étroite vallée forestière à l'amont, avant de se fondre dans un paysage bocager de piedmont. S'ensuivent plusieurs secteurs de transition entre un « haut » adossé au Morvan montagnard et les collines chaotiques annexées au Morvan. Le lien s'affirme par une vallée-couloir appelée le « Morvan des 400 m », où le paysage agricole prend nettement le pas sur la forêt.

Au cœur du massif, depuis les hauteurs qui dominent le lac de St-Agnan jusqu'au Mont-Beuvray (821 m), la dorsale boisée caractérise le Morvan montagnard. L'altitude dépasse les 500 m, le climat est rude en hiver et le paysage plus fermé.

UN PAYS DE FORÊTS

Parc naturel régional du Morvan

La forêt, qui couvre environ 45 % de l'espace morvandiau, est l'élément caractéristique du massif. Les surfaces boisées représentent un enjeu majeur pour la région. Progressivement, les futaies de hêtres ou de chênes cèdent la place aux résineux, plus rentables, dans un repeuplement que certains déplorent en raison du risque de déséquilibre écologique encouru, les sols étant déjà acides. L'économie forestière génère une activité majeure sur le territoire depuis plusieurs siècles. Aujourd'hui, les plantations résineuses effectuées depuis la Seconde Guerre mondiale représentent l'essentiel des revenus de la forêt et constituent un défi à relever pour concilier le développement d'une filière de proximité, la préservation de l'environnement et le maintien de la qualité du cadre de vie.

L'EAU, UNE RICHESSE

De climat atlantique à influences variées (continentale, montagnarde ou méridionale selon les secteurs), le massif du Morvan reçoit des pluies fréquentes qui, jointes au printemps à la fonte des neiges, transforment les ruisseaux en torrents. La roche, imperméable, ne permet pas l'existence de nappes phréatiques, en dehors des faibles volumes contenus dans les poches d'arènes granitiques. C'est pourquoi le massif est entièrement parcouru d'un dense réseau de cours d'eau, de sources et de suintements.

Les zones humides, très présentes, occupent les fonds de vallées. Cela explique aussi que des cours d'eau comme l'Yonne, la Cure, le Cousin ou encore le Chalaux roulent parfois des flots tumultueux. Plusieurs retenues (Pannecière-Chaumard, les Settons, Crescent, Chaumeçon) permettent d'en régulariser le cours au moment des crues et de soutenir leur débit en période d'étiage (basses eaux) ; le lac de St-Agnan constitue une réserve en eau potable.

À la faveur de conditions propices, un réseau de tourbières parsème le massif. Douze d'entre elles ont été classées Réserve naturelle régionale.

L'ÉCOMUSÉE DU MORVAN

L'écomusée du Morvan est un réseau de huit maisons à thème et de trois sites qui ont pour vocation de raconter l'histoire du Morvan et des Morvandiaux au fil des échanges et des migrations qui ont façonné le territoire.

À St-Brisson, la **Maison des hommes et des paysages,** maison-centre de l'Écomusée du Morvan (*voir conditions de visite de la Maison du Parc p. 235*), invite à voyager à travers l'histoire et les paysages du territoire sur les traces de celles et ceux qui l'ont façonné, grâce notamment à un dispositif multimédia conjuguant photographies anciennes et contemporaines. À l'étage, le **musée de la Résistance en Morvan** aborde l'Occupation, la Résistance et le maquis morvandiau *(www.museeresistancemorvan.fr - ♿ - juil.-août : tlj 10h-13h, 14h-18h ; mai-juin et sept. : 10h-13h, 14h-18h, sam. 14h-18h ; reste de l'année : 10h-13h, 14h-17h - fermé mar. et déc.-mars - 6,50 € (-8 ans gratuit) - billet d'entrée donnant accès à la Maison des Hommes et des Paysages et au Mémorial de Dun-les-Places).*

Visitez également la **Maison du Seigle** à Ménessaire (21), le **Musée Vauban** *(voir p. 268)* à Saint-Léger-Vauban (89), le **Musée des galvachers** *(voir p. 276)* et la **Maison du Patrimoine oral de Bourgogne** *(voir p. 277)* à Anost (71), le **Musée des Nourrices et des Enfants de l'Assistance publique** *(voir p. 269)* à Alligny-en-Morvan (58) et le **Musée de l'élevage et du charolais** *(voir p. 282)* à Moulins-Engilbert (58).

Les sites associés sont **Ma p'tite École** au lac des Settons, la **saboterie Marchand** à Gouloux et les **Caves Barbotte** à Ouroux-en-Morvan.

Rens. sur www.parcdumorvan.org.

LE MORVAN, TERRE DE RÉSISTANCE

Ce massif de hautes collines, couvert de vastes forêts, à l'écart des grands axes de communication, devient une terre de refuge puis de résistance pour tous ceux qui sont traqués par les nazis pendant la Seconde Guerre mondiale. Juifs, réfractaires au service du travail obligatoire, communistes, gaullistes, certains se regroupent en maquis surtout là où la géographie est propice à la résistance : le maquis Socrate agit dans la forêt d'Anost *(voir p. 277)*, Maurice dans celle de St-Prix, Bernard, Vauban ou Camille dans celle de Breuil-Chenue autour d'Ouroux-en-Morvan. Au total, une vingtaine de maquis sont officiellement homologués et près de 9 000 maquisards sont actifs dans le Morvan. Les actions sont diverses, rarement unies ou concertées : renseignements, sabotages, actions de guérilla, embuscades… Au fur et à mesure des parachutages (armes, moyens de communication…), elles deviennent plus efficaces. Ainsi le prouve la violence des représailles lancées par les nazis contre les Morvandiaux : Montsauche-les-Settons et Planchez sont incendiés en juin 1944 ; 27 personnes sont fusillées à Dun-les-Places *(voir p. 269)* ; le village de Manlay est entièrement détruit en juillet 1944 ; le massacre du maquis de Fours-Montaron entraîne la mort de 28 personnes le 10 juillet et de 22 personnes le 31 juillet 1944 à Chaumard…

Pour mieux comprendre ces lieux historiques, 21 lieux de mémoire liés à la Seconde Guerre mondiale sont disséminés au détour des routes et chemins de la région. Un guide Résistance en Morvan - Chemins de mémoire est disponible au musée de la Résistance en Morvan (voir conditions de visite ci-dessus).

LE MORVAN

AUXERRE
AUXERRE
Avallon
Époisses
VÉZELAY
Vault-de-Lugny
St-Père
Site archéologique des Fontaines salées
Pierre-Perthuis
Roche Percée
Chastellux-s-Cure
Bazoches
Crescent
Ste-Magnance
Rouvray
La Roche-en-Brenil
Musée Vauban
St-Léger-Vauban
Quarré-les-Tombes
La Pierre-qui-Vire
Lac de St-Agnan
Chalaux
Mont de la Justice
Lormes
Rocher de la Pérouse
Le Vieux-Dun
Dun-les-Places
Forêt de Breuil
Chenue
St-Brisson
Musée de la Résistance
Maison du Parc
Lac de Chamboux
Lac de Chaumeçon
BAS MORVAN
Saut de Gouloux
Montsauche-les-Settons
Corbigny
Vallée de l'Yonne
Marcilly
Baye
Ouroux-en-Morvan
Les Settons
Alligny-en-Morvan
Lac des Settons
Musée des Nourrices et des Enfants de l'Assistance publique
Aqueduc de Montreuillon
Pannecière-Chaumard
Chaumard
Planchez
Ménessaire
Lac de Pannecière
Aunay-en-Bazois
Chissey-en-Morvan
Corancy
N.-D.-de-l'Aillant
Cussy-en-M.
Musée du Septennat
Musée du Costume
Château-Chinon
Forêt d'Anost
Vallon du Touron
Bussy
Anost
Musée des galvachers
Châtillon-en-Bazois
Théâtre gallo-romain
Arleuf
Forêt de la Gravelle
Tour du Morvan
Haut-Folin
Gorges de la Canche
La Croisette
C.A.F.
Forêt de St-Prix
Moulins-Engilbert
Musée de l'Élevage et du Charolais
HAUT MORVAN
Mt Preneley
St-Léger-sous-Beuvray
Mont Genièvre
Le Puits
Bibracte-Mont Beuvray
St-Honoré-les-Bains
Canal du Nivernais
Cercy-la-Tour
Les Montarons
Étang-sur-Arroux
CLAMECY
NEVERS
MOULINS
ROANNE

PARC NATUREL RÉGIONAL DU MORVAN

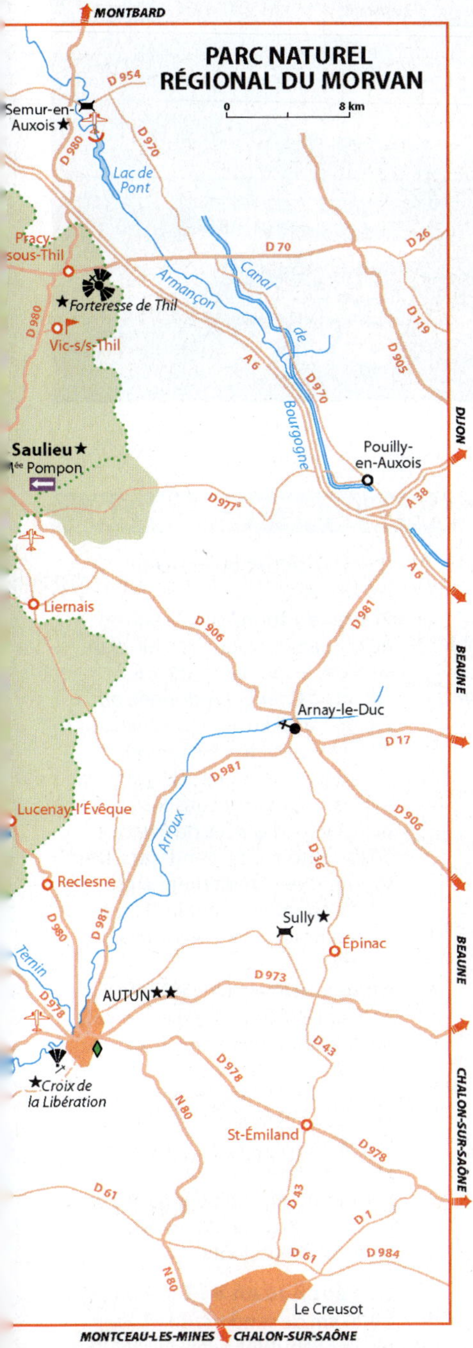

Lac des Settons.
Y. Travert/Getty Images

NOS ACTIVITÉS DANS LE PARC DU MORVAN

Comptoir des Activités Nature en Morvan (CAN) - *www.morvansommetsetgrandslacs.com*. Informations sur l'ensemble des sports nature ans le Morvan (randonnée, rafting, VTT, canoë, vélo électrique...).

Randonnée pédestre

Le Morvan offre aux randonneurs quelque 3 500 km d'itinéraires balisés. Liste des topoguides sur le site de la Fédération française de randonnée pédestre *(www.ffrandonnee.fr)* et du Parc naturel régional du Morvan *(tourisme.parcdumorvan.org)*.

Grande randonnée (balisage blanc et rouge). Les GR 13 et 131 traversent le Morvan du nord au sud (318 km) d'Auxerre à Nolay par Vézelay ou Autun.

Randonnée de pays (balisage jaune et rouge). Le GRP Tour du Morvan (220 km) permet de découvrir le Parc et ses 6 grands lacs : lac des Settons *(tour du lac 15 km ; 4h)* ; lac de Pannecière *(37 km ; 12h)*, lac de St-Agnan *(9 km ; 2h)*, lac de Chaumeçon *(14 km ; 4h)*, lac de Chamboux *(8 km ; 2h30)*, lac du Crescent *(30 km ; 10h)*.

Petite randonnée (balisage généralement jaune). Le Morvan se prête à une multitude de circuits de petite randonnée ou PR, de 5 à 25 km environ chacun. Le topoguide « Balades et randonnées des grands lacs du Morvan » propose sous forme de fiches 16 balades de 600 m à 20 km autour des grands lacs. Des topoguides complémentaires sont disponibles pour le Morvan des Sommets et les alentours de Lormes.

Guides en Morvan – *58170 Tazilly - Le bourg - 03 86 30 08 63 - www.guidesenmorvan.com - 6 €/pers. pour 3h30 de randonnée (gratuit -12 ans)*. Toute l'année, des accompagnateurs spécialement formés vous font découvrir le Morvan, son patrimoine historique, naturel, et ses traditions au gré de randonnées de quelques heures ou de plusieurs jours.

Randonnée en VTT

2 400 km de sentiers, du niveau débutant à spécialiste,

sont balisés au départ d'un ensemble communes pour la pratique du VTT.

Association Vélo Morvan Nature – *Parc naturel régional du Morvan - 58230 St-Brisson - www.morvanvtt.fr.* ✆ L'association gère et développe le VTT sur le territoire. Sur le site internet, propositions d'itinéraires et conseils variés.

MTB Guide Morvan – *Les Petites Fourches - 58230 St-Brisson - ✆ 03 86 78 73 91 - ✆ 06 45 08 87 73 - www.mtbguide-morvan.fr.* Service de location de matériel et de moniteurs qui vous accompagneront pour des raids itinérants, des randonnées à la journée ou pour un stage technique.

Grande Traversée du Morvan – *Labellisée par la Fédération française de cyclisme, la Grande Traversée du Morvan à VTT (la « GTM ») est un itinéraire linéaire qui relie Avallon, dans l'Yonne, à Autun, en Saône-et-Loire. 316 km via Saulieu (Côte-d'Or), la Nièvre et les principaux sites naturels et touristiques de la région : les lacs du Crescent, de St-Agnan, des Settons, le Haut-Folin, le mont Beuvray… On peut acheter le topoguide de la Grande Traversée du Morvan à VTT (19,95 €) sur www.vtopo.fr ou en appelant au ✆ 06 63 63 91 92.*

Grande Traversée du Massif Central – *1 380 km de pistes du Morvan à la Méditerranée, accessibles aux VTT. Rens. sur www.la-gtmc.com.*

Randonnée en vélo de route

Location de vélos à assistance électrique aux bureaux d'informations touristiques de Château-Chinon et des Settons. *Rens. au ✆ 03 86 85 06 58 ou 03 45 23 00 00.*

Randonnée équestre

Le Morvan regorge de chemins affectés à la randonnée équestre. Il est préférable de réserver à l'avance les hébergements susceptibles d'accueillir les cavaliers et leurs montures.

Association pour la randonnée équestre en Morvan (Arem) – *58140 Mhère - La Croix-Milan - ✆ 03 86 22 73 19 - ✆ 06 50 12 46 63 - www.morvan-cheval.org.* Sorties accompagnées par des guides de tourisme équestre (de quelques heures à quelques jours, tous niveaux), balades en calèche, tour équestre en attelage, séjours en roulotte, promenades en poney pour les enfants… Pour avoir la liste des prestataires de tourisme équestre ou commander le topoguide du tour équestre du Morvan, contacter l'Arem.

Tour équestre du Morvan – *L'itinéraire comptabilise 600 km, divisé en 42 tronçons disposant d'hébergements et de points d'accueil équestres. Randonnée pour un w.-end, une sem. ou plus, calculée sur la base d'une étape de 25 à 40 km/jour. Itinéraire disponible sur Internet. Rens. sur http://tourisme.parcdumorvan.org ou www.morvan-cheval.org.*

Les Crins du Croux – *Le Croux - 71990 St-Léger-sous-Beuvray - 5 km à l'est de St-Léger-sous-Beuvray par D 3 - ✆ 03 85 82 56 07 - www.lecroux.fr.* Ce centre équestre propose des séjours vacances dédiés aux jeunes de 6 à 17 ans. Les plus grands pourront découvrir les joies de la randonnée à cheval. Mais que les parents se rassurent, il existe aussi des formules destinées aux adultes.

Randonnée à dos d'âne – *58140 Lormes - Asinerie du Pré-de-la-Rose - ✆ 03 86 22 89 83 - ✆ 07 87 23 16 63 - www.les-escapades-de-stephane.*

com. Différentes journées découvertes (de 2 à 7 jours pour le circuit « Morvan des lacs ») sont proposées par les propriétaires de cette petite ferme bio. Comptez 60 € par jour (330 €/sem.) pour la location d'un âne avec son bât, une paire de sacoches de grand volume (100 litres), le topoguide, les cartes IGN du parcours au 1/25 000e, le matériel de pansage et une deuxième longe d'attache pour le pique-nique.

Eaux vives

La Cure, l'Armance, l'Yonne et le Chalaux sont le domaine des eaux vives. Le débit de la Cure et du Chalaux est régulé par les lâchers d'eau des barrages *(en principe tous les w.-ends, de mars à nov.)*. La région des lacs offre aussi un bon potentiel : passage de rapides, traversée de gorges, descente en raft, hot-dog (canoë gonflable), nage avec palmes, hydrospeed, canoë-kayak à partir des points de départ fixés par les prestataires (avec moniteurs). S'informer à la Maison du Parc ou auprès des organismes suivants :

AN Rafting – *1 bis rte des Hâtes - 58140 St-Martin-du-Puy - Plainefas - ✆ 03 86 22 65 28 - http://an-rafting.com - 9h-18h - fermé nov.-mars - rafting 45/49 €/pers., descente en canoë sur la basse Cure (8 km) 23 €/pers.* L'Aventure Nature, spécialiste des sports d'eaux vives, propose sur son site de la Nièvre des activités telles que rafting, canoë, hot-dog (canoë gonflable), nage en eaux vives, mais aussi spéléologie, VTT, paintball forestier, parcours aventure encadrées par des moniteurs diplômés. Prêt du matériel spécifique.

Okheanos – *58230 Dun-les-Places - À Bornoux - www.okheanos.com - P - fermé dim.-lun. (sf les activités) - 9h-17h.* Se voulant proche de la nature, cette importante structure propose des activités en eaux vives, telles que le rafting, le hot-dog (canoë gonflable) et l'hydrospeed mais aussi le paint-ball, le VTT et un parcours aventure.

Escalade

Voir la liste des prestataires sur https://tourisme.parcdumorvan.org.

Pêche

Vente de cartes de pêche – *Office du tourisme du Morvan des lacs - ✆ 03 86 22 82 74 - Nombreux points de vente. Se rens. auprès des différents offices de tourisme.* Pour plus d'informations, envoyez un mail.

Bases de loisirs

Activital - Base Sport et Nature des Settons – *58230 Montsauche-les-Settons - Lac des Settons - ✆ 03 86 84 51 98 - www.activital.net - fermé nov.-mi-mars - 9h30-12h30, 13h30-18h.* La base des Settons borde un lac situé au cœur du Parc naturel régional du Morvan, à 600 m d'altitude. Sports nautiques (voile, canoë-kayak, etc.) ou de plein air (VTT, course d'orientation, randonnée…) et port miniature pour les plus petits. Activités libres ou encadrées, formules de séjours itinérants.

AB Loisirs – *R. Gravier - 89450 St-Père - ✆ 03 86 33 38 38 - www.abloisirs.com - 9h30-18h30 sur réserv. - fermé 20 déc.-5 janv. - canoë 23 €/2h (-15 ans 12/19 €), 38 €/5h (-15 ans 15/30 €), rafting 49 €, Segway 27 €/1h, 47 €/2h.* Canoë, kayak, rafting, VTT, VTT électriques, VTC, randonnée Segway, parcours aventure, quad, kart, paint-ball, montgolfière, spéléo et hydrospeed. Activités ouvertes à tous, enfants et adultes, individuels, familles ou groupes.

Vézelay

★★★

434 Vézeliens – Yonne (89)

Aux confins du Morvan, Vézelay occupe pentes et sommet d'une colline dominant la vallée de la Cure. À la grande époque du pèlerinage vers St-Jacques-de-Compostelle, la ville abrita jusqu'à 10 000 personnes dans les maisons blotties le long de ses ruelles escarpées. Sauvé de la ruine par Mérimée et le jeune architecte Viollet-le-Duc, ce haut-lieu spirituel, site majeur de l'histoire de l'art, figure depuis 1979 au Patrimoine mondial de l'humanité.

NOS ADRESSES PAGE 253
Hébergement, restauration, achats, activités, etc.

S'INFORMER

Office du tourisme – *12 r. St-Étienne - 89450 Vézelay - 03 86 33 23 69 - www.vezelaytourisme.com - juil.-août : 10h-19h, dim. 10h-13h, 14h-18h ; mai-juin et sept. : 10h-13h, 14h-18h ; de déb. oct. à mi-nov. : tlj sf lun. 10h-13h, 14h-18h ; reste de l'année : tlj sf dim.-lun. 10h-13h, 14h-18h - fermé 1er janv., 25 déc.*

SE REPÉRER

Carte de microrégion B1 (p. 232-233) – Vézelay se trouve à 16 km à l'ouest d'Avallon par la D 957 et à 51 km au sud d'Auxerre par la D 606, puis la D 951.

SE GARER

Tentez votre chance sur le parking de la place du Champ-de-Foire.

À NE PAS MANQUER

Le tympan du portail central et les chapiteaux de la nef de la basilique ; pour mieux examiner ces chefs-d'œuvre, munissez-vous de jumelles !

AVEC LES ENFANTS

Le parc de Cardo Land, le site archéologique des Fontaines salées.

★★★ Découvrir la basilique Ste-Marie-Madeleine Plan de la basilique p. 246

Pl. de la Basilique - 03 86 33 39 50 - www.basiliquedevezelay.org - 7h-20h (en dehors des offices) - gratuit - possibilité de visite guidée sur demande (1h) 4,50 € (-16 ans 2,80 €), se rens. au bureau de la basilique ou sur le site Internet.

Pour éviter les foules de pèlerins, venez hors des grandes fêtes religieuses.

Fondé au 9e s., le monastère passe en 1050 sous l'invocation de sainte Marie-Madeleine, dont il conserve les reliques. Des miracles, dit-on, se produisent sur son tombeau ; ils attirent une telle foule de pénitents qu'il faut agrandir l'église carolingienne (1096-1104). En 1120, un violent incendie éclate la veille du 22 juillet, jour du grand pèlerinage, détruisant toute la nef et tuant plus de 1 000 pèlerins.

Les travaux reprennent aussitôt ; la nef est rapidement reconstruite puis, vers le milieu du 12e s., l'avant-nef. En 1215, le chœur

OFFICES CHANTÉS

Lun. à 18h30 (messe) ; du mar. au vend. à 7h (laudes), 12h30 (office du milieu de jour), 18h (vêpres et messe) ; sam. à 7h (laudes), 12h30 (office du milieu de jour), 18h (vêpres) ; dim. à 8h (laudes), 11h (messe), 17h30 (vêpres).

4

romano-gothique et le transept sont terminés. Depuis le 7e s., un autre lieu de pèlerinage affirmait détenir les reliques de sainte Marie-Madeleine : la Ste-Baume en Provence. À la fin du 13e s., le différend qui oppose les deux sites les amène à faire appel au pape, qui invite à se référer à la tradition la plus ancienne : les pèlerinages à Vézelay s'espacent donc, les foires et marchés perdent de leur importance.
Lorsqu'au 19e s., **Prosper Mérimée**, romancier et inspecteur des Monuments historiques, attire l'attention des pouvoirs publics sur l'état de l'admirable monument, celui-ci est sur le point de s'effondrer. En 1840, **Viollet-le-Duc**, alors âgé de moins de 30 ans, assume la difficile tâche de sa restauration, qu'il n'achève qu'en 1859. L'abbatiale, qui est devenue église paroissiale en 1791, est érigée en basilique en 1920.

L'EXTÉRIEUR

Façade
Elle a été refaite par Viollet-le-Duc d'après des documents anciens. Reconstruite vers 1150 dans un pur style roman, elle avait été dotée au 13e s. d'un vaste fronton gothique comportant cinq baies étroites aux meneaux ornés de statues. La partie supérieure forme un tympan orné d'arcatures encadrant les statues du Christ couronné entouré de la Vierge, de Madeleine et de deux anges. La tour de droite – tour St-Michel – a été surmontée au 13e s. d'un étage à hautes baies géminées ; la flèche octogonale en bois, haute de 15 m, fut détruite par la foudre en 1819. L'autre tour est restée inachevée. Sur son côté droit, l'édifice est dominé par la tour St-Antoine (13e s.), haute de 30 m.
Trois portails romans ornent la façade ; le tympan du portail central a été reconstitué sur la base du tympan primitif, très mutilé (conservé à l'extérieur) : la voussure supérieure de l'archivolte, ornée de motifs végétaux, est authentique, mais le reste des voussures et les chapiteaux sont modernes.

Le tour de la basilique
Contournez la basilique par la droite pour découvrir la longueur du vaisseau, que soutiennent des arcs-boutants.
Au fond, la salle capitulaire (fin du 12e s.) prolonge le croisillon sud. La galerie du cloître a été entièrement recréée. À droite, de beaux jardins *(privés)* s'étendent sur les lieux des anciens bâtiments abbatiaux, dont quelques vestiges subsistent (réfectoire du 12e s.).

Terrasse du château
Ombragée de beaux arbres, elle est située derrière la basilique, à l'emplacement de l'ancien château des abbés. Elle offre un beau **panorama★** sur la vallée de la Cure et sur le nord du Morvan, et un site idéal pour pique-niquer. En contrebas, une autre terrasse offre une jolie vue sur Asquins.
Sur le côté gauche de la basilique, de belles demeures ont été construites au 18e s. par les chanoines du chapitre.

L'INTÉRIEUR

Entrez dans la basilique par le portail principal de la façade.

Avant-nef
Consacrée en 1132 par le pape Innocent II, elle est postérieure à la nef et à la façade intérieure. À la différence de l'église elle-même, voûtée en arêtes, cet espace de structure romane est coiffé d'arcs brisés et de voûtes d'ogives. Par

Tympan du portail central de la basilique Ste-Marie-Madeleine, classée au Patrimoine mondial de l'Unesco.

S. Sonnet/hemis.fr

ses vastes dimensions, l'avant-nef apparaît comme une première église, avec un vaisseau central de trois travées et deux bas-côtés surmontés de tribunes : c'est ici que les pèlerins se recueillent et se purifient avant d'entrer dans le sanctuaire… et dans la lumière.

Les quatre élégants piliers cruciformes sont ornés de chapiteaux historiés (restaurés) qui retracent des scènes de l'Ancien Testament (Joseph et la femme de Putiphar, Jacob, Isaac et Ésaü, la mort de Caïn, Samson terrassant le lion…) et des Évangiles (histoire de saint Jean-Baptiste, résurrection d'un enfant mort par saint Benoît…).

Trois portails font communiquer l'avant-nef avec la nef et les bas-côtés. Lorsque le premier est ouvert, la perspective sur le long vaisseau radieux de lumière que forment la nef et le chœur est un émerveillement. Il faut prendre le temps d'examiner en détail leurs sculptures datant du deuxième quart du 12e s., et surtout celles du portail central, dont le tympan offre un magnifique exemple de l'art roman bourguignon. L'interprétation des scènes de détail est parfois sujette à controverse.

4

★★★ Tympan du portail central

Dans cette œuvre magistrale, le souffle de l'Esprit envahit les apôtres, tel un vent tumultueux qui agite les draperies et les plis des robes, modèle les corps et dessine des tourbillons. La virtuosité de la ligne domine, trahissant l'œuvre d'un calligraphe que le sculpteur a probablement dû suivre pour la scène principale.

Au centre de la composition, le Christ (**1**), immense, trône dans une mandorle. Il étend les mains vers ses

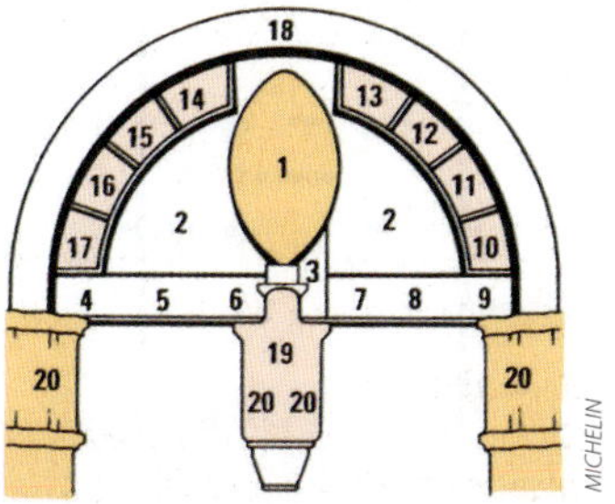

Tympan du portail central

apôtres (**2**) assemblés près de lui et, de ses stigmates, rayonne le Saint-Esprit qui va toucher la tête de chacun d'eux. Tout autour, dans les tableaux de la première voussure et sur le linteau, se pressent les peuples évangélisés, qu'accueillent, aux pieds du Christ, saint Pierre et saint Paul (**3**), piliers de l'Église universelle.
Tous les peuples de la terre sont appelés. Sur le linteau, on reconnaît à gauche, des chasseurs à l'arc (**4**), des pêcheurs (**5**), des agriculteurs (**6**), et à droite, des peuples lointains et légendaires : des géants (**7**), des Pygmées (cherchant à monter à cheval grâce à une échelle – **8**), des hommes à grandes oreilles (dont un a le corps couvert de plumes – **9**).
Sur la voussure, ce sont les Arméniens (chaussés de socques – **10**) puis, peut-être, les Byzantins (**11**), les Phrygiens (**12**) et les Éthiopiens (**13**) ; à la droite du Christ, des hommes à tête de chien (les cynocéphales d'Inde évangélisés par saint Thomas – **14**).

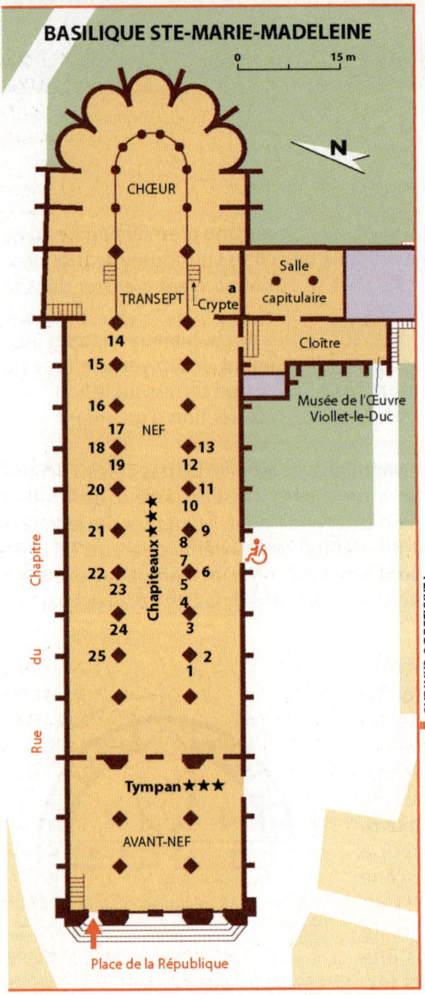

Chapiteaux du côté droit (partie basse) :
1. Un duel.
2. La Luxure et le Désespoir.
3. Légende de saint Hubert.
4. Signe du zodiaque : la Balance.
5. Le moulin mystique.
6. La mort du mauvais riche et de Lazare.
7. Lemech tue Caïn.
8. Les quatre vents de l'année.
9. David chevauchant un lion.
10. Saint Martin écarte un arbre dont la chute le menace.
11. Daniel respecté par les lions.
12. Lutte de l'ange et de Jacob.
13. Isaac bénit Jacob.

Chapiteaux du côté gauche (partie basse) :
14. Saint Pierre est délivré de prison.
15. Adam et Ève.
16. Légende de saint Antoine.
17. Exécution d'Agag.
18. Légende de sainte Eugénie.
19. Mort de saint Paul ermite.
20. Moïse et le Veau d'or.
21. La mort d'Absalon.
22. David et Goliath.
23. Meurtre de l'Égyptien par Moïse.
24. Judith et Holopherne.
25. La Calomnie et l'Avarice.

LES CHEMINS DE SAINT-JACQUES

La Via Lemovicensis (ou voie limousine, car elle passe par Limoges), plus souvent appelée **voie de Vézelay**, a pour point de départ la basilique Ste-Marie-Madeleine. Elle était parcourue par les pèlerins venus de l'est et du nord de l'Europe. Elle se prolonge sur 1 100 km (soit 54 jours de marche) jusqu'à St-Jean-Pied-de-Port, où elle rejoint la Via Podensis (qui part du Puy-en-Velay) et la Via Turonensis (de Tours) ; démarre ensuite le tronçon qui conduit à St-Jacques. Sur sa partie bourguignonne, l'itinéraire passe par Tannay, Varzy, La Charité-sur-Loire et enfin Nevers, parcourant 131 km. Depuis 2000 a été aménagée la voie de Namur, un sentier qui part de Namur pour rejoindre la voie de Vézelay. Il traverse la Bourgogne de Tonnerre à Vézelay, en passant par Chablis, Auxerre et Arcy-sur-Cure, soit un parcours de 70 km.
Rens. sur www.chemins-compostelle.com.

Les deux tableaux suivants rapportent que des miracles accompagnaient la parole divine annoncée par les apôtres : des lépreux montrent leurs jambes guéries (**15**) et deux paralytiques leurs bras revivifiés (**16**). Selon une autre interprétation, il s'agirait des Cappadociens et des Juifs. Enfin, deux évangélistes écrivent ce qu'ils ont vu (**17**).
Cette grandiose composition montre que l'annonce de la parole divine touche le monde entier ; une deuxième voussure (**18**) coiffant l'ensemble présente un calendrier où alternent les signes du zodiaque et les travaux des mois, introduisant la notion du temps : la mission des apôtres doit également se transmettre à travers l'histoire.
Au trumeau, un grand saint Jean-Baptiste (**19**) est placé sous les pieds du Christ, comme le supportant et l'introduisant à la place centrale qui lui revient. À ses côtés et sur les piédroits, des apôtres (**20**) complètent l'iconographie.

Portails latéraux

Sur les portes latérales, deux voussures ornées de rinceaux et de rosaces encadrent des tympans historiés. Le portail de droite représente l'enfance du Christ : au linteau, l'Annonciation, la Visitation, la Nativité ; au tympan, l'Adoration des Mages. Celui de gauche figure les apparitions du Christ après sa résurrection ; au linteau, apparition d'Emmaüs aux disciples ; au tympan, apparition aux apôtres.

Nef

Voir ABC d'architecture p. 511. Reconstruite entre 1120 et 1135 après un terrible incendie, cette nef romane se caractérise par ses dimensions imposantes – 62 m de longueur –, son appareil en pierre calcaire de tons différents et sa luminosité. Beaucoup plus haute que les bas-côtés, la nef est divisée en dix travées séparées par des arcs doubleaux en plein cintre aux claveaux alternativement clairs et foncés, ce qui dénote une probable influence sarrasine. Les grandes arcades en plein cintre, surmontées de fenêtres, reposent sur des piles cruciformes. Un gracieux décor d'oves (ornements de chapiteaux en forme d'œuf), de rosaces et de rubans plissés souligne les doubleaux, les arcades ainsi que les corniches, trouvant son point d'orgue dans la série de chapiteaux.
★★★ **Chapiteaux** *(voir plan ci-contre)* – Sur les parties hautes et basses, une centaine de chapiteaux, tous sculptés et presque tous d'origine, méritent d'être

Les riches heures de l'abbaye

GIRART DE ROUSSILLON, LE FONDATEUR

Au milieu du 9e s., ce pieux et riche chevalier installe un groupe de religieuses à l'emplacement actuel de la commune de St-Père. Le monastère de femmes cède bientôt la place à un monastère d'hommes. Détruit lors des invasions normandes, il est transféré sur la colline voisine, position naturellement plus facile à défendre. Dès 878, le pape Jean VIII le consacre.

À L'APPEL DE SAINT BERNARD

Quand, le 31 mars 1146, Bernard le cistercien lance du flanc de cette « colline inspirée » un vibrant appel en faveur de la deuxième croisade, en présence du roi de France Louis VII, l'abbaye est à l'apogée de sa gloire. Depuis un siècle, l'église abrite les reliques de sainte Madeleine : Vézelay est devenu un grand lieu de pèlerinage et la tête de ligne de l'un des itinéraires qui, à travers la France, mènent les pèlerins jusqu'à St-Jacques-de-Compostelle (les autres partant de Paris, du Puy et d'Arles, voir encadré p. préc.). En 1217, la mission d'y fonder le premier couvent de Frères mineurs en France est confiée par saint François d'Assise à deux de ses disciples. Ils élisent domicile près de la petite église Ste-Croix, bâtie en souvenir du prêche de saint Bernard dans la vallée d'Asquins.

DE LA RÉFORME AUX RESTAURATIONS

En 1519, Vézelay voit naître **Théodore de Bèze**, qui prêchera la Réforme avec Calvin, et, en 1557, une communauté protestante s'y installe. La guerre de Cent Ans avait ruiné l'abbaye. Les siècles suivants verront la dégradation de l'église ; transformée en chapitre de chanoines dès 1537, pillée de fond en comble par les huguenots en 1569, elle est en partie rasée à la Révolution. Grâce aux travaux de restauration du 19e s., elle a retrouvé son âme et l'ampleur de ses pèlerinages.

FRATERNITÉS MONASTIQUES DE JÉRUSALEM

Après avoir été confiée aux bénédictins de la Pierre-qui-Vire, puis aux franciscains encore présents à Vézelay, la basilique est depuis 1993 entre les mains des Fraternités monastiques de Jérusalem. Fondé en 1975 à Paris, cet ordre s'installe au cœur des villes et des grands lieux de passage (Paris, Florence, Le Mont-St-Michel…) parce que, selon le père fondateur Pierre-Marie Delfieux, c'est là que le signe de la vie monastique manifeste le mieux son sens. Les prieurés d'hommes et de femmes vivent séparément, mais se retrouvent pour les offices, et travaillent à mi-temps hors de la communauté. La liturgie, méditative, est chantée et psalmodiée. Elle puise aux sources byzantines, à l'interprétation de la tradition grégorienne par le père André Gouzes et au fonds commun de la tradition catholique.

Les voûtes de la basilique Ste-Marie-Madeleine.
Ch. Boisvieux/hemis.fr

examinés en détail. Ils s'inspirent pour la plupart de l'Ancien et du Nouveau Testament ou encore de la vie des saints. Avec une science étonnante de la composition et du mouvement, le génie des artistes anonymes qui les ont créés – on veut reconnaître la main de cinq sculpteurs différents – se manifeste avec esprit et malice. Le plus célèbre des chapiteaux est le **moulin mystique (5)**. Il représente Moïse versant dans le moulin de saint Paul le grain de la première Alliance. Notez les plis en spirale des vêtements, identiques à ceux du tympan, qui incitent à attribuer ce chapiteau au même maître.

Transept et chœur

Construits en 1096 pour agrandir l'église carolingienne, le transept et le chœur romans ont été démolis à la fin du 12e s. et remplacés par ce bel ensemble gothique terminé en 1215. Les arcatures du triforium se prolongent sur les croisillons du transept, qui a retrouvé blancheur et clarté en 2016. Un vaste déambulatoire avec chapelles rayonnantes enveloppe le chœur.

Crypte

La crypte carolingienne a été complètement remaniée dans la seconde moitié du 12e s. Sur la voûte, notez les peintures du 13e s. C'est une relique de sainte Madeleine, la Marie de Magdala qui annonça la première la Résurrection aux apôtres, qui serait conservée dans le reliquaire du 19e s. de la crypte. Elle fut restituée en 1879 par la cathédrale de Sens, à qui Saint Louis l'avait confiée. Une autre relique, provenant de la Madeleine à Paris, était logée dans le fût d'une colonne surmontée d'une statue moderne **(a)** *(voir plan p. 246)*, dans le croisillon droit, mais elle a été volée en 2002.

Salle capitulaire et cloître

Construite à la fin du 12e s., peu de temps avant le chœur de la basilique, la salle capitulaire est couverte de six voûtes d'ogives. Elle a été restaurée par Viollet-le-Duc. Rasé à la Révolution, le cloître comportait au centre une vaste citerne qui existe toujours, et qui fut pendant longtemps la seule réserve d'eau de la ville. Viollet-le-Duc a reconstitué une galerie, de style roman.

Musée de l'Œuvre Viollet-le-Duc

Pl. du Cloître - ✆ 03 86 33 24 62 - www.vezelay.fr - juil.-août : 14h-18h ; reste de l'année : w.-end 14h-18h - fermé des vac. de la Toussaint au w.-end de Pâques - 3 € (-12 ans 1 €) - 5 € billet combiné avec le musée Zervos.

Au-dessus de l'aile du cloître de la basilique, dans l'ancien dortoir des moines, sont présentés clefs de voûte, fragments sculptés et chapiteaux rassemblés par Viollet-le-Duc. On peut ainsi appréhender sa démarche lors de la restauration de la basilique, remplaçant par des éléments modernes les sculptures endommagées. Dessins et estampages permettent d'apprécier les détails iconographiques.

Se promener

Promenade des Fossés

De la place du Champ-de-Foire, en bas de la ville, suivez la promenade des Fossés, aménagée sur les remparts qui ceinturaient la ville au Moyen Âge et que jalonnent sept tours rondes.

La **porte Neuve** (14e-16e s.), sur laquelle on voit un écusson aux armes de la ville de Vézelay, est flanquée de deux tours à bossages et mâchicoulis et donne accès à une jolie promenade ombragée de noyers.

De la **porte Ste-Croix** ou porte des Cordeliers, jolie **vue** sur la vallée de la Cure. Un chemin descend à la Cordelle, qui garde le souvenir de saint Bernard, venu prêcher la deuxième croisade, par une croix commémorative.

La promenade aboutit à la terrasse du château, derrière la basilique.

Maisons anciennes

De la place du Champ-de-Foire à la basilique, la **rue St-Étienne**, en forte pente, est bordée de maisons anciennes : portes sculptées, fenêtres à meneaux, escalier en encorbellement formant tourelle, vieux puits surmontés d'une armature en fer forgé se succèdent.

Plusieurs maisons d'hommes célèbres ayant vécu à Vézelay : Théodore de Bèze, Max-Pol Fouchet, Georges Bataille, Romain Rolland… Ce dernier, qui aimait « le souffle des héros » et souhaitait, en pacifiste, l'éveil de la conscience européenne, passa les dernières années de sa vie au n° 20 de la Grande-Rue, rédigeant une biographie de son ami Péguy, et mourut peu après la Libération.

★ Musée Zervos - maison Romain-Rolland

R. St-Étienne - ✆ 03 86 32 39 26 - www.musee-zervos.fr - ♿ - juil.-août : 10h-18h ; de mi-mars à fin juin et de déb. sept. à mi-nov. : tlj sf mar. 10h-18h - 5 € (-25 ans gratuit) - billet donnant accès au musée d'Art et d'Histoire Romain-Rolland à Clamecy, gratuit dernier dim. du mois.

Dans la maison restaurée où Romain Rolland *(voir Clamecy)* rédigea *Le Voyage intérieur*, *Péguy* et *La Cathédrale interrompue*, sont exposées les plus belles pièces de la collection léguée à la ville de Vézelay par Christian Zervos, quelques mois avant sa mort en 1970. Le fondateur de la revue *Les Cahiers d'art* (1926-1960) avait constitué une collection d'art moderne (1920 à 1960) où sont représentés les différents mouvements, du cubisme au surréalisme et à l'abstraction, avec des artistes comme Brauner, Calder, Ernst, Giacometti, Hélion, Kandinsky, Laurens, Léger, Miró, Picasso, Balla… Ne manquez pas la belle *Sauterelle* de Max Ernst, ni les *Instruments de musique* de Laurens et *Le Peintre et l'Enfant* de Picasso. La chambre de Romain Rolland est au premier étage. La lecture de son *Journal de Vézelay 1938-1944*, établi par Jean Lacoste aux éditions Bartillat en 2012, est une bonne introduction à l'œuvre et à l'homme.

Maison Jules-Roy

R. des Écoles - ✆ 03 86 33 35 01 - de fin mars à déb. nov. : 14h-18h - fermé lun.-mar., 1er et 8 Mai - possibilité de visite guidée sur demande (30mn) - gratuit.
Pour découvrir un peu la personnalité de **Jules Roy** (1907-2000), il est désormais possible d'accéder au bureau et au jardin du romancier et homme de paix qui repose dans le cimetière de Vézelay. Les terrasses embrassent un magnifique **panorama**.

À proximité Carte de microrégion p. 232-233

★ St-Père B1

3 km à l'est par la D 957.
La Cure coule ici tranquillement entre de vieilles maisons au pied de coteaux récemment replantés de vignes (AOC Vézelay). En arrivant au village, le regard est attiré cette fois par une haute et élégante tour-clocher.
★ Église Notre-Dame – *1 ruelle de l'Église - ✆ 03 86 33 26 62 - www.saint-pere.fr - ♿ - possibilité de visite guidée sur demande (20mn) - se rens. auprès de la mairie.* Commencée vers 1200, l'église a enregistré toutes les étapes de l'évolution du style gothique bourguignon, du 13e au 15e s. Lors des guerres de Religion, elle devint église paroissiale, remplaçant dans ce rôle l'église St-Pierre (d'où le nom de St-Père), incendiée en 1567 et jamais reconstruite. Au-dessus de la rosace, le pignon est creusé d'arcatures abritant au centre les statues du Christ et de saint Étienne, encadrées d'un côté par la Vierge et les saints Pierre, André et Jacques, de l'autre par sainte Madeleine, saint Jean et deux évangélistes. Le porche ajouté à la fin du 13e s., restauré par Viollet-le-Duc, s'ouvre par trois portails, dont le central, avec arcade trilobée, est orné d'un Jugement dernier. Sous le porche, abritant les tombeaux des donateurs et d'une femme (1258), on remarque l'ampleur des voûtes et le beau dessin des larges baies latérales. L'intérieur est d'une grande pureté de style. À l'entrée, deux bénitiers en fonte du 14e s., en forme de cloches renversées, précèdent la nef centrale aux clefs de voûte peintes et aux consoles sculptées de têtes expressives. Une galerie au niveau des fenêtres hautes allège l'ensemble. Notez, dans le collatéral gauche, un gisant mutilé du 13e s.; dans la chapelle droite du chœur, une pierre d'autel du 10e s. provenant de l'église primitive; et en sortant, de curieux fonts baptismaux peints, d'époque carolingienne.
Site archéologique des Fontaines salées - *Rte de Pierre-Perthuis - ✆ 03 86 33 37 31 - www.saint-pere.fr - juil.-août : 10h-18h30 ; reste de l'année : 10h-12h30, 13h30-18h30 - fermé nov.-mars - 6 € (-12 ans 3 €).* Ce site archéologique gallo-romain est unique en Europe. Sur place, les sources d'eau minérale salée furent captées et utilisées dès la plus haute Antiquité (2 500 ans av. J.-C.), au moyen de fûts de chêne évidés. Le site présente aujourd'hui 14 puits toujours actifs, un temple circulaire dédié à la divinité des eaux ainsi qu'un établissement thermal gallo-romain, avec des extensions sportives comme une palestre pour la gymnastique. À l'entrée, un agréable bâtiment en bois conçu par l'architecte Jean-Paul Philippon abrite le centre d'accueil et de découvertes archéologiques. Il permet de comprendre, grâce à une maquette et aux objets retrouvés sur place, quelle fut la fonction du site. La visite se poursuit sur le site des fouilles, très bien entretenu et en pleine nature (en mai, les orchidées sauvages y foisonnent).
Quittez St-Père au sud.
La route remonte la haute vallée de la Cure, qui s'enfonce dans une gorge boisée.

Chamoux A1

7 km à l'ouest par la D 951 en direction de Clamecy.

Cardo Land – *35 r. Principale - ♿ - www.cardoland.com - 10h-19h ; avr.-juin et sept.-oct. : merc., w.-end et vac. scol. 13h30-17h30 - 10,80 € (-13 ans 7,90 €) - 11,80 € (-13 ans 8,90 €) juil.-août avec animations - possibilité de visite guidée sur demande (60mn) - nouveautés : animation spectacle « Dinosaure vivant » et Nurserie des bébés dinos animés - restaurant.* Vous découvrirez dans ce parc « préhistorique » les dinosaures grandeur nature et les reconstitutions (dont une grotte ornée) de l'artiste espagnol Cardo. Cet ancien danseur de l'Opéra de Paris, devenu peintre, sculpteur et conteur, a façonné de ses propres mains, en métal et en béton, ces œuvres qui vous surprendront par leur originalité, leurs couleurs et leur expressivité. Une collection de paléontologie vient compléter cette visite pas comme les autres.

Circuit conseillé Carte de microrégion p. 232-233

AUTOUR DE VÉZELAY B1

Circuit tracé en vert sur le schéma p. 238-239 et sur la carte de microrégion (p. 232-233) – Boucle de 73 km au départ de Vézelay – Comptez 3h.

Ce circuit part de la bordure nord du Morvan jusqu'à Lormes, et revient par les lacs de Chaumeçon puis du Crescent. Il passe à proximité du château de **Bazoches★★** *(voir p. 255)* et du château de **Chastellux★** *(voir p. 260).*

Quittez Vézelay en direction d'Avallon. Le site de Vézelay, couronné par la basilique, domine le paysage jusqu'au village de St-Père (voir p. préc.). Empruntez ensuite la D 958 (aire de pique-nique aménagée).

★ Pierre-Perthuis

On entre dans le bourg par la porte d'un château féodal du 12e s. en ruine. Le village occupe un **site★** très pittoresque, avec une église qui surplombe la vallée de la Cure et trois ponts, l'un moderne, à 33 m au-dessus de la rivière tumultueuse, et son aîné de cent ans (1770) presque à ses pieds, faisant le gros dos. Le troisième (1851) enjambe, un peu plus loin, le ruisseau de Bazoches.

Sortez du village pour trouver en aval, sur la rive droite, la **roche Percée**, qui est une arcade à laquelle Pierre-Perthuis doit son nom.

Poursuivez vers le sud en direction de Lormes.

★ Mont de la Justice

Table d'orientation. Au sommet du mont (alt. 470 m), on découvre un autre beau **panorama★** procurant, si la végétation n'est pas trop dense, des vues sur Vézelay (au nord), la dépression de l'Yonne et la butte de Montenoison (à l'ouest), le Bazois (au sud-ouest), et par-delà le clocher de Lormes, au sud-est, la ligne du Morvan avec la croupe du Haut-Folin.

Rejoignez Lormes 1 km au sud.

Lormes

Prenez la rue du Panorama, qui conduit à l'église, édifice néogothique bâti sur la montagne St-Alban (470 m). N'hésitez pas à y entrer pour détailler les 82 chapiteaux historiés dus au sculpteur Guillaumet (19e s.).

De la terrasse du cimetière, un joli **panorama★** dévoile les sommets boisés du Morvan central *(au sud-est)* et les cultures parsemées de villages, entrecoupées des petits bois du Bazois et du Nivernais *(au sud-ouest)*. À l'horizon apparaît la butte de Montenoison.

Dans Lormes, prenez la D 6 sur 10 km en direction de Dun-les-Places.

Lac de Chaumeçon

La route, sinueuse, traverse des bois au sol vallonné où affleurent les rochers. Elle parcourt ensuite un paysage boisé. *Franchissez la digue et tournez aussitôt à gauche pour rejoindre à 800 m la D 235.*

On domine bientôt le plan d'eau de Chaumeçon, entouré de hauteurs boisées. Après Vaussegrois, la route en forte descente franchit un petit vallon et se rapproche de la rive, dont elle épouse les sinuosités, avant de passer sur le barrage (arrêtez-vous pour apprécier sa hauteur, 42 m au-dessus de la gorge du Chalaux) et de monter à Plainefas.

En quittant le bourg, prenez à droite jusqu'à Chalaux puis continuez 4 km sur la D 128. À Marigny-l'Église, tournez à droite sur la D 210 puis la D 192.

Barrage du Crescent

Terminé en 1933, au confluent du Chalaux et de la Cure, il résiste par sa seule masse à la poussée de l'eau accumulée en amont dans les deux vallées. Sa retenue de 14 millions de m^3 alimente en énergie l'usine hydroélectrique de Bois-de-Cure et concourt à régulariser le débit de la Seine.

Rejoignez la D 944 en direction d'Avallon.

Du viaduc de la D 944 sur la Cure, on a une très belle **vue** sur une forteresse, bâtie à flanc de coteau dans un nid de verdure et dominant la gorge boisée.

Regagnez Vézelay, à 17,5 km, par la D 20 puis la D 36.

NOS ADRESSES À VÉZELAY

HÉBERGEMENT

PREMIER PRIX

Hôtel Compostelle – *Pl. du Champ de Foire - ✆ 03 86 33 28 63 - www.lecompostellevezelay.com - P public face à l'hôtel 5 €/j - fermé 1er déc.-15 fév. - 18 ch. 59/73 € - ☕ 9,50 €.* Petit hôtel familial dont certaines chambres, en rez-de-jardin ou avec balcon, donnent sur la vallée. Salle du petit-déjeuner panoramique.

POUR SE FAIRE PLAISIR

Hôtel de la Poste et du Lion d'Or – *Pl. du Champ de Foire - ✆ 03 73 53 03 20 - www.hplv-vezelay.com - P 4 pl. 8 €/j - ♿ - 39 ch. 125/240 € - ☕ 14 € - ✕ menus 30/54 €, carte 60 € (fermé midi sf w.-end et j. fériés).* Cet ex-relais de poste accueille les voyageurs depuis plus de 200 ans ! Chambres spacieuses et confortables ; celles donnant sur la campagne sont très prisées. Le restaurant gastronomique L'Éternel propose une cuisine régionale revisitée dans un cadre raffiné.

À proximité

BUDGET MOYEN

Hôtel Les Deux Ponts – *1 rte de Vézelay - 89450 Pierre-Perthuis - 6 km au sud-est de Vézelay via D 957 et D 958 - ✆ 03 86 32 31 31 - www.lesdeuxponts.com - P ♿ - fermé de mi-nov. à mi-mars, mar. (nov.-mai), merc. - 7 ch. 70/110 € - ☕ 9,50 €, 1/2 P possible - ✕ 23,50/35 €.* Maison de pays avenante et fleurie au bord d'une route de campagne. Chambres simples dotées d'une bonne literie et de salles de bains bien équipées (mais sans télévision). Originale salle à manger dont le cadre épuré est égayé d'amusants lustres hollandais en verre.

Moulin des Templiers – *10 rte du Cousin - 89200 Pontaubert - ✆ 03 86 34 10 80 - www.hotel-moulin-des-templiers.com - P - fermé déc.-fin fév. - 14 ch. 60/200 € - ☕ 12 € - ✕ 21 € (pique-nique 8 €).* Niché dans la somptueuse vallée du Cousin, cet ancien moulin est un véritable

4

havre de paix. Des chaises longues en bois invitent à la contemplation sur les berges aménagées, bercée par le murmure de la rivière. On passe à table côté terrasse ou dans la salle rustique du moulin avec, au choix, une assiette « terre » ou « rivière » et un dessert maison, le tout accompagné du vin produit par la maison. Le petit-déjeuner est excellent : produits bio et locaux, fruits frais, fromage blanc du pays…

RESTAURATION

PREMIER PRIX

Le Vézelien – *Pl. du Grand-Puits - ✆ 03 86 33 25 09 - fermé de mi-fév. à mi-mars, mar. (hors sais.), merc. - carte 9/18 €.* Brasserie uniquement le midi dans un décor bistrot, avec cheminée et terrasse. Bar-tabac. Adresse locale. Idéal pour manger vite et bien.

BUDGET MOYEN

Le Cheval Blanc – *16 pl. du Champ de Foire - ✆ 03 86 33 22 12 - www.lechevalblancvezelay.fr - fermé merc., jeu. et j. fériés sf juil.-août - formule déj. 23/29 €.* Situé en bas du village, cet établissement propose une cuisine traditionnelle de qualité. Le menu du midi est élaboré en fonction des produits de saison.

Le Bougainville – *28 r. St-Étienne - ✆ 03 86 33 27 57 - fermé mar.-merc. et de mi-nov. à mi-fév. - 28/33 €.* Un restaurant familial proposant une cuisine du terroir (œuf meurette, boudin, andouillette, terrine d'époisses…), accompagnée de vins de la région.

ACTIVITÉS

Voir p. 240 les activités proposées dans le Parc naturel régional du Morvan.

France Montgolfière – *Pl. du Champ de Foire - ✆ 03 80 97 38 61 - www.franceballoons.com - 189/219 € (enf. 158 €).* Pour voir du ciel la basilique et la colline dominant la vallée de la Cure, offrez-vous un baptême de l'air en montgolfière au-dessus de Vézelay. Une expérience inoubliable !

AGENDA

Rencontres musicales – *✆ 03 86 32 34 24 - www.lacitedelavoix.net - fin août.* Concerts dans la basilique, le village, à St-Père, Asquins et Avallon.

Chemin de lumière – *21 juin dans la basilique.* Le jour du solstice d'été, à midi, le soleil vient projeter dans le centre de la nef de multiples taches de lumière parfaitement alignées.

Le château de Bazoches.
Ch. Boisvieux/hemis.fr

Château de Bazoches

★★

Nièvre (58)

Cette fière demeure médiévale a été la propriété du maréchal de Vauban, qui la transforma en « bureau d'études », d'où il conçut pour Louis XIV les fameuses places fortes du « pré carré ». Restauré et meublé, l'intérieur permet de mieux connaître ce brillant ingénieur, qui fut aussi un écrivain éclairé. Les nombreux souvenirs qu'il a laissés illustrent avec bonheur sa personnalité, sa famille, ses conditions de vie et de travail.

4

NOS ADRESSES À VÉZELAY PAGE 253

S'INFORMER

03 86 22 10 22 - www.chateau-bazoches.com - juil.-août : 9h30-18h ; de mi-mars à fin sept. : 9h30-12h, 14h-18h ; de déb. oct. à mi-nov. : 9h30-12h, 14h-17h ; de mi-fév. à fin mars : 14h-18h - possibilité de visite guidée sur demande (1h30) - 9,50 € (enf. 5 €).

SE REPÉRER

Carte de microrégion B1 (p. 232-233) – Le château se trouve à 13 km au sud de Vézelay et à 48 km au nord de Château-Chinon.

AVEC LES ENFANTS

Ils seront stupéfaits de découvrir la vie de Vauban, cet homme qui a fortifié et créé des places fortes sur tout le pourtour du royaume de Louis XIV.

Édifié à la fin du 12e s., d'architecture trapézoïdale, avec trois tours rondes et un donjon rectangulaire, le château est typiquement féodal (la quatrième tour, à mâchicoulis, fut ajoutée au 14e s.).

LA DÎME ROYALE

Publié peu avant la mort de Vauban, cet ouvrage fait le bilan de ses observations effectuées au long de ses périples; ses conclusions sont d'ordre économique et fiscal. L'idée est de taxer chaque individu en proportion de ses revenus. À une époque où la noblesse était exemptée d'impôts, les réactions de la Cour et du roi furent négatives, jetant, d'après St-Simon, son auteur visionnaire dans une disgrâce temporaire et interdisant immédiatement la diffusion de l'ouvrage.

Le **seigneur de Vauban** (1633-1707), nommé maréchal en 1703, qui aurait dû en hériter, fit l'acquisition de son « petit patrimoine provincial qui l'oblige à beaucoup d'entretien » en 1675 grâce à une rétribution pour la prise de Maastricht en moins de 15 jours.

Dans les **salons**, ornés de meubles et de peintures des 17e et 18e s., ne manquez pas la grande tapisserie d'Aubusson avec des motifs de paons (17e s.), le portrait de Vauban avec sa fameuse cicatrice sur la joue, dû à l'atelier de Rigaud, ni, à travers les croisées, la **vue** sur Vézelay.

La **galerie★** que fit construire Vauban pour travailler, avec ses ingénieurs, à l'édification de 300 ouvrages et places fortes, a été brillamment reconstituée. Au fond de la salle est exposée l'armure du maréchal, sur laquelle vous remarquerez des traces de coups. À côté, voyez la belle **maquette** qui illustre une fortification idéale, selon le système de défense mis au point par Vauban. De part et d'autre de la copie du **plan-relief de Neuf-Brisach**, les murs sont ornés des arbres généalogiques de la famille des propriétaires du château, descendants de Vauban. Pour plus d'informations sur la technique des fortifications, une visite au musée Vauban à St-Léger-Vauban s'impose *(voir p. 268)*.

L'**antichambre** a conservé des ouvrages du maréchal, dont l'œuvre porta sur l'art militaire, la navigation et la construction des fours banaux, la statistique, l'agriculture, ou le rétablissement de l'édit de Nantes (révoqué en 1685).

La **chambre★** de Vauban, habillée de brocart rouge, a gardé un ensemble de mobilier fort rare, composé d'un lit et de six fauteuils tapissés d'époque. Le portrait à cheval de Louis XIV par Van der Meulen trône au-dessus de la cheminée. Sur le bureau hollandais se trouve un buste du maréchal par Coysevox. Quant au **bureau**, en forme de pentagone, vous pourrez y admirer le bucolique décor aux oiseaux de son plafond et la collection de petits portraits, dont trois dus à Clouet, peintre à la cour des Valois.

Au rez-de-chaussée, en bas de l'escalier d'honneur, sont présentés trois **bibliothèques** et **salons de lecture**, riches de volumes anciens et d'éditions rares. Avec son plafond peint et ses portes intactes, la **chambre de la maréchale** marque la suite de la visite. Vous y découvrirez un superbe plan de Paris, dit « de Turgot », ainsi que le portrait de l'épouse de Vauban, administratrice de la propriété pendant ses campagnes; elle mourut en 1705, deux ans avant lui. Enfin, une minuscule **chapelle** attirera votre attention par ses voûtes peintes attribuées à Jean Mosnier, décorateur de Chambord.

Poursuivez la visite en vous promenant sur la terrasse. Du **bastion**, vous distinguerez la basilique de Vézelay et apercevrez en contrebas le village de Bazoches. C'est dans son église (12e-16e s.) que se trouve le **tombeau** de Vauban, son cœur reposant depuis 1809 dans le cénotaphe érigé à sa mémoire aux Invalides à Paris.

Avallon

★

6 807 Avallonnais – Yonne (89)

Cette cité pittoresque ne manque pas d'attraits, avec sa ceinture murée, ses jardins, ses maisons à pans de bois et, dans la ville basse, ses céramistes et ses verriers d'art à l'œuvre. Des passages aménagés et des escaliers permettent de parcourir plus facilement la ville à pied. Perché sur un promontoire granitique, Avallon domine la vallée du Cousin, constituant un excellent point de départ pour la visite de l'Avallonnais et du Morvan.

NOS ADRESSES PAGE 262
Hébergement, restauration, achats, activités, etc.

S'INFORMER

Office du tourisme – *6 r. Bocquillot - 89200 Avallon - ✆ 03 86 34 14 19 - www.avallon-morvan.com - juil.-août : 10h-13h, 14h-18h, dim. 10h-13h, lun. 14h-18h ; avr.-juin : tlj sf dim. (sf j. fériés et ponts) 10h-13h, 14h-18h ; reste de l'année : tlj sf dim.-lun. 9h30-12h30, 14h-17h30.*

SE REPÉRER

Carte de microrégion B1 (p. 232-233) – Avallon se trouve à 16 km à l'est de Vézelay par la D 957, et à 39 km au nord-ouest de Saulieu par la D 906.

SE GARER

Profitez des parkings au nord de la ville (parking des Odebert).

À NE PAS MANQUER

La collection Yao et la série du *Miserere* de Georges Rouault, au musée de l'Avallonnais Jean-Desprès ; le château de Chastellux *(voir « À proximité »)* ; le circuit de la vallée du Cousin.

Se promener

Découvrez la ville en suivant le **circuit de la grenouille** (fléchage au sol).

★ LA VILLE FORTIFIÉE

Circuit au départ du bastion de la Porte auxerroise, au nord (parking) – Comptez 2h.

Le tour des remparts

Depuis l'hôpital, bâtiment du début du 18e s., suivez la rue Fontaine-Neuve, dominée par la tour des Vaudois ; le bastion de la côte Gally surplombe un terre-plein propice à la promenade, au-dessus du ravin du ru Potot.

Promenade de la Petite-Porte – De la terrasse plantée de tilleuls, le regard embrasse la vallée du Cousin, à 100 m en contrebas, les monts du Morvan et quelques manoirs.

Par la rue du Fort-Mahon, vous rejoignez le bastion de la Petite-Porte, après la tour du Chapitre (1454) et la tour Gaujard.

Prolongez à l'est ce tour des remparts.

En suivant en contre-haut le ravin des Minimes, vous voyez la tour de l'Escharguet, puis la tour Beurdelaine. Construite en 1404 par Jean sans Peur, cette dernière fut renforcée en 1590 par un bastion couronné d'une échauguette en encorbellement.

★ Église St-Lazare

Au 4e s., un édifice fut fondé ici sous le vocable de Notre-Dame. D'un sanctuaire du 10e s. subsiste une crypte sous le chœur actuel. À cette époque, l'église reçut du duc de Bourgogne, Henri le Grand, frère d'Hugues Capet, le crâne de saint Lazare, insigne relique à l'origine d'un culte. Dès la fin du 11e s., l'affluence des pèlerins était telle qu'il fut décidé, en accord avec les moines constructeurs de Cluny, d'agrandir l'église. Consacré en 1106 par le pape Pascal II, le sanctuaire fut vite trop petit, et on reporta la façade à une vingtaine de mètres vers l'avant pour allonger la nef.

Les portails – La façade était autrefois flanquée au nord d'une tour-clocher au pied de laquelle était percé le portail nord; le clocher, incendié puis ruiné plusieurs fois, s'écroula de nouveau en 1633, écrasant dans sa chute ce petit portail et une partie de la façade. Il fut remplacé en 1670 par la tour actuelle. Les voussures du **grand portail** (qui a perdu son tympan et son linteau) sont remarquables; elles sont composées de 5 cordons sculptés d'angelots, de musiciens de l'Apocalypse, de signes du zodiaque et travaux des mois, de feuilles d'acanthe et de vigne. Remarquez les élégantes colonnettes à cannelures en hélice et les colonnes torses alternant avec les colonnes droites. Le tympan et le linteau du **petit portail** portent encore leurs sculptures bien que très mutilées; on croit reconnaître l'adoration et la chevauchée des Mages, leur visite à Hérode puis la Résurrection et la descente aux limbes. Quant au décor des voussures, il est d'inspiration végétale : guirlandes de roses épanouies, giroflées, arums stylisés.

À gauche du chevet, une terrasse permet d'en détailler les sculptures. À droite, dans le prolongement de la **façade**, se trouvent les vestiges de l'ancienne église St-Pierre, qui servit d'église paroissiale jusqu'à la Révolution. Sa vaste nef abrite des expositions temporaires.

Intérieur – La façade, lors de son déplacement, s'est trouvée orientée en biais par rapport à l'axe de la nef, qui suit, par paliers successifs, la déclivité du sol (le chœur se trouve 3 m plus bas que le seuil). Dans le bas-côté sud, voyez les statues en bois peint (17e s.) de sainte Anne et de la Vierge (15e s.) et un saint Michel terrassant le dragon, en pierre (14e s.). La chapelle en rotonde à droite du chœur est entièrement revêtue de peintures en trompe-l'œil du 18e s.

FORTERESSE ET FORTE-ÉPICE

Puissamment fortifiée, Avallon devint au Moyen Âge l'une des « clés » de la Bourgogne. Parti à la conquête du duché de Bourgogne, le roi de France Robert le Pieux, fils d'Hugues Capet, assiège Avallon en 1005. Vainqueur, il massacre la plupart des habitants. L'annexion au domaine royal a lieu en 1016.

En 1432, alors que Philippe le Bon se trouve en Flandre, **Jacques d'Espailly**, surnommé Forte-Épice, parvient, à la tête d'une bande d'aventuriers du Nivernais, à se rendre maître des châteaux de la basse Bourgogne. Il va jusqu'à menacer Dijon. Une nuit de décembre, alors que les Avallonnais, tranquilles à l'abri de leurs murailles, dorment sans inquiétude, Forte-Épice surprend la garde et enlève la ville. Le duc de Bourgogne, alerté, revient en hâte. Il fait diriger une « bombarde » contre la cité : les boulets de pierre ouvrent dans la muraille une large brèche par laquelle se précipite l'armée bourguignonne. Mais l'assaut est repoussé. Exaspéré, Philippe le Bon envoie chercher chevaliers et arbalétriers. Forte-Épice, se sachant perdu, disparaît par une des poternes qui ouvrent sur la rivière, abandonnant ses compagnons dans sa fuite.

Ne manquez pas, lorsque vous serez dans le chœur, de lever la tête vers la splendide tribune d'orgues, du 15e s.
Tout près, dans la rue Bocquillot, voyez le **grenier à sel**, ancien pressoir du 15e s., avec sa niche à coquille et ses fenêtres à meneaux.

Tour de l'Horloge

Édifiée au 15e s. sur la porte de la Boucherie, cette belle tour, flanquée d'une tourelle coiffée d'ardoise et surmontée d'un campanile qui abritait le guetteur, se dresse au point culminant de la ville.

Musée de l'Avallonnais Jean-Desprès

5 r. du Collège - ✆ 03 86 34 03 19 - www.museeavallonnais.com - vac. de fév., avr.-sept. et vac. de la Toussaint : tlj sf mar. 14h-18h ; reste de l'année : w.-end et j. fériés 14h-18h - fermé de mi-nov. aux vac. de fév., 1er Mai - possibilité de visite guidée sur demande (1h) - 3 € (-18 ans gratuit) - gratuit merc. - expositions temporaires.
Fondé en 1862, le musée est installé dans l'ancien collège édifié au 17e s. L'histoire de l'Avallonnais y est présentée au travers de collections qui remontent à la préhistoire, avec les résultats des fouilles d'Arcy-sur-Cure *(voir p. 406)*. Vous découvrirez aussi des œuvres de sculpteurs, tels Loiseau-Bailly et Vigoureux, de l'orfèvre Jean Desprès, ou de peintres comme Antoine Vestier (*Petite fille au perroquet*, 1970). Les collections recèlent aussi la célèbre série du **Miserere★** de Georges Rouault (1871-1958) et les premiers tableaux qu'il a peints pour le musée en 1895. Au 1er étage est présentée une **collection Yao★** exceptionnelle et unique en France. Elle est centrée sur les peuples Yao de langue mien et mun, qui, depuis le bassin du Yang-Tsé au cœur de la Chine, ont peu à peu migré vers les provinces du sud puis au Laos, au Vietnam et en Thaïlande. La première salle expose des outils de la vie quotidienne, nasses en osier pour la pêche, culture du pavot, pipes à opium. Les salles 2 à 4 présentent les costumes traditionnels, broderies, batiks, coiffes de cérémonie, parures et bijoux ciselés. La salle 5, consacrée par un prêtre yao de Toulouse, est dédiée à la religion mien, véritable théocratie taoïste. On y retrouve nombre d'objets de culte, statuettes d'autel, peintures sacrées, vêtements de prêtres et costumes sacerdotaux. Une salle attenante, dédiée au taoïsme mun, comprend de superbes masques de cérémonie. Enfin, trois petites salles sont dédiées au taoïsme et aux costumes des Mien du Vietnam, Laos et Cambodge. Parmi ces œuvres, une série rarissime de peintures cérémonielles du 18e s., la plus ancienne connue à ce jour.

4

Centre d'exposition du costume

6 r. Belgrand - ✆ 03 86 34 19 95 - visite guidée de mi-avr. à déb. nov. : 10h30-12h30, 13h30-17h30 - 5 € (-16 ans 3 €).
Une belle demeure des 17e et 18e s. sert d'écrin à des **costumes★** anciens présentés lors d'expositions thématiques régulièrement renouvelées.

Statue de Vauban

Les Avallonnais ont adopté Vauban (né à St-Léger) comme l'un des leurs : sa statue par Bartholdi trône au bout de la promenade des Terreaux.

À proximité Carte de microrégion p. 232-233

★ Montréal B1

12 km au nord-est d'Avallon par la D 957.
Enfermé dans ses remparts dominant la rive gauche du Serein, ce vieux bourg médiéval parfaitement entretenu compte parmi les plus caractéristiques de Bourgogne. On entre par la porte d'En-Bas, aux belles arcades du 13e s., puis l'on monte la rue principale bordée de jolies maisons anciennes.

Église – Cet édifice de style ogival primitif du 12e s. a été restauré par Viollet-le-Duc. La porte d'En-Haut, qui précède la collégiale, lui sert de clocher. Le portail en plein cintre de la façade, surmonté d'une rosace, est orné de redents descendant le long des piédroits et du trumeau.

À l'intérieur, au bas de la nef, une tribune en pierre du 12e s. est supportée par une fine colonnette. Les 26 **stalles★** en chêne sculpté, des années 1520, attribuées aux deux frères Rigolley de Nuits-sous-Ravières (sur l'Armançon, près d'Ancy-le-Franc), méritent d'être détaillées. Tous les sujets traités, la plupart inspirés du Nouveau Testament, mais aussi des scènes rurales, sont formidables d'expressivité. Dans le chœur, à gauche, se trouve un **retable** en albâtre du 15e s. *(malheureusement très incomplet, à la suite d'un vol)*, d'origine anglaise, consacré à la vie de la Vierge. Remarquez encore la chaire et le lutrin du 15e s., un triptyque et une Vierge en bois des 16e et 17e s., ainsi que de belles pierres tombales.

De la terrasse, au fond du cimetière, derrière l'église, on découvre un superbe **panorama** sur toute la vallée du Serein, l'Auxois, la Terre-Plaine et, plus loin, les monts du Morvan. Remarquez dans la plaine, en direction de Thizy, au nord-est, une vaste ferme bourguignonne fortifiée.

★ Château de Chastellux B1

13 km au sud par la D 944, en direction de Lormes, à Chastellux-sur-Cure.

D 944 - 06 76 75 83 71 - www.chateaudechastellux.com - visite guidée (1h10) juil.-août : tlj sf mar. 11h15, 14h30 et 16h30 ; du w.-end de Pâques à fin juin et de déb. sept. à la Toussaint : tlj sf lun.-mar. 11h15, 14h30 et 16h30 - parc visite libre 10h-18h15 - fermé certains j. fériés - 10 € (-18 ans 8 €) - parc seul gratuit.

Dressé sur un éperon rocheux qui domine la Cure, le château de Chastellux mérite à plusieurs titres le détour. Ses parties les plus anciennes ayant été construites avant l'an 1116, elle est l'une des forteresses les plus anciennes du Morvan, et qui plus est encore habitée. Depuis plus de mille ans, le domaine appartient à une seule et même famille, celle des Chastellux, proche des ducs de Bourgogne : autant dire qu'il occupe une place importante dans l'histoire de la région. Or, ce château n'a ouvert ses portes au public qu'en 2008, sous l'impulsion de son propriétaire, le comte Philippe de Chastellux, qui assure lui-même très souvent les visites guidées.

Intérieur – Une partie seulement du château est ouverte au public, mais la visite est susceptible d'évoluer d'année en année. Elle permet de découvrir une salle des Gardes (13e s.) ornée de plusieurs grandes tapisseries, un fumoir, une bibliothèque contenant plus de 9 000 ouvrages, un cloître aux peintures Renaissance… Dans le salon aux portraits de famille, n'hésitez pas à poser des questions : chaque ancêtre a son histoire, souvent rocambolesque.

Parc – Pour mieux appréhender le côté « imprenable » de la forteresse, la visite guidée commence près des enceintes du château, d'où l'on domine les environs. Mais à la fin de la visite, il est possible de découvrir librement une partie du parc de 20 ha, dessiné par Le Nôtre (un plan est fourni). Trois circuits sont proposés, de 15 à 50mn de marche. Vous y trouverez une basse-cour, des écuries, les maisons du menuisier, du jardinier, une glacière profonde de 8 m, un étang, un verger, un potager… Bref, de quoi vivre en parfaite autarcie. Ne repartez pas sans avoir visité l'ancienne chapelle, devenue église paroissiale, qui renferme les tombeaux de la famille de Chastellux.

Ste-Magnance B1

15 km au sud-est par la D 606 en direction de Saulieu.

L'**église** de ce petit village, édifiée vers 1514, est de style gothique. Le chœur et l'abside sont surmontés de voûtes flamboyantes. Elle renferme l'insolite

tombeau★ de sainte Magnance (12e s.), endommagé à la Révolution puis restauré. Ses bas-reliefs racontent la légende et les miracles de la sainte, qui accompagna avec sainte Camille et trois dames romaines le corps de saint Germain d'Auxerre, mort à Ravenne en 448.

Circuit conseillé Carte de microrégion p. 232-233

★ VALLÉE DU COUSIN B1

Circuit de 33 km tracé en bleu sur la carte de microrégion (p. 232-233) – Comptez environ 1h. Effectuez 6 km vers l'ouest par la D 606, puis prenez à gauche la D 128.
Cet itinéraire parcourt des paysages délicieux, au bord de l'eau à travers les sous-bois. Les Avallonnais ne s'y trompent pas, et profitent à chaque rayon de soleil des aires de pique-nique aménagées au bord du Cousin.

Vault-de-Lugny

Le bourg possède une **église** du 15e s. à chevet plat, consacrée à saint Germain. À l'intérieur, une **peinture murale** du milieu du 16e s. se déroule tout autour de la nef et du chœur, entre les grandes arcades et la retombée des ogives. Cette fresque, d'environ 70 m de longueur, représente 13 tableaux de la Passion du Christ. Les scènes sont traitées avec beaucoup d'habileté.
Continuez sur 1,5 km au sud-est.
La route suit une boucle du Cousin et laisse sur la gauche un **château** féodal entouré de douves, avec donjon du 14e s. (établissement hôtelier de luxe).

Pontaubert

La localité, qui s'étage sur la rive gauche du Cousin, abrite une **église** de style roman bourguignon (12e s.) établie par les moines hospitaliers.
Poursuivez à l'est sur la D 427.

Les Ruats

La route, qui longe le cours du Cousin dans une **gorge granitique et boisée★**, serpente dans un décor de verdure. D'anciens **moulins**, comme celui des Ruats ou celui des Templiers (*voir « Nos adresses »*), ont été aménagés en hôtels, dans un site agréable. *La route passe au pied de l'éperon où domine Avallon, et continue à remonter la rive droite du Cousin.*

Méluzien

Site charmant au confluent du ru des Vaux et du Cousin. La route s'élève à travers bois jusqu'à Magny; vous vous dirigez alors au sud vers le Cousin.

Moulin-Cadoux

Un vieux pont, avec parapet en dos d'âne, franchit la rivière.

Marrault

On aperçoit, à droite, un **château** du 18e s., où Pasteur fit plusieurs séjours, et aussitôt après, à gauche, l'étang du Moulin. *Revenez à Avallon par la D 10* d'où vous bénéficierez d'une jolie vue sur la ville.

NOS ADRESSES À AVALLON

HÉBERGEMENT

PREMIER PRIX

Hôtel Avallon Vauban – *53 r. de Paris - ✆ 03 86 34 36 99 - www.citotel-avallon.fr - P - 26 ch. 59/65 € - 4 studios 95 € pour 2 à 5 pers. - ☕ 9 €.* Bordant un carrefour animé, hôtel familial ouvert sur un vaste parc. Chambres confortables et récemment rénovées, plus tranquilles sur l'arrière.

Hôtel-restaurant Les Capucins – *6 av. du Président Paul Doumer - ✆ 03 86 34 06 52 - www.avallonlescapucins.com - P ♿ - 26 ch. 68 € - ☕ 9 € - ✕ 18/32 €.* Situé à proximité de la gare, cet hôtel-restaurant de charme possède des chambres familiales. Plaisante terrasse arborée dans le jardin où l'on peut savourer une cuisine du terroir labellisée « Maître restaurateur ».

BUDGET MOYEN

Hôtel Le Relais Fleuri – *La Cerce - ✆ 03 86 34 02 85 - www.hotel-relais-fleuri.com - P ⛱ extérieure chauffée - ♿ - 48 ch. 90/130 € - ☕ 14 € - 1/2 P possible - ✕ formule déj. 20,50 € - 25/69 €.* Cet hôtel situé sur la route de Saulieu abrite des chambres fonctionnelles de type motel, de plain-pied, avec un parc de 5 ha doté de 2 courts de tennis. Élégante salle à manger rustique, cuisine régionale revisitée et cave riche en bourgognes.

À proximité

POUR SE FAIRE PLAISIR

Hostellerie du Moulin des Ruats – *23 r. des Isles Labaumes - 89200 Avallon - 2 km au sud d'Avallon - ✆ 03 86 34 97 00 - www.moulindesruats.com - ouv. de mi-fév. à mi-nov. - 25 ch. 80/190 € - ☕ 15 € - ✕ menu 31 € - ouv. soirs (sf lun.).* Discrètement lové au bord du Cousin, au pied d'Avallon, cet ancien moulin reconverti en hôtel dispense fraîcheur et sérénité. Les chambres, bien douillettes, invitent au repos.

UNE FOLIE

Relais Hôtelier du Château d'Island – *89200 Pontaubert - 7 km au sud-ouest d'Avallon par D 957 puis D 53 - ✆ 03 86 34 22 03 - www.chateaudisland.com - ♿ - fermé 15 nov.-15 mars - 16 ch. 130/220 € - 2 suites 310/390 € - ☕ 14 € - ✕ formule étape 41 €.* Voilà une occasion de séjourner dans un château des 15e et 18e s., au milieu de son parc. Vous apprécierez les meubles anciens, les poutres massives, les cheminées et la vue sur les arbres centenaires.

RESTAURATION

BUDGET MOYEN

Le Gourmillon – *8 r. de Lyon - ✆ 03 86 31 62 01 - www.legourmillon.com - fermé 2 sem. en janv., 1 sem. en juin, jeu. soir et dim. soir - formule déj. 16,50 € - menus 24,50/34 €.* Petite adresse familiale du centre-ville où simplicité rime avec générosité. Fraîche salle à manger sagement champêtre. Les menus font la part belle au terroir. Excellente adresse.

L'Horloge – *63 grande r. Aristide-Briand - ✆ 03 86 46 75 24 - tlj 9h-1h (2h en haute sais.) - formules 14,50/17,50 €, carte 27 €.* Les Avallonnais fréquentent cet établissement, idéalement situé au pied de la fameuse horloge, à toute heure. Les produits frais et locaux sont simplement accomodés au déjeuner, que l'on prend en terrasse ou dans une jolie salle bistrot.

À proximité

PREMIER PRIX

Ferme-Auberge des Châtelaines – *Les*

Châtelaines - 89200 Avallon - 3 km au sud d'Avallon par D 127 puis rte secondaire - ✆ 03 86 34 16 37 - ⊭ P ♿ - juil.-août : jeu. soir, vend. soir, sam. soir, dim. midi ; reste de l'année : sam. soir et dim. midi - fermé de mi-nov. à fin mars - menus 18/22 €. À l'entrée de la vallée du Cousin, cette ferme élève porcs et agneaux. Tout est fait maison, des terrines au fromage, en passant par les pâtisseries. Salle à manger simple, toiles cirées, outils agrestes et gaufriers aux murs. Jolie vue sur Avallon.

BUDGET MOYEN

Les Fleurs – *69 rte de Vézelay - 89200 Pontaubert - 4 km à l'ouest d'Avallon par D 957 - ✆ 03 86 34 13 81 - www.hotel-lesfleurs.com - P - ouv. le soir, vend. midi, sam. midi, dim. midi et j. fériés - fermé 20 déc.-31 janv., merc., jeu. (sf mai-sept.) - menus 24/39 € - ch. 59/80 € - ☕ 10 € - 1/2 P possible.* Auberge familiale sympathique, qui propose des plats régionaux dans un décor classique ou sur la terrasse dressée face au jardin.

POUR SE FAIRE PLAISIR

Auberge des Chenêts – *10 rte Nationale 6 - 89200 Valloux - ✆ 03 86 34 23 34 - fermé 1 sem. en fév., 2 sem. fin juin-déb. juil., 2 sem. fin nov., fermé dim. soir et lun. - menus 29/70 €, carte 55 €.* On oublie vite la route toute proche, lorsque l'on s'attable près de la cheminée de cette agréable auberge ! Au menu : de bons petits plats d'inspiration bourguignonne, joliment tournés et parfumés. La belle carte des vins fait honneur à la région.

Le Pot d'Étain – *24 r. Bouchardat - 89440 L'Isle-sur-Serein - 15 km au nord-est d'Avallon par D 86 - ✆ 03 86 33 88 10 - www.potdetain.com - P - fermé 2 sem. en oct., janv., dim. soir (sf juil.-août), lun. - 29/50 € - ch. 9 ch. 65/98 € ☕ 10 € - 1/2 P 78 €.* Dans ce très ancien relais de poste, cuisine classique aux accents régionaux, exceptionnelle sélection de bourgognes (2 500 appellations, 40 000 bouteilles), chambres coquettes et colorées : une auberge sympathique dans la bucolique vallée du Serein… à deux tours de roue de l'A 6 !

PETITE PAUSE

Dame Jeanne – *59 Grande-Rue - ✆ 03 86 34 58 71 - www.damejeanne.fr - tlj sf jeu. et dim. 8h-19h - carte 8,50/17 €.* Le décor de ce salon de thé, aménagé dans une belle maison du 17e s., plaît beaucoup : murs en pierres apparentes, poutres, cheminée allumée en hiver, mobilier contemporain et jolie terrasse. Pour accompagner les breuvages, spécialité de gougères à la crème d'époisses, mais aussi tartes salées ou sucrées, cake aux fruits et fondant au chocolat. Boutique avec grand choix de thés et cafés.

ACTIVITÉS

AB Loisirs - Loisirs en Morvan – *Parc Aventure - Rte des Châtelaines - 89200 Avallon - ✆ 03 86 31 90 10 - www.loisirsenmorvan.com - Parcours Aventure (accrobranche) 25 € (enf. 16/11 €) - canoë-kayak 23 € (8 km) ou 38 € (18 km) - location VTT 25 €/j.* Ouverte toute l'année, cette structure offre un éventail complet d'activités physiques (VTT, spéléologie, course d'orientation, canoë-kayak, hydrospeed, paint-ball…). Elle compte une centaine d'ateliers d'accrobranche répartis sur 7 parcours.

AGENDA

Carnavallon – En avr. Bonne humeur garantie. carnavallon.free.fr.

Saulieu

★

2 473 Sédélociens – Côte-d'Or (21)

Niché aux confins du Morvan et de l'Auxois, Saulieu doit sa réputation à la renommée de son grand restaurant. L'animation de la rue du Marché, le hall d'exposition ouvert toute l'année et les Journées gourmandes organisées en mai en font une vitrine des mille saveurs.

NOS ADRESSES PAGE 270
Hébergement, restauration, achats, activités, etc.

S'INFORMER

Office du tourisme – *24 r. d'Argentine - 21210 Saulieu - ✆ 03 80 64 00 21 - www.saulieu-morvan.fr - mai-sept. : 9h30-13h, 14h-18h30, dim. 10h-13h, 14h-17h ; reste de l'année : tlj sf dim.-lun. 10h-12h, 14h-17h - fermé certains j. fériés.*

SE REPÉRER

Carte de microrégion C1 (p. 232-233) – Au bord de la D 906, Saulieu est à 41 km au nord d'Autun et 39 km au sud-est d'Avallon.

À NE PAS MANQUER

La basilique St-Andoche et ses chapiteaux. De la forteresse de Thil *(à quelques km au nord-est de la ville)*, beau panorama sur l'Auxois et le Morvan.

AVEC LES ENFANTS

Au Musée municipal, les sculptures animalières du fameux sculpteur bourguignon Pompon, le sentier de découverte du lac de St-Agnan, les activités nautiques sur le lac des Settons.

Se promener

★ Basilique St-Andoche

Pl. du Dr-Roclore - ✆ 03 80 64 07 03 - ♿ - juil.-sept. : 9h-12h30, 13h30-18h30, dim. 14h-18h30, lun. 15h-18h ; avr.-juin et sept.-oct. : 9h-12h30, 13h30-18h30, dim. 14h-18h30 ; reste de l'année : tlj sf lun. 9h-12h30, 13h30-16h30 - possibilité de visite commentée mai-sept. : sam. 10h30-12h15, 15h30-18h30 (en dehors des offices).

St-Andoche se dresse sur la place du Dr-Roclore *(jolie fontaine du milieu du 18e s.)*. Légèrement postérieure à celle de Vézelay, elle fut édifiée au début du 12e s. pour remplacer l'église d'une abbaye fondée au 8e s. sur les lieux du

SAULIEU, CITÉ GASTRONOMIQUE

Au cours de l'histoire, d'illustres personnages ont vanté les richesses culinaires de Saulieu. Mme de Sévigné, y faisant halte le 26 août 1677, aurait ainsi déclaré s'être grisée, pour la première fois de sa vie, au cours d'un plantureux repas. Fidèles à cette tradition de bonne chère, les restaurants de Saulieu ont à cœur de bien « traiter » les voyageurs de passage. De très grands chefs étoilés au Michelin s'y sont succédé : Alexandre Dumaine, Bernard Loiseau et, aujourd'hui, Patrick Bertron au restaurant La Côte d'Or *(voir « Nos adresses »)*. Célèbre pour la qualité exceptionnelle de sa viande de charolais, Saulieu se distingue depuis 1999 comme « **Site remarquable du goût** » *(voir p. 536)*.

La basilique Saint-Andoche de Saulieu.
J. Elliott/age fotostock

martyre de saint Andoche, saint Thyrse et saint Félix. Mais ce beau monument roman a été fort maltraité : le chœur, brûlé par les Anglais en 1359, a été reconstruit en 1704; le portail, mutilé au 18e s., a été refait au 19e s., sans toucher au sol exhaussé de l'intérieur, dans lequel la base des piliers est enterrée de près de 1 m.

L'intérêt se concentre sur les **chapiteaux★★** historiés ou décoratifs, inspirés par ceux d'Autun. On reconnaîtra l'apparition du Christ à Madeleine (celui-ci opérant à la fois un mouvement de recul et d'ascension), la scène dramatique de la pendaison de Judas, la Fuite en Égypte (l'âne portant Marie et l'Enfant au milieu des vignes), la tentation du Christ au désert, face à un animal monstrueux, et l'ânesse de Balaam arrêtée par l'ange du Seigneur.

Les stalles du chœur (14e s.) sont agrémentées de figurines sculptées de l'école bourguignonne et de hauts-reliefs, dont une belle Annonciation. La tribune d'orgues est du 15e s., et les nouvelles orgues, bleu et or, ont été conçues dans un style néomédiéval. Très restauré, le tombeau en marbre de saint Andoche se trouve sous l'autel. À droite du chœur, vous remarquerez une Vierge Renaissance en pierre et, à gauche, une statue de saint Roch du 14e s. Dans le bas-côté gauche, notez une belle pierre tombale ainsi qu'une Pietà polychrome offerte, dit-on, par Mme de Sévigné. Le trésor comporte un évangéliaire du 12e s., dit « de Charlemagne ».

Musée municipal François-Pompon

3 pl. du Dr-Roclore - ✆ 03 80 64 19 51 - www.saulieu.fr - avr.-sept. : 10h-12h30, 14h-18h, dim. et j. fériés 10h30-12h, 14h30-17h, lun. 10h-12h30; reste de l'année : 10h-12h30, 14h-17h30, dim. et j. fériés 10h30-12h, 14h30-17h, lun. 10h-12h30 - fermé mar., janv.-fév., 1er Mai, 25 déc. - 3 € (-18 ans gratuit) - gratuit dim.

Installé dans un hôtel particulier du 17e s. attenant à la basilique, ce musée expose, au rez-de-chaussée, trois vitrines présentant des reproductions d'œuvres du sculpteur, une collection de bijoux et des bornes anciennes rappelant la vocation de ville-étape tenue depuis des siècles par Saulieu, située sur la route Paris-Lyon. L'étage est consacré à l'œuvre (dessins, bronzes,

LA CAPITALE DU SAPIN DE NOËL

Première région française productrice d'arbres de Noël, le Morvan consacre environ 1500 ha de sa superficie à cette activité, qui concerne une centaine de propriétaires et engendre un chiffre d'affaires annuel de plus de 5 millions d'euros. Il part chaque année du Morvan plus d'1 million de sapins (essentiellement des Nordmann) à destination des grandes villes de France.

moulages) du Bourguignon **François Pompon** (1855-1933), élève de Rodin, célèbre pour ses sculptures animalières aux volumes arrondis et lisses. Les arts et traditions populaires, la maison morvandelle et la gastronomie sont également à l'honneur, avec un large espace consacré aux grands cuisiniers que furent Alexandre Dumaine et Bernard Loiseau. De retour au rez-de-chaussée, la vie rurale traditionnelle reprend ses droits, avec l'évocation de vieux métiers tels que ceux de l'apiculteur ou du sabotier : Saulieu abritait jadis un grand nombre d'ateliers.

À proximité Carte de microrégion p. 232-233

★ Forteresse de Thil C1

Accès depuis Précy-sous-Thil, à 16 km au nord-est de Saulieu par la D 980.

Au centre d'une région autrefois exploitée pour son minerai de fer, la butte de Thil, qui culmine à 492 m, est couronnée des vestiges d'une collégiale et d'un château jadis redoutable, démantelé par Richelieu. Une allée bordée de tilleuls séculaires conduit à ces deux sites.

Ancienne collégiale – Fondée en 1340 par Jean II de Thil, sénéchal de Bourgogne, sur l'emplacement de l'église paroissiale du village disparu, cette collégiale fut consacrée quatre ans plus tard par l'évêque d'Autun. L'édifice, de plan très simple, et dont la toiture de « laves » a disparu, comporte un chevet plat à trois baies. La voûte, avec ses pierres se présentant de chant, est remarquable. On notera quelques chapiteaux reposant sur des culs-de-lampe et la présence de trois pierres tombales. Les inscriptions sur l'une des dalles funéraires se composent de caractères inconnus, d'aspect assez archaïque. La tour-clocher, à gauche, a été aménagée pour constituer la demeure du propriétaire des lieux.

Faites le tour de la collégiale par la droite pour avoir un bon aperçu du bâtiment. Remarquez, sur la corniche, une frise très fine et la belle tour carrée. Cette dernière, haute de 25 m, permettait de surveiller un territoire de 50 km à la ronde ; on l'avait d'ailleurs surnommée « l'espionne de l'Auxois » ou « la sentinelle ». Profitez du très beau **panorama** sur l'Auxois et le Morvan.

Château – *Hameau de Maison-Dieu - ✆ 06 08 23 24 19 - www.forteresse-de-thil.fr - juil.-août : tlj sf lun. 10h-18h30 ; du w.-end de Pâques à fin juin et de sept. à la Toussaint : w.-end et j. fériés 11h-18h - 5 € (-16 ans 3 €) - parking aménagé - aire de pique-nique.* Construit au sommet de la butte, directement sur l'oppidum romain, dont il a adopté la forme ovale, le château comporte des murs d'enceinte, percés d'étroites meurtrières, remontant au règne de Charlemagne, un donjon restauré du 14e s. et, parmi les vestiges des salles médiévales, des cuisines dotées de trois cheminées. Vous verrez également des fortifications en pierre de taille du 12e s. À noter, la fête médiévale au mois d'août avec de nombreuses animations.

Circuit conseillé Carte de microrégion p. 232-233

AUTOUR DE SAULIEU BC1-2

Circuit de 80 km tracé en violet sur le schéma p. 238-239 et sur la carte de microrégion (p. 232-233) au départ de Saulieu – Comptez 1 journée. Quittez Saulieu par la D 977B en direction de Dun-les-Places.

Le circuit offre une face naturelle, avec un passage à la Maison du Parc et de jolies vues sur le lac des Settons, ainsi qu'une face culturelle, avec les visites de l'abbaye de la Pierre-qui-Vire et de la maison Vauban. En juin, les jacinthes font des tapis bleus en sous-bois et au bord des routes, ponctués de quelques orchidées pourpres.

La route franchit un plateau parsemé de bois et d'étangs, puis une région en grande partie boisée.

Maison du Parc C1

Voir p. 235.

Aux Fourches, prenez la D 20 puis la D 226 en direction de St-Agnan, 5 km au nord.

Lac de St-Agnan BC1

Du village, on franchit le lac à la pointe sud, dans la vallée du Cousin, le barrage granitique (1969) qui forme la retenue du Trinquelin se trouvant à l'opposé (la rivière en profite pour changer de nom). De là, on embrasse une jolie **vue** sur ce plan d'eau bien intégré au paysage entre ses rives boisées (sapins et feuillus).

Faites le tour du lac en empruntant le sentier de découverte de la Réserve Naturelle Régionale des Tourbières du Morvan au domaine des Grands Prés.

Aux Michaux, prenez une petite route sur la gauche vers St-Léger-Vauban.

Abbaye de la Pierre-qui-Vire B1

03 86 33 19 20 - www.apqv.fr - ♿ - de mi-juin à déb. sept. : 11h-12h, 14h-17h30 ; reste de l'année : 11h-12h, 15h-17h30 - fermé lun., janv. - gratuit (dons bienvenus en période d'exposition).

Bâtie dans un site solitaire et sauvage du Morvan, sur une rive accidentée du Trinquelin, elle tire son nom d'une énorme pierre plate posée en équilibre sur un rocher et que l'on pouvait faire osciller d'une faible pression de la main.

En 1850, sur un domaine donné par la famille de Chastellux, le père **Muard** jette les bases du monastère. La progression est rapide et les locaux édifiés de 1850 à 1953 se révèlent insuffisants et inadaptés pour accueillir les 85 moines bénédictins ainsi que les nombreux hôtes. Un concours d'architecture est lancé en 1988. Les travaux réalisés par J. Cosse jusqu'en 1995 ont unifié l'ensemble des constructions successives.

L'église est dotée d'une avant-nef, espace de transition qui invite au silence ; le tympan de l'église a été décoré par le frère Marc. Sur l'esplanade, à droite, remarquez la bibliothèque, riche de 100 000 volumes. On retrouve dans cette salle le choix de l'encorbellement pour couvrir les baies. L'abbaye a fondé et longtemps dirigé les éditions du Zodiaque, spécialisées dans l'art religieux et plus particulièrement roman. Elle reste un pôle culturel dans ce domaine. Bien que la clôture monastique ne permette pas la visite des bâtiments, une **salle d'exposition** est ouverte aux personnes qui désirent en savoir plus sur la vie des moines *(film sur la vie monastique)* et sur leurs travaux. Vous y trouverez une grande librairie multimédia. Vous pouvez entrer dans l'église pour les **offices** et rendre hommage à la pierre plate qui se trouve hors de l'enceinte.

Continuez sur 5 km vers St-Léger-Vauban.

VAUBAN OU L'ART DE LA GUERRE

Né dans une famille désargentée, **Sébastien Le Prestre** s'enrôla à 17 ans dans l'armée du prince de Condé, alors révolté contre la Cour, fut fait prisonnier par l'armée royale et s'attacha dès lors au service du roi Louis XIV. Ingénieur militaire à 22 ans, il travailla à 300 places anciennes, en construisit 33 nouvelles, dirigea et mena à bien 53 sièges, justifiant l'adage : « Ville défendue par Vauban, ville imprenable ; ville assiégée par Vauban, ville prise. » Brigadier général des armées, puis commissaire général des fortifications, il fut nommé Maréchal de France en janvier 1703. Il couvrit les frontières de la France d'une ceinture de forteresses de conception absolument nouvelle, utilisant des procédés tels que les feux croisés, le tir à ricochet, les boulets creux, les parallèles, les cavaliers de tranchée et de nombreuses autres inventions d'une portée révolutionnaire pour l'époque, souvent imaginées pour épargner les vies humaines *(voir « Château de Bazoches », p. 255)*.

St-Léger-Vauban B1

Le village de St-Léger-de-Foucheret vit naître, en mai 1633, Sébastien Le Prestre, futur marquis de Vauban, l'une des gloires du Grand Siècle. Sur la place du bourg qui, en 1867, changea de nom, trône une statue en bronze de l'illustre homme, érigée au début du 20e s.

Église St-Léger – *16 r. de l'Église - ✆ 03 86 32 26 30 - www.vaubanecomusee.org - de mi-juin à mi-sept. : 10h-18h - possibilité de visite guidée sur demande (45mn).* D'origine Renaissance, cette église de plan cruciforme, où fut baptisé Vauban, fut transformée au 19e s. Elle a reçu d'intéressantes adjonctions modernes dues au sculpteur bourguigon Marc Hénard (1919-1992) : les vantaux en bois du portail latéral sud, les sculptures et le vitrail de la chapelle Notre-Dame-du-Bien-Mourir (1625) à gauche du chœur, le ravissant **carrelage★** de céramique bleu et rose (1973) qui entoure le maître-autel et figure des planètes, animaux, outils, gravitant autour du triangle de la sainte Trinité.

Musée Vauban – *4 pl. Vauban - ✆ 03 86 32 26 30 - www.vaubanecomusee.org - ♿ - juil.-août : 10h-13h, 14h-18h ; de fin mars à fin juin et sept. : tlj sf lun.-mar. 10h-13h, 14h-18h ; oct.-nov. : w.-end et j. fériés 10h-13h, 14h-18h ; vac. de la Toussaint : tlj sf mar. 10h-13h, 14h-18h - 5 € (-15 ans 1 €).* Installée dans l'ancien atelier de Marc Hénard, cette maison à thème de l'écomusée du Morvan évoque la vie et l'œuvre de Vauban à travers un film *(20mn)* et une exposition.

Continuez 6 km sur la D 55.

Quarré-les-Tombes B1

Situé sur l'étroit plateau qui sépare les vallées de la Cure et du Cousin, ce village animé est un excellent centre de séjour et d'excursions. La localité doit son nom aux nombreux sarcophages de pierre calcaire (aujourd'hui 112 cuves ou couvercles), vestiges de plus d'un millier de tombeaux accumulés du 7e au 10e s., qui cernent l'église. Leur origine est mystérieuse : il peut s'agir d'un entrepôt lié à une fabrication locale ou bien d'une véritable nécropole (d'autant que les sarcophages auraient, par le passé, abrité des ossements) autour d'un sanctuaire dédié à saint Georges, patron des chevaliers.

Prenez la D 10 en direction de Saulieu. À 3,5 km, après le sentier pour la roche des Fées (site d'escalade), bifurquez vers Dun par la route forestière.

Avant d'arriver au **Vieux-Dun**, engagez-vous à droite sur une route forestière que vous suivrez pendant 1,6 km avant de laisser votre voiture au parc signalé, à 200 m du **rocher de la Pérouse**. Un sentier en forte montée vous permet d'atteindre le sommet *(👣 30mn AR)*, qui offre un joli **point de vue**.

Reprenez la route jusqu'à Dun-les-Places.

Mémorial de Dun-les-Places B1

R. du 11-Novembre-1918 - ✆ 03 86 78 44 74 - www.museeresistancemorvan.fr - ♿ - mai-sept. : 10h-13h, 14h-18h ; mar. et w.-end 14h-18h ; avr. et oct.-nov. : tlj sf mar. 10h-13h, 14h-18h, w.-end 14h-17h ; reste de l'année : sur demande préalable - fermé lun. - 5 € (-16 ans 3,50 €) - 8,50 € billet combiné avec le musée de la Résistance en Morvan.

Tout nouvellement inauguré, ce centre d'interprétation dédié à la mémoire raconte l'histoire de ces trois jours de 1944 qui firent de Dun-les-Places un village-martyr, pillé, brûlé et ses habitants (27 hommes) massacrés *(voir page thématique sur le Morvan et la Résistance p. 237).*

Prenez la D 236 vers le sud sur 6 km et tournez à gauche sur la D 977^{B}.

Saut de Gouloux B2

15mn AR. Le Caillot forme, un peu avant son confluent avec la Cure, une belle cascade appelée saut de Gouloux. On y accède par un sentier qui, dans le premier tournant après le pont, descend à droite (ruines d'un ancien moulin).

Reprenez à gauche la D977^{B} sur 6 km.

Montsauche-les-Settons B2

Situé à 650 m d'altitude, en plein cœur du Morvan, ce haut lieu de la Résistance fut reconstruit après avoir été incendié par les Allemands en juin 1944.

Continuez au sud par la D 193.

★ Lac des Settons B2

Après un pont sur la Cure, on longe la rive nord de ce lac artificiel de 367 ha. Destiné à l'origine à faciliter le flottage des bois sur la Cure, il sert désormais à régulariser le débit de l'Yonne. La route offre de jolies **vues** sur le plan d'eau et ses îles boisées. On atteint bientôt le barrage, une digue de pierre de 1860, puis la charmante station des **Settons**.

Entouré de bois de sapins et de mélèzes, à 573 m d'altitude, cet agréable plan d'eau s'étale au travers de la vallée de la Cure. On y pratique la pêche et il est fréquenté dès l'automne par le gibier d'eau. Des sentiers et une route longent le lac aménagé pour la plaisance et les sports nautiques. La beauté du site et les multiples activités proposées font du plus ancien lac artificiel du Morvan un lieu de séjour très fréquenté à la belle saison.

Voir aussi « Nos activités », p. 240.

Prenez la D 193 vers Moux-en-Morvan, puis la D 121 vers Alligny-en-Morvan, et regagnez Saulieu par la D 26 après être passé par le lac de Chamboux.

Alligny-en-Morvan C2

C'est dans ce village qu'a grandi l'écrivain **Jean Genet** (1910-1986). Rue Jean-Genet, une plaque indique la maison où il fut placé de l'âge de six mois à 13 ans, chez une nourrice au sein d'une famille d'artisans (voir encadré p. 241).

Musée des Nourrices et des Enfants de l'Assistance publique – *✆ 03 86 78 44 05 - www.museedesnourrices.fr - ♿ - juil.-août : 10h-18h, sam. 14h-18h ; reste de l'année : tlj sf lun. 10h-18h, sam. 14h-18h - fermé mar. - 6 € (-19 ans 3,50 €) - bar et 3 chambres d'hôte (voir « Nos adresses »).* Ce musée inauguré en 2016 (antenne de l'écomusée Morvan) aborde avec délicatesse la douloureuse histoire des enfants de l'Assistance publique et de leurs familles d'accueil *(voir encadré p. 270).* Plusieurs dizaines d'enfants étaient ainsi accueillis dans le petit village d'Alligny, jusque dans les années 1970. Via une scénographie simple et sobre, des témoignages et des objets de la vie quotidienne permettent d'imaginer ce qu'était la vie de ces enfants et de ces familles. Le musée est un lieu de vie pour le village, avec un café, une bibliothèque et des animations variées. Un bel endroit.

4

LES PETITS PARIS

Les Morvandelles ont longtemps été, par tradition familiale, d'excellentes nourrices. Elles allaient à Paris « se mettre en nourriture » (au 19e s., il n'était en effet pas de bon ton en ville que les jeunes mères allaitent), ou accueillaient chez elles les enfants que l'Assistance publique leur confiait. Nourrir les enfants des autres permettait de compléter les revenus d'une agriculture souvent avare. La nourrice morvandelle est d'abord le symptôme d'une région pauvre, de petite paysannerie. Nombre de villages morvandais ont ainsi vu doubler leur population au 19e s. Appelés localement « les Petits Paris », nombreux furent les enfants de la capitale qui passèrent leurs premiers mois dans le Morvan, à l'exemple de Jean Genet.

Voir en page précédente le musée des Nourrices et des Enfants de l'Assistance publique.

NOS ADRESSES À SAULIEU

HÉBERGEMENT

BUDGET MOYEN

Domaine de la Pierre Ronde – *Lac de Chamboux - 21210 Saint-Martin-de-la-Mer - 03 80 84 13 07 - www.domainedelapierreronde.com - fermé janv.-mi-fév. - 4 yourtes 85/90 €/2 pers., 3 maisons 148/175 €/2 pers. - 7,50 €.* Vivre dans une maison sous terre ou une yourte, se laisser imprégner par le silence de la forêt… Telle est l'expérience magique que propose le Domaine de la Pierre Ronde, idéalement situé au bord du lac de Chamboux. Maison de hobbits, yourte ou chaumière de magicien, faites le choix de passer une nuit dans une maison « nature ».

UNE FOLIE

Hôtel Le Relais Bernard Loiseau – *2 r. d'Argentine - 03 80 90 53 53 - www.bernard-loiseau.com - P extérieure et intérieure - - fermé de mi-janv. à mi-fév. - 19 ch. et 13 suites 265/535 € - 28/30 € - fermé mar.-merc. - menu déj. « Nationale 6 » 75 €, 150/250 €.* Ce luxueux relais (18e s.), fer de lance de cette ville-étape qui fait honneur à l'hospitalité bourguignonne, s'illustre par son confort et sa sérénité. Spa bien équipé (45 €/pers., 20 € pour les clients).

RESTAURATION

UNE FOLIE

Hôtel Le Relais Bernard Loiseau – *voir Hébergement.*

ACHATS

Boutique Bernard Loiseau – *4 r. d'Argentine - 03 80 90 53 50 - www.bernard-loiseau.com - 9h30-12h30, 14h-19h.* Créée en 1995 par Loiseau, elle fait partie des adresses incontournables de Saulieu. Un millier de références sélectionnées selon trois critères : authenticité, simplicité et qualité. Parmi ces produits : denrées alimentaires, livres, ustensiles de cuisine, linge de maison…

La Fouchale – *4 pl. de la République - 03 80 64 02 23 - mar.-sam. 9h-12h30, 15h-19h, dim. 10h-12h30 (juil.-août) - fermé lun.* Cette boutique ouverte en 1976 et reprise fin 2015 sélectionne depuis toujours le meilleur de la région : de magnifiques vacherins, langres, époisses, chaources et soumaintrains, de goûteux petits-suisses et yaourts, de la crème fraîche et une belle sélection de vins pour accompagner ces perles fromagères. Les curieux apprendront que le mot patois fouchale veut dire « faisselle ».

Circuit autour de Saulieu

HÉBERGEMENT/RESTAURATION

À St-Agnan

BUDGET MOYEN

La Vieille Auberge Du Lac – *Le Bourg - ✆ 03 86 78 71 36 - www.lavieilleaubergedulac.com - P ♿ - 8 ch. 65/90 € - ☕ 8,50 € - 1/2 P possible - ✕ fermé lun.-mar. (sf juil.-août) - 20/28 €.* Dans un hameau, près d'un lac, ancien café-épicerie converti en auberge familiale. Les chambres, mignonnes et colorées, possèdent des salles de bains récentes. Restaurant rustique (cheminée en pierre), service aux petits soins et authentique cuisine régionale.

À Quarré-les-Tombes

BUDGET MOYEN

Le Morvan – *6 r. des Écoles - face au parc municipal - ✆ 03 86 32 29 29 - www.le-morvan.fr - P ♿ - fermé de mi-déc. à déb. mars - 8 ch. 74/92 € - ☕ 11,50 € - 1/2 P possible - ✕ 25/54 € - fermé lun.-mar. et merc. midi.* Accueil chaleureux dans cette sympathique auberge. Cuisine actuelle soignée, servie dans le cadre plaisant d'une salle aux poutres apparentes ou d'un jardin fleuri en été. Chambres confortables.

Aux Lavaults

BUDGET MOYEN

Auberge de l'Âtre – *Les Lavaults - 5 km au sud de Quarré-les-Tombes via D 10 - ✆ 03 86 32 20 79 - www.auberge-de-latre.com - P ♿ - fermé mi-fév.-mi-mars, 2 sem. en juin, lun.-mar. - 7 ch. 85/96 € - ☕ 9,50 € - ✕ formule déj. 30 €, menus 36/65 €.* En pleine campagne, cette ferme de pays rustique à souhait (belles cheminées) propose une cuisine de terroir ; spécialité de champignons et carte des vins étoffée. Grandes chambres classiques.

À Dun-les-Places

PREMIER PRIX

L'Auberge Ensoleillée – *R. du 8-Mai-1945 - ✆ 03 86 84 62 76 - www.auberge-ensoleillee-dun-les-places.fr - ♿ - fermé 24 déc.-2 janv., hiver (sur réserv.) - 7 ch. 50 € - ☕ 9 € - ✕ 20/35 €.* En saison, vigne vierge et glycine couvrent la façade de ce restaurant familial morvandiau. Quelques chambres simples. Relais équestre.

Aux Settons

PREMIER PRIX

Camping La Plage du Midi – *Rive droite-lac des Settons - Les Branlasses - ✆ 03 86 84 51 97 - http://https://settons-camping.fr - 🏊 chauffée - ♿ - de mi-avr. à mi-oct. - 134 empl. 20 € - 4 roulottes et 23 chalets (56/89 € la nuit, 345/775 € la sem.) - 1 cabane dans les arbres 109/170 €.* Venez donc vous reposer dans ce camping tranquille près du lac disposant d'une plage privative, d'une piscine (découverte hors saison) et de jeux pour enfants. Terrain de volley et pédalos à proximité.

Les Grillons du Morvan – *Lac des Settons (rive droite du barrage) - 58230 Les Settons - ✆ 03 86 84 51 43 - www.lesgrillonsdumorvan.com - P ♿ - tlj midi et soir sf merc. et jeu. soir - menu 25 € - carte 20/30 € - ch. 66/86 € - ☕ 5 €.* Ce restaurant familial sert une cuisine simple et roborative, à base de produits locaux et frais. La grande salle lumineuse bénéficie d'une belle vue sur le lac. L'accueil est charmant. Une excellente adresse, restée dans son jus et sans prétention. Également 14 chambres confortables et location de vélo.

À Planchez

PREMIER PRIX

Hôtel-restaurant Le Relais des Lacs – *12 km au sud-ouest du lac des Settons - ✆ 03 86 78 41 30 - www.le-relais-des-lacs.fr - ♿ - fermé déc.-fév. - 30 ch. 64 € - ☕ 8 € - ✕ tlj en juil.-août, fermé dim. soir-mar. midi de sept. à juin - 15/19 €.* Dans un beau chalet, chambres propres et confortables. Belle table locale très appréciée. Accueil un peu distant cependant.

À Alligny-en-Morvan

PREMIER PRIX

Chambres d'hôtes du musée des Nourrices – *58230 Alligny-en-Morvan - Le Bourg - ✆ 03 86 78 44 05 - www.museedesnourrices.fr - P ♿ - 3 ch. - 70 € ☕.* Derrière le musée des Nourrices, ces 3 chambres indépendantes et lumineuses ont vue sur les champs. Les maisonnettes ont été décorées par un artiste. Confort et propreté irréprochables, calme absolu, propriétaires charmants, et on prend le petit-déjeuner… dans le musée !

BUDGET MOYEN

Auberge du Morvan – *Le Bourg - ✆ 03 86 76 13 90 - www.aubergedumorvan.fr - fermé mi-nov.-fin fév. et mar. soir, merc. hors saison - menus 17/36 € - ch. 55/84 € - ☕ 8,70 €.* Cette auberge de campagne tenue par la même famille depuis trois générations dispose d'un côté pub, avec un vrai comptoir en bois et une ambiance cosy et d'un côté restaurant avec véranda. Cuisine régionale faite maison.

ACHATS

À St-Léger-Vauban

Ferme de l'abbaye de la Pierre-qui-Vire – *1 Huis-St-Benoît - ✆ 03 86 33 03 73 - 17h-18h30 (19h en juil.-août).* Le pierre-qui-vire est le nom d'un fromage frais au lait de vache à deux jours d'égouttage. Vous le trouverez dans la boutique sise à 800 m du monastère, au sein même de la fromagerie, ainsi que dans le magasin de l'abbaye. La visite de la ferme s'effectue sur rendez-vous pour les groupes.

Bibracte - Mont Beuvray

★★

Nièvre (58)

Avec ses 821 m d'altitude, le mont Beuvray se détache du Morvan des Sommets. C'est ici que, au 1er s. av. J.-C., le peuple gaulois des Éduens choisit de fonder sa capitale : Bibracte. Redécouvert au 19e s. après des siècles d'oubli, Bibracte compte aujourd'hui parmi les grands chantiers européens consacrés à l'époque gauloise. Labellisé « Grand Site de France », le mont Beuvray est également reconnu pour son patrimoine naturel remarquable.

NOS ADRESSES PAGE 278
Hébergement, restauration, achats, activités, etc.

S'INFORMER

Musée de Bibracte – *Voir ci-dessous.*

SE REPÉRER

Carte de microrégion B3 (p. 232-233) – Le mont Beuvray se trouve à 30 km à l'ouest d'Autun et à 25 km au sud-est de Château-Chinon.

AVEC LES ENFANTS

Le vaste site de l'oppidum (200 ha) est un extraordinaire terrain de jeu. La visite du musée permet de découvrir l'univers passionnant de l'archéologie, notamment grâce aux ateliers organisés par le musée.

ORGANISER SON TEMPS

Visitez le musée le matin, déjeunez sur place et explorez le site archéologique l'après-midi.

BON À SAVOIR

Avec le **pass Archéo**, visitez un site de votre choix (Alésia, musée Rolin d'Autun, Bibracte, Trésor de Vix) et bénéficiez d'un tarif préférentiel dans les trois autres sur présentation de votre ticket d'entrée.

Découvrir

★★ Musée de Bibracte

Mont-Beuvray - 71990 St-Léger-sous-Beuvray - 03 85 86 52 35 - www.bibracte.fr - juil.-août : 10h-19h, merc. 10h-22h ; reste de l'année : 10h-18h - fermé de mi-nov. à mi-mars - possibilité de visite guidée (2h) - 7,50 € (-12 ans gratuit) - 6,50 € (5 € à partir du 2e enf.) ateliers enf. - 12 € (-12 ans gratuit) passeport Bibracte (visite guidée du site, entrée au musée avec audioguide + visite de l'exposition temporaire) - 27 € (-12 ans 12,50 €) journée gauloise (visite guidée du site archéologique + entrée au musée avec audioguide + visite de l'exposition temporaire + repas au Chaudron, restaurant découverte de la cuisine gauloise).

Bon à savoir : avec le pass Archéo, visitez le musée de Bibracte et bénéficiez d'un tarif préférentiel dans les trois autres lieux (Alésia, Autun et Trésor de Vix) sur présentation de votre ticket d'entrée.

Les *oppida* qui, à l'instar de Bibracte, se développent dans le monde celtique vers 100 av. J.-C. sont-elles des villes à part entière ? Quelles sont les étapes de la « romanisation » ? C'est pour répondre à ces questions que les fouilles se poursuivent à Bibracte. Le musée conçu par Pierre-Louis Faloci est une métaphore de l'archéologie, avec ses strates de pierre brute, de pierre polie et de métal. Le parcours, sur deux niveaux, est ouvert sur la forêt. Outre

Le mont Beuvray, un Grand Site de France

L'OPPIDUM DE BIBRACTE

Placé à un carrefour de voies de communication, Bibracte fut non seulement un centre politique, religieux et d'artisanat, mais aussi un important marché où s'échangeaient des biens de toute l'Europe celtique et méditerranéenne. C'est la présence d'une grande enceinte fortifiée qui définit l'oppidum (*oppida* au pluriel). À Bibracte, le rempart du 1er s. av. J.-C. se déploie sur plus de 5 km. Il témoigne de la volonté des Éduens d'affirmer leur prestige et de planifier l'organisation de la ville érigée en capitale.
Au début de l'ère chrétienne, sous le règne d'Auguste, la cité fut délaissée pour la plaine. À l'emplacement d'un important carrefour routier, la ville nouvelle d'*Augustodunum* (l'actuelle Autun) est construite. Rempart de même longueur, portes de même largeur, artisanat de même nature, une nouvelle Bibracte prend forme à 25 km à l'est de l'ancienne. Les 200 ha enclos de ce vaste oppidum regorgent de vestiges – seuls 5 % de la surface de la ville ont été fouillés à ce jour –, témoignages d'une importante activité. Les maisons d'habitation sont pour la plupart à ossature de bois ; en pierre quand elles subissent l'influence romaine. Bien que difficile à estimer, la population de Bibracte comptait peut-être plusieurs milliers d'individus.
Les premières fouilles scientifiques de l'oppidum ont été effectuées dès les années 1860 par **Jacques-Gabriel Bulliot** et se sont poursuivies sous la conduite de son neveu **Joseph Déchelette**, l'un des fondateurs de l'archéologie protohistorique. Interrompues en 1907, elles ne reprirent qu'à partir de 1984, cette fois avec le concours de chercheurs originaires d'une dizaine de pays européens.

LA GUERRE DES GAULES

En 52 av. J.-C., c'est dans l'enceinte de Bibracte que **Vercingétorix**, roi des Arvernes, est désigné par les tribus gauloises pour prendre la tête des troupes coalisées contre les Romains. Les éduens, alliés de Rome, avaient, cinq ans auparavant, demandé l'aide de **César** pour se défendre contre les Helvètes, qui commençaient à envahir la région. L'habile proconsul livra bataille contre ce peuple au pied du mont Beuvray en 58 av. J.-C. Il entama alors la conquête des Gaules dans l'optique d'égaler le prestige militaire de Pompée, puis d'obtenir les pleins pouvoirs à Rome. Le renversement d'alliance opéré par les éduens lors de sa défaite à Gergovie, la capitale des Arvernes (proche du Clermont-Ferrand actuel), ne freinera qu'un temps sa marche en avant. Les armées confédérées des Gaulois, parties de Bibracte pour défendre Vercingétorix assiégé à Alésia, sont défaites et leur chef fait prisonnier. L'hiver suivant, une fois l'insurrection réprimée, le vainqueur Jules César entreprend à Bibracte la rédaction de ses *Commentaires sur la guerre des Gaules*.

LA PIERRE DE LA WIVRE

Selon la tradition, c'est du haut de ce rocher marquant l'origine volcanique du mont Beuvray, à l'ouest de la porte du Rebout, que Vercingétorix aurait harangué ses troupes après avoir été proclamé chef de la coalition contre César.

Vestiges de la ville gauloise Bibracte, au sommet du mont Beuvray.
Antoine Maillier/Bibracte

les pièces archéologiques, amphores, vaisselle de céramique ou de bronze, outils, armes, bijoux, sculptures, les supports interactifs et les maquettes restituant les étapes du travail des archéologues font tout l'intérêt de ce musée. Le **premier niveau** offre au visiteur une présentation du monde celtique des 2e et 1er s. av. J.-C. à travers ses villes fortifiées ; par l'exemple de Bibracte, il s'attache à décrire la société gauloise au moment où elle bascule dans l'orbite de Rome. Ne ratez pas la **terrasse** qui offre un beau panorama sur le Haut-Folin. La **seconde partie** explore en détail les quartiers de Bibracte et le mode de vie de ses habitants, qui change radicalement après la guerre des Gaules. Chaque année, une exposition temporaire propose de découvrir de nouveaux aspects de l'archéologie en s'ouvrant à d'autres horizons chronologiques et géographiques, tout en valorisant l'actualité des recherches.

4

★★ Oppidum

Mont-Beuvray - ✆ 03 85 86 52 35 - www.bibracte.fr - ♿ - visite guidée (2h) juil.-août : 11h, 14h, 15h et 16h15 ; de déb. à mi-sept. et vac. scol. : 14h30 ; de mi-mars à déb. juil. et de mi-sept. à mi-nov. : dim. et j. fériés 14h30 - 7,50 € (-12 ans gratuit) - billet donnant accès au musée.

La visite guidée *(2h, réserv. conseillée)* est recommandée, les vestiges disséminés sur le mont étant peu lisibles pour des non-initiés. Trois circuits pédestres sont proposés : le centre-ville de Bibracte, le tour des remparts et le chemin de maraude. En été, une navette gratuite permet d'accéder directement au sommet du mont Beuvray.

Le mont Beuvray est un site naturel remarquable, riche de profondes futaies de hêtres dont certains aux formes étranges héritées de la technique du pléssage (haies vives constituées d'arbustes fendus et tressés), de pelouses sèches parsemées de fleurs sauvages comme la digitale pourpre et de belvédères ouvrant sur les paysages du Morvan. De **La Côme Chaudron**, l'ancien quartier artisanal gaulois, à l'esplanade de **La Chaume** *(table d'orientation)*, on découvre des panoramas sur Autun, le signal d'Uchon *(voir p. 225)* et le mont St-Vincent ; par beau temps, on distingue même le Mont-Blanc.

Grâce aux fouilles, des vestiges sont mis au jour chaque année. Le site, qui s'étend sur 200 ha de forêts, comptabilisait 12 km de fortifications, 15 portes monumentales, des quartiers artisanaux ou résidentiels et des espaces publics qui jalonnaient le tracé des anciennes rues de la ville ; il est l'un des *oppida* les mieux préservés en Europe.

Au **Parc aux Chevaux,** les vestiges d'une grande *domus* ont été mis à jour. À côté, une autre maison fait actuellement l'objet de fouilles. Plus bas, le **Theurot de la Roche** abrite un ancien sanctuaire. À la **Pâture du Couvent**, le centre monumental qui a été découvert serait le plus ancien forum romain connu en terre gauloise. Le **bassin** marquant la fin du quartier, en forme de coque de navire, a été en partie restauré. Sa construction, en bloc de granit soigneusement agencé, témoigne des connaissances géométriques des bâtisseurs. La **Porte du Rebout**, reconstituée à l'issue des fouilles, montre la technique typiquement gauloise du *murus gallicus* (mur gaulois) décrit par César dans le livre VII de la *Guerre des Gaules* : un rempart constitué d'un parement en pierre et d'un remplissage de terre armé de poutres de bois croisées.

La D 274 qui traverse le mont Beuvray est à sens unique. Pour retourner au musée après la visite, continuez sur la D 274 et reprenez à gauche par la D 3.

La bibliothèque du **Centre archéologique européen** est également accessible *(dans le village de Glux-en-Glenne - ✆ 03 86 78 69 00 - www.bibracte.fr - ♿ - sur demande - gratuit)*. Le Centre accueille des équipes universitaires internationales qui participent à la redécouverte de Bibracte.

AUTOUR DU MONT BEUVRAY BC2-3

▶ *Circuit de 84 km tracé en rouge sur le schéma p. 238-239 et sur la carte de microrégion (p. 232-233) au départ du mont Beuvray – Comptez 1 journée. Prenez à droite la D 18 pour rejoindre le Haut-Folin.*

Haut-Folin B2

La route forestière du Haut-Folin conduit au point culminant du Morvan (alt. 901 m ; station de ski de fond).

Reprenez la route qui traverse la forêt de St-Prix, plantée d'épicéas et de sapins immenses, et rejoignez la D 179 au lieu-dit La Croisette pour gagner les gorges de la Canche, à 4 km au nord-est.

Gorges de la Canche C2

La route suit à flanc de coteau les gorges de la Canche dans un paysage tourmenté de bois et de rochers. Les essences s'enrichissent ici d'érables, de tilleuls et d'ormes. Dans un virage à droite, un beau **point de vue** se dégage à hauteur d'une petite aire de stationnement. On aperçoit, au fond de la gorge, l'usine hydroélectrique de la Canche. Le réservoir créé par le barrage en fait un endroit très agréable.

Continuez la route et empruntez la D 978 sur 1 km vers Château-Chinon, puis la D 388 à droite vers Anost (à 8 km).

Anost C2

Dans un **site** agréable et pittoresque, Anost offre la possibilité de nombreuses promenades, en particulier dans la forêt *(itinéraires balisés)*, et de baignades en plein air, au pont de Bussy.

Musée des galvachers – *Pl. Centrale - ✆ 03 85 82 73 26 - www.anost.fr - juil.-août : tlj sf mar. 14h-18h ; juin et sept. : merc. et w.-end 14h-18h ; reste de l'année : merc. et sam. 14h-18h - fermé 1er janv., 11 Nov., 25-26 déc. - possibilité de visite guidée sur demande (1h) - 3 € (-12 ans 2 €) - gratuit 1er dim. du mois (juin-sept.).*

Le bourg de **Bussy** fut la capitale de la « galvache », transport itinérant en charrette à bœufs, activité typique du Morvan des Sommets jusqu'à la Grande Guerre. Les bouviers allaient ainsi louer leur savoir-faire et leur expérience du convoyage pour rapporter des revenus complémentaires au pays. Le 1er Mai, jour du départ, les « galvachers » disaient adieu au pays. Ils ne rentraient que début novembre. Cette antenne de l'écomusée du Morvan présente outils, techniques et documents sur la galvache.

Maison du Patrimoine oral de Bourgogne – *Pl. de la Bascule - ✆ 03 85 82 77 00 - http://mpo-bourgogne.org - juil.-août : 14h-18h, fermé sam., lun. et j. fériés ; sept.-juin : sur RV sf merc. 14h-18h.* Centre de ressources et salles d'exposition sur le patrimoine oral et l'art de la transmission.

REPRÉSAILLES À ANOST

Pendant la Seconde Guerre mondiale, les forêts du Morvan abritèrent plusieurs maquis, notamment le courageux **maquis Socrate** *(voir aussi p. 237)*, aux environs d'Anost. Entre mai et juillet 1944, le village fut à quatre reprises victime des représailles allemandes.

Notre-Dame-de-l'Aillant BC2

15mn à pied. Au nord-ouest d'Anost.

Au-dessus de Joux, à hauteur de la statue de la Vierge, **panorama★** semi-circulaire sur la cuvette d'Anost et, par-delà les collines, sur la dépression d'Autun.

Traversez la forêt d'Anost par la D 2 (enclos à sangliers de 16 ha à 1 km) jusqu'à Planchez, puis prenez la D 37, très sinueuse, en direction de Château-Chinon.

À 9 km, vue *(à gauche)* sur le site du village de **Corancy,** accroché à une colline. Une belle **vue** panoramique se révèle vers le nord sur un petit barrage blotti au fond d'un creux verdoyant dominé par des croupes boisées qui limitent le Morvan, et se dégage vers l'ouest sur un paysage de prés, de cultures et de bois ; puis la route en montée pénètre dans la **forêt de la Gravelle**. Elle suit la ligne de partage des eaux entre les bassins de la Seine (l'Yonne à l'est) et de la Loire (l'Aron et ses affluents coulent vers l'ouest).

Remarquez une échappée, à droite, sur une lande aride couverte de genêts, avant d'atteindre le point culminant de la route (766 m) et de quitter la forêt.

La route débouche (18 km) sur la D 18, qui mène à gauche au mont Beuvray.

Le musée archéologique de Bibracte, conçu par Pierre-Louis Faloci.
Antoine Maillier/Bibracte

NOS ADRESSES À BIBRACTE ET SES ENVIRONS

HÉBERGEMENT

PREMIER PRIX

Hôtel du Morvan – *Le Bourg - 5 km de Bibracte - ✆ 03 85 82 51 06 - www.hoteldumorvan.com - fermé déc. - 7 ch. 40/52,50 € - ☕ 10 € - ✕ lun. et mar. soir hors sais. - 20/27 €.* Dans cette belle bâtisse, des chambres toutes simples, correctes pour un premier prix. Restaurant de spécialités bourguignonnes.

À proximité

PREMIER PRIX

Chambre d'hôte L'Eau Vive – *Le Bourg - 71990 St-Prix-en-Morvan - 9 km au nord-est de Bibracte par D 1260 et 4,5 km au nord-ouest de St-Léger par D 179 - ✆ 03 85 82 59 34 - www.leauvive.over-blog.com - 🚭 P - ouv. de mi-avr. à mi-juin et juil.-nov. - 4 ch. 55 € ☕ - 1/2 P possible - ✕ sur réserv. - 24/26 € bc.* À une encablure du mont Beuvray, cette maison est un point de départ idéal pour des randonnées. Décoration originale dans les chambres et le salon avec de nombreux souvenirs de voyages dans les îles. Table d'hôte dans la salle à manger avec poutres, faïence bleue et vieux outils aux murs.

Chambre d'hôte Maison de Bourgogne – *71990 La Comelle - Maison de Bourgogne - 12 km au sud-est de Bibracte par D114 - ✆ 03 85 82 56 09 - 🚭 P - fermé oct.-mi-avr. - 3 ch. 60 € ☕ - pas de wifi.* Malgré leur relative simplicité, les chambres de cette ferme restaurée sont décorées avec goût et offrent une jolie vue sur la campagne. Au rez-de-chaussée, la salle à manger et le salon donnent directement sur une agréable terrasse. Accueil sympathique et ambiance conviviale.

POUR SE FAIRE PLAISIR

Château d'Ettevaux – *58170 Poil - 14 km au sud de Bibracte par D 3 - ✆ 03 86 30 16 41 - www.ettevaux.fr - www.cabanes-lacustres.fr - 🚭 P - fermé 2 sem. en hiver - 2 ch. 90 € ☕ - 2 cabanes lacustres 120/135 € ☕ - gîte (4-6 pers.), 250/320 €/w.-end, 320/399 €/sem. ☕ - 1/2 P possible - ✕ 27 €.* Lieu idéal pour se ressourcer, en particulier dans ces belles cabanes de charbonnier, construites entièrement en bois et posées sur pilotis au milieu d'un étang.

RESTAURATION

PREMIER PRIX

Le Chaudron – *Musée de Bibracte - Mont Beuvray - 71990 Saint-Léger-sous-Beuvray - ✆ 03 85 86 52 40 - vac. scol. et juil.-mi-sept. : tlj le midi et merc. soir en juil., août ; mai-juin et de mi-sept. à mi-oct. : dim. midi et j. fériés - réserv. conseillée - 18 € - panier pique-nique gaulois 8 €.* À la carte de ce restaurant situé à deux pas du musée, un unique repas gaulois (entrée, plat, fromage, dessert) composé de légumes, céréales et viande susceptibles d'avoir été consommés à l'époque gauloise. Le tout servi dans des bocks et des assiettes en terre cuite et arrosé de cervoise de Bibracte.

La Petite Auberge – *58370 Glux-en-Glenn - Le bourg - ✆ 03 86 78 65 79 - P - fermé janv., merc. - menu 20 €.* Cuisine simple et fraîche aux accents du monde (française, anglaise, thaï…) dans un cadre très convivial. Accueil chaleureux.

BUDGET MOYEN

Au Cochon ventru – *71190 St-Didier-sur-Arroux - Au bord du lac - ✆ 03 85 52 87 09 - www.*

aucochonventru.fr - P ♿ - *fermé déc.-janv., lun., mar. (sf juil.-août) - menus 28/37 €.* Auberge « bistronomique » installée face au plan d'eau. Petite terrasse couverte, particulièrement agréable si le soleil est au rendez-vous.

La Petite Auberge – *Le Bourg - 71190 St-Didier-sur-Arroux - ✆ 03 85 82 22 46 - juil.-août : ts les soirs (sf merc.), vend. midi, sam. midi, dim. midi ; sept.-juin : jeu. soir, vend. soir, sam. soir, dim. midi - 19,50/31,50 €.* Cuisine « bistronomique », conjuguant produits saisonniers et régionaux dans un cadre élégant ou en terrasse. Accueil sympathique.

POUR SE FAIRE PLAISIR

Chez Franck et Francine – *Le Bourg - 71990 St-Prix-en-Morvan - ✆ 03 85 82 45 12 - http://franck_et_francine.monsite-orange.fr/index.html - P ♿ - sur réserv. - fermé 2 sem. en janv., dim. soir et lun. - 47/55 €.* Restaurant de village à l'ambiance familiale. Salle à manger au sobre décor, feu dans la cheminée en hiver. Cuisine au goût du jour personnalisée. Tout est fait maison, notamment à partir des produits cultivés dans le jardin. Petite salle un peu bruyante.

ACTIVITÉS

Randonnée pédestre

Parmi les nombreuses randonnées à faire dans la région, les suivantes vous permettront de profiter d'une nature sauvage et vous procureront de jolies vues sur la plaine du Nivernais, la Vieille Montagne et les monts du Morvan : circuit du Four Monté et de la Vouavre (6,5 km) ; circuit du moulin de la Queudre par la Pierre Aigüe (11 km) ; circuit du bois de l'Hâte (6 km) ; circuit de Montgaudon (9 km). Rens. à l'office du tourisme des Portes-du-Sud-du-Morvan au ✆ 03 86 30 43 10.

Sentier Bibracte-Alésia – *Balisage jaune et bleu. Long de 120 km, praticable à pied, à cheval ou à VTT, il relie deux sites phares de la civilisation celtique.*

Randonnée sur le mont Beuvray.
Antoine Maillier/Bibracte

4

Château-Chinon

★

2 071 Château-Chinonais – Nièvre (58)

Capitale du Morvan, la ville accueillit tour à tour un oppidum gaulois, un camp romain, un monastère, un château féodal, et fut le fief d'un célèbre maire, futur président de la République : François Mitterrand. Combats, sièges en règle, hauts faits d'armes et soirées d'élections valent à la cité sa devise : « Petite ville, grand renom. »

NOS ADRESSES PAGE 286
Hébergement, restauration, achats, activités, etc.

S'INFORMER

Office du tourisme – *6 bd de la République - 58120 Château-Chinon - ✆ 03 86 85 06 58 - www.morvansommetsetgrandslacs.com - juil.-août : 9h-12h30, 14h-18h30 ; de mi-avr. à fin juin et sept. : tlj sf dim. 9h-12h30, 14h-18h, sam. 10h-12h30, 14h-17h ; reste de l'année : tlj sf dim.-lun. 9h-12h30, 14h-17h30, sam. 10h-12h30, 14h-16h30 - fermé 1re sem. janv.*

SE REPÉRER

Carte de microrégion B2 (p. 232-233) – Château-Chinon se trouve sur la D 978, à 67 km à l'est de Nevers et 36 km au nord-ouest d'Autun.

À NE PAS MANQUER

Admirez les sommets du Morvan depuis le panorama du Calvaire ; l'agréable promenade du château ; un détour par le lac de Pannecière-Chaumard.

AVEC LES ENFANTS

La maquette du barrage de Pannecière ; le circuit des fresques en trompe-l'œil de Moulins-Engilbert ; les Ruchers du Morvan.

Se promener

Le vieux Château-Chinon

De la porte Notre-Dame, vestige d'un rempart édifié au 15e s., il est agréable d'arpenter les ruelles au cachet médiéval, notamment le week-end, lorsqu'elles sont très animées. Ceux qui préfèrent les réalisations modernes iront voir la **fontaine monumentale** *(face à la mairie)*, composée de sculptures articulées dues à Jean Tinguely et Niki de St-Phalle, ainsi que le **quartier des Gargouillats** *(autour du collège)*, aux bâtiments conçus avec des matériaux traditionnels, mais dans un style futuriste.

Musée du Costume

4 r. du Château - ✆ 03 86 85 18 55 - www.nievre.fr - ♿ - juil.-août : 10h-13h, 14h-19h ; mai-juin et sept. : tlj sf mar. 10h-13h, 14h-18h ; reste de l'année : tlj sf mar. 10h-12h, 14h-18h - fermé de déb. janv. aux vac. de fév., 25 déc. - 4 € (-17 ans gratuit) - 6,50 € billet combiné avec le musée du Septennat.

Installé dans l'ancien hôtel du 18e s. de la famille Buteau-Ravisy, le musée présente une importante collection de costumes français, essentiellement du 18e au 20e s., en particulier du Second Empire. Il expose également des accessoires de mode et de toilette, dentelles, bourses, éventails, des gravures et revues de mode anciennes, des tissus d'ameublement.

Le château de Châtillon-en-Bazois au bord du canal.
Ch. Goupi/age fotostock

★ Musée du Septennat

6 r. du Château - ✆ 03 86 85 19 23 - ♿ - juil.-août : 10h-13h, 14h-19h ; mai-juin et sept. : tlj sf mar. 10h-13h, 14h-18h ; reste de l'année : tlj sf mar. 10h-12h, 14h-18h - fermé de déb. janv. aux vac. de fév., 25 déc. - 4 € (-17 ans gratuit) - 6,50 € billet combiné avec le musée du Costume.

Logé dans un ancien couvent de clarisses (18e s.) au sommet de la vieille ville, ce musée rassemble les cadeaux protocolaires reçus en sa qualité de chef d'État par **François Mitterrand** durant ses deux septennats. La variété des collections est étonnante. Ainsi, des vestiges antiques côtoient des objets portant la marque de maisons prestigieuses, ou les créations plus modestes d'artisans locaux. Notez, à titre indicatif, les pièces richement ouvragées provenant des pays du Golfe (maquette d'un boutre avec voile en or et palmier d'or ciselé) ou encore les somptueux meubles et objets asiatiques finement travaillés (vases de laque du Vietnam).

4

★★ Panorama du Calvaire

15mn AR. Départ du square d'Aligre. Érigé à l'emplacement d'un oppidum gaulois, sur les vestiges d'un ancien château fort, le calvaire (alt. 609 m) se compose de trois croix de pierre. Il offre une admirable vue d'ensemble *(table d'orientation)* sur Château-Chinon et ses toits d'ardoise, avec au loin les croupes boisées du Morvan. Vous distinguerez, au sud-est, le Haut-Folin (901 m) et le mont Préneley (855 m). Au pied de la colline, la vallée de l'Yonne s'ouvre à l'est, tandis qu'à l'ouest, dominant le bassin supérieur du Veynon, la vue se prolonge au-delà du Bazois jusqu'au Val de Loire.

★ Promenade du château

Une route, à flanc de coteau, fait le tour de la butte. Partez du faubourg de Paris et revenez par la rue du Château.

À proximité Carte de microrégion p. 232-233

Moulins-Engilbert B2

16 km au sud-ouest de Château-Chinon par la D 978 puis la D 37.

Dans cette longue plaine du Bazois, qui descend du Morvan jusqu'à la vallée de la Loire, Moulins-Engilbert eut un rôle politique notable en tant que résidence des comtes de Nevers. Ayant concédé ce statut à Château-Chinon, la cité se contente désormais d'une activité commerciale. L'harmonie des toits et des tourelles, groupés autour de la tour gothique de l'église à flèche d'ardoise, au pied des ruines d'un château, est particulièrement heureuse. En dehors des jours de marché, le bourg, traversé par deux cours d'eau nonchalants, est très tranquille.

Parsemée de vieilles demeures, de passerelles sur le Garat et le Guignon, la ville a conservé les ruines du **château comtal** (en 1424, Philippe le Bon y épousa Bonne d'Artois) et l'**église St-Jean-Baptiste,** dotée d'un beau portail.

Le 17e s. est bien représenté avec l'**hôtel Salonnier**, en face de l'église, l'ancien **couvent des Ursulines** et celui des **pères de St-François de Picpus**, ainsi que la **mairie**, qui occupe un relais de poste.

Le **circuit des fresques en trompe-l'œil** permet de découvrir l'histoire du village tout en se promenant. Conçues dans le cadre du festival Faites le Mur, 16 fresques ornent ainsi les murs ou les devantures de boutiques.

Musée de l'élevage et du charolais – *4 r. de la Mission - ✆ 03 86 84 26 17 - ♿ - de mi-juin à mi-sept. : tlj sf lun. (sf férié) 10h-17h ; du w.-end de Pâques à la mi-juin et de mi-sept. à déb. nov. : w.-end et j. fériés 14h-18h - possibilité de visite guidée sur demande (2h) - 3 € (-12 ans gratuit).* Cette maison à thème de l'écomusée du Morvan retrace l'histoire de l'agriculture morvandelle du 19e s. à nos jours. Outre la présentation des modes de production et de la vie des paysans, elle fait la part belle à la race charolaise, véritable symbole de la région.

Commagny B2

18 km au sud-ouest de Château-Chinon par la D 978 puis la D 37.

Vous pourrez découvrir un **ancien prieuré** bénédictin, bien situé au-dessus des herbages du Bazois *(ne se visite pas)*. De l'**église romane**, vous verrez surtout l'abside à cinq arcatures alternativement aveugles et ouvertes, inscrites dans un décor rappelant les bandes lombardes (pilastres réunis à leur sommet par une frise d'arceaux), ainsi que les chapiteaux sculptés.

En contournant le bâtiment par le pied de la tour, gagnez la grille de la propriété pour admirer le chevet de l'église. La **demeure du prieur** (15e s.), flanquée d'un clocher et d'une haute tour ronde, montre, au-dessus du petit cimetière, sa façade la mieux conservée.

Châtillon-en-Bazois A2

Voir p. 333.

Vandenesse B3

25 km au sud-ouest de Château-Chinon par la D 978 puis la D 37.

La route traverse la forêt. En arrivant à Vandenesse, on aperçoit le vaste château *(propriété privée, ne se visite pas)*, construit en 1475, flanqué de nombreuses tours.

Vous pouvez rejoindre St-Honoré-les-Bains par les D 3 et D 403 pour profiter de jolies **vues** sur le lac de Chèvre.

St-Honoré-les-Bains B3

26 km au sud-ouest de Château-Chinon par la D 978 puis la D 37. Après Moulins-Engilbert, prenez à gauche la D 985.

13 r. Henri-Renaud - 58360 St-Honoré-les-Bains - 03 86 30 43 10 - www.tourismebazoisloiremorvan.fr - juil.-août : 9h-12h30, 14h-18h, dim. et j. fériés 8h30-12h30 ; de mi-mars à fin juin et de déb. sept. à mi-oct. : tlj sf dim. 9h-12h30, 14h-17h30, sam. et j. fériés 8h30-12h30 ; reste de l'année : tlj sf w.-end et j. fériés 9h-12h30, 14h-17h - fermé vac. de Noël.

Découvertes par les Romains l'année du siège d'Alésia, les eaux sulfurées, arsenicales et radioactives de St-Honoré sont employées dans le traitement des maladies des voies respiratoires (asthme, bronchite, emphysème), contre les rhumatismes et en ORL. Trois sources ont fait la réputation de St-Honoré. Celles-ci peuvent débiter jusqu'à 1 million de litres d'eau à 25-30 °C chaque jour. Un prieuré bénédictin consacré à saint Honoré fut fondé ici au 10e s., donnant son nom à la localité. La construction, en 1854, de l'**établissement thermal** *(voir p. 543)* entraîna malheureusement la disparition des thermes antiques, qui comportaient notamment sept puits, une piscine et un système de chauffage par hypocauste.

Destinés à répondre aux besoins de l'importante clientèle de curistes, des villas, des hôtels, des aménagements de loisirs (casino, théâtre, kiosque à musique, etc.) furent édifiés jusque vers 1930.

Aujourd'hui, les curistes peuvent jouir d'un **parc** ombragé, tapi dans un vallon ou utiliser les nombreuses installations sportives mises à leur disposition.

Musée Georges-Perraudin – *Au départ de la D 403 vers Rémilly. Pl. du 18-Juin-1940 - 03 86 30 72 12 - www.bourgogne-tourisme.com - juin-sept. : tlj sf lun.-mar. 14h30-18h30 ; avr.-mai et oct. : sur demande préalable - possibilité de visite guidée (1h30) - 4 € (-18 ans 2 €).* Ce musée de la Résistance en Morvan présente une étonnante collection de tracts, contrepèteries politiques, affiches et journaux en français, anglais et allemand. Au fil de la visite apparaît le destin peu ordinaire de Paul Sarrette, fondateur du maquis Louis (dont faisait partie Georges Perraudin).

Vieille Montagne B3

9 km au sud de St-Honoré-les-Bains par la D 985. Aux Montarons, prenez à gauche la D 502 vers le nord-est. Laissez votre voiture au niveau de la clairière.

30mn AR. Partant d'une clairière entourée de beaux arbres, un sentier donne accès au **belvédère** de la Vieille Montagne, dans un site agréable près des ruines d'un château, d'où l'on bénéficie d'une **vue** étendue (en partie masquée par la végétation) sur le mont Beuvray et la forêt de la Gravelle. Vous pourrez revenir à St-Honoré-les-Bains en faisant une boucle par le hameau du **Niret**, au pied du mont Geniègvre (637 m), puis le joli village de **Préporché**.

Rémilly B3

12 km au sud de St-Honoré-les-Bains par la D 403, puis la D 3.

Dans ce bourg, on peut voir des maisons fortifiées du Moyen Âge.

Revenez par **Sémelay** *(D 158)* où vous pourrez découvrir les vestiges d'un castrum gallo-romain.

Circuits conseillés Carte de microrégion p. 232-233

EN SUIVANT L'YONNE AB2

Circuit de 70 km tracé en rose sur le schéma p. 238-239 et sur la carte de microrégion (p. 232-233) – Comptez environ 2h30. Quittez Château-Chinon au nord et empruntez sur la droite la D 37, puis la D 12. Suivez ensuite la D 161, qui fait le tour du barrage.

4

UN COURS D'EAU PEU À PEU DOMPTÉ

Née à 730 m d'altitude sur les pentes du mont Préneley, au sud-est de Château-Chinon, l'Yonne se jette dans la Seine à **Montereau-Fault-Yonne** après un parcours de 273 km. Au confluent, à Montereau, le débit de l'Yonne est supérieur à celui de la Seine, ce qui fait dire à certains que c'est l'Yonne et non la Seine qui baigne Paris.

Les pluies fréquentes qui tombent sur le Morvan et l'imperméabilité de presque tous les terrains que la rivière traverse provoquent des **crues** violentes. L'Yonne, élément perturbateur, est considérée comme l'enfant terrible du système hydrographique du bassin de la Seine. La construction d'un certain nombre de barrages et de retenues, dont le principal ouvrage est celui de Pannecière-Chaumard, a permis de régulariser son débit en retenant une partie des eaux des crues et en les relâchant pendant l'été.

À partir d'Auxerre, l'Yonne est classée comme rivière navigable ; des locations de bateaux permettent de descendre le cours d'eau jusqu'à Montereau.

Le canal du Nivernais et le canal de Bourgogne, également navigables, relient l'Yonne aux bassins de la Loire et de la Saône.

De Château-Chinon à Corbigny, l'impétuosité naturelle de l'Yonne est brisée par divers travaux destinés à régulariser son cours : la rigole d'Yonne, qui alimente aussi le canal du Nivernais, le barrage de compensation et le barrage-réservoir de Pannecière-Chaumard.

★ Lac de Pannecière B2

Le plus grand des lacs morvandiaux s'étale sur près de 7,5 km dans un joli **site★** de collines boisées, plus sauvage que celui des Settons *(voir p. 269)*. Une route franchit la crête du barrage, d'où la **vue** s'étend sur les ramifications de la retenue, tandis qu'à l'horizon se profilent les sommets du Morvan.

Notez au passage que le peintre contemporain **Balthus** vécut entre 1954 et 1961 au château de Chassy, occupé par les comtes de Choiseul au 16e s. Les paysages du Morvan prennent dans ses toiles une allure à la fois élégante et mystérieuse.

Barrage de Pannecière-Chaumard – Construit en 1949, long de 340 m et haut de 50 m, il est constitué de multiples voûtes minces, prolongées sur chaque rive par des digues massives en béton ; 12 contreforts prennent appui sur le fond de la gorge. Par sa retenue de 82,5 millions de m^3, il régularise le régime des eaux du bassin de la Seine et lutte contre les risques d'inondations. Une usine hydroélectrique, installée en aval, produit près de 18 millions de kWh par an.

Construite avant le barrage (1938), la **maquette** du barrage de Pannecière (réalisée au 1/36e) était destinée à montrer aux habitants le fonctionnement du barrage et servait à effectuer les simulations d'une crue avec l'évacuateur de crue. Laissée à l'abandon, elle a été entièrement reconstruite, alimentée par un ensemble de canaux, d'une chute d'eau qui fait tourner une roue à aubes et par différentes vannes qui permettent d'intervenir sur le trajet de l'eau. Une vraie découverte pour les enfants.

Près de la D 944, en aval de l'ouvrage principal, a été édifié un barrage de compensation long de 220 m et composé de 33 voûtes minces. Il permet de restituer à l'Yonne, sous un débit constant, l'eau turbinée par l'usine au rythme de la demande en courant électrique. Le barrage permet également l'alimentation en eau du canal du Nivernais.

Pour un beau **point de vue★** sur le plan d'eau, rendez-vous à **Ouroux-en-Morvan** par la D 301 en direction de Montsauche-les-Settons. De l'église et de la place centrale, deux rues conduisent au panorama.

Rejoignez le lac par Courgermain en prenant la D 12, puis prenez à gauche un chemin vicinal vers Les Quatre-Vents.

Très sinueux, le chemin offre dans sa descente de sympathiques vues sur le site.

Retournez vers le barrage de Pannecière-Chaumard par la D 303 puis prenez ensuite à droite la D 944 jusqu'à La Chaumière et tournez à gauche sur la D 126.

Dans une vallée élargie, la route est encadrée, à gauche par l'Yonne, à droite par la rigole d'Yonne.

Aqueduc de Montreuillon B2

Long de 152 m et haut de 33 m, barrant la vallée de ses 13 arches, cet ouvrage d'art qui franchit la vallée de l'Yonne est utilisé par la rigole d'Yonne.

Poursuivez sur la D 126 vers le nord-ouest sur 10 km.

Le paysage de bocage alterne avec des bosquets de charmes et de chênes. Petit à petit, l'élevage cède la place aux cultures.

Marcilly AB2

Le château du 15e s., cantonné de quatre tours d'angle, a été modifié aux 18e et 19e s.

Poursuivez sur 5 km par la D 985.

Corbigny A2

ℹ 8 pl. de l'Hôtel-de-Ville - 58800 Corbigny - ✆ 09 82 56 94 98 - www.corbigny tourisme.com - juin-sept. : 9h-12h30, 14h-18h30 ; reste de l'année : 9h30-12h30, 14h-17h30 - fermé dim.-lun. et j. fériés.

Située aux confins du Morvan et du Nivernais, Corbigny est une petite ville active, avec ses foires et ses abattoirs.

Abbaye St-Léonard – *6 r. de l'Abbaye - ✆ 03 86 20 22 78 - www.abeicite.fr - de déb. juil. à mi-sept. : 14h-18h ; reste de l'année : sur demande préalable - possibilité de visite guidée sur demande (1h) - 2 € (-12 ans gratuit).* Dominant la ville et la vallée de l'Anguison, elle connut la réforme mauriste, qui tenta de faire revivre sa règle bénédictine, et lui valut d'être reconstruite juste avant la Révolution. Ses harmonieuses façades symétriques, discrètement ornées, s'inspirent de cette réforme. La restauration extérieure de l'abbaye a rendu de nouveau visible son superbe escalier d'honneur Louis XV à volées droites, doté d'une rampe d'inspiration à la fois baroque et grecque. Les charpentes ainsi que les façades de la chapelle et du cloître ont également été restaurées.

L'abbaye abrite un centre d'art contemporain qui propose des spectacles toute l'année (danse, théâtre…).

Vous apercevrez quatre tours des anciennes fortifications au bord de l'Anguison. L'église St-Seine est un édifice gothique flamboyant très restauré au 16e s.

★ VALLON DU TOURON B2

Circuit de 30 km tracé en marron sur le schéma p. 238-239 et sur la carte de microrégion (p. 232-233) – Comptez environ 1h30. Rendez-vous à Arleuf, 9 km à l'est de Château-Chinon par la D 978.

Arleuf

Ici, presque tous les pignons des maisons, tournés vers l'ouest, présentent cette particularité d'être revêtus d'ardoises qui les protègent des pluies.

Dirigez-vous vers le nord (D 500).

Tout près du village des Bardiaux, les ruines d'un **théâtre gallo-romain** de 700 places peuvent faire encore illusion. Après une descente, la route franchit le vallon du Touron. À hauteur des Brenots, on reconnaît au sud les croupes boisées du Haut-Folin.

La D 500 continue de courir à flanc de pente, dans le décor très vert d'un paysage vallonné et débouche finalement sur la D 37 qui, à gauche, ramène à Château-Chinon.

NOS ADRESSES À CHÂTEAU-CHINON

HÉBERGEMENT

PREMIER PRIX

Hôtel Au Vieux Morvan – *8 pl. Gudin - ✆ 03 86 85 05 01 - www.auvieuxmorvan.com - P - piscine extérieure chauffée - ♿ rest. seult - fermé de mi-déc. à mi-janv. - 22 ch. 69/81 € - petit-déj. 9 € - rest. fermé dim. soir-mar. midi - 13/46,50 €.* Si les chambres sont un peu étriquées, l'emplacement de l'hôtel, la qualité de l'accueil et les tarifs assez bon marché occultent facilement ces nuisances pour une nuit. Restaurant très correct.

À St-Honoré-les-Bains

PREMIER PRIX

Camping et Gîtes des Bains – *15 av. Jean-Mermoz - sortie ouest, rte de Vandenesse - ✆ 03 86 30 73 44 - www.campinglesbains.com - piscine ♿ - avr.-oct. - 130 empl., 18 € - locatif 28/84 €.* Entouré de verdure, ce terrain propose des emplacements bien délimités, répartis en îlots et diverses locations : mobile homes, gîtes ou appartements. Nombreuses animations et activités disponibles : bar-restaurant, piscines dont une avec toboggan, minigolf, aire de jeux, ping-pong.

À Moulins-Engilbert

BUDGET MOYEN

Chambre d'hôte La Grande Sauve – *Rte de Limanton - 2 km au sud-ouest de Moulins-Engilbert - ✆ 03 86 84 36 40 - www.lagrandesauve.com - non-fumeurs - P - fermé fin nov.-déb. mars - 3 ch. 75 € petit-déj.* Tout près d'une grosse ferme bourguignonne, parmi les arbres et la verdure, cette solide maison aux amples volumes aurait presque des vertus apaisantes. On se sent à l'aise dans ses chambres décorées avec goût et garnies de beaux meubles anciens. Box pour chevaux, pré et paddock à disposition, ainsi que deux petits étangs où il est possible de pêcher.

RESTAURATION

À Moulins-Engilbert

PREMIER PRIX

Auberge du Bon Coin – *15 r. Coulon - 16 km au sud-est de Château-Chinon par D 978 et D 37 - ✆ 03 86 84 25 99 - www.aubergeduboncoin.sitew.fr - fermé dim. - 7 ch. 54 € petit-déj. - fermé sam.-dim. - 15 €.* Il faudra jouer des coudes pour avoir une place dans ce petit restaurant sans prétention où l'on s'attable autour d'un repas copieux avec buffet d'entrées.

ACHATS

Gaudry – *25 pl. St-Romain - 58120 Château-Chinon - ✆ 03 86 85 13 87 - 7h-19h - fermé dim. apr.-midi (oct.-juin).* Mme Gaudry mène seule ce commerce de grande qualité où tout est fabriqué sur place. La délicate odeur qui embaume la boutique est le gage de la fraîcheur des produits qu'elle élabore : petits fagots de

Château-Chinon, pâté de foie, terrine à l'ancienne, jambonnette, boudin noir, quiche et rosette du Morvan, la spécialité, ont fière allure derrière les vitrines.

Les Ruchers du Morvan – *Port-de-l'Homme - 58120 Château-Chinon - 4 km de Château-Chinon via D 37 direction Montsauche-les-Settons - ✆ 03 86 78 02 43 - www.achat-nivernais-morvan.com/lerucherdumorvan - lun.-sam. 10h-12h, 14h-18h ; dim. 10h-12h, 15h-18h (fermé dim. 15 déc.-15 fév.).* Propriétaire de 800 à 1 000 ruches suivant la saison, M. et Mme Coppin vous font partager leur passion ; une ruche vitrée permet de voir les abeilles s'affairer. Les visiteurs peuvent assister à l'extraction du miel, s'aventurer dans la miellerie, goûter les miels et le pain d'épice élaboré avec 70 % de miel.

À proximité

Marché – *Pl. du Champ-de-Foire - 58290 Moulins-Engilbert - 16 km au sud-est de Château-Chinon par D 978 et D 37 - mar. 8h-13h.* L'été, attention aux embouteillages, le premier mardi du mois étant aussi jour de foire mensuelle. Au Marché au Cadran, ventes d'ovins le lun. mat., et de bovins le mar. mat.

Le Comptoir gourmand – *1 pl. Boucaumont - 58290 Moulins-Engilbert - ✆ 03 86 84 26 85 - mar.-sam. 9h30-12h30, 15h-19h, dim. 10h30-12h30.* Cette petite boutique située sur la place du village propose une sélection de vins de la région et de France et des produits régionaux.

EN SOIRÉE

À proximité

Casino – *9 av. Jean-Mermoz - 58360 St-Honoré-les-Bains - ✆ 03 86 30 70 99 - 10h-0h, vend.-sam. et veille de fêtes 10h-2h.* Doté d'une salle de jeu et de machines à sous, d'un bar et d'un restaurant, ce casino propose aussi des soirées à thème.

Autun

★★

13 635 Autunois – Saône-et-Loire (71)

« Sœur et émule de Rome », ces mots gravés à l'entrée de l'hôtel de ville peuvent paraître exagérés. Et pourtant, un théâtre de 20 000 places, le plus grand de Gaule, l'imposant temple de Janus, des portes monumentales et bien d'autres vestiges attestent sa puissance passée. La beauté de son cadre, les rues médiévales, les sculptures de la cathédrale et la richesse de ses musées ne manquent pas de séduire les visiteurs.

NOS ADRESSES PAGE 299
Hébergement, restauration, achats, activités, etc.

S'INFORMER

Office du tourisme – *13 r. du Gén.-Demetz - 71400 Autun - ✆ 03 85 86 80 38 - www.autun-tourisme.com - juil.-août : 9h30-19h ; mai-juin et sept. : 9h30-12h30, 14h-18h ; reste de l'année : tlj sf dim.-lun. 10h-12h30, 14h-17h30 - fermé 1er janv., 25 déc.*

Visites guidées – *Visites théâtralisées du quartier de la cathédrale en été : Les Nuits de la Gargouille. Se rens. à l'office de tourisme ou sur www.autun-tourisme.com.*

Espace Gislebertus – *R. Notre-Dame - ✆ 03 85 54 21 60 - juil.-août : tlj 10h-19h ; sept. : 10h-13h, 14h-18h - gratuit.*

Face au portail de la cathédrale, ce lieu équipé d'une carte en relief et de dispositifs numériques permet de découvrir le patrimoine d'Autun. Dans l'arrière-salle, un film en 3D sur le tympan de la cathédrale donne les clés de compréhension de cette sculpture exceptionnelle.

SE REPÉRER

Carte de microrégion C2-3 (p. 232-233) – La gare TGV (Le Creusot) est à 30 km.

SE GARER

De grands parkings se situent sur le Champ-de-Mars et le boulevard Frédéric-Latouche.

À NE PAS MANQUER

Le tympan de la cathédrale St-Lazare et la *Tentation d'Ève*, conservée au musée Rolin, les vestiges de la ville gallo-romaine.

AVEC LES ENFANTS

Le Muséum d'histoire naturelle ; le château de Sully ; les bases de loisirs d'Autun et d'Arnay-le-Duc.

Se promener Plan de ville p. 295

LA VILLE HAUTE

Circuit tracé en vert sur le plan de ville (p. 295). Partez de la place du Champ-de-Mars (parking, office de tourisme, il est difficile de se garer près de la cathédrale).

Sur la vaste place du Champ-de Mars, bordée aujourd'hui par l'hôtel de ville, le lycée Bonaparte, l'église Notre-Dame et des terrasses de café, se déroulaient les célèbres foires d'Autun au Moyen Âge. Aujourd'hui, il s'en dégage une ambiance un peu désuète.

Lycée Bonaparte A2

Ancien collège de jésuites, construit en 1709, il termine noblement le « Champ » (c'est ainsi que les Autunois appellent la place). Ses **grilles★**, forgées en 1772, sont rehaussées de motifs dorés : médaillons, mappemondes, astrolabes, lyres.

Sur la gauche, l'**église Notre-Dame** (A2), du 18e s., servit de chapelle à ce collège qui abrita le fantasque comte de Bussy-Rabutin, puis Napoléon, Joseph et Lucien Bonaparte. Napoléon n'y resta que quelques mois, en 1779, avant d'entrer à l'école de Brienne.

Empruntez la rue St-Saulge en direction de la cathédrale, puis la rue Chauchien, aux façades agrémentées de balcons en fer forgé ornés de fleurs.

Passez la Porte des Bancs et continuez sur la rue des Bancs.

★ Musée Rolin B2

5 r. des Bancs - ✆ 03 85 52 09 76 - www.autun.com - avr.-sept. : 10h-13h, 14h-18h ; reste de l'année : 10h-12h, 14h-17h - fermé mar., 1er janv., 1er Mai, 1er et 11 Nov., 25 déc., janv. - possibilité de visite guidée sur demande (1h) - 6,50 € (-16 ans gratuit) - 7,50 € (-16 ans gratuit) pdt les expositions - gratuit 1er dim. du mois.

Bon à savoir : avec le pass Archéo, visitez le musée Rolin et bénéficiez d'un tarif préférentiel dans les trois autres lieux (Alésia, Bibracte et Trésor de Vix) sur présentation de votre ticket d'entrée.

Situé à l'emplacement de l'ancien hôtel Rolin, le musée expose ses collections dans une vingtaine de salles, réparties en quatre départements. Le **fonds médiéval** est présenté dans une aile construite au 15e s. par le chancelier Rolin. L'**archéologie** gallo-romaine, l'Antiquité tardive et le haut Moyen Âge, la **peinture** européenne à partir du 17e s. et l'**histoire régionale** se partagent l'hôtel Lacomme attenant, établi au 19e s. sur la base médiévale d'origine, autrefois appelée « le donjon ».

Les salles gallo-romaines – Au rez-de-chaussée, à l'entrée, sept salles abritent une abondante collection de pièces gallo-romaines, témoins de la grande richesse d'*Augustodunum*. Les plus beaux vestiges de cette cité y sont exposés (remarquez le casque d'apparat romain). La civilisation gallo-romaine est

DEUX ÉPOQUES GLORIEUSES

La Rome des Gaules – *Augustodunum*, ville fortifiée d'Auguste, est fondée au 1er s. av. J.-C., pour rivaliser avec la place forte gauloise existante, la capitale éduenne de **Bibracte,** située à 25 km. Extraordinaire pôle de romanisation, Autun subit dès le 3e s. de désastreuses invasions. Toutefois, d'importants tronçons de l'enceinte fortifiée, deux portes ainsi que les vestiges d'un théâtre sont parvenus jusqu'à nous.

Le siècle des Rolin – La ville connaît au Moyen Âge une vraie prospérité, qu'elle doit en grande partie au rôle joué par les Rolin. Né à Autun en 1376 dans l'hôtel qui porte son nom, **Nicolas Rolin** devient l'un des avocats les plus célèbres de son temps. Habile négociateur attaché à Jean sans Peur, il reçoit de Philippe le Bon la charge de chancelier de Bourgogne et participe aux démarches qui aboutissent à l'arrestation de Jeanne d'Arc. Beaune et Autun témoignent de l'ampleur de son mécénat. Parvenu au faîte des honneurs et des richesses, il fonde l'hôtel-Dieu de Beaune en 1443. Louis XI, qui ne l'appréciait guère, déclara : « Il était juste, après avoir fait tant de pauvres pendant sa vie, qu'il leur donnât un logement après sa mort. » Nicolas Rolin fait construire à Autun la collégiale Notre-Dame-du-Châtel, qui sera détruite au 18e s. Il meurt à Autun en 1461 et y est inhumé. L'un de ses fils, le **cardinal Rolin**, devenu évêque de la cité, fait de la ville un grand centre religieux. De cette époque datent l'achèvement de la cathédrale St-Lazare et la construction de nombreux hôtels particuliers.

abordée à travers le cirque (jolies statuettes de gladiateurs), la philosophie (admirez la finesse de détails et de teintes des **mosaïques**, surtout de celle dite « des Auteurs grecs »), l'habitat, les parures et les soins du corps, la religion, avec ses cultes à des divinités de traditions indigène (comme Épona, la déesse aux chevaux), romaine ou égyptienne, et enfin l'art païen (sculpture savante et mosaïque dite du « Triomphe de Neptune »). À l'étage sont exposés des peintures, sculptures et meubles de la Renaissance à nos jours.

Traversez la cour pour accéder à l'hôtel Rolin.

Les salles romanes – Deux salles abritent des chefs-d'œuvre de la **statuaire romane★★** dus, en particulier, à Gislebertus et au moine Martin. Du premier, appréciez **La Tentation d'Ève★★**, dont la sensualité naît du savant jeu de courbes du corps et des végétaux. Le second réalisa en partie le **tombeau de saint Lazare★★** : conçu comme une église miniature de 6 m de haut, il s'élevait dans le chœur de la cathédrale jusqu'à sa destruction en 1766. Il ne reste du groupe de statues qui l'entouraient, illustrant la scène de la résurrection du saint, que les longues et émouvantes figures de saint André et des sœurs de Lazare, Marthe et Marie-Madeleine. Une **maquette** et des fragments lapidaires permettent de reconstituer le monument et de se faire une idée du saisissement que devait ressentir le pèlerin en pénétrant dans le mausolée.

Un passionnant film en 3D sur le tympan de la cathédrale est diffusé hors périodes d'expositions temporaires.

Les salles gothiques – Au 1er étage sont rassemblées des sculptures des 14e et 15e s. La salle consacrée aux Rolin (10) renferme la célèbre **Nativité au cardinal Rolin★★** (1480), œuvre qui trahit la formation flamande du peintre par son extrême minutie d'exécution et ses couleurs froides, mais dont la plastique et la beauté grave sont la marque de la peinture gothique française. La statuaire est représentée par la **Vierge★★** d'Autun en pierre polychrome ainsi que par un bel ensemble de sculptures réalisées par des artistes de la cour de Philippe le Bon.

Reprenez la rue des Bancs puis prenez à gauche la rue aux Maréchaux pour rejoindre les remparts par la rue Cocand.

Remparts AB2

À hauteur du boulevard des Résistants-Fusillés, notez le bel aperçu d'une portion des remparts gallo-romains. Longez-les à votre guise jusqu'à la tour des Ursulines, donjon du 12e s.

Revenez vers la cathédrale par la rue du Fg-St-Blaise puis flânez dans la rue Dufraigne (maisons à pans de bois), la rue Notre-Dame (hôtel de Millery au n° 12) et l'impasse du Jeu-de-Paume (hôtel Mac-Mahon).

Fontaine St-Lazare *(à l'extérieur, sur la place)*

Près de la cathédrale, ce charmant édifice Renaissance à coupole et lanternon a été construit en 1543 par le chapitre. Un premier dôme, d'ordre ionique, en supporte un autre plus petit, d'ordre corinthien, coiffé d'un pélican (symbole du sacrifice) dont l'original est au musée Rolin.

Gagnez la place d'Hallencourt, donnant sur l'évêché, dont la cour est accessible. Rejoignez ensuite la rue St-Antoine en passant par la rue Piolin.

★★ Cathédrale St-Lazare Plans p. 292 et ci-contre

R. Notre-Dame - ✆ 03 85 86 25 56 - 8h-19h (en dehors des offices) - gratuit - possibilité de visite guidée (2h) de déb. juil. à mi-sept., se rens. à l'Espace Gislebertus-Destination Autun ✆ 03 85 54 67 18.

Afin de rivaliser avec la basilique de son diocèse, Ste-Marie-Madeleine de Vézelay, l'évêque **Étienne de Bâgé** décide, en 1120, de créer un lieu de pèlerinage à Autun. Les reliques de saint Lazare, alors abritées dans la cathédrale St-Nazaire, feront l'objet du culte. Consacrée en 1130 par le pape Innocent II, la nouvelle cathédrale est rapidement achevée, en 1146. Extérieurement, l'édifice a perdu son caractère roman : le clocher, frappé par la foudre en 1469, est reconstruit et surmonté d'une flèche gothique. La partie supérieure du chœur et les chapelles du bas-côté droit datent aussi du 15e s. ; celles du bas-côté gauche sont du 16e s. Quant aux deux tours du grand portail, inspirées de celles de Paray-le-Monial, elles ont été édifiées au 19e s. à l'occasion d'importants travaux de restauration contrôlés par Viollet-le-Duc. En 1766, l'édifice subit de nombreuses modifications : les chanoines du chapitre détruisent le jubé, le tympan du portail nord et le splendide tombeau de saint Lazare (qui se dressait derrière le maître-autel), dont il reste fort heureusement de précieux éléments *(voir musée Rolin)*.

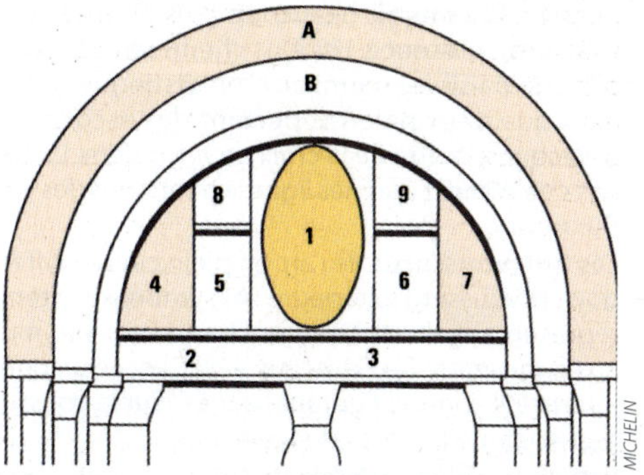

Schéma du tympan du portail principal.

★★★ **Tympan du portail** – Réalisé entre 1130 et 1135, il compte parmi les chefs-d'œuvre de la sculpture romane. Son auteur, **Gislebertus**, a laissé son nom sur le rebord supérieur du linteau, sous les pieds du Christ. La signature à cet endroit peut laisser penser que Gislebertus fut aussi le maître d'œuvre de l'ensemble de la cathédrale. On ne sait malheureusement rien de ce sculpteur (et peut-être architecte) ; certains voient dans son art une influence des ateliers de Vézelay et sans doute de Cluny. Sa force créatrice, son sens de la forme et sa puissance expressive se retrouvent dans presque toute la décoration sculptée de la cathédrale. Par les plis des vêtements, les vagues de la chevelure, l'expression des visages et la structuration de l'espace pour exprimer l'ordre ou le désordre, il donne vie à la pierre.

Au centre, le Christ en majesté siège dans une mandorle soutenue par quatre anges, dominant toute la scène (**1**). **Au bas,** les morts sortent de leur tombeau, prévenus de l'heure du jugement par quatre anges soufflant dans de grands olifants (**4**, **7**, **8**, **9**) ; au centre du linteau, les élus (**2**) sont séparés des damnés (**3**) par un ange. À la gauche du Christ, l'archange saint Michel fait face au Malin, qui tente de fausser la pesée des âmes en tirant sur le fléau de la balance (**6**). Derrière lui s'ouvre l'enfer, dont la place est réduite à l'extrême droite du tympan (**7**), tandis que le ciel occupe tout le registre supérieur avec, à droite, deux apôtres – ou le prophète Élie et le patriarche Énoch transportés vivants au ciel – (**9**), et à gauche, Marie (**8**), qui domine la Jérusalem céleste (**4**) et le groupe des apôtres (**5**) attentifs à la pesée des âmes ; saint Pierre, reconnaissable à la clef qu'il porte sur l'épaule, prête main-forte à un bienheureux, tandis qu'une âme tente de prendre son envol en s'accrochant au manteau d'un ange sonnant de la trompette.

La **figure humaine** est traitée avec une extrême diversité. Le Christ, sa cour céleste et les personnages bibliques sont tous vêtus de draperies légères, finement plissées, qui témoignent de l'essence immatérielle des êtres qui les portent. Les **morts**, beaucoup plus petits et sculptés en fort relief, ont une tout autre présence. Les élus cheminent le regard tendu vers le Christ en un cortège paisible; parmi eux, on distingue prélats et seigneurs en manteau ainsi que deux pèlerins portant des sacoches, l'une ornée d'une coquille St-Jacques, l'autre de la croix de Jérusalem. La **terreur** et l'angoisse des damnés s'expriment dans les lignes chaotiques des corps et la composition hachée du groupe.

Les trois **voussures** de l'arc en plein cintre coiffent l'ensemble de la composition : la voussure extérieure (**A**) symbolise le temps qui passe, les médaillons représentant alternativement les travaux des mois et les signes du zodiaque; au centre, entre les Gémeaux et le Cancer, un petit personnage accroupi a été interprété comme figurant l'année. Sur la voussure centrale (**B**) serpente une guirlande de fleurs et de feuillages.

Intérieur de la cathédrale (*travaux prévus au moins jusqu'en mars 2019*) – Les piliers et les voûtes datent de la première moitié du 12e s. Le caractère roman clunisien subsiste malgré de nombreux remaniements : élévation sur trois niveaux (grands arcs brisés, faux triforium et fenêtres hautes), berceau brisé dans la nef et voûtes d'arêtes dans les collatéraux. Cependant, le chœur adopte la formule paléochrétienne de l'abside flanquée de deux absidioles; leur voûtement en cul-de-four disparut à la fin du 15e s., lorsque le cardinal Rolin fit percer de hautes fenêtres. Par ailleurs, la présence à Autun d'abondants vestiges antiques explique que se soit généralisé l'usage des pilastres cannelés surmontés de chapiteaux à feuillages à l'ensemble de la galerie

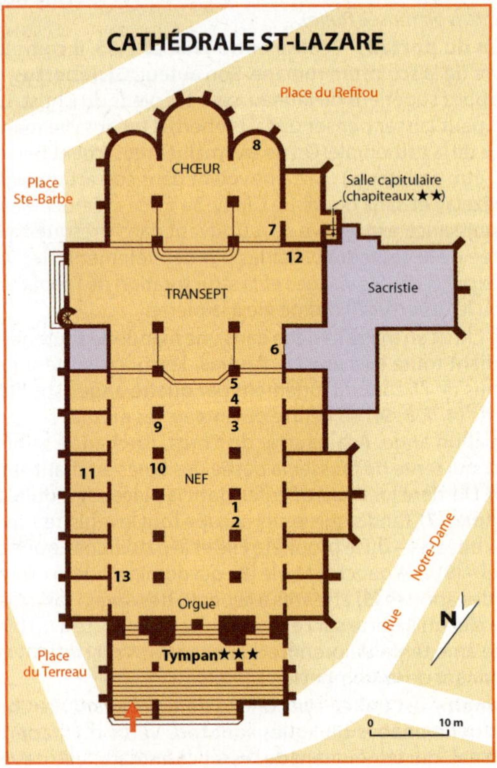

La ville d'Autun, dominée par la cathédrale St-Lazare.
H. Lenain/hemis.fr

haute, conférant ainsi à l'église une grande unité intérieure. Cette majestueuse ordonnance est animée par le décor sculpté des chapiteaux, dont certains seraient dus à Gislebertus. Selon un ordre que le visiteur peut suivre sur place, les pièces les plus intéressantes sont les suivantes :

1) et **2**) Simon le Magicien tente de monter au ciel en présence de saint Pierre, clef en main, et de saint Paul. Simon tombe, la tête la première, sous le regard satisfait de saint Pierre et les ricanements du diable.

3) Lapidation de saint Étienne, premier martyr chrétien.

4) Samson renverse le temple, représenté de façon symbolique par une colonne.

5) Chargement de l'arche de Noé, lequel, à la fenêtre supérieure, surveille les travaux.

6) Porte de la sacristie du 16e s.

7) Statues funéraires de Pierre Jeannin (mort en 1623), président du parlement de Bourgogne et ministre d'Henri IV, et de sa femme.

8) Les reliques de saint Lazare avaient été placées provisoirement dans l'abside de la chapelle St-Léger.

9) Apparition de Jésus à sainte Madeleine. Admirez les volutes du feuillage à l'arrière-plan de ce chapiteau inachevé.

10) Deuxième tentation du Christ. Assez curieusement, le diable seul est juché au sommet du temple.

11) Dans la chapelle de sépulture des évêques d'Autun, vitrail de 1515 représentant l'arbre de Jessé.

12) Tableau d'Ingres (1834) représentant le martyre de saint Symphorien à la porte St-André.

13) La Nativité. La Vierge est couchée, aidée par un groupe de femmes. L'Enfant Jésus est au bain. Sur le côté, saint Joseph médite.

Salle capitulaire *(juil.-sept. : du lun. apr.-midi au sam. mat. Se rens. à l'office de tourisme pour les horaires)* – Construite au début du 16e s., elle abrite de beaux **chapiteaux★★** (12e s.) en pierre grenée contenant du mica, qui ornaient à

l'origine les piliers du chœur et du transept restaurés par Viollet-le-Duc en 1860.
Les plus remarquables sont sur le mur droit après l'entrée : pendaison de Judas entre deux démons qui tirent les cordes ; Fuite en Égypte (on ne manquera pas de rapprocher ce chapiteau de celui de Saulieu) ; sommeil des Mages (les Mages, couronnés, sont couchés dans un même lit ; touchant la main du plus proche, un ange lui montre l'étoile à suivre) ; Adoration des Mages (Joseph, relégué à droite, médite encore, le menton dans la main).

Muséum d'histoire naturelle B2

14 r. St-Antoine - ✆ 03 85 52 09 15 - www.autun.com - juil.-août : tlj sf lun.-mar. 14h-17h30 ; juin : tlj sf w.-end 14h-17h30 ; vac. de fév., et vac. de Pâques : tlj sf lun.-mar. 14h-17h ; reste de l'année : merc. 14h-17h, lun., jeu.-vend. sur demande 14h-17h - possibilité de visite guidée sur demande - 5,60 € (-16 ans gratuit).

Axé sur l'évolution du bassin d'Autun et du Morvan au cours des grandes ères géologiques, il présente, dans leur contexte d'époque, divers échantillons minéralogiques (beaux quartz et blocs de houille conservant l'empreinte de plantes ou d'animaux de l'ère primaire). Il traite, en particulier, de l'histoire des schistes bitumineux, roches qui, lors de leur traitement par pyrogénation, permirent la production de 1838 à 1957 d'huile de schiste équivalant au pétrole naturel. Petits et grands apprécieront la collection d'**oiseaux naturalisés** de la Bourgogne actuelle.
Plus loin, prenez à gauche la rue de l'Arbalète, qui rejoint le secteur piétonnier de la rue aux Cordiers.

Passage couvert AB2

Fermé le dim. Ce passage du milieu du 19e s. ouvre sur la place du Champ-de-Mars par un majestueux portail classique.
Suivez la rue de Lattre-de-Tassigny, bordée d'hôtels particuliers du 18e s.

Hôtel de ville B2

Il abrite une importante **médiathèque** contenant une riche collection de **manuscrits★** et d'incunables.
Terminez votre promenade en passant dans la rue Jeannin, derrière la mairie.

LA VILLE GALLO-ROMAINE

Les vestiges situés à l'écart du centre-ville sont très éloignés les uns des autres. Une voiture est nécessaire.
Augustodunum, la ville d'Auguste, est une création romaine de la fin du 1er s. av. J.-C. Si Auguste décide de fonder une ville à 25 km de Bibracte, la capitale des éduens sur le mont Beuvray, c'est dans l'objectif d'attirer et de romaniser ceux-ci, au travers d'écoles et d'universités bientôt construites. En 150 apr. J.-C., Augustodunum est peuplée, entièrement construite, enrichie d'un théâtre, et Bibracte abandonnée.

Remparts AB2 *(voir p. 290)*

Construits dès la fondation d'Autun, longs de 6 km à l'origine et percés de quatre portes, ils entouraient toute la ville. La hauteur reconstituée du mur d'enceinte est d'environ 11 m.

★ Porte St-André B1

Les routes du pays des Lingons venant de Langres et de Besançon aboutissaient ici. C'est l'une des quatre portes qui faisaient partie de l'enceinte

SE LOGER
Chambre d'hôte Maison Ste-Barbe 2
Hôtel La Tête Noire 5
Hôtel Le Grand Café 3
Les Ursulines Hôtel 8

SE RESTAURER
Le Cathédral................ 1
Le Châteaubriant........... 16
Comptoir Cuisine........... 9

construite à partir de la fin du 1er s. av. J.-C., dotée de 54 tours semi-circulaires. Elle présente deux grandes arcades pour le passage des véhicules et deux plus petites pour celui des piétons. Elle est surmontée d'une galerie de dix arcades et a été restaurée par Viollet-le-Duc. Un des corps de garde qui la flanquaient subsiste encore grâce à sa conversion en église au Moyen Âge (l'intérieur est orné de fresques représentant les travaux des mois). La tradition place le martyre de saint Symphorien non loin de là.

Porte d'Arroux A1

Celle-ci s'est appelée *Porta Senonica* (porte de Sens) et donnait accès à la *Via Agrippa*, qui reliait Lyon à Boulogne-sur-Mer. De belles proportions, moins massive et en meilleur état que la porte St-André, elle possède le même type d'arcades. La galerie supérieure, ornée d'élégants pilastres cannelés à chapiteaux corinthiens, a été édifiée à l'époque augustéenne.

Théâtre romain B1

Les vestiges de sa *cavea* à trois étages de gradins permettent de mesurer ce que fut le plus vaste théâtre de Gaule. Aujourd'hui, il peut recevoir jusqu'à 20 000 spectateurs, et des spectacles son et lumière retraçant l'histoire romaine *(fin juil.-déb. août)* ont remplacé les « jeux » du temps de l'Empire *(voir l'agenda dans « Nos adresses » p. 301)*. Remarquez les fragments lapidaires gallo-romains encastrés dans les murs de la maison du gardien.

Temple de Janus A1

Cette tour quadrangulaire construite extra-muros, haute de 24 m, dont il ne reste que deux pans, se dresse solitaire au milieu de la plaine, au-delà de l'Arroux. Il s'agit de la *cella* d'un temple dédié à une divinité inconnue (l'attribution à Janus est de pure fantaisie ; au Moyen Âge, on l'appelait tour de Genetoye).

Musée lapidaire B1

10 r. St-Nicolas - ✆ 03 85 52 27 23 - www.autun.com - ♿ - avr.-sept. : 14h-18h - fermé mar. et sam., 1er Mai - gratuit.

L'ancienne chapelle St-Nicolas (édifice roman du 12e s. dont l'abside est ornée d'un Christ peint en majesté) appartenait à un hôpital. La chapelle et ses galeries, qui enserrent le jardin attenant, abritent maints vestiges gallo-romains (fragments d'architecture et de mosaïques, stèles) et médiévaux (sarcophages, chapiteaux), trop grands pour trouver place au musée Rolin, ainsi que des éléments de statuaire.

Promenade des Marbres B1-2

Cette large promenade plantée d'arbres doit son nom aux vestiges de la porte romaine qui était située à proximité. Près de là s'élève un bel édifice du 17e s. précédé d'un jardin à la française et couvert d'un toit en tuiles vernissées. Construit par Daniel Gittard, architecte d'Anne d'Autriche, cet ancien séminaire abrite maintenant le **lycée militaire** d'Autun.

Musée national des Enfants de troupe B2

3 r. des Enfants-de-Troupe - ✆ 03 85 86 55 37 - http://museedesenfantsdetroupe.fr - ♿ - mar.-vend. 10h-12h, 14h-17h30, lun. 10h-12h - sept. : lun.-vend. 14h-17h30, fermé j. fériés - gratuit.

Installé dans l'enceinte du lycée militaire (remarquez la belle toiture en tuiles vernissées), le musée retrace l'histoire des collèges et lycées militaires de France et d'Outremer : drapeaux et fanions, tenues et uniformes, insignes, photographies.

À proximité Carte de microrégion p. 232-233

Cascade de Brisecou C3

2 km au sud. Garez-vous à Couhard, près de l'église.

45mn AR. Un sentier longeant un ruisseau conduit au joli **site★** arboré où coule la cascade. Au retour, vue sur la **pierre de Couhard**, que rejoint un sentier partant du parking : cette curieuse pyramide est un monument funéraire dominant l'une des nécropoles de la ville, contemporaine du théâtre romain.

★ Croix de la Libération C3

6 km au sud-ouest par la D 256.

Au cours de la montée en lacet, vous aurez une excellente vue sur la cathédrale, la vieille ville, les cônes des terrils des Télots et le Morvan à l'horizon.

Environ 50 m après le pavillon d'entrée du château de Montjeu, à droite, un chemin en forte pente conduit à la croix de la Libération, croix de granit édifiée en 1946 pour commémorer la libération d'Autun. De la croix, **vue★** sur la dépression d'Autun et la vallée de l'Arroux et, plus loin, de gauche à droite, sur les monts du Morvan, la forêt d'Anost et le revers de la Côte.

Château de Couches D3

25 km au sud-est d'Autun par la N 80 puis la D 978. À 1 km du bourg.
D 978 - 03 85 45 57 99 - www.chateaudecouches.com - juin-sept. : 10h-18h ; avr.-mai et oct.-déb. nov. : w.-end, j. fériés et vac. scol. 14h-18h ; reste de l'année : sur demande - fermé 1er janv., 24-25 et 31 déc. - 6 € visite libre du parc et du jardin - visite guidée 8 € (-14 ans 4 €), visite audioguidée 7 € (-14 ans 5 €) - ateliers enf. (à partir de 9 €). Dégustations commentées (5 €). Activités culturelles tte l'année (concerts).
Très restauré, ce château, connu sous le nom de « château de Marguerite de Bourgogne », a conservé de son passé défensif un pont-levis, une partie d'enceinte, quelques vestiges de tours, et ses deux cours, haute et basse, séparées par une porte monumentale. On visite la chapelle du 15e s., érigée par un Montaigu et consacrée par le cardinal Rolin (statues et retables d'époque), la tour de Justice (armes retrouvées au château) et la tour Carrée, qui remonte au 12e s (décorée par trois tapisseries d'Aubusson). Les souterrains du 12e s. et les galeries souterraines du 15e s. récemment ouverts à la visite reliaient le château aux forêts et aux châteaux des environs. Ils permettaient de se déplacer à l'abri des attaques, mais aussi de stocker des provisions été comme hiver. Après la visite, vous pourrez déguster, dans la cave, des vins du Couchois et vous promener dans les jardins.

★ Château de Sully C2

15 km au nord-est par la D 973 en dir. de Nolay, puis la D 326.
03 85 82 09 86 - www.chateaudesully.com - ♿ - visite guidée (50mn) de Pâques à la Toussaint : 10h30, 11h30, 13h30, 14h30, 15h30 et 16h30, sam. 10h30, 11h30, 13h30, 14h30 et 15h30 - 8,90 € (-12 ans 4 €) - visite spectacle enf. pdt vac. scol. - 25 € billet famille (2 adultes + 2 à 5 enf.).
Cette résidence Renaissance constitue un bel ensemble, avec son vaste parc et ses dépendances (18e s.). Ayant acquis la terre de Sully en 1515, Jean de Saulx étoffa la place forte du 14e s. en doublant la façade et en intégrant la tour, au sud-est, dans une construction plus importante, qui sera poursuivie par son fils, Gaspard de Saulx-Tavannes, et achevée par ses petits-fils. « C'est le Fontainebleau de Bourgogne », disait Mme de Sévigné. Trois siècles plus tard, en 1808, le futur maréchal de **Mac Mahon**, duc de Magenta, et président de la République de 1873 à 1879, naquit au château. Le domaine appartient toujours à ses descendants, qui y vivent et y organisent les animations.
Extérieur – Quatre ailes flanquées de tours d'angle carrées posées en losanges enserrent une cour intérieure qui, par son ordonnance et sa décoration, rappelle le château d'Ancy-le-Franc *(voir p. 424)*. À l'ouest, la façade d'entrée présente, au 1er étage, de larges baies séparées par des pilastres. Sur la façade sud, deux tourelles en encorbellement encadrent la chapelle. La façade nord, refaite au 18e s., est précédée d'un large escalier monumental donnant accès à une terrasse, aux beaux balustres, dominant une pièce d'eau. Enfin, les douves qui entourent le château sont alimentées par la Drée.
Intérieur – Les fastueux décors du 19e s. (remarquez le dallage du vestibule, qui alterne dalles de marbre noir et cabochons blancs à l'inverse de ce qui se fait habituellement, et la belle salle de bal) sont peuplés des souvenirs de grandes figures familiales : Charlotte de Mac Mahon (dont le régisseur sauva le château pendant la Révolution en maquillant son cadavre, faisant croire

qu'elle se reposait) et le président Mac Mahon (promu duc par Napoléon III après sa victoire à Magenta, en Italie).
Parc – *www.chateaudesully.com - ♿ - avr.-nov. : 10h-17h - 4,40 € (-12 ans 2 €).* Il a été créé au 17e s. par les fils de Gaspard de Saulx-Tavannes, qui se sont inspirés du style de Le Nôtre, puis les jardins ont été modifiés par le paysagiste Achille Duchêne au 19e s. En s'y promenant, on découvre un potager clos de murs, un verger, des arbres centenaires, mais aussi un miroir d'eau, un pigeonnier et une chapelle du 13e s.

Église de Manlay C2

22 km au nord par la D 981 puis la D 4.
La façade de cette église fortifiée du 14e s. est flanquée de deux tours rondes percées de meurtrières et son chœur est situé dans un donjon carré.

Bard-le-Régulier C2

24 km au nord par la D 981 puis la D 4 et la D 15.
Le hameau est doté d'une **église**, surmontée d'une élégante tour octogonale de style oriental, qui appartenait à un prieuré de chanoines augustins. Elle date de la fin du 12e s., bien que présentant certains archaïsmes à l'intérieur (voûtes en plein cintre dominantes, baies étroites, piles sans chapiteaux). Le sol présente aussi la particularité de s'élever par trois fois jusqu'à l'autel, pour rattraper une déclivité accentuée.
Outre un gisant du 13e s., l'église renferme quelques statues des 15e, 16e et 17e s., dont une en pierre très élaborée de saint Jean l'Évangéliste (fin 15e s.), et surtout une trentaine de **stalles** : richement sculptées à la fin du 14e s., elles se répartissent sur quatre rangs (deux à droite, deux à gauche, en vis-à-vis) dans la dernière travée précédant le chœur. Sur les accoudoirs sont représentées des figurines du bestiaire de l'Apocalypse de saint Jean ; sur les faces latérales, l'Annonciation, la Visitation, la Nativité, la Cène, le martyre de saint Jean l'Évangéliste, patron de l'église, etc.

Signal de Bard C2

1 km à l'est de Bard.
1h30 AR. Arrivé au signal (554 m), vous aurez mérité une belle **vue** étendue, au nord-est sur l'Auxois, au sud-ouest sur le Morvan.

Arnay-le-Duc CD2

29 km au nord-est d'Autun par la D 981.
6 pl. Bonaventure-des-Périers - 21230 Arnay-le-Duc - 03 80 90 07 55 - www.arnay-le-duc.com - juil.-août : 9h30-12h, 14h-18h, jeu. 9h30-12h, 14h-22h ; reste de l'année : 9h30-12h, 14h-18h - fermé dim. et certains j. fériés.
Au cours de votre promenade, vous remarquerez de nombreuses maisons anciennes (notamment rue des Ursulines, rue St-Honoré…), comme la **maison Bourgogne**, de la fin du Moyen Âge, ou encore le **château des princes de Condé**, qui embellirent au 17e s. cette demeure Renaissance.
Église St-Laurent – Elle date des 15e et 16e s. Un vestibule avec dôme (18e s.) précède la nef (15e s.) dont la voûte primitive de pierre a été refaite en bois en 1859 en forme de carène renversée. La première chapelle à gauche possède un intéressant plafond Renaissance à caissons et un saint Michel en bois doré du 15e s. Dans la première chapelle à droite, Pietà polychrome du 16e s.
Maison régionale des arts de la table – *15 r. St-Jacques - 03 80 90 11 59 - www.musee-artsdelatable.fr - de mi-avr. à mi-nov. : 10h-12h, 14h-18h - possibilité de visite guidée sur demande (1h) - 6 € (-8 ans gratuit).* Les anciens hospices St-Pierre (17e s.), rénovés, présentent chaque année une nouvelle exposition

sur un thème culinaire lié à l'histoire de la table et de la gourmandise. Les cuisines conservent un imposant vaisselier du 18e s. et des céramiques d'antan.
Tour de la Motte-Forte – *Ne se visite pas.* Derrière le chevet de l'église, cette grosse tour du 15e s., couronnée de mâchicoulis, est le seul vestige d'un important château féodal détruit pendant les guerres de Religion.

NOS ADRESSES À AUTUN

VISITE

Le Petit Train – *13 r. Gén.-Demetz - 03 85 86 80 38 - www.autun-tourisme.com - juil.-août : dép. pl. du Champ-de-Mars (devant le lycée Bonaparte) 11h, 14h, 15h, 16h et 17h - 7 € (-12 ans 3,50 €) - pour un aperçu complet de la ville durant env. 50mn.*

Visite nocturne – *De mi-juil. à mi-août, le vend. à 21h30 (1h30), RV à l'office de tourisme.*

La cathédrale en lumière – *03 85 86 80 38 - les soirs de juil.-août, visite libre de la cathédrale (sf soirs de concert) sur fond musical, avec éclairage mettant en valeur l'édifice.*

HÉBERGEMENT

PREMIER PRIX

3 **Hôtel Le Grand Café** – B2 - *19 bis r. de Lattre de Tassigny - 03 85 52 27 66 - www.hotel-legrandcafe.fr - 9 ch. 49/64 € - 7 € - formules 12/16 €, carte 25 €.* Cet hôtel-brasserie du centre-ville dispose de chambres bon marché, propres et toutes équipées (sdb, TV, wifi). Certaines offrent une belle vue sur la place du Champ-de-Mars.

BUDGET MOYEN

2 **Chambre d'hôte Maison Ste-Barbe** – B2 - *7 pl. Sainte-Barbe - 03 85 86 24 77 - www.maisonsaintebarbe.com - - 4 ch. 89 €.* Ancien logis de chanoines (15e-18e s.) au pied de la cathédrale. Grandes chambres personnalisées, jolie salle du petit-déjeuner agrémentée de meubles anciens, jardin clos. Confitures et pâtisseries maison. Et surtout un accueil charmant.

5 **Hôtel La Tête Noire** – B2 - *3 r. de l'Arquebuse - 03 85 86 59 99 - www.hoteltetenoire.fr - - fermé 22 déc.-26 janv., 1 sem. en été - 31 ch. 89/116 € - 11,50 € - 1/2 P possible - 16,50/49 €.* Adresse du centre-ville dont les chambres, garnies d'un mobilier rustique, s'avèrent pratiques, comfortables et bien insonorisées. Accueil familial et professionnel. À table, carte régionale et bonne cuisine du terroir.

POUR SE FAIRE PLAISIR

8 **Les Ursulines Hôtel** – A2 - *14 r. de Rivault - 03 85 86 58 58 - www.hotelursulines.fr - P 7 €/j - - 38 ch. et 5 suites 86/196 € - 14 € - 1/2 P possible - fermé le midi sf dim. et j. fériés - menu 30 €, carte 50 €.* Situé dans un ancien couvent, tout près de la cathédrale, cet hôtel a rénové la plupart de ses chambres. Vue sur les monts du Morvan et jardin intérieur reposant.

UNE FOLIE

Chambre d'hôte Le Moulin Renaudiots – Hors plan - *Chemin du Vieux Moulin - 03 85 86 97 10 - www.moulinrenaudiots.com - P - 5 ch. 140/165 € - sur réserv. - 22/54 € bc.* Située à l'écart de la ville et au bord de la forêt de Planoise, cette villégiature dans un ancien moulin du 17e s. a toutes les qualités des chambres d'hôte de caractère : design, calme, harmonie des couleurs. La table vaut aussi le détour. Accueil chaleureux et personnalisé. Piscine et salle de sport.

À proximité

PREMIER PRIX

Chambre d'hôte La Ferme de la Chassagne – *La Chassagne - 71190 Laizy - 14 km au sud-ouest d'Autun par D 981 et chemin à droite (ancien circuit dir. La Boulaye) - ✆ 03 85 82 39 47 - - fermé nov.-mi-mars - 4 ch. 53 € - sur réserv. - fermé dim. soir - 22 € bc.* La bâtisse, restaurée, conserve le charme des fermes d'antan avec ses robustes poutres apparentes et son mobilier ancien. Les chambres sont simplement décorées, mais très agréables. Table d'hôte avec produits de l'exploitation familiale et légumes du jardin.

UNE FOLIE

Château de Villette – *58170 Poil - 32 km au sud-ouest d'Autun par la D 46 - ✆ 06 31 52 13 18 - www.chateaudevillette.eu - - 6 ch. 195/340 € et 2 gîtes 285 € 18 € - sur réserv. (mini 6 pers.) - merc. soir et sam. soir - 55 €.* Situées dans le Parc naturel régional du Morvan, 6 chambres d'hôte de grand charme, sous le signe de la nature et du luxe.

RESTAURATION

BUDGET MOYEN

16 **Le Châteaubriant** – A1 - *14 r. Jeannin - ✆ 03 85 52 21 58 - www.lechateaubriant.com - fermé 2 sem. en fév., 2 sem. en juil. et dim.-lun. - formules déj. 16/18,20 € - menus 24/34 €.* Situé près de la place du Champ-de-Mars, ce restaurant est très fréquenté par les Autunois. Vous ne serez pas déçu par son accueil sympathique et sa cuisine traditionnelle : œufs en meurette, joues de bœuf, rognons de veau, foie gras maison, filet de bœuf à l'Époisses, etc. Une valeur sûre.

1 **Le Cathédral** – B2 - *6 r. Dufraigne - ✆ 03 45 74 94 27 - fermé mar., merc. - 15/26 €.* Situé sur une place calme et ombragée derrière la cathédrale, ce restaurant fréquenté par les locaux propose une cuisine simple et régionale, servie avec le sourire.

9 **Comptoir Cuisine** – B2 - *13 pl. du Terreau - ✆ 03 85 54 30 60 - fermé 1 sem. en janv., 2 sem. en juil., dim.-lun. - formule déj. 21 € - 29 €.* Au pied de la cathédrale, ce petit restaurant réjouit par sa goûteuse cuisine actuelle. Espace lumineux et contemporain, cuisines ouvertes sur la salle.

À proximité

BUDGET MOYEN

Restaurant Marie Boissy – *71400 Antully - Les Charrières (à 13 km au sud-est d'Autun) - ✆ 03 85 54 71 17 - www.marie-boissy.com - fermé fév., dim. soir (sept.-mai), lun. soir et mar. - formule déj. 13 € - menus 22/30 €.* Ce restaurant de terroir propose une bonne cuisine morvandelle, concoctée à partir de fins produits locaux. C'est raffiné, généreux, traditionnel, avec quelques touches de modernité. Une bonne étape.

ACHATS

Aux délices de l'Autunois – *29 r. Guérin - ✆ 03 85 52 28 56 - fermé mi-juin-mi-juil., dim.-lun. - 8h30-12h30, 15h-19h.* Impossible de manquer cette boucherie-charcuterie tant sa devanture attire le regard. La maison est réputée pour la qualité de ses produits : vous apprécierez le jambon persillé, le jambon cru du Morvan, le pâté de campagne, la terrine de lièvre et de gibier en saison, l'andouillette, la mousse de volaille et les plats cuisinés.

ACTIVITÉS

Base de loisirs d'Autun - Espace Sport Nature – *2 rte de Chalon - Plan d'eau du Vallon - 1,5 km du centre-ville - ✆ 03 85 52 47 09 - www.grandautunoismorvan.fr - juil.-août : 10h-12h (sf dim. mat.), 14h-19h ; mai-juin et sept.-oct. : sur réserv.* 100 ha de nature pour petits et grands et pour tous les goûts : skate-park, bike-park, activités nautiques (pédalo, voile, stand-up paddle, pêche, canoë-kayak), centre équestre, site naturel d'initiation à l'escalade, golf et minigolf, piscine, terrain de tennis, parcours VTT (dont site de descente), petit train « Autun Vapeur Parc ».

Base de loisirs de l'Étang Fouché – *21230 Arnay-le-Duc - 29 km au nord-est d'Autun par D 981 - ✆ 03 80 90 03 44 - www.arnay-le-duc.com - juil.-août.* Étang calme et agréable. Baignade surveillée en été, pédalos et toboggan aquatique.

Tir à l'arc

Bourgogne Archerie – *Hameau d'Auxerain - 21230 Viévy - 9 km au sud par D 981 et D 16 - ✆ 03 80 90 17 82 - www.bourgognearcherie.com - fermé jeu. et dim.-lun. sur RV, mar.-merc. 10h-17h, vend. 10h-19h30, sam. 8h-17h.* Ce centre d'archerie propose des formules-découverte destinées aux néophytes ou des stages de perfectionnement. Location de matériel et plusieurs parcours (25 ha) où sont disséminées 48 cibles 3D. Cours encadrés par l'ancien champion du monde Olivier Carreau. Attention, de nombreuses activités sont sur réservation.

AGENDA

Augustodunum© – *15 j. fin juil.-déb. août au théâtre romain d'Autun - spectacle à 22h - ✆ 03 85 86 80 38 - www.augustodunum.fr - 19 € (6 -12 ans 8 € ; 2 adultes + 2 enf. 42 €).* Spectacle son et lumière qui vous fera découvrir l'*Augustodunum* (Autun) antique, avec force effets spéciaux et feu d'artifice…

Journées romaines – *1er w.-end d'août.* Ateliers, animations (manœuvres de l'armée romaine), démonstrations (combats de gladiateurs) et rencontres, sur la promenade des Marbres, face au lycée militaire.

Festival des histoires vraies – *3 j. autour du 14 juil. - http://lesrendezvousdejuillet.fr.* Organisé par les revues indépendantes XXI et 6Mois, ce festival fait intervenir des journalistes de presse écrite, de radio et de télévision, auteurs et réalisateurs du réel.

LE NIVERNAIS ET LA PUISAYE

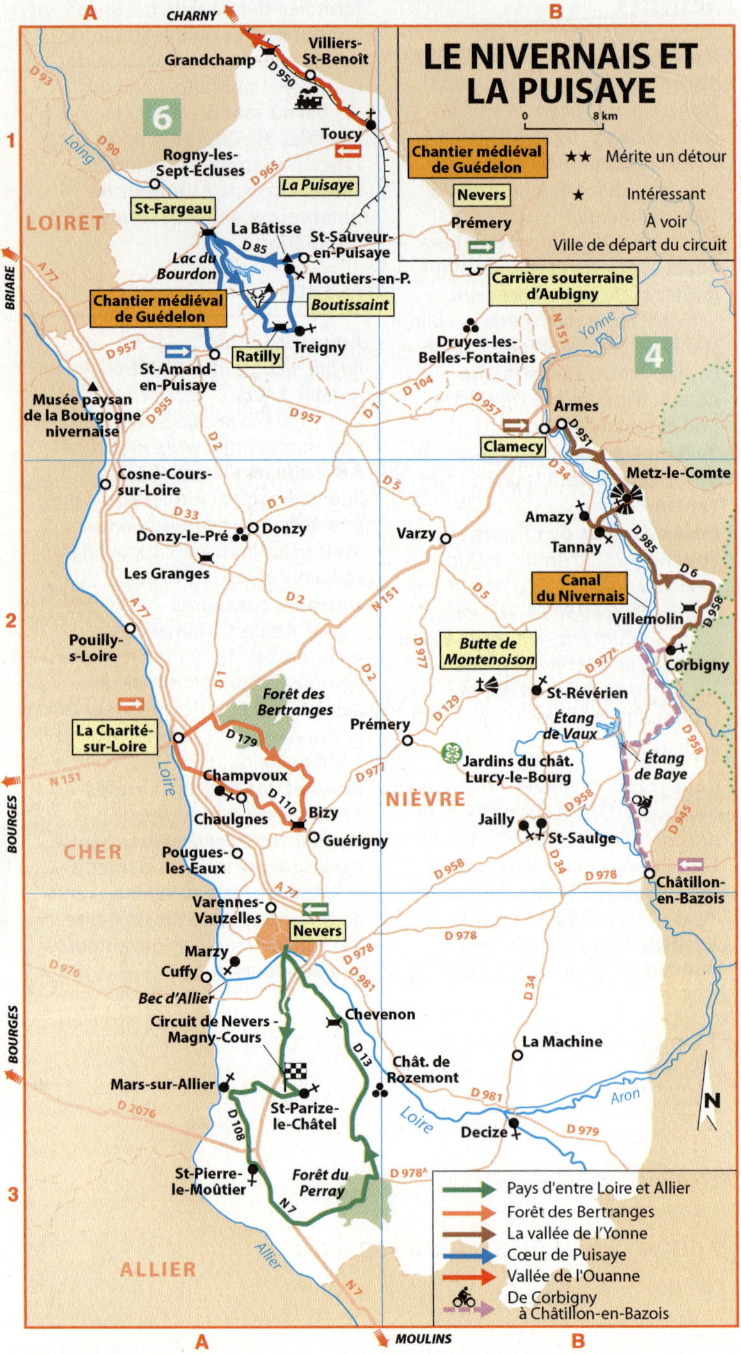

Le Nivernais et la Puisaye 5

Carte Michelin Départements 319 – Nièvre (58), Yonne (89)

Nevers

★

34 228 Neversois – Agglomération : 58 395 hab. – Nièvre (58)

À quelques kilomètres de la confluence de la Loire et de l'Allier, la capitale du Nivernais s'imposa, au 17e s., comme celle de la faïence française. Sur la butte dominant le « dernier fleuve sauvage d'Europe » se dresse la silhouette des monuments emblématiques de la ville qui, bien que sévèrement meurtrie par le bombardement de sa cathédrale en 1944, a su mettre en valeur son patrimoine. Pittoresques et préservés, les paysages ligériens alentour forment un véritable joyau écologique, que vous apprécierez à pied le long des sentiers de bord de Loire, ou à l'occasion d'une agréable balade en bateau.

NOS ADRESSES PAGE 314
Hébergement, restauration, achats, activités, etc.

S'INFORMER

Office du tourisme – *R. Sabatier - 58000 Nevers - 03 86 68 46 00 - www.nevers-tourisme.com - mai-sept. : 9h30-18h30, dim. et j. fériés 10h-13h, 15h-18h : reste de l'année : tlj sf dim.-lun. et j. fériés 10h-12h30, 14h-17h30.*

Visites guidées – *visites-découverte (1h30) 7 € : visite du palais ducal juin à déb. sept : jeu. 14h30, dim. 15h30 - visites thématiques tlj en juil.-août - rens. à l'office de tourisme.*

SE REPÉRER

Carte de microrégion A3 (p. 302) – Nevers est accessible au nord par l'A 77, et au sud par la N 7 ou le train. Pour avoir une vue d'ensemble de la vieille ville, allez sur le grand pont en grès roux que franchit la nationale.

SE GARER

Parking gratuit partout dans la ville : zone bleue (2h, il faut avoir un disque), places balisées en blanc, gratuit sans limite de temps. Une navette gratuite mène du parking Ravelin au centre-ville *(tlj sf dim.)*.

À NE PAS MANQUER

Suivez le « fil bleu » tracé au sol, qui vous fera découvrir les principaux monuments de la ville ; la cathédrale et son très bel ensemble de vitraux contemporains ; le palais ducal ; les curieux verres émaillés du musée de la Faïence et des Beaux-Arts.

AVEC LES ENFANTS

Le musée de la Mine ; le musée de la Marine fluviale ; Zebulle Parc *(voir « Nos activités »)*.

Se promener Plan de ville p. 306

★ LA VIEILLE VILLE

Circuit tracé en vert sur le plan de ville (p. 306) – Comptez une demi-journée.

★★ Cathédrale St-Cyr-et-Ste-Julitte A2

Cette vaste basilique composite fut consacrée en 1058, puis en 1331, complétée et plusieurs fois remaniée ou restaurée. Ce sont les photos exposées dans la nef qui en parlent le mieux : le 16 juillet 1944, la cathédrale subit un terrible bombardement allié qui la réduisit presque à une ossature de pierre. Bizarrement, ce bombardement permit de révéler la partie la plus ancienne du site : un **baptistère** du 6e s., dans la dernière chapelle latérale gauche.

La cathédrale St-Cyr-et-Ste-Julitte de Nevers.
Ch. Guy/hemis.fr/Getty Images

Extérieur – Faites le tour de l'édifice, hérissé de contreforts, de piliers, d'arcs-boutants et de pinacles, pour comparer les portails et admirer la tour carrée, haute de 52 m, flanquée de contreforts polygonaux; l'étage inférieur est du 14e s.; les deux autres, richement décorés, sont du 16e s. Près de la cathédrale, un ancien évêché du 18e s. abrite le **palais de justice**.

Intérieur – La cathédrale présente un curieux plan, caractérisé par deux absides opposées à chaque extrémité de la nef : une romane dite « occidentée » à l'ouest, et une gothique à l'est, ce qui est plus fréquent sur les bords du Rhin (Worms, Spire et Mayence) que sur ceux de la Loire. L'abside romane, surélevée de 13 marches et voûtée en cul-de-four, est décorée d'une fresque du 12e s. représentant le Christ en gloire. La nef (13e s.) est de grande ampleur,

FAÏENCE ET VERRES FILÉS

Devenu duc de Nivernais en 1565, **Louis de Gonzague**, troisième fils du duc de Mantoue, fait venir d'Italie un grand nombre d'artistes et d'artisans. Il introduit la faïence d'art à Nevers entre 1575 et 1585. Les **frères Conrade**, originaires d'Italie, « maîtres pothiers en œuvre blanche et autres couleurs », initient à leur art une pléiade d'artisans locaux.

Peu à peu, la forme, les coloris et les sujets d'ornementation, qui au début reproduisent seulement les procédés italiens, évoluent vers un style très particulier. Parallèlement se développe l'industrie de la verrerie – verres filés servant généralement à la composition de scènes religieuses –, qui devient, avec l'émaillerie, très à la mode. Les productions sont expédiées par la Loire vers Orléans et Angers. L'industrie de la faïence atteint son apogée vers 1650, 12 fabriques occupant alors 1 800 ouvriers, mais la Révolution de 1789, dernier thème pour lequel la production fut importante, lui porte un grave préjudice. Les difficultés et la concurrence de la porcelaine contribuent à son déclin au cours du 19e s.

Actuellement, seuls trois ateliers de **faïenciers** perpétuent cette activité traditionnelle.

SE LOGER		SE RESTAURER
Best Western Hôtel de Diane 4	Espace Bernadette-Soubirous 9	La Botte de Nevers 1
Chambre d'hôte Côté Parc-Côté Jardin 2	Hôtel de la Chasseigne 6	La Cour St-Étienne 14
	Hôtel Mercure Nevers Pont de Loire 16	Jean-Michel Couron 7

mais reste légère grâce à un triforium orné et à des fenêtres hautes qui courent jusqu'au chœur cerné par un déambulatoire. Remarquez, le long de ce triforium, la guirlande de personnages : toute la société du 13e s. y est représentée, soutenant l'Église, certains pliant sous le poids de la douleur, d'autres levant les yeux au ciel.

En 1944, la cathédrale fut bombardée. Quelques œuvres de valeur furent épargnées : le jaquemart (16e s.) de la nef, qui ornait autrefois un jubé ; la Vierge de pitié (15e s.), dans la première chapelle latérale gauche ; et surtout, la **Mise au tombeau**★ (15e s.), de style bourguignon, abritée dans la crypte. Mais la cathédrale perdit ses vitraux anciens. Un programme de restauration établi à la fin des années 1970 a permis de mettre en place un magnifique ensemble de **vitraux contemporains**★★. Le projet représente la plus grande commande de vitraux contemporains d'Europe, signés Raoul Ubac, Claude Viallat, Jean-Michel Alberola, François Rouan, Gottfried Honegger. Sur l'un des vitraux d'Alberola, on reconnaît Napoléon non loin de… François Mitterrand.

★ Palais ducal B2

(Pour la visite, voir p. 304). L'ancienne demeure des ducs de Nevers est un beau spécimen de l'architecture civile du tout début de la Renaissance. Commencée dans la seconde moitié du 15e s. par Jean de Clamecy, comte de Nevers, désireux d'abandonner l'austère forteresse située à l'emplacement actuel de l'hôtel de ville, elle fut embellie au 16e s. par les familles de Clèves et de Gonzague. Les grosses tours rondes de la façade postérieure, qui donnent sur une cour surplombant la rue des Ouches, sont les plus anciennes. La façade ocre, coiffée d'ardoise, est ponctuée de deux tourelles. Une belle tour centrale à pans coupés, terminée par un lanternon, abrite l'escalier d'honneur. Elle est ajourée de fenêtres dont le décalage, d'un gracieux effet, souligne la révolution de l'escalier. Les bas-reliefs modernes évoquent la légende de saint Hubert ainsi que celle du « Chevalier au cygne », ancêtre de la maison de Clèves qui inspira le *Lohengrin* de Wagner. Remarquez encore les fenêtres en lucarne ornées de cariatides et d'atlantes, ainsi que les cheminées en tuyaux d'orgue. Sur la tourelle de gauche, une plaque commémorative signale que des princesses nivernaises devinrent reines de Pologne.

LE SAVIEZ-VOUS ?

Tous ne sont pas d'aussi fins bretteurs que le **duc de Nevers**, rendu célèbre par le roman de Paul Féval, *Le Bossu* (1857). L'écrivain s'est inspiré d'un coup d'escrime prétendu infaillible qui remonterait au 17e s. et serait la marque de la famille des Nevers. Enchaînement de parades de tierce et de prime, **la botte de Nevers** touche la tête. Autre caractéristique, elle serait plus accessible aux ambidextres ; or, les Nevers l'auraient tous été, de père en fils…

Longez le palais, puis prenez dans l'enfilade la rue des Récollets. Remarquez en passant à gauche le **théâtre** (19e s.), le portail de l'ancien **couvent des Récollets**, celui (17e s.) de l'**hôtel de Fontenay**, et la **tour médiévale,** aux nos 15 et 13. Le no 7 a gardé l'un des rares pignons flamands de Nevers.

Passé la place Mancini, prenez à gauche la rue François-Mitterrand.

Beffroi B1

Il date du 15e s. Son clocher pointu domine un vaste bâtiment qui abritait autrefois les halles et la salle du bailliage ducal.

Continuez dans la même direction. Tournez à droite vers la place Guy-Coquille, puis prenez à droite la rue du Fer vers la rue de Nièvre. Prenez-la à gauche.

Jetez un coup d'œil au no 5 de la rue Fonmorigny. Quand elle est ouverte, la porte de cet hôtel des 16e et 17e s. laisse apercevoir une charmante cour fleurie.

Hôtel des Bordes et rue Creuse B1

À la hauteur de la rue Creuse, l'hôtel des Bordes (17e s.) était, à sa construction, entre ville et campagne. La veuve de Jean Sobieski, roi de Pologne, y vint en séjour chez sa sœur. Dans la rue Creuse, remarquez le monumental siège de la Mutuelle de la Nièvre (19e s.) et la tour de guet de l'hôtel de Maumigny (15e et 16e s.). **Georges Simenon** vécut de 1923 à 1924 au no 7 de la rue Creuse. *Les Suicidés* se déroulent en partie dans ce quartier de Nevers.

Vous arrivez devant une jolie maison à pans de bois et banc d'échoppe au coin de la rue des Francs-Bourgeois. Prenez à droite.

★ Église St-Étienne B1

33 r. St-Étienne - ✆ 03 86 36 41 04 - ♿ - 9h-18h (en dehors des offices).

Cette belle église romane, qui fit autrefois partie d'un prieuré clunisien, est d'une grande pureté de style. Elle fut édifiée de 1063 à 1097 sur l'initiative de

Guillaume Ier, comte de Nevers. Entouré de sa ceinture d'absidioles, le chevet *(visible de la rue du Charnier)* est très élégant. La tour de la croisée du transept, dont il ne reste que la base, fut détruite durant la Révolution, ainsi que les deux tours surmontant la sobre façade. Un porche y a laissé quelques traces. L'intérieur séduit par les tons dorés de la pierre et ses belles proportions. La nef est voûtée en berceau. Dans le chœur a été placé un autel roman. La rangée de fenêtres à la naissance du berceau est assez hardie.

Après avoir admiré les ferronneries du n° 48, revenez un peu sur vos pas pour prendre à droite la rue Mirangron : elle vous permet d'arriver à l'église St-Pierre par le jardin et de remarquer le joli décrochement de la toiture qui la jouxte.

Église St-Pierre et porte de Paris B1

Conçue pour le collège jésuite, cette église du 17e s. abrite un beau maître-autel et des fresques. Le portail monumental date de 1676.

Parachevant une perspective, la porte de Paris est un arc de triomphe. Elle fut élevée en 1746 pour commémorer la victoire de Fontenoy. Des vers de Voltaire à la louange de Louis XV y sont gravés.

Revenez sur vos pas pour prendre la rue commerçante François-Mitterrand, puis à droite la place St-Sébastien.

Hôtel Flamen-d'Assigny B1

Remarquez, au n° 1, l'un des plus beaux hôtels particuliers de Nevers (18e s.), avec une façade symétrique ornée en style rocaille.

Continuez par la rue St-Martin.

Chapelle Ste-Marie B1

C'est l'ancienne chapelle d'un monastère de visitandines. La **façade★**, chargée d'ornements dans le style baroque italien – niches, entablements, colonnes et pilastres –, est due à Jean Collignon (époque Louis XIII).

Notez sur la gauche l'**hôtel de St-Phalle** (18e s.).

Les rues St-Martin, du 14-Juillet puis de la Porte-du-Croux mènent à la porte du même nom.

★ Porte du Croux A2

Coiffée d'une haute toiture, cette belle tour-porte de défense, avec mâchicoulis et tourelles en encorbellement, est l'un des vestiges des fortifications de la ville. Elle fut élevée en 1393, lorsque l'on remania l'enceinte établie deux siècles auparavant par Pierre de Courtenay.

Musée archéologique du Nivernais – *R. de la Porte-du-Croux - ✆ 03 86 61 42 39 - www.nevers.fr - juin-sept. : jeu.-dim. 14h-18h ; mai et oct. : sur demande - 2 € (-18 ans gratuit).* La porte du Croux abrite un musée lapidaire composé d'une collection de chapiteaux romans provenant de l'ancienne église St-Sauveur de Nevers, et de mosaïques, figurines et bas-reliefs exhumés lors de fouilles dans la Nièvre.

Promenade des remparts A2

De la porte du Croux jusqu'à la Loire, remarquez l'enceinte édifiée par Pierre de Courtenay au 12e s., avec les tours du Havre, St-Révérien et Goguin. L'ensemble fut reconstruit au 15e s. Prolongez par le quai des Mariniers, dégageant une **vue** sur le pont de Loire.

★ Musée de la Faïence et des Beaux-Arts A2

16 r. St-Genest - ✆ 03 86 68 44 60 - http://musee-faience.nevers.fr - ♿ - mai-sept. : 10h-18h30 ; reste de l'année : 13h-17h30, w.-end 14h-18h - possibilité de visite guidée sur demande (1h30) - 6 € (-18 ans gratuit).

Situé au sein du quartier des faïenciers, dans l'ancienne abbaye Notre-Dame, le musée a été intégralement restauré et agrandi, passant de 700 à 2 200 m². Les collections phares témoignent des deux artisanats qui se développèrent à Nevers entre le 16e et le 18e s. : la faïence et le verre émaillé, deux techniques qui font appel aux mêmes matériaux : le sable de la Loire et le bois des environs. Quelque 340 pièces de **faïence** sont exposées selon leur usage (plats d'ornement, coupes, bouteilles, aiguières) par ordre chronologique, du 16e s. à nos jours, avec des pièces emblématiques : la statue de la *Vierge à l'enfant* (dite « à la pomme »), un plat ovale à bord contourné orné d'une scène de banquet campagnard peinte en 1769, période où la polychromie atteint son apogée. À l'inverse des faïences cuites au petit ou au grand feu (four), le **verre émaillé** est travaillé à la lampe (technique dite « du chalumeau »), puis modelé à l'aide de pinces qui transforment la pâte de verre en personnages ou en objets divers. 300 pièces (la plus importante collection d'Europe) occupent une salle entière. On est saisi par ces boîtes ornées aux compositions baroques, ces saynètes (retables, grottes, fermes, scènes de théâtre…) peuplées d'inombrables figurines d'émail. Ces décorations étaient très prisées des milieux aristocratiques. À l'étage, une collection de beaux-arts (peintures, sculptures, gravures, dessins) complète la visite. La **donation Bossuat,** du nom du donateur nivernais (1873-1948) qui vécut à Montmartre, permet au musée d'exposer quelques grands noms de l'école de Montparnasse : Modigliani, Vlaminck, Dufy, Kisling mais aussi Utrillo, Jongking, Picabia.
Remontez vers la cathédrale par la rue des Jacobins.

À voir aussi Plan de ville p. 306

Espace Bernadette-Soubirous A1

34 r. St-Gildard - ✆ 03 86 71 99 50 - www.sainte-bernadette-soubirous-nevers.com - ♿ - été : 8h-12h30, 13h30-19h ; reste de l'année : 8h-12h, 14h-18h - possibilité de visite guidée sur demande (2h) - gratuit.
Maison mère des Sœurs de la charité de Nevers, St-Gildard abrite le Centre international de pèlerinage, le Centre international de recherche et de ressourcement pour l'humanitaire, ainsi qu'un espace muséologique dédié à l'œuvre spirituelle de Bernadette Soubirous *(voir encadré ci-dessous)* : un parcours spirituel à la rencontre de la sainte, à travers ses paroles et écrits et quelques objets lui ayant appartenu *(voir « Nos adresses »).*

Église Ste-Bernadette-du-Banlay B1 (en direction)

Accès par l'av. Colbert et la r. du Banlay.
Ce sanctuaire (1966), dû à Paul Virilio et Claude Parent, fondateur du modernisme en architecture, présente extérieurement, sous des lignes obliques, la

BERNADETTE SOUBIROUS

Témoin, à 14 ans, de nombreuses apparitions de la Vierge Marie, Bernadette Soubirous quitta Lourdes en 1866 pour rejoindre la congrégation des Sœurs de la charité de Nevers, à St-Gildard. Elle n'était pas satisfaite de la statue de la Vierge installée à Lourdes et réalisée sur la base de ses récits. Lorsqu'elle arriva à Nevers, elle en découvrit une autre, au fond du jardin, dont elle dit : « Celle-ci ressemble un peu à la dame que j'ai vue. » Cette statue est encore visible de nos jours, au même endroit. Bernadette vécut à St-Gildard jusqu'à sa mort, en 1879, et fut canonisée en 1933. Son corps, trois fois exhumé, intact, repose aujourd'hui dans une châsse vitrée de la chapelle de l'Espace Bernadette-Soubirous *(voir ci-dessus).*

forme lourde et ramassée d'un blockhaus. Contre toute attente, la nef concave est éclairée d'une lumière diffuse qui agrandit l'espace.

À proximité Carte de microrégion p. 302

Marzy A3

3 km à l'ouest par la D 131.

Remarquez une église romane du 12e s., surmontée d'un clocher à deux étages.

Environ 7 km AR. Ponctué de panneaux d'interprétation, le **sentier du Ver-Vert**, qui relie Nevers *(départ quai des Mariniers)* à Marzy, sensibilise le promeneur à l'écosystème ligérien et aux activités traditionnelles des bords de Loire.

Au **bec d'Allier**, où la Loire vient retrouver sa fougueuse compagne, vous bénéficierez d'une jolie **vue** sur cette confluence, dans des paysages d'une grande diversité : forêts alluviales, grèves et bras morts, prairies, landes…

Varennes-Vauzelles A3

8 km au nord de Nevers, au niveau de la sortie 32 de l'autoroute.

Cette bourgade offre un bel exemple de **cité cheminote** (ateliers de réparations ferroviaires dans le bourg) du début du 20e s.

Cuffy A3

9 km au sud-ouest de Nevers par la D 976.

Ravissante église du 12e s. Vous pouvez apercevoir le château fort de Cuffy depuis la route en direction de Fourchambault.

Pougues-les-Eaux A2

11 km au nord par la D 907.

À proximité de la Loire, cette ancienne station thermale occupe un site agréable dans un vallon ombragé. Ses parcs aux futaies centenaires et la terrasse du parc de Bellevue sur le mont Givre, d'où l'on a une **vue** étendue sur la vallée de la Loire et le Berry, constituent d'agréables lieux de promenade ou de repos. La ville offre une gamme étendue de distractions : plan d'eau, casino, piscine, tennis, etc. En 2012, elle a inauguré la première manifestation « Faites de la N 7 », renouvelée depuis tous les deux ans, qui honore la célèbre route (animations, rallye-promenade, rassemblement de voitures anciennes, etc.).

Guérigny A2

14 km au nord par la D 977.

La localité s'est développée autour de la métallurgie, au 18e s. Pour découvrir cette activité du temps de Buffon, voyez les expositions d'archéologie industrielle du **musée du Vieux Guérigny**, consacré à l'histoire des forges et de la métallurgie nivernaise. *Av. Arnault-Delange - ✆ 03 86 37 01 08 - visite guidée de déb. juil. à mi-sept. : 14h30-18h30 - fermé mar. - 4 € (-10 ans gratuit).*

Decize B3

35 km au sud-est par la D 981.

Pl. du Champ-de-Foire - 58300 Decize - ✆ 03 86 25 27 23 - www.decize-confluence.fr - juil.-août : 9h30-18h, dim. 10h-12h, j. fériés 10h-17h ; mai-juin et sept. : tlj sf dim. et j. fériés 9h30-12h, 14h-17h30, sam. 9h30-12h ; reste de l'année : tlj sf w.-end et j. fériés 9h30-12h, 14h-17h.

Occupant une île rocheuse de la Loire, le bourg de Decize s'étale au pied d'une butte où se dressait jadis le château des comtes de Nevers. Il fait bon se promener sous son allée de platanes ou y embarquer, comme les mariniers

Le pont de Loire à Nevers et la cathédrale.
lucentius/iStock

autrefois, sur une gabare. Au pied de la butte, les anciens remparts montrent les vestiges de tours, portes et ravelin (élément de fortification ayant un angle saillant servant à couvrir un fort ou une courtine).

Les Decizois habitent de part et d'autre de la Loire, ou encore sur l'île dessinée par les deux bras du fleuve. Le plus ancien, la **Vieille Loire**, est un bras mort qui offre la vision surprenante d'un pont chevauchant une prairie.

Église St-Aré – Le chœur du 11e s. recouvre une **crypte double** du 7e s., qui renfermait avant la Révolution le tombeau de saint Aré, évêque de Nevers. La légende raconte qu'à sa mort son corps fut, selon son vœu, placé sur une barque qui remonta seule la Loire et vint s'échouer à Decize. C'est l'une des très rares cryptes mérovingiennes conservées en France. Elle abrite une Vierge du 16e s., Notre-Dame de Sous Terre. Dans l'église même, remarquez les bénitiers en bronze datant du 15e s. et le reliquaire de saint Aré.

Redescendez vers la Vieille Loire en passant devant l'ancien couvent des Minimes. Longez le bras de rivière.

Promenade des Halles – Cette superbe allée longue de plus de 900 m est ombragée de platanes dont certains atteignent 55 m de hauteur ; les premiers ont été plantés en 1771.

DECIZE, TERRE NATALE DE HÉRAUTS

St-Just (1767-1794) fut membre du Comité de salut public en 1793. Celui qu'on appelait « l'archange de la Terreur » est l'auteur du fameux : « On ne peut point régner innocemment » lors du jugement de Louis XVI, et du prémonitoire : « Le bonheur est une idée neuve en Europe. » St-Just fut guillotiné le 10 thermidor an II (28 juillet 1794).

Maurice Genevoix (1890-1980) dépeignit avec lucidité les ravages de la guerre dans *Ceux de 14*, avant de recevoir le prix Goncourt en 1925 pour son roman *Raboliot*. La suite de son œuvre célèbre la plénitude de la nature et la force animale. Il fut élu à l'Académie française en 1946.

La Machine B3

38 km au sud-est par la D 981 puis la D 34 à gauche après St-Léger-des-Vignes.
Connu depuis la haute Antiquité pour ses affleurements de charbon, le gisement houiller de la région fut exploité industriellement sous l'impulsion de Colbert, qui vanta auprès du roi l'excellente qualité du charbon nivernais pour fournir les forges des arsenaux militaires. En 1670, une machine d'extraction d'origine liégeoise – un manège en bois tiré par un cheval – fut installée sur le site, donnant son nom à la ville. La mine fut achetée par la compagnie Schneider du Creusot en 1864 et nationalisée en 1946. La concurrence de l'étranger et des autres sources d'énergie conduisirent à sa fermeture en 1974.
Musée de la Mine – *1 av. de la République - ✆ 03 86 50 91 08 - www.mairie-la-machine.fr/le-musee-de-la-mine - visite guidée (2h30) de mi-juin à mi-sept. : 14h-19h ; de déb. mars à mi-juin et de mi-sept. à fin oct. : dim. et j. fériés 14h-18h - fermé 1er Mai - 4 € (-6 ans gratuit) - 6 € billet combiné avec musée de la Marine fluviale - audioguide (1 €) - visite puits des Glénons juil.-août : 14h30, 15h, 16h, 16h30 et 17h30 ; reste de l'année : 14h30, 16h et 17h30.* Installé dans les bâtiments de l'ancienne direction des houillères depuis 1983, ce musée évoque l'histoire du site, le travail et la vie quotidienne au fond de la mine, ainsi que les aspects sociaux liés au quotidien d'une ville minière. Le musée organise par ailleurs chaque année une exposition liée au patrimoine industriel.
Musée de la Marine fluviale - centre du Toueur – *39 rte Nationale - ✆ 03 86 50 91 08 - ♿ - de mi-juin à fin août : 14h-18h ; de déb. mai à mi-juin et sept.-oct. : sur demande - fermé 1er Mai - fermé au moment de la rédaction de ce guide, réouv. prévue en 2019.* Autrefois, les futurs mineurs faisaient leur apprentissage dans ce puits. Aujourd'hui, en complément de la visite du musée, cette reconstitution réaliste d'une galerie type permet de découvrir l'évolution des techniques de soutènement de bois et le travail d'extraction : dynamitage, abattage, évacuation de la houille.

Circuit conseillé Carte de microrégion p. 302

PAYS D'ENTRE LOIRE ET ALLIER A3

Circuit de 82 km tracé en vert sur la carte de microrégion (p. 302) – Comptez environ 4h. Quittez Nevers au sud pour rejoindre la N 7.
Dans la dernière partie de son cours, l'Allier, épanoui mais vif encore, trace jusqu'à la Loire une voie presque directe. Ce pays verdoyant et bocager, avec au sud la forêt du Perray, est donc isolé. Les bourgs sont rares ; de belles demeures se cachent au milieu de vastes domaines où se pratique l'élevage des bœufs charolais. Leur calme est seulement troublé par le trafic de la N 7, et certains jours… par des Grands Prix !

Circuit de Nevers - Magny-Cours

Technopole - ✆ 03 86 21 80 00 - www.circuitmagnycours.com - ♿ - visite uniquement pour les groupes - rens. sur les compétitions sportives sur le site Internet.
Inauguré en 1961 (on l'appelait alors le circuit Jean-Behra), ce célèbre circuit auto-moto est depuis toujours le théâtre de prestigieuses compétitions, comme le Grand Prix de France de Formule 1, de 1991 à 2008, et aujourd'hui, le Grand Prix de France Historique et les 12 heures de Nevers Magny-Cours. Son immense enceinte peut accueillir, dans une ambiance survoltée d'applaudissements et de vrombissements de moteurs, quelque 110 000 spectateurs. La **piste Grand Prix** mesure 4 411 m et permet l'organisation de compétitions internationales. Le complexe comprend aussi la piste Club

(initiation au pilotage Formule 3 et Formule 1 et essais techniques) et une piste de karting.
Autour du circuit s'est développé, sur 25 ha, un **pôle de performance** dédié aux sports mécaniques, comprenant notamment des écoles de pilotage, des concepteurs-constructeurs de véhicules de compétition et motoristes, ainsi qu'un centre d'activités de recherche technologique et de développement.
Empruntez la D 58 au sud-est.

St-Parize-le-Châtel

Tout près du circuit, ce riant village était déjà florissant à l'époque gallo-romaine grâce à ses sources d'eau gazeuse, naguère exploitées à l'est de la localité. Son église construite sur une terrasse dominant le paysage est surtout remarquable pour sa **crypte** aux magnifiques chapiteaux du 12e s.
Il abrite aussi le **Mémorial de la présence américaine en Nièvre 1917-1919**. Ce château d'eau a été construit en 1918 pour alimenter en eau l'hôpital militaire américain, qui occupait 330 ha afin de soigner 38 000 patients. Deux parcours de mémoire (6 et 12 km) agrémentés de textes et de photos d'archives nous replongent dans la Première Guerre mondiale.
Suivez la D 133 à l'ouest sur 8,5 km.

Mars-sur-Allier

La petite **église** romane de Mars était au 12e s. un prieuré dépendant de Cluny. Trônant sur une petite place, elle offre un plan rectangulaire très simple. Le tympan du portail figure le Christ en gloire entouré des symboles des quatre évangélistes et de plusieurs apôtres.
Retournez sur la D 133 puis prenez à droite la D 108 sur 10 km.

St-Pierre-le-Moûtier

Cet ancien siège d'un bailliage royal est un bourg commerçant, aux tranquilles petites places. On y trouve les traces des remparts qui fortifiaient la ville au 15e s. et de jolies maisons anciennes.
Église – Elle appartenait à un prieuré bénédictin lié à St-Martin d'Autun. Sa masse carrée et solide est aujourd'hui isolée sur la place du marché. Le tympan du portail nord, dégradé, représente le Christ et les évangélistes avec leurs symboles, entourés d'anges dans les voussures. Certains chapiteaux de la nef sont ornés de scènes pittoresques. Notez un gisant du 14e s. Sur la place, l'entrée du presbytère est marquée par une porte gothique au décor flamboyant.
Huilerie Réveillée – *2 r. Lieutenant Paul-Theurier - ✆ 03 86 37 21 25 - jeu. 9h-12h - gratuit.* Située dans un immeuble de caractère, cette ancienne huilerie, fondée en 1867, a été remise en état de fonctionnement par l'association éponyme. Démonstration du fonctionnement des machines et découverte du processus de transformation.
Gagnez Chantenay-St-Imbert, 9 km au sud par la N 7, et bifurquez ensuite sur la D 522 vers l'est.

Forêt du Perray

Plusieurs étangs viennent égayer ses 2 200 ha. Au centre, le Rond-du-Perray est une vaste clairière d'où partent en étoile de profondes allées. La forêt de Chabet prolonge le massif du Perray vers l'ouest.
Traversez la forêt. Après Les Raguet, prenez à gauche la D 13 et gagnez Luthenay-Uxeloup à 10 km au nord.
Dès la sortie est de Luthenay-Uxeloup, la silhouette du **château de Rozemont** (13e s.), l'un des repaires de Perrinet-Gressard *(voir p. 318)*, se détache sur l'autre versant de la vallée.
Descendez vers la Loire par la D 13 et gagnez Chevenon à 9,5 km au nord.

Chevenon, la chapelle St-Étienne de Jaugenay.
F. Guiziou/hemis.fr

Chevenon

En bordure des coteaux qui commandent la vallée, le **château** *(ne se visite pas)*, ancien logis seigneurial étroitement resserré entre ses fortes tours rondes, était autrefois entouré de fossés. Il fut édifié au 14e s. par Guillaume de Chevenon, « capitaine des châteaux et tours de Vincennes » sous Charles V. Aujourd'hui encore, une impression de puissance se dégage de la haute construction, dont la coloration rose adoucit la sévérité.

La **chapelle St-Étienne de Jaugenay** (12e s.), de style roman, présente une abside en cul de four et une coupole d'inspiration byzantine. Remarquez le beau plafond en bois.

Retournez à Nevers par la D 13.

La route longe le canal latéral à la Loire dont les eaux calmes reflètent un paysage apaisant ; mais le fleuve, caché par une large bande alluviale, reste invisible.

NOS ADRESSES À NEVERS

VISITE

Promenade-découverte – *Deux itinéraires bleus, peints sur les trottoirs de la ville, vous permettront de découvrir à votre rythme les principales curiosités patrimoniales de Nevers, signalées par des plaques d'identification. Le premier relie le palais ducal à l'église St-Étienne ; le second vous fait parcourir le quartier des faïenciers. Rens. à l'office de tourisme.*

HÉBERGEMENT

À Nevers

PREMIER PRIX

9 **Espace Bernadette Soubirous** – A1 - *34 r. Saint-Gildard - ✆ 03 86 71 99 50 - www.sainte-bernadette-soubirous-nevers.com - P ♿ - 109 ch. 50/72 € ☕ - ✕ menu du jour 14,50 €.* En plein centre ville, un hébergement situé dans le cadre verdoyant et apaisant

d'un parc de 4 ha. Chambres un tantinet spartiates mais lumineuses et très bien entretenues avec point d'eau. Certaines disposent d'une douche particulière.

BUDGET MOYEN

(4) **Best Western Hôtel de Diane** – A2 - *38 r. du Midi - ✆ 03 86 57 28 10 - P 10 € - ♿ - fermé 20 déc.-4 janv. - 29 ch. 80/110 € - ☕ 14 € - 1/2 P possible - ✕ formule déj. 17 € - 24/30 €.* Cette demeure ancienne, proche de la gare, abrite de grandes chambres, rajeunies et meublées avec soin. Quelques problèmes d'insonoristaion encore pour certaines. La salle du petit-déjeuner occupe une tour du 14e s. Au restaurant, cuisine classique et cadre empreint de fraîcheur et de sobriété.

(2) **Chambre d'hôte Côté Parc-Côté Jardin** – A1 - *24 r. Jeanne d'Arc - ✆ 09 83 44 94 15 - www.chambresdhotes-nevers.com - ⊭ P - 5 ch. 85/100 €.* Juste derrière le parc Salengro, à deux pas du centre-ville, se cache une belle demeure de 1936 entièrement rénovée. Entre parc et jardin, trois magnifiques chambres confortables et cossues ainsi que deux belles suites. Un lieu idéal pour se sentir à la campagne au cœur de Nevers.

(6) **Hôtel de la Chasseigne** – B1 - *5 r. de Fonmorigny - ✆ 03 86 36 61 69 - ✆ 06 85 74 03 35 - www.lachasseigne.canalblog.com - P - 3 ch. 90 € ☕.* Au cœur du vieux Nevers, cet hôtel particulier abrite des chambres amples et confortables, avec des aménagements modernes et une touche presque japonisante par son raffinement sans ostentation. Jardin luxuriant. Une adresse remarquable.

POUR SE FAIRE PLAISIR

(16) **Hôtel Mercure Nevers Pont de Loire** – B2 - *Quai de Médine - ✆ 03 86 93 93 86 - P 6 € - ♿ - 59 ch. 90/125 € (côté Loire) - ☕ 15 € - ✕ fermé sam. midi, dim. soir - formule déj. 20 € - 27/40 €.* Malgré l'architecture sans charme et la décoration simplissime, cet hôtel est le plus haut de gamme de Nevers, car idéalement situé aux bords de la Loire et proche du centre-ville (demandez une chambre avec vue sur la Loire).

À proximité

PREMIER PRIX

Chambre d'hôte Domaine de Trangy – *8 rte de Trangy - 58000 St-Éloi - 5,5 km par D 176 - ✆ 03 86 37 11 27 - www.chambrestrangy.com - ⊭ P 🏊 - 4 ch. 64 € ☕ - ✕ 30 € sur réserv.* Au cœur du Val de Loire bourguignon, cette belle maison du 18e s. abrite quatre charmantes chambres d'hôte au cachet rustique. Agréable jardin aux arbres centenaires.

Maison d'hôte du Bec d'Allier – *3 r. du Panorama - 58180 Marzy - 8 km à l'ouest de Nevers - ✆ 03 86 57 98 76 - www.instant-nature.org - 2 ch. 65 € ☕.* Christophe Page est guide naturaliste : c'est peut-être l'occasion d'allier séjour et découverte… Après une nuit dans l'une des 2 chambres bien douillettes, pourquoi ne pas l'accompagner en bateau sur la Loire, afn de découvrir les castors et autres animaux sauvages ? Une excellente adresse.

POUR SE FAIRE PLAISIR

Chambre d'hôte Château du Four de Vaux – *65 r. Daniel Bollon - 58640 Varennes-Vauzelles - 3 km au nord de Nevers - ✆ 03 86 21 99 87 - www.chateaudufourdevaux.com - P 🏊 extérieure - 5 ch. 115/165 € ☕.* Et si vous dormiez dans un château ? Les 5 chambres sont intelligemment mises en valeur, superbement décorées dans un style rétro-chic, dans le beau bâtiment du 19e s., environné d'un parc arboré. Spa (15 €/pers., sur réserv.).

RESTAURATION

PREMIER PRIX

Espace Bernadette-Soubirous – *(voir Hébergement ci-dessus) formule 3 plats 14,50 €.* Cuisine simple mais consciencieusement préparée. Idéal pour ceux qui veulent communier l'espace d'une heure avec un lieu calme et serein.

BUDGET MOYEN

Café de la Marine – Hors plan - *10 quai de la Jonction - ✆ 03 86 37 58 61 - mai.-sept. : fermé lun. ; oct.-avr. : fermé lun., mar. soir, dim. soir - 15/27 €.* Bistrot situé sur le port de plaisance de la Jonction, sur le canal latéral à la Loire. Un endroit réputé pour sa friture fraîche de Loire, son bavarois de chèvre et son rösti morvandiau (hiver). Une adresse à découvrir les jours de beau temps pour profiter de la terrasse.

14 **La Cour St-Étienne** – B1 - *33 r. St-Étienne - ✆ 03 86 36 74 57 - www.lacoursaintetienne.fr - P ♿ - fermé dim. soir et lun. (sf lun. soir en juil.-août) - formules déj. 16,90/18,90 € - menus 19/38 €.* Situé dans le centre-ville, ce restaurant dispose d'une terrasse très agréable devant l'église St-Étienne. Décoration sobre et bonne cuisine à base de viande charolaise et de poisson.

POUR SE FAIRE PLAISIR

1 **La Botte de Nevers** – B2 - *R. du Petit-Château - ✆ 03 86 61 16 93 - www.labottedenevers.fr - fermé dim. soir, lun. et mar. midi - formule déj. 20 € - 30/62 €.* L'enseigne en fer forgé, le cadre d'inspiration médiévale et les quelques épées ornant l'escalier monumental accentuent le clin d'œil à la célèbre estocade du duc de Nevers. Une référence depuis 25 ans. Réservation indispensable.

7 **Jean-Michel Couron** – B1 - *21 r. St-Étienne - ✆ 03 86 61 19 28 - www.jm-couron.com - fermé 3 sem. en fév.-mars, fin juil.-mi-août, dim. soir, lun.-mar. - formule déj. 24 € - 37/59 €.* L'une des trois minuscules salles à manger est aménagée sous les voûtes (14e s.) de l'ancien cloître de l'église St-Étienne. Belle cuisine inventive.

À proximité

BUDGET MOYEN

La Gabare – *171 rte de Lyon - 58000 Challuy - 3 km au sud de Nevers par N7 - ✆ 03 86 37 54 23 - www.restaurant-challuy.fr - P - fermé 3 sem. en juil., 24 et 31 déc., dim. et merc. - formule déj. 22 € - menu 30 €.* Cette vieille ferme joliment restaurée abrite deux salles rustiques : poutres apparentes, murs colorés et grande cheminée. Terrasse fleurie aux beaux jours. Tradition basée sur le poisson.

Le Bengy – *25 rte de Paris - 58640 Varennes-Vauzelles - 4,5 km par D 907 - ✆ 03 86 38 02 84 - www.le-bengy-restaurant.com - 1er-4 janv., 2 sem. vac. de fév., fermé 3 sem. en août, dim. et lun. - formule déj. 16,50 € - menus 19,50/34 €.* Tons chocolat et beige, lignes contemporaines, cuir, fer forgé et plantes vertes composent l'ambiance japonisante de ce restaurant, qui affiche souvent complet. Cuisine au goût du jour.

Auberge de l'Écluse – *12 levée de la Loire - 18320 Cours-les-Barres - Givry - 13 km à l'ouest de Nevers par D 40 et D 12 - ✆ 03 86 90 97 28 - www.auberge-ecluse.com - fermé lun.-mar. - formule déj. 17 € - 25/39 €.* Terrasse avec vue sur la Loire et cuisine régionale.

POUR SE FAIRE PLAISIR

Moulin de l'Étang – *64 rte de l'Étang - 58160 Sauvigny-les-Bois - 9,5 km à l'est de Nevers par D 978 et D 18 - ✆ 03 86 37 10 17 - www.moulin-de-letang.com - P - fermé vac. de fév., 1er-20 août, dim. soir, merc. soir et lun. - 23/51 €.* Aux portes du village de Sauvigny-les-Bois et près de l'étang environné de bois, l'ancienne laiterie abrite une salle à manger d'esprit moderne. Le chef François Martintravaille de bons produits frais pour une cuisine traditionnelle, comme cette fricassée d'escargots au pistou.

ACHATS

Marché Carnot – *Halle Carnot : 7h-12h30, 15h30-19h, sam. (plein air) 6h30-13h - fermé dim.-lun.* Beau marché de producteurs locaux.

À la tentation – *24 r. de Nièvre - ✆ 03 86 61 09 28 - www.a-la-tentation.com - mar.-vend. 8h30-13h, 14h30-19h30, sam. 8h-19h30 et dim. 7h30-13h - fermé lun., 1 sem. en hiver et 2 sem. fin août-début sept.* Cette belle sélection de pâtisseries, chocolats et spécialités est exécutée par Thierry Cagnat, l'un des meilleurs artisans pâtissiers, chocolatiers, confiseurs et glaciers de Nevers.

Faïencerie d'art de Nevers – *1 r. Sabatier (Palais Ducal) et 88 bis, av. Colbert (atelier-boutique) - ✆ 03 86 36 51 71 - ✆ 03 86 61 19 25 - www.fayencerie-dart-de-nevers.com - r. Sabatier : mar.-sam. 10h-12h30, 16h-19h30 (tlj mai-sept.) ; av. Colbert : mar.-sam. 10-12h, 14-19h.* Une faïencerie familiale de père en fils. Clair, qui en a repris les rênes, entend se tourner vers un art plus fonctionnel. Un peu plus éloigné des éternelles bonbonnières ou pots à pharmacie.

À Decize

Marché de Decize – *Vend. 7h-13h et foire 3e mar. du mois.*

Marché de producteurs locaux – *Sous la halle - avr.-oct. à partir de 17h.*

ACTIVITÉS

Zebulle Parc – *Allée des Loisirs - 58160 Chevenon - ✆ 03 86 37 21 25.* Inspiré par la thématique des insectes, ce parc propose des jeux originaux pour petits et grands (certains à plus de 4 m de haut). Baignade surveillée en saison, pêche, randonnée pédestre ou en vélos. Snack et tables de pique-nique.

La Charité-sur-Loire

★

4 966 Charitois – Nièvre (58)

Entourée de vignobles et de forêts, La Charité-sur-Loire est une ville où il fait bon vivre. Son passé prestigieux, son dynamisme culturel et son environnement naturel sont appréciés des visiteurs. Le cœur de la ville se concentre autour de son prieuré clunisien qui, grâce à des restaurations audacieuses, transforme progressivement son centre historique en levier patrimonial et artistique. Ce colossal chantier de restauration est toujours en cours, mais nul doute que cette mise en lumière, intelligente et sensible, saura faire de La Charité-sur-Loire un lieu de convergence inévitable pour les plus curieux des voyageurs.

NOS ADRESSES PAGE 326
Hébergement, restauration, achats, activités, etc.

S'INFORMER

Office du tourisme – *5 pl. Ste-Croix - 58400 La Charité-sur-Loire - 03 86 70 15 06 - www.lacharitesurloire-tourisme.com - juil.-août : 9h30-12h30, 14h-18h30 ; avr.-juin et sept. : 9h30-12h30, 14h-18h ; reste de l'année : tlj sf dim.-lun. 10h-12h, 14h-17h - fermé déc.-fév.*

SE REPÉRER

Carte de microrégion A2 (p. 302) – La Charité se trouve entre Cosne-Cours-sur-Loire et Nevers, sur la N 7.

SE GARER

Parkings du prieuré ou de l'Europe (gratuits).

À NE PAS MANQUER

Le prieuré et la salle capitulaire. Admirez la belle vue d'ensemble sur la ville à partir du pont ou des remparts.

AVEC LES ENFANTS

La réserve naturelle du Val de Loire et le Pavillon du milieu de Loire, tous deux à Pouilly-sur-Loire.

LA PUCELLE ET LE BRIGAND

Fortifiée au 12e s., la ville, « poste considérable à cause du passage de la Loire », est l'enjeu de luttes entre les Armagnacs et les Bourguignons au cours de la guerre de Cent Ans. Occupée par les premiers, partisans de Charles VII, la ville est prise en 1423 par **Perrinet-Gressard**, aventurier payé à la fois par le duc de Bourgogne et par les Anglais. En décembre 1429, **Jeanne d'Arc**, venant de St-Pierre-le-Moûtier, met le siège devant La Charité. Mais l'insuffisance des troupes, les rigueurs du froid et peut-être une « merveilleuse finesse », jamais élucidée, de Perrinet-Gressard l'obligent à lever le siège. Perrinet-Gressard ne rendra la ville à Charles VII qu'après 1435 et la signature de la paix d'Arras entre Armagnacs et Bourguignons, moyennant une forte rançon et la charge à vie de capitaine de La Charité. La cité fera à nouveau l'objet de plusieurs changements de main, cette fois entre les catholiques et les protestants (1559-1577). En 1570, elle fait partie des quatre places de sûreté des huguenots en France.

Canoë sur la Loire, avec vue sur la ville.
Ch. Goupi/age fotostock

★★ Découvrir la cité monastique

Son abbaye, réorganisée au 11e s., attirait voyageurs, pèlerins et pauvres. Connaissant l'hospitalité des moines, beaucoup venaient solliciter la « charité des bons pères ». « Aller à la charité » passa dans le langage courant et le nom fut attribué à la localité. Les armes de la ville, trois bourses d'or ouvertes sur champ d'azur, rappellent la prodigalité des religieux.

Place Ste-Croix

C'est ici que l'imbrication de la ville et du prieuré est la plus manifeste : cette place se situe en fait à l'intérieur de l'ancienne église prieurale détruite en 1559. En effet, le 31 juillet 1559, un grand incendie ravage six travées de Notre-Dame, le clocher, la chapelle axiale, la nef de St-Laurent, le dortoir, le cloître, les logis des officiers, la cuisine, le chauffoir et de nombreuses maisons en ville. Le prieuré était « flambant neuf » aux deux sens du terme : vingt ans auparavant, le prieur Jean de La Madeleine de Ragny avait financé sa remise en état. Levez la tête pour apercevoir les arcatures sous lesquelles ont été encastrées des habitations au 19e s., après la vente des biens nationaux.

5

★★ Église prieurale Notre-Dame Plan de l'église et de l'ancien prieuré p. 320

Le pape Pascal II consacra l'église en 1107. La Charité resta toujours dépendante de sa maison mère, Cluny, mais engendra 400 nouvelles fondations. Malgré ses blessures, l'édifice reste l'un des plus dignes représentants de l'architecture romane en Bourgogne. Avec ses cinq nefs, 122 m de longueur, 37 m de largeur et 27 m de hauteur sous la coupole, elle était, après celle de Cluny, la plus grande église de France et pouvait contenir 5 000 personnes. Elle faisait partie des cinq privilégiées honorées du titre de « fille aînée de Cluny » et ne possédait pas moins d'une cinquantaine de « filiales », jusqu'à Constantinople. Lorsque Cluny décida cette nouvelle fondation, c'est à dessein qu'elle la préféra monumentale. Bien implantée sur les routes des pèlerinages, plus au sud,

PATRIMOINE ET CRÉATION, UN DIALOGUE SUBTIL

« Dans quelles conditions le patrimoine peut-il engager la création ? », interroge Luc Jolivel, homme-orchestre de ce chantier gigantesque. Une première réponse est apportée par **Christopher Wool** (né à Chicago en 1955). Cet artiste, chantre d'un certain renouveau de la peinture abstraite, griffonne avec des lignes de plomb. Ses **vitraux**, de belles épures sur un verre transparent soufflé à la bouche, puis cuit avec cette texture de grain opalescent, ornent désormais les deux baies de la salle Mérimée et les trois baies de la salle capitulaire. Observez bien (les portes, l'éclairage…), le moindre détail a été minutieusement travaillé.

elle posa un bastion en terre vierge, dans le diocèse d'Auxerre. Cet ancrage lui permit de rayonner et d'essaimer dans la partie nord de la France. Depuis 1998, elle est inscrite au Patrimoine mondial de l'Unesco et constitue une étape majeure sur les chemins de St-Jacques-de-Compostelle.

Extérieur – Isolée du reste de l'édifice par l'incendie de 1559, qui ravagea une bonne partie de la ville, la façade se dresse place des Pêcheurs. L'ample **tour Ste-Croix** a été édifiée au 12e s. De plan carré, à deux étages de fenêtres, elle est surmontée d'une flèche couverte d'ardoise remplaçant l'originale en pierre. Elle est décorée d'arcatures aveugles et de motifs sculptés figurant des rosaces. Les deux portes sont murées ; l'une d'elles conserve son **tympan**, avec une rare scène de la Nativité où Marie est représentée couchée, et avec au-dessus d'elle l'Enfant Jésus réchauffé par l'âne et le bœuf. Une seconde tour aurait dû encadrer le portail central, mais elle ne fut probablement jamais construite.

Intérieur – L'église actuelle occupe les quatre premières travées de la nef originelle, le transept et le chœur. De l'entrée, notez la taille de l'église et la surélévation du sol, visible au pied du pilier et due à l'accumulation de remblais ;

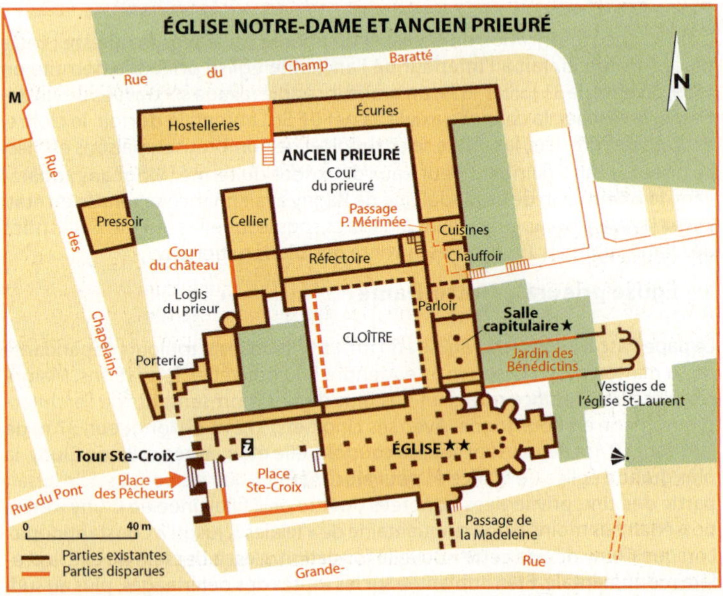

il est probable que l'église ait, dès l'origine, disposé de plusieurs niveaux. Si la nef a perdu son intérêt suite à la restauration de 1695, le transept constitue avec le chœur un magnifique ensemble roman. La croisée est surmontée d'une coupole octogonale sur trompes ; les croisillons comptent trois travées et deux absidioles remontant au 11e s., c'est la partie la plus ancienne de l'édifice. Un **bestiaire** à huit motifs souligne le faux triforium dont les arcatures, d'inspiration arabe, sont supportées par des pilastres ornementés. Les vitraux modernes sont l'œuvre de Max Ingrand.

Juste avant de quitter l'église par le croisillon droit, remarquez le **tympan de la Transfiguration★** à droite de la porte. Notez le mouvement des prophètes Moïse et Élie qui encadrent le Christ : ils semblent danser, les courbes de leur corps épousant celles du tympan. En dessous, voyez l'adoration des Mages et la présentation au Temple. Décors et frises sont admirablement soignés. **Mérimée** rapporte que les tympans étaient à leur place, mais insérés dans des échoppes de serruriers, appuyées sur le mur de l'église. Celui de la Transfiguration donnait dans une chambre à louer. Un locataire, furieux de cohabiter avec des punaises, se vengea en brisant la tête de l'Enfant Jésus présenté au Temple. Cela arriva peu avant le passage de Mérimée, qui demanda le transfert des tympans dans l'église. Seul celui de la Transfiguration fut déplacé…

★ **Vue sur le chevet** – Le passage de la Madeleine (16e s.), voûté d'ogives, permet de rejoindre le **jardin des Bénédictins**, d'où l'on découvre le bel ensemble formé par le chevet, le transept et la tour octogonale de l'abbatiale. Ici, des fouilles ont mis au jour une deuxième église du prieuré, l'**église St-Laurent**. Contemporaine de Notre-Dame, elle était vraisemblablement consacrée à une importante fonction clunisienne : le culte des défunts. Des concerts sont aujourd'hui donnés dans ce bel écrin.

Faites le tour du jardin. Empruntez le passage Prosper-Mérimée afin de rejoindre les cours du monastère ou la salle capitulaire et le cloître.

★ **La salle capitulaire (13e-14e s.)** – Une incroyable campagne de **restauration** a redonné vie et unité à ce vaste ensemble (250 m de côté), qui a gardé de très beaux éléments : la salle capitulaire et la salle Mérimée, attenante, font partie des salles reconstruites à l'époque gothique. Les sols ont été déposés, une partie des voûtes a été reprise, le chapiteau complété…

Le **cloître**, reconstruit au 18e s. sur le cloître gothique, desservait la salle du chapitre, l'église Notre-Dame et le réfectoire.

Un **magnifique escalier en fer forgé** permettait d'accéder aux dortoirs à l'étage. Au rez-de-chaussée, réfectoire, cuisine, salle de réception et salon de compagnie du prieur…

Cour du château

Sur la gauche, on reconnaît, au fond de la cour, la tour du Logis du prieur (16e s.) avec sa jolie tourelle à sept pans, et le cellier (13e s.) qui accueille aujourd'hui des manifestations culturelles. Entre les deux, un bâtiment néogothique du 19e s. laisse voir, à sa droite et en hauteur, le montant du portail monumental par lequel s'achevait le cloître du 17e s., à quelques mètres de là. Retournez-vous pour voir, au no 19, les anciennes hostelleries, remaniées au 18e s.

Longez les hostelleries.

Découvrir la cité historique

Les remparts

Leur origine remonte à 1181. De leurs diverses tours, jolies **vues★** sur l'église, la Loire et la vieille ville.

Descendez par le parc Adam. Remarquez dans la rue des Chapelains, aux nos 16 et 29, les vestiges d'un pressoir du 16e s. et d'un hôtel-Dieu qui ne fonctionna que quelques années.

Le quartier des pêcheurs

Il en reste peu de chose : des ruelles étroites et, rue Basse-de-Loire, le « guichet », sous le quai Foch, témoin du lien vital entre ce quartier et le fleuve.

Empruntez l'escalier le long du guichet et prenez les quais à gauche.

Admirez les maisons symétriques du 18e s. qui encadrent l'arrivée sur la ville, au commencement de la rue du Pont. Quai Clemenceau, remarquez, entre les nos 3 et 5, la maison du Grenier à sel (16e s.) et, au no 17, la porte des Mariniers (17e s.).

Remontez par l'étroite rue du Grenier-à-Sel.

Le quartier des commerçants

Sur la place des Pêcheurs, à droite de l'ancien portail de l'église, la maison de la Revenderie (13e s.) était le lieu où l'abbaye vendait ses productions. On reconnaît au rez-de-chaussée, comme dans la maison du Sabotier (15e s.) à sa gauche, un linteau en demi-cercle typique : il abrite la porte, la fenêtre et le banc d'échoppe. Ces façades, fréquentes, manifestent l'activité du quartier au Moyen Âge.

Le quartier bourgeois

C'est l'élévation plus importante des immeubles, récents ou très transformés, qui signale le prestige de la Grande-Rue. Remarquez la porte de la Madeleine (16e s.) entre les nos 23 et 25. Prenez du recul devant l'hôtel de ville pour admirer de chaque côté deux styles opposés du 19e s., l'un bourgeois, l'autre commerçant. Redescendez par la rue des Ourbes et ses vestiges de maisons du 16e s.

Le quartier des guêtrots

C'est surtout l'uniformité de l'ensemble qui pousse à faire un tour, à pied ou en voiture, dans le quartier des rues Ste-Anne, St-Jacques et des Halles. Ces petites maisons des 18e et 19e s. sont celles des vignerons (qui portaient des guêtres). Jusqu'à l'arrivée, tardive ici, du phylloxéra, la ville était cernée de vignes, ce qui explique l'absence quasi totale de faubourgs.

À proximité Carte de microrégion p. 302

Pouilly-sur-Loire A2

14 km au nord de La Charité par la N 7.

Cette localité est réputée pour ses vins, des blancs au goût de terroir très caractéristique (voir encadré ci-contre).

Tour du pouilly-fumé – *30 r. Waldeck-Rousseau - ✆ 03 86 24 04 70 - juil.-août : tlj 10h-19h ; avr.-juin et sept.-oct. : tlj sf lun. 10h-13h, 14h30-18h30 ; fév.-mars et*

LES CÔTES DE LA CHARITÉ

Ce vignoble de 50 ha se concentre sur les communes de l'arrière-pays charitois : Nannay, Chasnay, St-Lay, Mauvrin, Murlin, La Celle-sur-Nièvre et, plus à l'ouest, Raveau et Chaulgnes. Ses sols, de calcaire et de marne du Jurassique moyen, sont idéaux pour le pinot noir et le chardonnay, base de l'encépagement des vins blancs (70 % de la production) et rouges qui sont produits ici. Depuis 2011, le vignoble est devenu une Indication géographique protégée (IGP).

Pour plus de rens. : www.cotes-de-la-charite.com.

LE VIGNOBLE DE POUILLY

Situé sur la rive droite de la Loire, ce vignoble se divise en deux AOC : les **pouilly-fumé** (cépage sauvignon blanc) et les pouilly-sur-loire (cépage chasselas). Le premier, le plus connu (1 185 ha pour une production annuelle de 9,4 millions de bouteilles), possède des notes aromatiques qui tirent sur le genêt, les agrumes et la pierre-à-fusil. Les **pouilly-sur-loire** (35 ha pour une production annuelle de 260 000 bouteilles) portent en bouche des arômes rappelant les fleurs blanches, l'amande fraîche ou la noisette. Le meilleur moment pour découvrir ces deux AOC est la foire aux vins de Pouilly, qui se tient chaque année le 15 août.
Rens. sur www.pouilly-fume.com et www.vins-centre-loire.com.

nov.-déc. : tlj sf lun. 14h-18h - fermé de mi-déc. à mi-fév. - 7 € (12-17 ans 5 €). Situé au cœur du village, ce centre œonotouristique – qui héberge aussi l'office de tourisme (mêmes horaires) – propose une visite animée par une belle scénographie sensorielle : la « mise en nez » a lieu dans la cave aux arômes, puis une dégustation commentée de 4 vins vient enrichir nos papilles. La boutique présente les vins d'une soixantaine de vignerons partenaires.

Pavillon du milieu de Loire – *17 quai Jules-Pabiot - ✆ 03 86 39 54 54 - ♿ - juil.-août et vac. scol. : jeu.-dim. 14h-18h30 ; avr.-juin et de déb. sept. à mi-nov. : w.-end 14h-18h - possibilité de visite guidée sur demande - gratuit.* À l'emplacement des anciens abattoirs, en bord de Loire, cet espace présente la faune et la flore du fleuve et de ses abords. Nombreuses animations en été : Mardi sous la lune permet d'aller observer castors et chouettes ; les Sorties crépusculaires en canoë rabaska vous feront découvrir la faune et la flore de la Loire.

Belvédère de St-Andelain – Niché dans un ancien château d'eau, il permet de jouir d'une belle vue panoramique sur le vignoble de Pouilly.

Réserve naturelle du Val de Loire – *44 r. du Puits-Charles - ✆ 03 86 60 78 25 - www.reserves-naturelles.org/val-de-loire - visites libres (3 sentiers de découverte de 3,5 à 6,5 km : Herry, La Charité-sur-Loire et Pouilly-sur-Loire) ou guidées thématiques avr.-sept. Se procurer le dépliant (gratuit) au Pavillon du milieu de Loire à Pouilly-sur-Loire et dans les principaux offices du tourisme de la région.* Couvrant un tronçon de Loire entre Pouilly et La Charité, elle abrite quelques familles de **castors** et de nombreux **oiseaux migrateurs**, tels que le petit gravelot ou la sterne naine (du printemps à l'automne) et diverses espèces de canards (l'hiver). Vous pouvez les observer en vous promenant en canoë ou à pied dans la réserve naturelle.

Sur la rive gauche court un chemin de 10 km entre les lieux-dits Passy, au nord de La Charité, et la Vallée, en face de Pouilly, par la levée Napoléon.

Circuit conseillé Carte de microrégion p. 302

FORÊT DES BERTRANGES A2

Circuit de 45 km tracé en orange sur la carte de microrégion (p. 302). Comptez 1h30.

Distante de quelque 5 km à l'est de la Loire, cette vaste et belle forêt domaniale couvre environ 10 000 ha de ses belles futaies de chênes mêlées de hêtres, de sapins et de mélèzes. Vous pourrez remarquer, au cours de ce circuit, de nombreux vestiges d'ateliers. Comme l'indique le nom des villages de St-Aubin-les-Forges ou Beaumont-la-Ferrière, le massif fut, du 14e au 19e s., le lieu d'une intense activité métallurgique, grâce au charbon de bois, à la

Pouilly-sur-Loire, vue sur la Loire avec ses nombreuses îles.
H. Lenain/hemis.fr

présence généreuse de minerai de fer et au port de La Charité, très animé du temps de la navigation sur la Loire *(voir Digoin, p. 191).*

Quittez La Charité vers le nord-est, par la N 151. Prenez ensuite à droite la D 179 jusqu'à Raveau, puis la D 138 vers Chaulgnes. Au lieu-dit La Vache, empruntez la route forestière du Rond-de-la-Réserve sur 1 km environ.

Vous arrivez à la **fontaine de la Vache**, source limpide voisine d'un beau chêne isolé *(aire de pique-nique).*

Faites demi-tour et prenez à droite une autre route forestière empierrée qui mène à celle de la Bertherie, où vous tournez à droite.

Vous atteignez alors le **Rond de la Réserve**, carrefour forestier entouré de résineux et de jeunes peuplements de chênes. Du Rond, gagnez au sud Les Bois-de-Raveau, hameau précédé par la maison forestière dite « de l'Usage défendu », puis, par la D 179 tout en montées et descentes successives, le village de St-Aubin-les-Forges. Prenez à droite la D 117 jusqu'à **Bizy**, dont on remarque le château bordé d'un charmant étang ; si vous prenez à gauche, c'est celui de Sauvage qui apparaîtra non loin de Beaumont-la-Ferrière, tel le château de *La Belle au bois dormant.*

Empruntez à droite la D 8 et, encore à droite, la D 110 vers Chaulgnes.

Cette petite route s'élève en procurant d'agréables **vues** sur la forêt et les localités les plus proches ; la descente finale fait découvrir la cuvette où se tapit le bourg de **Chaulgnes**, dominé par son église.

Continuez sur la D 110, au-delà de Chaulgnes, jusqu'à Champvoux.

L'**église de Champvoux** (13e s.), amputée de sa nef (dont il reste les murs à contreforts et les vestiges sculptés du portail), séduit par sa haute abside coiffée de toits coniques ; remarquez, dans le chœur, les chapiteaux naïfs des deux piliers et le blason (daté de 1668) de la chapelle axiale.

La D 110, puis la D 907, le long de la Loire, ramènent à La Charité-sur-Loire.

La Loire en Bourgogne

LA LOIRE NIVERNAISE

À l'époque de Jules César, la Loire s'appelait *Liger*. Son nom viendrait de la racine gauloise *lig*, signifiant « boue ». De Digoin à Briare, la Loire coule vers le nord-ouest sur 150 km, dans des plaines rattachées au Bassin parisien. Elle n'y a pas l'ampleur et la majesté qu'on lui connaît en aval d'Orléans ; pourtant, tantôt nonchalante et tantôt fougueuse, elle est déjà très attachante par sa physionomie, son tracé, ses îles boisées et les paysages qu'elle traverse. Son débit varie de 30 à 40 m^3/s en été à 7 000 voire 8 000 m^3 en période de grandes **crues**. Les caprices du fleuve ne datent pas d'hier. Dans des temps reculés, il aurait peut-être coulé jusqu'à la Seine, dans la dépression qu'occupe aujourd'hui le canal de Briare. En été, la Loire n'est qu'un maigre cours d'eau qui se fraie péniblement un chemin entre d'immenses bancs de sable d'un blond doré sur lesquels des buissons de saules forment, çà et là, des taches vertes. Mais d'octobre à juin, elle recouvre complètement son lit, charriant une nappe d'eau grisâtre.

LA NAVIGATION SUR LA LOIRE

Le plus irrégulier des fleuves de France a connu, autrefois, une intense activité de **batellerie**. Au temps où les routes étaient rares et mauvaises, la voie d'eau était un chemin très fréquenté. Au Moyen Âge, une puissante confrérie levait des droits sur toutes les marchandises transportées sur la Loire et ses affluents et imposait de nombreux péages.

De Roanne à Orléans vivait tout un peuple de mariniers, transportant sur des chalands, des allèges, des sentines – dont quelques-unes étaient « vergées », c'est-à-dire dotées d'un mât supportant la voilure –, les marchandises les plus diverses : produits agricoles du Charolais et du Morvan, faïences de Nevers, bois et charbon du Forez. La circulation était surtout intense à la descente, où l'on parcourait une trentaine de kilomètres par jour. La remontée étant très pénible à cause du courant, les mariniers préféraient le plus souvent démolir leurs bateaux, en vendre les planches, et revenir à pied à leur point de départ ! Les voyageurs aussi empruntaient volontiers ce mode de locomotion. La conversation des mariniers était cependant réputée pour ne pas convenir aux oreilles chastes.

à la veille de la Révolution, un service pour passagers était organisé sur les trois sections Roanne-Nevers, Nevers-Orléans et Orléans-Nantes. Au 19e s., la navigation à vapeur donna un nouvel essor au trafic fluvial. Des services réguliers entre Roanne, Nevers et Orléans étaient assurés par plusieurs compagnies. Mais, très vite, l'extension du chemin de fer allait porter un coup fatal à la batellerie. En 1862, la dernière compagnie cessa son trafic.

Quelques chapelles dédiées à **saint Nicolas**, le patron des mariniers, existent encore, comme à Nevers, parfois en partie démolies, à La Charité-sur-Loire. Certaines églises des bords de Loire conservent, suspendus à la voûte, de beaux vaisseaux de bois, fidèles reproductions des navires à voiles du 17e s. ; ces bateaux étaient portés solennellement au cours des processions en l'honneur de saint Nicolas.

NOS ADRESSES À LA CHARITÉ-SUR-LOIRE

HÉBERGEMENT

PREMIER PRIX

Camping municipal La Saulaie – *Quai de la Saulaie - sortie sud-ouest - 03 86 70 00 83 - www.campinglacharitesurloire.fr - avr.-sept. - 82 empl. 15/20 € - locatif 20/69 €/nuit, 120/430 €/sem. - possibilité de dormir dans une roulotte en bois, dans un bungalow toilé ou sous une tente Trek.* Dormez dans les bras de la Loire en plantant votre tente dans ce camping sur l'île de la Saulaie, tout près de la plage. Randonnées pédestres, canoë, tennis, pêche et tir à l'arc à proximité.

BUDGET MOYEN

Le Mille et Une Feuilles – *23 av. Gambetta - 03 86 70 09 61 - www.milleetunefeuilles.com - 9 ch. 71/80 € - 9,50 € - fermé midi en sem. - formule 19/27 €, menu 23/35 €.* La littérature est reine dans cette sympathique adresse qui donne du volume et des volumes aux nombreux événements organisés autour du livre. Chaque chambre porte les mots d'un écrivain, œuvres à l'appui glissées dicrètement sur la table de nuit. Les chambres sont simples mais décorées là encore avec passion. Tout comme la salle de restaurant où l'on se perd dans les multiples portraits d'écrivains avant d'être happé par les saveurs d'une cuisine singulière et exigeante. Terrasse en été.

À proximité

BUDGET MOYEN

Hôtel Relais de Pouilly – *Rte de Mesves-sur-Loire - 58150 Pouilly-sur-Loire - 3 km au sud par D 28A - 03 86 39 03 00 - www.relaisdepouilly.com - P - 23 ch. 77/87 € - 10 € - 1/2 P possible - formule déj. 16,70 € - 23,90/29,90 €.* Hôtel tout près de la cité vigneronne et d'une aire d'autoroute (accès piétonnier). Chambres actuelles et insonorisées tournées vers la réserve naturelle de la Loire. Restaurant ouvert sur le jardin : carte régionale, buffet, grillades et sélection de pouillys.

Le Coq Hardi – *42 av. de la Tuilerie - 58150 Pouilly-sur-Loire - 03 86 39 12 99 - www.lecoqhardi.fr - - fermé 4 sem. en hiver (se rens.), au Nouvel An, mardi (sf le soir de mai à sept.), lun. - 11 ch. 85/105 € - 11 € - formule déj. 19,50 € - menus 27/70 €.* Face à la Loire, un bel établissement dirigé avec rigueur. Dans l'assiette, des plats aux associations audacieuses dont on se délectera derrière la grande baie vitrée.

RESTAURATION

BUDGET MOYEN

La Poule Noire – *9 pl. des Pêcheurs - 03 86 59 49 28 - fermé dim.-lun. - formule déj. 15,50 € - 23/32 €.* Si vous voulez déjeuner en terrasse au pied du site prieural, La Poule Noire a l'emplacement idéal. Cuisine élaborée à partir des produits frais de la région, avec une légère pointe d'excentricité.

À proximité

BUDGET MOYEN

La Ferme des Barreaux – *18140 Herry - à 7 km de Pouilly-sur-Loire via la D187 - 02 48 79 57 80 - Fermé dim. soir et lun. (sur réserv.). Il est vivement conseillé d'appeler avant pour vérifier l'ouverture - 26,50/33,50 €.* Ici tout est fait maison, à partir des produits de la ferme qui a pour particularité d'accueillir toutes sortes d'animaux (yack, vache africaine, zébu nain, lama). Le produit roi est le canard, décliné sous toutes ses formes (foie gras, tournedos, magret). Cuisine exquise dans ce lieu qui fait aussi salon de thé. Boutique et vente des produits de la ferme et régionaux.

PETITE PAUSE

Confiserie du Prieuré – *11 pl. des Pêcheurs - ✆ 03 86 70 01 81 - 9h30-13h, 15h-19h, dim. 10h-13h, 15h30-19h - fermé lun.* Cette magnifique maison d'époque en pierre abrite un petit salon de thé doté d'un mobilier en rotin où l'on pourra déguster le « Doux Frisson » ou ce duo de confiseries « le Charitois et la Charitoise ». Terrasse fleurie.

VINS

Caves de Pouilly-sur-Loire – *39 av. de la Tuilerie - 58150 Pouilly-sur-Loire - Les Moulins à vents - ✆ 03 86 39 10 99 - www.cavespouillysurloire.com - lun.-vend. 8h-12h, 13h30-18h (17h les vend. de nov. à mars), sam. 9h-12h30, 14h-18h (17h30 de nov. à mars), dim. (sf nov.-mars) 10h-12h30, 14h30-18h30 - fermé 1er janv., 25 déc.* La cave, créée en 1948, représente près de 20 % de la production de pouilly-fumé et de pouilly-sur-Loire. Le caveau qui y est aménagé abrite un grand comptoir de dégustation où vous pourrez découvrir ces vins blancs rouges ou rosés au goût de terroir si caractéristique.

Domaine Seguin – *48 ter r. Louis-Joseph Gousse - 58150 Pouilly-sur-Loire - Le Bouchot - prendre la rte de Donzy sur 1 km - ✆ 03 86 39 10 75 - www.domaineseguin.com - lun.-sam. 10h-12h, 14h-19h, dim. mat. sur demande.* La famille Seguin, où l'on est vigneron depuis six générations, élève trois types de cuvées en Pouilly-fumé. Accueil très sympathique.

ACHATS

En centre-ville, artistes et artisans d'art, galerie et boutiques éphémères partagent leur passion et leur savoir-faire. Ils ouvrent leur porte pour vous faire découvrir leurs métiers et échanger avec vous.

AGENDA : ÉVÉNEMENTS AUTOUR DU LIVRE

Marché mensuel du livre – *3e dim. d'oct. à mars - se rens. à l'office de tourisme.*

Marché du livre de printemps – *3e dim. d'avr.*

Foire aux livres anciens et vieux papiers – *3e dim. de juil.-août - se rens. à l'office de tourisme..*

Nuit du livre – *1er sam. soir d'août - Dates sur : www.lacharitesurloire-tourisme.com.*

Prémery

1 868 Prémerycois – Nièvre (58)

Sise au bord de la Nièvre, l'ancienne résidence d'été des évêques de Nevers occupe un agréable écrin de verdure. Son musée, à deux pas de l'église et d'une vieille maison à pans de bois, recèle une exceptionnelle collection de grès anciens. Avec leurs plans d'eau et leurs sentiers de randonnée, les environs de Prémery attireront pêcheurs et amateurs de voile ou de balades en pleine nature.

NOS ADRESSES PAGE 330
Hébergement, restauration, achats, activités, etc.

S'INFORMER

Office du tourisme – *Tour du Château - 58700 Prémery - ✆ 03 86 37 99 07 - www.premery-tourisme.fr - de déb. avr. à mi-sept. : 9h30-12h, 14h-17h30, sam. 9h30-12h30 ; de mi- à fin sept. : tlj sf w.-end 9h30-12h, 14h-17h30 ; reste de l'année : se rens.*

SE REPÉRER

Carte de microrégion B2 (p. 302) – Prémery se trouve sur l'axe Nevers-Clamecy-Auxerre, à 29 km au nord-est de Nevers, 28 km à l'est de La Charité-sur-Loire et 24 km au sud de Varzy.

À NE PAS MANQUER

Le musée du Grès ancien ; l'église romane de St-Révérien ; le panorama sur le Morvan du haut de la butte de Montenoison.

AVEC LES ENFANTS

Une balade à pied ou à vélo à travers les paysages vallonnés du Nivernais-Morvan *(voir « Nos adresses »)* ; les postes d'observation de la faune de l'étang de Vaux.

Se promener

Église St-Marcel

Cette ancienne collégiale des 13e et 14e s. est surmontée d'un clocher massif. L'intérieur présente des voûtes gothiques surbaissées et de larges bas-côtés. Remarquez l'abside et sa double rangée de fenêtres, et admirez une Pietà sculptée du 15e s. due à un disciple du célèbre Claus Sluter qui exerça à Dijon *(voir le tombeau de Philippe le Hardi p. 36 et la chartreuse de Champmol p. 51)*. Notez, pour la petite histoire, que la dépouille du bienheureux chanoine **Nicolas Appeleine**, mort en 1466, repose dans l'église. Celui-ci avait une telle réputation de sainteté que Louis XI, malade, se fit apporter sa robe. Le roi guérit et renvoya la robe avec force remerciements… mais sans supprimer les impôts des bourgeois de Prémery, comme ceux-ci l'espéraient !

La **maison** dite « du Saint » (14e-15e s.) se trouve à proximité de l'église. Vous apprécierez ses pans de bois et son encorbellement.

Ancien château

C'est ici que les évêques de Nevers séjournaient à la belle saison. De son origine médiévale, le château a conservé un beau porche fortifié (14e s.), petit frère de la porte du Croux à Nevers. Le corps de logis a été remanié au 16e s.

Une agréable promenade permet de faire le tour du plan d'eau (3 ha).

★ Musée du Grès ancien

3 Grande-Rue - ✆ 03 86 68 10 32 - juil.-août : w.-end 14h30-18h30 ; reste de l'année : sur demande préalable - possibilité de visite guidée sur demande - 5 € (-12 ans 4 €).

Présentée de façon moderne et élégante, cette importante collection privée (1 250 pièces) est l'aboutissement de vingt-cinq années de recherches passionnées. Voici, rassemblés sur trois niveaux, des grès traditionnels de Puisaye, du bas et haut Berry, objets utilitaires ou témoins de l'art populaire, des rares bleus des 16e et 17e s., ainsi que quelque 250 superbes **œuvres de l'école de Carriès★★** (1884-1914), qui s'est développée à l'époque de l'Art nouveau. Clairement influencées par l'art japonais, les pièces alors produites se distinguent par leurs tons chauds et la pureté de leurs lignes.

À proximité Carte de microrégion p. 302

Jardins de la gentilhommière de Lurcy-le-Bourg B2

5 km au sud-est par la D 38.

Le Bourg - ✆ 06 76 14 03 77 - www.guillaume-de-saulieu.fr/lurcy - juin-sept. : 15h-19h - fermé lun. - possibilité de visite guidée sur demande (45mn) - gratuit.

Cette gentilhommière du 17e s. a été modifiée et agrémentée de jardins à la française au 18e s. (boulingrin, fabrique Louis XVI, buis taillés en topiaires). Dans la cour, pris dans le mur, on remarque un rare « puits dû », c'est-à-dire dont la jouissance est partagée par le château et le village.

★ Butte de Montenoison B2

10 km au nord-est par la D 977, la D 977B, puis à gauche la D 129.

Au sommet d'une butte témoin, l'un des points culminants du Nivernais (alt. 417 m), subsistent quelques vestiges d'un important château du 13e s., construit par Mahaut de Courtenay, comtesse de Nevers. Passez à gauche de la chapelle pour monter au **calvaire** élevé sur l'emplacement d'une ancienne motte féodale. De là *(table d'orientation)*, on découvre un vaste **panorama★**, notamment sur les monts du Morvan : par temps clair, l'église de Lormes se détache nettement.

St-Révérien B2

15 km à l'est par la D 977 puis la D 977B.

Ce village du Nivernais possède l'une des plus intéressantes églises romanes de la région.

Église – De l'église primitive, édifiée au milieu du 12e s., il ne reste, après un incendie en 1723, que le chœur et le chevet, avec son déambulatoire et les chapelles rayonnantes, qui manifestent son ancienne appartenance à un prieuré clunisien. Au 19e s., la nef fut reconstruite et le clocher central, remplacé par un clocher-porche. Parmi les églises à nef dépourvue de fenêtres hautes, c'est l'une des seules à posséder un chevet à déambulatoire. La porte est surmontée de deux anges à quatre ailes, d'inspiration byzantine, provenant du portail primitif.

L'**intérieur★** est d'une grande pureté. Remarquez la nef aux arcs doubleaux et l'alternance des piles fortes et des piles faibles, ainsi que les beaux chapiteaux à feuillages à la retombée des voûtes et ceux, historiés, des trois petites chapelles. La chapelle axiale et celle de droite, consacrée à saint Joseph, conservent des fresques du 16e s.

St-Saulge B2

17 km au sud-est de Prémery par la D 38.

Situé sur un éperon rocheux qui annonce les premiers contreforts du Morvan, le bourg doit son nom à saint Salve, ermite auxerrois martyrisé au 6e s. Cet ancien fief des comtes de Nevers, connu pour ses foires et ses légendes, a vu naître **dom de Laveyne** (1653-1719), fondateur de l'ordre des Sœurs de la

charité de Nevers. L'une des fameuses légendes de St-Saulge, immortalisées sur des cartes postales au début du 20e s., porte sur la construction de l'**église** qui serait l'œuvre inachevée des fées. Ses trois nefs, de style gothique, sont couvertes de belles voûtes d'ogives. Les travées des bas-côtés abritent d'intéressants vitraux du 16e s.
Tout près de là, on gagne par une route bucolique l'église romane de **Jailly**, qui, bâtie à flanc de coteau dans un site agréable, faisait partie d'un prieuré clunisien. Un noble tilleul se dresse devant le portail roman surmonté d'une petite frise de roses, précédant l'église couronnée d'un clocher octogonal.

Étang de Vaux B2

28 km à l'est de Prémery par la D 977, la D 977B puis la D 135 à droite après Guipy.
Avec son voisin, l'**étang de Baye**, dont il est séparé par une digue, il alimente le canal du Nivernais. Le premier, le plus important des deux, environné de bois, est un agréable lieu de pêche ; le second se prête aux évolutions des voiliers.
Au départ de la digue et à proximité de Vaux, des sentiers balisés conduisent à des postes d'observation de la faune (martin-pêcheur et héron cendré).
Pour une magnifique randonnée à vélo le long du canal du Nivernais entre l'étang de Baye et Corbigny, voir p. 332-333.

NOS ADRESSES À PRÉMERY

ACTIVITÉS

Marche à pied et en VTT

De mardelles en tourbières – *Rte de Donzy - Accès par D 2 - 2 km au nord-ouest de Prémery, itinéraire balisé à l'aide de deux logos (3 km).* Le sentier botanique du Crôt des Labeaux serpente entre les tourbières. Certaines sont âgées de 15 000 ans environ (zone naturelle d'intérêt écologique, faunistique et floristique).

Randonnées au cœur du Nivernais – *03 86 58 25 74.* 550 km de circuits VTT, 150 km dédiés aux randonnées pédestres, pour découvrir la faune, les monuments, les produits locaux et les légendes. Livret en vente à l'office de tourisme.

Canal du Nivernais

★★

Nièvre (58) et Yonne (89)

Le canal du Nivernais est peut-être l'un des plus beaux de France. Avec son charme suranné, on en oublierait presque pourquoi il a été construit : faciliter le flottage du bois vers Paris. Ce bois provenant de la région de Châtillon-en Bazois allait rejoindre celui des forêts du Morvan pour lequel un système de flottage avait déjà été mis en place à partir de Clamecy. Ce n'est que dans un second temps, à partir de 1786, que cette rigole de flottage deviendra un canal de navigation en reliant le bassin de la Loire à celui de la Seine par l'intermédiaire de l'Yonne. D'une longueur de 174 km, le canal du Nivernais se compose de 116 écluses, 35 situées sur le versant Loire et 81 sur le versant Seine, où ne circulent que des bateaux de plaisance.

NOS ADRESSES PAGE 334
Hébergement, restauration, achats, activités, etc.

S'INFORMER

Office du tourisme de l'Yonne – *1-2 quai de la République - 89000 Auxerre - ✆ 03 86 52 06 19 - www.ot-auxerre.fr - juil.-août : 9h-19h ; sept. : 9h30-18h, dim. 10h-18h ; mai-juin : 9h30-18h ; avr. et oct. : tlj sf dim. 9h30-12h30, 14h-18h ; vac. de la Toussaint et vac. de Noël : 9h30-18h, dim. et j. fériés 9h30-12h30, 13h30-17h30 ; reste de l'année : tlj sf dim.-lun. 9h30-12h30, 14h-18h - fermé 1er janv., 25 déc. - 2e bureau Centre-ville, 7 pl. de l'Hôtel de ville ✆ 03 86 51 03 26 - juil.-août : tjl sf dim.-lun. 9h-18h ; reste de l'année : se rens.*

Office du tourisme Tannay-Brinon-Corbigny – *8 pl. de l'Hôtel-de-Ville - 58800 Corbigny - ✆ 09 82 56 94 98 - www.corbignytourisme.com - juin-sept. : 9h-12h30, 14h-18h30 ; reste de l'année : 9h-12h30, 14h-17h30 - fermé dim.-lun. et j. fériés.*

SE REPÉRER

Carte de microrégion B2-3 (p. 302) – Le canal du Nivernais relie St-Léger-des-Vignes (petite ville du sud de la Nièvre) à Auxerre. Le tronçon décrit ici démarre à Corbigny, à 60 km à l'est de La Charité-sur-Loire.

ESCALES À NE PAS MANQUER

Clamecy, pour comprendre l'histoire et les techniques du flottage du bois, la vallée de Sardy, les voûtes de la Collancelle, Auxerre et son vignoble, les rochers du Saussois.

ORGANISER SON TEMPS

Prévoyez au moins deux jours pour découvrir le canal à différents niveaux : réalité technique et découverte de la nature.

AVEC LES ENFANTS

Stand-up paddle sous les voûtes de la Collancelle ; bateau électrique pour comprendre le passage d'une écluse ; vélo entre Chaumot et Châtillon-en-Bazois.

POUR PROLONGER LE VOYAGE

Ne manquez pas le tronçon Clamecy/Châtel-Censoir (berceau du flottage du bois)/Rochers du Saussois (falaise calcaire de 60 m de haut)/Mailly-le-Château et son église du 13e s. *Voir L'Auxerrois, p. 403.*

PETITE HISTOIRE DU CANAL

Hiver 1782-1783 : il fait très froid, les Parisiens grelottent. Le bois du Morvan ne suffit plus. Il faut acheminer le bois d'autres réserves forestières de la région : celles des forêts du Bazois. Pour transporter ce bois, il faut donc créer une rigole entre la Loire et l'Yonne. Cette idée née sous le règne d'Henri IV, mise en œuvre à partir de 1784, est achevée près de soixante ans plus tard, en 1841. La tâche n'est pas aisée : l'une des plus dures épreuves est de creuser trois galeries, trois tunnels (la Collancelle, Mouas et Breuil) dans la roche (granit et porphyre) de la Collancelle. Une centaine d'ouvriers y perdent la vie. Une fois ouvert, le canal sert à charrier du bois, mais aussi de la houille, du vin, des céréales et des pierres de taille. Pris de vitesse par la concurrence du charbon du Nord, il tombe en désuétude au 19e s., échappant alors à la modernisation que connaîtront d'autres voies d'eau. Aujourd'hui, la lourdeur de son entretien inquiète les éclusiers. Ils craignent que les Voies navigables de France, son gestionnaire, ne l'abandonnent si le tourisme fluvestre (activités sur et autour de la voie d'eau) ne se développe pas davantage.

Informations suppl. à Clamecy p. 336 et encadré p. 406.

Circuit conseillé Carte de microrégion p. 302

On peut diviser le canal en de nombreuses étapes. Nous référençons ici l'un des tronçons les plus attachants, qui fait découvrir quelques-uns de ses plus beaux ouvrages d'art comme le tunnel de la Collancelle ainsi que l'échelle de Sardy et ses 16 écluses.

DE CORBIGNY À CHÂTILLON-EN-BAZOIS B2

Circuit de 32 km à vélo tracé en pointillés sur le schéma ci-contre et sur la carte de microrégion (p. 302) – Comptez une journée pour prendre le temps d'apprécier le site.

Point de départ du circuit, **Corbigny** *est* une petite ville active située aux confins du Morvan et du Nivernais *(voir p. 285).*

Depuis Corbigny, prenez la route de Nevers (D 97) jusqu'à Chaumot (4 km) en bordure du canal du Nivernais.

Une fois Chaumot atteint, empruntez le chemin de halage jusqu'au **château de la Chaise** (15e s.). Franchissez le canal et continuez sur l'autre rive jusqu'à la célèbre **échelle de Sardy★**. L'échelle des 16 écluses s'étend sur 3,6 km, du village de Sardy-lès-Épiry jusqu'au hameau de Port-Brûlé. Elles permettent aux bateaux de passer un dénivellé de près de 50 m grâce à ces 16 marches. Les écluses sont flanquées de belles maisons d'éclusiers louées aujourd'hui par les voies navigables de France à des artisans : potier (M. Fuchs, écluse n° 14), tailleur de pierre (M. Vaurette, écluse n° 10). L'une des plus attachantes est sans doute l'écluse n° 6, tenue par Gérard Mazière. Derrière sa façade habillée de lierre, on découvre un véritable cabinet de curiosités qui fait aussi salon de thé. Une fois passé Port-Brûlé, les eaux du canal disparaissent sous les **voûtes de la Collancelle★**, trois ouvrages voûtés de 758 m, 268 m et 212 m de long. Elles ne sont malheureusement pas visibles à vélo, mais vous pourrez les découvrir en stand-up paddle à partir de l'étang de Baye.

Traversez la D 958 pour rejoindre le chemin de halage à Baye.

Les deux étangs de **Vaux** et de **Baye** qui alimentent le canal seront le prétexte à de multiples activités nautiques *(voir « Activités » p. 334).*

Continuez à longer le canal jusqu'à Châtillon-en-Bazois.

Châtillon-en-Bazois est l'un des centres les plus importants de la navigation de plaisance en Bourgogne. Le chantier de construction de bateaux est dominé par un château des 16e et 17e s. flanqué d'une tour ronde du 13e s., qui s'élève entre la rivière et le canal. Ne manquez pas la visite de l'église : tableau de Nicolas Mignard dans la chapelle à gauche de l'entrée, pierre tombale de Jehan de Châtillon du 14e s. et retable de 1423 en pierre. Les plus sportifs poursuivront jusqu'à **Rouy** *(10 km à l'ouest)*, pour visiter l'église romane du 12e s. : beau clocher carré déjà gothique, dont le 1er étage est décoré de colonnettes sous arcatures et le 2nd percé sur chaque face de deux baies géminées. À l'intérieur, la voûte de l'abside est peinte d'un Christ bénissant entre un ange et un démon.

NOS ADRESSES SUR LE CANAL DU NIVERNAIS

INFORMATIONS

www.canal-du-nivernais.com : site dédié au canal.
www.facebook.com/jaime.le.canal.du.nivernais : détaille les événements animant le canal.
www.vnf.fr : informations sur les voies navigables de France.

HÉBERGEMENT

À Bazolles

PREMIER PRIX

Activital – *Étang de Baye - 03 86 38 97 39 - www.activital.net - mai-sept. - 22 ch. (de 2 à 5 pers.) 18 €/pers. - 50 empl., 4 Bengalis (4 à 5 lits), tipis….* Face à l'étang de Baye, les possibilités d'hébergement sont nombreuses dans cette belle base sport et nature animée par une équipe professionnelle et sympathique.

Aux Étangs – *Étang de Baye - 03 86 38 97 23 - 06 24 84 05 81 - 2 ch. 65 € - 22 €.* Face à l'étang, deux belles chambres bien aménagées au 1er étage ; avec possibilité de déjeuner sur la terrasse face au verger.

À Châtillon-en-Bazois

BUDGET MOYEN

Les Roulottes du Bazois – *Pl. Pierre-Saury - 03 86 84 06 99 - www.roulottes-bazois.fr - (1 roulotte aménagée) - avr.-oct. - 14 roulottes (5 pers. maxi). 78/95 € (471/588 €/sem.) - panier repas 35 €/2 pers.* Entre la rivière Aron et le canal du Nivernais, des roulottes confortables et bien équipées. Location de vélos.

À Corbigny

BUDGET MOYEN

Hôtel de l'Europe – *7 Grande-r. - 03 86 20 09 87 - http://bourgogne-hotel-restaurant-morvan.com - - 18 ch. 73/88 € - 10 € - 1/2 P possible - 23/50 €.* Au cœur de la vieille ville, une demeure bourguignonne bien tenue aux chambres petites mais confortables. Cuisine semi-gastronomique.

RESTAURATION

À Bazolles

PREMIER PRIX

La Marine – *Baye - 03 86 23 15 35 - tlj sf lun. - 12/18 €.* En bordure du canal, une petite cuisine traditionnelle à prix raisonnable.

ACTIVITÉS

Promenade en bateau

Visite des voûtes de la Collancelle – *Port des Pougeats - 58110 Baye - 03 86 38 90 70 - www.aquafluvial.fr - avr.-oct. - 11,50 € (-12 ans 9 €).* Possibilité de louer des bateaux électriques sans permis.

Voile

Activital - Base Sport et Nature de Baye – *Voir rubrique Hébergement - fermé nov.-mi-mars - 9h30-12h30, 13h30-18h.* Stages de voile, catamaran (32 €/1h), stand-up paddle (11 €/1h) sur le lac ou sous les voûtes de la Collancelle ; location de vélo californien (17 €/1h), trottinette grande roue (8 €/1h).

Vélo

Cycles Letellier – *23 r. des Forges - 58800 Corbigny - 03 86 20 07 96 - www.cycles-letellier.fr - mar.-sam. 8h-12h, 14h-19h.* Location de VTT et VTC, idéal pour découvrir le canal du Nivernais. (16 €/j, 9 €/1/2 j).

Canal du Nivernais.
Ch. Guy/hemis.fr

Clamecy

★

3 867 Clamecycois – Nièvre (58)

Clamecy, la « Venise du Nivernais », écrivait Romain Rolland, l'un de ses prestigieux habitants. Cette petite cité, aux rues étroites et sinueuses et aux toits de tuile rouge-brun, se situe au cœur du joli pays des Vaux d'Yonne, charnière entre le Morvan, le Nivernais et la basse Bourgogne. Bâtie sur un éperon rocheux au confluent de l'Yonne et du Beuvron, la ville a toujours écrit son destin dans le roulis de ses eaux. Plus particulièrement avec ceux qui avaient pour mission d'en descendre le cours afin d'alimenter en bois de chauffe la capitale. Pendant trois siècles, les flotteurs de bois firent la fortune de Clamecy, ce dont témoignent encore aujourd'hui les joutes nautiques disputées chaque année.

NOS ADRESSES PAGE 344
Hébergement, restauration, achats, activités, etc.

S'INFORMER

Office du tourisme – *7-9 r. du Grand-Marché - 58500 Clamecy - ☏ 03 86 27 02 51 - http://clamecynivernais-tourisme.fr - juil.-août : 9h30-12h30, 14h-18h30, lun. 10h-12h, 15h-17h, dim. et j. fériés 10h-13h ; mai-juin et sept. : 9h30-12h30, 14h30-18h, lun. 10h-12h, 15h-17h, dim. et j. fériés 10h-13h ; avr.-mai et oct. : tlj sf dim.-lun. 10h-12h30, 14h30-17h ; reste de l'année : tlj sf dim.-lun. 10h-12h - fermé 1er janv., 1er Mai, 1er et 11 Nov., 25 déc.*

SE REPÉRER

Carte de microrégion B1 (p. 302) – Clamecy se trouve à 23 km à l'ouest de Vézelay, 16 km au nord-est de Varzy et 43 km au sud d'Auxerre.

À NE PAS MANQUER

Le musée d'Art et d'Histoire Romain-Rolland ; la façade gothique flamboyante de l'église St-Martin ; les maisons anciennes du centre historique.

AVEC LES ENFANTS

La visite de Clamecy avec plan et jeu pour enfants *(audioguide disponible à l'office de tourisme)*, la carrière souterraine d'Aubigny pour s'initier aux techniques de taille et d'extraction, les joutes nautiques et la descente bidon en été.

Se promener

★ Collégiale St-Martin

édifiée du 13e s. au début du 16e s. (pour la tour), la collégiale (appelée ainsi car elle était desservie par un collège de chanoines) présente une façade richement décorée de style gothique flamboyant. Sur les voussures du portail (mutilées à la Révolution) sont représentés des épisodes de la vie de saint Martin. À l'intérieur, remarquez le plan rectangulaire et le déambulatoire carré, typiquement bourguignon. Un faux jubé a été construit par Jean-Jacques Huvé (vers 1840) afin de contenir le fléchissement d'un pilier gauche du chœur.

La chapelle de la Croix, au bas-côté droit, renferme un triptyque peint sur bois du début du 16e s. *(Le Crucifiement)* et deux bas-reliefs provenant de l'ancien jubé du 16e s. (détruit en 1773), représentant la Cène et la Mise au tombeau,

Clamecy sur le canal du Nivernais.
Ch. Goupi/age fotostock

l'ensemble étant éclairé à travers de beaux vitraux comme le « Triomphe de la Croix » datant du 16e s. Grand orgue de Cavaillé-Coll (1864).

★ Maisons anciennes

Pour les visites guidées, s'adresser à l'office de tourisme.

La visite du centre historique (secteur sauvegardé), progressivement et magnifiquement rénové, permet de découvrir le riche passé médiéval de Clamecy.

Partez de la place du 19-Août *(parking)*. Sur le parvis de la collégiale, suivez la rue de la Tour, puis la rue Bourgeoise ; prenez à droite la rue Romain-Rolland, puis la rue de la Monnaie. Parmi les maisons les plus remarquables : la **maison du Tisserand★** (15e s.) à l'angle de la rue du Pont-Châtelain et de la rue Romain-Rolland, classée au titre des Monuments historiques ; la maison dite du **« Saint accroupi »,** rue de la Monnaie. Ce saint accroupi n'est autre que saint Eutrope (très connu des pèlerins de Compostelle) et les deux **maisons à pans de bois** (16e s.) en vis-à-vis à l'angle de la rue de la Monnaie et de la rue du Grand-Marché.

5

★ Musée d'Art et d'Histoire Romain Rolland

Av. de la République - ✆ 03 86 27 17 99 - www.musees-bourgogne.org - ♿ - mai-sept. : tlj sf mar. 10h-12h, 14h-18h, dim. 14h-18h ; reste de l'année : tlj sf lun.-mar. 10h-12h, 14h-18h, dim. 14h-18h - fermé de mi-nov. à mi-mars, 1er Mai, 1er et 11 Nov. - possibilité de visite guidée sur demande (1h) - 4 € (-16 ans gratuit) - billet donnant accès au musée Zervos - maison Romain-Rolland de Vézelay.

LE SAVIEZ VOUS ?

Jusqu'au début du 20e s., le **canal du Nivernais** – qui compte 116 écluses entre St-Léger-des-Vignes (Nièvre) et Auxerre (Yonne) – traversait Clamecy en empruntant l'actuelle avenue de la République où se trouve aujourd'hui le musée d'Art et d'Histoire Romain-Rolland.

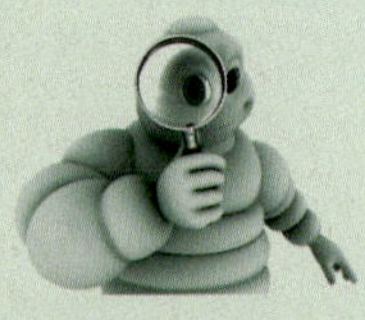

Histoire et figures locales

LES ÉVÊQUES DE BETHLÉEM

On comprend mal aujourd'hui l'existence d'un évêché à Clamecy, compte tenu de l'importance des évêchés voisins, Auxerre, Nevers et Autun. Il faut donc remonter aux croisades pour en avoir l'explication.

Guillaume II (1083-1148), comte de Nevers, part pour la première croisade (1096) en Terre sainte. **Beaudoin de Boulogne** devient en 1110 le premier roi de Jérusalem et fonde l'évêché de Bethléem en Palestine. De retour en Nivernais, Guillaume II fait construire à Clamecy l'**hôpital de Pantenor** (près de l'actuelle église de Bethléem) afin d'héberger les pèlerins malades revenus de Terre sainte.

Parti lui aussi pour la Palestine en 1167, **Guillaume IV de Nevers** (son petit-fils) y contracte la peste et meurt à St-Jean-d'Acre en 1168. Dans son testament, il demande à être enterré à Bethléem et lègue à l'évêché de ce lieu l'hôpital de Pantenor et ses terres environnantes, à condition toutefois que ses biens puissent servir de refuge aux évêques de Bethléem, au cas où la Palestine tomberait aux mains des infidèles. Ainsi, lorsque s'effondre le royaume latin de Jérusalem, c'est donc tout naturellement que **Reynier**, évêque de Bethléem, se réfugie à Clamecy pour prendre possession des biens légués par Guillaume IV. Cinquante évêques *in partibus* (évêque dont l'évêché est situé dans un pays conquis par les infidèles) se succéderont de 1224 jusqu'en 1801. Un évêché de Bethléem perdure donc jusqu'à cette date dans le faubourg auquel il donne son nom : le **faubourg de Bethléem**.

Aujourd'hui, seuls la nef et le chœur de l'église primitive des évêques de Bethléem (12e s.) ainsi que **Notre-Dame-de-Bethléem** viennent rappeler ce passé *(voir ci-contre)*.

LES GRANDS NOMS DE CLAMECY

Les quais de Clamecy ont vu naître en 1943 un marin de premier ordre, cas rare en dehors des côtes : **Alain Colas**. Disciple de Tabarly, adepte du *Pen Duick* et acteur central de la promotion de la voile en France, il bat le record du tour du monde en solitaire en 1974 à bord du *Manureva*. Quatre ans après, sur la Route du Rhum, il disparaît avec ce même bateau.

Autre natif de Clamecy, le pamphlétaire **Claude Tillier** (1801-1844) publia des articles d'opposition au régime de Louis-Philippe dans le journal local. La description savoureuse qu'il fait des mœurs de province dans *Mon oncle Benjamin* (1843) a été adaptée au cinéma par Édouard Molinaro en 1969. Le tournage du film, avec Jacques Brel, eut lieu dans la région.

Clamecy, où il vécut son enfance, est toujours la « ville des beaux reflets et des souples collines » qu'évoque dans ses écrits **Romain Rolland** (1866-1944). Il l'a dépeinte avec verve dans son roman « folklorique » *Colas Breugnon*. Pendant l'Occupation, l'auteur de *Jean-Christophe* se retira à Vézelay. Il repose en terre nivernaise, à Brèves, non loin de sa ville natale.

Pour en savoir davantage, consultez le fonds de la Société scientifique et artistique de Clamecy, fondée par le grand-père de Romain Rolland.

R. Jean-Jaurès - 03 86 27 30 81 - - permanence merc. 15h-18h, vend. 14h-17h - possibilité de visite guidée sur demande (1h30) - 2 €.

Ce musée, vaste et moderne, est situé dans l'ancien hôtel du duc de Bellegarde et la maison natale de Romain Rolland. Les salles du rez-de-chaussée sont consacrées à l'archéologie gallo-romaine provenant de Compierre et d'Entrains-sur-Nohain, et de nombreuses pièces issues des fouilles de la nécropole mérovingienne de Brèves y sont présentées. À l'étage est exposée la mystérieuse **calotte zodiacale** trouvée à Chevroches (à 3 km au sud-est de Clamecy) en 2001. Cet objet, un disque en bronze de 6,45 cm de diamètre, unique à ce jour dans le monde romain, pourrait être un instrument de mesure astrologique utilisé par un devin ambulant, et peut-être abandonné au milieu du 4e s. en raison des interdits prononcés contre l'astrologie par les premiers empereurs chrétiens…

Au 2e étage, collections de peinture des écoles française, italienne et hollandaise. Parmi les toiles, une superbe *Nature morte à la carpe* de l'Alsacien **Sébastien Stoskopff** (1597-1657), l'un des premiers grands maîtres français de la nature morte. La donation François-Mitterrand présente de nombreux tableaux reçus par l'ancien président de la République et offerts au musée. Le fonds le plus important du musée est consacré au grand affichiste de l'entre-deux-guerres, **Charles Loupot** (1892-1962), qui possédait une maison de campagne à Chevroches. Affiches, objets publicitaires, photographies se succèdent selon un parcours chronologique qui met en évidence l'évolution d'un style de plus en plus épuré mais reconnaissable entre mille. Qui n'a pas été séduit par ses affiches publicitaires pour les vins Nicolas, la peinture Valentine, Dop, Monsavon, Ambre solaire, St-Raphaël, Air Liquide…

Au dernier étage, des vitrines renferment des **faïences de Nevers et Clamecy**. L'œuvre de l'écrivain **Romain Rolland** y est présentée à travers des éditions originales et des objets personnels (meubles et photographies).

Sous la belle charpente de l'hôtel de Bellegarde, on découvre la superbe scénographie du musée, réservée à l'**histoire du flottage des bois★** *(voir encadré p. suiv.)*. Cette activité fit la fortune des Clamecycois, qui arrivaient à Paris en chevauchant leur train de bois après onze jours de dérive, et rentraient à pied avec, dit-on, des idées révolutionnaires… La pièce la plus spectaculaire est la grande maquette d'un train de bois datant du 19e s. Picots, marteaux à marteler et une lanterne complètent cette mise en scène.

Dans les caves de l'**hôtel More de Tannerre** (1601) sont présentées des expositions temporaires d'art contemporain.

Vues sur la ville

Le quai des Moulins-de-la-Ville révèle une jolie **vue** sur les maisons qui dominent le bief. Du quai du Beuvron, vous apercevrez le pittoresque quai des Îles, et du pont de Bethléem, qui porte une **statue** élevée en souvenir des « flotteurs », vous aurez une **vue** d'ensemble sur la ville et les quais. En amont, à la pointe de la chaussée séparant la rivière d'un canal, s'élève, telle une figure de proue, le buste en bronze de **Jean Rouvet**, marchand de bois parisien qui commercialisa le « flottage ».

Église Notre-Dame de Bethléem

Cet édifice de style oriental est l'une des toutes premières églises de France construites en ciment armé (1926-1927). Ses volumes singuliers – sa voûte en ciment armé de 475 m^2 a été coulée d'un seul bloc – devraient être prochainement restaurés. Les **peintures murales** de la crypte ont été réalisées par l'abbé Nicolas Boon (1920-1981) et par Robert Pouyaud (1901-1970), l'un des premiers élèves du peintre et théoricien cubiste Albert Gleizes. L'édifice a reçu le label « Patrimoine du 20e s. » en 2005.

LE FLOTTAGE À TRAINS DE BÛCHES

Utilisé pour approvisionner en bois « de chauffe et de four » la capitale, le transport par flottage fit pendant près de trois siècles (de 1549 à 1923) la fortune du port de Clamecy. À l'hiver, les bûches coupées (1,14 m de long très précisément) dans les forêts du haut Morvan étaient acheminées par les charretiers jusqu'aux ports de flottage, les berges plates des rivières. Sélectionnées puis achetées par les marchands forains, les bûches étaient ensuite estampillées à l'aide d'un marteau gravé portant la marque (lettre ou signe) de son propriétaire. Jetées dans les ruisseaux aux eaux gonflées par les crues et l'ouverture des étangs, les milliers de bûches descendaient les cours d'eau sous l'œil des « flotteux » qui les guidaient le long des rives jusqu'au port d'aval (Clamecy), où elles étaient stoppées par des barrages. Tirées hors de l'eau (le tirage) grâce au picot (perche de 3 à 4 m munie à son extrémité d'un crochet acéré), elles étaient triées par essence, par marque, une opération appelée « tricage », avant d'être savamment empilées sur la terre ferme. Tout devait être prêt en juillet. Avec la fin de l'été arrivait la période de construction des trains de bûches (immenses radeaux de 75 m de long, 4,50 m de large, 40 à 60 cm d'épaisseur, d'une contenance moyenne de 200 stères de bois (soit 200 m^3). Cette construction, extrêmement complexe (une semaine de travail pour six ouvriers expérimentés), permettait d'acheminer le bois jusqu'à Paris en une dizaine de jours. On compta jusqu'à 3 535 trains en 1804 ! Dès la création du canal du Nivernais, on préféra à ce mode de transport celui par péniches.

« L'Homme du futur »

La grande statue en bronze de **César** (1921-1998), érigée en 1987, est visible à l'extrémité du boulevard Misset, près de la salle polyvalente.

À proximité Carte de microrégion p. 302

Varzy B2

16 km au sud-est par la N 151.

Sur le chemin de St-Jacques-de-Compostelle, Varzy accueillit en son temps des milliers de pèlerins qui vénérèrent ici, lors de leur passage, les reliques de sainte Eugénie d'Alexandrie. Blottie à l'orée des forêts du Nivernais, et enserrée par de beaux boulevards ombragés, l'ancienne résidence préférée des évêques d'Auxerre se place, par ses activités, sous le signe du bois.

Église St-Pierre – Cette église de style gothique rayonnant (13e s.) possède une nef aux hautes arcades comportant un élégant triforium. Dans le chœur, notez une statue polychrome et le triptyque de sainte Eugénie (16e s.). Autre triptyque, du 17e s., dans le croisillon droit : scènes de la vie de saint Pierre. Provenant de la collégiale Ste-Eugénie, le trésor renferme deux bras reliquaires (13e s.) de la sainte et de saint Régnobert, un coffret contenant le crâne de ce dernier et un Christ en bois (début du 16e s.). Il se trouve dans une chambre forte à droite du chœur.

★ **Musée Grasset** – *Pl. de la Mairie - ✆ 03 86 29 72 03 - www.varzy.fr - ♿ - mai-sept. : tlj sf mar. 13h30-18h30 ; avr. et oct. : w.-end 13h30-18h30 - possibilité de visite guidée sur demande (1h) - 3 € (-16 ans 1 €) - gratuit sam.* Plus de 4 000 objets sont ici rassemblés par des amateurs éclairés, dont l'inspecteur des Monuments historiques **Auguste Grasset** (1799-1879) et son collègue **Prosper Mérimée** (1803-1870) : sarcophages égyptiens, objets rapportés lors des expéditions de Dumont d'Urville dans les îles du Pacifique, armes, faïences nivernaises

Clamecy, statue érigée en hommage aux flotteurs de bois.
P. Hauser/hemis.fr

et émaux limousins, meubles anciens, tapisseries (*Didon et Énée,* tapisserie d'Aubusson), peintures (*Judith et Holopherne,* attribuée à Jan Massys, *La Mort de Camala* par Girodet). Ne manquez pas de visiter le **salon de musique** et ses instruments, successivement mis en lumière et expliqués au son d'une partition.
Prenez la rue St-Pierre en sortant du musée.
Lavoir – Ses deux auvents, qui se font face de part et d'autre d'une petite pièce d'eau, témoignent par leurs dimensions de l'importance passée du bourg.
Prolongez votre flânerie par la rue des Grandes-Promenades et la rue Delangle, artère commerçante.

Druyes-les-Belles-Fontaines B1

20 km au nord-ouest par la N 151, la D 39 à hauteur de Coulanges-sur-Yonne, puis à gauche la D 73.
Château – *17 pl. du Château - ✆ 03 86 41 51 71 - www.chateau-de-druyes.com - juil.-août : 15h-18h ; du dim. de Pâques à fin juin et sept. : w.-end et j. fériés 15h-18h - possibilité de visite guidée (1h30) - 5 € (-16 ans 3 €).* Le château féodal de Druyes (12e s.) dresse encore au sommet d'une colline des ruines imposantes. Pour les découvrir sous un jour favorable, arrivez en fin d'après-midi par le sud, soit par la D 148, accidentée et agréable, soit par la D 104, qui offre une excellente vue d'ensemble sur le village avec, en premier plan, le viaduc de l'ancienne voie ferrée. De la route de Courson-les-Carrières, en passant sous une porte fortifiée du 14e s., accédez au rocher qu'occupent le vieux Druyes et le château. Seuls les murs extérieurs de ce monument ainsi que la tour-porche improprement appelée donjon se dressent à peu près intacts.
Dans le bas du village, l'**église romane St-Romain** (12e s.) présente un beau portail. Près de l'église, dans un site pittoresque, jaillissent les sources de la Druyes.

★ Carrière souterraine d'Aubigny B1

Sur la commune de Taingy, 30 km au nord-ouest de Clamecy par la N 151 puis, à Courson-les-Carrières, prenez la D 9 à gauche.

LE TRAVAIL DE LA PIERRE

Tendre et très compact, le calcaire est facile à exploiter et à travailler. Dans la forte humidité naturelle de la carrière souterraine d'Aubigny (70 à 80 %), la pierre se gorge d'eau ; sous l'effet de la température, celle-ci s'évapore, faisant ressortir la **calcite**. Elle forme en surface une pellicule protectrice extrêmement dure, qui permet l'emploi du calcaire en construction.

Vous découvrirez ici les méthodes d'extraction des blocs ou blots, et bien sûr les outils de taille de la pierre : le pic, le marteau têtu, le peigne, le marteau taillant, la polka, le marteau grain d'orge, la bretture, les chemins de fer…

Hameau d'Aubigny - ✆ 03 86 52 38 79 - http://carriere-aubigny.com - ♿ - juil.-août : 10h-18h30, dim. et j. fériés 14h30-18h30 ; avr.-juin et de déb. sept. à déb. nov. : tlj sf lun. 10h-12h, 14h30-18h30, dim. et j. fériés 14h30-18h30 - fermé 1er janv., 25-26 déc. - possibilité de visite guidée (1h30) - 7,50 € (-16 ans 5 €) - atelier de taille de pierre sur demande.

Cette carrière (16 000 m^2) fait partie d'une entité naturelle de plusieurs milliers d'hectares appelée **la Forterre**, célèbre pour son gisement de calcaire oolithique, caractéristique du Jurassique (période géologique s'étendant environ de -200 à -145 millions d'années) dont les pierres servirent notamment à la construction du Louvre, des pieds de soutènement de la tour Eiffel et de la cathédrale de Sens. À l'époque gallo-romaine, la carrière d'Aubigny était déjà exploitée, à des fins essentiellement religieuses (fabrication de sarcophages et sculpture sacrée). Son exploitation se poursuivit au Moyen Âge et à la Renaissance, mais connut son véritable apogée au Second Empire, lors du réaménagement de Paris par le baron Haussmann.

Au cours de la visite insolite de ce chantier, à 60 m de profondeur, la pierre brute vous livre peu à peu tous ses secrets, des techniques d'extraction aux outils de taille du carrier, en passant par les origines géologiques des différentes roches de la région. Vous découvrirez, au fil des salles baignées d'ombre et de lumière, des œuvres d'inspiration tantôt classique, tantôt moderne, taillées et sculptées par les Compagnons. Car le savoir-faire de ces artisans de talent a trouvé ici un lieu d'exposition privilégié. Ne manquez ni l'élégante **Arche des œuvres**, ni le monumental *Escalier de l'Ascension*. Et, en vous enfonçant au cœur de la carrière, prenez le temps d'admirer les pans de calcaire qui vous entourent, dont le gigantisme rappelle étrangement celui… des temples de l'Égypte ancienne.

Circuit conseillé Carte de microrégion p. 302

LA VALLÉE DE L'YONNE B1-2

Circuit tracé en marron sur la carte de microrégion (p. 302) – 38 km de Clamecy à Corbigny – Comptez environ 2h30. Quittez Clamecy par la D 951 à l'est.
De Clamecy à Corbigny, la route longe l'Yonne au pied de vallons boisés.

Armes B1

Cette petite localité occupe un site agréable en bordure de l'Yonne et du canal du Nivernais. Poursuivez au sud-est par Dornecy (joli lavoir à charpente de bois) et Brèves (tombe de Romain Rolland) ; la route suit la vallée de l'Armance.

Prenez ensuite à droite la D 985 puis la D 280.

Metz-le-Comte B2

Perchée sur une butte isolée du village et bordée par son cimetière, ombragé de grands arbres et quelques carrés de vignes, l'église constitue un **site★** original. De la terrasse, derrière l'église, on découvre une **vue★** étendue sur l'Avallonnais et le Morvan ainsi que sur la vallée de l'Yonne.

Prenez la D 165 vers Tannay qui franchit la rivière puis le canal.

Tannay B2

Au centre d'un vignoble s'étalant sur des collines calcaires bien exposées et produisant un excellent vin blanc, sec et très bouqueté, Tannay est perché sur un coteau qui domine la rive gauche de l'Yonne. Ses maisons anciennes participent à son cachet.

L'**église St-Léger**, édifiée au 13e s. et agrandie au 15e s., flanquée d'une massive tour carrée, a fière allure. Les voûtes de la nef sont supportées par des piliers sans chapiteau, en palmiers.

Faites un détour jusqu'au village d'**Amazy**, au nord de Tannay, pour visiter son église gothique richement ornée du 16e s. Bordée de hauts platanes, la route traverse des paysages typiques du bocage d'élevage, strié de haies taillées.

Reprenez la D 985 vers Corbigny. Après Monceaux-le-Comte, prenez à gauche la D 6, puis la D 958 à droite après Anthien.

Château de Villemolin B2

58800 Anthien - ♿ - visite guidée (1h) ✆ 03 86 22 01 09 ou 06 73 19 78 32 - juil.-août : intérieur 10h-12h (sur demande), 14h-18h - fermé sam. - 8 € (-10 ans gratuit).

On aperçoit par endroits les hauteurs du Morvan. C'est le tournage, en 2002, du *Mystère de la chambre jaune* par Bruno Podalydès qui a révélé ce château, construit à l'emplacement d'une tour du 14e s. et plusieurs fois remanié du 15e au 19e s.

Reprenez la D 958 à droite.

Corbigny A2

Voir p. 285.

Clamecy, le canal du Nivernais rejoint l'Yonne.
H. Lenain/hemis.fr

NOS ADRESSES À CLAMECY

HÉBERGEMENT

PREMIER PRIX

Camping du Pont Picot – *R. de Chevroches - ✆ 03 86 27 05 97 - www.clamecy.fr - avr.-sept. - 66 empl. 16 € - locatif 90/130 €/w.-end, 300/400 €/sem.* Posé entre l'Yonne et le canal du Nivernais, face aux collines verdoyantes, il n'est qu'à deux pas de la cité médiévale. Idéal pour petits budgets.

BUDGET MOYEN

Hostellerie de la Poste – *9 pl. Émile Zola - ✆ 03 86 27 01 55 - www.hostelleriedelaposte.fr - ♿ - 23 ch. 74/105 € - ☕ 10 € - 1/2 P possible - ✕ formule déj. 17 € - 30/53 € - fermé 2 sem. en janv.* Ancien relais de poste aménagé avec goût et tenu avec soin. Coquettes petites chambres (salles de bains refaites), plus calmes sur l'arrière. Dans l'agréable salle à manger, mi-classique mi-actuelle, goûtez à des plats dans l'air du temps. Service très professionnel. Excellente adresse.

À proximité

BUDGET MOYEN

Chambre d'hôte des Missiaux – *58500 Creux - 5,5 km au sud de Clamecy par D 34 - ✆ 03 86 22 25 18 - www.lesmissiaux.fr - ⊄ - 3 ch. 75 € - ✕ table d'hôte 25 €, panier pique-nique 8 € sur réserv.* Situées dans des anciens bâtiments agricoles du 19e s., ces chambres d'hôte simples et confortables sont tenues par un couple d'Anglais très sympathique. L'environnement est un bel écrin vert propice à toutes les paresses entre deux activités. Étape idéale pour les cyclistes qui suivent le canal du Nivernais.

RESTAURATION

BUDGET MOYEN

L'Angélus – *11 pl. St-Jean - ✆ 03 86 27 33 98 - www.restaurantlangelus.com - fermé vac. de fév., vac. de la Toussaint, 25 déc.-1er janv., dim. soir, lun. et merc. soir - 25/40 €.* Cette jolie bâtisse typiquement nivernaise, avec ses colombages et ses petites fenêtres, abrite un restaurant traditionnel qui propose plusieurs recettes bourguignonnes. Si l'intérieur égaye les repas de son style rustique, la terrasse au pied de l'église offre un cadre unique aux beaux jours. Service simple et soigné. Classé « Toque nivernaise ».

2 Pièces Cuisine – *7 r. de la Monnaie - ✆ 03 86 27 25 07 - www.2pieces-cuisine.fr - mai-août : tlj ; mars-avr. et sept.-nov. : fermé dim. soir et lun. ; fermé mi-nov.-mi-mars - 20/35 €.* À deux pas de la célèbre collégiale du centre-ville, cette belle demeure du 15e s. sert une cuisine actuelle, toujours à l'affût du meilleur des arrivages.

À proximité

BUDGET MOYEN

L'Auberge des Sources – *4 pl. Jean-Bertin - 89560 Druyes-les-Belles-Fontaines - 29 km au nord-ouest de Clamecy - ✆ 03 86 41 55 14 - www.auberge-des-sources.com - fermé mi-fév.-mi-mars, 1re sem. de sept., 25-31 déc. et mar.-merc. - 20/38 € - ch. 70 € - ☕ 9 €.* Non loin du château féodal de Druyes, cette auberge propose des chambres simples et une cuisine traditionnelle, à base de produits frais.

PETITE PAUSE

Salon de thé Emmanuel Portal – *22 r. de la Monnaie - ✆ 03 86 27*

04 19 - www.emmanuel-portal.fr - 8h30-12h30,15h-19h, dim. 8h30-12h - fermé lun. Chez ce pâtissier-chocolatier qui peut avoir aussi la bouche salée, les gourmandises sont légion. Parmi les spécialités : les flotteurs de Clamecy, pralinés aux éclats de noix et de nougatine, enrobés de chocolat au lait et pailletés de chocolat noir. Gamme de thés à déguster sur place ou à emporter.

ACHATS

Marché de Clamecy – *sam. mat. (pl. du 19-Août) - foire le 3e sam. mat. du mois (av. de la République).* Construites sous Napoléon III, les halles ont récemment fait l'objet d'une rénovation très réussie. Profitez-en pour acheter de bons produits locaux.

La Charolaise - Boucherie Charcutier Traiteur Lièvre et fils – *6-8 av. de la République - ✆ 03 86 27 02 19 - 9h-12h30, 15h-19h, dim. 9h-12h30 - fermé lun.* C'est là qu'il faut aller pour découvrir la vraie andouillette de Clamecy, celle qui est faite de chaudin, de panse et de gorge de porc, qui cuit trois bonnes heures, et qui n'est jamais nouée mais toujours renfourrée. Autre spécialité, le jambon persillé. M. Lièvre possède une autre boucherie à Varzy (14 r. Delangle, mêmes horaires).

La boulangerie Meignen – *2 r. des Promenades - ✆ 03 86 27 16 84 - 7h-19h30, jeu. 7h-13h30, 16h-19h30, sam. 7h-19h, dim. 7h-13h - fermé merc.* Pain excellent, pâtisseries et tourtes délicieusement gourmandes.

Faïencerie d'art et création Colas – *1 pl. de la Gravière - ✆ 03 86 27 18 39 - www.faiencerie-colas.com - tlj sf dim.-lun. : horaires variables selon saison.* Depuis 1790, date de sa fondation, la faïencerie de Clamecy a vu passer plusieurs générations : Nolet, Duquenelle, Roger Colas pour la dernière, le père du célèbre navigateur Alain Colas. Cette faïencerie qui perpétue un savoir-faire traditionnel est aussi connue de tous les fabophiles grâce à sa production de fèves « Fèves de Clamecy » réalisée pour les boulangers et pâtissiers.

À proximité

Domaine Pierre Hervé Bel Air – *58500 Villiers-sur-Yonne - Bel-Air - ✆ 06 42 77 83 20 - ✆ 03 86 24 24 51.* Vigneron bio, Pierre Hervé cultive avec passion les vins des coteaux de Tannay (Indication géographique protégée). Ce vin méconnu a de quoi surprendre… Le chardonnay et le melon de Bourgogne entrent dans la composition du vin blanc, tandis que l'on trouve le pinot noir, le gamay, le gamay de Bouze noir et le chaudenay dans celle des rouges et des rosés.

AGENDA

Fête de l'andouillette et du vin blanc – *1er w.-end de juil.*

Tournoi de joutes clamecycoises – *14 Juil. sur l'Yonne, au pont de Bethléem.* Rappel de ces joutes nautiques qui étaient le divertissement favori des flotteurs de bois. Défilé et manifestations de toutes sortes.

Descente bidon – *2e dim. d'août.* Comment naviguer sur des embarcations de fortune sur l'Yonne et le canal du Nivernais.

Cosne-Cours-sur-Loire

10 388 Cosnois – Nièvre (58)

Situé au débouché de la vallée du Nohain, sur la rive droite de la Loire, ce petit centre artisanal et industriel actif est relié à une île boisée par un pont suspendu. Les méandres sauvages de la Loire et les vignobles des coteaux du Giennois offriront aux amateurs de plein air d'agréables lieux de promenade.

NOS ADRESSES PAGE 348
Hébergement, restauration, achats, activités, etc.

S'INFORMER

Office du tourisme – *Pl. du Dr-Jacques-Huyghues-des-Étages - 58205 Cosne-Cours-sur-Loire - ☏ 03 86 28 11 85 - www.ot-cosnesurloire.com - juil.-août : 9h-12h, 14h-18h30, dim. 10h-13h ; avr.-sept. : 9h-12h, 14h-18h30, dim. et j. fériés 10h-12h30 ; reste de l'année : tlj sf dim.-lun. 9h-12h, 14h-17h - fermé 1er janv., 1er Mai, 25 déc.*

SE REPÉRER

Carte de microrégion A2 (p. 302) – Cosne-Cours-sur-Loire se trouve à 30 km au nord de la Charité-sur-Loire et à 17 km à l'ouest de Donzy.

AVEC LES ENFANTS

Le Musée paysan de la Bourgogne nivernaise de Cadoux, une balade en cyclorail ou une promenade en canoë ou à cheval *(voir « Nos adresses »)*.

Se promener

Cosne s'est développée sur le site gallo-romain de **Condate** (terme celte signifiant « confluent »). La ville doit son nom actuel à la fusion, en 1973, de Cosne-sur-Loire et de Cours.

Église St-Agnan

Cette église d'un prieuré clunisien a conservé de sa construction primitive un portail roman et une abside romane épaulée par des contreforts montant jusque sous la corniche. Ses deux absidioles sont très en retrait sur l'abside principale. Ne manquez pas la décoration des chapiteaux.

Derrière l'église, sur la promenade des Marronniers bordant la Loire, le souvenir des forges royales est évoqué par la **grille d'entrée** (fin 17e s.) et l'**ancre** (de 1861) pesant 2 580 kg.

Musée de la Loire

Pl. de la Résistance - ☏ 03 86 26 71 02 - www.museedelaloire.fr - ♿ - mars-oct. : 10h-12h, 14h-18h, w.-end et j. fériés 14h-18h ; nov.-déc. : tlj sf dim. 10h-12h, 14h-17h30, sam. et j. fériés 14h-17h30 - fermé 1er Mai - possibilité de visite guidée sur demande (1h) - 3,50 € (-18 ans gratuit).

Ce musée situé dans l'ancien couvent des Augustins présente à travers de multiples objets aussi bien artistiques qu'ethnographiques les rapports de l'homme avec la Loire : peintures de paysages, faïences, maquettes de bateaux, divers outils du quotidien sans oublier ces nombreux objets de culte qui témoignent de l'impétuosité du fleuve. Le second volet du musée est dédié à la peinture moderne. Parmi la trentaine d'artistes accrochés émergent quelques grands noms de l'École de Paris : Vlaminck, Dufy, Derain, Utrillo, Chagall, Manguin et Zingg…

Navigation à Cosne-Cours-sur-Loire.
Ch. Boisvieux/hemis.fr

La Loire est sujette à de fortes **crues**. Celle du 6 décembre 2003 atteignit un pic de 4,60 m, ce qui ne s'était pas vu depuis octobre 1907.

À proximité Carte de microrégion p. 302

Musée paysan de la Bourgogne nivernaise, à Cadoux A1

À La Celle-sur-Loire, 7 km au nord par la D 907 - 03 86 39 22 84 - juil.-août : 14h-19h ; reste de l'année : sur demande préalable.

Dans une vieille grange du 15e s., un musée des traditions paysannes expose divers outils agricoles et artisanaux du 19e s. (avant la mécanisation), ainsi que du mobilier présenté dans des intérieurs reconstitués.

Château des Granges A2

À Suilly-la-Tour, 15 km au sud-est par les D 33, D 163 puis D 153.

Cet élégant château classique date de 1605 *(ne se visite pas)*. Entouré de douves, il abrite d'importants communs et une chapelle dans son enceinte cantonnée de tours rondes.

UN ARSENAL CONVOITÉ

Au 18e s., Cosne était célèbre pour ses **forges**, en fonction dès 1666 *(voir Decize, p. 310)*, et ses manufactures de canons, mousquets, ancres de marine. Sa situation lui permettait de profiter pleinement des ressources houillères et forestières toutes proches du Nivernais, de la force motrice du Nohain, et de la Loire pour expédier ses produits vers les ports de l'Atlantique. Transférée à Guérigny en 1872, l'activité des forges « nationalisées » s'est maintenue au service de la Marine jusqu'en 1971. Aujourd'hui, le site des **forges de la Chaussade** révèle d'intéressants vestiges industriels, notamment des chemins d'eau et des bâtiments orientés vers la Loire, comportant de beaux ouvrages de ferronnerie *(quai du Mar.-Joffre - ne se visite pas)*.

Donzy A2

17 km à l'est par la D 33.

18 r. du Gén.-Leclerc - 58220 Donzy - 03 86 39 45 29 - www.officetourisme donziais.com - 10h-12h30, 14h-17h30 - fermé dim.-lun., certains j. fériés.

Cette ancienne baronnie du Moyen Âge, dont les puissants seigneurs devinrent par alliance comtes de Nevers, se trouve au confluent du Nohain et de la Talvanne. Son patrimoine tient surtout dans un bel ensemble de maisons. Autour de l'église St-Caradeuc, refaite au 19e s., se concentrent des demeures à pans de bois et des façades Renaissance.

Moulin de Maupertuis – C'est l'un des 57 moulins qui jalonnaient le Nohain et ses affluents. Il cessa de fonctionner en 1961. Les mécanismes qui permettaient de moudre les grains sont encore en place : broyeurs à cylindres, élévateurs à godets, rouet de fosse…

Donzy-le-Pré – *1 km à l'ouest du bourg de Donzy ; n'hésitez pas à vous y rendre à pied.* Les ruines d'un prieuré clunisien (début du 12e s.) sont intéressantes, en particulier un **tympan** du 12e s., chef-d'œuvre de la sculpture romane bourguignonne, qui représente la Vierge et l'Enfant, entre le prophète Isaïe et l'ange de la Visitation. Les voussures sont ornées d'alvéoles carrées et de fleurs.

NOS ADRESSES À COSNE-COURS-SUR-LOIRE

HÉBERGEMENT/RESTAURATION

PREMIER PRIX

Hôtel Le Vieux Relais – *11 r. Saint-Agnan - 09 82 53 68 11 - - fermé dim. en hiver - 12 ch. 39/56 € - 7 €.* Entre Loire et Nohain, un relais de poste multicentenaire aux chambres agréables réparties autour d'une cour intérieure fleurie. Poutres et tons lumineux décorent la salle à manger, rénovée.

BUDGET MOYEN

Les Forges – *21 r. Saint-Agnan - 03 86 28 23 50 - www.les-forges-cosne.com - fermé dim. soir et lun. - 15/43 € - 7 ch. 66/81 € - 10 €.* Cette avenante maison abrite une salle à manger confortable et chaleureuse où l'on propose une courte carte régionale. Chambres joliment décorées et soignées.

À proximité

PREMIER PRIX

Le Grand Monarque – *10 r. de l'Étape - 17 km à l'est par D 33 - 03 86 39 35 44 - www.legrandmonarque-donzy.fr - fermé de mi-nov. à fin mars, dim. soir, lun. soir - 11 ch. 55/85 € - 10 € - 1/2 P possible - rest. fermé dim. soir-mar. midi - menu 23/35 €.* Ce petit hôtel familial d'un paisible village possède aussi un bel escalier à vis du 16e s. qui dessert des chambres ; certaines se révèlent charmantes (lits king size). Mais l'attrait de la maison réside surtout dans sa jolie cuisine du 19e s. bien préservée où sont servis des plats traditionnels.

BUDGET MOYEN

Chambre d'hôte L'Orée des Vignes – *21 Croquant - 58200 St-Père - 3,2 km à l'est de Cosne-Cours-sur-Loire par D 33 et D 168 - 06 73 59 38 47 - www.loreedesvignes.com - - 4 ch. 70/75 € - 1/2 P possible - 30 € bc.* Cette jolie fermette recèle de vastes chambres mansardées, une belle salle à manger où se mêlent meubles bourguignons et mobilier de style Renaissance espagnole et un agréable salon agrémenté d'un vieux four à pain. La terrasse s'ouvre sur un délicieux jardin.

ACHATS

Ferme de Port Aubry – *à 4 km via la D243 - ✆ 03 86 26 63 61 - www.ferme-portaubry.fr - lun.-sam. 9h-12h, 15h-19h, dim. et j. fériés 9h-12h, 15h-18h - fermé 1er janv. et 25 déc.* Quatre cents chèvres produisent entre autres le fameux crottin de Chavignol. Après avoir assisté à la traite (6h et 15h30), on peut faire son marché dans la ferme attenante qui fourmille de produits locaux (miel, vins, etc). Possibilité de gîte. Espace pique-nique avec jeux pour enfants.

ACTIVITÉS

Canoë

Canoë Évasion – *300 Île de Cosne-sur-Loire - location au camping de l'Île de Cosne, situé à Bannay, 11 km au sud de Cosne-Cours-sur-Loire - ✆ 06 84 69 06 70 - www.canoeevasion.com - juil.-août : 9h-19h30 ; de mi-avr. à fin juin et sept. : w.-end 9h-19h.* En route pour l'aventure à bord d'un grand canot ! Accessibles même aux plus jeunes, ces balades au fil de l'eau vous feront découvrir la beauté du Val de Loire et de son patrimoine naturel.

Excursions

Cyclorail du Sancerrois – *Port-Aubry - ✆ 06 85 22 80 72 - www.cyclorail.com - tte l'année sur réserv. 2h AR max. 9 € (-5 ans 2 €).* Le parcours (13 km AR) entre les vignes vous offre de belles vues sur les bords de Loire, sur le Canal latéral à la Loire, et finalement sur les vignobles et les collines de Sancerre. On démarre par un magnifique pont de 856 mètres : le plus grand pont métallique ferroviaire français.

Randonnée équestre

Camargue Équitation Loisirs Nièvre – *58200 Cosne-Cours-sur-Loire - ✆ 03 86 26 60 34 - www.camargue-equitation-loisirs-nievre.com - sur demande : mar. apr.-midi, vend. apr.-midi et w.-end.* Ce centre propose une initiation à l'équitation Camargue, sorte d'histoire de couple entre le cavalier et le cheval. Possibilités d'hébergement pour les randonnées de plusieurs jours et organisation de spectacles autour de cette discipline.

La Puisaye

★

Nièvre (58), Yonne (89)

Bocage, forêts et étangs forment le paysage verdoyant du pays natal de Colette ; une région rurale également empreinte d'une forte tradition potière. Au cœur de cette nature propice aux activités de plein air serpentent de charmantes petites routes au détour desquelles se dévoilent les silhouettes de quelques châteaux, dont celui de St-Fargeau.

NOS ADRESSES PAGE 359
Hébergement, restauration, achats, activités, etc.

S'INFORMER

Office de tourisme de Puisaye-Forterre – *3 pl. de la République - 89170 St-Fargeau - ✆ 03 86 74 10 07 - www.puisaye-tourisme.fr - avr.-oct. : 10h-12h, 14h-18h, lun. 14h-18h, j. fériés 10h-12h, 15h-17h ; reste de l'année : tlj sf dim.-lun. 10h-12h, 14h-17h - fermé 1er janv., 1er et 11 Nov., 25 déc.*

Accueil touristique de Toucy – *1 r. de la République - 89130 Toucy - ✆ 03 86 44 15 66 - www.puisaye-tourisme.fr - juil.-août : 10h-12h30, 15h-18h, lun. 14h30-18h ; de déb. juin à mi-oct. : tlj sf lun. 10h-12h30, 15h-18h ; reste de l'année : tlj sf lun. 10h-12h30, 14h30-17h - fermé dim., 1er janv., 11 Nov., 25-26 déc.*

Accueil touristique de Rogny-les-Sept-Écluses – *2 r. Gaspard-de-Coligny - 89220 Rogny-les-Sept-Écluses - ✆ 03 86 74 57 66 - www.puisaye-tourisme.fr - avr.-sept. : 10h-12h30, 14h-18h ; dim. 10h-12h, 15h-18h, j. fériés 10h-12h, 15h-17h ; reste de l'année : se rens. - fermé lun.*

SE REPÉRER

Carte de microrégion A1 (p. 302) – Ce plateau de verdure entre la Loire et l'Yonne a pour villes principales St-Amand, St-Sauveur et St-Fargeau.

À NE PAS MANQUER

Les combles du château de St-Fargeau ; le château de Ratilly ; St-Sauveur-en-Puisaye et la maison natale de Colette ; la vallée de l'Ouanne, entre Toucy et Charny.

AVEC LES ENFANTS

La ferme pédagogique du château de St-Fargeau et son spectacle historique, le lac du Bourdon, le musée d'Art et d'Histoire de Puisaye à Villiers-St-Benoît, le parc animalier de Boutissaint, le cyclorail au départ de Charny, le train touristique du pays de Puisaye-Forterre, le parc d'aventure du Bois de la Folie et la Pyramide du Loup *(voir « Nos adresses »)*.

Circuits conseillés Carte de microrégion p. 302

CŒUR DE PUISAYE A1

Circuit de 36 km tracé en bleu sur la carte de microrégion (p. 302) – Comptez environ 2h (sans la visite de Guédelon).

St-Amand-en-Puisaye

Idéalement installée sur un gisement d'argile de Myennes, cette petite ville est la capitale de la Puisaye potière. Parmi les ateliers et points de vente *(voir « Nos adresses »)*, ne manquez pas d'aller rendre visite à la boutique de Jean

D'ARGILE ET D'EAU

Le sol de la Puisaye contient des silex non roulés, empâtés d'argile blanche ou rouge utilisée dès le haut Moyen Âge par les potiers de St-Amand, Treigny, St-Vérain et Myennes. L'industrie de la **poterie** se développe surtout au 17e s. Aux pièces de luxe, dites « bleu de St-Vérain », succèdent, au siècle suivant, des productions pour la plupart utilitaires ; l'artisanat de la fin du 19e s. leur assure une nouvelle réputation. Aujourd'hui, l'activité se concentre à **St-Amand-en-Puisaye** *(voir « Nos adresses »)* devenu centre de formation, et aux abords mêmes de la localité, où fonctionnent plusieurs ateliers, lui assurant l'un des premiers rangs pour la fabrication des grès. Moutiers, proche de St-Sauveur, propose des grès au lieu-dit La Bâtisse (four couché du 18e s.), où exercent les descendants de la dynastie de potiers des Cagnat.

Cacheleux, qui expose aussi ses céramiques d'art en région parisienne et en Normandie.

Musée du Grès – *13 Grande-Rue - ✆ 03 86 39 63 72 - www.saint-amand-en-puisaye.fr - juin-sept. : tlj sf mar. 10h-13h, 15h-18h30 ; 31 mars-2 avr. : 10h-13h, 15h-18h30 ; mai : w.-end et j. fériés 10h-13h, 15h-18h30 - fermé Vend. saint - possibilité de visite guidée sur demande (45mn) - 4 € (-12 ans gratuit) - billet donnant accès à la maison de la Mémoire potière.* Le château Renaissance de St-Amand accueille, dans trois salles, les pièces qui retracent l'évolution de la production régionale, depuis les grès utilitaires déjà répandus au 14e s. jusqu'à la poterie décorative développée à la fin du 19e s. par le sculpteur Jean Carriès et ses amis, représentants de l'Art nouveau. Remarquez *Le Défi*, superbe tête de berger, par son élève Paul Jeanneney. Le musée est couplé avec la **Maison de la Mémoire potière**, située à 300 m : la visite guidée permet de découvrir un atelier, d'apprécier le four de 80 m³ et d'assister à une démonstration de tournage.

Prenez au nord la D 2 et la D 18 sur 13 km.

★ St-Fargeau

★ **Château** – *✆ 03 86 74 05 87 - www.chateau-de-st-fargeau.com - juil.-août : 10h-12h, 14h-19h ; de mi-mars à fin juin et de déb. sept. à mi-nov. : 10h-12h, 14h-18h - possibilité de visite guidée (30mn) - 11 € (-15 ans 7 €) - spectacle historique juil.-août : vend.-sam. 22h, visites nocturnes juil.-août : jeu. 22h - réserv. en ligne.* La tendre couleur rose de la brique et du crépi enlève à cette imposante construction, cernée de fossés, l'aspect rébarbatif que pourraient lui conférer ses tours massives. De la même façon, celles-ci s'affinent grâce à des lanternes ajourées très élancées, installées par Le Vau. À l'intérieur de ce corset féodal, la vaste cour d'honneur, entourée de cinq corps de logis (le plus récent à droite de l'entrée date de 1735), forme un ensemble d'une élégance inattendue.

Édifié en plusieurs étapes, à partir de la Renaissance, le château actuel se trouve à l'emplacement d'une forteresse élevée par un parent d'Hugues Capet vers 980. Sur les six tours qui encadrent le bâtiment, la plus grosse (au point de renfermer une cour intérieure à ciel ouvert) fut bâtie par **Jacques Cœur**, banquier du roi Charles VII. Un ancien compagnon de Jeanne d'Arc, l'homme d'armes **Antoine de Chabannes** (de réputation sulfureuse quand, soldat rebelle, il prit la tête d'une troupe de mercenaires appelés « Écorcheurs »), acquit le château lors de l'emprisonnement de Jacques Cœur et y fit exécuter d'importants travaux d'agrandissement en lui donnant son plan pentagonal. Mais c'est durant l'exil de la Grande Mademoiselle *(voir encadré p. suivante)* que l'architecte de Versailles, **Louis Le Vau,** transforma (vers 1655) l'aspect des bâtiments et conçut l'aile qui porte toujours son nom.

La galerie – *Visite libre.* Dans l'angle des deux ailes principales, un escalier semi-circulaire donne accès à la rotonde d'entrée. La chapelle est aménagée dans l'une des tours : à gauche s'ouvre la galerie qui desservait les appartements de la Grande Mademoiselle, entièrement brûlés en 1752 ; à droite s'étend la salle des Gardes brûlée en 1855.

Les appartements de la Grande Mademoiselle – *Visite guidée.* Grâce aux efforts de l'actuel propriétaire, les salles de billard, le grand salon et la salle à manger ont retrouvé un mobilier et des décors d'époque. Dans la belle bibliothèque de chêne de Hongrie (19e s.), vous pourrez repérer quelques ouvrages originaux de Voltaire.

Les **combles★★**– La visite (libre) des combles (1 000 t de poutres de chêne) révèle des charpentes datant des 17e, 18e et 19e s. en fonction des incendies (1752 et 1855) qui les éprouvèrent. Elles ont été taillées dans le cœur de chêne, la partie la plus dure de cet arbre. On estime qu'il a fallu couper une chênaie d'une soixantaine d'hectares pour réaliser cette immense toiture de près de 2 ha. Sa structure a été assemblée sur le principe du tenon-mortaise, c'est-à-dire sans utiliser de chevilles, uniquement par emboîtement des pièces.

La **tour Jacques Cœur** – C'est la plus grosse du château (36 m de haut et 24 m de diamètre). Elle est particulièrement spectaculaire. Son toit en forme d'entonnoir légérement incliné vers l'ouset permet à la fois d'éclairer l'intérieur et de récupérer les eaux de pluie.

Le parc – Dans le parc à l'anglaise de 118 ha, la grande pièce d'eau est alimentée par le ruisseau du Bourdon. Vu de la berge, le château se présente sous son meilleur jour. Huit **locomotives** – dont le dernier exemplaire du mastodonte à vapeur de 1905 qui relia Paris à Rouen avec des pointes de 120 km/h – ont trouvé leur place parmi les belles futaies.

Ferme du Château – *Allée des Platanes - ✆ 03 86 74 03 76 - www.ferme-du-chateau.com - juil.-août : 10h-19h ; avr.-juin et de déb. sept. à mi-nov. : 10h-18h ; reste de l'année : se rens. - 7 € (-15 ans 5 €).* Revêtus de la tenue de leurs aïeux,

UN CHÂTEAU POUR DES PROPRIÉTAIRES INSOLITES

Sur l'ordre de son cousin Louis XIV, Anne Marie Louise d'Orléans, duchesse de Montpensier, dite **la Grande Mademoiselle**, passa cinq ans à St-Fargeau après sa participation à la Fronde. En 1681, elle fit don de St-Fargeau au duc de Lauzun, courtisan en disgrâce auquel elle s'unit en secret, après de nombreux projets de mariage avortés.

En 1715, la propriété fut acquise par Le Peletier des Forts. Son arrière-petit-fils, **Louis-Michel Le Peletier de St-Fargeau**, réélu député du tiers état à la Convention nationale en 1792, vota la mort au procès de Louis XVI. Assassiné la veille de l'exécution du roi par le garde du corps Pâris, il fut considéré par les révolutionnaires comme le premier « martyr de la liberté ». David le peignit sur son lit de mort. Sous la Restauration, sa mémoire tomba en disgrâce et sa fille racheta le tableau à prix d'or pour… le faire oublier (en fait, le détruire). Son corps repose dans la chapelle. Vous pouvez voir son effigie en cire dans l'une des salles du rez-de-chaussée.

Propriété de la famille des d'Ormesson jusqu'à la fin des années 1960, le château de St-Fargeau est le personnage central du roman *Au plaisir de Dieu*, de Jean d'Ormesson (1974). Le château appartient depuis 1979 à Michel Guyot, également propriétaire de celui de Guédelon *(voir p. 361).*

Le château de St-Fargeau et son parc.
B. Rieger/hemis.fr

des Fargeaulais présentent, à travers de nombreuses animations, les animaux de la ferme, la vie rurale et les métiers de la campagne au début du 20e s. Au cours de votre visite, vous verrez la maison du fermier, avec sa laiterie, son four à pain et sa cuisine dotée d'ustensiles d'époque. Vous découvrirez aussi les gestes du maréchal-ferrant ou du cordier, et vous vous laisserez peut-être tenter par une promenade en calèche ou en malle-poste, tandis que vos enfants assisteront à la traite des chèvres ou à l'attelage des chevaux de trait.

Tour de l'Horloge – En contrebas du château, cette tour carrée en brique et pierre est une ancienne porte fortifiée de la fin du 15e s.

Église St-Ferréol – Sa façade gothique de la fin du 13e s. s'éclaire d'une rose rayonnante inscrite dans un carré (vitraux modernes). L'église conserve d'intéressantes pièces, comme dans la nef, à droite, une Pietà en pierre polychrome du 15e s., une statue de la Vierge en bois polychrome et, dans le chœur, des stalles du 16e s. ainsi qu'un Christ en bois du 14e s. Dans la chapelle du bas-côté sud sont réunis un triptyque de la Passion (peu visible) et la Charité de saint Martin, remarquable bois sculpté du 16e s.

Chapelle Ste-Anne – *03 86 74 10 07 - www.puisaye-tourisme.fr - visite des peintures murales du 16e s., clé disponible à l'office de tourisme.* L'édifice abrite un bel ensemble de peintures murales datant du début du 16e s. Le récit de la Passion du Christ est retracé en 11 épisodes, tandis que deux autres peintures évoquent la *Généalogie de la Vierge* ou encore la *Rencontre des Trois Morts et des Trois Vifs.*

★ **Musée de l'Aventure du son de St-Fargeau** – *Pl. de l'Hôtel-de-Ville - 03 86 74 13 06 - www.aventureduson.fr - - mai-sept. : 10h-12h, 14h-18h ; mars-avr. et oct. : tlj sf mar. 14h-18h ; reste de l'année : se rens. - fermé 1er janv., 11 Nov., 25-26 déc. - 6 € (-16 ans 3 €) - possibilité de location de tablette numérique ludo-éducative proposée aux enf. (2 €) - démonstration de musique mécanique 10h30, 15h30 et 16h30.* Phonographes, radios et toutes sortes d'instruments de musique mécanique (démonstrations à heures fixes) forment l'une des plus belles collections du genre. On découvre ici qu'Edison et Cros avaient

ROGNY-LES-SEPT-ÉCLUSES

Pas moins de 12 000 ouvriers ont participé à la construction de ce spectaculaire ouvrage d'art imaginé par Henri IV et Sully dès 1597. L'objectif? Relier la Méditerranée à l'Océan et à la Manche en faisant confluer la Loire et la Seine grâce à un canal. Mais entre les deux cours d'eau, l'obstacle était de taille : une colline les séparait à Rogny. C'est l'ingénieur Hugues Cosnier qui imagine alors cet ensemble de six écluses – sept au final – pour que les navires puissent franchir ce dénivelé de 24 m. Ce n'est qu'en 1642 que le « canal de Loyre en Seyne » s'ouvre à la navigation. On le connaît aujourd'hui sous le nom de canal de Briare.
À 20 km au nord-ouest de Saint-Fargeau via la D90 (20mn).

pour point commun d'être autodidactes et touchés de près par la surdité, ce qui orienta leurs recherches. En état de marche, les phonographes, orgues de manèges et orgues de Barbarie rivalisent de rengaines nostalgiques, dont on peut comparer les sons. Les heures de gloire de la radio se suivent également à travers l'exposition de centaines de postes : récepteurs à cohéreurs, à galène, à lampes extérieures... En 1907, on enterra à Paris des disques avec l'intention de les déterrer un siècle plus tard. La presse d'alors s'extasiait : « Oh, merveille ! Ils entendront parler les morts. » Redécouvrez les exploits de la technique en écoutant des voix mémorables : celles de l'actrice Sarah Bernhardt, du pape Léon XIII ou d'**Édith Piaf**.
Prenez la D 185 à l'est du château, sur 3 km.

Lac du Bourdon

Il couvre 220 ha et forme un beau réservoir destiné à alimenter le canal de Briare. Plan d'eau aménagé *(promenades autour du lac, voile, canotage, pêche et baignade).*
Continuez sur la D 185.

★ Parc animalier de Boutissaint

03 86 74 07 08 - www.boutissaint.com - - de déb. mars à mi-oct. : 8h-18h30 ; de mi-oct. à mi-nov. : sur demande préalable (suivant conditions climatiques) - 9 € (-14 ans 6 €) - les sam. de sept., soirée (dîner et promenade nocturne) pour écouter le brame du cerf. Réserv. au 03 86 74 18 18.

Soyez prudents : au moment du rut, les animaux peuvent être agressifs, en particulier les cerfs en sept.-oct.

Créé en 1968 au sud du lac du Bourdon, ce parc occupe 400 ha de bois, de prairies et d'étangs, et ménage environ 100 km de promenades. Son but est de maintenir dans leur biotope plus de 400 grands animaux vivant à l'état sauvage. Des itinéraires pour piétons et cavaliers permettent de découvrir des hardes de cerfs, de biches, de daims et de chevreuils en pleine liberté. Dans de vastes enclos vivent des bisons d'Europe, de nombreux sangliers et des mouflons de Corse. On peut également observer de petits animaux tels que des écureuils, des lapins, des belettes, des hermines ainsi qu'une multitude d'oiseaux sédentaires ou migrateurs. Notez que le pique-nique y est autorisé. Si la vénerie vous intéresse, ne manquez pas, le 15 août, la **Fête de la forêt sauvage** *(spectacle de fauconnerie, spectacle équestre et recensement des animaux).*
Un peu plus loin, prenez à gauche la D 955 en dir. de St-Sauveur-en-Puisaye.

★★ Chantier médiéval de Guédelon

Voir p. 361.
Reprenez la D 955 vers St-Amand-en-Puisaye, puis la D 185 à gauche.

★ Château de Ratilly

☎ 03 86 74 79 54 - www.chateauderatilly.fr - de mi-juin à mi-sept. : 10h-18h ; de mi-mars à mi-juin et de mi-sept. à fin oct. : tlj sf vend. 10h-12h, 14h-17h30, w.-end et j. fériés 14h30-18h ; reste de l'année : se rens. - fermé certains j. fériés - possibilité de visite guidée sur demande - 4 € (-12 ans gratuit).

La découverte de cette importante bâtisse du 13e s., à l'écart des grandes routes, dans un écrin de beaux arbres, ne manque pas de charme. Dans les années 1730, la forteresse servit de refuge aux jansénistes, qui y imprimèrent un journal clandestin, *Les Nouvelles ecclésiastiques*, temporairement à l'abri des poursuites de la police royale et avec l'appui de l'évêque d'Auxerre. Des tours massives et de hauts murs d'aspect sévère surplombent les douves sèches entourant le château construit en belle pierre ocre, patinée par le temps. Derrière ses murs, on découvre un très rare **pigeonnier★** avec son échelle tournante pour accéder aux boulins (niches où nidifiaient les pigeons). Les volatiles étaient élevés à la fois pour leurs œufs et leurs fientes. Très riche en ammoniaque, le guano était un engrais courtisé ; symbole de fécondité, on l'offrait aux jeunes mariés privilégiés.

À raison du millier de boulins que compte ce pigeonnier – sachant qu'un boulin équivalait à un demi-hectare de terres –, on imagine l'étendue des terres que possédait le domaine de Ratilly.

On visite un atelier artisanal de poteries de grès dans l'aile gauche, ses combles et les deux ailes basses sur l'arrière, aux salles rénovées avec une belle cheminée historique de 1581 *(expositions temporaires d'art contemporain, concerts).*

Redescendez sur le village.

Treigny

Dans cette commune, frontière entre la Puisaye et la Forterre, trône une belle **église** du 15e s., de style gothique flamboyant. En raison de ses vastes proportions, étonnantes pour un sanctuaire de campagne, elle est surnommée la « cathédrale de la Puisaye ». Remarquez la masse imposante des contreforts. À l'intérieur, deux Christ en croix : l'un, aux extrémités rongées, posé sur le bas-côté de la nef, exécuté par un lépreux au 16e s., l'autre accroché au-dessus du portail, de facture janséniste.

Le Couvent – *4-8 r. du Couvent - ☎ 03 86 74 75 38 - www.lecouventdetreigny.com - juil.-août : 14h-19h ; avr.-juin et sept.-oct. : vend.-lun. 14h-19h, vac. scol. et j. fériés 14h-19h - possibilité de visite guidée sur demande (45mn) - gratuit.*

Dans ce bâtiment, qui fut jadis occupé par les jansénistes, les potiers de Puisaye exposent tous les ans leurs dernières œuvres et accueillent des artistes invités. Vous verrez donc des créations de Chevilly, Deblander, Gardelle, Gueneau, Méheust… à la personnalité bien marquée.

Empruntez la D 66 sur 8 km en direction de Moutiers.

PEINTURES MURALES EN PUISAYE-FORTERRE

St-Amand-en-Puisaye, St-Fargeau, Villiers-St-Benoît, mais aussi Bléneau, La Ferté-Loupière, Lindry, Louesme, Moutiers, Parly, Pourrain, Ronchères, Sts-en-Puisaye, Villeneuve-les-Genêts… Dans toutes ces communes où les sous-sols sont riches en ocre, églises ou chapelles abritent des peintures murales dont les plus anciennes remontent au 12e s. *Dépliant disponible dans la plupart des lieux touristiques de la Puisaye.*

Moutiers-en-Puisaye

L'**église** paroissiale appartenait autrefois à l'abbaye St-Germain d'Auxerre. Elle conserve quelques belles œuvres, telles que les motifs sculptés ornant l'embrasure des baies de l'avant-nef (13e s., remaniés au 16e s.) et les **fresques médiévales** de sa nef. Découverts en 1982 sous un badigeon du 17e s., deux cycles peints, roman et gothique, se superposent. Les fresques romanes (seconde moitié du 12e s.) ont été privilégiées sur le mur nord (Annonciation, Nativité, Annonce aux bergers, Christ entouré d'anges montrant ses plaies), le mur ouest au revers de la façade (grands personnages énigmatiques) et la première travée du mur sud (scène d'adoration). Trois registres gothiques (vers 1300) complètent ce dernier : en haut, procession ; au centre, scènes de la Genèse ; en bas, histoire de saint Jean-Baptiste et arche de Noé.
La Bâtisse – *2 bis rte de St-Fargeau - ✆ 03 86 45 68 00 - www.poterie-batisse.com - juil.-août : 10h-12h, 14h-18h, dim.-lun. 15h-18h ; mai-juin et sept. : tlj sf lun. 10h-12h, 14h-18h, dim. 15h-18h ; reste de l'année : se rens. - fermé 1er janv., 25 déc. - possibilité de visite guidée sur demande (45mn) - 5 € (-12 ans 2,50 €).* Au lieu-dit La Bâtisse, la vieille poterie Louis-Cagnat abrite le dernier grand **four couché** du 18e s., pouvant accueillir jusqu'à 3 000 poteries. Il brûlait en moyenne 50 m³ de gros bois et plus de 5 000 fagots de brindilles par cuisson.
Poursuivez à l'est sur la D 85.

St-Sauveur-en-Puisaye

« Donne ta main, serre bien la mienne : elle te mène, sans bouger, vers les dimanches humbles que j'ai tant aimés. Je t'emmène vers ma maison d'autrefois ». Cette invite est bien sûr signée **Colette**. L'écrivaine vécut ses dix-huit premières années à St-Sauveur avant de déménager en 1891 à Châtillon-Coligny, dans le Loiret, suite au revers de fortune que connut sa famille (son père ayant échoué à gérer la rente de sa femme héritée de son premier époux). Richement légendé, le topoguide géolittéraire *Sur les pas de Colette* (*disponible à l'office de tourisme (gratuit) ou sur www.puisaye-tourisme.fr*) vous conduira à travers les rues de St-Sauveur, de l'école de Claudine (une salle de classe de la IIIe République a été reconstituée) jusqu'à sa maison natale, située rue Colette.
★ **Maison de Colette** – *✆ 03 86 45 66 20 - www.maisondecolette.fr - ♿ - juil.-août : 10h-13h, 14h-19h ; avr.-juin et sept.-oct. : tlj sf lun.-mar. 10h-13h, 14h-18h ; reste de l'année : se rens. - 11 € (-6 ans gratuit) - pass Sido valable à 1 an 35 € (maison de Colette + tarifs préférentiels sur les manifestations organisées).* Inaugurée en 2016, la maison natale de Colette – un médaillon de marbre rose porte la sobre inscription « Ici Colette est née » – est l'aboutissement d'un formidable projet. Celui d'immerger le visiteur non dans un espace muséographique, mais dans un lieu de vie, celui de l'enfance de Colette. L'intérieur de la maison et

LE PAYS DE COLETTE

Quitter sa maison natale fut un véritable déchirement pour **Colette**, qu'elle n'aura de cesse de panser à coups d'écriture. « Sa maison deviendra l'un des personnages centraux de son œuvre », fait observer Frédéric Maget, président de la Société des amis de Colette et cheville ouvrière du projet de rachat de la maison natale. Cette maison, ce pays de son enfance, on les retrouve dans *Claudine à l'école* (1900), premier roman signé sous le pseudonyme de Willy, diminutif de son premier mari **Henry Gauthier-Villars**, et dans nombre de ses ouvrages ultérieurs. Bien qu'habitant Paris depuis plus de 50 ans, Colette conservera jusqu'à sa mort, en pleine gloire, le 3 août 1954, un lien quasi ombilical avec sa terre natale, qu'elle appelait « le musée de ma jeunesse ».

les jardins ont ainsi été reconstitués au plus près de ce qu'elle a décrit dans son œuvre. Accessible uniquement sous la forme de visite commentée (par petits groupes), on traverse ainsi le temps via ces multiples espaces : le jardin « d'en face », la salle à manger, les différentes chambres, la cuisine *(ateliers culinaires)* et la magnifique terrasse dallée, le jardin et sa glycine deux fois centenaire. Les combles de la maison seront à terme occupés par le Centre d'études Colette (lettres, manuscrits, livres, articles, objets...) qui aura aussi pour enjeu la réhabilitation de la littérature féminine.

★ **Musée Colette** – *1 pl. du Château - ✆ 03 86 45 61 95 - ♿ - avr.-oct. : 10h-18h - fermé mar. - possibilité de visite guidée sur demande (1h) - 7 € (enfant 5 €) - atelier d'écriture et d'illustration disponible en juil.-août : horaires, se rens.* Consacré à la vie et à l'œuvre de Colette, ce musée est aménagé dans le château de St-Sauveur (16e-17e s.), à proximité d'une tour sarrasine du 12e s. – la dernière de ce type subsistant en France – construite en pierre de fer sous une forme ovoïde. L'enfance, les passions et la carrière de Colette sont illustrées par quelque 250 photos accompagnées d'une bande sonore qui reprend quelques-uns de ses textes sur des morceaux de piano. Le salon et la chambre qu'elle occupait au Palais-Royal, à la fin de sa vie, sont reconstitués autour de son mobilier, comme le célèbre lit-radeau au damas rouge, doté d'une table qui lui permettait d'écrire en dépit de son arthrite. L'ensemble est complété par de nombreux souvenirs légués par la famille de Jouvenel, son deuxième mari. Après un bel escalier, dont chaque marche porte un titre de son œuvre, la visite se termine à la bibliothèque factice, un espace de lecture ou plutôt de « dégustation », dans lequel 1 500 faux livres renferment des citations de l'écrivain.

Sentier « Colette » – *6 km. Comptez 2h30. Du musée, passez devant la maison de Colette, puis devant le lavoir du Petit-St-Jean. De là, suivez le balisage (les silhouettes de Colette et de son chat sur fond blanc) qui traverse le village de Moutiers et s'en retourne sous la voie de chemin de fer.* Vous pourrez lire les passages de ses livres consacrés aux lieux de son enfance, tout en les découvrant par la promenade.

Retour à St-Fargeau, à 11 km par la D 85.

VALLÉE DE L'OUANNE A1

Circuit tracé en rouge sur la carte de microrégion (p. 302) – 25 km de Toucy à Charny. Suivez la D 950 qui longe la voie du chemin de fer touristique de Puisaye-Forterre.

Toucy

Cette localité, bâtie sur la rive droite de l'Ouanne, fut le pôle historique de la Puisaye jusqu'au 14e s. Sur une hauteur, l'**église St-Pierre** a l'aspect d'une forteresse : le chevet plat, flanqué de deux tours du 12e s., et le mur nord de l'édifice sont les restes de l'enceinte du château des barons de Toucy. Promenez-vous près des anciens remparts, d'où l'on découvre la ville basse, le buste du célèbre enfant du pays, le lexicographe **Pierre Larousse** (1817-1875), et les environs. La Galerie de l'ancienne poste expose, dans le cadre d'un ancien hôtel particulier, les œuvres d'artistes céramistes avec, chaque année, un invité de renom. Autour de l'étang alimenté par l'Ouanne, un espace de verdure a été aménagé en parc de loisirs *(camping)*.

Ne quittez surtout pas le bourg sans avoir embarqué à bord du **train touristique du pays de Puisaye-Forterre** *(voir « Activités » p. 360)* pour une sympathique balade de Toucy à Villiers-St-Benoît à travers la campagne poyaudine (relative à la Puisaye).

Quittez Toucy au nord-ouest par la D 950.

Villiers-St-Benoît

Ce village se distingue par la qualité de son patrimoine. Les murs de son église sont couverts de magnifiques **peintures murales** (*voir encadré p. 355*). Le mur nord porte une fresque du 15e s., une conversation surnaturelle d'un bel équilibre trinitaire, le *Dict des trois morts et des trois vifs*. Sur la partie supérieure du mur sud se distingue un archer. Au registre inférieur, une Vierge de Pitié est encadrée de bandes d'ocre rouge.

Musée d'Art et d'Histoire de Puisaye – *5 r. Paul-Huillard - mai-sept. : 10h-12h, 14h-18h ; reste de l'année : 10h-12h, 14h-17h - fermé mar., 1er Mai, de mi-nov. à mi-mars - 5 € (-16 ans gratuit) - 7 € atelier enf.* Aménagé dans une grande demeure bourgeoise du 17e s. typique de la région, ce musée présente au rez-de-chaussée la reconstitution d'une cuisine poyaudine dotée d'un beau mobilier, et celle d'un cabinet d'érudit du 19e s. Au 1er étage est exposée une collection de faïences (principalement de l'Auxerrois, des 18e et 19e s.) et de grès de Puisaye. Dans le second bâtiment, que l'on rejoint par une galerie transversale en verre (où sont exposées de belles céramiques d'artistes contemporains comme celles d'Izuru Yamamoto), on peut voir un remarquable ensemble de sculptures bourguignonnes (du 12e au 16e s.), dont quelques chefs-d'œuvre des ateliers dijonnais du 15e s.

Le musée accueille chaque été une exposition d'art contemporain.

Poursuivez sur la D 950.

LE « PETIT » LAROUSSE

Quand Pierre Larousse était tout jeune, les mots le fascinaient déjà. À 20 ans, il fut nommé directeur de l'école primaire supérieure de Toucy. Son besoin d'« instruire tout le monde et sur toute chose » le poussa à entreprendre un *Dictionnaire de la langue française*. Travailleur acharné, il consacra la fin de sa vie à un monument intellectuel considérable, le *Grand Dictionnaire universel du XIXe siècle*, auquel il laissa son nom.

Grandchamp

Le village abrite un **château** d'aspect longiligne très original, remanié plusieurs fois de la Renaissance au Second Empire. Entre les quatre tours circulaires, les façades emploient la brique avec un goût très sûr. Les dépendances (début 17e s.) bénéficient elles aussi de cette décoration très spécifique.

Continuez sur la D 950.

Charny

Le village marque par une plaque commémorative le terrible souvenir du 14 juillet 1944, jour où tous les hommes et quelques femmes du village, soupçonnés de soutenir le maquis, furent regroupés sous les armes dans la petite école. Quarante-cinq furent arrêtés, dont 14 torturés et déportés en Allemagne. Au centre de la petite ville, la **halle** ne manque pas d'allure avec ses murs de brique à pans de bois posés sur des piliers de pierre. Elle abritait autrefois la mairie.

NOS ADRESSES EN PUISAYE

HÉBERGEMENT

À Tannerre-en-Puisaye

PREMIER PRIX

Chambre d'hôte Chantal et René Gagnot – *Moulin de la Forge - 11 km au nord-est de St-Fargeau par D 18 puis D 160 - ☎ 03 86 45 40 25 - - 5 ch. 57 € - 1 gîte 315/450 €/5 pers. - .* Chambres confortables (poutres apparentes, mobilier des années 1930), beau jardin fleuri avec piscine et étang poissonneux : cet ancien moulin à tan (14e s.) rayonne au milieu d'un parc arboré de 3 ha.

À St-Sauveur-en-Puisaye

BUDGET MOYEN

Domaine des Sapins – *☎ 03 86 45 50 07 - www.domaine-des-sapins.com - - 4 ch. 75 €* . Située à 2 km du village natal de Colette, cette demeure familiale, construite au milieu du 19e s., prend place au cœur d'un ancien arboretum. Féru d'histoire, le propriétaire des lieux n'est pas avare d'informations intéressantes sur les attraits de sa région. Chambres spacieuses avec meubles d'époque.

À St-Fargeau

BUDGET MOYEN

Hôtel Les Grands Chênes – *Les Berthes-Bailly - 4,5 km au sud par D 18 - ☎ 03 86 74 04 05 - www.hotellesgrandschenes.com - - fermé 15 fév.-15 mars et 15 déc.-10 janv. - 14 ch. 87/112 € et 3 maisonnettes 100/186 € - 10,50 €.* Entre maison d'hôte et demeure de charme, une bâtisse bourgeoise pleine de cachet aux chambres colorées, près de Guédelon.

Le Hameau des Grilles – *Lac du Bourdon (5 km de St Fargeau) - Suivre la direction St Sauveur D85 puis prendre la D185 direction Lac du Bourdon - ☎ 03 86 74 12 11 - www.lehameaudesgrilles.com - 12 chalets, à partir de 86 € pour 2 pers.* Situé en bordure du lac du Bourdon, le Hameau des Grilles fait partie d'un vaste domaine de 80 ha de prairies et d'installations équestres et sportives. Les possibilités sont innombrables : baignade, pêche, spa, activités nautiques et équestres sans oublier baptême de l'air en Gyro ULM. Accueil très chaleureux. Une adresse vivement recommandée pour les familles.

POUR SE FAIRE PLAISIR

La Maison Jeanne d'Arc – *9 r. de l'église - ☎ 06 32 37 05 73 - www.lamaisonjeannedarc.com - - 5 ch. 130/150 €* . À deux pas du château, cette belle demeure propose des chambres spacieuses et confortables. Jolie vue sur l'église ou la tour Saint-Jacques.

Les Galants – *Rte d'Arquian - De St-Sauveur, prendre la direction sud vers la rte de Cosne (D955) puis la D2 - ☎ 09 50 85 69 35 - www.lesgalants.fr - 4 ch. 120/200 € - table d'hôte sur réserv. 17 €.* Dans le bois des Galants, les chênes accueillent des hébergements insolites : 4 cabanes (cube et sphère) perchées à 6 m de haut. Toilette sèche et salle de bains à l'extérieur. Le petit-déjeuner est hissé jusqu'au faîte de l'arbre !

UNE FOLIE

Château de St Fargeau – *☎ 06 32 37 05 73 - www.chateau-de-st-fargeau.com - - ouv. de Pâques à la Toussaint - 1 suite 200 €.* Cette grande suite située dans les appartements 18e s. de la tour du Trésor comprend un magnifque salon avec lambris d'époque, la chambre dite « du Pape » avec lit à baldaquin et une attenante, la salle des Cartes. Vue imprenable sur le parc anglais.

ACHATS

St Amand en Puisaye

Espace Terre – *8 Grande r. - ☎ 06 68 62 46 69 - www.espaceterre-ceramique.com - juil.-août 10h30-12h30, 14h30-18h30 ; reste de l'année : se rens. (sf janv. fermé).* Ces deux maîtres artisans potiers font de très belles réalisations à des prix tout à fait abordables.

ACTIVITÉS

Excursions

Cyclorail de Puisaye – *Gare de Charny - ☎ 06 32 45 63 91 - www.cyclorail.com - ▭ - 8/15 € de 2h à 1 j (5 pers. maxi).* Une façon originale de partir à la découverte de la Puisaye : rouler en vélorail sur une ancienne voie ferrée. Le parcours, de Charny à Villiers-St-Benoît, d'une longueur maximale de 32 km AR, offre la possibilité de pique-niquer ou de se restaurer en chemin.

Train touristique du pays de Puisaye-Forterre – *Av. de la Gare - Accueil touristique de Toucy - ☎ 03 86 44 05 58 - www.train-de-puisaye.com - juil.-août : w.-end et j. fériés 9h-18h30 ; mai-juin et sept. : dim. et j. fériés (groupes en sem.) 14h-18h30 ; reste de l'année : groupes uniquement - fermé 1er janv., 25 déc. - 10 € (-14 ans 7 €) pour Toucy-Ville-Moutiers-la-Bâtisse (AR) ; 7,50 € (-14 ans 5 €) pour Toucy-Ville-Villiers-St-Benoît (AR). Possibilité de déjeuner en wagon restaurant en période touristique : 32 € (-14 ans 19,50 €).* Ce train touristique qui emprunte la voie ferrée entre Villiers-St-Benoît et Moutiers-la-Bâtisse, via Toucy, vous fera découvrir la verdoyante Puisaye sur un trajet de 30 km. Le billet, valable toute la journée, permet de monter et descendre à n'importe quelle gare.

Parc de loisirs

Parc d'aventure du Bois de la Folie – *D 185 - 89520 Treigny - ☎ 03 86 74 70 33 - www.natureadventure.fr - juil.-août (réserv. nécessaire) : 10h-19h ; reste de l'année : se rens. - forfait 4h 23 € (enf. 13/20 €) - paintball sur réserv. tte l'année.* 145 ateliers aériens, 11 parcours accrobranches et 1 500 m de tyroliennes dans un agréable cadre d'arbres centenaires. Paintball et jeux interactifs autour de l'environnement.

Pyramide du Loup – *Les Gilats - à 4 km au nord de Toucy - ☎ 09 54 94 64 47 - www.lapyramideduloup.com - ♿ - vac. scol. tlj 10h-18h, mai-nov. : merc.-dim. et j. fériés 10h-12h30, 14h30-18h - 9,50 € (3-16 ans 6 €).* Cette pyramide en bois de 35 m de diamètre est dédiée au loup et à la biodiversité : spectacle 3D, parcours ludique et pédagogique et collection d'objets variés. Les espaces extérieurs feront à terme également partie de la visite. Restauration rapide, buvette et tables de pique-nique.

AGENDA

Spectacle au château de St-Fargeau – *☎ 03 86 74 05 67 - www.chateau-de-st-fargeau.com - 9 juil.-20 août : vend. et sam. à 22h - 18 €, enf. 11 €.* Dans ce spectacle historique, 600 acteurs et 60 cavaliers font revivre l'histoire de St-Fargeau.

Spectacle pyromélodique – *fin juil. à Rogny-Les-Sept-Écluses - www.feudartificerogny.com - 14/26 € (-10 ans gratuit).* Lâcher de ballons, concert, feu d'artifice.

Foire du Beau Marché – *le jour des Rameaux à Toucy.* Foire aux bestiaux qui existe depuis plusieurs siècles.

Chantier médiéval de Guédelon

★★

Yonne (89)

Vouloir construire un château fort du 13e s. avec les techniques et les outils de l'époque, le pari lancé en 1997 était audacieux. Il l'est encore vingt ans plus tard. L'objectif de ce projet est d'apprendre en construisant, de construire en apprenant. Le château devrait être achevé d'ici une quinzaine d'années. Ce chantier d'archéologie expérimentale se gouverne aussi comme une véritable entreprise : 70 personnes, dont 35 œuvrant à la construction du château, y travaillent, sauf pendant la trêve hivernale. Ce défi économique est gagné à chaque saison grâce aux entrées des 300 000 visiteurs annuels. Chapeau Guédelon !

SE REPÉRER

Carte de microrégion A1 (p. 302) – Le chantier médiéval de Guédelon se trouve sur la D 955, entre St-Sauveur-en-Puisaye et St-Amand-en-Puisaye.

ORGANISER SON TEMPS

Les inscriptions pour les visites guidées se font de préférence en ligne sur www.guedelon.fr plutôt que sur place. Les dates et horaires de ces visites sont communiqués quelques jours à l'avance sur le site Internet. Attention, le chantier est fermé le mercredi *(en mars, sept. et oct.)*.

AVEC LES ENFANTS

Tout les enchantera ! L'atelier « taille de pierre » a beaucoup de succès.

BON À SAVOIR

Deux **espaces de restauration**, le Pain sur la Planche et le Mistembec, proposent une cuisine simple à base de produits bio et locaux (le pain cuit sous vos yeux dans deux fours à bois construits par les maçons). Des paniers pique-nique peuvent également être commandés en ligne et retirés au Mistembec.

Découvrir

Le château fort et ses ateliers

D 955 - ✆ 03 86 45 66 66 - www.guedelon.fr - juil.-août : 9h30-18h30 ; avr.-juin : 10h-18h ; sept.-oct. tlj sf merc. 10h-17h30 - dernier accès 1h av. la fermeture - fermé de déb. nov. à mi-mars - possibilité de visite guidée sur demande (1h15) - 14 € (14-17 ans 12 € ; 5-13 ans 11 €) - pass Muraille valable 1 an 28 € (5-17 ans 21 €) - pass Famille vendu uniquement sur le site Internet 44 € (2 adultes + 2 enf.).

Sur ce site forestier de 7 hectares (la forêt de Guédelon), choisi en raison de la présence des matières premières nécessaires à la construction du château (pierre, bois, sable, terre, eau), vous ne croiserez ni bulldozers ni camions ni grues d'acier, mais seulement des outils et techniques de construction utilisées dans le premier tiers du 13e s. Pourquoi cette époque ? Elle correspond au règne de **Philippe Auguste** (1180-1223) dont la conquête territoriale (la France est quatre fois plus grande à la fin de son règne) amorce un nouveau modèle d'architecture militaire qui fera école sous le nom de **châteaux philippiens**. Ses principales caractéristiques sont les suivantes : un plan polygonal constitué de hautes courtines maçonnées ; à chaque angle, des tours cylindriques munies d'archères et pourvues d'un châtelet défensif à l'entrée.

UN CHANTIER EXPÉRIMENTAL

Le château devrait être achevé autour de 2030. Une image virtuelle de ce qu'il sera à terme est déjà visible sur le site Internet. La construction se base sur des « châteaux témoins » de l'architecture dite philippienne : Ratilly *(voir p. 355)*, La Motte-Josserand (58), Yèvre-le-Châtel (45) et Dourdan (91).

Un laboratoire à ciel ouvert – Guédelon veut être le lieu où les manuscrits et dessins du Moyen Âge se confrontent à la réalité. La **cage à écureuil** (quelle masse pouvait-elle soulever ? avec combien d'hommes ?) et la **voûte à croisée d'ogives** (allait-elle trouver son équilibre une fois le coffrage retiré ?) sont déjà passées à l'essai. Les tuiliers ont créé les carreaux de pavement et les tuiles servant au logis seigneurial, ainsi que celles qui serviront à créer la toiture des tours. Petit à petit, les techniques médiévales livrent leurs secrets. Et n'oubliez pas que tous les visiteurs peuvent devenir bâtisseurs à Guédelon, sur inscription : « Aucune compétence spécifique n'est requise, seuls la bonne volonté, le désir d'apprendre et l'intérêt pour l'aventure que nous menons sont nécessaires. »

Le tout dominé par un donjon ou tour maîtresse, plus haut et plus grand, et cerné d'un fossé sec.

Pour l'heure ont émergé l'**enceinte fortifiée** (les murs font 2,10 mètres de large), le **logis seigneurial** (fenêtres géminées) et ses charpentes, la **chambre** et ses peintures murales (pigments fixés avec de la peau de lapin), la **chapelle** (ses murs sont habillés d'ocres issues des hématites du chantier), la **cuisine** et le cellier avec ses magnifiques carreaux de pavements, une partie du **chemin de ronde** avec créneaux et merlons et des tours d'angle. La **tour maîtresse** devrait à terme mesurer 30 m de haut.

Les **salles de tir** et leurs imposantes voûtes d'ogives ont été finalisées. On peut observer au passage ces ingénieux systèmes de levage que sont les fameuses « **cages d'écureuil** », roues à tambour qui peuvent soulever des charges de 200 kg, fidèlement reconstituées et validées par une commission de sécurité.

N'hésitez pas à interpeller les « œuvriers » en « biaudes », tuniques portées au Moyen Âge par les bâtisseurs. Vous pourrez questionner, organisés autour d'espaces thématiques, les carriers (30 000 t environ seront nécessaires pour édifier le château), les tailleurs de pierre qui travaillent le grès ou le calcaire, les maçons, les bûcherons, les charretiers, les charpentiers, les forgerons, les tuiliers, les cordiers, sans oublier les meuniers. Ils s'arrêtent régulièrement dans leur tâche pour expliquer, montrer et partager leur savoir, avant de revenir à leur ouvrage, donc n'hésitez pas à leur poser vos questions.

Pour la corporation des meuniers, un **moulin hydraulique à farine** a vu le jour à 500 m à pied du chantier via un chemin forestier. Il a été reconstruit d'après les vestiges d'un moulin du 12e s. retrouvé à Thervay dans le Jura. Toutes ces pièces ont été conçues, tracées et taillées avec des techniques et des outils identiques à ceux des amoulageurs (constructeurs de roues à aubes pour les moulins à eau) des 12 et 13e s. La farine produite est utilisée par le « talmelier » pour faire du pain au levain.

La visite guidée

Pour les particuliers, les inscriptions aux visites guidées et aux ateliers d'initiation à la taille de pierre se font en ligne sur www.guedelon.fr.

Armé d'une corde à 13 nœuds et d'un bâton d'architecte, le guide montre comment, à partir de cette corde qui se transforme en compas, règle ou équerre, on calcule et mesure les pieds, empans, palmes, coudées… Des

Le chantier médiéval de Guédelon.
A. Pierlot/© Guédelon – 2018

mesures partagées sur un chantier à condition de prendre pour référent une seule et même personne. On sera aussi initié à des cours de stratégie militaire : comment désamorcer des trappes, se défier des portes basses avec marche haute et des meurtrières dérobées ; on observera ces fosses à sec où l'on se brisait le dos, ces escarpes qui font ricocher les pierres, les créneaux d'où on jetait des projectiles sur les cottes de mailles, etc. Une visite particulièrement enrichissante.

Les ateliers

Dans le cadre des visites en famille - réserv. en ligne conseillée - pour connaître les dates et les horaires de l'atelier (à partir de 6 ans) se rens. sur www.guedelon.fr ou ☏ 03 86 45 66 66 - 6,50 € (1h env.).

L'atelier **taille de pierre** *(à partir de 6 ans, 6,50 €, 1h)* se déroule près du château. Un tailleur de pierre explique aux enfants (et aux parents qui peuvent participer s'ils le souhaitent) les différents types de pierre utilisés sur le chantier, leur dévoile les secrets de construction de l'édifice et les initie à son métier. Chaque enfant reçoit des outils et un bloc de pierre, puis taille ou sculpte l'objet de son choix qu'il garde ensuite. Succès assuré !

L'atelier **carreaux de pavement** (*à partir de 6 ans, 6,50 €, 1h*) permet de mettre la main à la terre glaise pour apprendre à mouler des carreaux.

Les tournois sont réservés aux enfants *(5-10 ans, 8,50 €, 1h15)*. Pour être promu « futur chevalier de Guédelon » et recevoir sa lettre d'adoubement, il s'agit de passer trois épreuves : la quintaine, le tir à l'arbalète et le défi de la lance à poney.

La **rencontre du maître d'œuvre** (*à partir de 11 ans, 6,50 €, 1h*) permet d'échanger avec Florian Renucci, qui réalise tous les plans d'exécution du château.

Sens et l'Auxerrois 6

Carte Michelin Départements 319 – Yonne (89)

Joigny, détail de la façade d'une vieille demeure à pans de bois.
J.-D. Sudres/hemis.fr

SENS ET L'AUXERROIS

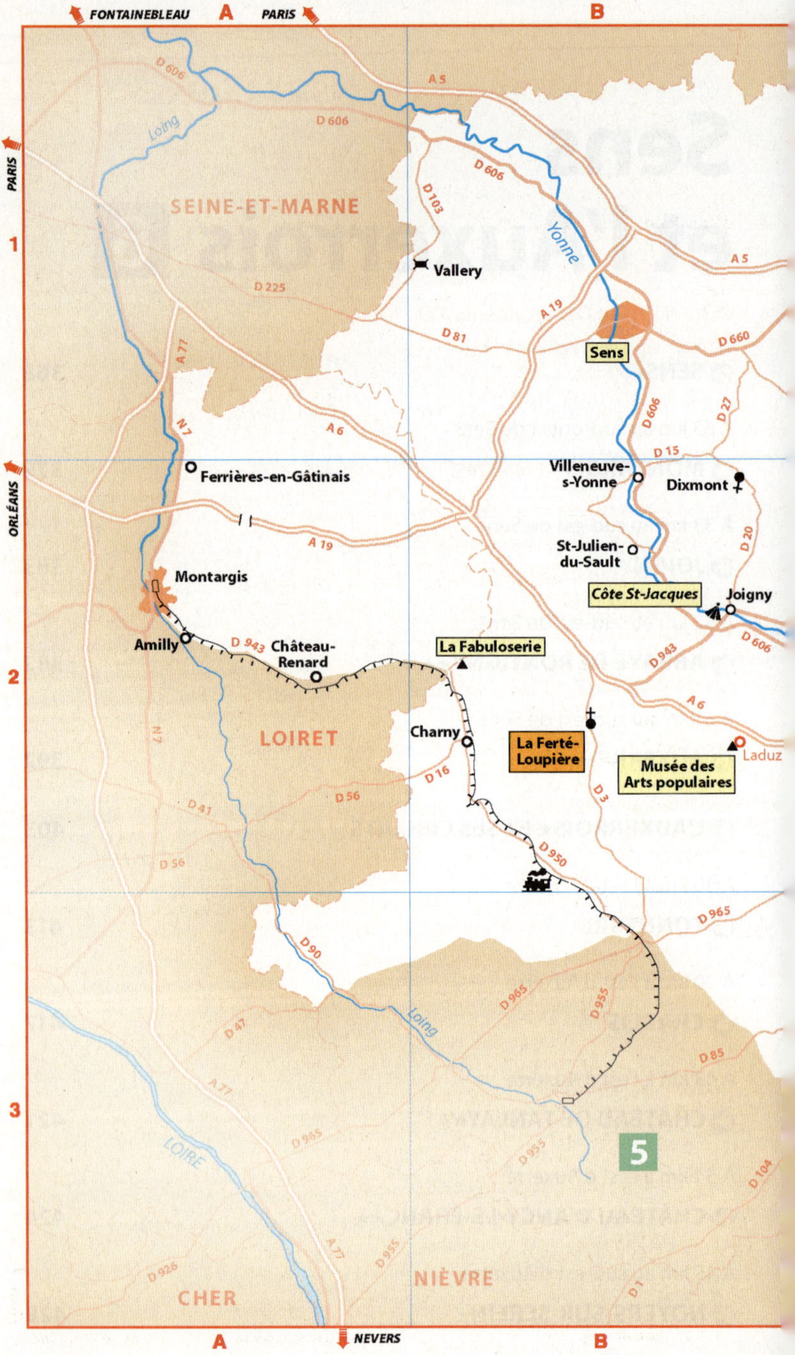

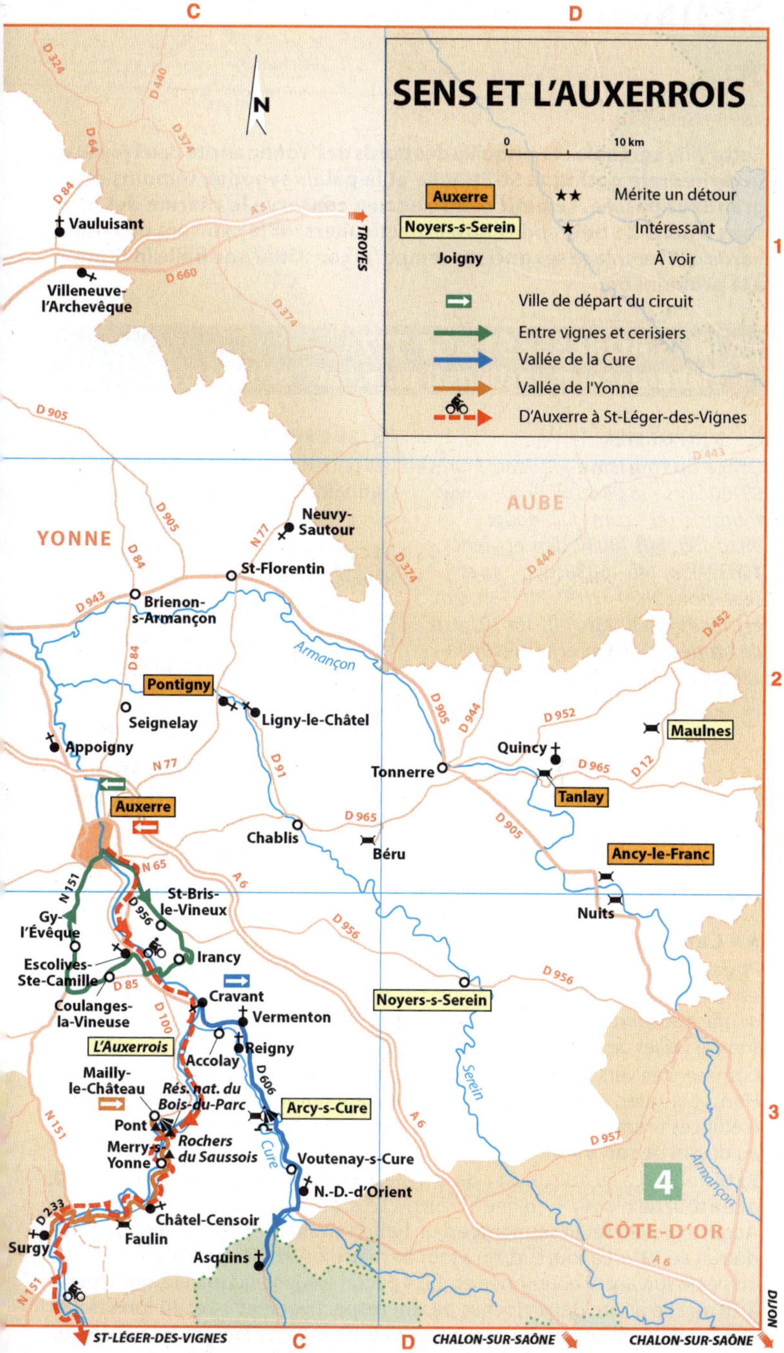
SENS ET L'AUXERROIS
0
10 km
Auxerre
★★
Mérite un détour
Noyers-s-Serein
★
Intéressant
Joigny
À voir
Ville de départ du circuit
Entre vignes et cerisiers
Vallée de la Cure
Vallée de l'Yonne
D'Auxerre à St-Léger-des-Vignes
C
D
1
2
3
4
N
YONNE
AUBE
CÔTE-D'OR
TROYES
DIJON
ST-LÉGER-DES-VIGNES
CHALON-SUR-SAÔNE
CHALON-SUR-SAÔNE
Vauluisant
Villeneuve-l'Archevêque
Neuvy-Sautour
St-Florentin
Brienon-s-Armançon
Pontigny
Seignelay
Ligny-le-Châtel
Appoigny
Auxerre
Chablis
Béru
Tonnerre
Quincy
Tanlay
Maulnes
Ancy-le-Franc
Nuits
St-Bris-le-Vineux
Gy-l'Évêque
Escolives-Ste-Camille
Irancy
Coulanges-la-Vineuse
Cravant
Vermenton
Reigny
Noyers-s-Serein
L'Auxerrois
Accolay
Mailly-le-Château
Rés. nat. du Bois-du-Parc
Arcy-s-Cure
Pont
Rochers du Saussois
Merry-s-Yonne
Voutenay-s-Cure
N.-D.-d'Orient
Châtel-Censoir
Faulin
Surgy
Asquins
Armançon
Serein
Cure
Armançon
D 324
D 440
D 64
D 374
D 84
A 5
D 660
D 374
D 905
D 443
D 905
D 84
N 77
D 374
D 444
D 943
D 452
D 84
D 905
D 944
D 952
N 77
D 91
D 965
D 12
D 965
D 905
N 65
A 6
N 151
D 956
D 956
D 956
D 85
D 100
D 606
N 151
A 6
D 957
D 233
N 151
A 6

Sens

★

25 784 Sénonais – Yonne (89)

Cette ville agréable et tranquille des bords de l'Yonne abrite deux joyaux : la cathédrale gothique St-Étienne et le palais synodal, témoins de sa grandeur passée. Le petit centre ancien conserve le charme des maisons à pans de bois et des hôtels particuliers, et la ceinture de boulevards qui remplace ses anciens remparts constitue une belle invitation à la promenade.

NOS ADRESSES PAGE 377
Hébergement, restauration, achats, activités, etc.

S'INFORMER

Office du tourisme – *Pl. Jean-Jaurès - 89100 Sens - 03 86 65 19 49 - www.tourisme-sens.com - juil.-août : 9h30-13h, 14h-18h30, dim. et j. fériés 10h30-13h, 14h-16h30 ; avr.-juin et sept.-nov. : 9h30-12h30, 14h-18h, dim. et j. fériés 10h30-13h, 14h-16h30 ; reste de l'année : tlj sf dim. et j. fériés 9h30-12h30, 14h-18h, mar. 14h-18h.*

SE REPÉRER

Carte de microrégion B1 (p. 366-367) – Desservie par la D 606, Sens se trouve à 80 km au nord d'Auxerre.

SE GARER

Les parkings se trouvent boulevards Garibaldi et de Maupeou.

À NE PAS MANQUER

La cathédrale St-Étienne, le trésor et le palais synodal.

AVEC LES ENFANTS

Emmenez-les, de mai à octobre, aux serres tropicales du parc du Moulin-à-Tan. Pour une baignade dans l'Yonne, direction Villeneuve-sur-Yonne *(plage surveillée)*. Visite guidée théâtralisée de la ville (2h ; 7,50 €, gratuit -6 ans). *Se rens. auprès de l'office de tourisme.*

Se promener Plan de ville p. 372

★★ Cathédrale St-Étienne Plan de la cathédrale p. 370

Pl. de la République - 03 86 65 06 57 - - 8h-18h (en dehors des offices) - possibilité de visite guidée (1h) de mi-juin à fin août - location audioguide et tablette à l'office du tourisme - spectacle « Lumière de Sens » : de mi-juin à mi-sept. : vend.-sam. et veilles de j. fériés à partir de 22h30.

Commencée vers 1130 à l'initiative d'un proche de saint Bernard, l'archevêque Henri Sanglier, c'est la première cathédrale gothique de France. Nombre d'édifices firent de larges emprunts à son plan, à l'alternance de ses piles ou au dessin de son triforium.

Extérieur – La façade ouest a de la majesté, même amputée de sa tour nord, dite « tour de plomb » ; édifiée à la fin du 12e s. avec la participation de Philippe Auguste, celle-ci était surmontée d'un beffroi en charpente, couvert de plomb, détruit au 19e s. La tour sud, ou « tour de pierre », écroulée en 1268, fut rebâtie au siècle suivant et couronnée en 1534 par un élégant campanile, qui la porte à 78 m. Elle abrite deux cloches pesant respectivement 14 et 16 tonnes. Les statues de la galerie haute, remplacées au 19e s., représentent les principaux archevêques de Sens.

Sens, cathédrale St-Étienne, le vitrail du Bon Samaritain (13e s.).
Ch. Boisvieux/hemis.fr

Au trumeau du **portail central**, la très belle statue de saint Étienne, en habit de diacre et portant l'Évangile, est une œuvre de la fin du 12e s. Elle constitue un bon exemple de la statuaire gothique à ses débuts. Au-dessus du portail central s'étagent une immense fenêtre, une rose et un Christ bénissant (moderne). Les bas-reliefs des piédroits encadrant le portail central représentent, à droite, les vierges folles et, à gauche, les vierges sages des Évangiles. Les statues des apôtres ont disparu de leur niche. Le tympan primitif, qui représentait, croit-on, le Jugement dernier, a été refait au 13e s. : il est consacré à des scènes de la vie de saint Étienne. Maintes statuettes de saints ornent les voussures. Sur le soubassement, vous verrez les arts libéraux, les travaux des mois et un étonnant bestiaire. Toutes ces sculptures sont aujourd'hui très abîmées.
Le tympan du **portail de gauche** (12e s.) évoque l'histoire de saint Jean-Baptiste. À la base des piédroits, des bas-reliefs figurent la Libéralité et l'Avarice. Le tympan du **portail de droite** (début du 14e s.) est consacré à la Vierge. Les statuettes représentant les prophètes ont été décapitées.
Contournez la cathédrale par la gauche jusqu'à l'impasse Abraham.
Au **croisillon nord,** admirez la magnifique façade de style flamboyant, exécutée de 1503 à 1513 par Martin Chambiges et son fils. Le décor sculpté est d'un grand raffinement. Au pignon, notez une statue moderne d'Abraham.
En contournant la cathédrale par la droite, on pénètre dans la cour de l'archevêché et du palais synodal *(voir p. 371)* d'où l'on peut admirer le **croisillon sud,** exécuté par Martin Chambiges, maître d'œuvre de Beauvais et de Troyes ; c'est une belle réussite du style flamboyant. La décoration du portail de Moïse est remarquable.
Intérieur – L'ample nef communique avec les bas-côtés par des arcades surmontées d'un triforium. L'alternance de piles fortes et de piles faibles est caractéristique du gothique primitif. L'aspect de l'église a été modifié par des remaniements successifs : les fenêtres hautes ont été encore rehaussées au 13e s. dans le chœur et au 14e s. dans la nef, et le transept a été ajouté au 15e s. par l'archevêque Tristan de Salazar (fils d'un compagnon de Jeanne d'Arc), coupant ainsi le chœur de la nef.

Les **vitraux★★**, exécutés du 12ᵉ au 18ᵉ s., sont remarquables. Dans le bas-côté droit, à la troisième travée, **vitrail (1)** de 1536, attribué à Jean Cousin, dit « le Père ». Les vitraux du croisillon sud *(à droite)* proviennent d'ateliers troyens (1500-1502) : ceux qui figurent l'arbre de Jessé et la légende de saint Nicolas sont remarquables ; la rosace représente le Jugement dernier. Sur le côté gauche, on peut voir, soudé à un pilier, un retable Renaissance et le **monument (2)** élevé par Tristan de Salazar à la mémoire de ses parents. La rosace du croisillon nord *(à gauche)* a été exécutée en 1516-1517 par Jean Hympe et son fils, verriers à Sens ; elle représente le paradis. Dans le transept nord, la chapelle St-Jean renferme un beau **calvaire (3)** du 13ᵉ s.

Le **chœur** est fermé par de belles grilles de bronze, relevées de dorures (1762) et portant les armes du cardinal de Luynes. Le **maître-autel** monumental a été exécuté au 18ᵉ s. par Servandoni sur le modèle de celui de St-Pierre de Rome.

Des vitraux, comptant parmi les plus anciens de la cathédrale (fin 12ᵉ s.), éclairent la partie nord du déambulatoire : on reconnaît tour à tour l'histoire de **saint Thomas de Cantorbéry (4)**, celle de **saint Eustache (5)**, la parabole de l'**Enfant prodigue (6)** et celle du **Bon Samaritain (7)**. Le **mausolée** du dauphin Louis et de la dauphine Marie-Josèphe de Saxe, parents de Louis XVI, par Guillaume Coustou **(8)**, se trouve dans la chapelle suivante. La chapelle axiale, du 13ᵉ s., conserve des **vitraux (9)** d'époque. Dans la chapelle du Sacré-Cœur, remarquez le **vitrail** attribué à Jean Cousin **(10)**. Un escalier du 13ᵉ s. donne accès au trésor en été *(accès par le musée)*. Après la sacristie, dans une chapelle, se trouve un **retable** Renaissance **(11)** et, au-dessus de l'autel de la chapelle Notre-Dame, une **Vierge** assise **(12)** du 14ᵉ s.

En été, les vendredis et samedis soir, un spectacle sons et lumières est projeté sur la façade (*voir « Agenda » p. 378*).

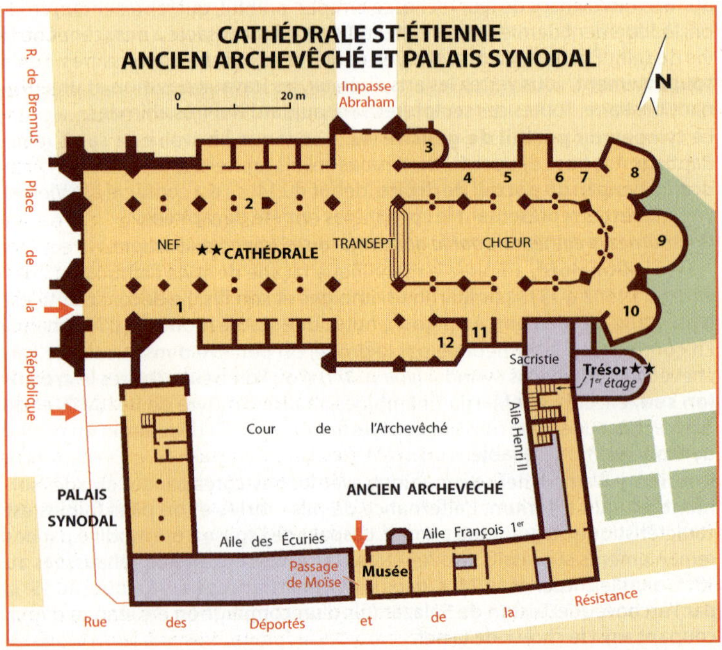

DES SENONS AUX CAMPONT

Le peuple des Senons fut longtemps l'un des plus puissants de la Gaule. En 390 av. J.-C., commandés par Brennus, ils envahirent l'Italie et s'emparèrent de Rome. Maîtres à leur tour de toute la Gaule au 4e s., les Romains firent de Sens la capitale d'une province de la Lyonnaise, la **Grande Senonie**, comprenant Chartres, Auxerre, Meaux, Paris, Orléans et Troyes. Cette tutelle dura fort longtemps à travers l'archevêché qui, ajoutant à ses suffragants l'évêché de Nevers, prit pour devise « Campont » (acronyme formé de l'initiale des sept cités). Le séjour qu'y fit le pape **Alexandre III** en 1163-1164 transforma la ville en capitale provisoire de la chrétienté. Douze ans auparavant s'y était tenu, sous l'autorité de saint Bernard, le concile qui condamna Abélard. C'est dans la cathédrale que fut célébré, en 1234, le mariage de **Saint Louis** et de Marguerite de Provence. Avec la création de l'évêché de Paris, en 1622, le diocèse de Sens perdit Meaux, Chartres et Orléans. La résidence des archevêques de Sens dans le Marais (à Paris), construite vers la fin du 15e s., montre le rapport de force ecclésiastique si longtemps subi par la capitale.

★ Musée, trésor et palais synodal B1-2

135 r. des Déportés-et-de-la-Résistance - ✆ 03 86 64 46 22 - www.ville-sens.fr - juil.-août : 10h-18h ; juin, sept. et vac. scol. (sf juil.-août) : 10h-12h, 14h-18h ; reste de l'année : 14h-18h, merc. et w.-end 10h-12h, 14h-18h - 4,50 € (-18 ans gratuit) - gratuit dim.

Cet ensemble, composant les musées de Sens, occupe les bâtiments de l'**ancien archevêché** et du **palais synodal** qui bordent la cathédrale du côté sud. Admirez le raffinement du décor des façades, des gouttières et des cheminées.

Palais synodal – Construit au début du 13e s., il fut restauré et couvert de tuiles vernissées par Viollet-le-Duc. Au rez-de-chaussée, la salle voûtée à deux nefs était le tribunal de l'officialité *(ouv. lors des expositions temporaires)*. Deux travées ont été cloisonnées afin d'aménager des **cachots** ; cet ensemble de prisons du 13e s. conserve de nombreux graffitis, dont quelques-uns d'époque médiévale (notamment un évêque et un chevalier du Temple). Le 1er étage est occupé par une grande salle qui servait aux assemblées ecclésiastiques (synodes).

Musée de Sens – Construites au 16e s., les ailes François Ier et Henri II abritent des collections consacrées à l'histoire de Sens et du Sénonais. Les premières salles exposent des découvertes pré- et protohistoriques : important outillage de pierre du paléolithique, sépultures et maison du néolithique (7500 à 2500 av. J.-C.), objets de l'âge du bronze (2500 à 750 av. J.-C.), dont le **trésor de Villethierry** (fonds d'un artisan bijoutier), armes et parures de l'âge du fer. Notez la présence des ossements de l'homme des Planchettes, qui tient son nom du lieu-dit voisin où il a été découvert : ils sont curieusement disposés, selon le mode des momies péruviennes.

Au sous-sol sont présentés des **vestiges gallo-romains★** utilisés comme matériaux de récupération lors de la construction de la muraille de Sens : blocs d'architecture, sculptures, stèles... Sous la cour, des fouilles ont livré les bases d'un édifice thermal du 4e s. et, parmi le matériel retrouvé, une collection de peignes en os. Dans la salle attenante est exposée une grande mosaïque dite « des Cerfs », exhumée dans un jardin voisin.

Au 1er étage, la sculpture du 18e s. est représentée par deux ensembles importants (maquettes) : bas-reliefs de la porte Dauphine, élevée à la mémoire du

SE LOGER
- Hotel de l'Esplanade........ 5
- Hôtel de Paris et de la Poste 1
- Inter-Hotel Archotel 6

SE RESTAURER
- Au Crieur de Vin 1
- Brasseries de l'Écu.......... 9
- Le Clos de Jacobins......... 2
- La Madeleine................ 10

dauphin, fils de Louis XV, et de sa femme ; éléments du jubé de la cathédrale (1762) démonté au 19e s. La collection de peintures du 17e au 19e s. s'est enrichie en 2002 de la donation et des dépôts Marrey : quelques tableaux flamands (dont deux Brueghel le Jeune), des œuvres des années 1930 (céramiques de Jean Mayodon et mobilier de Raymond Subes) et une étape marquante de l'œuvre de Rodin, *L'Âge d'airain*.

Remarquez, à l'est de l'aile Henri II, l'**orangerie**, édifiée au 18e s., elle abrite aujourd'hui des expositions temporaires et ouvre sur des jardins à la française.

★★ **Trésor de la cathédrale** – *Dans l'ancienne chapelle privée des archevêques et dans la sacristie ; accès par le musée.* Il s'agit, avec celui de Ste-Foy de Conques, de l'un des plus riches trésors de France. Il a notamment su préserver un grand nombre d'objets médiévaux. Par la fenêtre de la tribune, on peut voir le chœur de la cathédrale. De là, les archevêques pouvaient assister à la messe et contrôler les allées et venues des fidèles.

Au 19e s., les reliques furent démaillotées des tissus qui les protégeaient, et l'on découvrit des étoffes précieuses, originaires de Perse, de Byzance ou d'ailleurs, témoignant de leur commerce et de leurs itinéraires. Le musée renferme donc une splendide collection de ces **tissus** et de vêtements liturgiques : suaire de saint Victor, mitre de soie brodée d'or du 13e s., aube et chasuble de **saint Thomas Becket** (12e s.) ; des tapisseries de haute lisse du 15e s. en parement d'autels *(Adoration des Mages, Couronnement de la Vierge)* et des bourses à reliques ; des ivoires (pyxides, peigne liturgique de saint Loup du 7e s., la Sainte Châsse, coffret reliquaire byzantin) ; des pièces d'orfèvrerie (la Sainte Coupe, sauvée des fontes révolutionnaires, les reliquaires de la Vraie Croix, ciboire de vermeil et crosses d'évêque) ; et une belle Vierge hiératique en bois du 12e s...

Marché couvert A1-2
Face à la cathédrale, ces halles sont caractéristiques des réalisations en vogue au cours de la seconde moitié du 19e s. : architecture métallique à remplage de brique. Observez la charpente apparente et la toiture à clochetons.

Quartier de l'église St-Pierre-le-Rond A2
De part et d'autre du clocher élevé en 1728, la façade de l'**église** et celle de l'ancien hôtel-Dieu (13e s.) se répondent harmonieusement, avec leurs pignons ornés de hautes fenêtres lancéolées.

Quelques rues du centre-ville
La Grande-Rue, piétonne et commerçante, est bordée de nombreuses **maisons à pans de bois** dont certaines portent des plaques rappelant leur activité passée.

À l'angle de la rue de la République et de la rue Jean-Cousin, la **maison** dite **« d'Abraham »** (16e s.) montre un poteau cornier très ouvragé, sculpté d'un arbre de Jessé. La maison mitoyenne, au 50 rue Jean-Cousin, dite **« maison du Pilier »** (16e s.), possède un porche singulier. Plus loin, au n° 8, la **maison Jean-Cousin**, dont la façade sur jardin donne sur la rue Jossey, est aussi une construction du 16e s.

Proche du palais synodal, la rue Abélard est bordée de beaux **hôtels particuliers** des 17e et 18e s.

La poterne B2
Sur le boulevard du 14-Juillet, au sud, on peut remarquer des vestiges de la muraille gallo-romaine.

À voir aussi Plan de ville ci-contre

Église St-Maurice A2
R. de l'Île-d'Yonne.
Bâtie sur l'île d'Yonne tout au bord de l'eau, elle a beaucoup de charme quand on la contemple depuis la rive droite de la rivière. Construite au cours de la seconde moitié du 12e s., elle présente un chevet plat à pans de bois et un toit asymétrique surmonté d'une flèche d'ardoise.

Église St-Savinien B1 (en direction)
137 bis r. d'Alsace-Lorraine, à 750 m du bd du Mail.
Construite au 11e s. sur l'emplacement de la première église de Sens, St-Savinien présente un plan basilical sans transept à trois absides orientées et une nef charpentée. À l'extérieur, le gracieux clocher du 13e s. est mis en valeur par la sobriété de l'édifice.

Parc du Moulin-à-Tan B2 (en direction)
À la sortie sud, sur la route d'Auxerre.
Traversé par la Vanne et la Lingue, ce parc de 10 ha préfigure la ceinture verte qui devrait, à terme, entourer la ville de Sens. Il doit son nom à un type de moulin (1887) peu connu, qui servait à broyer de l'écorce de chêne pour fabriquer le **tan**, poudre utilisée dans le tannage du cuir.

Sa partie paysagère comporte une roseraie, un arboretum, trois serres vouées aux plantes tropicales, dont la géante *Victoria cruziana*, des enclos animaliers, une aire de jeux, un sous-bois… de quoi procurer d'agréables moments de détente aux petits et aux grands.

VILLENEUVE, VILLE NOUVELLE

Créée de toutes pièces en 1163 par le roi Louis VII, Villeneuve-sur-Yonne fut d'abord la « ville nouvelle ». Résidence royale au Moyen Âge, elle devint « Villeneuve-le-Roi », et plus récemment la « ville neuve ». Si, dans l'Yonne, on compte sept « Villeneuve », ce sont plus de 90 localités qui portent ce nom sur tout le territoire français… sans parler des villes nouvelles.

Villeneuve reçut des rois : Louis VII, Philippe Auguste et Saint Louis ; puis des combattants, les Armagnacs et les Bourguignons ; plus tard, les riches mariniers des « rues basses » et les riches vignerons des « rues hautes », rois du négoce des vins, charbons et cuirs, se disputèrent le haut du pavé.

À proximité Carte de microrégion p. 366-367

Villeneuve-sur-Yonne B2

15 km au sud par la D 606. Laissez votre voiture au parking près de l'office de tourisme, en bordure de l'Yonne.

4 r. Carnot - 89500 Villeneuve-sur-Yonne - 03 86 87 12 52 - www.villeneuve-yonne-tourisme.com - juil.-août : 10h-12h30, 14h-18h30, dim. et j. fériés 10h-13h, 15h-18h ; avr.-juin et sept. : tlj sf dim.-lun. et j. fériés 10h-12h30, 14h-18h ; reste de l'année : se rens.

Située sur les bords de l'Yonne, au cœur d'une région de collines boisées, la petite cité a conservé de charmantes demeures des 17e et 18e s. Les fossés de ses remparts médiévaux, dont deux portes fortifiées subsistent encore, ont été aménagés en jardins où coule un petit ruisseau.

Porte de Sens (ou de Champagne) – Doté d'archères, de herses et d'un assommoir, ce bel exemple de l'architecture militaire médiévale (13e s.) accueille les collections d'histoire et d'archéologie du Musée villeneuvien.

Poursuivez rue Carnot.

Maison des Sept-Têtes – Au n° 41, ancienne maison de poste du 18e s. dotée de balcons en fer forgé et de mascarons.

Église Notre-Dame – Selon la tradition, la première pierre de cet édifice fut posée par le pape Alexandre III lors du baptême de la cité en 1163. La construction, où se mêlent les influences bourguignonne et champenoise, s'est échelonnée du 13e au 16e s. La façade Renaissance, due à Jean Chéreau, est remarquable tant par l'harmonie de ses proportions que par la délicatesse de son ornementation. La vaste nef gothique est décorée de chapiteaux à feuillages. Le chœur et le déambulatoire sont les parties les plus anciennes. Dans le bas-côté gauche, la chapelle du Sépulcre abrite une Mise au tombeau, comprenant un Christ en bois du 14e s. et des personnages en pierre de la Renaissance. Dans le bas-côté droit, une statue de la Vierge, portant l'Enfant Jésus, loge dans la chapelle Notre-Dame-des-Vertus, au beau vitrail du 16e s.

★ **Porte de Joigny (ou de Bourgogne)** – *2 r. Carnot - 03 86 87 12 52 - www.villeneuve-yonne-tourisme.com - été : 15h-19h - fermé lun.-mar.* Édifié au 13e s. puis remanié au 16e s., ce châtelet carré forme un bel ensemble avec les maisons environnantes. Il abrite une collection consacrée à l'histoire de la ville, et deux siècles d'uniformes de gendarmerie.

Grosse Tour – Édifié pour Philippe Auguste au début du 13e s., le donjon de l'ancien château royal est un énorme ouvrage cylindrique, haut de 21 m, un peu à l'écart.

À Villeneuve-sur-Yonne, la porte de Joigny.
Ch. Boisvieux/age fotostock

St-Julien-du-Sault B2

26 km au sud par la D 606.

Ce petit bourg s'élève sur la rive gauche de l'Yonne. Son origine remonte au 12e s., au cours duquel les archevêques de Sens construisirent, sur la butte de Vauguillain, une chapelle protégée par de solides fortifications.

Église – Des 13e et 14e s., elle fut en partie remaniée à la Renaissance. À l'extérieur, remarquez les porches latéraux et, à l'intérieur, le chœur, de proportions hardies, ainsi que de beaux vitraux à médaillons du 13e s., dus pour certains aux verriers de la Sainte-Chapelle (de Paris), et des vitraux à personnages (saint Julien) du 16e s.

De la place du Gén.-Leclerc, prenez, devant la façade ouest de l'église, la rue Notre-Dame (D 107) en direction de Courtenay.

Maison de bois – Dans la première rue à gauche *(rue du Puits-de-la-Caille)*, vers la place Fontenotte, s'élève une belle maison du 16e s., à pans de bois.

Chapelle de Vauguillain – Une route en forte montée conduit à la chapelle et aux vestiges du **château** édifié sur la butte. De là, on découvre une belle vue sur St-Julien et la vallée de l'Yonne.

Dixmont B2

25 km au sud-est par la D 606 (jusqu'à Villeneuve-sur-Yonne) puis la D 15.

Vous y verrez les vestiges de l'**église** d'un ancien prieuré, édifié en 1209, détruit durant la guerre de Cent Ans, puis rebâti au 16e s. Au portail d'entrée, remarquez deux fines statues de l'Annonciation.

Villeneuve-l'Archevêque C1

23 km à l'est par la D 660.

Cette petite ville de la vallée de la Vanne, fondée au 12e s. par Guillaume de Champagne, archevêque de Sens, se situait aux confins des territoires de Saint Louis. C'est donc là que celui-ci reçut solennellement des Vénitiens, en 1239, la couronne d'épines pour laquelle il fera construire un magnifique reliquaire à Paris : la Sainte-Chapelle.

Église Notre-Dame – La façade est flanquée d'une tour coiffée d'ardoise. À sa base se dresse un beau portail du 13e s. consacré à la Vierge. La voussure du tympan est formée par un triple cordon de personnages en relief (remarquez, à gauche, l'ange qui sourit). Au sommet est représenté le couronnement de la Vierge. À l'intérieur, une Mise au tombeau (1528) provient de l'abbaye de Vauluisant *(voir ci-dessous).*

Abbaye de Vauluisant C1

30 km au nord-est par la D 660 (jusqu'à Villeneuve-l'Archevêque) puis la D 84, au nord, en direction de Courgenay.

Lieu-dit Vauluisant - ✆ 03 86 88 42 02 - www.vauluisant.com - ♿ - visite guidée (1h30) de mi-avr. à fin oct. : dim. 15h - fermé festival de musique (juin) - 6 €.

On visite les vestiges d'une abbaye cistercienne du 12e s. Rachetée en 1835 par un industriel qui développe son exploitation agricole et organise des concours (fauchage, labourage, ferrage), elle devient une ferme modèle au 19e s. Les bâtiments restants ont été retouchés au 16e s. L'escalier d'honneur de l'ancien logis abbatial (17e s.) est classé. Voyez également le pigeonnier, encore pourvu de son échelle rotative. Un festival de musique classique se tient à l'abbaye chaque été.

Château de Vallery B1

22 km au nord-ouest par la D 26.

Pl. des Condé - ✆ 03 86 97 77 00 - www.chateaudevallery.com - ♿ - de mi-juil. à mi-août : 15h-17h30 ; de déb. avr. à mi-juil. et de mi-août à fin oct. : dim. et j. fériés 15h-17h30 ; reste de l'année : sur demande préalable - possibilité de visite guidée sur demande (1h) - 9 € (enfant 6 €).

Seules les parties extérieures et la grande galerie se visitent.

Vallery est un petit village de l'Yonne qui fut, avant Chantilly, le domaine des princes de Condé. Dans l'allée cavalière dominant le château, allez rendre visite au vénérable **chêne** du Grand Condé, planté en 1621, au pied duquel les maîtres des lieux avaient coutume d'enterrer leurs chiens de chasse.

Ce site très particulier, qui accueillit à plusieurs siècles d'intervalle des « combattants de la foi » – au Moyen Âge, les seigneurs de Vallery, compagnons croisés de Saint Louis, puis lors des guerres de Religion, le chef huguenot Louis de Condé –, a conservé des bâtiments de toutes ces époques, ce qui compose un mélange hétéroclite d'architecture militaire et civile d'influence à la fois médiévale et Renaissance.

Du Moyen Âge subsiste une vaste enceinte qui était capable d'accueillir, au 13e s., quelque 5 000 hommes. Notez la poterne d'entrée, les anciens remparts portant des tours à encorbellement et, dans les communs, un pigeonnier de belle taille.

Favori d'Henri II, l'extravagant maréchal de St-André fit appel à l'illustre **Pierre Lescot** (1515-1578), ami de François Ier et l'un des architectes du Louvre, pour construire, sur une partie de l'ancienne forteresse, un somptueux palais Renaissance digne des plus grands rois. Dans sa sobriété et son heureuse combinaison de brique et de pierre, le **pavillon Renaissance** (1550) anticipe d'un siècle le style Louis XIII. Derrière le pavillon, l'aile ouest abrite une Grande Galerie classique (l'aile sud fut démolie au début du 17e s.). À l'extérieur, une roseraie a été reconstituée à la manière des jardins de la Renaissance.

Dans l'église *(pour les visites, se rens. auprès de la mairie au ✆ 03 86 97 51 12)*, où reposent les princes et princesses de Condé, se trouve le **mausolée** d'Henri II de Bourbon, père du Grand Condé, mort en 1646. Réalisée par un grand sculpteur du 17e s., Gilles Guérin, cette œuvre se distingue par ses cariatides symbolisant la Prudence, la Tempérance, la Force et la Justice.

NOS ADRESSES À SENS

VISITE

Circuit du Gaulois Brennus – *1,50 € (brochure en vente à l'office de tourisme) - ✆ 03 86 65 19 49 - www.tourisme-sens.com.* Promenade-découverte (1h environ, 2,5 km) dans le cœur de la ville historique, identifiée au sol par des flèches en bronze à l'effigie de Brennus, chef de la tribu gauloise des Sénons, ancêtre des Sénonais.

HÉBERGEMENT

PREMIER PRIX

5 **Hôtel de l'Esplanade** – B1 - *2 bd du Mail - ✆ 03 86 83 14 70 - www.lesplanade89.fr - fermé 3 sem. en août, 24 déc.-1er janv. - 15 ch. 33/53 € -er ☕ 6,50 € - ✕ bar, petite brasserie - fermé w.-end.* Situé près de la cathédrale St-Étienne de Sens, ce charmant petit hôtel est une bonne entrée de gamme.

BUDGET MOYEN

Chambre d'hôte Les 5 Sens – Hors plan - *33 r. du Général de Gaulle - ✆ 06 10 12 57 65 - www.lescinqsens.eu - P - 5 ch. 78 € ☕.* On aime beaucoup cette villégiature de charme, reposante et agréable. Les chambres, sobres mais élégantes avec leurs couleurs pastel, invitent à la détente.

1 **Hôtel de Paris et de la Poste** – A1 - *97 r. de la République - ✆ 03 86 65 17 43 - www.hotel-paris-poste.fr - P 8 € - ♿ - 30 ch. 76/156 € - ☕ 15 € - 1/2 P possible - ✕ rest. Le Sénon 70 € - Brasserie Le Postillon 23/38 € - fermés dim.-lun., 2 sem. en août.* Hostellerie de tradition à l'ambiance provinciale. Chambres de tailles diverses, les plus spacieuses donnant sur un joli patio. Au restaurant, cuisine classique revisitée, servie dans une chaleureuse salle à manger ou dans l'agréable véranda.

6 **Inter-Hotel Archotel** – A2 - *9 Cours Tarbé - ✆ 03 86 64 26 99 - www.archotel-sens.com - P ♿ - fermé vac. de Noël - 44 ch. 57/124 € - ☕ 12,50 € - ✕ 35/54 € - rest. fermé vend.-dim.* Idéal pour visiter le centre-ville, cet hôtel récemment rénové s'adresse plutôt à une clientèle d'affaires.

RESTAURATION

BUDGET MOYEN

9 **Brasserie de l'Écu** – B1 - *87 r. de la République - ✆ 03 86 65 98 85 - P - ouv. tlj sf 25 déc. et 1er janv. - formule déj. 16,50/19,50 € - 22/28 €.* Cette brasserie propose une cuisine traditionnelle à base de produits saisonniers. Une adresse appréciée. Pub à l'étage (vend.-sam. 22h30-2h).

1 **Au Crieur de Vin** – B1 - *1 r. d'Alsace-Lorraine - ✆ 03 86 65 92 80 - www.restaurant-aucrieurdevin.fr - fermé 2 sem. en juin, 2 sem. en août, 22 déc.-8 janv., mar. midi, dim.-lun. et j. fériés - 28/49 €.* Plaisante atmosphère de bistrot, plats régionaux et de saison, viandes cuites à la broche et crus choisis : « vin sur vin » pour cette très conviviale adresse dirigée par le chef Gauthier (voir La Madeleine).

POUR SE FAIRE PLAISIR

2 **Le Clos des Jacobins** – A2 - *49 Grande-Rue - ✆ 03 86 95 29 70 - www.restaurantlesjacobins.com - fermé 9 juil.-1er août, 24 déc.-8 janv., dim. soir, mar. soir et merc. - formule déj. 22 € (vin et café compris) - 32/45 €.er* Décoration contemporaine pour cet établissement à deux pas de la cathédrale. Sympathique cuisine au goût du jour.

UNE FOLIE

10 **La Madeleine** – B1 - *A la pointe de l'île - quai*

Boffrand - ✆ 03 86 65 09 31 - www.restaurant-lamadeleine.fr - P - fermé mar. midi, dim.-lun. et j. fériés - menu déj. 50 € - 68/120 €. Créativité et raffinement sont au menu de cette table étoilée. Laissez-vous guider par les inspirations du chef, Patrick Gauthier, maître queux ès crustacés, poissons et pigeonneau. Il possède un autre établissement : Au Crieur de Vin (voir ci-dessus).

À proximité

POUR SE FAIRE PLAISIR

La Haie Fleurie – *30 rte de Courtenay - 89100 Subligny - 11 km au sud-ouest de Sens par N 60 - ✆ 03 86 88 84 44 - P - fermé fin juil.-déb. août, dim. soir, lun. soir, merc. et jeu. - formule déj. 20 € - 30/48 €.* Auberge de campagne dans un hameau. Petit salon d'accueil ouvrant sur une avenante salle à manger rustico-moderne. Terrasse fleurie. Cuisine traditionnelle.

ACHATS

Marché – Lundi toute la journée, vendredi matin *(en centre-ville)*, mercredi matin et le dimanche matin *(aux Champs-Plaisants)*, et jeudi en soirée à la gare. De nombreux commerces sont fermés le mardi.

Brasserie Larché – *89 r. Bellocier - ✆ 03 86 65 19 89 - www.brasserie-larche.fr - ♿ - lun.-vend. 8h30-12h, 14h-18h - fermé j. fériés et 25 déc.-1er janv., w.-end - gratuit - possibilité de visite guidée sur demande, sur place ou auprès de l'office de tourisme (1h30, 4 €).* On découvre dans cette brasserie le concassage du malt et les onze étapes de l'embouteillage. Dégustation dans le cadre de la visite guidée. Vente sur place.

EN SOIRÉE

La plupart des cafés de Sens sont réunis autour de la place de la République, située face à la cathédrale.

AGENDA

Les fêtes de l'âne – *Janv. - ✆ 03 86 95 67 00 - gratuit.* Renaissance d'une tradition moyenâgeuse, durant laquelle les habitants de Sens se moquaient du clergé en se déguisant. Animations et spectacles (musique, danse, théâtre) dans toute la ville.

Foire de Sens – *Déb. mai - ✆ 03 86 95 67 00.* C'est l'une des dernières grandes foires commerciales gratuites en France.

Journées de l'archéologie – *Un w.-end en juin - Rens. au ✆ 03 86 64 46 22 ou sur www.ville-sens.fr.* Pendant deux jours, la ville se consacre à l'archéologie, l'occasion de découvrir des lieux exceptionnellement ouverts pour l'événement. Visites guidées, conférences et même un goûter romain vous attendent…

Lumières de Sens – *Vend. et sam. à 22h30 du 7 juin au 14 sept. sur la façade de la cathédale- ✆ 03 86 65 19 49 - gratuit.* Spectacle sons et lumières gratuit projeté sur la cathédrale St-Étienne et le palais synodal. Également à Villeneuve-sur-Yonne (*sam. à 22h30 du 8 juin au 14 sept. sur la porte de Sens*).

Régates & Canotiers – *14 juil. - ✆ 03 86 87 62 00 - www.villeneuve-yonne.fr.* Animations gratuites (baptêmes nautiques, voile, canoë, etc.) à Villeneuve-sur-Yonne.

Fête de la St-Fiacre – *Mi-sept. - ✆ 03 86 95 67 00.* Éclatants décors floraux installée dans la cathédrale par les horticulteurs. Stands et animations au parc du Moulin-à-Tan.

Montargis

15 794 Montargois – Loiret (45)

Ses quelque 131 ponts et passerelles enjambant de multiples canaux ont valu à Montargis son surnom de « Venise du Gâtinais ». Une invitation à profiter du charme de la ville dominée par les vestiges de son château, et à découvrir ses maisons à colombages et demeures Renaissance.

NOS ADRESSES PAGE 382
Hébergement, restauration, achats, activités, etc.

S'INFORMER

Office du tourisme – *35 r. Renée-de-France - 45200 Montargis - ✆ 02 38 98 00 87 - www.tourisme-montargis.fr - juil.-août : 9h-12h30, 14h-18h30, dim. 9h30-13h ; de mi-avr. à fin juin et sept.-oct. : tlj sf dim. 9h-12h30, 14h-18h30 ; reste de l'année : 8h30-12h30, 14h-18h - fermé certains j. fériés.*

SE REPÉRER

Carte de microrégion A2 (p. 366-367) – Montargis se trouve au confluent de trois rivières et à la jonction des canaux de Briare, du Loing et d'Orléans. La ville est à 65 km au sud-ouest de Sens, 60 km à l'ouest de Joigny et 37 km au nord de Briare.

SE GARER

La place du Pâtis (place du 18-Juin-1940) offre un grand nombre de places de stationnement.

À NE PAS MANQUER

Le vieux Montargis et le quartier rénové de l'îlot des Tanneurs.

AVEC LES ENFANTS

Le musée vivant de l'Apiculture gâtinaise de la Cassine, à 17 km au sud-est.

Se promener

Certaines rues du vieux Montargis ouvrent de plaisantes perspectives sur le canal de Briare. Enveloppant la vieille ville au nord et à l'est, celui-ci relie, depuis 1642, le Loing à la Loire *(voir encadré p. 354)*. Les bras d'eau qui agrémentent le quartier ancien étaient alors aménagés comme régulateurs de niveau. La ville compte de multiples ponts ou passerelles permettant de traverser les canaux et les bras de rivière qui quadrillent son centre historique.

Suivez la rue Renée-de-France, puis le bd du Rempart et le bd Durzy, à hauteur du musée Girodet.

Musée Girodet

2 r. du Faubourg-de-la-Chaussée - ✆ 02 38 98 07 81 - www.musee-girodet.fr - pour les horaires et les tarifs, se rens. auprès du musée (fermé au moment de la rédaction de ce guide).

Après six ans de travaux de rénovation et d'agrandissement, le musée a réouvert ses portes en décembre 2018. Il s'est doté de pièces supplémentaires : une salle d'exposition, des bureaux, des ateliers, une bibliothèque, ainsi qu'une impressionnante verrière de 250 m². Dédié au peintre **Anne-Louis Girodet-Trioson** (1767-1824), enfant de Montargis, élève préféré de David, prix de Rome en 1789 et l'une des gloires du néoclassicisme, ce musée occupe l'**hôtel Durzy** (19e s.), agrémenté d'un joli parc bordé sur un côté par le Loing.

La **collection Girodet★** est à l'honneur, avec une vingtaine de tableaux parmi lesquels des portraits (du Dr Trioson et de Mustapha Sussen), ou encore la belle *Leçon de géographie* (1803).

La bibliothèque, dont le mobilier fut dessiné et conçu en 1861 par le sculpteur romantique **Henry de Triqueti** (1803-1874), abrite une importante collection de petites sculptures d'époque romantique réalisées par des contemporains de l'artiste : Feuchère, Barre, Gechter, Pradier…

Boulevard Durzy

Ombragé de platanes, il s'allonge entre le canal et le jardin Durzy. À son extrémité, une haute et élégante passerelle métallique en dos d'âne, œuvre des ateliers Eiffel en 1891, ferme la perspective. De la passerelle même, jolie **vue** sur deux écluses et sur la halte fluviale du port St-Roch.

Franchissez le canal par la passerelle et continuez tout droit.

RENÉE DE FRANCE

Fille de Louis XII et d'Anne de Bretagne, calviniste, Renée de France (1510-1575) se retira à Montargis sous la pression de son petit-fils, Henri de Guise. Elle fit de ce lieu un centre de diffusion du protestantisme dans la région, et sauva des centaines de réformés pendant les guerres de Religion.

Boulevard des Belles-Manières

Il est bordé au nord par un étroit chenal, des passerelles donnant accès aux maisons élevées sur les tours arasées de l'ancien rempart.

Revenez à l'entrée du bd des Belles-Manières, et prenez à gauche la rue du Moulin-à-Tan, puis laissant à gauche la place de la République, suivez la rue Raymond-Laforge.

Rue Raymond-Laforge

De vieilles maisons avec lavoirs veillent sur deux canaux, que vous traverserez l'un après l'autre. Des barques décoratives, faisant office de jardinières, y sont bercées par les flots.

Revenez sur vos pas pour tourner dans la rue de l'Ancien-Palais.

Au bout de la rue, empruntez à droite une venelle que prolonge un pont d'où s'offre une **vue** en enfilade sur le dernier canal franchi.

Encore à droite, prenez la rue de la Pêcherie.

On traverse un quartier rénové, où subsistent quelques maisons à pans de bois. De la place Jules-Ferry, la rue Raymond-Tellier mène, à environ 50 m, à une autre **perspective d'eau** (jusqu'au canal de Briare).

Empruntez la rue du Loing à gauche, continuez par la rue du Gén.-Leclerc qui longe le flanc sud de l'église Ste-Marie-Madeleine, et tournez à gauche dans la rue du Château.

Musée des Tanneurs

R. du Château - ✆ 02 38 98 57 64 - www.gatinaispatrimoine.fr - ♿ - sam. 14h30-17h30 - possibilité de visite guidée (1h) - 2 €.

Dans le vieux quartier rénové de l'îlot des Tanneurs, une maison du 16e s. accueille cet espace dédié au dur travail artisanal de la tannerie, avec ses gestes et ses outils du siècle dernier. L'étage abrite une collection de costumes ruraux et de coiffes. On distingue par exemple la fanchon (foulard à carreaux), portée au quotidien, la câline pour sortir en ville, et la coiffe brodée réservée aux grandes occasions.

Regagnez la place du 18-Juin-1940 par le pont du Québec.

À proximité Carte de microrégion p. 366-367

Amilly A2

6 km au sud-est par la D 92060.

Ce bourg rural est traversé par le Loing. La **forêt domaniale de Montargis** couvre une partie du territoire.

Les Tanneries – *234 r. des Ponts - ✆ 02 38 85 28 50 - www.lestanneries.fr - merc.-dim. 14h30-18h - gratuit.* Ce centre d'art contemporain a investi une ancienne tannerie réhabilitée, située dans un parc arboré bordé par deux bras du Loing. Il comporte trois espaces d'exposition dialoguant avec l'extérieur, le parc accueillant également un ensemble de sculptures.

Château-Renard A2

17 km au sud-est par la D 943.

Cette petite ville, qui doit son nom à un château construit au 10e s. sur la colline dominant l'Ouanne, et au comte Renard de Sens, garde quelques maisons anciennes, dont la plus belle (15e s.), à pans de bois et sculptures, s'élève place de la République. On y voit, sur la rive gauche de l'Ouanne, le château de la Motte *(privé)*, du début du 17e s., dans un joli parc fleuri.

L'**église** correspond à l'ancienne chapelle (11e et 12e s.) du château. Une porte fortifiée, entre deux tours, donne accès à l'édifice encastré dans les ruines. Un puits précède le clocher-façade que coiffe un lanternon. Le terre-plein voisin, où se trouve une meule à huile du 12e s., offre une **vue** sur l'agglomération.

Si la vie des abeilles vous fascine, vous pourrez satisfaire votre curiosité au **musée vivant de l'Apiculture gâtinaise** de La Cassine, route de Chuelles (D 37). Après avoir suivi le sentier de découverte, vous saurez repérer la reine des abeilles dans les ruches vitrées. Ensuite, grâce aux scènes animées et à la vidéo, vous apprendrez comment fonctionne une ruche. Vous assisterez pour finir, à l'extraction du miel que vous pourrez ensuite goûter. *✆ 02 38 95 35 56 - www.museevivant.com - ♿ - visite guidée sur demande préalable (1h) juil.-août : 13h-18h30 ; avr.-juin : tlj sf lun. 13h-18h30 ; reste de l'année : sur demande - 6 € (-14 ans 4 €) - 7 € avec dégustation.*

Ferrières-en-Gâtinais A2

Empruntez de préférence la D 815 au nord à travers la forêt de Montargis (18 km).

Le bourg groupe ses rues tortueuses au pied de l'ancienne abbaye bénédictine, un foyer de la civilisation carolingienne et le grand centre monastique du Gâtinais.

Ancienne abbaye St-Pierre-et-St-Paul – *Laissez votre voiture sur l'esplanade (ancien mail et ancien « champ royal ») qu'annonce la belle croix élancée de Ste-Apolline.* De style gothique, l'**église** est originale pour sa **croisée du transept★** (12e s.), construite en rotonde sur huit hautes colonnes. Un édifice carolingien du 9e s., sur plan centré, inspira sans doute cette architecture en dais. Remarquez l'accessoire liturgique dans le croisillon : un palmier doré décoré de pampres ayant servi à l'exposition du Saint-Sacrement. Le chœur (13e s.) est éclairé par cinq fenêtres aux vitraux Renaissance. Dans le bras gauche du transept, remarquez une collection de statues anciennes (14e et 17e s.). Du terre-plein, en contrebas de la cour de l'ancien cloître, **vue** sur le côté sud de l'église et la chapelle Notre-Dame-de-Bethléem, maintes fois reconstruite depuis le 15e s.

La ville basse – Une dérivation de la Cléry lui apporte une ambiance pittoresque, d'autant que le lavoir de la Pêcherie est encore en service. Du pont sur le ruisseau, profitez de la vue sur le barrage d'un ancien moulin à tan – il servait à broyer de l'écorce de chêne pour fabriquer le **tan**, poudre utilisée dans le tannage du cuir –, les vieux toits de la ville et la flèche de l'abbatiale.

NOS ADRESSES À MONTARGIS

HÉBERGEMENT

PREMIER PRIX

Hôtel Central – *2 r. Gudin - 02 38 85 03 07 - www.hotel-montargis.com - 12 ch. 60/70 € - 6,50 €.* Au cœur de la ville, cet hôtel aménagé dans les murs d'un ancien couvent a bénéficié d'une rénovation complète. Les chambres, de taille variable, sont simples et bien tenues. Petite terrasse pour le petit-déjeuner.

BUDGET MOYEN

Hôtel Ibis – *2 pl. Victor Hugo - 02 38 98 00 68 - www.accordhotels.com - - 59 ch. 69/79 € - 10 € - 22/30 €.* Les chambres de cet hôtel, modernes et pratiques, offrent les prestations habituelles de la chaîne. Celles du 3e étage conviendront particulièrement aux familles. Plaisant restaurant rétro : verrière, appliques et banquettes. Plats de brasserie.

À proximité

BUDGET MOYEN

Hôtel Le Belvédère – *192 r. Jules-Ferry - 45200 Amilly - 6 km au sud-est de Montargis via D 2060 - 02 38 85 41 09 - www.hotel-belvedere-amilly.com - - fermé 2 sem. en août et 20 déc.-3 janv. - 24 ch. 73/75 € - 8,50 €.* Cet hôtel familial précédé d'un jardin fleuri fait face à l'école du village. Calme et confort ; petites chambres personnalisées.

RESTAURATION

UNE FOLIE

La Gloire – *74 av. du Gén.-de-Gaulle - 02 38 85 04 69 - www.lagloire-montargis.com - rest. - fermé 3 sem. en hiver, 2 sem. fin août et mar.-merc. - formule déj. 35 € - 46/75 € - ch. fermé lun.-merc. - 70/95 € - 8,50 €.* Aux fourneaux, Jean-Claude Martin, une étoile au Michelin, propose une cuisine généreuse et subtile qui revisite la tradition gastronomique comme ces ravioles de daurade servies avec des carottes confites au miel et au gingembre.

ACHATS

Mazet – *43 r. du Gén.-Leclerc - pl. Mirabeau - 02 38 98 63 55 - www.mazetconfiseur.com - 9h15-12h15, 14h15-19h15, sam. 9h15-19h15.* Les praslines de Mazet sont incontournables.

Joigny

9 580 Joviniens – Yonne (89)

Située aux portes de la Bourgogne, à l'orée de la forêt d'Othe, Joigny offre deux visages : celui d'un « front de l'Yonne » animé, et l'autre, plus discret, d'une ville ancienne aux rues bordées de maisons à pans de bois. Le canal de Bourgogne fait de Joigny un excellent point de départ pour naviguer dans le Tonnerrois.

NOS ADRESSES PAGE 386
Hébergement, restauration, achats, activités, etc.

S'INFORMER

Office du tourisme de Joigny – *4 quai Ragobert - 89300 Joigny - 03 86 62 11 05 - www.joigny-tourisme.com - de mi-juin à mi-sept. : 9h30-12h, 14h-18h30, sam. 9h-12h30, 14h-18h30, dim. et j. fériés 10h-13h, lun. 14h-17h ; reste de l'année : tlj sf dim.-lun. et j. fériés 9h30-12h, 14h-18h, sam. 9h-12h30, 14h30-17h30, lun. 14h-17h - fermé certains j. fériés.*

Nuits maillotines – *Visites-découverte (1h30), visites-spectacles nocturnes juil.-août : certains vend. ou sam. 21h (15 €, -12 ans gratuit) - 03 86 62 11 05 - www.joigny-tourisme.com - 4 € (-12 ans gratuit). Rens. à l'office de tourisme ou sur www.vpah.culture.fr.*

SE REPÉRER

Carte de microrégion B2 (p. 366-367) – Joigny se trouve sur les bords de l'Yonne, à 27 km au nord d'Auxerre et à 33 km au sud de Sens.

À NE PAS MANQUER

La Vierge au sourire de l'église St-Thibault ; la côte St-Jacques et sa vue sur Joigny et la vallée de l'Yonne ; les peintures murales de La Ferté-Loupière, chef-d'œuvre du 15e s. illustrant l'imaginaire de la société à la fin du Moyen Âge.

AVEC LES ENFANTS

Le musée des Arts populaires de Laduz et la Fabuloserie, musée d'art brut en plein air à Dicy.

Se promener

Porte du Bois

Cette porte du 12e s., flanquée de deux tours rondes, faisait autrefois partie de l'enceinte médiévale dont il reste quelques vestiges le long du chemin de la Guimbarde, à l'est.

Église St-Thibault

9h-18h (en dehors des offices) - gratuit - possibilité de visite guidée (30mn) sur demande préalable, se rens. auprès de l'office de tourisme 03 86 62 11 05.

Construite de 1490 à 1529, cette église de style gothique et Renaissance est dominée par une tour carrée du 17e s., couronnée d'un léger campanile. Au-dessus du portail, la statue équestre de saint Thibault (1530) est l'œuvre du sculpteur Jean de Joigny, qui s'installa en Espagne, où il se fit appeler Juan de Juni. À l'intérieur, on est frappé par la déviation du chœur vers la gauche, accentuée par l'asymétrie des voûtes. Celle du chœur comporte une élégante clef pendante.

Vous y découvrirez de nombreuses œuvres d'art *(plan dans le bas-côté gauche, à hauteur de la chaire)* : peintures et sculptures, dont une série de bas-reliefs

LE SAVIEZ-VOUS ?
Les habitants de Joigny, ou Joviniens, sont surnommés **Maillotins** depuis 1438, suite à un soulèvement contre leur seigneur, le comte **Guy de La Trémoille**, qu'ils mirent à mort à coups de maillet, instrument dont les vignerons faisaient alors usage. L'outil détourné figure dans les armes de la ville. L'écrivain **Marcel Aymé** est né à Joigny en 1902 ; il y passa les deux premières années de sa vie. L'auteur de *La Jument verte* et de *Clérambard* fut un fin observateur des mœurs de la province, comme de ceux de la capitale.

Renaissance provenant de l'ancien jubé, parmi lesquels le Christ aux enfers, dans la chapelle axiale. Remarquez contre le quatrième pilier à droite, face à la chaire, une charmante statue en pierre du 14e s., la **Vierge au sourire★**.

Maisons anciennes

Flâner dans les rues étroites entourant les églises St-Thibault et St-Jean permet de faire l'inventaire d'un certain nombre de vieilles demeures à pans de bois, des 15e et 16e s. Les quelques rescapées de l'incendie de 1530, qui détruisit toute la ville, ont été très endommagées lors des bombardements de 1940, mais la plupart ont été restaurées : voyez la maison d'angle dite « de l'arbre de Jessé », ainsi que les maisons du Pilori, de l'Ave Maria et du Bailli (début 16e s.).

Des hauteurs de la ville aux bords de l'Yonne

Située sur les hauteurs, près du château des Gondi, l'église St-Jean est précédée d'un clocher-porche ; dénuée de transept, elle se termine par un chevet à cinq pans. La nef est plafonnée d'une belle voûte de pierre en berceau et à caissons de style Renaissance, décorée de nervures et de médaillons sculptés. Dans le bas-côté droit repose un sépulcre en marbre blanc (15e s.), orné de bas-reliefs. Remarquez le gisant d'Adélaïs, comtesse de Joigny morte en 1187, sur un tombeau décoré d'élégantes sculptures, parmi lesquelles figureraient les enfants de la défunte.

En face, la **porte St-Jean** servait de passage entre le château et la ville.

Du **château des Gondi** (famille d'origine italienne qui posséda le comté de 1603 à 1792), on peut voir une belle façade de style Louis XIII ainsi qu'un pavillon carré maniériste.

Rejoignez l'esplanade de l'ancien cimetière par la rue Dominique-Grenet.

Intégrée au palais de justice, la **chapelle des Ferrands** est un sépulcre octogonal édifié en 1530, sans doute dû à l'artiste jovinien Jean Chéreau, à voir pour ses panneaux sculptés de personnages fantastiques. Tout près de là, le **petit portail** de St-André, de la même époque, retrouve la sobre élégance de l'antique.

Pour finir avec de jolies **vues** sur la rivière, les promenades ombragées et la ville construite en amphithéâtre, n'hésitez pas à franchir le pont d'Yonne (qui conserve six arches du 18e s.) et à gagner le parc du Chapeau par le quai de la Butte sur la rive gauche.

À proximité Carte de microrégion p. 366-367

★ Côte St-Jacques B2

1,5 km au nord par la D 20.

La route s'élève en lacet en contournant le haut de St-Jacques. Au milieu des vignes, on découvre, dans un virage à droite, à la Croix-Guémard, une belle **vue★** semi-circulaire sur Joigny et la vallée de l'Yonne.

★ Musée des Arts populaires à Laduz B2

À 15 km au sud de Joigny par la D 955 (jusqu'à Senan) puis la D 19 (à gauche). Dans le village, prenez la 1re route à gauche après le pont de l'autoroute.
22 r. du Monceau - 03 86 73 70 08 - http://laduz.com - juil.-août : 14h30-18h ; mai-juin et sept. : w.-end et j. fériés 14h30-17h30 ; reste de l'année : sur demande - fermé déc.-janv. - possibilité de visite guidée sur demande (2h) - 9 € (-11 ans 3 €).
Situé à la sortie sud-est du village, il présente les collections de Raymond Humbert, qui a porté son regard d'artiste sur la vie et le travail à la campagne d'avant 1914. Les outils, les gestes et la production des artisans sont exposés, ainsi qu'une importante collection de jouets anciens et de nombreuses « sculptures » peuplant l'univers quotidien d'autrefois.

La Ferté-Loupière B2

23 km au sud-ouest par la D 943 puis la D 3.
Cet ancien bourg fortifié – comme en témoigne le mot « Ferté » qui signifiait « lieu fortifié » – possède un centre plein de charme.
Église Saint-Germain – *03 86 73 14 87 - ♿ - avr.-sept. : 8h30-19h (en dehors des offices) ; reste de l'année : 9h-17h - possibilité de visite guidée sur demande (1h10) - audioguide (15mn).* Des 12e, 15e et 17e s., elle abrite des **peintures murales★★** à la fois saisissantes et exceptionnelles par leur état de conservation. Exécutées sur enduit sec à la fin du 15e s., elles sont articulées autour de quatre sujets : le « Dict des Trois Morts et des Trois Vifs », la « Danse Macabre », « Saint Michel terrassant le démon » et la « Vierge de l'Annonciation ». Elles ont été dégagées en 1910 du badigeon qui les recouvrait et les protégeait. Ces peintures, aux tons vifs bleu, rouge et ocre, s'étendent sur le mur gauche de la grande nef au-dessus des trois premières arcades. On reconnaît, emportés par la mort, le pape, l'empereur, le roi, un paysan et même un nourrisson. Le thème, fréquent au 15e s., mêle le rappel de l'égalité de tous devant la mort à une satire de la société. La présence de l'archange saint Michel terrassant le démon et, à droite, celle de la Vierge de l'Annonciation y apportent une nuance positive moins récurrente. *Pour en savoir davantage : http://lamefel.fr.*
Ne manquez pas de visiter le jardin du Prieuré et celui d'Octave situé au pied de l'église.

★ La Fabuloserie à Dicy B2

À 28 km à l'ouest par la D 943.
1 r. des Canes - 03 86 63 64 21 - www.fabuloserie.com - juil.-août : 11h-19h ; avr.-juin et sept.-oct. : w.-end et j. fériés 14h-19h - possibilité de visite guidée (1h30) - 10 € (-18 ans 6 €).
Ce musée d'**art brut** (selon le terme de Jean Dubuffet), qui relève davantage du cabinet de curiosités, présente une très belle collection d'œuvres réalisées à partir de matériaux ou d'objets de récupération. Débarrassés de tout préjugé, ces artistes-bricoleurs mettent en scène leur sensibilité : mères possessives exécutées en tissus d'ameublement (Eckenberger) ; poupées en chiffons teints (Nedjar) ; personnages étranges de Marshall ; sans oublier la désopilante tribu des Turbulents réalisée par Alain Bourbonnais, ami de Dubuffet et fondateur de cet espace qui se poursuit en plein air. Dans le **parc** bruit le manège de Petit Pierre, émouvante et merveilleuse poésie mécanique de ce petit homme rejeté par la société.

NOS ADRESSES À JOIGNY

HÉBERGEMENT/RESTAURATION

UNE FOLIE

La Côte St-Jacques – *14 fg de Paris - 03 86 62 09 70 - www.cotesaintjacques.com - - fermé lun. et mar. midi (lun.-merc. de janv. à mi-fév.) - 31 ch. 250/450 € - 28 € - 1/2 P possible - formule déj. 80 € - 168/238 €.* Face à l'Yonne, luxueux hôtel aux chambres raffinées. Pour se détendre : piscine, spa, bateau privé et boutique. Cette table gastronomique, servie par Jean-Michel Lorain (voir le chapitre « Gastronomie »), propose une belle cuisine inventive dans un joli cadre ouvert sur les jardins. Carte de grands crus inoubliable.

ACHATS

Marché de Joigny – *merc. et sam. 8h-13h.* Sous la magnifique halle.

Vignerons de Joigny – Pour découvrir les fameux vins gris de Joigny (chardonnay, pinot noir et pinot gris), soit 32 ha en AOC Bourgogne depuis 1990. *Liste des vignerons téléchargeable sur : www.joigny-tourisme.com/gourmandises-et-vignobles/le-vignoble-de-joigny.html.*

ACTIVITÉS

Randonnées – *Joigny est le point de dép. de différentes randonnées dans la région, comme celle de Joigny à Cézy (circuit de 10,3 km). Voir avec l'office du tourisme de Joigny ou sur www.joigny-tourisme.com.*

AGENDA

Semaine de la gastronomie jovinienne – En avril et en novembre, sept grands chefs de Joigny et du Jovinien concoctent des menus spéciaux de l'apéritif au café, vins compris. Leur but ? Faire découvrir des plats d'exception à des prix tout aussi exceptionnels (prix communiqués au dernier moment). *Rens. auprès de l'office du tourisme de Joigny.*

Escargots à la bourguignonne.
bhofack2/iStock

Abbaye de Pontigny

★★

Yonne (89)

Pontigny, seconde fille de Cîteaux, fondée en 1114, a conservé intacte son église abbatiale, contrairement à Cîteaux dont ne subsistent que des vestiges. Comment transcrire l'émerveillement ressenti par le visiteur dès l'entrée ? La sobriété, la pureté des lignes et surtout le jeu de la lumière sur la blancheur des pierres, voulus par les moines cisterciens, créent un univers de paix et d'harmonie, propice à la spiritualité.

NOS ADRESSES PAGE 391
Hébergement, restauration, achats, activités, etc.

SE REPÉRER

Carte de microrégion C2 (p. 366-367) – Pontigny se trouve à 18 km au nord-est d'Auxerre par la N 77, à 27 km au sud-est de Joigny et à 10 km au sud de St-Florentin.

Découvrir

L'idéal est d'arriver à Pontigny par le sud : après le hameau de La Tuilerie, l'abbaye surgit, dans toute sa splendeur, immense, au milieu des champs. L'entrée de l'édifice se situe face au monument aux morts du village, par un portail du 18e s. flanqué de petits pavillons. Une avenue ombragée conduit à l'église abbatiale en longeant les bâtiments monastiques.

★★ Église

Av. de l'Abbaye - ✆ 03 86 47 54 99 - www.abbayedepontigny.com - ♿ - avr.-oct. : 10h-18h ; reste de l'année : 9h30-16h30 - fermé 1er janv., 25 déc. - possibilité de visite guidée (1h15) sur demande préalable (5 €).

Voir illustration dans l'ABC d'architecture (p. 512).

De la Pentecôte au mois de septembre sont organisés des concerts ainsi que des « découvertes nocturnes » de l'église, à la lueur des bougies, accompagnées de chants grégoriens. Renseignez-vous auprès de l'association des Amis de Pontigny pour en connaître le programme (www.abbayedepontigny.com/visiter-l-abbaye/a-propos-des-amis-de-pontigny).

L'église a été construite en deux phases successives : tout d'abord un premier chevet, le transept et la nef, bâtis au milieu du 12e s., puis le chevet, terminé au début du 13e s.

L'ensemble est d'une austérité rigoureuse, conformément à la règle cistercienne. De dimensions imposantes (108 m de longueur à l'intérieur, 117 m avec le porche et 54 m de largeur au transept), presque aussi longue que la cathédrale Notre-Dame de Paris, elle est la plus grande église cistercienne d'Europe.

Extérieur – Le porche roman, voûté d'arêtes, date de la première étape de construction et occupe toute la largeur de la façade. La seule décoration est une simple croix sculptée au centre du tympan. Il annonce la sobriété de l'intérieur de l'église, le refus du décor et du pittoresque de la sculpture romane et de la polychromie : on est bien dans le monde de saint Bernard.

Le transept et les bas-côtés sont d'une grande simplicité, avec contreforts à pans plats et arcs-boutants au chevet et au flanc nord.

De la fondation aux Décades

LA FONDATION

Au début de l'année 1114, douze religieux, ayant à leur tête l'abbé **Hugues de Mâcon**, un compagnon de Bernard de Clairvaux, sont délégués de Cîteaux par Étienne Harding pour établir un monastère au bord du Serein, dans une clairière, au lieu-dit Pontigny. L'abbaye, à la limite de trois évêchés (Auxerre, Sens, Langres) et de trois provinces (comtés d'Auxerre, de Tonnerre, de Champagne), bénéficie dès son origine de la protection et de la générosité de six maîtres différents ainsi que d'un emplacement géographique stratégique.

De nombreux bienfaiteurs, parmi lesquels des comtes de Champagne et de Nevers, soutiennent la construction de l'abbaye. Les cisterciens trouvent également des fonds propres grâce à leur travail et à l'exploitation d'une douzaine de domaines agricoles.

LES ARCHEVÊQUES DE CANTORBÉRY

Assez important pour avoir affilié environ 40 abbayes en France, en Italie, en Hongrie et jusqu'en Roumanie, Pontigny fut, au Moyen Âge, le refuge des persécutés d'Angleterre. Trois archevêques de Cantorbéry y trouvèrent ainsi asile. Le premier, **Thomas Becket**, primat d'Angleterre, en conflit avec le roi Henri II Plantagenêt, vint se retirer à Pontigny en 1164. De retour dans son pays en décembre 1170, après un séjour à Sens, il fut assassiné dans sa cathédrale. Ses derniers moments et son martyre sont rappelés dans le fameux *Meurtre dans la cathédrale*, écrit par le poète et critique littéraire Thomas Stearns, dit **T. S. Eliot** (1888-1965). Le second, **Étienne Langton**, grand théologien à qui l'on doit la division de la Bible en chapitres, désavoué par Jean sans Terre, se réfugia à Pontigny de 1208 à 1213. Enfin, le troisième, **Edmond d'Abingdon** (saint Edme), entré en conflit avec les moines du chapitre de sa cathédrale et le roi Henri III, se retira à Pontigny, où il tomba malade et fut inhumé en 1240. Canonisé en 1246, il fit longtemps l'objet d'un culte dans la région. Adèle de Champagne, mère de Philippe Auguste, a également été inhumée à Pontigny en 1206.

SAUVÉE DES RUINES

À la Révolution, l'église devient paroissiale. Le reste de l'abbaye est vendu comme bien national et en grande partie démonté. Le domaine, racheté par l'archevêque de Sens en 1843, est mis à la disposition d'une nouvelle congrégation, les Pères de St-Edme, qui restaure l'église et les bâtiments. Depuis 1954, l'abbatiale de Pontigny est le siège de l'évêque de la Mission de France.

LES DÉCADES DE PONTIGNY

En 1906, Pontigny est mise en vente et devient la propriété du philosophe **Paul Desjardins** (1859-1940), qui y organise les fameuses **Décades** groupant tous les esprits éminents de l'époque : André Gide, Paul Valéry, Gaston Bachelard, André Malraux, Walter Benjamin, Jean-Paul Sartre et beaucoup d'autres auront, à l'occasion de ces « retraites », de fructueuses conversations littéraires dans la célèbre allée des Charmilles.

En 2003, le domaine (jardins et bâtiments annexes de l'abbatiale) est finalement racheté par le conseil régional de Bourgogne.

Ancienne abbaye cistercienne de Pontigny.
H. Lenain/hemis.fr

Intérieur – D'un gothique épuré, la longue nef à deux niveaux compte sept travées. La décoration essentielle, splendide dans son dépouillement, est celle des jeux d'ombre et de lumière sur la pierre blanche.

La clôture en bois du chœur monastique séparait le chœur des moines de celui des frères convers.

Les bas-côtés, voûtés d'arêtes, contrastent avec la nef de forme plus dégagée. Le transept, éclairé à chaque extrémité par une rose, est très caractéristique avec ses six chapelles rectangulaires ouvrant dans chaque bras.

Le chœur date de la fin du 12e s.; il est d'une grande finesse avec son déambulatoire et ses 11 chapelles rayonnantes, dont certaines discrètement hexagonales. Les chapiteaux à crochets du chœur terminent les belles colonnes monolithes; ceux de la nef ont, pour tout élément décoratif, des feuilles d'eau stylisées. Au fond du chœur se trouve la châsse (18e s) contenant les reliques de saint Edme. Une fois dans le déambulatoire, dont il faut admirer l'harmonie des voûtes à cinq branches, on peut voir, dans l'une des chapelles, une châsse en bois de la Renaissance qui a contenu le corps du saint.

Les imposantes **stalles★** sont de la fin du 17e s. Au milieu du 18e s, le sanctuaire a été réaménagé alors que l'abbaye était encore prestigieuse : les grilles du chœur et du transept, le maître-autel en marbre et la tribune d'orgues très ouvragée datent de cette période.

À la Révolution, Pontigny devient église paroissiale, ce qui permit sa préservation.

Les bâtiments monastiques

Des bâtiments cisterciens du 12e s. subsistent encore dans l'aile des frères convers. La façade, où le moellon s'allie à la fine pierre de Tonnerre, est épaulée par des contreforts. Des autres bâtiments ne demeure que la galerie méridionale du cloître, reconstruite au début du 18e s. *(accès par l'église)*. Elle permet d'imaginer l'ampleur du cloître.

À l'occasion d'expositions temporaires, il est possible de visiter, au rez-de-chaussée, le cellier de l'abbaye et, à l'étage, le très beau dortoir des frères convers, d'environ 40 m, voûté d'arêtes.

Le parc

Dans le parc, à l'ouest du bâtiment des convers, vous trouverez deux vasques médiévales monumentales (l'ancien point d'alimentation en eau des moines). On peut y voir aussi des vestiges du palais abbatial. Enfin, promenez-vous sous la charmille des *Décades* *(voir p. 388)*.

À proximité Carte de microrégion p. 366-367

Ligny-le-Châtel C2

4,5 km à l'est par la D 131 et la D 8.

L'**église** date des 12e s. (nef) et 16e s. (chœur). Le plan du chevet s'inspire de celui de l'abbaye de Pontigny, mais l'abside, circulaire à Pontigny, est ici polygonale. Dans la deuxième chapelle nord, on peut voir un tableau du 16e s. représentant saint Jérôme. Remarquez aussi deux statues en bois polychrome, un saint Jean et la Vierge au pied de la Croix (16e s.).

St-Florentin C2

12 km au nord par la N 77.

16 Grande-Rue - 89600 St-Florentin - 03 86 35 11 86 - http://serein-armance.fr - de déb. juin à mi-sept. : 9h30-12h30, 14h-19h ; reste de l'année : 9h30-12h30, 14h-18h, mar. d'hiver 14h-18h - fermé dim. et certains j. fériés.

Les plaisanciers et les pêcheurs apprécient cette ville ancienne desservie par le canal de Bourgogne, au confluent de l'Armance et de l'Armançon. Son théâtre de verdure et la proximité des forêts d'Othe et de Pontigny confèrent un charme supplémentaire à ce petit centre industriel niché au cœur d'une région réputée pour ses fromages : le soumaintrain et le saint-florentin.

Église – L'église de St-Florentin domine le bourg du haut de la colline où s'élevait jadis le château médiéval. Sa construction, ralentie par la guerre de Cent Ans et les guerres de Religion, s'échelonna de 1376 à 1625. Le monument comprend une nef inachevée, de deux travées, tandis que le chœur, prolongé par une abside à déambulatoire, en compte trois. Le gros œuvre de style gothique finissant a été enrichi par des décors Renaissance, comme en témoignent les portails du transept, le jubé à triple arcature, le retable du maître-autel et la clôture du chœur.

Ses beaux **vitraux★** du 16e s. forment un ensemble cohérent. Comme pour la statuaire, on y reconnaît le travail de la florissante école troyenne. Elle se caractérise par son goût pour les couleurs intenses, la fréquente utilisation du thème de la vie des saints et le recyclage des cartons afin de rentabiliser le capital de l'atelier. Il faut surtout remarquer l'arbre de Jessé et la Genèse à droite du chœur, et l'Apocalypse, inspirée des gravures de Dürer, à gauche après le jubé.

Grande Fontaine – Cette belle fontaine de style Renaissance est une reconstitution (1979) de l'ancienne, démolie au 19e s. Seuls sont d'origine les trois griffons de bronze crachant l'eau (1512).

Promenade du Prieuré – Cette terrasse, sur le lieu de l'ancienne abbaye, révèle une jolie **vue** sur la vallée de l'Armançon et sur la vieille ville, qui n'a conservé de ses fortifications qu'une seule des six tours d'origine : la **tour des Cloches** (12e s.).

Neuvy-Sautour C2

18 km au nord-est par la N 77.

Dominant le bourg, l'**église**, construite aux 15e et 16e s., possède deux beaux portails latéraux. Le chœur et le transept sont de style Renaissance ; les influences champenoise et bourguignonne s'y entremêlent.

Remarquez, à droite du chœur, une grande croix en pierre du début du 16e s., dite « Belle-Croix », ornée de nombreuses statues.

Brienon-sur-Armançon C2

20 km au nord-ouest par la N 77 (jusqu'à St-Florentin), puis la D 943.
Cette ville d'origine gauloise dispose de « monuments » civils consacrés à l'eau : un très joli lavoir ovale à *impluvium* d'époque Louis XV et les plus anciennes maisons éclusières du canal de Bourgogne (fin 18e s.).

NOS ADRESSES À PROXIMITÉ DE PONTIGNY

HÉBERGEMENT/RESTAURATION

BUDGET MOYEN

Chambre d'hôte La Grange de Boulay – *2-4 chemin des chevaux des Hauts-Doux - Lieu-dit Boulay - 2 km à l'ouest de Neuvy-Sautour par D 12 - 06 23 47 79 27 - www.lagrangedeboulay.com - - 4 gîtes et 5 ch. - prix selon le nbre de pers. et la capacité du gîte - 1/2 P possible -* . Cette maison ancienne peut accueillir jusqu'à 62 personnes grâce à ses différentes formules d'hébergement. Parmi les quatre gîtes, « La Forge » surprendra par sa grande salle de style médiéval (13 à 15 pers.). Quant aux cinq chambres, réunies dans un bâtiment baptisé « La Palombière », elles bénéficient chacune d'une décoration personnalisée. Piscine, ping-pong, billard à disposition.

Hôtel Les Tilleuls – *3 r. Decourtive - 03 86 35 09 09 - www.hotel-les-tilleuls.com - - fermé 2 sem. en automne, 24 déc.-3 janv., 22 fév.-23 mars - 9 ch. 72/85 € - 11 € - formule déj. 20 € - 35/65 €.* Hôtel familial aménagé dans les murs d'un couvent des capucins datant de 1635. Petites chambres proprettes donnant parfois sur le jardin ombragé de tilleuls. Agréable restaurant agrémenté de poutres colorées et verdoyante terrasse. Cuisine traditionnelle.

Auxerre

★★

34 583 Auxerrois – Yonne (89)

La capitale de la basse Bourgogne, point de passage historique incontournable sur la route entre Paris et Lyon, s'est développée sur une butte surplombant l'Yonne. C'est aujourd'hui une petite ville animée et très agréable. Son centre médiéval, entre pouvoir civil et religieux, a traversé les siècles sans subir de transformations majeures. Autour de la remarquable cathédrale, les ruelles dégringolent vers l'Yonne, abritant de coquettes maisons à pans de bois colorées.

NOS ADRESSES PAGE 400
Hébergement, restauration, achats, activités, etc.

S'INFORMER

Office du tourisme – *1-2 quai de la République - 89000 Auxerre - 03 86 52 06 19 - www.ot-auxerre.fr - juil.-août : 9h-19h ; sept. : 9h30-18h, dim. 10h-18h ; mai-juin : 9h30-18h ; avr. et oct. : tlj sf dim. 9h30-12h30, 14h-18h ; vac. de la Toussaint et vac. de Noël : 9h30-18h, dim. et j. fériés 9h30-12h30, 13h30-17h30 ; reste de l'année : tlj sf dim.-lun. 9h30-12h30, 14h-18h - fermé 1er janv., 25 déc. - 2e bureau Centre-ville, 7 pl. de l'Hôtel de ville 03 86 51 03 26 - juil.-août : tjl sf dim.-lun. 9h-18h ; reste de l'année : se rens.*

Visites guidées – *Visites-découverte (1h30) mars.-déc. : sam. 15h - 5 € (-12 ans gratuit).*

Un circuit fléché, « Sur les traces de Cadet-Roussel », permet de découvrir la vieille ville. Brochure disponible à l'office de tourisme (1,50 €). Carnet d'énigmes pour les enfants « Cadet'Chou » (2 €).

SE REPÉRER

Carte de microrégion C2 (p. 366-367) – Auxerre est située à 166 km de Paris et à 149 km de Dijon. Vous pouvez y accéder par l'A 6. La station du TGV Yonne-Méditerranée, à Laroche-Migennes, se trouve à 21 km au nord de la ville.

SE GARER

Parkings gratuits à la périphérie de la ville.

À NE PAS MANQUER

La tour de l'Horloge ; la charmante place St-Nicolas ; l'ancienne abbaye St-Germain, pour sa crypte carolingienne et son musée d'Art et d'Histoire ; la cathédrale St-Étienne et ses superbes vitraux du 13e s.

AVEC LES ENFANTS

Le musée d'Histoire naturelle ; la coulée verte pour découvrir la ville *(voir « Nos adresses » p. 402).*

Se promener Plan de ville p. 396

Circuit tracé en vert sur le plan de ville (p. 396).

Quartier de la Marine B1

Montez sur la passerelle qui enjambe l'Yonne pour admirer l'abbaye St-Germain. Les quais ont été récemment rénovés.

Pré carré de tous ceux qui autrefois vivaient des ressources de la rivière, tanneurs, bateliers, marchands, coches d'eau, le quartier a gardé ses ruelles sinueuses. Prenez la rue de la Marine pour voir les vestiges de la tour d'angle nord-est de l'enceinte gallo-romaine, traversez la charmante **place St-Nicolas**

La vieille ville d'Auxerre et la tour de l'Horloge.
G. Gaznter/Sime/Photononstop

pour atteindre la jolie place du Coche-d'Eau. Remarquez l'hostellerie du 17e s. ornée de la statue de saint Nicolas, le saint patron des marins.

★★ Ancienne abbaye St-Germain B1

2 bis pl. St-Germain - ✆ 03 86 18 02 90 - www.auxerre.fr - juil.-août : 10h-12h30, 13h30-18h ; sept.-oct. : tlj sf mar. 10h-12h, 14h-18h ; nov.-déc. : tlj sf mar. 10h-12h, 14h-17h ; reste de l'année : se rens. - fermé 25 déc.-1er janv., certains j. fériés - gratuit - 4,50/7 € visite guidée des cryptes, 5/7,50 € visite guidée en journée ou nocturne.

Cette abbaye bénédictine fut fondée au 6e s. par la reine Clotilde, épouse de Clovis, à l'emplacement d'un oratoire où saint Germain, évêque d'Auxerre au 5e s., avait été inhumé. Au temps de Charles le Chauve, elle possédait une école célèbre où enseignèrent des maîtres réputés comme Héric ou Rémi d'Auxerre, dont saint Odon de Cluny fut le disciple. L'évangélisateur de l'Irlande, saint Patrick, y apprit la science théologique.

Église abbatiale – La démolition, en 1811, des travées occidentales de l'église a isolé le beau **clocher** du 12e s. appelé tour St-Jean, de construction romane et d'une hauteur de 51 m. Sa base, de plan carré, surmontée du beffroi, et ses gables étagés donnent un puissant relief à l'élan de sa flèche de pierre. Les fouilles archéologiques ont dégagé les fondations des **avant-nefs** carolingiennes et romanes : les vestiges (sarcophages, éléments sculptés…) sont visibles dans la crypte archéologique, accessible par l'église.

L'église supérieure, de style gothique, a été construite du 13e au 15e s. pour remplacer l'église romane ; l'unique chapelle axiale à dix branches date de 1277 : elle est reliée par un beau passage au déambulatoire et repose sur les solides assises de deux chapelles inférieures superposées construites à la même époque. Notez la belle hauteur sous voûte.

★★ Crypte – Elle forme une véritable église souterraine : au centre, la « confession », appelée ainsi parce qu'elle contenait les reliques de croyants qui n'avaient pas été martyrs. Possédant trois nefs voûtées en berceau, elle offre, du haut de ses trois marches, une belle perspective sur une succession de voûtes carolingiennes et gothiques. Coiffées de chapiteaux d'inspiration

Les personnalités dans l'histoire auxerroise

UN PEU D'HISTOIRE

À proximité d'une simple bourgade gauloise *(Autricum)*, les conquérants romains établissent la ville d'*Autessiodurum*, située sur la grande voie reliant Lyon à Boulogne-sur-Mer. Dès le 1er s., elle devient une ville importante, dont témoignent les vestiges découverts lors des fouilles archéologiques.

L'influence intellectuelle et spirituelle de la cité au Moyen Âge repose en grande partie sur le rayonnement de l'**évêque saint Germain** (début du 5e s.) et des pèlerinages organisés auprès de son tombeau. Au 12e s., Auxerre (prononcez « Ausserre ») est déclarée « ville sainte » par la papauté.

LES FIGURES LOCALES

Joseph Fourier (1768-1830), mathématicien et révolutionnaire, est né à Auxerre, tout comme **Paul Bert** (1833-1886), savant physiologiste et éminent homme d'État de la IIIe République, qui contribua à l'instauration de l'école obligatoire et gratuite. Il fut aussi gouverneur du Tonkin et de l'Annam en Indochine. Citons aussi **Marie Noël** (1883-1967), une poétesse dont les œuvres *(Les Chansons et les Heures, Chants et Psaumes d'automne, Le Cru d'Auxerre)* laissent entrevoir une douloureuse recherche de paix intérieure et **Jean-Paul Rappeneau (**1932), le réalisateur de *Cyrano de Bergerac*, tourné en partie à Dijon et à l'abbaye de Fontenay. Le prolixe et aventureux **Nicolas Restif de La Bretonne** (1734-1806) est né quant à lui dans une ferme de Sacy (près de Vermenton) avant de gagner Auxerre. Écrivain typographe doté d'un sens aigu de la psychologie, il considérait son œuvre comme une dissection sociale, depuis *Le Paysan perverti* jusqu'aux *Nuits de Paris*, tel un utile complément à l'*Histoire naturelle* de son illustre compatriote Buffon. Autre célébrité locale, Guillaume Roussel dit **« Cadet Roussel »** (1743-1807), huissier à Auxerre, jacobin pendant la Révolution. Ses détracteurs composent une chanson pour le railler, laquelle sera adoptée comme chanson de marche par les soldats de la Révolution en 1792. Sa statue trône sur la place Charles-Surugue.

LA VILLE DES CHAMPIONS

Depuis les années 1980, Auxerre s'est fait connaître à l'étranger grâce à sa fameuse équipe de football, l'Aja, fondée en 1905 par l'**abbé Deschamps**; cet ecclésiastique dynamique a d'ailleurs donné son nom au stade de la ville. L'entraîneur **Guy Roux**, habitant Appoigny, au nord d'Auxerre, est parvenu à faire réaliser à l'équipe le rare doublé championnat/Coupe de France en 1996.

ionique, quatre colonnes incorporant des éléments gallo-romains soutiennent deux poutres millénaires en cœur de chêne.

Dans le couloir de circulation, des **fresques★** du 9e s. – parmi les plus anciennes de France – représentent le jugement et la lapidation de saint Étienne, ainsi que deux évêques, aux tons rouge et ocre.

Le **caveau**, profond de 5 m, où le corps de saint Germain fut déposé, est surmonté d'une voûte étoilée de soleils peints (symbole de l'éternité) rappelant les mosaïques de Ravenne, où l'évêque mourut en 448. Il contient les sarcophages de plusieurs évêques, contrairement à la tradition qui voudrait les voir dans la cathédrale.

La chapelle d'axe, ou chapelle Ste-Maxime, reconstruite au 13e s. à l'emplacement qu'occupait autrefois la rotonde de la crypte carolingienne, comporte une belle voûte d'ogives à dix branches. Elle se superpose à la chapelle St-Clément, à laquelle on accède par un escalier droit *(à droite en sortant de la chapelle Ste-Maxime).*

Musée d'Art et d'Histoire – Installé dans les bâtiments conventuels de l'ancienne abbaye, il comprend le logis de l'abbé reconstruit au début du 18e s. *(entrée du musée)*, le cellier du 14e s., la salle des moines, la salle capitulaire du 12e s. (dont on a retrouvé la belle façade derrière le cloître) et la sacristie.

Le circuit débute au 2e étage par la salle de préhistoire et de protohistoire consacrée au paléolithique, au néolithique, à l'âge du bronze et à l'âge du fer. Au 1er étage, dans la salle gallo-romaine, remarquez un superbe petit cheval, enseigne gauloise provenant de Guerchy. Au rez-de-chaussée, la sacrisitie présente l'évêque **saint Germain** (337-448). Dans les salles voûtées du sous-sol, vous découvrirez l'activité des moines copistes ainsi que des objets trouvés lors des fouilles (bijoux, armes, vases…) dans la région. Voyez aussi le trésor d'Asquins (6e s.) et la collection numismatique.

Remontez la rue du Dr-Labosse pour rejoindre la rue Cochois. Notez au passage la préfecture, ancien palais des évêques, et la maison Defert.

★★ Cathédrale St-Étienne B1

Pl. St-Étienne - ✆ 03 86 51 29 20 - www.auxerre.fr/Attractive/Patrimoine/La-cathedrale-Saint-Etienne - cathédrale 9h-18h ; crypte et trésor de déb. avr. à mi-oct. : tlj sf lun. 10h15-13h, 14h15-17h30, dim. 15h15-17h30 ; reste de l'année : sam. 10h15-13h, 14h15-17h30 - 5 € (-12 ans gratuit) crypte+ trésor, 3 € (-12 ans gratuit) crypte, 2 € (-12 ans gratuit) trésor.

Vers l'an 400, saint Amâtre fit bâtir un sanctuaire à cet emplacement. Celui-ci, embelli au cours des siècles suivants, fut incendié à plusieurs reprises. Suite à un nouveau sinistre, Hugues de Chalon entreprit en 1023 la construction d'une cathédrale romane sur le site, puis, en 1215, Guillaume de Seignelay fit édifier une cathédrale gothique, dont le chœur et les verrières furent achevés en 1234. La nef, les collatéraux, les chapelles et le transept sud datent de l'an 1400. Quant à la tour nord, elle fut achevée vers 1525.

Façade – De style flamboyant, la façade est encadrée de deux tours aux contreforts ouvragés ; la tour sud reste inachevée. La façade est ornée de quatre étages d'arcatures surmontées de gâbles.

Au portail central, le Christ trône au tympan, entre la Vierge et saint Jean. Le linteau évoque le Jugement dernier. Le Christ préside, ayant à sa droite les vierges sages et à sa gauche les vierges folles (tenant leur lampe renversée). Ces 12 statuettes s'étagent au long des piédroits. Au-dessus du portail central, légèrement en retrait, une rosace de 7 m de diamètre s'inscrit entre les contreforts. Les célèbres sculptures des 13e et 14e s. ont été mutilées au 16e s. lors des guerres de Religion, et la tendre pierre calcaire a souffert des intempéries.

SE LOGER		SE RESTAURER
Hôtel Le Maxime 13	Hôtel Normandie.......... 16	La P'tite Beursaude 13

Au portail de gauche, les sculptures des voussures retracent la vie de la Vierge et de ses parents, saint Joachim et sainte Anne. Le registre restant du tympan représente le couronnement de la Vierge. Les médaillons du soubassement traitent différentes scènes de la Genèse.

Le portail de droite date du 13e s. Le **tympan**, divisé en trois registres, ainsi que les voussures sont consacrés à l'enfance du Christ et à la vie de saint Jean-Baptiste. Au registre supérieur des soubassements sont représentées six scènes des amours de David et Bethsabée – huit statuettes placées entre les pinacles symbolisent la Philosophie (à droite avec une couronne) et les Sept Arts libéraux. À droite du portail, un haut-relief représente le jugement de Salomon. Des deux portails latéraux, celui du sud (14e s.), consacré à saint Étienne, est le plus intéressant. Le portail nord est dédié à saint Germain.

Intérieur – La nef, construite au 14e s., a été voûtée au 15e s. (hauteur : 34 m). Au mur du fond du transept droit, on remarque quatre consoles à figures d'un réalisme étonnant. Au-dessus, les verrières de la rosace (1550) montrent Dieu le Père entouré des puissances célestes. La rosace du bras nord du transept (1530) représente la Vierge entourée d'anges et d'emblèmes de Notre-Dame.

Le **chœur** et le **déambulatoire** remontent au début du 13e s. En 1215, Guillaume de Seignelay, évêque d'Auxerre, grand admirateur de l'art nouveau appelé alors « style français » (le terme « gothique » n'est employé que depuis le 17e s.), décida de raser le chœur roman et fit élever ce splendide ouvrage d'architecture sur la crypte du 11e s. Tout autour du déambulatoire se déroule un magnifique ensemble de **vitraux★★** à médaillons du 13e s., où dominent les tons bleus et rouges. Ils représentent des scènes de la Genèse, l'histoire de David, celle de Joseph, celle de l'Enfant prodigue et des légendes de saints. Le soubassement est souligné par une arcature aveugle ornée de têtes sculptées, figurant essentiellement prophètes et sibylles, parfois des drôleries.

Dans la partie gauche du déambulatoire, un tableau sur bois du 16e s. représente la lapidation de saint Étienne. Les beaux **vitraux** des rosaces sont du 16e s. Appréciez l'extrême finesse du vitrail de la chapelle Notre-Dame-des-Vertus, au-dessus de la statue de la Vierge.

★ **Crypte romane** – Ce seul vestige de la cathédrale romane (1023-1035), qui constitue un intéressant ensemble architectural, abrite, à défaut de reliques, des **fresques** exceptionnelles des 11e et 13e s. Sur la voûte est représenté le **Christ monté sur un cheval blanc** entouré de quatre anges équestres : c'est le seul exemple connu en France d'une telle figuration. L'autre fresque, dans le cul-de-four, montre le Christ en majesté entouré des symboles des évangélistes et de deux chandeliers à sept branches.

★ **Trésor** – Il renferme, entre autres pièces intéressantes, des émaux champlevés des 12e et 13e s., des livres d'heures des 15e et 16e s., des miniatures et des triptyques d'ivoire, ainsi qu'une **Mise au tombeau★** peinte sur ardoise, attribuée au peintre de l'école de Fontainebleau, Luca Penni. Observez les couleurs froides et le dessin précis, caractéristiques du maniérisme florentin.

Gagnez le centre-ville par la place St-Étienne devant la cathédrale, puis à gauche par la rue Maison-Fort et la rue Joubert.

Centre-ville B1-A2

Le centre-ville, largement piétonnier, est très agréable. Les ruelles conservent d'intéressantes demeures, la plupart du 16e s. La rue Fécauderie (deux maisons à pans de bois possèdent un superbe poteau cornier sculpté, à l'angle de la rue Joubert et du passage Manifacier) mène à la belle **place de l'Hôtel-de-Ville**, où, figée parmi les passants, se dresse une statue polychrome de **Marie Noël** *(voir p. 394)* en vieille dame ; belles maisons aux nos 4, 6, 16, 17, 18.

Tour de l'Horloge A2

De style flamboyant, cette tour, construite au 15e s. sur les fondations de l'enceinte gallo-romaine, était aussi appelée tour Gaillarde (du nom de la porte qu'elle défendait) et faisait partie des fortifications ; le beffroi et l'horloge symbolisaient les libertés communales accordées par le comte d'Auxerre. L'horloge (17e s.) présente un double cadran indiquant sur les deux faces les mouvements apparents du Soleil et de la Lune. Le cadran astronomique fut célébré par Restif de La Bretonne, qui vécut plusieurs années de sa jeunesse dans un atelier d'imprimeur au pied de cette tour.

Un passage voûté, attenant à la tour de l'Horloge, conduit à la place du Mar.-Leclerc ; sous la voûte, une plaque rappelle la mémoire de **Guillaume Roussel** *(voir p. 394)*.

6

Passez sous la tour de l'Horloge. Au no 6, remarquez un poteau cornier sculpté et quatre maisons accolées en face. Prenez à gauche la **rue de la Draperie** ; celle-ci débouche sur la **place Charles-Surugue**, où s'élève une fontaine à l'effigie de Cadet Roussel. Voyez les maisons à pans de bois et la tentative d'Art nouveau sur la poste (1909). Longez la poste par la rue René-Schaeffer jusqu'à l'église **St-Eusèbe**, vestige d'un prieuré, qui conserve un clocher du 12e s. décoré d'arcs polylobés. Sa flèche de pierre date du 15e s. À l'intérieur, très lumineux, remarquez le chœur Renaissance, la chapelle axiale et les vitraux du 16e s. Un hôtel particulier a été construit au 18e s. à l'emplacement des granges du prieuré.

Empruntez la rue Diderot pour parvenir, au n° 5 place Robillard, devant le plus vieil édifice civil en pierre d'Auxerre : l'**hôtel du Cerf-Volant** des 14e et 15e s. Sa girouette rappelle qu'il fut un temps un magasin d'instruments de musique.

Revenez vers la cathédrale en passant par la place des Cordeliers.

Vous pourrez admirer un bel hôtel Renaissance, dit « de Crôle », à lucarnes et corniche sculptées, au n° 67 de la **rue de Paris** (A1).

À voir aussi Plan de ville p. 396

Église St-Pierre B2

Rue Joubert, vous remarquerez – encadré par deux maisons – un superbe portail Renaissance sur lequel figurent Noé, ivre, et Cérès, déesse de l'Abondance. Ce portail, inspiré du Castelnuovo de Naples, s'ouvre sur la place de l'église St-Pierre. Reconstruite aux 16e et 17e s. dans le style classique, elle conserve des éléments décoratifs de la Renaissance. Très ornée, la tour de style flamboyant s'inspire de la tour nord de la cathédrale.

Musée Leblanc-Duvernoy A2

9 bis r. d'Égleny - ✆ 03 86 18 05 50 - www.auxerre.fr - avr.-sept. : 14h-18h ; reste de l'année : sur demande - fermé lun.-mar., 1er janv., 1er et 8 Mai, 1er et 11 Nov., 25 déc. - gratuit.

Aménagé dans une demeure du 18e s., ce musée est surtout consacré à la **faïence** : nombreuses pièces provenant de fabriques françaises ou appartenant à la production locale (en particulier de l'époque révolutionnaire). Il abrite également une série de fastueuses **tapisseries de Beauvais** du 18e s. ainsi qu'une importante collection de grès de Puisaye.

Musée d'Histoire naturelle A1

5 bd Vauban - ✆ 03 86 72 96 40 - www.auxerre.fr - 13h30-17h30, merc. 9h-12h, 13h30-17h30, dim. 14h-17h30 - fermé sam. et j. fériés - gratuit.

Dans le pavillon entouré d'un petit parc botanique, ce musée consacre ses expositions temporaires aux sciences naturelles du monde entier.

À proximité Carte de microrégion p. 366-367

Appoigny C2

11 km au nord-ouest par la N 6.

4 r. du Fer-à-Cheval - 89380 Appoigny - ✆ 03 86 53 20 90 - juin-sept. : tlj sf dim.-mar. 14h30-17h, sam. 10h-12h ; reste de l'année : merc. 14h30-17h, sam. 10h-12h - fermé j. fériés.

Cette localité faisait partie du domaine des évêques d'Auxerre, qui y firent construire au 13e s. la **collégiale St-Pierre**. La haute tour carrée qui la surmonte fut ajoutée au 16e s. Remarquez les grappes de raisin et les feuilles de vigne qui ornent le tympan : elles rappellent qu'à l'époque les vins d'Auxerre étaient les plus réputés de France. L'intérieur, très restauré, présente un beau jubé sculpté, daté de 1610.

Seignelay C2

17 km au nord d'Auxerre par la D 84.

Construite au flanc d'une colline boisée de l'Auxerrois, au pied de laquelle serpente le Serein, la ville présente de belles maisons de pierre serrées le long

LE SAVIEZ-VOUS ?

Lorsqu'il fait, en 1657, l'acquisition de la baronnie de Seignelay, **Colbert** (1619-1683) est encore au service de Mazarin, qui le recommandera à Louis XIV. Fait intendant des Finances à la mort du cardinal, en 1661, ce fils de marchand drapier va conduire la politique économique du royaume pendant près de vingt ans. Son système, qui consiste pour l'essentiel à augmenter la masse monétaire, sera appelé « colbertisme ». Il fait ériger la baronnie de Seignelay en marquisat (son fils, futur ministre de la Marine, en portera le nom) et obtient, pour restaurer le château, le détachement de l'architecte du roi, Le Vau.

de rues en pente. En 1429, en route vers Reims où allait être sacré Charles VII, Jeanne d'Arc fit une halte à ce qui était à l'époque une importante seigneurie. Mais c'est à Jean-Baptiste Colbert, marquis de Seignelay, que le village doit véritablement ses titres de noblesse… et vice versa *(voir encadré ci-dessus)*.

Château – Il fut détruit à la Révolution. Il n'en reste que l'ancien parc, un pan de l'enceinte fortifiée, une tour, restaurée au siècle dernier, et un pavillon d'entrée construit à la fin du 17e s.

Place Colbert – Une avenue bordée de platanes aboutit à cette place au charme classique préservé. L'ancien auditoire, ou salle du bailliage (actuel hôtel de ville), remarquable pour sa façade ornée d'un fronton et ses portes à fortes moulures, fut édifié sous Colbert. Le bâtiment du Trésor public, tout proche, correspond à l'ancienne capitainerie, construite en équerre avec le pavillon d'entrée du château. L'ensemble forme un corps de bâtiment harmonieux, avec ses toits à la Mansart couverts d'ardoise.

Église St-Martial – Rebâtie au 15e s. sur une église romane dont les contreforts extérieurs ont été conservés, elle est dotée d'une belle tour-clocher, à la masse surmontée d'un lanternon. Elle surprend par son plan irrégulier (un seul bas-côté). Le chœur, l'abside, la chapelle de la Vierge et les fonts baptismaux datent du 15e s. Au siècle suivant, la voûte du collatéral fut élevée à hauteur de celle de la nef, alors refaite. De cette époque date aussi le petit portail Renaissance surmonté d'un auvent. L'intérieur abrite un banc d'œuvre Louis XIII. Dans le chœur, remarquez six chandeliers Louis XVI en cuivre argenté, provenant du château, trois tabourets et deux petites châsses aux armes de Colbert, ainsi qu'une Vierge peinte du 17e s. Aux fenêtres de la nef gauche et du chœur, on peut observer les restes des remplages de vitraux du 16e s., œuvre des frères Veissières et de leur élève Mathieu, originaires de Seignelay.

NOS ADRESSES À AUXERRE

VISITE

L'application Géo Découvertes (www.zevisit.com/application/geo-audioguides) permet de découvrir l'Yonne.

HÉBERGEMENT

La sortie 19 de l'autoroute (à quelques kilomètres de Seignelay) offre une importante concentration d'hôtels et de restaurants de chaîne, qui peuvent dépanner. Fourchette de prix assez large.

BUDGET MOYEN

16 **Hôtel Normandie** – A1 - *41 bd Vauban - 03 86 52 57 80 - www.hotelnormandie.fr - P 7,50 € - - fermé 18 déc.-2 janv. - 47 ch. 85/120 € - 10 €.* Cette demeure bourgeoise a tout pour plaire : paisible cour-terrasse, chambres confortables (optez pour la maison principale), salon-bar meublé Art déco, billard, spa et espace fitness.

Hôtel Les Maréchaux – Hors plan - *6 av. Foch - 03 86 51 43 77 - www.hotel-lesmarechaux.com - P chauffée - 25 ch. 95/125 € - 10 €.* Juste en périphérie immédiate du centre-ville, cet hôtel installé dans une élégante maison du 19e s. saura vous séduire. Les chambres, très confortables, portent chacune le nom d'un des maréchaux de France, surtout de l'Empire.

POUR SE FAIRE PLAISIR

13 **Hôtel Le Maxime** – B1 - *2 Quai de la Marine - 03 86 52 14 19 - http://hotel-lemaxime.com - P - 26 ch. 119/159 € - 14 €.* Sur les bords de l'Yonne, cet ancien grenier à sel reconverti en hôtel propose des chambres joliment rénovées (mobilier de style), avec vue sur le fleuve ou au calme côté cour.

Au nord d'Auxerre

PREMIER PRIX

Chambre d'hôte À la Maison Jaune – *23 r. de la Chapelle - 89380 Appoigny - Les Bries - 10 km au nord par N 6 - 03 86 53 20 57 - www.alamaisonjaune.fr - P - 4 ch. 70 € - table d'hôte 30 € bc sam. soir sur réserv.* À proximité de la forêt, cette ancienne fermette conserve tout son charme. Vous serez conquis par la quiétude du lieu, le feu de cheminée, le côté cosy des chambres fraîchement repeintes.

BUDGET MOYEN

Hôtel-restaurant Le Soleil d'Or – *3 rte Nationale - 89230 Montigny-la-Resle - 14 km au nord-est par N 77 - 03 86 41 81 21 - www.lesoleil-dor.com - P - fermé vend., dim. soir et lun. midi - 18 ch. 86/98 € - 12 € - formules déj. 18/22 € - 32/59 € - 1/2 P possible.* Une étape de campagne comme on les aime, où accueil, repos et saveurs sont conjugués avec bonheur. Menu régional exécuté par un maître restaurateur. Assiette végétarienne.

RESTAURATION

BUDGET MOYEN

13 **La P'tite Beursaude** – B2 - *55 r. Joubert - 03 86 51 10 21 - www.laptitebeursaude.fr - fermé mar., merc. midi et jeu. midi - 19/36 €.* L'enseigne à consonance régionale, la salle à manger au cachet campagnard simple et chaleureux, les serveurs qui officient en costume local et de copieuses recettes puisant dans le terroir : voilà un véritable concentré de Bourgogne que l'on découvre en poussant la porte de cette P'tite Beursaude !

POUR SE FAIRE PLAISIR

Le Bourgogne – Hors plan - *15 r. de Preuilly - ✆ 03 86 51 57 50 - www.lebourgogne.fr - P ♿ - fermé 2 sem. en août, 22 déc.-5 janv., dim.-lun. - formules déj. 21/26 € - 33/56 €.* Sympathique cadre rustique, belle terrasse d'été et petits plats du marché aussi appétissants : reconversion réussie pour cet ancien garage !

ACHATS

Vin

Rencontres autour des vins et des produits du terroir – *L'office du tourisme d'Auxerre et les bateaux touristiques de l'Auxerrois organisent les Jeudis du goût : un producteur et un viticulteur de la région viennent présenter leurs produits, à bord de la péniche Hirondelle lors d'une croisière d'1h30 dép. 17h le jeu. de juil. et d'août - 18 € (enf. 12 €) - réserv. obligatoire au ✆ 09 75 23 27 89 ou 06 30 37 66 17.*

Le Clos de la Chaînette – *www. chs-yonne.fr/clos-de-la-chainette/.* Ce sont les seules vignes encore en activité dans la ville d'Auxerre. L'existence du clos est attestée dès le 7e s. La commercialisation de cette AOC (80 % de chardonnay et 20 % de pinot noir) a lieu en décembre. Mais seuls les 2 600 clients inscrits auprès du clos peuvent acheter un carton de 12 bouteilles !

Les Agapes – *13 r. de Preuilly - ✆ 03 86 52 15 22 - http://les-agapes-caviste.com - mar.-sam. 9h-12h, 14h-19h.* Depuis une trentaine d'années, Marc Ragaine, ancien sommelier, est une référence sur Auxerre. Élu Meilleur caviste indépendant du monde en 2003.

Spécialités culinaires

Au Fin Palais – *3 pl. St-Nicolas - quartier de la Marine - ✆ 03 86 51 14 03 - www.aufinpalais-auxerre. com - mar.-sam. 9h30-12h, 14h-19h.* On trouve dans cette boutique les fleurons de la cuisine bourguignonne, issus des meilleurs producteurs du cru : terrines du Morvan, bœuf bourguignon, pain d'épice, nonnettes, croquets, confitures, moutardes, vinaigres et les fameux escargots. Un petit espace est réservé aux vins et liqueurs.

Fromagerie Soufflard – *23 r. Joubert - ✆ 03 86 52 07 07 - 8h-12h, 15h-19h - fermé dim.-mar. mat.* Époisses Berthaut, plaisir au chablis, brillat-savarin, pouligny st-pierre, vézelay, crottin de Chavignol, délice de Bourgogne et morbier sont un mince échantillon de tous les fromages que l'on trouve ici. M. Soufflard sélectionne lui-même ses produits et ne travaille que des fromages fermiers et AOC.

À proximité

Le Jardin de Laborde – *R. de Venoy - 89000 Laborde - 6 km au nord-est d'Auxerre via D 124 - ✆ 06 11 48 20 43 - www. jardindelaborde.fr - lun.-sam. 9h-12h30, 14h-19h, dim. et j. fériés 9h-12h - fermé lun. de nov. à mars.* Au fil des saisons, le plaisir de cueillir fleurs, fruits rouges et légumes… Produits locaux et régionaux en boutique.

Le Borvo – *R. de Beaumont - 89250 Chemilly-sur-Yonne - 15 km au nord-est d'Auxerre via D 48 et D 80 - ✆ 03 86 47 82 44 - www. leborvo.fr - tlj sf dim. et j. fériés 9h-18h30 pour la boutique.* Visite du parcours-découverte en fonction du nombre de pers. (réserv. 2 sem. à l'avance par l'office de tourisme). La référence européenne en matière de fumage du saumon. Parcours historique et gastronomique dans une réplique contemporaine de la saline d'Arc-et-Senans. Sont expliqués l'évolution des modes de conservation du poisson des origines à nos jours et l'art du tranchage manuel.

ACTIVITÉS

À pied

La coulée verte – *Ou comment découvrir Auxerre en longeant l'ancienne voie de chemin de fer. 15 km de balade aménagée pour faire le tour de la ville. Parcours disponible sur www.ot-auxerre.fr.*

Golf domaine du Roncemay – *89110 Chassy - Par Aillant-sur-Tholon - 17 km au sud - ✆ 03 86 73 50 50 - www.roncemay.com - hte sais. : 8h-20h ; basse sais. : 9h-17h30.* Golf de 18 trous dans un parc de 80 ha avec bois (11 trous en forêt), étangs et links façon écossais. Hôtellerie, restauration gastronomique, club-house, espace bien-être, piscine et tennis.

En bateau

Pour plus d'infos sur les voies navigables de France : www.vnf.fr.

Les bateaux touristiques de l'Auxerrois – *Quai de la République - 89000 Auxerre - ✆ 09 75 23 27 89 - ✆ 06 30 37 66 17 - www.bateaux-auxerrois.com - de mi-avr. à mi-oct. - fermé lun. (sf j. fériés) et 1er Mai. Croisières commentées avec passage d'écluses 12 € (-12 ans 8 €) 1h, 16,50 € (-12 ans 11 €) 1h30, 23 € (-12 ans 16 €) 2h. On peut aussi partir de Baye avec L'Art du Temps, vedette panoramique électro-solaire, pour visiter les voûtes de la Collancelle : ✆ 03 86 38 90 70 - www.aquafluvial.fr - avr.-oct. : 9/11,50 €.*

Bateaux électriques – *Rens. à l'office de tourisme - de mi-avr. à fin sept.* Location sans permis ; passage d'écluses à partir d'une heure de location, prêt de jumelles. *5 pers. maxi par bateau - de 13 € (1/2h) à 85 € (7h).*

AGENDA

Les Grandes Heures d'Auxerre – Tous les soirs, les grands moments de l'histoire de la ville sont projetés dans la cathédrale St-Étienne. *Son et lumière juil.-août - 5 € - se rens. auprès de l'office de tourisme.*

Samedis gourmands de l'Avent – Les 3 premiers samedis de décembre permettent de goûter truffes de Bourgogne, chocolats ou terrines. Dégustations gratuites. *Rens. à l'office de tourisme.*

L'Auxerrois

★

Yonne (89)

Au sud d'Auxerre s'étend un territoire de caractère, où alternent vignobles et vergers, avant de s'épanouir en deux vallées bucoliques. La vallée de la Cure, habitée depuis des temps immémoriaux, abrite des villages pittoresques aux lourdes maisons de pierre. L'Yonne, doublée par le canal du Nivernais, serpente entre de hautes falaises, dans une nature sauvage et préservée.

NOS ADRESSES PAGE 411
Hébergement, restauration, achats, activités, etc.

S'INFORMER

Office du tourisme d'Auxerre et de l'Auxerrois – Voir p. 392.

Office du tourisme de Cravant, entre Cure et Yonne – *Rte de Paris - halte nautique de Bazarnes - 89460 Cravant - ✆ 03 86 81 54 26 - juil.-août : 9h30-13h, 14h-18h30 ; reste de l'année : 09h30-13h, 14h-17h30. L'office de tourisme propose des vélos à la location (voir « Nos adresses »).*

SE REPÉRER

Carte de microrégion BC2-3 (p. 366-367) – Les circuits décrits ci-dessous se situent à une vingtaine de km au sud d'Auxerre.

À NE PAS MANQUER

Une balade dans la vallée de la Cure et la visite des grottes d'Arcy.

AVEC LES ENFANTS

Les grottes d'Arcy-sur-Cure ; la réserve du Bois-du-Parc ; la petite plage de bord de rivière de Mailly-la-Ville ; la boucle de la grotte des Fées ; une balade en calèche dans le vignoble auxerrois.

Circuits conseillés Carte de microrégion p. 366-367

ENTRE VIGNES ET CERISIERS BC2-3

Circuit de 40 km tracé en vert sur la carte de microrégion (p. 366-367) – Comptez environ 2h30.

Quittez Auxerre par la N 151 en direction de Gy-l'Évêque.

Cette excursion dans les environs immédiats d'Auxerre est particulièrement charmante en avril, à l'époque des cerisiers en fleurs. Le vignoble (1 200 ha de production de cépages chardonnay, aligoté, pinot noir et gamay) alterne avec les vergers, les petits villages de pierre se découvrent au détour de collines boisées. De vastes cerisaies recouvrent les coteaux bordant l'Yonne et descendent jusqu'au creux de la vallée, en particulier entre Gy-l'Évêque et Coulanges-la-Vineuse.

Dans le village de **Gy-l'Évêque**, visitez l'église (13e-16e s.), où est exposé un **Christ aux orties**★ (16e s.), ainsi que le **lavoir**.

Prenez la D 463 à droite en direction de Jussy et de Coulanges-la-Vineuse.

Coulanges-la-Vineuse BC3

Le nom même de ce petit village haut perché, entouré de vignes et de cerisiers, témoigne d'une tradition viticole antique. Sur 135 ha, de Jussy à Migé,

6

en passant par Escolives, le vignoble de Coulanges donne des bourgognes coulanges-la-vineuse rouges (cépage pinot noir) à la fois tendres et légers, des blancs fruités et des rosés.

Musée du Vieux Pressoir et de la Vigne – *46 r. André-Vildieu - 89580 Coulanges-la-Vineuse - ✆ 03 86 42 20 59 - ♿ - visite guidée sur demande préalable (1h30) 9h-12h, 14h-18h - fermé dim. et j. fériés - 3 € (-12 ans 1 €).* En complément d'une exposition d'outils anciens de vignerons et de caves du 12e s., ce musée recèle un vrai trésor : un pressoir à abattage de type médiéval.

Prenez la D 85 qui descend vers l'Yonne, puis à gauche la C 4 en direction d'Escolives.

Escolives-Ste-Camille C3

Située à flanc de coteau, la charmante **église** romane est précédée d'un narthex à arcades en plein cintre. Elle possède une flèche octogonale recouverte de briques posées de chant. La crypte (11e s.) abritait naguère les reliques de sainte Camille, compagne de sainte Magnance *(voir Avallon, p. 261)*, de retour de Ravenne avec la dépouille de saint Germain.

Villa gallo-romaine – *r. Raymond-Kapps - ✆ 03 86 42 71 89 - visite guidée (1h) juil.-août : 10h-18h ; mars-juin et sept.-oct. : 10h-12h, 14h-18h ; reste de l'année : sur demande - fermé 1er janv., 1er et 11 Nov., 25 déc. - 5 € (-18 ans 2,50 €) - visite nocturne juin-sept. : sam. 21h45.* À la sortie nord du village, les vestiges, en partie sous abri, d'un bourg et de thermes gallo-romains (1er au 3e s.) ainsi que d'un cimetière mérovingien font l'objet de fouilles.

Prenez la D 606 qui longe l'Yonne en direction de Vermenton. Traversez la rivière à Vincelles (sur la rive gauche). En vis-à-vis, sur la rive droite, se situe Vincelottes. Continuez jusqu'à Irancy.

Irancy C3

Dans un vallon, ce village produit les vins rouges et rosés les plus réputés du vignoble auxerrois. C'est aussi le lieu de naissance de **Jacques-Germain Soufflot** (1713-1780), architecte de l'hôtel-Dieu à Lyon et du Panthéon à Paris. En haut du village, profitez du très beau **point de vue** panoramique sur le vignoble en amphithéâtre.

Rejoignez St-Bris-le-Vineux par la D 38.

St-Bris-le-Vineux C3

Ce joli village du vignoble d'Auxerre possède une **église** gothique du 13e s., dont les voûtes du chœur et du bas-côté gauche sont d'époque Renaissance. Remarquez également les vitraux Renaissance, la chaire sculptée ainsi qu'une immense peinture murale de l'arbre de Jessé (généalogie du Christ), datant de 1500, dans la première travée droite du chœur. Dans le bras droit du transept, une chapelle abritant le sarcophage de saint Cot montre une clef pendante très basse portant un blason sculpté aux armoiries des Coligny (puissante famille noble originaire de Bresse) et des Dreux de Mello (seigneurs de St-Bris dans la seconde moitié du 12e s.).

St-Bris a également conservé quelques maisons anciennes des 14e et 15e s. On peut voir au no 1 de la rue de l'Église une remarquable cave romane à deux nefs, avec colonnes et chapiteaux.

Caves de Bailly-Lapierre – *Au sud-ouest de St-Bris-le-Vineux, sur l'Yonne. Quai de l'Yonne - ✆ 03 86 53 77 77 - www.bailly-lapierre.fr - ♿ - visite guidée juil.-août : 14h30-17h30 ; de mi-mars à déb. juil. et sept.-oct. : 15h30 et 16h30, w.-end 14h30-17h30 ; reste de l'année : 15h30 et 16h30 - fermé 1er janv., 25 déc. - 6 €.* Ces carrières souterraines, qui fournirent les pierres du parvis de la cathédrale Notre-Dame de Paris au 19e s., abritent depuis 1972 plus de 3 ha de caves. Visite guidée des

Vignoble d'Irancy.
J. Arnold Images/hemis.fr

salles, présentation de l'élaboration du crémant de Bourgogne, avec dégustation finale *(voir aussi « Œnotourisme » p. 544)*.
Regagnez Auxerre par la D 956.

★ VALLÉE DE LA CURE C3

Circuit tracé en bleu sur la carte de microrégion (p. 366-367) – 30 km de Cravant à Asquins, avec la possibilité de poursuivre jusqu'à Vézelay – Comptez environ 4h, sans la visite de Vézelay. Pour rejoindre Cravant, prenez la D 606 au sud-ouest d'Auxerre sur 19 km. Les sites décrits ci-dessous se trouvent le long de cette départementale.

Ce circuit longe la Cure, de Cravant à Vézelay *(voir p. 243)*, en traversant des villages immobiles, dont les grosses maisons sont blotties autour de leur église. Longue de 109 km, la Cure, rivière morvandelle par excellence, est un affluent de l'Yonne (bien que son bassin soit plus étendu). Dans la partie vallonnée du Parc naturel régional du Morvan, c'est un cours d'eau « sportif », très apprécié des canoéistes. Il s'assagit en aval, le long du circuit proposé, mais conserve du tempérament jusqu'à Cravant, où il rejoint l'Yonne.

Cravant

Cette petite localité, autrefois fortifiée (comme l'attestent les vestiges d'un donjon), est bâtie au confluent de la Cure et de l'Yonne. Des promenades ont été aménagées à l'emplacement des anciens fossés. L'**église** (13e s.) possède un chœur ainsi qu'une tour de la Renaissance, et le bourg des maisons à pans de bois.

La route suit la rive de la Cure parmi des paysages de collines boisées ou plantées de vignes.

Le village d'**Accolay**, proche de Vermenton, était réputé pour ses poteries vernissées.

Poursuivez 5 km sur la D 606.

LA CURE, UNE RIVIÈRE ÉNERGÉTIQUE

C'est sur la Cure, au milieu du 16e s., que fut réalisé le premier essai de flottage à bûches perdues *(voir Clamecy, p. 340)* qui, jusqu'en 1923, permit à une part importante de la population riveraine de vivre de l'utilisation de l'Yonne et de la Cure comme chemins d'eau. Au 19e s., la création du lac-réservoir des Settons *(voir p. 269)*, à quelques kilomètres de sa source de la Cure, avait pour but d'aider à ce mode de transport original du bois de chauffe. Depuis la disparition du flottage, le lac n'est utilisé que pour régulariser le débit de l'Yonne et alimenter, pendant l'été, le canal du Nivernais. Dans les années 1930, plusieurs barrages hydroélectriques ont été aménagés dans le bassin amont de la Cure : barrage du Crescent (1930-1933) avant Chastellux ; barrage de Malassis (1929-1930) près de Domecy-sur-Cure ; barrage de Chaumeçon (1933-1935) sur le Chalaux, un affluent de la Cure. On est ainsi passé du « charbon de bois » à la « houille blanche ». *Voir aussi Canal du Nivernais p. 331.*

Vermenton

Cet ancien port occupe un site agréable sur les rives de la Cure. Son **église** possède une belle tour du 12e s. ; le portail conserve des statues-colonnes très mutilées. Voir aussi les vestiges des remparts *(se rens. auprès de M. Verrier au ✆ 03 86 81 62 93)*. En contrebas du village, non loin du port et des péniches, le Parc des îles est un endroit idéal pour pique-niquer à l'ombre des tilleuls et au bord de la Cure *(buvette en été)*.

Poursuivez sur 2 km et tournez à droite.

Abbaye de Reigny

✆ 03 86 81 59 30 - www.abbayedereigny.com - ♿ - juil.-août : tlj sf sam. 10h-12h, 14h-18h, dim. 14h-18h ; reste de l'année : sur demande - fermé j. fériés - possibilité de visite guidée sur demande (45mn) - 5 € visite libre, 8 € (-12 ans 3 €) visite guidée - 20 € billet famille (2 adultes + 2 enf.).

Située à la sortie de Vermenton, dans un cadre verdoyant au bord de la Cure, cette abbaye a été fondée en 1128. Durant son âge d'or, au Moyen Âge, elle a accueilli jusqu'à 300 moines. En partie détruite durant la guerre de Cent Ans et la Révolution, elle a néanmoins conservé un très beau réfectoire cistercien du 14e s. et un impressionnant réseau hydraulique de la même époque. La visite permet également de découvrir un cellier du 18e s. Quarante panneaux illustrés relatent, à travers l'exemple de Reigny, toute l'histoire du mouvement cistercien. Mais l'abbaye a également connu un passé mondain : dans les années 1920, elle appartenait au sculpteur Max Blondat, qui y invita souvent Coco Chanel.

À chaque nouvelle saison, le lieu accueille des manifestations culturelles (*voir « Agenda » p. 412*). Il abrite aussi gîte et chambres d'hôte *(voir « Nos adresses » p. 411)*.

Reprenez la D 606 sur 6 km.

Arcy-sur-Cure

La Cure divise le bourg en deux parties reliées par un grand pont en dos d'âne, offrant de jolies **vues** sur la rivière et le manoir de Chastenay.

Après avoir traversé la Cure, vous apercevez la ravissante façade classique du **château d'Arcy** (18e s.), que précède une allée d'arbres.

Poursuivez en prenant à gauche l'étroit chemin de Vault (V 8), qui traverse le hameau de **Val-Ste-Marie** ; vous pourrez voir les impressionnantes ruines d'une maison forte du 14e s., habitée par les seigneurs du domaine d'Arcy jusqu'à la construction du château.

Manoir de Chastenay – Cet édifice (*privé, ne se visite pas*) de la seconde moitié du 14e s., très bien conservé, fut érigé sur l'emplacement d'une demeure fortifiée du 11e s. dont subsiste une partie de l'enceinte. Sa façade nord présente une jolie tour d'escalier hexagonale ainsi qu'une échauguette en encorbellement. Les lieux sont ici empreints de la symbolique alchimiste avec notamment la **porte des Sages**, ornée d'une frise sculptée de trois personnages au-dessus desquels la tiare représente l'or philosophal, le pape et le seigneur.

Reprenez la D 606 sur 2,5 km pour atteindre les grottes.

★ Grottes d'Arcy-sur-Cure

En amont du village d'Arcy, la rive gauche de la Cure est dominée par de hautes falaises. Ce massif calcaire corallien, qui a émergé à la fin de l'ère secondaire ou mésozoïque (de -250 à -65 millions d'années), a été creusé par la Cure, donnant naissance à un ensemble de cavernes. En 1990, les archéologues ont mis au jour, dans deux des trente grottes connues, des **peintures pariétales** aux dominantes de rouges (oxyde de fer, manganèse), qui étaient restées cachées (et protégées) par une épaisse couche de calcite. Les animaux (une soixantaine de mammouths, ours, félins, rhinocéros, chevaux, bouquetins, oiseaux, poissons, etc.), les empreintes de mains et signes divers ont été datés entre 28 000 et 33 000 av. J.-C., positionnant Arcy juste derrière la grotte Chauvet (-35 000 ans) mais bien avant Lascaux (-18 000 ans). C'est donc l'une des plus anciennes grottes ornées en France – et l'une des rares à pouvoir se visiter partiellement (seule la Grande Grotte est ouverte à la visite et permet d'observer une partie des peintures découvertes).

★★ **Grande Grotte** – *03 86 81 90 63 - www.grottes-arcy.net - ♿ - visite guidée (1h) juil.-août : 10h-12h30, 13h30-17h30 ; mai-juin : 10h-12h30, 13h30-17h ; sept.-oct. : 10h30-12h30, 13h30-17h30 ; avr. : 10h30-12h30, 13h30-17h ; nov. : 10h-12h, 13h30-17h30 ; reste de l'année : se rens. - 9,50 € (-11 ans 6 €) visite découverte, 23 € Pass famille 2 adultes + 1 enf., 12,50 € visite géologique ou préhistorique, 40 € visite archéologique, 40 € promenade le long de la Cure et dans le massif (4h).*

Attention, il fait 12 °C dans la grotte. Visite passionnante et très émouvante, lorsque l'on découvre dans le fond, à 900 m de l'ouverture, des mammouths, des cervidés, des traces de mains, peintes il y a environ 30 000 ans ! Cette caverne se ramifie sur 2,5 km en une succession de salles et de galeries décorées de draperies, stalactites et stalagmites, de concrétions d'aspect fantastique se transformant au gré de l'imagination en bêtes ou en fleurs vénéneuses. Au retour, on peut voir deux petits lacs alimentés par la Cure, dont le premier est figé sous une fine couche calcaire (le « lavoir des Fées »).

Les bords de la Cure – *30mn AR.* Au départ de la Grande Grotte, un agréable chemin ombragé remonte la rive gauche de la Cure jusqu'à St-Moré, au pied d'escarpements calcaires creusés d'une quinzaine de grottes, en cours de fouilles, parmi lesquelles les grottes du Loup, du Bison, du Renne, des Ours, du Trilobite, de l'Hyène, du Cheval, des Fées… Remarquez le Grand Abri, imposante masse rocheuse qui surplombe le terrain sur plus de 20 m de longueur et 10 m de profondeur. Pénétrez dans une zone boisée *(protégée)* où vous découvrirez une **carrière mérovingienne** de sarcophages et la **fontaine de St-Moré**, source qui fit l'objet d'un culte jusqu'au 19e s. Au sommet des rochers de St-Moré, **vue** sur la vallée.

Poursuivez sur la D 606. La route passe par **Voutenay-sur-Cure**, *village qui bénéficie d'une agréable situation au pied de collines boisées. Continuez la route jusqu'à Sermizelles.*

Notre-Dame-d'Orient

Départ à l'est de Sermizelles. Un chemin de terre balisé conduit, sous bois, au sommet de la colline où s'élève une chapelle octogonale (19e s.) surmontée d'une Vierge en pierre. Du pied de la statue *(accessible par 39 marches)*, belle vue sur la vallée de la Cure. En retrait, vous verrez une chapelle moderne de pèlerinage (invoquée depuis la guerre de Crimée, en 1854).

Poursuivez sur la D 606, puis prenez à droite la D 951 en direction de Vézelay.

Asquins

On prononce « Aquin ». Ce charmant village aux maisons de pierre est le point de départ de la « voie de Vézelay », l'un des quatre grands chemins de St-Jacques-de-Compostelle *(voir encadré p. 247)*. L'église **St-Jacques-le-Majeur** (12e-13e s.) abrite notamment un reliquaire du 16e s. figurant saint Jacques. Un charmant **lavoir** du 18e s. est également à voir au nord du village.

Continuez sur la D 951 pour rejoindre Vézelay (voir p. 243). En venant d'Asquins, la vue sur l'abbaye est spectaculaire.

★ VALLÉE DE L'YONNE BC3

Circuit tracé en orange sur la carte de microrégion (p. 366-367) – 27 km de Mailly-le-Château à Clamecy – Comptez environ 3h30. D'Auxerre, longez l'Yonne jusqu'à Vincelles, 14 km au sud, de préférence par la D 163 (notez au passage le village d'Escolives-Ste-Camille, décrit p. 404). Poursuivez ensuite en direction de Bazarnes par la D 100.

Après Bazarnes, continuez sur la D 100, qui longe de très près la rivière bordée d'arbres. À Mailly-la-Ville, prenez à gauche la D 950.

Mailly-le-Château C3

Cet ancien bourg fortifié, commandé par les comtes d'Auxerre, est bâti sur un escarpement qui domine un méandre de l'Yonne. Une terrasse ombragée au-dessus des remparts offre une jolie **vue** sur la rivière et le canal du Nivernais, tandis qu'au loin se détachent les collines du Morvan. De l'extrémité droite de la terrasse, on aperçoit le bourg d'en bas, construit au bord de l'eau, avec son pont du 15e s. dont une pile supporte une petite chapelle.

Église St-Adrien – Cet édifice fortifié du 13e s., surmonté d'un solide clocher à gargouilles, se singularise par une façade de style gothique primitif à pignon aigu et galerie d'arcs en plein cintre reposant sur des statues-colonnes. Les personnages représentés seraient la comtesse Mathilde (ou Mahaut) entourée de serfs. Fille de Pierre de Courtenay, signataire de la charte d'affranchissement de 1223, Mathilde aurait beaucoup contribué à l'abolition du servage.

Chapelle du cimetière – De la fin du 12e s., restaurée, elle présente un chevet plat et, sur son toit, un joli clocheton de pierre à arcades trilobées. L'intérieur,

LE CANAL DU NIVERNAIS DANS L'AUXERROIS BC2-3

En suivant le canal en bateau, à pied ou à vélo, on découvre les divers paysages de la région (côtes calcaires, paysages bocagers, prairies…) et, avec un peu de chance, on apercevra martins-pêcheurs, bergeronnettes ou hérons cendrés…

Les escales à ne pas manquer : Clamecy, pour comprendre l'histoire et les techniques du flottage du bois ; Mailly-le-Château, village pittoresque lové dans un méandre de l'Yonne ; les rochers du Saussois…

Voir p. 331 pour les renseignements pratiques et « Nos adresses dans l'Auxerrois ».

Mailly-le-Château, vu depuis l'Yonne.
Ch. Guy/hemis.fr

éclairé par six petites fenêtres en plein cintre, est décoré de peintures murales sur la vie du Christ.

Après Mailly-le-Château, on franchit deux bras de l'Yonne sur un joli **pont** du 15e s., en double dos d'âne et avec chapelle, offrant une jolie vue sur la falaise de Mailly.

À 5 km de Mailly-le-Château via les D 39 et D 950, la petite plage de bord de rivière de **Mailly-la-Ville**, située sur la commune éponyme entre le canal du Nivernais et l'Yonne, offre une aire de détente et un coin baignade *(surveillée en juil.-août)* très agréable. Café-snack, aire de loisirs, minigolf et tables de pique-nique sont ouverts en saison, mais l'endroit peut être bondé certains week-ends d'été.

Poursuivez sur la D 100, puis passez la voie ferrée. La réserve se trouve sur la gauche.

Réserve naturelle du Bois-du-Parc C3

Des marches de bois sont ancrées à flanc de coteau. Le départ de la promenade est escarpé, mais cela ne dure que quelques minutes. Ensoleillées, ces petites falaises sont couvertes d'une végétation et d'une faune méridionales inattendues à cette latitude. C'est aux mois de mai et juin que la floraison est la plus belle. Se succèdent celles des liserons roses des monts Cantabriques, géraniums sanguins sauvages, hélianthèmes des Apennins, anémones pulsatiles, etc. Quelques panneaux aident à repérer ces raretés. Profitez d'une belle **vue** sur la vallée de l'Yonne et redescendez en pente plus douce qu'à la montée, parmi les fougères scolopendres.

Une seconde partie de la promenade est accessible à partir d'un autre parking, un peu plus loin sur la gauche. Accès aisé.

L'exploitation de cette carrière pour la construction de l'A 6 a été arrêtée pour préserver d'étonnants **fossiles de coraux★**, témoins de la période où un massif corallien marquait ici la proche limite d'une mer chaude et peu profonde, il y a 150 millions d'années. Du pied des falaises pourtant élevées, on aperçoit les fossiles, car certains d'entre eux mesurent 3 m de haut ! On reconnaît divers types de coraux, ceux en gerbes étant plus faciles à repérer.

Empruntez la D 100 vers le sud.

Rochers du Saussois C3

Après la réserve du Bois-du-Parc, la route passe, face au village joliment situé de **Merry-sur-Yonne**, au pied des rochers escarpés du Saussois. Ces rochers calcaires constituent une véritable muraille, utilisée comme école d'escalade. Les hautes falaises de la région attirent un grand nombre de varappeurs. Ils prennent soin de ne pas déranger les faucons pèlerins nichant, d'avril à juin, dans les cavités de la roche *(pour les observer, munissez-vous de jumelles). Poursuivez 5 km sur la D 100.*

> **LE SAVIEZ-VOUS ?**
> C'est en 1547 qu'un premier **train de bois** serait arrivé à Paris en provenance de Châtel-Censoir. Au milieu du 16e s., Paris compte déjà 300 000 habitants et le bois de chauffe ou de four fait désormais cruellement défaut. Que faire sinon se tourner vers l'exploitation des forêts du Morvan ?

Châtel-Censoir C3

Ce petit bourg de 700 habitants est adossé à une colline qui domine le confluent du Chamoux et de l'Yonne. Bâtie au sommet de la colline, la **collégiale St-Potentien** est entourée de hautes murailles que l'on franchit par une poterne. Elle a conservé un chœur roman du 11e s. La nef et le bas-côté s'ouvrent par deux portails de la Renaissance. Dans le bas-côté gauche, on peut voir deux bas-reliefs : la Cène (16e s.) et la Crucifixion (15e s.), très endommagée. De la sacristie, dans le bas-côté droit, on a accès à la charmante salle capitulaire du 12e s. Le chœur, surélevé au-dessus d'une crypte, contient des chapiteaux romans archaïques. De la terrasse près de l'église, on a une jolie **vue** sur la ville.

La boucle de la grotte des Fées (5-11 km selon l'itinéraire) permet de découvrir une belle vue panoramique de Châtel-Censoir. Pour les moins sportifs, le chemin des remparts sillonne le bourg très agréablement. Demandez les itinéraires à l'office de tourisme (pl. Aristide-Briand - 03 86 81 01 98 ou sur ou www.chatel-censoir.fr).

Après Châtel-Censoir, on aperçoit à gauche le château de Faulin.

Continuez la route (D 21) jusqu'à Lucy-sur-Yonne, puis prenez à gauche la D 214.

Château de Faulin C3

À Lichères-sur-Yonne - 06 09 74 00 68 - www.chateau-faulin.fr - visite guidée (1h30) de déb. à mi-juil. et de mi- à fin août : dim. 15h et 17h, de mi-juil. à mi-août : tlj sf w.-end 15h et 16h ; avr.-juin et sept.-oct. : w.-end sur demande préalable - fermé 15 août - 7 € (-12 ans 3 €).

Cette massive demeure de la fin du 15e s. est impressionnante, bâtie à flanc de colline et entourée d'une enceinte de hauts murs flanquée de tours circulaires. Le château abrite un petit **musée** de l'Innovation technique médiévale.

Revenez à Lucy-sur-Yonne et poursuivez sur la D 21 puis la N 151 en direction de Clamecy. Traversez ensuite le canal du Nivernais par la D 144.

Surgy C3

L'**église** St-Martin (16e s.) se distingue par son clocher surmonté d'une belle flèche de pierre.

Après le village, la route passe au pied des roches de Basseville, suite de falaises et d'escarpements calcaires *(école d'escalade)*, et atteint **Clamecy** *(voir p. 336)* par sa zone d'activités.

NOS ADRESSES DANS L'AUXERROIS

HÉBERGEMENT

Dans le vignoble

BUDGET MOYEN

Chambre d'hôte Château de Ribourdin – *89420 Chevannes - 7 km au sud-ouest par N 151 puis D 1 et rte secondaire - ✆ 03 86 41 23 16 - www.chateauderibourdin.com - 5 ch. 90/100 €*. Dressés en contrebas du village, au milieu de champs de blé, ce château du 16e s. et son pigeonnier ont fière allure. L'ancienne grange du 18e s. accueille les chambres, baptisées chacune du nom d'un château des environs.

Vallée de la Cure

PREMIER PRIX

Hôtel des Grottes – *5 Rte Nationale 6 - 89270 Arcy-sur-Cure - 30 km au sud-est d'Auxerre via D 239 et D 606 (1 km des grottes préhistoriques d'Arcy-sur-Cure) - ✆ 03 86 81 91 47 - www.hoteldesgrottes.fr - - fermé nov.-mars, lun.-merc. - 6 ch. 67/72 € - 8 €*. Ce petit hôtel, à l'ambiance familiale, propose des chambres simples et propres, dans une belle bâtisse du 19e s.

POUR SE FAIRE PLAISIR

Chambre d'hôte Abbaye de Reigny – *89270 Vermenton - 24 km au sud-est par D 965 et N 6 - ✆ 03 86 81 59 30 - www.abbayedereigny.com - - 5 ch. 100/170 € ; gîtes 280/720 €/w.-end, 570/1220 €/sem. - table d'hôte sur réserv. 40 €*. Calme et repos assurés dans le bel écrin de verdure de l'ancienne abbaye, à l'ombre de ses tilleuls. Les chambres ont été refaites. Elles sont confortables et charmantes, dans leur style désuet. Celle de Coco Chanel a beaucoup de succès : le papier peint, aux tons gris et bleu, est d'époque.

RESTAURATION

Dans le vignoble

BUDGET MOYEN

Le Soufflot – *33 r. Soufflot - 89290 Irancy - ✆ 03 86 42 39 00 - www.restaurant-irancy.fr - fermé lun. et le soir sf vend. et sam. - menu 28 €*. Dans le centre-ville d'Irancy, ce bistrot convivial propose une carte au goût du jour, courte et savoureuse (avec une prédilection du chef pour les légumes) et une carte de vins (évidemment !) 100 % bourguignonne.

J'MCA – *12 r. André-Vildieu - 89580 Coulanges-la-Vineuse - ✆ 03 86 34 33 41 - www.jmca-restaurant.fr - déj. tlj sf merc., dîner vend.-sam. - fermé 2 sem. en fév. et 2 sem. en août - formules déj. 16/24 € - 26/42 €*. Ce restaurant contemporain propose une cuisine de saison bien ficelée. La carte est renouvelée chaque semaine, au gré des inspirations du chef et du marché, local bien sûr. Une institution.

POUR SE FAIRE PLAISIR

Auberge Les Tilleuls – *12 quai de l'Yonne - 89290 Vincelottes - 16 km au sud par D 606 et D 38 - ✆ 03 86 42 22 13 - www.auberge-les-tilleuls.com - 6,50 € - fermé 20 déc.-14 fév., mar.-merc. sf déj. fériés (et lun. soir d'oct. à Pâques) - formule déj. 20 € - 32/68 € - ch. 6 ch. 96/170 € - 1/2 P possible*. Faites donc un petit détour en dehors des routes fréquentées pour apprécier le cadre bucolique et la cuisine traditionnelle soignée de cette auberge de village. L'été, sa terrasse dressée en bordure de l'Yonne est très prisée.

Vallée de la Cure

PREMIER PRIX

Auberge Le Voutenay – *N 6 - 89270 Voutenay-sur-Cure - ✆ 03 86 33 51 92 - www.aubergelevoutenay.com - P - fermé 3 sem. en janv., 1 sem. en juil., dim. soir et lun.-mar. - 16/50 € - ch. 55/72 € - ☕ 10 € - 1/2 P possible.* Longeant la route, cette demeure du 18e s. est tournée vers son agréable parc. Salle rustico-bourgeoise, coin bistrot et petite boutique de produits du terroir. Chambres rétro.

BOIRE UN VERRE

Vallée de l'Yonne

L'Écluse des Dames – *Rte de Sery - 89460 Prégilbert - ✆ 03 86 46 10 08 - www.eclusedesdames.com - mar.-dim. 10h-19h, le soir sur réserv. (ouv. les lun. fériés) - Parcabout : 3-10 ans 4/6 €, + 10 ans 7/9 €.* Installé dans une maison éclusière, ce bistrot coquet est un petit coin de paradis : on déguste des escargots et un verre de chablis, les pieds dans l'eau, en regardant passer les péniches et les cyclistes pendant que les enfants s'ébattent dans les vastes filets du Parcabout (un mélange entre le trampoline et le hamac) accrochés dans les arbres.

ACTIVITÉS

Dans le vignoble

La Calèche d'Amédée – *9, r. du Canal - 89290 Escolives-Ste-Camille - La Cour-Barrée - 6 km au sud d'Auxerre - ✆ 03 86 53 86 63 - sur réserv. - fermé nov.-mars.* Venez découvrir le vignoble auxerrois lors d'une promenade en calèche ! Voici une manière amusante de profiter des paysages de la région et faire connaissance avec les vignerons et leurs caves. Dégustation incluse.

Vallée de l'Yonne

La Voie verte – *La Voie verte longe l'Yonne, puis le canal du Nivernais. Parcours disponible sur www.la-bourgogne-a-velo.com.*

Location de vélos – *Halte nautique de Bazarnes - 89460 Cravant - ✆ 03 86 81 54 26 - www.tourisme-chablis.fr - avr.-oct. lun.-sam. (tlj en juil.-août) - sur réserv. - 10 € 1/2j, 19 €/j.* Le Bureau d'informations touristiques de Cravant loue des vélos (adultes, enfants, carrioles), et tout le matériel nécessaire pour une balade le long du canal du Nivernais.

AGENDA

Les quatre saisons de l'abbaye de Reigny – *à chaque déb. de saison - ✆ 03 86 81 59 30 - www.abbayedereigny.com.* À chaque nouvelle saison, l'abbaye propose un nouveau spectacle de théâtre, voix, jazz ou musique classique.

Tonnerre

4 736 Tonnerrois – Yonne (89)

Entourée de vignes et de verdure, traversée par le canal de Bourgogne, cette cité historique est adossée à l'une des collines qui soulignent la rive gauche de l'Armançon. Elle a perdu de sa superbe et est aujourd'hui bien calme. Vieille ville et nouveaux quartiers étagés sont dominés par l'église St-Pierre et la tour Notre-Dame.

NOS ADRESSES PAGE 416
Hébergement, restauration, achats, activités, etc.

S'INFORMER

Office de tourisme – *12 r. Campenon - 89700 Tonnerre - ✆ 03 86 55 14 48 - www.tourismetonnerrois.fr - juil.-sept. : 10h-18h30 ; avr.-juin : tlj sf dim.-lun. 11h-17h ; reste de l'année : tlj sf dim.-mar. et jeu. 9h30-13h - fermé 1er janv., 11 Nov., 25-26 déc.*

SE REPÉRER

Carte de microrégion D2 (p. 366-367) – Tonnerre se trouve à 36 km à l'est d'Auxerre par la D 965 et à 49 km à l'ouest de Châtillon-sur-Seine. Chablis n'est qu'à 17 km à l'ouest.

À NE PAS MANQUER

L'hôtel-Dieu de Tonnerre, la Fosse Dionne.

Se promener

★ Fosse Dionne

Cette source, qui tire son nom de *Divonna*, divinité celte des Eaux, fut longtemps considérée comme une source divine. La tradition prétendait même que ce bassin était sans fond, ou qu'il était l'une des entrées de l'enfer ; une autre légende affirmait qu'un serpent au regard meurtrier (le basilic) y habitait, avant que l'évêque saint Jean de Réôme ne l'en débarrassât.

Un escalier, dont on a retrouvé la trace au 16e s., reliait la fosse au castrum romain situé sur la colline. Plus tard, ce bassin circulaire, qu'emplit une belle eau de couleur bleu-vert (changeant selon l'heure et la saison), fut utilisé comme lavoir : l'actuel date du 18e s. La source est alimentée par une résurgence de type vauclusien : l'eau, infiltrée dans les roches calcaires des plateaux du Tonnerrois, rejaillit après avoir parcouru dans les rochers une galerie à forte pente de 45 m de longueur et débouche par un entonnoir au centre du bassin ; son débit est très variable. Elle se déverse dans l'Armançon par un petit cours d'eau.

Église St-Pierre

À l'époque romaine, un castrum appelé **Tornodurum** (citadelle de Tornus) fut érigé à l'emplacement actuel de l'église St-Pierre. La petite ville se développa ainsi au carrefour de deux axes importants : la voie reliant Alésia à Sens, et celle reliant Auxerre à Langres. L'église s'élève sur une terrasse rocheuse offrant une belle vue sur l'enchevêtrement des toits de tuile de la vieille ville, à droite. À l'exception du chœur du 14e s. et de la tour carrée du 15e s., elle fut reconstruite après le grand incendie de 1556. Sur le côté droit, admirez le beau portail orné d'une statue de saint Pierre au trumeau. Remarquez aussi, en entrant, la sculpture de la porte de 1881. À l'intérieur, le buffet d'orgue ainsi que la chaire et le banc d'œuvre sont du 17e s. Deux peintures sur bois (16e s.) représentent la Passion.

Hôtel d'Uzès

Ce charmant logis de la Renaissance est la maison natale du chevalier d'Éon de Beaumont (voir encadré p. ci-contre). Le dessin des portes de la façade est particulièrement raffiné.

Hôtel-Dieu et Musée hospitalier

Pl. Marguerite-de-Bourgogne - ☏ 03 86 54 35 01 - www.tonnerrois.fr - avr.-oct. : 9h30-12h, 13h30-18h, dim. et j. fériés 10h-12h30, 14h-18h ; reste de l'année : tlj sf dim., merc. et j. fériés 10h-12h, 14h-17h - fermé 22 déc.-4 janv. - possibilité de visite guidée sur demande (1h) - 10 € (-25 ans gratuit).

En 1556, Tonnerre fut ravagée par un terrible incendie qui détruisit les deux tiers de la ville, d'où la quasi-absence d'édifices antérieurs à cette époque. Les flammes épargnèrent son vieil hôpital, qui figure aujourd'hui parmi les trésors bourguignons. Si grand, si imposant, ce bel édifice servit de modèle pour la conception de l'hôtel-Dieu de Beaune *(voir p. 80)*, postérieur d'un siècle et demi. Il fut bâti de 1293 à 1295 à la demande de Marguerite de Bourgogne, venue se retirer à Tonnerre à la mort de son époux Charles d'Anjou, roi de Naples et de Sicile, frère de Saint Louis. Parvenu intact jusqu'à nous, à quelques détails près, comme la façade ouest transformée au 18e s., l'hôtel-Dieu de Tonnerre offre un superbe exemple d'architecture médiévale.

★ **Intérieur** – L'ancienne **salle des malades**, pourtant raccourcie au 18e s., offre des proportions impressionnantes (longueur 90 m, largeur 18 m, hauteur 20 m) et, vus de l'extérieur, les murs qui l'abritent semblent bien frêles au regard de la volumineuse toiture qui couvre une telle surface (4 500 m^2) ! Cette salle renfermait jadis une quarantaine de lits, installés dans des alcôves de bois, qui s'alignaient le long des murailles percées de hautes baies cintrées divisées par des arcs brisés. Remarquez tout particulièrement le berceau lambrissé et la **charpente** en chêne. À partir de 1650, la salle des malades fut désaffectée et servit plusieurs fois d'église paroissiale (Notre-Dame-des-Fontenilles). Maints Tonnerrois y furent inhumés, d'où la présence de nombreuses dalles funéraires.

Sur le dallage, vous distinguerez une **méridienne horizontale**, cadran solaire datant du 18e s. À 12h, les rayons du soleil traversent l'orifice percé dans le mur et forment une tâche sur la ligne tracée au sol.

L'ancienne **église** de l'hôpital est située dans le prolongement de la salle des malades, de manière à leur permettre de suivre l'office sans avoir à se déplacer. Un mausolée fut édifié en 1826 au centre du chœur, là où Marguerite de Bourgogne fut inhumée en 1308. Au-dessus de l'autel se trouve une Vierge en pierre du 14e s. À droite du maître-autel, une porte donne accès à la chapelle

LE VIGNOBLE TONNERROIS

D'une surface totale de 756 ha, le vignoble tonnerrois est exploité en vins rouges, rosés et blancs. Seules deux appellations sont en Appellation d'origine contrôlée : le bourgogne épineuil, implanté sur la commune du même nom. Ce vignoble de 86 ha est exploité à 93 % en vins rouges. Le bourgogne tonnerre, quant à lui, est une AOC depuis 2006 (c'est la plus récente des **84 AOC** que compte aujourd'hui la Bourgogne). Implantée sur les communes de Tonnerre, Épineuil, Dannemoine, Junay, Molosmes et Vézinnes, elle s'étend sur une superficie d'environ 110 ha, exploitée uniquement en vins blancs. Ambassadeurs des vins du Tonnerrois, les membres de la **confrérie des Foudres tonnerrois**, créée en 1994, se réunissent à l'occasion de la foire de Tonnerre, des Vinées tonnerroises et de la St-Vincent.

LE MYSTÈRE DE L'HERMAPHRODITE

C'est à Tonnerre que naquit, en 1728, Charles-Geneviève de Beaumont, connu sous le nom de **chevalier ou chevalière d'Éon**. Après une carrière d'agent secret, au cours de laquelle il dut se déguiser, il subit des revers de fortune, s'exila à Londres et ne fut autorisé par Louis XVI à reparaître en France que sous des vêtements de femme. Il fut longtemp pris pour un hermaphrodite et l'annonce de sa mort (en 1810) provoqua un vaste mouvement de curiosité. L'autopsie de son cadavre mit un point final à la controverse : Charles d'Éon n'était pas une femme.

du Revestiaire, abritant une superbe **Mise au tombeau**★ offerte au 15e s. par un marchand de la ville. On sent, dans cette scène d'une dramatique intensité, l'influence de Claus Sluter, chef de file de l'école burgondo-flamande *(voir p. 507)*. Dans la chapelle latérale gauche, vous pouvez voir le tombeau de Louvois, ministre de Louis XIV, qui acquit le comté de Tonnerre en 1684. Les statues de bronze représentent l'une la Vigilance, par Desjardins, l'autre la Sagesse, par Girardon, concepteur de l'ensemble.

Musée Marguerite-de-Bourgogne – *Pl. Marguerite-de-Bourgogne - ✆ 03 86 54 35 01 - www.tonnerrois.fr - juil.-août : 10h-18h, dim. et j. fériés 10h-12h30, 14h-18h ; avr.-juin et sept. : 10h-12h, 14h-18h, dim. et j. fériés : 10h-12h30, 14h-18h ; reste de l'année : tlj sf dim.-lun., merc. et j. fériés 10h-12h, 14h-17h - fermé 26 déc. - possibilité de visite guidée (1h) - 10 € (-12 ans 5 €).* Installé dans des bâtiments du 17e s., ce musée rassemble plusieurs objets et manuscrits liés à l'histoire hospitalière, entre autres un très beau reliquaire en argent massif du 18e s. La salle des Chartes abrite la charte de fondation de 1293 et le testament de Marguerite de Bourgogne, daté de 1305. Dans la salle d'art religieux, vous pourrez voir une grande croix d'or ainsi que des chasubles du 16e s. à l'étage, remarquez la surprenante reconstitution d'un bloc opératoire de 1908 et l'équipement chirurgical complet de l'époque, ainsi qu'une chambre de malade de 1850.

Musée du chevalier d'Éon

22 r. du Pont - ✆ 06 86 37 25 63 - www.tonnerrois.fr - visite guidée sur demande préalable (1h30mn) déb. avr. à mi-nov. : vend.-dim. 10h30, 15h et 17h ; reste de l'année sur demande - 10 € (-15 ans gratuit).

Cet hôtel a été construit en 1661 par le père du chevalier d'Éon, célèbre diplomate sous le règne de Louis XV. Avec ses dépendances, la propriété s'étend jusqu'aux rives de l'Armançon. C'est dans son grand salon du rez-de-chaussée ou dans sa salle à manger d'été que le chevalier, célèbre pour son goût pour le travestissement, recevait. Toujours propriété de la famille, l'hôtel particulier accueille depuis 2015 le Musée du chevalier d'Éon et présente les souvenirs de ce personnage énigmatique et fascinant *(voir encadré ci-dessus)*.

À proximité Carte de microrégion p. 366-367

Château de Béru C2

11 km au sud-ouest de Tonnerre par la D 994 et la D 965.

32 Grande-Rue - ✆ 03 86 75 90 43 - www.chateaudeberu.com - visite guidée sur demande préalable (45mn) juil.-sept. : 11h et 16h ; reste de l'année : sur demande - fermé 1er janv., 25 déc. - 10 € (-18 ans gratuit) - 15 € visite avec dégustation - été : bar à vin éphémère (jeu.-dim. 12h-15h, 18h-22h).

Ce château fut construit au 12e s., puis modifié à la Renaissance et au 17e s. Il appartient à la famille des comtes de Béru depuis 1627. Sur le mur extérieur, on peut voir un cadran solaire et lunaire du 15e s., dont il n'existe qu'un seul équivalent en Europe (au Queen's College de Cambridge). Trois pièces du rez-de-chaussée sont ouvertes à la visite ; elles abritent des souvenirs de la famille. Le château, qui domine les coteaux de Chablis, produit un vin biologique qui se déguste dans les chais du 15e s.

NOS ADRESSES À TONNERRE

HÉBERGEMENT

BUDGET MOYEN

Chambre d'hôte Caroline's – *111 r. du Gén.-Campenon - ✆ 03 86 55 26 32 - www.carolines.fr - P ♿ - 5 ch. 75/82 € ☕ - ✕ table d'hôte 25 € (sur réserv.).* Une adresse de charme à deux pas de la Fosse Dionne. On apprécie la sérénité du lieu et l'accueil de l'hôtesse.

La Ferme de la Fosse Dionne – *11 r. de la Fosse-Dionne - ✆ 03 86 54 82 62 - www.ferme-fosse-dionne.fr - P - fermé janv.-fév. - 2 ch. et 2 suites 82 € ☕ - 1 gîte 495 €/sem. - ✕ table d'hôte 29 €.* Les chambres d'hôtes, aménagées dans une ancienne ferme, sont confortables et lumineuses. Le plus : elles sont situées dans le quartier historique de Tonnerre, à deux pas de la Fosse Dionne.

À proximité

PREMIER PRIX

Chambre d'hôte La Marmotte – *2 r. de l'École - 89700 Collan - 10 km au sud-ouest de Tonnerre par D 35 - ✆ 03 86 55 26 44 - ⊭ P - 3 ch. 60 € ☕.* Au cœur d'un petit village typique, maison ancienne rénovée où poutres et pierres apparentes ont été préservées. Chambres coquettes. Petit-déjeuner servi dans le jardin d'hiver agrémenté d'une fontaine.

BUDGET MOYEN

L'Auberge de Bourgogne – *Rte de Dijon (D 905) - 89700 Tonnerre - 2 km au sud - ✆ 03 86 54 41 41 - www.aubergedebourgogne.com - P ♿ - fermé 15 déc.-15 janv. - 40 ch. 88 € ☕ - 1/2 P possible - ✕ formules déj. 13/17 € - 20/30 € - rest. fermé lun. midi, sam. midi et dim.* Chambres fonctionnelles et rafraîchies. Privilégiez celles situées sur l'arrière qui offrent une jolie vue sur la campagne. Salle de fitness. Excellent accueil.

RESTAURATION

PREMIER PRIX

Autour du Pressoir – *Pl. Marguerite-de-Bourgogne - ✆ 03 86 54 81 05 - www.autourdupressoir.fr - mi-juin-mi-sept. : lun.-sam. 10h-20h, dim. 10h-16h ; mi-sept.-mi-juin : lun.-sam. 10h-19h, dim. 10h-15h - plats 10,90/13,90 €.* Cette boutique de produits du terroir (conserves, vins) fait aussi salon de thé et propose des assiettes parfaites pour un déjeuner léger. Accueil extrêmement sympathique et très belle vue sur l'hôtel-dieu.

ACHATS

Marché – Sous la halle, le sam. matin.

AGENDA

Les Médiévales de Tonnerre – *mi-sept. - ✆ 03 86 55 14 48.* Banquet médiéval *(35 €/pers.)*, jeux, marché médiéval, spectacles de rue, tournoi…

Chablis

4736 Chablisiens – Yonne (89)

Petite ville baignée par le Serein, Chablis est surtout connue pour son vin blanc, exporté dans le monde entier dès le 19e s. Ce sont notamment les moines de l'abbaye de Pontigny, toute proche, qui ont contribué au développement du vignoble. La petite cité s'est déployée autour de la collégiale St-Martin, construite au début du 13e s. Aujourd'hui, c'est surtout pour les plaisirs de bouche que l'on fera escale : de nombreuses boutiques (vin et produits de terroir) voisinent avec quelques bonnes tables.

NOS ADRESSES PAGE 418
Hébergement, restauration, achats, activités, etc.

S'INFORMER

Office de tourisme – *1 r. du Mar.-de-Lattre-de-Tassigny - 89800 Chablis - ☏ 03 86 42 80 80 - www.tourisme-chablis.fr - de mi-juin à mi-sept. : 10h-12h30, 13h30-19h ; de déb. avr. à mi-juin et de mi-sept. à fin oct. : 10h-12h30, 13h30-18h ; reste de l'année : tlj sf dim. 10h-12h30, 13h30-18h - fermé 1er janv., 25 déc.*

SE REPÉRER

Carte de microrégion C2 (p. 366-367) – Chablis se trouve à 16 km au sud-ouest de Tonnerre par la D 944 puis la D 965, et à 20 km à l'est de d'Auxerre par la D 965.

Se promener

En vous promenant dans les ruelles et au bord du Serein, vous découvrirez quelques maisons du 14e s. La petite « ruelle à feu », entre le bief et la rue des Moulins, est très pittoresque. Ce passage permettait aux habitants d'acheminer de l'eau en cas d'incendie.

Collégiale St-Martin

Les chanoines de St-Martin-de-Tours, ayant fui devant les Normands, fondèrent à Chablis cette collégiale afin d'y abriter les reliques de leur saint. Elle fut reconstruite après 1220. Sur les vantaux du portail latéral droit (dit « porte aux Fers »), de style roman, remarquez les pentures (sortes de gonds) du début du 13e s. et les fers à cheval, ex-voto des pèlerins à saint Martin, patron des cavaliers. L'intérieur forme un ensemble homogène, inspiré de St-Étienne de Sens. *Rendez-vous au chevet de la collégiale.*

Obédiencerie

10 r. Auxerroise - ☏ 03 86 42 89 28 - visite sur demande préalable. Ce bâtiment du 15e s. qui appartenait aux chanoines abrite des caves qui dateraient du 9e s. Il est aujourd'hui le siège du domaine Laroche. À l'intérieur, superbe **pressoir** à double abattage du 13e s.

LE VIN DE CHABLIS

Le vin de Chablis, vif et élégant, mondialement connu, est apprécié pour sa saveur fine et son bouquet minéral (pierre à fusil, silex). Son parfum particulier s'élabore vers le mois de mars qui suit la récolte et conserve longtemps une remarquable fraîcheur. L'unique cépage est le **chardonnay**, qui révèle ici toute l'expression d'un terroir, dans les vins blancs exclusivement. L'aire de production s'étend sur une vingtaine de communes, de Maligny et Ligny-le-Châtel au nord à Préhy et Poilly-sur-Serein au sud, de Viviers et Béru à l'est à Beines et Courgis à l'ouest.

L'organisation de ce vignoble est verticale, avec quatre appellations selon leur exposition. Les **chablis grands crus**, les plus prestigieux, sont groupés sur les coteaux abrupts de la rive droite du Serein (103 ha), et exclusivement à Chablis et à Fyé. Ils sont constitués par sept « climats » : Vaudésir, Valmur, Grenouilles, les Clos, Preuses, Bougros et Blanchot. Les **chablis premiers crus** (40 climats) s'étendent sur les deux rives du Serein, sur les coteaux exposés au sud et à l'ouest, sur le territoire de Chablis et des huit communes environnantes (776 ha). Ensuite viennent les **chablis**, dont le vignoble est le plus étendu (3 257 ha), puis les **petits chablis** (783 ha).

Les 6 830 ha du vignoble de Chablis, classé parmi les sites remarquables du goût, sont répartis sur 20 communes, dans un rayon d'une douzaine de kilomètres autour du village. Plus de 300 domaines viticoles produisent environ 38 millions de bouteilles chaque année. Une quarantaine de vignerons, soucieux de faire aimer, partager et comprendre leur terroir et leur patrimoine en lien avec le vin, sont réunis sous le label « Vignobles & Découvertes ».

NOS ADRESSES À CHABLIS

VISITE DU VIGNOBLE

Chablis Vititours - *☏ 06 11 47 82 98 - www.chablis-vititours.fr - env. 25 €/1h30 (uniquement en extérieur) ; 75 €/1/2 j. avec visite de cave et dégustation. Possibilité de dép., dans un rayon de 30 km, autour de Chablis avec le minibus Vititours.* Franck Chrétien, guide de terroir indépendant, vous fera découvrir les différents crus de Chablis à travers une belle lecture géographique, culturelle et pédestre du relief chablisien. Les explications techniques se terminent par une dégustation en cave, à chaque fois différente.

HÉBERGEMENT

POUR SE FAIRE PLAISIR

Hostellerie des Clos – *18 r. Jules-Rathier - ☏ 03 86 42 10 63 - www.hostellerie-des-clos.fr - P ♿ - fermé 22 déc.-22 janv. - 36 ch. 105/155 € - ☕ 14 € - 1/2 P possible - ✂ (voir Restauration).* Élégante hostellerie en partie installée dans les murs d'un ancien hospice. Chambres soignées, plus amples à la Résidence, salons cossus et caveau de dégustation. Restaurant ouvert sur un jardin. Voir Se restaurer, ci-contre.

Hôtel du Vieux Moulin – *18 r. des Moulins - ☏ 03 86 42 47 30 - www.larochewines.com - ♿ - fermé 21 déc.-10 janv. - 7 ch. 105/180 € - ☕ 10 €.* Subtile alliance de tradition (poutres, pierres) et de modernité (salles de bains design) ; le luxe sans ostentation. Pour la table, n'hésitez pas à vous installer au restaurant du rez-de-chaussée, Au fil du Zinc (voir ci-contre).

À proximité

POUR SE FAIRE PLAISIR

Hôtel-restaurant Le Moulin de la Coudre – *8 r. des Gravottes - 89290 Venoy - 12 km à l'ouest de Chablis par D 965 - ☏ 03 86 40 23 79 - www.moulindelacoudre.fr - P ♿ - fermé dim. soir (et lun. midi pour le rest.). - 28 ch. 90/130 € - ☕ 12 € - 1/2 P possible - ✂ 27/50 €.* L'ancien moulin à eau de la Coudre a donné naissance à un restaurant puis à un hôtel. Deux édifices élégants en miroir et en totale osmose avec un beau jardin. La cuisine est rigoureuse et savoureuse. Les chambres confortables sont impeccablement tenues. Une excellente adresse.

RESTAURATION

BUDGET MOYEN

Le Syracuse – *19 av. du Mar.-de-Lattre-de-Tassigny - ✆ 03 86 42 19 45 - fermé dim. soir et lun. - formule déj. 12/16 € - 22-30 €.* Ce restaurant installé au cœur du village dispose d'une salle rustique et climatisée plaisante, tout comme la terrasse, peut-être trop bondée en été. Cuisine traditionnelle assez soignée. Le service est parfois un peu désinvolte.

POUR SE FAIRE PLAISIR

Au fil du zinc – *18 r. des Moulins - ✆ 03 86 33 96 39 - www.restaurant-chablis.fr - fermé mar.-merc. - formule déj. 32 € - 37/60 €.* Un chef japonais passé chez Robuchon et Alléno, pour le salé et son épouse, excellente pâtissière, pour le sucré : de l'entrée au dessert, le professionnalisme du duo fait mouche, dans un style néobistrot – la créativité au plus près du produit – porté avec brio ! Les crus locaux sont à l'honneur, et le cadre charmant : un ancien moulin enjambe la rivière…

Hostellerie des Clos – *Voir Hébergement ci-contre. Deux restaurants :*

Le Bistrot des Grands Crus – *18 r. Jules- Rathier - ✆ 03 86 42 19 41 - www.bistrotdesgrandscrus.com - formule déj. 22 € - carte 40 €.* Carte typiquement bourguignonne de bonne tenue.

Hostellerie des Clos – *18 r. Jules Rathier - ✆ 03 86 42 10 63 - menu 45/90 €.* Le chef Alexandre Faucheur propose une cuisine gastronomique bourguignonne contemporaine : marbré de foie gras au rhum, gelée passion et brioche croustillante, carpaccio de filet de bœuf, glace béarnaise, roquette et noisettes… Belle carte des vins.

ACHATS

Marché – Marché bourguignon dim. 8h30-14h.

Vin

Pour déguster et acheter du vin, les caveaux ne manquent pas. Voici quelques adresses :

Château Long-Depaquit – *45 r. Auxerroise - ✆ 03 86 42 11 13 - www.albert-bichot.com - lun.-vend. 9h-13h, 14h-18h, sam. d'avr. à oct. 9h-13h, 14h-18h, dim. en juil.-août 10h-13h - fermé 24 déc.-2 janv., 1er Mai et 1er nov.* Ce vaste domaine viticole, qui appartenait jusqu'à la Révolution à l'abbaye cistercienne de Pontigny, produit des AOC chablis premier cru et grand cru. Le vin issu de la parcelle de La Moutonne, monopole du domaine, est considéré comme « le huitième grand cru de Chablis ». Caveau de dégustation et vente à l'orangerie du château.

Domaine Laroche (caveau de dégustation) – *10 r. Auxerroise - ✆ 03 86 42 89 28 - www.larochewines.com.* Créé en 1850, le domaine couvre, cinq générations plus tard, plus de 100 ha répartis sur les quatre appellations de Chablis. Son siège, l'Obédiencerie de Chablis, noble et ancestrale demeure du 9e et du 16e s., abrite dans ses caves la petite crypte qui reçut, de 877 à 887, les reliques du grand saint Martin. Visite de l'Obédiencerie, de ses caves et de son pressoir du 13e s. (visite payante et animations, se rens.).

Domaine Jean-Marc Brocard – *3 rte de Chablis - ✆ 03 86 41 49 00 - www.brocard.fr.* « Produire et faire croître, produire sans s'approprier, agir sans rien attendre, guider sans contraindre ». Les préceptes de Lao-Tseu sont au cœur de cette famille de propriétaires-récoltants qui défend une agriculture raisonnée, à l'image de ces biodynamiques qui existent aussi bien en petit chablis qu'en grand cru (Les Preuses).

Charcuterie

Charcuterie Marc Colin – *3 pl. du Général de Gaulle - ✆ 03 86 42 10 62 - www.marccolin.com - mar.-sam. 8h-12h45, 15h-19h, dim. 8h-12h45.* Un vrai charcutier qui propose non seulement une très gouteuse andouillette faite dans son laboratoire, mais aussi un délicieux boudin et d'autres très beaux produits.

Maison de l'Andouillette – *3 bis pl. du Gén-de-Gaulle - ✆ 03 86 42 12 82 - www.maisondelandouillette.sitew.fr - lun.-sam. 9h-18h, dim. 8h30-15h.* Chez Michel Soulié, on trouve les produits du terroir, et notamment la fameuse andouillette au chablis depuis 1886. Une institution !

ACTIVITÉS

e-bike winetours – *1 av. Jean-Jaurès - 89800 Chablis - ✆ 03 86 18 97 12 - www.e-bikewinetours.com - juil.-août : tlj 9h-18h ; avr.-juin et sept.-oct. : lun. sur réserv., mar.-dim. 9h-18h ; ouv. j. fériés - vélo : 29 €/4h, 39 €/6h, 49 €/8h ; scooter : 45 €/3h, 70 €/6h, 95 €/8h.* Une excellente manière de découvrir le vignoble et les villages alentour : en vélo ou scooter électrique, partez pour une balade de quelques heures ou la journée entière, à votre rythme et guidé par un GPS.

La cave du Bistrot des Grands Crus, à Chablis.
J. Larrea/age fotostock

Château de Tanlay

★★

Yonne (89)

Le château de Tanlay, haut lieu du protestantisme durant les guerres de Religion, constitue un bel exemple d'architecture Renaissance. Toujours habité par la même famille depuis 1704, soit onze générations successives, le lieu accueille chaque été des expositions d'art contemporain.

S'INFORMER
Office du tourisme de Tonnerre – *Voir p. 413.*

SE REPÉRER
Carte de microrégion D2 (p. 366-367) – Tanlay se trouve à 9,5 km à l'est de Tonnerre par les D 905 et D 965.

AVEC LES ENFANTS
À proximité, le château de Maulnes, ses secrets de construction et sa curieuse forme pentagonale.

Visiter le château

03 86 75 70 61 - www.chateaudetanlay.fr - visite guidée (50mn) de fin mars à mi-nov. : 10h-11h30, 14h15-17h15 - visite libre des extérieurs 9h45-18h30 - fermé mar. (sf fériés) - 10 € (-18 ans 5 €).

Cet élégant château est un rare témoin à la fois de la Renaissance bourguignonne et des guerres de Religion : il fut la demeure et le refuge de la famille de l'amiral de Coligny, chef de file des protestants. Son édification fut entreprise vers 1550, sur les fondations d'une ancienne forteresse. Interrompue, elle reprit en 1642 sous la direction de l'architecte Pierre Le Muet, ancien ingénieur militaire, qui termina le chantier en élevant l'aile droite du bâtiment, travailla sur les façades et sur la décoration des appartements. C'est de cette époque que datent le parc, le canal et les douves entourant le château.

ARCHITECTURE EXTÉRIEURE

Une belle avenue bordée de tilleuls séculaires mène à l'édifice, bâti peu de temps après le château voisin d'Ancy-le-Franc *(voir p. 424)*. Le petit château (le Portal), gracieuse construction de style Louis XIII, fait office de leurre masquant le grand château. Il donne accès à la Cour verte, bordée d'arcades sur trois côtés ; à gauche, le visiteur découvre avec surprise le véritable château, derrière un pont franchissant les larges douves et le portail monumental ouvrant sur la cour d'honneur. Remarquez les curieux obélisques de forme pyramidale qui se dressent à l'entrée du pont, influence du Quattrocento italien, et le travail de bossage et de ciselage.

Deux ailes, plus basses que le corps de logis principal, s'articulent sur celui-ci par deux belles tourelles d'escalier à pans coupés. Chacune d'elles se termine par une tour ronde couverte d'un dôme à lanternon : à gauche la tour des Archives, à droite celle de la Chapelle.

INTÉRIEUR

Avec ses peintures murales, ses cheminées monumentales et ses portraits de famille peints par Jean-Baptiste Oudry ou Nicolas de Largilière, l'intérieur du château présente un grand intérêt. Au rez-de-chaussée, le vestibule dit des

TANLAY ET LE PROTESTANTISME

François de Coligny d'Andelot construisit, sur une ancienne forteresse féodale, le premier grand château, à partir de 1559. Il fut terminé et embelli en 1642 par Michel Particelli d'Hémery, surintendant des Finances. Comme son frère Gaspard de Châtillon (assassiné le 22 août 1572, deux jours avant le massacre de la Saint-Barthélemy), François de Coligny d'Andelot s'était tourné vers la Réforme. Tanlay devint alors, avec Noyers *(voir p. 428)*, fief du prince de Condé, l'un des deux centres du protestantisme dans la région.

Césars est fermé par une remarquable grille en fer forgé (16e s.) donnant sur le parc. Après la salle des Trophées (où trône un superbe caribou parmi de plus traditionnels cervidés), on traverse le grand salon et l'antichambre, où a été placé un joli bureau Louis XIV.

Salle à manger – Elle contient un étonnant cabinet Renaissance aux armes de la famille de Tanlay et un coffre bourguignon de la même époque, orné d'un bas-relief représentant Adam et Ève.

Salon de compagnie – Les deux sphinges, sur la cheminée, représenteraient Catherine de Médicis ; au centre, sa victime, l'amiral de Coligny. Les boiseries en chêne du 17e s. sont sculptées au chiffre MPH de Michel Particelli d'Hémery, le second bâtisseur du château. Notez au mur une rare représentation de la circoncision du Christ, du 16e s.

Chambre des marquis de Tanlay – *Au 1er étage.* Une Crucifixion peinte sur cuivre, de l'école allemande de la fin du 16e s., y est exposée.

★ **Grande Galerie** – Les fresques de cette ancienne salle de réception, traitées en trompe-l'œil et grisaille (camaïeu), sont dues à l'artiste troyen Rémi Vuibert.

★ **Tour de la Ligue** – Les réunions des conspirateurs huguenots, à l'époque des guerres de Religion, se seraient tenues au dernier étage de cette tour. Ses ouvertures circulaires permettaient de surveiller les environs, et ses souterrains, de se disperser en cas de mauvaise surprise. La voûte en forme de coupole qui surmonte la pièce est ornée d'une peinture à la détrempe de l'école de Fontainebleau ; des catholiques et des protestants de la cour d'Henri II y sont représentés sous les attributs mythiques de dieux et de déesses, à partir d'une ode de Ronsard. On reconnaît Diane de Poitiers en Diane chasseresse, Catherine de Médicis, nue de dos, et Vulcain, dans le camp des catholiques, qui battent le fer pour semer la guerre, tandis que les protestants se montrent pacifiques. Une partie de la fresque fut d'abord grattée (des protestants ont disparu), puis l'ensemble fut masqué sous un enduit.

Le parc – *En partie accessible aux visiteurs.* Il s'étend le long du grand canal (526 m), bordé d'arbres centenaires. En général, la clarté des eaux laisse voir de nombreux poissons entre les nénuphars.

Les communs abritent le **Centre d'art contemporain** qui présente, chaque année en saison, des expositions.

À proximité Carte de microrégion p. 366-367

Abbaye de Quincy D2

À Commissey, 2 km à l'ouest de Tanlay par la D 56.

Rte de Quincy - ✆ 03 86 75 87 03 - de mi-juil. à mi-août, J. du patrimoine : 10h30-12h30, 15h-18h30 ; mars-juin et sept.-oct. : sur demande uniquement pour les groupes - possibilité de visite guidée sur demande (1h15) - 7 € (-14 ans 4 €).

Amoureux des vieilles pierres, vous serez séduit par les vestiges de cette abbaye cistercienne, fille de Pontigny *(voir p. 387)*, fondée en 1133. Aujourd'hui

Le château de Tanlay.
Hoffmann Photography/age fotostock

subsistent une partie du bâtiment des moines, transformé en logis abbatial, l'ensemble du bâtiment des convers et de l'hôtellerie (12e et 15e s.), ainsi que trois moulins qui témoignent du savoir-faire hydraulique des moines cisterciens. Des expositions d'art contemporain sont organisées l'été.

★ Château de Maulnes D2

Sur la commune de Cruzy-le-Châtel, 18 km à l'est de Tanlay. Empruntez la D 905 puis la D 965 jusqu'à Pimelles et tournez à gauche sur la D 12. L'accès se fait par un chemin en montée dans la forêt de Maulnes.

03 86 72 84 77 - visite guidée uniquement (1h) juil.-août : 10h30-12h, 14-18h ; mai-juin et sept. : w.-end et j. fériés 14h-18h ; de déb. avr. à déb. mai : 14h-18h - 5 € (-16 ans gratuit) - visites thématiques enf. 4 €, visite nocturne 1 sam. par mois juin-sept. 7 €.

Ce château Renaissance est unique en France : construit sur un plan pentagonal, il est renforcé de cinq tours, suivant un dessin aux formes géométriques pures ; il est bâti sur des sources qui jaillissent en haut d'une colline, avec notamment un ingénieux puits d'eau et de lumière autour duquel tourne un bel escalier en colimaçon. Ces sources alimentaient le nymphée situé au sud. Cette commande est due à Antoine de Crussol, duc d'Uzès (1528-1573), et son épouse, Louise de Clermont (v. 1504-1596), comtesse de Tonnerre, sœur d'Antoine de Clermont, qui fit bâtir le château d'Ancy-le-Franc. Les travaux furent exécutés d'une traite entre 1566 et 1570, certainement d'après les plans de Philibert de L'Orme, mais restèrent inachevés à la mort du duc. Le château de Maulnes a été finalement très peu occupé ; il a accueilli le tournage du film *La Reine Margot* de Patrice Chéreau en 1994, avec Isabelle Adjani.

Château d'Ancy-le-Franc

★★

Yonne (89)

Ce magnifique palais Renaissance, chef-d'œuvre de l'architecte italien Sebastiano Serlio, est un modèle d'harmonie et de symétrie des volumes. La qualité de son architecture et de son décor en fait une étape importante dans l'évolution de l'architecture de la Renaissance en France. Sa cour, élégante et raffinée, et ses peintures murales ont fait l'objet d'une remarquable restauration.

NOS ADRESSES PAGE 427
Hébergement, restauration, achats, activités, etc.

S'INFORMER

18 pl. Clermont-Tonnerre - ✆ 03 86 75 14 63 - www.chateau-ancy.com - juil.-août : 10h30-18h, lun. 13h30-18h ; avr.-juin et sept. : tlj sf lun. 10h30-12h30, 14h-18h ; reste de l'année : tlj sf lun. 10h30-12h30, 14h-17h - fermé de mi-nov. à fin mars, Vend. saint - possibilité de visite guidée (50mn) - 9 € (-15 ans 6 €) - 13 € billet combiné avec le parc - 3 € audioguide.

SE REPÉRER

Carte de microrégion D2 (p. 366-367) – Le château d'Ancy se trouve sur la D 905, à 18 km au sud-est de Tonnerre et à 29 km au nord-ouest de Montbard.

ORGANISER SON TEMPS

Compter 3h pour la visite du château et du parc.

AVEC LES ENFANTS

Un feuillet jeu-découverte les attend à l'accueil. Les enfants peuvent aussi se costumer pour visiter le château (gratuit).

Découvrir le château et son parc

Parc

Billet combiné avec celui du château uniquement (13 €).

Derrière le château, entouré de douves comblées il y a plus de deux siècles, s'étend un beau **parc** de 50 ha, duquel on peut apprécier les façades et les belles proportions du château. Étang, cours d'eau et petite folie du 18e s. offrent une agréable flânerie. Dessiné par **Le Nôtre** en 1684, il fut transformé au 18e s. en jardin à l'anglaise.

Depuis 2018, on peut admirer sur le parterre est la reproduction, florale et agrandie par 100, de quatre motifs visibles sur les boiseries de la chambre des Fleurs, représentant deux roses, une tulipe et une anémone. Œillets et pétunias constituent les pétales des quatre fleurs géantes, les tiges et les feuilles étant réalisés en plantes vertes. Le tout apparaît sur un fond de pierres blanches encadré d'une rangée de fusains. Au fond de la perspective, un bassin circulaire couronnera bientôt l'ensemble avec un grand jet d'eau. La plus belle vue de ce jardin qui promet d'être spectaculaire est celle que l'on a de la chambre des Fleurs, au premier étage du château.

Château

Formé par quatre ailes en apparence identiques reliées par des pavillons d'angle, le château constitue un ensemble carré d'une parfaite homogénéité.

UNE HEUREUSE RESTAURATION

Gouverneur du Dauphiné et beau-frère de Diane de Poitiers, Antoine III de Clermont fit construire Ancy entre 1542 et 1550 sur les plans de **Sebastiano Serlio**. Le talent de cet architecte bolonais, venu à la cour de François Ier, joua un grand rôle dans l'introduction des principes de la Renaissance italienne en France. En 1684, le domaine est vendu à Louvois, ministre de la Guerre de Louis XIV. Au milieu du 19e s., la famille de Clermont-Tonnerre en redevient propriétaire; à la mort du dernier duc (1940), le château passe à ses neveux, les princes de Mérode. En 1980, la propriété est cédée, et l'opulent mobilier, vendu aux enchères. Après 1985, le château vit une période noire, avant son rachat, en 1999, par la société Paris Investir, qui le restaure avec brio.

Il est l'œuvre de Sebastiano Serlio, auteur d'un célèbre traité d'architecture et de plusieurs édifices réalisés en France, parmi lesquels l'hôtel du Grand Ferrare à Fontainebleau dont il ne subsiste que le portail.

Les façades extérieures, très sobres, contrastent avec l'ordonnance raffinée de la **cour d'honneur★★** (*voir ABC d'architecture p. 514*). Serlio y utilise la travée rythmique, c'est-à-dire l'alternance d'arcades et de niches, encadrées de doubles pilastres. Ce procédé crée un rythme et un effet visuel harmonieux. Remarquez la cohérence géométrique de l'ensemble ainsi que les chapiteaux finement sculptés.

Entre les pilastres du rez-de-chaussée, la **devise** des Clermont-Tonnerre, « *Si omnes ego non* » (« Si tous [t'ont renié], moi pas »), rappelle qu'au 12e s. le comte Sibaut de Clermont aida à rétablir sur le siège de saint Pierre le pape bourguignon Calixte II, élu à Cluny lors de la querelle des Investitures. Reconnaissant, le pape fit l'honneur à Sibaut de pouvoir porter sur les armes familiales la tiare et les clefs pontificales.

Intérieur

La somptueuse décoration murale intérieure fut exécutée en plusieurs campagnes au milieu du 16e s. L'exceptionnelle qualité des peintures fait qu'on les attribue au **Primatice** et à **Nicolo dell'Abate,** ou à leurs élèves (seconde école de Fontainebleau).

Les rares pièces du mobilier initial du palais ne donnent qu'une idée lointaine du luxe de l'époque et de l'harmonie d'ensemble.

Rez-de-chaussée – Il abrite la **salle de Diane** *(Diane surprise au bain par Actéon)*, fraîchement restaurée, dont les voûtes, d'inspiration italienne, datent de 1578, et, de l'autre côté de la cour, les monumentales cuisines.

1er étage – On y découvre la **chapelle Ste-Cécile★**, établie sur deux niveaux et voûtée en berceau. Les peintures en trompe-l'œil, ayant pour thème les pères du désert, sont l'œuvre d'André Ménassier, un artiste bourguignon de la fin du 16e s.

L'imposante **salle des Gardes** (200 m^2) fut spécialement décorée pour accueillir Henri III, qui, cependant, ne séjourna jamais au château. Sur la grande cheminée, remarquez le portrait équestre du souverain.

Quant à la bibliothèque, elle compte près de 3000 volumes. L'étage comprend aussi le **salon Louvois★** (ancienne chambre du Roi dans laquelle Louis XIV dormit le 21 juin 1674), la **galerie des Sacrifices** et la **galerie de Médée**, au pavement coloré.

Le **cabinet du Pastor Fido** est lambrissé de chêne sculpté. Les scènes peintes au début du 17e s. (attribuées au peintre dijonnais Philippe Quantin) en haut

La chambre de Judith dans le château d'Ancy-le-Franc.
A. Chicurel/hemis.fr

des murs sont tirées d'une tragi-comédie de Guarini (1590), elle-même inspirée du drame pastoral du Tasse, *Aminta*. L'histoire est celle d'un oracle arcadien qui doit mettre fin au traditionnel sacrifice d'un jeune homme à Diane grâce à un « berger fidèle ». La pièce possède un magnifique plafond à caissons Renaissance.

Les murs de la **chambre de Judith** sont ornés de neuf tableaux maniéristes de très belle qualité (fin 16e s.) qui racontent l'histoire de Judith. Cette dernière est ici figurée sous les traits de Diane de Poitiers ; Holopherne reprend ceux de François Ier et d'Henri IV (peintures attribuées au Flamand Nicolas de Hœy).

★★★ **Les peintures murales de la chambre des Arts et de la galerie de Pharsale** – La visite se poursuit en passant dans la chambre des Arts. Les sept médaillons ovales représentent les arts libéraux – astronomie, logique, rhétorique, musique, géométrie, arithmétique, grammaire – et sont attribués au Primatice. Le huitième, sur le thème d'Apollon et des muses, est attribué à des artistes de son entourage. On débouche ensuite sur la charmante chambre des Fleurs qui donne sur le parc.

Dans l'aile sud, les peintures de la galerie de Pharsale (32 m de long) ont été réalisées dans un étonnant camaïeu d'ocres ; la finesse du dessin, la variété d'attitude des chevaux et les expressions des protagonistes donnent à l'œuvre attribuée à Nicolo dell'Abate et Ruggiero de Ruggieri un souffle épique.

À proximité Carte de microrégion p. 366-367

Château de Nuits D3

5 km au sud par la D 905.

42 r. du Mar.-Leclerc - 01 47 63 82 78 - www.chateaudenuits.fr - visite guidée (1h) de déb. avr. à déb. nov. : 11h, 14h15, 15h15, 16h15 et 17h15 - fermé mar. - 8 € (-15 ans 4 €, -6 ans gratuit).

Élevé vers 1560 lors des guerres de Religion, le château a perdu l'enceinte fortifiée qui précédait sa belle façade Renaissance à lucarnes et pilastres. La façade est, tournée vers l'Armançon (ancienne frontière entre la Bourgogne et la Champagne) et soulignée par deux puissants pavillons en saillie, trahit par son austérité son rôle défensif.

Située dans les salles voûtées donnant accès à la terrasse est, la cuisine bénéficie d'un puits intérieur qui permettait de tenir en cas de siège. Un large escalier de pierre conduit à l'étage noble, qui abrite, en particulier, une haute cheminée de pur style Renaissance ainsi que des lambris du 18e s. À la visite du château s'ajoute celle de la **commanderie de St-Marc**, qui compta parmi les plus influentes de Bourgogne. Ses bâtiments, près des rives de l'Armançon, constituent un bel ensemble architectural, dont une chapelle de la fin du 12e s.

NOS ADRESSES À ANCY-LE-FRANC

HÉBERGEMENT/RESTAURATION

À Chassignelles

PREMIER PRIX

Hôtel-restaurant de l'Écluse 79 – *2 chemin de Ronde - 3 km d'Ancy-le-Franc par D 17 et D 317 - 03 86 75 13 88 - www.hotel-restaurantdelecluse.com - 7 ch. 60 € - 7 € - 1/2 P possible - 20,90/42 €.* Excellente adresse en bordure du canal de Bourgogne. Cuisine du terroir classique, renouvelée à chaque saison.

BUDGET MOYEN

Le Clos du Mûrier – *1 chemin de Ronde - 3 km d'Ancy-le-Franc par D 17 et D 317 - 06 19 64 03 27 - www.leclosdumurier-bourgogne.fr - - 4 ch. 72 €.* C'est une halte pleine de quiétude que propose cette ancienne fermette rénovée du 18e s. située sur le canal de Bourgogne. Salle de remise en forme.

À Pacy-sur-Armançon

PREMIER PRIX

Chambres d'hôte Au Petit Câlin – *4 Grande-Rue - 10 km au sud de Tanlay par D 905 - 03 86 75 51 17 - www.aupetitcalin.com - P - 4 ch. 68/80 € - 20/24 €.* Chambres d'hôte toutes simples et fonctionnelles à prix corrects. Le restaurant, doté d'une petite terrasse fort sympathique, propose une honnête cuisine de terroir.

Noyers-sur-Serein

★

606 Nucériens – Yonne (89)

Niché dans un méandre du Serein, Noyers (prononcez « Noyère ») est un village médiéval resserré entre ses remparts aux tours rondes. Entouré de forêts, de prés et de haies, ce ravissant village offre, le long de ses ruelles hors du temps, un échantillonnage particulièrement harmonieux d'architecture bourguignonne : modestes logis de vignerons sur caves de plain-pied, maisons à pans de bois sur arcades et belles demeures Renaissance en pierre sculptée.

NOS ADRESSES PAGE 430
Hébergement, restauration, achats, activités, etc.

S'INFORMER

Office de tourisme – *12 pl. de l'Hôtel-de-Ville - 89310 Noyers-sur-Serein - ✆ 03 86 82 66 06 - www.tourisme-serein.fr - juil.-août : 10h-13h, 14h-18h, dim. et j. fériés 10h-13h ; reste de l'année : tlj sf dim.-lun. 9h30-13h, 14h-17h30, j. fériés 10h-13h - fermé 1er janv., 11 Nov., 25 déc.*

SE REPÉRER

Carte de microrégion D3 (p. 366-367) – Noyers se trouve à 30 km au nord d'Avallon en passant par L'Isle-sur-Serein et la belle D 86. Il est aussi à 22 km au sud de Tonnerre, 25 km au sud-est de Chablis et 31 km au nord-ouest de Montbard.

SE GARER

Attention, les dimanches d'été, la vieille ville se transforme en zone piétonnière. Garez-vous près de la salle polyvalente.

AVEC LES ENFANTS

La promenade ombragée le long de la rivière sur le site du vieux château ; le « p'tit train de l'Yonne » de Massangis *(dim. et j. fériés mai-sept. uniquement ; voir « Nos adresses »).*

Se promener

Circuit au départ de la place de l'Hôtel-de-Ville.

Place de l'Hôtel-de-Ville

Elle est entourée de jolies maisons à pans de bois des 14e et 15e s., et de maisons à arcades. L'hôtel de ville présente une façade du 18e s. surmontée d'un fronton curviligne et ornée de balcons en fer forgé et de pilastres.

Prenez la direction de l'église pour découvrir la rue du Marché-au-Blé, qui conduit à la place éponyme.

Place du Marché-au-Blé

Cette place triangulaire est bordée de maisons anciennes dont une en pierre, à arcades et à pignon, sur la droite : l'hôtel de la Croix-Blanche.

Par la rue de l'Église, gagnez l'église Notre-Dame.

Église Notre-Dame

Ce vaste édifice date de la fin du 15e s. Remarquez sa façade Renaissance, sa tour carrée et ses gargouilles. Voyez l'imposant chevet à contreforts et, sur la façade nord, l'étrange figuration sculptée d'un gisant.

À Noyers-sur-Serein, les arcades de la place de l'Hôtel-de-Ville.
N. Thibaut/Photononstop

Retournez place du Marché-au-Blé et prenez, sous une voûte à gauche, la petite rue du Poids-du-Roy.

Place de la Petite-Étape-aux-Vins

Sur la gauche de la rue du Poids-du-Roy, aussitôt après l'arcade, remarquez une ravissante maison du 15e s. à pans de bois et à poteaux corniers sculptés. La rue aboutit, par un passage couvert, à la minuscule place de la Petite-Étape-aux-Vins encadrée de maisons à pans de bois : celle qui se trouve tout de suite à gauche, lorsque l'on débouche sur la place, porte trois naïves sculptures représentant des saints. à l'assomption, les vignerons décorent leur protectrice – la Vierge à l'Enfant domiciliée à la porte de Tonnerre – de grappes de raisin vert.
Engagez-vous à gauche dans la rue de la Petite-Étape-aux-Vins.
La rue principale, rue de la Petite-Étape-aux-Vins que l'on prend à gauche, est bordée de maisons anciennes. Elle conduit à la place du Grenier-à-Sel.

Place du Grenier-à-Sel

Au fond à droite, l'hôtel de la Vieille Tour, où vécut Charles Louis Pothier (1881-1962), auteur des chansons *Les Roses blanches* et *Félicie, aussi.* À l'extrémité de cette place, engagez-vous dans la **rue de la Madeleine**, au début de laquelle vous verrez, à gauche, une maison Renaissance portant une inscription grecque (*kamato*, qui signifierait « grâce au travail »).
Prenez une ruelle sur la gauche ; également vers la gauche, la rue des Vignerons, aux petites maisons basses typiques des vignerons, conduit au musée.

Musée des Arts naïfs et populaires

25 r. de l'Église - ✆ 03 86 82 89 09 - www.noyers-et-tourisme.com - juil.-août : 10h-18h30 ; juin et sept. : 11h-12h30, 14h-18h ; reste de l'année : w.-end, j. fériés et vac. scol. 14h30-18h - fermé mar., janv., 25 déc. - 4 € (-11 ans gratuit).
Par la qualité de ses paysages et sa proximité de Paris, la vallée du Serein a su attirer nombre d'artistes solitaires. Le musée de Noyers, situé dans l'aile méridionale de l'ancien collège du 17e s., en témoigne par les tableaux des

BALADES ROUTIÈRES ET NUMÉRIQUES DANS L'YONNE

De Maulnes à Ancy-le-Franc en passant par Tanlay et Nuits-sur-Armançon, l'Agence de développement touristique de l'Yonne propose des itinéraires pour découvrir le patrimoine architectural de la Renaissance, la route du Cinéma, la route des Artistes inspirés par l'Yonne, l'Yonne souterraine, etc. Des balades numériques sont aussi gratuitement téléchargeables grâce à l'application Guidigo. On peut ainsi découvrir Chablis et son vignoble ou le Tonnerrois et son circuit Renaissance.
Détails sur www.guidigo.com et www.tourisme-yonne.com.

Russes Michel Kikoïne (venu de la Ruche à Paris), Soutine et Pinchus Krémegne. Il abrite aussi, sur trois niveaux, des salles de peinture et d'histoire locales (où l'on découvre, au détour de quelques broderies, que le célèbre photographe Henri Cartier-Bresson était issu d'une famille de filateurs de Noyers) et d'intéressantes **collections de tableaux d'art naïf, brut ou populaire★** provenant entre autres de la donation du peintre Jacques Yankel, fils de Kikoïne, et du dépôt par le conseil général de l'Yonne de la collection Jean-Marc Luce. Le musée s'enrichit chaque année de nouvelles pièces : objets d'art populaire d'Amérique latine et d'Asie, boîtes lithographiées de biscuits et de bonbons, poétiques petites figurines en terre peinte, etc.
Vous retrouverez la place du Marché-au-Blé au bout de la rue de l'Église.

Site du vieux château

De la place de la Madeleine, prenez à droite la rue de Venoise pour arriver au **Saut Parabin,** ancienne place d'armes du château de Noyers. Profitez de la vue sur la vallée du Serein et le village. Redescendez par la porte de Venoise, en bas de laquelle vous avez la possibilité de monter *(environ 300 marches)* au site du vieux château *(site aménagé, environ 45mn AR),* qui offre un magnifique **panorama★** (belvédère sud) sur le village et la vallée. De la porte de Venoise, continuez à droite par une **promenade** ombragée le long de la rivière ; vous y verrez 7 des 23 tours qui défendaient autrefois la ville.
Vous arrivez à la **porte Peinte**, porte fortifiée de forme carrée, par laquelle vous entrez dans la rue de ce nom *(grande maison à pans de bois, à gauche)* pour regagner la place de l'Hôtel-de-Ville.

NOS ADRESSES À NOYERS-SUR-SEREIN

HÉBERGEMENT

BUDGET MOYEN

Côté-Serein – *06 42 07 43 64 - http://cote-serein.fr - 6 ch. 77/99 €*. Disséminés dans tout Noyers, ces gîtes et chambres d'hôte (très bien signalés) sont nichés dans les plus belles bâtisses du village. Formidablement bien rénovés, avec originalité et goût, ces lieux au luxe délicat peuvent accueillir des groupes, être avec ou sans cuisine et avec des dépendances à géométrie variable selon l'hébergement choisi : la Tour cachée, la Loge, la Tour Madame… Les espaces en bordure du Serein sont particulièrement réussis. Reste à voir avec les propriétaires celui qui vous séduira le plus.

Chambre d'hôte Le Tabellion – *5 r. du Jeu-de-Paume - 03 86 82 62 26 - www.noyers-tabellion.fr - 7 ch. 92 €*. Au cœur d'un ancien relais de poste du 18e s., où la pierre est enveloppée d'une glycine centenaire, des chambres spacieuses et élégantes, avec tomettes anciennes et vieux meubles. Très bon accueil.

À proximité

PREMIER PRIX

Chambre d'hôte de la Vallée du Serein – *35 Grande-Rue - 89310 Annay-sur-Serein - 5,5 km au nord-ouest de Noyers par D 86 et D 45 - 03 86 82 63 98 - http://valleeduserein.free.fr - P - fermé de mi-nov. à fin mars (sf sur réserv.) - 4 ch. 65 € - table d'hôte sur réserv. 22 €.* Tout est à savourer ici : la couleur des pierres du village, le calme de la cour intérieure, la sobriété du décor, les confitures exotiques et, surtout, les récits de voyage des véritables globe-trotters, artistes de la rencontre, qui ont ouvert ces chambres.

BUDGET MOYEN

Auberge La Beursaudière – *9 chemin de Ronde - 89310 Nitry - 10 km à l'ouest par D 49 - 03 86 33 69 70 - www.beursaudiere.com - - fermé en janv. - 11 ch. 90/130 € - 13 € - 30/52,90 €.* Chambres de caractère (chaque nom évoquant un métier d'autrefois), salles du petit-déjeuner voûtées et pigeonnier médiéval : reconversion réussie pour cette ancienne dépendance de prieuré. Côté table, décor campagnard soigné et service en costume régional. Cuisine du terroir et cave fournie.

RESTAURATION

BUDGET MOYEN

Maison Paillot - Les Millésimes – *14 pl. de l'Hôtel-de-Ville - 03 86 82 82 16 - www.maison-paillot.com - P - fermé 25 déc., 1er-8 janv., mi-fév.-mi-mars, et dim. soir et lun. sf juil.-août - formules déj. 30/38 €.* Traiteur-restaurant situé tout près de l'office de tourisme, derrière la boucherie-charcuterie familiale. Le menu déjeuner offre un excellent rapport qualité-prix. La carte variée fait la part belle aux produits traditionnels et régionaux, accommodés de façon originale : mille feuille d'asperges, foie gras au pamplemousse…

ACTIVITÉS

Le p'tit train de l'Yonne – *Rte de Coutarnoux - ATPVM - 06 52 67 13 13 - http://lepetittraindelyonne.fr - - dép. de Massangis - 8 mai-30 juin : dim. et j. fériés 15h-16h30 (dernier train) ; 1er juil.-1er dim. de sept. : dim. et j. fériés (et merc. en août) 14h30-17h30 (dernier train) - 6 € (-11 ans 3 €).* 5 km AR entre Massangis (à 9,5 km au sud de Noyers) et Civry-sur-Serein, surplombant par moments de plus de 10 m la vallée du Serein.

AGENDA

Le Gargouillosium – Chaque année, pour le w.-end du 15 août, une vingtaine de sculpteurs se réunissent sur le site du vieux château pour exécuter, dans un délai de trois jours, une gargouille en pierre vendue au profit de l'association. *Rens. à l'office de tourisme.*

6

Anis de l'Abbaye de Flavigny

Fontenay et l'Auxois 7

Carte Michelin Départements 320 – Côte-d'Or (21)

Publicité pour « Les Anis de Flavigny ».

Ch. Boisvieux/hemis.fr

FONTENAY ET L'AUXOIS

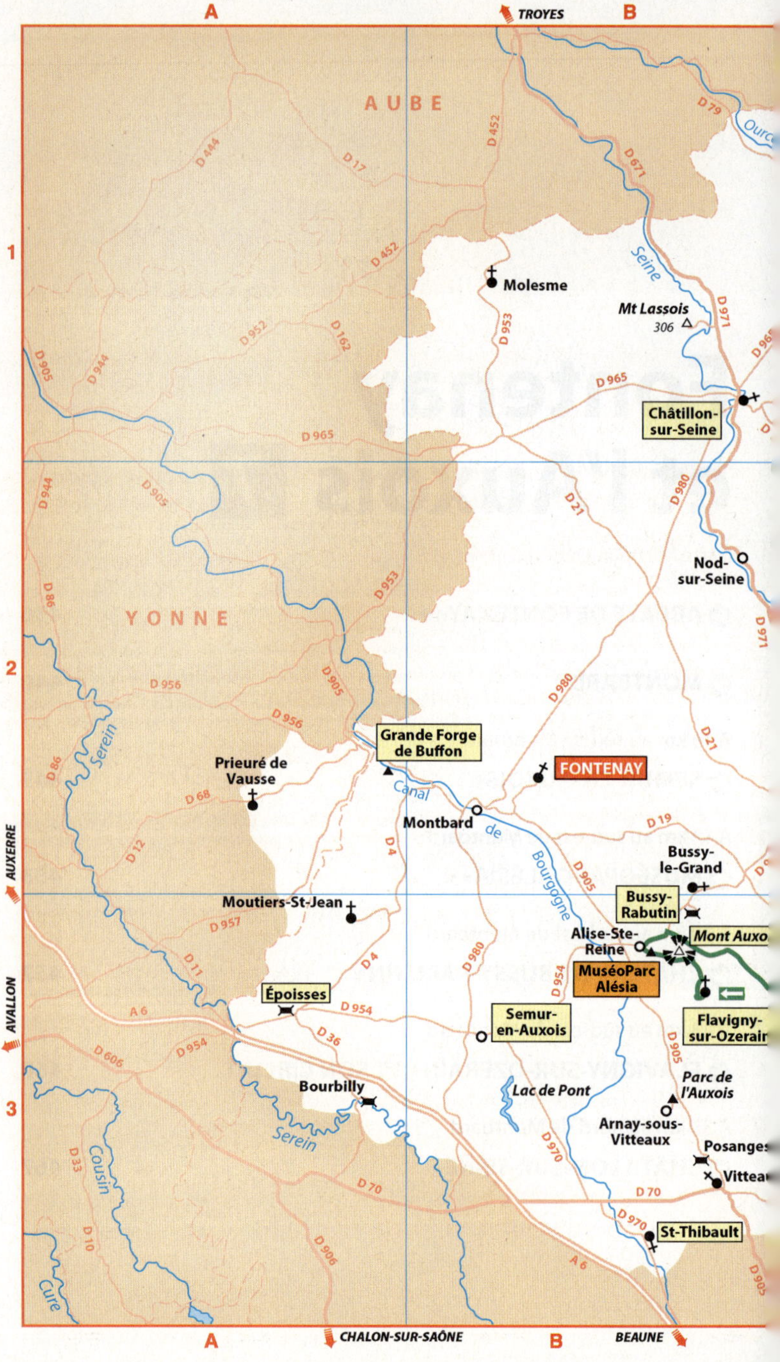

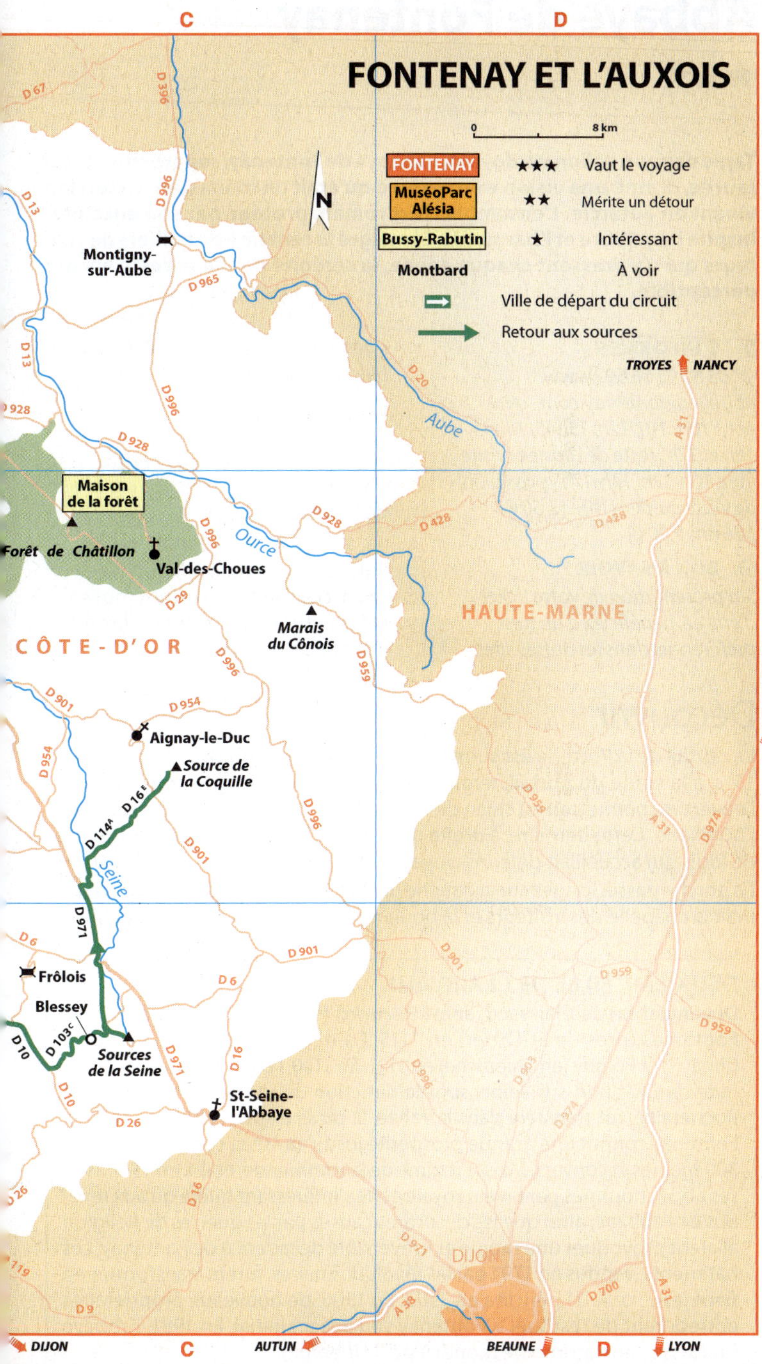
FONTENAY ET L'AUXOIS
0
8 km
FONTENAY
★★★ Vaut le voyage
MuséoParc Alésia
★★ Mérite un détour
Bussy-Rabutin
★ Intéressant
Montbard
À voir
Ville de départ du circuit
Retour aux sources
N
C
D
1
2
3
TROYES
NANCY
CHAUMONT
LANGRES
DIJON
AUTUN
BEAUNE
LYON
Montigny-sur-Aube
Maison de la forêt
Forêt de Châtillon
Val-des-Choues
Marais du Cônois
CÔTE-D'OR
HAUTE-MARNE
Aignay-le-Duc
Source de la Coquille
Frôlois
Blessey
Sources de la Seine
St-Seine-l'Abbaye
DIJON
Aube
Ourse
Seine
D 67
D 396
D 996
D 13
D 965
D 20
D 928
D 428
D 29
D 959
D 901
D 954
D 16E
D 114A
D 971
D 6
D 103C
D 10
D 16
D 26
D 119
D 9
D 903
D 974
D 700
A 31
A 38

Abbaye de Fontenay

★★★

Côte-d'Or (21)

Tapie dans un vallon verdoyant, l'abbaye de Fontenay, superbement restaurée, donne une vision exacte de ce qu'était un monastère cistercien vivant en autarcie. L'ensemble d'art roman, protégé par son enceinte, inspire l'équilibre et l'harmonie. Et malgré la centaine de milliers de visiteurs qui s'y pressent chaque année, la sérénité des lieux reste encore perceptible.

S'INFORMER

✆ 03 80 92 56 69 - www.abbayedefontenay.com - avr.-oct. : 10h, 11h, 12h, 13h45, 14h45, 16h et 17h ; reste de l'année : visite libre 10h-12h, 14h-17h - possibilité de visite guidée (1h) - 12,50 € (-26 ans 7,90 €)

BON À SAVOIR

Sur présentation de votre ticket d'entrée, bénéficiez d'un tarif préférentiel dans les autres sites (Alésia, Bussy-Rabutin…). Rens. à la billetterie de l'Abbaye.

SE REPÉRER

Carte de microrégion B2 (p. 434-435) – Fontenay se trouve entre Châtillonnais et Auxois, à 6 km à l'est de Montbard.

À NE PAS MANQUER

Suivez la visite guidée pour mieux apprécier l'abbaye, surtout l'église et le cloître, et découvrir la vie des moines cisterciens.

Découvrir Plan de l'abbaye p. 438

Le portail de la Porterie est surmonté des armes de l'abbaye ; l'étage date du 15e s. à la voûte du portail, remarquez une niche aménagée sous l'escalier : l'ouverture permettait au chien du frère portier, posté à l'entrée, de surveiller l'hôtellerie. Cette dernière, à droite dans la cour intérieure, est un long corps de logis qui accueillait pèlerins, voyageurs et mendiants.

Le porche passé, longez sur la gauche un grand bâtiment du 13e s. qui renfermait la chapelle des visiteurs et la boulangerie des moines, remarquable par

DEUXIÈME FILLE DE CLAIRVAUX

Devenu abbé de Clairvaux, **saint Bernard** fonda successivement Trois-Fontaines (près de St-Dizier) en 1115, Fontenay en 1118 (20 ans après Cîteaux) et Foigny (en Thiérache) en 1121. En 1130, l'ermitage établi à proximité de Châtillon-sur-Seine, sous la direction de son oncle Godefroy de Rochetaillé, fut transféré dans la vallée, là où se trouve l'abbaye actuelle. Fontenay connut une grande prospérité jusqu'au 16e s., comptant plus de 300 moines et convers. Mais le régime de la commende, établi en 1547, avec ses abbés nommés par faveur royale et ne s'intéressant guère qu'aux revenus de l'abbaye, ainsi que les désordres causés par les guerres de Religion allaient provoquer une rapide et irréversible décadence de Fontenay. Les bâtiments, vendus en 1791 par les révolutionnaires, furent transformés en papeterie ; celle-ci périclita en 1903. En 1906, de nouveaux propriétaires entreprirent de restituer à Fontenay son aspect initial. En 1981, l'abbaye fut classée au Patrimoine mondial par l'Unesco.

L'abbaye de Fontenay, monastère cistercien fondé au 12e s.
Fridmar Damn/Lithium/age fotostock

sa cheminée cylindrique. Il abrite aujourd'hui la salle d'accueil, la librairie et un petit musée lapidaire. Un peu plus loin, à droite, se trouve le magnifique **colombier**.

ÉGLISE ABBATIALE

Édifiée grâce à la générosité du richissime **Ebrard**, évêque de Norwich, réfugié à l'abbaye de Fontenay, c'est l'une des plus anciennes églises cisterciennes conservées en France. En 1147, l'abbatiale est consacrée par le pape Eugène III, en présence de saint Bernard, l'année suivant son célèbre prêche à Vézelay pour la deuxième croisade.

L'expression « simplicité monacale » lui convient tout particulièrement. Et comme le dit le dicton : « Jamais le vide n'aura été si richement peuplé qu'à Fontenay. » La **façade**, dépouillée de tout ornement, est soulignée par deux contreforts et sept baies en plein cintre, symbolisant les sept sacrements de l'Église. Les corbeaux, encore en place, soutenaient un porche qui a disparu. Les vantaux et pentures (bandes métalliques) du portail sont la reproduction des battants primitifs. *(Voir « L'art cistercien » p. 503).*

La règle et le plan cisterciens y sont scrupuleusement observés et, malgré les dimensions relativement réduites de l'édifice (longueur : 66 m ; largeur du transept : 30 m), l'effet est saisissant. Une sensation que renforce l'exceptionnelle qualité de l'acoustique.

La **nef**, voûtée en berceau brisé, compte huit travées ; elle est étayée par des bas-côtés voûtés de berceaux transversaux qui forment une suite de chapelles éclairées par de petites baies en plein cintre. La nef aveugle reçoit la lumière par les ouvertures de la façade et par celles qui s'étagent au-dessus de l'arc triomphal.

Dans le vaste **transept**, la disposition des berceaux et des chapelles des croisillons rappelle celle des bas-côtés. Dans le bras nord, remarquez la **statue (1)** de Notre-Dame de Fontenay (fin du 13e s.).

Le **chœur carré (2)**, à chevet plat, est éclairé par un double rang de triplets (symbole de la Trinité). On y a rassemblé des pierres tombales et les restes d'un pavage de carreaux émaillés du 13e s., qui recouvrait autrefois le sol du chœur et d'une grande partie de l'église. On peut voir, à droite, le **tombeau (3)** du seigneur de Mello d'Époisses et de son épouse (14e s.). Le retable en pierre de l'ancien maître-autel gothique (fin du 13e s.) a malheureusement subi des mutilations. Dans le transept, sur la droite, un escalier mène à l'ancien dortoir des moines.

Dans le **dortoir**, à l'étage, les moines de chœur (40 à 50 personnes) dormaient sur des paillasses disposées à même le sol, séparés les uns des autres par des cloisons basses. La puissante **charpente de chêne★**, en forme de carène renversée, date de la seconde moitié du 15e s. Elle porte une rare signature des charpentiers de la marine qui la construisirent : l'emplacement du mât !

La **salle capitulaire**, aux chapiteaux ornés de feuilles d'eau, est voûtée sur croisée d'ogives ; elle communique avec la galerie est par une belle arcade.

La grande salle de travail des moines, le **scriptorium**, se situe dans son prolongement. Le labeur des copistes ne relevait pas uniquement des devoirs intellectuels du moine : la tâche, assez pénible, était exécutée dans le froid (seules les encres bénéficiaient du chauffage) et nécessitait une concentration tant physique que mentale. Sur la droite, une petite porte ouvre sur le « chauffoir ». Cette pièce, présentant deux foyers, était la seule où la règle tolérait le feu, en dehors de la cuisine. Et sur la droite, en sortant du scriptorium, se trouve un petit bâtiment, l'**enfermerie**, dont le premier étage abritait sans doute une bibliothèque, tandis que la partie basse a été reconnue comme étant l'église primitive du monastère, dédiée à saint Paul *(ne se visite pas)*. De l'autre côté, à

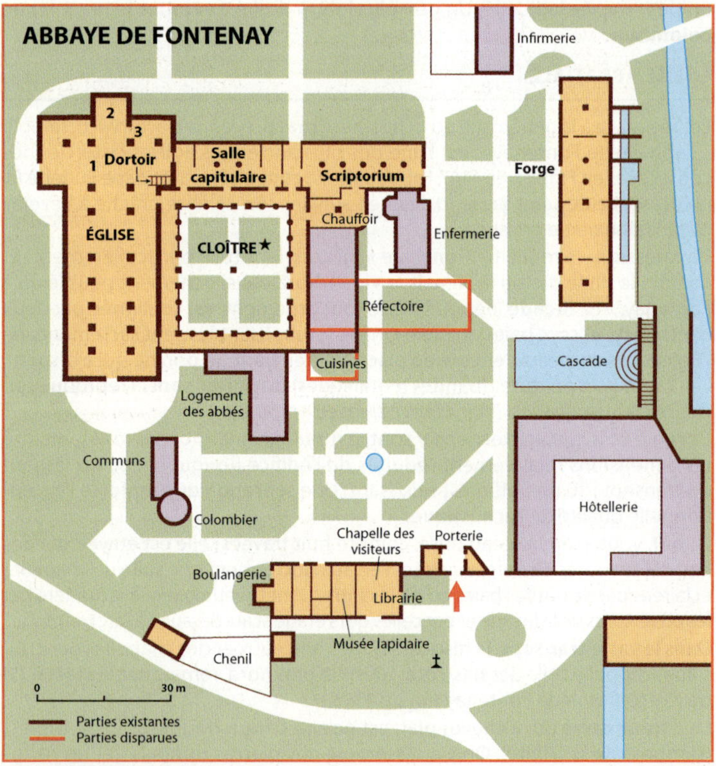

LE SAVIEZ-VOUS ?

Les terres données par Raynard de Montbard, parent de saint Bernard, sont appelées Fontanetum car, comme nombre de lieux défrichés par les moines, elles « flottent sur des sources ». Les fontaines, toujours présentes, et peuplées de truites, sont devenues la parure du jardin qui entoure la propriété.

Fontenay servit de décor pour plusieurs films, dont *Angélique, marquise des anges* (Bernard Borderie, 1964), avec Michèle Mercier et Robert Hossein, et *Cyrano de Bergerac* (Jean-Paul Rappeneau, 1990), avec Gérard Depardieu.

proximité de l'infirmerie, les moines cultivaient des plantes médicinales (ou simples) dans ce que l'on appelle aujourd'hui le Grand Jardin.
Adossé au flanc sud de l'église, à la fois robuste et élégant, le **cloître★** est un accomplissement de l'art cistercien. Chaque galerie compte huit travées délimitées par de beaux contreforts ; les arcs en plein cintre (sauf ceux des portes donnant accès au préau) sont divisés par une double arcature reposant sur des colonnes géminées. Observez les corbeilles des chapiteaux, toutes différentes.

À L'EXTÉRIEUR

Le grand bâtiment de la **forge**, qui s'étend dans la partie sud de l'abbaye et longe un canal, date de la fin du 13e s. Ce canal était utilisé pour actionner les roues du moulin et du martinet (marteau hydraulique), une innovation technologique majeure que les cisterciens ont adoptée très tôt pour forger le fer en quantité industrielle. Le marteau hydraulique de Fontenay, avec sa roue à aubes, a été reconstitué en 2008 par des lycées professionnels européens, avec l'aide d'universitaires et d'artisans. Des démonstrations de forgeage sont organisées pendant la saison touristique.
Redessinés par l'architecte-paysagiste anglais Peter Holmes, les **jardins** sont ponctués de topiaires bordant les pelouses et s'intègrent parfaitement au lieu par leur sobriété.
Pour prolonger la visite, suivez les **sentiers pédestres** qui parcourent la forêt.

LE QUOTIDIEN D'UN CISTERCIEN

Il est régi à la fois par le soleil et la règle de saint Benoît. Entre le lever et le coucher du soleil, la liturgie des heures égrène, aussi sûrement qu'un chapelet, pas moins de huit offices : matines (avant l'aube ou au milieu de la nuit en tant que vigiles), laudes (à l'aurore), prime (au lever du soleil), tierce (troisième heure après le levant), sexte (à midi), none, vêpres (au début de la soirée) et complies (juste avant le coucher). Entre ces offices, le rythme du moine est organisé autour de trois activités principales : la prière, la lecture divine *(lectio divina)* – lecture de la Bible et d'ouvrages pieux – et le travail manuel (six heures par jour en été). Ces temps étaient harmonieusement répartis de manière à évincer toute oisiveté, « grande ennemie de l'âme » pour saint Benoît.

Montbard

5 331 Montbardois – Côte-d'Or (21)

Les rues en pente de la ville, étagée sur une colline entre le cours de la Brenne et le canal de Bourgogne, ont conservé le souvenir d'un enfant du pays hors du commun : le célèbre naturaliste Buffon. À l'emplacement de la forteresse des comtes de Montbard, devenue résidence des ducs de Bourgogne, puis finalement abandonnée, l'illustre homme de sciences avait fait aménager un parc aujourd'hui ouvert au public.

NOS ADRESSES PAGE 443
Hébergement, restauration, achats, activités, etc.

S'INFORMER

Office de tourisme – *Pl. Henri-Vincenot - 21500 Montbard - 03 80 92 53 81 - www.ot-montbard.fr - juil.-août : 9h-13h, 14h-18h30, dim. 10h-13h, 14h-17h ; avr.-juin et sept.-oct. : tlj sf dim. 9h-13h, 14h-18h30 ; reste de l'année : tlj sf dim. 9h-12h30, 14h-17h30 - fermé de fin déc. à déb. janv., 1er Mai, 1er et 11 Nov., 25 déc.*

SE REPÉRER

Carte de microrégion B2 (p. 434-435) – Montbard, à 18 km au nord de Châtillon-sur-Seine et à 31 km à l'est de Noyers-sur-Serein, est l'une des portes de l'Auxois.

À NE PAS MANQUER

Au musée Buffon, découvrez l'œuvre du naturaliste et celle de Daubenton, autre enfant du pays. Sur la commune de Buffon, la forge et les ateliers.

AVEC LES ENFANTS

Faites-leur revivre, au musée Buffon, les découvertes et voyages de Buffon et Daubenton. Emmenez-les découvrir la Grande Forge de Buffon avant un plongeon au centre nautique Amphitrite.

Se promener

★ Parc Buffon

R. du Parc-Buffon - 03 80 92 50 42 - www.musee-parc-buffon.fr - visite guidée (1h) avr.-sept. : 10h-12h, 14h-18h ; reste de l'année : tlj sf lun. 14h-17h, w.-end 10h-12h, 14h-17h - fermé mar., 1er janv., 1er Mai, 14 Juil., 25 déc. - 5 € (-18 ans gratuit) - visite libre du parc tte l'année (gratuit) - 7 € visite dégustation lun. 15h (juil.-août).

En 1735, Buffon achète le château, déjà en ruine, dont l'origine est antérieure au 10e s. Ne conservant que deux tours et l'enceinte fortifiée, il y aménage les jardins – légèrement modifiés par le temps – qui forment aujourd'hui le parc Buffon. Sillonné de sentiers et d'allées, cet espace vert procure d'agréables promenades.

Tour de l'Aubespin – Haute de 40 m, elle permit à Buffon de réaliser des expériences sur les vents. Les gargouilles et merlons datent d'une restauration du 19e s. Du sommet, on a une belle **vue** sur la ville et ses environs.

Tour St-Louis – La mère de saint Bernard, Aleth de Montbard, y naquit en 1070. Buffon rabaissa la tour d'un étage et y installa l'une de ses bibliothèques.

Cabinet de travail de Buffon – C'est dans ce petit pavillon aujourd'hui vide, mais toujours tapissé de gravures d'oiseaux en couleurs (18e s.), que Buffon rédigea, entre 1749 et 1788, une grande partie de sa fameuse *Histoire naturelle*.

Chapelle de Buffon

Ne se visite pas. L'explorateur de la nature a été inhumé le 20 avril 1788 dans le caveau d'une chapelle latérale de l'église St-Urse, en dehors de l'enceinte.

Musée Buffon

R. du Parc-Buffon - ✆ 03 80 92 50 42 - www.musee-parc-buffon.fr - avr.-sept. : 10h-12h, 14h-18h - fermé mar., 1er Mai - gratuit.

Au rez-de-chaussée du bâtiment de l'orangerie, transformée en écuries en 1760, trône un énorme plâtre de Buffon dû à Jean Carlus. À l'étage, un parcours scientifique dévoile, à travers les collections du musée, l'œuvre du célèbre naturaliste et celle de Louis Daubenton *(voir encadré p. suiv.)*. Des expositions temporaires viennent compléter la visite.

Hôtel de Buffon

Ne se visite pas. À l'emplacement de sa maison natale, le savant fit construire ce vaste et confortable hôtel (achevé en 1741), d'où il pouvait gagner directement ses jardins et son cabinet de travail. À lire, sous un porche de l'hôtel, la citation que Buffon appliqua visiblement lui-même : « Ne quittez jamais le chemin de la vertu et de l'honneur, c'est le seul moyen d'être heureux. »

Ancienne chapelle des Ursulines

R. Piron - ✆ 03 80 92 50 42 - www.montbard.com - J. du Patrimoine ; reste de l'année : visite sur demande - gratuit.

L'ancienne chapelle néogothique (1887-1890) de l'institution des Ursulines abrite une magnifique *Adoration des bergers* sur bois (1599) peinte par André Menassier et des tableaux et sculptures des 19e et 20e s.

BUFFON, SEIGNEUR DE MONTBARD

Un naturaliste réputé – Né en 1707, **Georges-Louis Leclerc**, futur comte de Buffon, entre à l'Académie des sciences en 1733, à l'âge de 26 ans ; il succède à Jussieu. À peine nommé au poste d'intendant du jardin du Roi, en 1739, il conçoit l'ambitieux dessein d'écrire l'histoire de la nature. Dès lors, il consacre l'essentiel de son temps à cette gigantesque entreprise. Les trois premiers tomes de son *Histoire naturelle* sont publiés en 1749, les suivants vont se succéder pendant 40 ans (36 volumes d'une œuvre inachevée).

En 1752, Buffon est élu à l'Académie française. Les honneurs qui lui sont prodigués en récompense de ses travaux n'ont guère de prise sur cet homme indépendant. Les souverains de l'Europe entière et les plus grands personnages de son temps sollicitent son amitié. « Monsieur de Buffon, lui dit ainsi l'empereur d'Allemagne Joseph II, arrivant au jardin du Roi sans s'être fait annoncer, nous traiterons ici, si vous le voulez bien, de puissance à puissance, car je me trouve actuellement sur les terres de votre empire. »

Buffon et le Montbardois – Buffon n'aime pas Paris, les distractions de la capitale ne lui permettant pas de travailler à son gré. Il s'établit donc en son pays natal. Il installe sur son domaine une forge qu'il dirige en personne. Seigneur de Montbard, il fait raser le donjon central et les annexes du château médiéval, ne conservant que le mur d'enceinte et deux des dix tours. Il fait installer des jardins en terrasses et plante des arbres d'essences variées sans négliger fleurs et légumes. C'est à Montbard, où il mène la vie de son choix, que Buffon rédige une grande partie de son œuvre. Mais c'est à Paris, au jardin du Roi, qu'il meurt en 1788.

LE SAVIEZ-VOUS ?
Les Montbardois vivent non seulement dans le souvenir du grand savant **Buffon**, mais aussi dans la continuation de son activité de maître de forges, puisque la cité est un important centre métallurgique spécialisé dans la fabrication des tubes d'acier.
La ville a donné naissance à un autre savant, le médecin **Louis Daubenton** (1716-1800), inventeur de l'anatomie comparée, qui collabora à l'*Histoire naturelle* ainsi qu'à la réorganisation du jardin du Roi.

À proximité Carte de microrégion p. 434-435

★ Grande Forge de Buffon A2

Sur la commune de Buffon, 8 km au nord-ouest par la D 905.

03 80 92 10 35 - www.grandeforgedebuffon.fr - juil.-août : 10h-18h ; reste de l'année : 10h-12h30, 14h30-18h - fermé mar. - 8 € (-12 ans gratuit) - 6,50 € billet combiné avec Abbaye de Fontenay, château d'Ancy-le-Franc, Maison du visiteur de Vézelay et le musée Buffon à Montbard - possibilité de visite guidée (55mn) juil.-août 15h, 16h et 17h.

C'est sur ses terres que le célèbre naturaliste bourguignon, alors âgé de 60 ans, fit construire en 1768 une forge pour mettre en œuvre ses recherches sur la fusion et poursuivre ses expériences sur les minéraux. Dès 1769, le haut-fourneau fonctionne, le reste des bâtiments est achevé quatre ans plus tard. Les **ateliers** regroupent trois bâtiments séparés par des bras d'eau ; en fait, des biefs ou dérivations destinés à alimenter en eau les différentes installations motrices hydrauliques. Le grand canal d'amenée a été creusé à bras d'hommes et de femmes sur 600 m en aval du méandre de l'Armançon.

Ce grand canal dessert trois autres canaux, chacun étant dédié à une fonction particulière : haut-fourneau (minerai et charbon de bois pour produire des gueuses, c'est-à-dire de la fonte brute), forge d'affinerie (décarburation de la fonte et transformation en barres de fer de 5 m) et fenderie (découpe des barres en produits semi-finis). Le canal du haut-fourneau abrite la grande roue hydraulique actionnant la soufflerie ; le canal de la fenderie (sorte d'ancêtre du laminoir) met en branle le martinet (marteau hydraulique), ici d'un poids total de 20 t (200 coups par minute). Le canal de la forge d'affinerie possède quatre roues hydrauliques (deux pour l'affinerie, deux autres pour la fenderie). Au total, onze roues étaient actionnées à l'époque de Buffon, lequel employait près de 400 ouvriers.

Les vestiges du haut-fourneau sont accessibles par un escalier monumental qui se divise en deux rampes et ménage des paliers, d'où l'on pouvait assister à la coulée de la gueuse, même la nuit grâce à l'éclairage d'une lanterne. Buffon aimait en effet transformer ce succès technique en spectacle pour ses nobles visiteurs. N'oublions pas que nous sommes au siècle des Lumières. Suivent la forge proprement dite, où la fonte était refondue et frappée au martinet (l'affinerie), et l'emplacement de la fenderie, où les barres de fer pouvaient être retravaillées en produits semi-ouvrés.

L'habitat domestique comprend des maisons d'ouvriers (jusqu'à 17 habitations), le four à pain, un atelier, l'écurie et les remises, la maison du maître de forges et une chapelle. L'ensemble donne sur un jardin potager agrémenté d'une magnifique **orangerie,** ouvert parfois à la visite.

Prieuré de Vausse A2

21 km à l'ouest dans la forêt de St-Jean par la D 905 puis la D 68 (à gauche dans Rougemont).

La Grande Forge de Buffon.
H. Lenain/hemis.fr

Rte d'Aisy-sur-Armançon - ✆ 03 86 82 87 28 - ♿ - juil.-août : tlj sf lun.-mar. 14h-18h ; juin et sept. : w.-end et j. fériés 14h-18h - possibilité de visite guidée (45mn) - 5 € (-16 ans gratuit).

Fondé au 12e s. par un seigneur de Montréal, le prieuré de Vausse se composait d'une communauté de moines cisterciens. Placé sous l'égide de Notre-Dame et St-Denis, il jouit d'une certaine importance jusqu'au 15e s., mais la réforme religieuse entraîna sa décadence. Vendu comme bien national à la Révolution, il fut racheté en 1792 par un faïencier qui y établit une fabrique. Vers les débuts du 19e s., le prieuré devint la propriété de la famille Petit, dont l'un des membres, Ernest Petit, allait consacrer sa vie à l'histoire bourguignonne. Aujourd'hui, lors de votre visite du site, vous remarquerez l'ancienne église (13e s.) qu'il avait transformée en bibliothèque. Vous verrez également un **cloître** roman (13e s.) bien conservé entourant un charmant jardin de curé, ainsi qu'une petite **chapelle** du 14e s. Vausse a servi de décor pour le film de Clément Schneider, *Un violent désir de bonheur*, présenté dans la section indépendante du festival de Cannes en 2018. Pendant *Les Quatre Saisons de Vausse (juin-oct.)*, concerts, pièces de théâtre, spectacles et expositions.

NOS ADRESSES À MONTBARD

HÉBERGEMENT

PREMIER PRIX

Camping municipal – *R. Michel-Servet - par D 980 déviation nord-ouest de la ville, près de la piscine - ✆ 03 80 92 69 50 - www.montbard.com - 🏊 ♿ - mars-oct. - 78 empl. 24 € - locatif 32/97 €.* Outre ses 78 emplacements aménagés sur un terrain plat et herbeux, ce camping propose des locations de mobile homes (450/505 €/sem. en juil.-août) et de « minichalets découverte », pratiques pour les séjours en famille. Installations à la disposition des vacanciers : jeux pour enfants, tables de ping-pong et court de tennis. Une entrée au Centre nautique Amphitrite (voir Activités) incluse par jour et par personne.

BUDGET MOYEN

L'Écu – *7 r. Auguste Carré - ✆ 03 80 92 11 66 - www.hotelecu-montbard.fr - P ♿ - fermé* *vend.-dim. du 20 nov. au 6 mars - 29 ch. 80/95 € - 12,50 € - 1/2 P possible - 23/39 € - rest. fermé vend. soir et w.-end.* Balluchon d'escargots au chou, œuf poché à la crème d'époisses, lotte au chorizo, filet de bar au miel et vin rouge… Des petits plats originaux et goûteux selon les saisons sous les voûtes des anciennes écuries de ce relais de poste du 16e s. On y apprécie l'accueil, l'ambiance provinciale et les chambres, classiquement aménagées, à l'image des espaces communs.

À proximité

PREMIER PRIX

Chambre d'hôte des Forges – *5 r. des Forges - 21500 Buffon - 03 80 92 11 12 - www.chambres-hotes-buffon.com - P - 4 ch. 69 € - table d'hôte sur réserv.* Dans une grande bâtisse flanquée d'une belle terrasse et d'un agréable jardin fleuri, des chambres confortables avec entrée indépendante et vue sur le canal de Bourgogne.

RESTAURATION

À proximité

BUDGET MOYEN

Le Marronnier – *6 rte des Forges - 21500 Buffon - 6 km au nord de Montbard par D 905 - 03 80 92 33 65 - www.lemarronnier-buffon.com - P - fermé 25 déc.-18 janv. - formule déj. 13 € - 23/35 € - ch. 60/80 € - 8,50 € - 1/2 P possible.* Cette maison de pays pourvue de 5 chambres profite d'une belle situation face au canal de Bourgogne. La salle à manger est agréable avec ses murs de pierre et sa cheminée, mais l'été, on préférera la terrasse agrémentée d'une fontaine. Carte traditionnelle.

POUR SE FAIRE PLAISIR

La Mirabelle – *1 r. de la Brenne - 21500 St-Rémy - 5 km à l'ouest de Montbard par D 905 - 03 80 92 40 69 - fermé 16 août-5 sept., 23 déc.-12 janv., dim. soir, mar. soir et merc. - formule déj. 22 € - 32/45 €.* À proximité du canal, cette ancienne grange à sel cache une belle salle à manger en pierre sous une voûte. Selon les saisons, croustillant au fromage frais et épices, meurette d'escargots, sandre, cabillaud, le tout dans une ambiance chaleureuse.

ACTIVITÉS

Centre nautique Amphitrite – *R. Michel-Servet - 21500 Montbard - 03 80 89 15 20 - www.ca-amphitrite.fr - horaires et tarifs se rens.* Centre moderne équipé d'un bassin sportif, d'un bassin ludique intérieur et extérieur (bains bouillonnants et toboggans), et d'un espace détente (sauna, hammam, spa).

Randonnées en vélo – *www.velibourgogne.fr.* Rendez-vous à l'office de tourisme pour rejoindre Pouilly-en-Auxois ou le lac de Panthier, en longeant les chemins de halage du canal de Bourgogne : ancienne tuilerie de Grignon, Venarey-les-Laumes et le lac de Pont-et-Massène (halte nautique), Pont Royal, château d'Éguilly… Une quinzaine de Véli'stations sur votre parcours.

Semur-en-Auxois

★

4 124 Semurois – Côte-d'Or (21)

Capitale de l'Auxois, riche pays de culture et d'élevage, Semur est une jolie cité médiévale campée sur une falaise de granit rose. À l'abri de ses remparts, un entrelacs de ruelles pavées et quelques maisons à pans de bois sont dominés par les tours du donjon et la flèche effilée de la collégiale Notre-Dame. Vivante et accueillante, la bourgade jouit en outre d'un environnement naturel propice aux activités de plein air.

NOS ADRESSES PAGE 451
Hébergement, restauration, achats, activités, etc.

S'INFORMER

Office du tourisme – *Pl. Gaveau - 21140 Semur-en-Auxois - ✆ 03 80 97 05 96 - www.tourisme-semur.fr - juin-sept. : 9h30-12h15, 14h-18h, dim. et j. fériés 10h-12h30, 14h-18h ; de mi-mai à fin juin et de déb. à mi-sept. : 9h30-12h15, 14h-18h, dim. et j. fériés 10h-12h30 ; reste de l'année : se rens. - Possibilité de visites guidées (diurnes et nocturnes) de Semur en juil.-août.*

SE REPÉRER

Carte de microrégion B3 (p. 434-435) – Semur-en-Auxois se trouve à 18 km au sud de Montbard, à 35 km à l'est d'Avallon et 22 km au nord-est de Saulieu.

À NE PAS MANQUER

La collégiale Notre-Dame (superbe *Mise au tombeau*) ; à proximité, le château d'Époisses.

ORGANISER SON TEMPS

Outre la visite de Semur, qui vous prendra environ 1h30, prévoyez le temps de faire un pique-nique au bord du canal de Bourgogne.

AVEC LES ENFANTS

La découverte de la cité médiévale (3 €) à l'aide de 2 livrets-jeux.
La plage du lac de Pont ; le parc animalier de l'Auxois, près d'Arnay-sous-Vitteaux.

Se promener

Circuit au départ du parking Collenot – Comptez 1h30. Prenez la rue de l'Ancienne-Comédie.

Porte Sauvigny

Précédée d'une poterne et décorée aux armes de la ville, cette porte marquait l'entrée principale de l'enceinte dite « du Bourg-Notre-Dame ». Elle doit son nom au receveur des Finances Jean de Sauvigny, qui la fit construire en 1417.
Empruntez la rue Buffon, qui se distingue par ses commerces et maisons du 16e s.

★ Collégiale Notre-Dame Plan de la collégiale p. 447

6 pl. Notre-Dame - ✆ 03 80 97 03 92 - www.paroisses-semur-epoisses.com - ♿ - juil.-août : tlj sf dim.-lun. 14h30-18h30 ; avr.-juin et sept.-oct. : 9h-18h30 ; reste de l'année : 9h-17h30 - possibilité de visite guidée - gratuit.

Elle s'élève sur une petite place bordée de maisons anciennes. Fondée au 11e s., reconstruite au cours du 13e s., plusieurs fois remaniée et agrandie par l'adjonction de chapelles sur les bas-côtés nord, elle fut restaurée par Viollet-le-Duc.

Extérieur – Flanquée de tours carrées, sa façade (14e s.) est précédée d'un vaste porche. Le tympan, martelé en 1793, garde de jolis anges musiciens. Avancez-vous, à gauche de l'église, dans la rue Notre-Dame : la porte du croisillon nord, dite « porte des Bleds » (13e s.), a conservé un beau tympan contant l'incrédulité de saint Thomas et l'évangélisation des Indes. Au sommet de l'archivolte, un ange ouvre les bras en un geste d'accueil. De fines colonnettes encadrent le portail ; sur l'une d'elles, deux escargots sculptés symbolisent la vie humaine.

Le porche (15e s.), à trois arcades, abrite trois portails ; de sa décoration, la Révolution n'a laissé, peuplant les piédroits de chacun des portails, que de petits personnages sculptés en bas relief.

Du jardin, derrière l'église, admirez la jolie **vue** sur le chevet élancé, un peu surprenant par son élévation et ses chapelles aux toits coniques. Le carré du transept est surmonté d'une tour octogonale coiffée d'une flèche (56 m).

Intérieur – En entrant, on est impressionné par l'étroitesse de la nef centrale (13e et 14e s.), qui accuse la hauteur des voûtes soutenues par de fines colonnes. Gagnez le bas-côté gauche, où s'ouvrent plusieurs chapelles intéressantes.

Dans la deuxième chapelle, une **Mise au tombeau★** polychrome de la fin du 15e s., dotée de personnages monumentaux, est attribuée à l'atelier d'Antoine Le Moiturier, sculpteur des ducs de Bourgogne. Elle était entourée de quatre anges ; deux sont au Louvre et deux au musée de Semur.

La troisième chapelle, voûtée en étoile, est éclairée par un vitrail (**1**) du 16e s. illustrant la légende de sainte Barbe. Les deux chapelles suivantes conservent des panneaux de vitraux offerts au 15e s. par diverses confréries de l'époque : bouchers (**2**) et **drapiers★**. Ce dernier décline la tonte, le lavage, le travail du foulon, la coupe, le cardage, le tissage et le peignage. Les quatre vitraux du bas sont du 16e s., les autres du 19e s. Derrière la chaire, adossé au mur, le remarquable **ciborium** (**3**) en pierre, orné d'un clocheton finement sculpté et haut de 5 m (15e s.), servait à conserver les huiles saintes.

Autour des bras du transept et du chœur règne un triforium aveugle aux élégantes colonnettes surmontées de masques sculptés, d'un curieux réalisme. La grande clef de voûte peinte représente le couronnement de la Vierge, au milieu de feuillages et de têtes angéliques.

Le chœur est flanqué d'un double collatéral ; sur le déambulatoire s'ouvrent trois chapelles rayonnantes séparées par des fenêtres à triple baie. Certains vitraux datent du 13e s. Remarquez aussi l'orgue Grantin-Riepp-Callinet des 17e, 18e et 19e s.

UNE VILLE RÉPUTÉE IMPRENABLE

Ayant toujours eu des remparts, la ville fut baptisée *Sinemuro castrum*, « sinemurus » (dénomination prélatine d'une citadelle). Au 14e s., lorsque l'on renforça sa citadelle par un rempart appuyé sur 18 tours, Semur devint la place la plus redoutable du duché. La ville se divisait alors en trois parties entourées chacune d'une enceinte. Au centre, occupant toute la largeur de l'éperon rocheux, le quartier du Donjon était une vraie citadelle, plongeant à pic sur la vallée de l'Armançon, et défendue, aux angles, par quatre énormes tours rondes : tour de l'Orle-d'Or, tour de la Géhenne, tour de la Prison et tour Margot. À l'ouest, le quartier du Château (qu'Henri IV fit démanteler en 1602 car il avait servi de refuge aux ligueurs catholiques) couvrait la partie haute de la presqu'île enfermée dans le méandre de la rivière. À l'est, le bourg Notre-Dame demeura le quartier le plus peuplé, même lorsque la ville s'étendit sur la rive gauche de la rivière.

Dans la dernière chapelle du collatéral gauche, un retable peint en 1554 (**4**) représente l'arbre de Jessé ; un dais gothique en bois sculpté le surmonte. De beaux vitraux du 13e s., restaurés par Viollet-le-Duc, éclairent la chapelle axiale dédiée à la Vierge (**5**).

Plus loin, la chapelle Ste-Julitte (**6**) possède un encadrement Renaissance avec une jolie clef pendante ornée d'un ange lisant. Un Christ aux cinq plaies, statue polychrome de la fin du 15e s., montre l'une d'elles de la main droite.

Continuez rue Fevret, puis prenez à gauche la rue des Remparts.

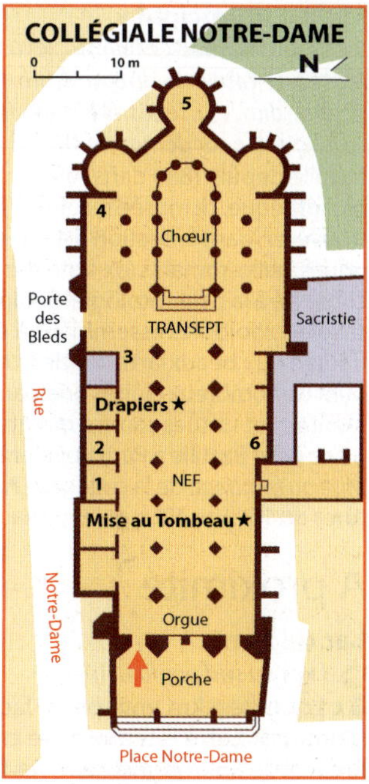

Tour de l'Orle-d'Or

R. du Rempart - ✆ 03 80 97 05 96 - www.tourisme-semur.fr - visite guidée (30mn) juil.-août : 14h-19h ; mai-juin et sept. : certains w.-end se rens. - fermé lun. - 3 € (-18 ans gratuit).

Cette tour lézardée faisait partie des courtines, démantelées en 1602 sur ordre d'Henri IV. Elle doit son nom aux créneaux (supprimés), qui étaient revêtus de plomb cuivré (« un ourlet d'or »). Ses dimensions sont imposantes : 44 m de hauteur, murs d'environ 2,20 m d'épaisseur au sommet, 5 m à la base. Avant la construction du pont Joly (1787), cette tour était l'une des entrées de la ville. Elle est aujourd'hui le siège de la Société des sciences historiques et naturelles de Semur.

Rejoignez les rives de l'Armançon en contrebas.

Pont Pinard

De ce pont qui conduit aux faubourgs de la rive gauche, la **vue** est très belle sur la ville, particulièrement en fin d'après-midi.

Pont Joly

Il commande une superbe **vue** ★ de la cité médiévale. Ce pont franchit l'Armançon au pied du donjon qui verrouillait l'isthme étroit rattachant la falaise rose, où naquit la cité, au plateau granitique, où elle s'est étendue. La vue s'ouvre sur la vallée ; on se régale des jardins, rochers, parcs, cascades.

Empruntez les escaliers de la Poterne.

Promenade des remparts

Aménagée sur l'ancienne muraille à la proue de l'éperon granitique, cette promenade, plantée de tilleuls, domine en corniche la vallée de l'Armançon. Pour s'y rendre, on passe devant l'ancien hôpital, qui fut l'hôtel du marquis du Châtelet, gouverneur de Semur et lieutenant général des armées du roi, dont la savante épouse, Émilie, fut la tendre amie de Voltaire.

Il est possible de prolonger la flânerie en descendant la rue basse du Rempart. Le site est alors mis en valeur par les énormes masses de granit rouge pailleté de mica et de quartz qui servent d'assise au donjon.

Revenez par la rue Collenot.

Musée municipal

3 r. Jean-Jacques-Collenot - ✆ 03 80 97 24 25 - www.ville-semur-en-auxois.fr/Musee-et-bibliotheque_a57.html - ♿ - avr.-oct. : 14h-18h ; reste de l'année : tlj sf sam.-dim. et j. fériés 14h-18h - fermé mar., 14 Juil., vac. de Noël - possibilité de visite guidée sur demande (1h) - 3 € (-25 ans gratuit).

Installé depuis 1880 dans l'ancien couvent des Jacobines (18e s.), tout comme la bibliothèque, ce musée recèle sur trois étages une grande variété d'œuvres. Vous trouverez, dans la section d'archéologie, des objets provenant de sites préhistoriques, gallo-romains (ex-voto des sources de la Seine) et mérovingiens. L'espace consacré à la paléontologie-géologie présente plus de 10000 spécimens et une salle de zoologie ressemblant à un véritable cabinet de curiosités. La section dédiée aux beaux-arts contient notamment des sculptures du 13e s. au 19e s., dont de nombreux plâtres originaux d'Augustin Dumont, auteur de décors monumentaux et statues commémoratives (génie de la Liberté de la colonne de Juillet, place de la Bastille à Paris), et d'émouvants **anges deuillants** qui encadraient la *Mise au tombeau* de la collégiale Notre-Dame. Vous remarquerez aussi des peintures du 17e s. au 19e s. et les oiseaux naturalisés de la section d'histoire naturelle.

À proximité Carte de microrégion p. 434-435

Lac de Pont B3

3 km au sud par la D 103B.

Long de 6 km environ, le lac artificiel s'étend entre Pont-et-Massène et Montigny. Cette retenue a été créée au 19e s. sur l'Armançon pour alimenter le canal de Bourgogne. Ses rives forment un joli site, dans un cadre de verdure et de rochers *(plage et sports nautiques)*. Le lac peut être à sec en période de haute sécheresse.

Château de Bourbilly A3

9 km au sud-ouest par la D 9.

✆ 03 80 97 05 02 - http://bourbilly.fr - ♿ - parc de déb. mai à mi-sept. : 13h30-18h - fermé mar. - 2 € ; château visite guidée de mi-juil. à fin août : 13h30-18h - fermé mar. - 10 € (-10 ans gratuit).

Campée dans la vallée du Serein, cette place défensive fut achevée en 1379 par Marguerite de Beaujeu. Elle appartint à Jeanne Frémyot de Chantal, fondatrice en 1610, avec François de Sales, de l'ordre de la Visitation et canonisée sous le nom de sainte Jeanne de Chantal. Sa petite-fille n'était autre que la marquise de Sévigné, qui séjourna à Bourbilly à plusieurs reprises, notamment lors de son voyage de noces. Démantelé pendant la Révolution, puis réhabilité au Second Empire, le château a noble allure dans son parc, avec ses trois ailes en équerre (la quatrième n'a pas été relevée) cantonnées de tours rondes, et ses hautes toitures sur lesquelles se dressent de curieuses **cheminées** cylindriques. À l'intérieur, on visite la salle des Gardes, dotée d'un billard Louis XIII et d'une tapisserie flamande du 17e s. *(Prise de Tyr par Alexandre)* ; la chapelle, endommagée par un incendie en 1952 et redécorée avec des matériaux modernes (belle charpente), que ferme une grille en fer forgé aux motifs de roses et de croix (1889) ; la bibliothèque néogothique ; la salle à manger, ornée d'un plafond à la française ; enfin, le Grand Salon, au décor vénitien (lustres fleuris en cristal de Murano).

Époisses A3

13 km à l'ouest par la D 954.

Cet agréable bourg, érigé sur le plateau de l'Auxois, fut le lieu de villégiature préféré de la reine Brunehaut, établie à Autun au 6e s. Il doit sa célébrité à son château ainsi qu'à un célèbre fromage à pâte molle au fort caractère.

Semur-en-Auxois, cité médiévale.
S. Sonnet/hemis.fr

★ **Château** – *1 r. de Semur - www.chateaudepoisses.com - ♿ - visite guidée (45mn) juil.-août : tlj sf mar. 10h-12h, 15h-18h - parc : tte l'année 9h-18h - 8 € (10-16 ans 4 €, -10 ans gratuit) - parc seul 2 €.* « Cette maison est d'une grandeur et d'une beauté surprenante », écrivit Mme de Sévigné en 1673 en parlant du château d'Époisses, où elle venait régulièrement. Le château est entouré d'une double enceinte de douves sèches. On y accède par une poterne, qui conduit dans l'avant-cour, véritable petit village où s'assemblent des maisons (aujourd'hui une école primaire occupe l'un des bâtiments) et des granges autour d'une église, ancienne collégiale du 12e s., et d'un remarquable pigeonnier Renaissance comportant quelque 3 000 « boulins » (trous destinés à la ponte des œufs de pigeon). Avant de franchir le second fossé, contournez le château par la droite pour observer les quatre tours qui relient entre eux les bâtiments d'habitation. Il y en avait sept à l'origine, mais la moitié sud, démolie en 1794, a été remplacée par une balustrade ; remarquez, dans la cour d'honneur, le puits finement ouvragé. Le château, propriété de la famille de Guitaut depuis le 17e s., offre une suite de galeries et de salons richement décorés. Le grand salon abrite

L'ÉPOISSES

Ce sont les moines d'une communauté cistercienne venue s'installer à Époisses au 16e s. qui auraient inventé la recette du « roi des fromages », comme l'appelait Brillat-Savarin. À l'époque, ils retournaient quotidiennement, et ce pendant deux mois, chaque fromage, et le lavaient à l'eau salée avant de l'arroser au marc de Bourgogne. Quatre siècles plus tard, la transformation profonde du monde agricole faillit avoir raison du petit fromage, mais, relancé par la famille **Berthaut** *(voir « Achats » p. 452)* vers la fin des années 1950, il échappa à l'oubli et connaît aujourd'hui un regain de popularité. Pour mériter sa prestigieuse appellation, l'époisses, reconnu AOC depuis 1991, est désormais soumis à de strictes règles définissant précisément son aire géographique de production et ses méthodes de fabrication.

un beau mobilier Louis XIV, dont les sièges sont recouverts de tapisseries des Gobelins. Des tableaux et souvenirs évoquent de nombreux personnages historiques, en particulier les hôtes du château : les grands ducs de Bourgogne, Henri IV, Mme de Sévigné, Chateaubriand, le prince de Condé.

Château-abbaye de Moutiers-St-Jean A3

15 km au nord-ouest par la D 1.
1 pl. de l'Abbaye - 21500 Moutiers-St-Jean - 06 07 01 83 00 - www.abbayedemoutiers.fr - juil.-août 10h45-12h30, 14h-18h30 - reste de l'année sur demande - 7 € (-18 ans 4 €).
Cette ancienne abbaye royale est considérée comme la plus ancienne de Bourgogne (elle aurait été fondée vers 450). En cours de restauration, on peut aujourd'hui visiter le cloître, des salons meublés (18e s.), la curieuse et moderne salle de bains de l'évêque, et, après avoir gravi l'escalier monumental en fer forgé, la grande galerie qui dessert les cellules des moines.
Dans le village, remarquez aussi le jardin italien Cœurderoy, du nom du président aux requêtes du parlement de Bourgogne, Jean Cœurderoy (1627-1709), qui se fit construire un hôtel particulier. Le jardin se trouve hors de l'enceinte des remparts, mais est toujours relié au parc de l'hôtel par un petit souterrain.

St-Thibault B3

19 km au sud-est par la D 970.
★ **Église** – *9h-18h (en dehors des offices).* De l'église, construite pour abriter les reliques de saint Thibault grâce aux libéralités de Robert II, duc de Bourgogne, et de sa femme, Agnès de France, fille de Saint Louis, il ne reste que le chœur, une chapelle absidiale et le portail sculpté appartenant à l'ancien transept (écroulé avec la nef au 17e s.). Le **portail**★ est un admirable livre d'images. Les sculptures du tympan, consacrées à la Vierge, ont été exécutées dans la seconde moitié du 13e s. Vers 1310, cinq grandes statues furent ajoutées : saint Thibault, le duc Robert II et son fils Hugues V, bienfaiteurs de l'église (sous l'aspect d'Aaron et David), la duchesse Agnès et l'évêque d'Autun, Hugues d'Arcy (la reine de Saba et Salomon) ; l'expression des physionomies est extrêmement réaliste et vivante. Les vantaux, aux beaux panneaux sculptés, sont de la fin du 15e s., avec, à gauche, les vierges sages et, à droite, les vierges folles. À l'intérieur, la modeste nef, reconstruite au 18e s., est décorée de boiseries de l'époque, mais tout l'intérêt se concentre sur le chœur et l'abside, chefs-d'œuvre de légèreté édifiés à la fin du 13e s. Le **chœur**★ à cinq pans est la plus élégante des constructions bourguignonnes de l'époque. Du sol aux voûtes, les fines colonnettes s'élèvent d'un seul jet, unissant dans le même mouvement ascensionnel l'arcature aveugle du soubassement, les fenêtres basses bordées d'une claire-voie délicate, le triforium et les fenêtres hautes. À droite du chœur, sous un enfeu aux bas-reliefs restaurés en 1839, se trouve le tombeau d'Hugues de Thil, avec, à ses côtés, une piscine d'autel à deux vasques, tous deux du 13e s. Le **mobilier**★ est fort intéressant : l'autel est décoré de deux retables ; au fond du chœur se dresse un grand crucifix du 14e s. et, au-dessus de l'autel, sur une belle crosse, on distingue une colombe eucharistique du 16e s. Dans la nef, à droite, contre le mur du chœur, remarquez la jolie statue de la Vierge regardant l'Enfant Jésus jouer avec un oiseau (14e s.) ; enfin, dans la chapelle St-Gilles, partie la plus ancienne de l'église, accompagnant la châsse de saint Thibault, les statues figurant l'Ancien et le Nouveau Testament.

Arnay-sous-Vitteaux B3

21 km au sud-est par la D 970 (jusqu'à Villeneuve-sous-Charigny), puis à gauche sur la D 10 et la D 117B (après Marigny-le-Cahouët).

Parc de l'Auxois – *Lieu-dit Le Foulon - ✆ 03 80 49 64 01 - www.parc-auxois.fr - ♿ - avr.-sept. : 10h-19h ; mars et de déb. oct. à mi-nov. : 10h-18h - 16 € (-12 ans 12 €).* À proximité du village, sur la Brenne, ce parc animalier et de loisirs de 35 ha est un but de promenade récréative. Il propose de nombreuses animations (promenades en carriole, piscine, manèges) et présente des animaux d'Afrique, d'Asie, d'Amérique et d'Océanie : zèbres, autruches, watusis, castors, ratons laveurs…

Vitteaux B3

23 km au sud-est de Semur-en-Auxois par la D 970 puis à gauche la D 70.

16 r. Hubert-Languet - 21350 Vitteaux - ✆ 03 80 33 90 14 - www.vitteaux-tourisme.com - juil.-août : 9h30-12h30, 14h-18h30, sam. 9h30-12h30, 14h-18h, dim. et j. fériés 10h-12h ; mars-juin et sept.-oct. : tlj sf dim.-lun. 9h30-12h30, 14h-18h ; reste de l'année : tlj sf dim.-lun. 9h30-12h30, 14h-18h, sam. 9h30-12h30 - fermé lun., certains j. fériés.

L'**église St-Germain** possède un portail aux lignes harmonieuses du 13e s., avec des vantaux sculptés du 15e s., comme à St-Thibault. À l'intérieur, les amateurs de bois sculpté seront enchantés : belle tribune d'orgues retraçant le récit de la Passion selon saint Matthieu et stalles aux scènes délectables. Ces deux ensembles datent du 15e s.

Les **halles** couvertes des 13e s. et 14e s. ont été partiellement reconstruites au 17e s. À proximité, vous remarquerez une belle demeure aux fenêtres gothiques, dite **« maison Bélime »**. à l'emplacement de l'ancien château *(beau point de vue sur l'éperon de Myard et sur Vitteaux)* subsiste un vieux puits où résiderait la Vouivre, créature mythique, mi-serpent, mi-humaine… Pour en savoir plus, lisez (ou relisez) le roman de Marcel Aymé.

Château de Posanges B3

23 km au sud-est par la D 954 et la D 9, puis à droite sur la D 905.

Cette imposante construction (*ne se visite pas*), érigée par Guillaume Dubois, premier maître d'hôtel et conseiller du duc Philippe le Bon, date du 15e s. Remarquez la poterne d'entrée fortifiée : un pont-levis commandait autrefois l'accès du château. Les quatre tours rondes sont reliées par des courtines.

NOS ADRESSES À SEMUR-EN-AUXOIS

HÉBERGEMENT

BUDGET MOYEN

Hôtel Les Cymaises – *7 r. du Renaudot - ✆ 03 80 97 21 44 - www.hotelcymaises.com - P ♿ - 18 ch. 80 € - ☕ 9 €.* Demeure cossue (18-19e s.) située au cœur de la cité médiévale. Chambres calmes et classiques. Petit-déjeuner servi sous la véranda ; cour et jardin de repos.

Hostellerie d'Aussois – *Rte de Saulieu - ✆ 03 80 97 28 28 - www.hostellerie.fr - P ♿ - 42 ch. 99/120 € - ☕ 12 € - ✕ 25/32 € - formule déj. 20 € - rest. fermé sam. midi et vend.* Cet hôtel propose des chambres fonctionnelles et très confortables, au cadre design. Agréable hall-salon-bar. La Table de l'Hostellerie, le restaurant, d'esprit actuel, ouvre sur la piscine et sa terrasse, avec les remparts de Semur à l'arrière-plan. Cuisine originale entre tradition et terroir comme ce pavé d'églefin avec sa sauce meurette.

À proximité

PREMIER PRIX

Chambre d'hôte et halte fluviale La Maison du Canal – *10 r. du*

Port - 21390 Clamerey - Halte nautique du Pont Royal - Au Pont-Royal - 16 km au sud-est de Semur-en-Auxois par D 970 puis D 70 (dir. Vitteaux) - ✆ 06 60 78 77 53 - www.lamaisonducanal.net - 🚭 🅿 - 5 ch. 65/70 € ☕. Cette maison du début du 19e s. plantée au bord du canal de Bourgogne, face à un petit port de plaisance, abritait autrefois un bureau de poste. Les chambres toutes simples mais bien tenues s'ouvrent sur la calme campagne de l'Auxois. Information sur la navigation sur place.

BUDGET MOYEN

Le Pré Germain – *1 r. de Beurey - ✆ 06 09 42 38 10 - www.lepregermain.fr - 4 ch. et 1 suite 90/140 €* ☕ *- ✕ 32 €.* Cette maison de campagne à deux pas du canal propose de belles chambres confortables, entourées d'un parc de 4 ha.

RESTAURATION

BUDGET MOYEN

Le St-Vernier – *13 r. Févret - ✆ 03 80 97 32 96 - formule déj. 15 € - 20/30 €.* Situé en plein cœur du centre historique, ce bistrot bourguignon, un peu bouchon lyonnais, accueillant, convivial et bruyant, propose une bonne cuisine du terroir (viande charolaise). Époisses et autres fromages du cru sont ici à la fête et se déclinent en une farandole de tartiflettes. Assiettes copieuses, belle carte des vins et service efficace.

À proximité

BUDGET MOYEN

Le Pari des gourmets – *10 r. du Lac - 21140 Pont-et-Massène - ✆ 03 80 97 11 11 - www.leparidesgourmets.fr - fermé vac. de Noël (mode traiteur seult), lun. soir, dim. soir (et sam. midi de mi-oct. à mi-fév.) - formules déj. 13/14,50 € - 18/37 €.* Ce restaurant situé face au lac est idéal pour une bonne halte : cuisine élaborée et gourmande (douceur chocolat blanc-caramel beurre salé !).

L'Auberge du château – *31 r. des Éperons - 21460 Époisses - ✆ 03 80 89 30 13 - www.aubergeduchateau-restaurant.com - fermé lun., mar. et dim. soir - formule déj. 19 € - carte 30 €.* Une auberge régionale fort sympathique, qui sert une bonne cuisine faite maison : jambon grillé, burgers à l'époisses… Les desserts sont délicieux, et l'accueil charmant. Terrasse agréable.

ACHATS

L'Épicerie de Céline – *12 r. de la Liberté - ✆ 03 80 92 25 82 - fermé lun.* Dans un décor soigné, des produits frais (fruits et légumes, fromages…) côtoient une belle sélection de produits du terroir (vins, moutardes, escargots…). L'adresse de tous les gourmets.

Berthaut – *Pl. du Champ-de-Foire - 21460 Époisses - ✆ 03 80 96 44 44 - www.quiveutdufromage.com/m-epoisses-berthaut/- 9h30-12h15, 14h-18h - fermé dim.-lun. (ouv. dim. mat. et lun. en juil.-août), 1er janv., 1er Mai, 25 déc.* Dans leur fromagerie fondée en 1956, les Berthaut valorisent la recette traditionnelle de l'époisses – affiné au marc de Bourgogne – qui bénéficie aujourd'hui de l'AOC. Ils développent de nombreuses autres spécialités tels le perrière, vendu à la coupe, l'aisy cendré, l'affidélice, lavé au chablis, et le soumaintrain. La boutique propose aussi de bons petits crus de pays.

ACTIVITÉS

Randonnée pédestre – Pour des informations sur les circuits : www.bouger-nature-en-bourgogne.com.

MuséoParc Alésia

★★

Côte-d'Or (21)

La recherche de vestiges de la lutte qui opposa César et Vercingétorix en 52 av. J.-C. anime le village d'Alise-Ste-Reine depuis plus d'un siècle. Les milliers de clichés aériens et les grandes campagnes de fouilles de la seconde moitié du 20e s. ont dissipé les doutes. Cette riche histoire est restituée dans le très beau MuséoParc.

NOS ADRESSES PAGE 456
Hébergement, restauration, achats, activités, etc.

S'INFORMER

Office de tourisme – *1 av. de la Gare - 21150 Venarey-les-Laumes - 03 80 96 89 13 - www.alesia-tourisme.net - juil.-août : 9h30-12h30, 14h-19h ; avr.-juin et sept. : tlj sf dim. 9h30-12h30, 14h-19h ; reste de l'année : 10h-12h, 15h-18h - fermé dim. et j. fériés.*

SE REPÉRER

Carte de microrégion B3 (p. 434-435) – Alise-Ste-Reine se trouve à 16 km au nord-est de Semur-en-Auxois. On y accède en suivant la D 954 qui passe par Venarey-les-Laumes.

AVEC LES ENFANTS

Tout le MuséoParc est conçu pour les enfants, quel que soit leur âge. En été, des ateliers de céramique, de mosaïque ou de jeux gallo-romains sont proposés. Une ludothèque accueille les enfants dès 3 ans (sous la surveillance d'une animatrice), et des jeux destinés aux plus grands animent le parcours scénographié.

Visiter

Le **centre d'interprétation** est construit sur le champ de bataille, autour du mont Auxois. À 3 km, à Alise-Ste-Reine, vous verrez les vestiges d'une **ville gallo-romaine** qui s'était développée au sommet de l'oppidum, là où Vercingétorix et ses 80 000 fantassins gaulois s'étaient retranchés.

Centre d'interprétation

1 rte des Trois-Ormeaux - 03 80 96 96 23 - www.alesia.com - ♿ - juil.-août : 10h-19h ; avr.-juin et sept.-oct. : 10h-18h ; reste de l'année : 10h-17h - fermé déc.-janv. - 10 € (-16 ans 6 €) - 8 € (-16 ans 4,50 €) basse sais. - possibilité de visites guidées 2 € (-7 ans gratuit), Balad'archéo 3 €, atelier 4 €. Au rez-de-chaussée se trouvent la ludothèque et la boutique.

Bon à savoir : avec le pass Archéo, visitez le MuséoParc Alésia et bénéficiez d'un tarif préférentiel dans les trois autres lieux (Autun, Bibracte et Trésor de Vix) sur présentation de votre ticket d'entrée.

Ce superbe bâtiment sur trois niveaux, conçu par l'architecte Bernard Tschumi, est circulaire pour symboliser l'encerclement des Gaulois ; le revêtement extérieur, en résille de bois, fait référence aux fortifications romaines. Au dernier étage, une terrasse panoramique offre une vision à 360° sur le site. La scénographie de l'exposition, moderne et dynamique, est ponctuée de maquettes, vidéos et bornes interactives. Elle présente le siège d'Alésia sous tous ses aspects (52 av. J.-C.) : le contexte, l'organisation de l'armée, la stratégie, la logistique, les événements, puis l'évocation du mythe gaulois et de Vercingétorix. On apprend ainsi qu'une légion romaine rassemble ainsi 10 cohortes, et qu'une cohorte regroupe 5 120 à 6 200 hommes et 120 à 300 cavaliers. Manipule, centurie, décurie, tout est pédagogiquement expliqué. Vous pénétrez dans l'exposition par l'impressionnante galerie des combats qui voit s'affronter les Gaulois, en bleu, et les Romains, en rouge (couleurs récurrentes tout au long du parcours). La guerre des Gaules est présentée grâce à un diorama, et une large frise relate les exploits de César. De très nombreux objets issus des fouilles et des reconstitutions – armes, panoplies – évoquent en détail les caractéristiques de chaque armée. Un film de qualité raconte le siège d'Alésia et les batailles qui aboutirent à la victoire de César.

À l'extérieur, une partie des lignes fortifiées romaines, bordées par deux fossés remplis d'eau et un système de pièges très réaliste, est reproduite grandeur nature. De nombreuses animations font revivre l'histoire d'Alésia tout au long de la saison.

★ Mont Auxois

Pour arriver au sommet de l'ancien oppidum, montez (forte pente) à Alise-Ste-Reine, à 3 km. À l'ouest du plateau, le panorama s'étend sur la plaine des Laumes et les sites occupés par l'armée romaine lors du siège.

Vestiges de la ville gallo-romaine – *1 chemin des fouilles - ☎ 03 80 96 96 23 - www.alesia.com - ♿ - juil.-août : 10h-19h ; avr.-juin et sept.-oct. : 10h-18h ; reste de l'année : 10h-17h - fermé déc.-janv. - 3,50 € (-7 ans gratuit) - 10 € billet combiné avec MuséoParc Alésia.*

Le pavillon d'accueil présente une grande maquette d'Alésia et ses environs. Après la défaite de Vercingétorix, l'oppidum de 100 ha continue d'être occupé et une ville gallo-romaine prospère se développe, dont subsistent plusieurs vestiges. Fortement arasé, le site donne pourtant une idée de la vie d'une cité antique. La prospérité de la ville semble liée à son importante activité métallurgique. Au cours de la visite *(itinéraire fléché, vestiges numérotés)*, on observe sa distribution en quartiers assez distincts autour du forum (en forme de trapèze), qui était le lieu du marché.

À l'**ouest**, le quartier monumental regroupe le théâtre. La *cavea* (les gradins) et son *orchestra* en demi-cercle pouvaient accueillir 5 000 spectateurs. Près du temple et d'une basilique civile (dans l'Antiquité, la basilique n'a pas de fonction religieuse, elle désigne un édifice public), des spectacles y étaient donnés.

Au **nord** s'étend un secteur prospère réunissant des boutiques, la rue avec portiques, la grande maison de la « Cave à la Mater » équipée d'un hypocauste (système de chauffage par le sol), le four des bronziers et des puits.

Au **sud-est**, le quartier des artisans présente un édifice à double colonnade, de petites maisons, souvent accompagnées d'une cour où s'exerçait l'activité artisanale. Le monument d'Ucuetis, le plus original et le mieux conservé, servait de lieu de rencontre et de sanctuaire.

Au **sud-ouest**, les vestiges de la basilique mérovingienne Ste-Reine, entourée seulement d'un cimetière, marquent la fin de l'occupation du plateau par la population, qui s'installe dès lors à l'emplacement du village actuel.

Alise-Ste-Reine

Fontaine Ste-Reine – On rapporte qu'une source miraculeuse aurait jailli sur le lieu où fut décapitée **sainte Reine**, jeune fille élevée dans la foi chrétienne qui refusa d'épouser le gouverneur romain Olibrius. Jusqu'au 18e s., la vertu curative de ses eaux fut renommée. Près de la fontaine, fréquentée par de nombreux pèlerins depuis le Moyen Âge, une chapelle abrite une statue

Une défaite qui fait débat

LE SIÈGE D'ALÉSIA

Après son échec devant Gergovie, fief des Arvernes, près de Clermont-Ferrand, au printemps 52 av. J.-C., le proconsul **César** bat en retraite vers le nord, afin de rallier, près de Sens, les légions de son lieutenant Labienus. Cette jonction opérée, et alors qu'il regagnait ses bases romaines, sa route est coupée par l'armée gauloise de **Vercingétorix**. Malgré l'effet de surprise et l'avantage du nombre, les Gaulois subissent un cuisant échec et décident de ramener leurs troupes dans l'oppidum d'Alésia. Commence alors un siège mémorable. L'armée de César (50 000 hommes) entoure la place d'une double ligne de tranchées, murs, palissades, tours ; la contrevallation, première ligne de fortifications, face à Alésia, doit interdire toute tentative de sortie des assiégés ; la seconde, la circonvallation, tournée vers l'extérieur, est faite pour contenir les assauts de l'armée gauloise de secours. Pendant six semaines, Vercingétorix essaie en vain de briser les lignes romaines. L'armée gauloise de secours, forte de près de 250 000 guerriers, ne parvient pas davantage à forcer le barrage et bat en retraite. Affamés, les assiégés capitulent. Pour sauver ses soldats, Vercingétorix se livre à son rival. Celui-ci le fera figurer dans son « triomphe » six ans plus tard avant de le faire étrangler au fond de son cachot, le Tullianum, à Rome.

UNE « BATAILLE » D'ÉRUDITS

L'emplacement d'Alésia a été vivement contesté sous le Second Empire par quelques érudits qui situaient le lieu du combat à Alaise, village du Doubs. Le botaniste **Georges Colomb** (1856-1945) fut un ardent défenseur de cette hypothèse comtoise et publia L'Énigme d'Alésia en 1922. Napoléon III fit exécuter des fouilles autour d'Alise-Ste-Reine en 1861. Elles furent dirigées, notamment de 1862 à 1865, par le baron **Eugène Stoffel**, aide de camp de l'Empereur. Ces recherches permirent de découvrir de nombreux vestiges d'ouvrages militaires attribués à l'armée de César, des ossements d'hommes et de chevaux, des armes ou débris d'armes, des meules à grain, des pièces de monnaie. Au terme des fouilles, en 1865, l'érection sur le plateau d'une statue de Vercingétorix ne mit pas fin aux polémiques. Les fouilles franco-allemandes des années 1990 ont clarifié la situation : pour la communauté archéologique européenne, c'est bien autour du mont Auxois que s'est déroulée la fameuse bataille. Le conseil général de la Côte-d'Or, en partenariat avec le ministère de la Culture, y a réalisé depuis un parc archéologique d'envergure européenne.

LE SAVIEZ-VOUS ?

- Alise-Ste-Reine tire son nom d'Alésia.
- **Vercingétorix**, qui n'est pas un patronyme, signifie littéralement « le chef suprême des combattants », le terme *rix* désignant le roi.
- Depuis 1985, le lieu de la bataille d'Alésia (7 000 ha) est classé **Site d'intérêt historique et paysager national**. Il est adossé au mont Auxois, butte de 407 m aux versants abrupts qui sépare les vallées de l'Oze et de l'Ozerain, et domine la plaine des Laumes.

vénérée de la sainte (15e s.). L'hôpital à proximité fut créé en 1660 sur les instances de saint Vincent de Paul.

Statue de Vercingétorix – Œuvre du Bourguignon Aimé Millet, la statue de 6,60 m en tôle et cuivre a été érigée en 1865, à la demande de Napoléon III. Le socle, d'une hauteur de 7 m, a été dessiné par l'architecte Viollet-le-Duc.

Église St-Léger– Cette église des 7e et 10e s., restaurée dans son état primitif, a été construite sur le plan des anciennes basiliques chrétiennes, avec une nef couverte en charpente et une abside en cul-de-four. Le mur sud est mérovingien, le mur nord carolingien. Elle accueille le **pèlerinage de sainte Reine** *(1er w.-end de sept.)*. L'histoire du martyre de sainte Reine est jouée dans les rues de la ville, par les habitants du pays.

NOS ADRESSES À ALISE-STE-REINE

RESTAURATION

PREMIER PRIX

Le Carnyx (restaurant du Muséo Parc Alésia) – *1 rte des Trois-Ormeaux - ✆ 03 80 96 96 23 - www.alesia.com - ouv. tlj - 14/16 €.* Agréable terrasse. Produits frais, menus pratiques si vous venez avec des enfants.

BUDGET MOYEN

Auberge du Cheval Blanc – *9 r. du Miroir - ✆ 03 80 96 01 55 - www.regis-bolatre.fr - P - fermé fin août-déb. sept., 22 déc.-10 fév., dim. soir, lun.-mar. - 25/42 €.* Bâtisse en pierre dont l'intérieur est agréablement réchauffé l'hiver par un bon feu de bois. Généreuse cuisine du terroir bourguignon, comme ce foie gras de canard poêlé et ravioles avec son émulsion de champignons des bois.

À proximité

BUDGET MOYEN

Le Bistrot de Louise – *7 r. Eugène-Edon - 21150 Venarey-les-Laumes - 4 km à l'ouest d'Alise-Ste-Reine via D 103T - ✆ 03 80 89 69 94 - P - ♿ - fermé 25 août-1er sept., dim. sf le midi en été, lun. soir et mar. soir - formule déj. 15 € - 25/35 €.* Ce bistrot contemporain est la seconde adresse de Régis Bolâtre (voir ci-contre l'Auberge du Cheval Blanc). Cuisine aussi soignée, mais à des prix plus modestes.

ACTIVITÉS

Golf – *Av. Jean-Jaurès - 21150 Venarey-les-Laumes - 14 km au sud-est de Montbard par D 905 - ✆ 03 80 96 16 41 - ✆ 06 78 92 54 69 - www.golfdevenarey.jimdo.com.* Accordez-vous un moment de détente sur ce golf au pied du mont Auxois, encerclé par une boucle de la Brenne. Parcours de 7 trous, accessible aux joueurs de tout niveau.

Randonnée pédestre – Les sentiers du pays de l'Auxois-Morvan proposent plusieurs circuits : Sur les traces de Vercingétorix (8,5 km, 2h30, niveau facile) et Découverte d'Alise-Ste-Reine-Alésia (1,7 km, 30mn, niveau facile). Départ et panneaux sur le site du mont Auxois.

Château de Bussy-Rabutin

★

Côte-d'Or (21)

La riche et originale décoration intérieure n'est pas signée. Mais faut-il le regretter ? Roger de Rabutin ne s'y est pas trompé : le seul vrai artiste du château, c'est lui. Et c'est à lui, son amertume, son brillant esprit du Grand Siècle et son incroyable insolence que l'on rend visite.

NOS ADRESSES PAGE 459
Hébergement, restauration, achats, activités, etc.

S'INFORMER

03 80 96 00 03 - www.chateau-bussy-rabutin.fr - de mi-mai à mi-sept. : 9h15-13h, 14h-18h ; reste de l'année : 9h15-12h, 14h-17h - fermé 1er janv., 1er Mai, 1er et 11 Nov., 25 déc. - possibilité de visite guidée (1h) - 8 € (-26 ans gratuit) - 3 € jardin seul - gratuit 1er dim. du mois (oct.-mai).

BON À SAVOIR

Sur présentation de votre ticket d'entrée, visitez le site de votre choix et bénéficiez d'un tarif préférentiel au site d'Alésia et à l'abbaye de Fontenay.

SE REPÉRER

Carte de microrégion B3 (p. 434-435) – Bussy-Rabutin se trouve à 6 km au nord-est de Venarey-les-Laumes (D 954) et à 20 km au sud-est de Montbard.

ORGANISER SON TEMPS

Prévoyez environ 45mn pour une visite guidée des lieux.

AVEC LES ENFANTS

Faites-leur découvrir le parc ainsi que les jardins, attribués à Le Nôtre.

Découvrir

On pénètre dans ce château fort du 15e s. par **la cour d'honneur, en plan en U,** bordée de deux galeries et entourée de douves. Racheté à la Renaissance par les comtes de Rochefort, lesquels firent abattre le mur (la courtine) qui fermait la cour, ils transformèrent les quatre tours de défense en habitation et dotèrent les ailes d'une décoration raffinée. La façade est du 17e s. Commencé par le grand-père de Roger de Rabutin, le rez-de-chaussée date du règne de Louis XIII, alors que les parties supérieures évoquant le premier style Louis XIV furent terminées en 1649. Dans la tour sud-ouest se trouve **la Chapelle** qui abrite un oratoire orné d'un beau mobilier : retable de pierre du 16e s. représentant la résurrection de Lazare, et Visitation du 18e s. en pierre polychrome avec costumes bourguignons.

Dans l'aile droite, les **anciennes cuisines,** vides, présentent des remplois sculptés d'époque Renaissance. À **l'intérieur**, les pièces un peu délabrées du rez-de-chaussée accueillent des expositions temporaires.

À l'étage, la décoration des appartements, cage dorée où l'exilé exhale sa nostalgie de l'armée, de la vie de cour, son ressentiment envers Louis XIV et sa tenace rancune amoureuse *(voir encadré p. suiv.)*, a été conçue par Bussy-Rabutin lui-même. La collection de portraits relève d'une mode de l'époque. Dans **la salle des Devises,** des panneaux figuratifs ou allégoriques et de savoureuses devises, peintes sur la boiserie, composées par le maître de maison et inspirées de son histoire personnelle, forment un assemblage imprévu. Des

LES MÉSAVENTURES DE ROGER DE RABUTIN

L'art de la plume causa bien des ennuis à Roger de Rabutin, comte de Bussy (1618-1693), que Turenne décrivait comme « le meilleur officier de ses armées, pour les chansons », malgré une brillante carrière militaire. S'étant compromis en composant des couplets tournant en ridicule les amours du jeune Louis XIV et de Marie Mancini, il fut exilé en Bourgogne sur ordre du roi. Rejoint dans sa retraite par sa maîtresse, la marquise de Montglas, il rédigea, pour la divertir, une *Histoire amoureuse des Gaules*, chronique satirique des aventures galantes de la Cour. Il en réservait alors la lecture à un petit cercle d'amis. Mais, la marquise de Montglas le prêta en 1662 à Mme de La Baume, qui le fit imprimer en Hollande et le diffusa. Ce libelle conduisit son auteur, pourtant fraîchement élu à l'Académie française, tout droit à la Bastille. Il y séjourna un peu plus d'un an avant d'être autorisé à retourner en exil sur ses terres (en 1666), mais célibataire cette fois, la belle marquise s'étant montrée fort oublieuse. Sa fille, veuve de Coligny, l'y rejoignit plus tard.

Mme de Sévigné, proche cousine de Rabutin, est très présente au château, mais en portrait seulement. Tous deux partageaient l'amour des belles-lettres, le goût de la séduction et des beaux esprits.

vues de châteaux et monuments, dont certains n'existent plus, figurent sur les panneaux supérieurs. Sur la cheminée, voyez le portrait de Bussy-Rabutin par Lefèvre, un élève de Lebrun. Le mobilier est de l'époque de Louis XIII. Dans **la salle des Hommes de guerre**, on trouve les portraits de 65 d'entre eux, de Du Guesclin jusqu'à notre hôte. L'ensemble, aux sombres colorations, contraste avec les boiseries et les plafonds décorés de fleurs de lys, de trophées, et des monogrammes enlacés de Bussy et de la marquise de Montglas. Sur les panneaux du bas, entre les croisées, lisez les devises qui évoquent la légèreté de la maîtresse infidèle. S'il avait d'abord écrit pour elle, le galant comte se venge de sa maîtresse en l'associant à de redoutables devises : « Elle attire pour perdre », « Plus légère que le vent »…Dans **la chambre de Bussy**, on reconnaît, parmi les portraits de 25 grandes dames de la cour et favorites, Gabrielle d'Estrées, Ninon de Lenclos, Mme de Maintenon, Mme de La Sablière. Louise de Rouville, seconde femme de Bussy-Rabutin, est réunie en un triptyque avec Mme de Sévigné et sa fille, Mme de Grignan, réputée pour sa grande beauté. Elle ouvre dans le cabinet de **la Tour dorée★**. L'exilé s'est surpassé dans la décoration de cette pièce où il avait installé son bureau. Les sujets empruntés à la mythologie et à la galanterie de l'époque sont accompagnés de quatrains et de distiques (strophes composées de deux vers) ravageurs. Sous le plafond à caissons richement décoré, une série de portraits (copies) des grands personnages des règnes de Louis XIII et de Louis XIV couronne l'ensemble.

La galerie des Rois expose d'un côté la famille des Rabutin, et de l'autre les rois de France. Elle mène à **la tribune et l'oratoire** qui donne sur la chapelle. Dans l'aile droite, **l'antichambre,** couverte d'un plafond à la française et tapissée d'un tissu mat sur fond satiné, rouge et or, est meublée de style Régence.

Le parc de 34 ha, étagé en amphithéâtre avec de beaux escaliers de pierre, compose une magnifique toile de fond aux **jardins** attribués à Le Nôtre, à la foisonnante statuaire (17e au 19e s.), avec un labyrinthe, un parterre classique planté de rosiers, de pivoines et de buis, des fontaines et pièces d'eau, un grand bassin qui récupère les eaux des douves et du bassin central, et les communs, qui regroupent plusieurs bâtiments dont le colombier, signe du privilège seigneurial.

À proximité Carte de microrégion p. 434-435

Bussy-le-Grand B2

3 km au nord.

Situé à flanc de colline – face à celle de Bussy-le-Château –, le village a vu naître le général Junot, fait duc d'Abrantès par Napoléon.

Il possède une grande **église** du 12e s., restaurée, d'extérieur sobre, et dont l'intérieur séduit par son architecture (triple nef à piliers sous arcades, coupole sur trompes à la croisée du transept), ses sculptures (chapiteaux historiés, ciborium flamboyant) et son mobilier des 17e et 18e s. (boiseries du chœur, chaire, aigle-lutrin).

Musée Gorsline – *8 rte d'Étormay - ✆ 03 80 89 30 78 - www.musee-gorsline.com - ♿ - visite sur demande - 3 €.* Animé par la femme de l'artiste, le musée présente des œuvres originales du peintre américain **Douglas Gorsline** (1935-1985), connu pour ses nombreuses illustrations de livres et de magazines.

Château de Frôlois C3

16 km au sud-est par la D 954 puis à droite la D 19 et la D 6.

4 r. de l'Église - ✆ 03 80 96 22 92 - visite guidée (1h) de mi-juil. à fin août : 13h30-18h30 - 6 € (-12 ans gratuit).

La famille de Frôlois habitait déjà sur ce site – une haute falaise – au 10e s. ; du château fort médiéval, plusieurs fois remanié, il ne reste cependant que le corps de logis datant des 14e et 15e s. Au 1er étage, la chambre d'Antoine de Vergy (héritier des Frôlois) conserve un plafond à la française orné de ses armes et chiffres. Le rez-de-chaussée a été modifié et aménagé au 18e s. On y remarque de belles tapisseries de Bergame (fin 17e s.).

NOS ADRESSES AUTOUR DE BUSSY-RABUTIN

HÉBERGEMENT

BUDGET MOYEN

À Mussy-la-Fosse

Chambre d'hôte Clos Mussy – *8 r. du Château - 11 km au sud-est de Bussy-Rabutin par D 954 - ✆ 03 80 96 97 87 - fermé de déc.-mars - 2 ch. 105 €.* Les deux chambres de ce logis du 16e s. allient charme ancien et confort actuel. La décoration subtile et les couleurs choisies mettent en valeur les murs en pierre apparente, tandis que les salles d'eau jouent la carte de la modernité avec leur mobilier assez sobre. Jolie vue sur la colline d'Alésia.

Flavigny-sur-Ozerain

★

301 Flavigniens – Côte-d'Or (21)

Accroché à son rocher isolé par trois cours d'eau, la petite cité médiévale se niche dans un site plein de charme et qui fleure bon l'anis… Siège d'une abbaye dès le 8e s., ville forte au Moyen Âge, Flavigny révèle sa grandeur passée dans ses étroites rues bordées de vieux hôtels, ses portes fortifiées et les vestiges de ses remparts. Aujourd'hui, on y vient surtout pour la visite des anis, sa principale attraction, avant de se rendre sur le plateau de Langres, d'où jaillissent les mythiques sources de la Seine.

NOS ADRESSES PAGE 465
Hébergement, restauration, achats, activités, etc.

S'INFORMER

Office de tourisme du pays d'Alésia et de la Seine – *1 av. de la Gare - 21150 Venarey-les-Laumes - ✆ 03 80 96 89 13 - www.alesia-tourisme.net - juil.-août : 9h30-12h30, 14h-19h ; avr.-juin et sept. : tlj sf dim. 9h30-12h30, 14h-19h ; reste de l'année : 10h-12h, 15h-18h - fermé dim. et j. fériés.*

Office de tourisme du pays de St-Seine – *Pl. de l'Église - 21440 St-Seine-l'Abbaye - ✆ 03 80 35 00 44 - www.cc-forets-seine-suzon.fr - de déb. juil. à mi-sept. : tlj sf lun. et jeu. 10h-12h30, 15h-18h30 ; reste de l'année : se rens.*

SE REPÉRER

Carte de microrégion B3 (p. 434-435) – Flavigny est perché sur une colline à 23 km au sud-est de Montbard et à 16 km à l'est de Semur-en-Auxois.

SE GARER

Laissez votre voiture sur un parking extérieur, car le village est piétonnier.

À NE PAS MANQUER

Les maisons médiévales et Renaissance de Flavigny ; la fabrique des anis ; les sources de la Seine, avec la source principale, abritée sous une grotte gardée par une statue, puis la source de la Coquille, dont le site offre de jolies vues sur le Châtillonnais.

AVEC LES ENFANTS

La fabrique des anis, puis partez pour un pique-nique du côté de la source de la Coquille.

Se promener

★ Anis de Flavigny

4 r. de l'abbaye - ✆ 03 80 96 20 88 - www.anisdeflavigny.com - visite guidée (15mn) 9h-11h30 - fermé w.-end et j. fériés, vac. de Noël - gratuit. Couplée avec la visite de l'ancienne abbaye bénédictine St-Pierre, fondée dès le 8e s., la visite des anis se révèle délicieuse pour tous les sens. Après la Révolution, huit fabricants prirent la relève des moines, qui étaient seuls à fabriquer les anis jusqu'alors.

Fabrique des anis – Aménagé dans les bâtiments claustraux reconstruits au 18e s., l'atelier de dragéification produit chaque année environ 250 tonnes de petits bonbons blancs, ronds et gros comme un pois. Vous serez frappés par l'odeur épicée et par le vacarme des bonbons qui tournent dans de

Rue du village de Flavigny-sur-Ozerain.
H. Lenain/hemis.fr

grandes bassines en cuivre. Quinze jours sont nécessaires à leur préparation. Acheminés du 1er étage par de larges tuyaux, les dragées s'enrobent sous vos yeux de sirop et d'huiles essentielles.

Crypte des Anis – *R. de l'Abbaye - ✆ 03 80 96 20 88 - www.anisdeflavigny.com - de déb. avr. à fin oct. : 9h-18h, w.-end 10h-18h ; reste de l'année : 9h-17h, w.-end 10h-17h - possibilité de visite guidée sur demande (30mn) - gratuit.* De l'autre côté de la cour, de la basilique St-Pierre subsistent d'intéressants vestiges d'époque carolingienne, dont la partie inférieure de l'abside à deux étages**, la chapelle Ste-Reine,** construite vers 758. L'étage supérieur, auquel on accédait de la nef par deux escaliers, portait le maître-autel. La partie inférieure en contrebas abritait les reliques ; on y plaça vers 866 les restes de sainte Reine, martyrisée à Alise *(voir p. 456)*. Un des piliers, élégamment sculpté, est un bel exemple de décoration carolingienne.

Dans la **Chapelle Notre-Dame-des-Piliers**, des fouilles ont mis au jour une chapelle hexagonale aux 40 colonnes, avec déambulatoire dans le prolongement de la crypte : le style rappelle les rotondes préromanes de St-Bénigne de Dijon et de Saulieu. Au milieu de tombeaux de pèlerins de St-Jacques de Compostelle, les chants grégoriens diffusés créent une ambiance particulière.

Musée des Anis – ♿ *- de déb. avr. à fin oct. : 9h-18h, w.-end 10h-18h ; reste de l'année : 9h-17h, w.-end 10h-17h - fermé 1er Mai - possibilité de visite guidée sur demande (15mn) - gratuit.* Vous n'ignorerez plus rien de l'histoire des petites dragées : sous Henri IV, elles étaient offertes aux invités de prestige : Blanche de Castille, le Chevalier d'Éon… Louis XIV en portait toujours sur lui. Les anis sont distribués aujourd'hui dans plus de 35 pays. Illustrations (certaines de 1828) et objets (des premiers étuis à la célèbre boîte ronde, distributeur de bonbons, alambic, poêlon à sirop). Un café y a installé son décor et sa terrasse, et la boutique propose une dégustation *(voir « Nos adresses »)*.

Empruntez la rue de l'église.

★ Maisons anciennes

Remarquez, dans la rue de l'église, la **maison au Donataire** (15e et 16e s.). Levez la tête et vous découvrirez le donataire aux pieds de la Vierge à l'enfant dans la niche qui orne la façade. Cette maison accueille la Société des amis de la cité de Flavigny et fournit de nombreuses informations sur la cité et la région. Au détour des ruelles du bourg, appréciez les nombreuses maisons restaurées, datant de la fin du Moyen Âge et de la Renaissance, dont certaines présentent de charmantes tourelles, un escalier à vis ou encore de délicates sculptures. Remarquez, rue du Four, la boutique qui servit de lieu de tournage au film *Le Chocolat* (Lasse Hallström, 2000).

Église St-Genest

Datant du 13e s., elle est élevée sur l'emplacement d'une église plus ancienne et a été remaniée aux 15e et 16e s. L'édifice renferme une tribune centrale en pierre du début du 16e s. Disposition très rare à l'époque gothique, des tribunes surmontent les bas-côtés et les deux premières travées de la nef. Elles sont fermées de clôtures de bois du 15e s.

Parmi de nombreuses statues intéressantes, remarquez, dans la dernière chapelle à droite, un **Ange de l'Annonciation**, chef-d'œuvre de l'école gothique bourguignonne et, dans le transept sud, une Vierge allaitant du 12e s. Prenez aussi le temps de détailler les figurines des stalles (16e s.).

Suivez la rue du Four pour rejoindre à gauche la rue Lacordaire.

Maison des arts textiles et du design

3 r. Lacordaire - ✆ 06 08 89 93 82 - www.algranate.com - visite guidée sur demande préalable (1h30) apr.-midi seult (14h-18h) - fermé mar. - 5,50 €.

Hébergé dans l'ancienne maison de Justice de Flavigny, elle présente les différents travaux et œuvres du designer textile **Daniel Algranate** (1944-2013). Issu de la prestigieuse école Boulle, ce virtuose et créateur hors pair travaillait aussi bien les fibres végétales (bois, coton, lin, chanvre...) qu'animales (poils, plumes et sécrétions pour la soie). La bibliothèque possède plus de 1 300 ouvrages et un atelier dédié aux plantes tinctoriales.
Annexe du musée, le **Jardin textile** *(fermé au moment de la rédaction de ce guide, réouverture d'ici 2020)* présente sur 1 500 m² des plantes à fibres (chanvre, lin...), tinctoriales (garance, armoise, chélidoine) et quelques plantes de vannerie (osier, bambou).

Promenade des remparts

Partez de la porte du Bourg (15e s.), aux puissants mâchicoulis. Grande rue, pénétrez dans **l'abbaye St-Joseph-de-Clairval**, monastère érigé en abbaye à la demande du Saint-Siège en 1992. Vous aurez peut-être la chance d'assister aux admirables offices des moines qui vivent là, célébrés en latin, avec chant grégorien... En longeant les remparts, gagnez la porte du Val, dédoublée et flanquée de tours rondes. À côté se trouve la maison Lacordaire, ancien couvent de dominicains fondé par le père **Lacordaire** (1802-1861).

À proximité Carte de microrégion p. 434-435

Blessey C3

22 km à l'est par la D 9, puis à gauche par la D 117 et la D 103C.
En contrebas de la route qui mène au vallon de la Potelle, l'étonnant **lavoir** du village aligne en arc de cercle des colonnes doriques supportant un toit de zinc autour d'un bassin semi-circulaire.

St-Seine-l'Abbaye C3

34 km au sud-est par la D 9, puis à gauche la D 26.
Situé près des sources de la Seine *(12 km au sud-est)*, le village s'appelait Siscaster lorsque Sigo, au 6e s., fonda sur son territoire une abbaye bénédictine à laquelle il donna son nom (adapté en « Soigne », puis associé à « Seine »).
Église abbatiale – *03 80 35 00 44 - 9h-18h - possibilité de visite guidée sur demande (45mn).* Datant du début du 13e s., remaniée, après un incendie, aux 14e et 15e s., elle marque la transition entre le style roman bourguignon et le style gothique venu de l'Île-de-France. Le porche couvert est flanqué de deux tours, dont seule celle de gauche est achevée. La nef de quatre travées à collatéraux est éclairée de fenêtres flamboyantes; le chevet plat s'ajoure d'une belle rosace (13e-14e s.). Dans le croisillon, notez les pierres tombales. Remarquez ensuite l'ancien jubé du 15e s., qui a été placé dans le chœur. Les stalles sculptées (18e s.) s'appuient sur une clôture au revers de laquelle des peintures représentent d'un côté la légende de saint Seine (1504), de l'autre les litanies de la Vierge (1521).
En sortant de l'église, remarquez la **fontaine de la Samaritaine**, dont le bassin est surmonté d'un bronze du 18e s.

Aignay-le-Duc C2

37 km au nord-est en rejoignant la D 954 puis la D 901.
Cette localité possède une intéressante **église** gothique du 13e s., de proportions régulières, coiffée d'un clocher de bardeaux. Dans le chœur, voyez le retable en pierre du début du 16e s. représentant des scènes de la Passion dans de hauts-reliefs polychromes de facture naïve.

Le **lavoir** de la Margelle, restauré, est couvert d'un toit de « laves » sur voûte clavée. Il abrite un bassin rectangulaire et un second bassin, extérieur, rond.

Circuit conseillé Carte de microrégion p. 434-435

RETOUR AUX SOURCES BC2-3

Circuit de 50 km tracé en vert sur la carte de microrégion (p. 434-435) – Comptez 1h environ.

Les sources de la Seine se situent à 470 m d'altitude, sur le plateau de Langres. Elles jaillissent aux pieds d'une nymphe de pierre, dans un vallon planté de sapins fréquenté dès l'Antiquité et qui appartient depuis 1864 à la Ville de Paris. *Quittez Flavigny-sur-Ozerain par la D 9 puis la D 10. Prenez ensuite à droite en direction de Gissey-sous-Flavigny, que vous traversez pour rejoindre Présilly. Poursuivez sur la D 103^C en direction de Blessey puis Source-Seine.*

Sources de la Seine C3

Ce filet d'eau – qui se tarit en été – est alimenté par les trois sources sacrées du sanctuaire gallo-romain, situées en amont dans la zone archéologique. C'est l'ingénieur Belgrand qui a eu l'idée de détourner l'une d'entre elles afin d'alimenter le bassin de la Nymphe conçu au 19e s. et inauguré en 1867 par le baron Haussmann, préfet de la Seine.

La grotte, construite par les architectes Davioud, Baltard et Combaz, abrite *La Nymphe de la Seine*, copie de la statue du sculpteur dijonnais **Jouffroy**. Le petit filet d'eau s'en va à travers le val, passant au bout de 50 m sous son premier pont, miniature.

En aval, des fouilles ont mis au jour les vestiges d'un temple gallo-romain, des objets en bronze (faune, *Dea Sequana*) témoignant d'un culte et nombre de statuettes en bois et ex-voto, dont des « planches anatomiques » (au total 200 pièces environ) exposées au Musée archéologique de Dijon. Ce n'est qu'en 1864 que la Ville de Paris acheta les terrains sur la commune de St-Germain-Source-Seine, aujourd'hui appelée Source-Seine.

De magnifiques randonnées passent par les sources de la Seine. *Rens. : randonnee.tourisme-langres.com.*

Revenez sur Source-Seine pour emprunter la D 103^P. Prenez ensuite à gauche la D 971, qui traverse Laperrière. à droite, la D 114^A, qui devient ensuite la D16E, vous conduit jusqu'à Étalante.

Source de la Coquille C2

03 80 79 25 99 - www.cen-bourgogne.fr - un dépliant d'accompagnement, indispensable au bon déroulement de la visite, est édité par le Conservatoire d'espaces naturels de Bourgogne et disponible auprès des principaux offices du tourisme de la région, de la mairie d'Étalante ou en téléchargement sur www.cen-bourgogne.fr.

Boucle de 1 km environ. Aires de pique-nique. La Coquille, source enchâssée dans un site théâtral, présente aujourd'hui un débit modeste, mais c'est elle qui, alors qu'elle était bien plus abondante à la période glaciaire, a provoqué la formation de ce cirque dans les roches calcaires très friables de la falaise qui la surplombait. Un sentier, bien balisé, permet d'en faire le tour, en commençant par une bonne mais courte montée. Le site est un cirque glaciaire fossile. La stabilisation des éboulis par les arbres et la pelouse calcaire (en hauteur, avec diverses orchidées) permet le développement d'une flore spécifique (linaire des Alpes). Après avoir admiré le panorama sur le Châtillonnais, redescendez par un sentier escarpé jusqu'à la résurgence de la Coquille, aux eaux très claires.

Au hasard de randonnées sur le **plateau de Langres**, vous rencontrerez de nombreuses autres sources, celles de l'Ignon, par exemple, qui va, lui, vers la Saône ; il s'agit souvent de résurgences vauclusiennes appelées *dhuys* ou *douix* dans la région (du latin *dux*, « chef, tête », la source étant à la tête de la rivière), liées à l'existence d'un sous-sol argileux sous la couche calcaire.

NOS ADRESSES À FLAVIGNY-SUR-OZERAIN

HÉBERGEMENT

BUDGET MOYEN

L'Ange Souriant – *5 r. Voltaire - 03 80 96 24 93 - www.ange-souriant.fr - 3 ch. 71/81 € et 1 suite 123/133 € - 27 €.* Une maison de la fin du 15e s., paisible, en plein cœur du village, sur l'ancienne place des halles. Une terrasse et un patio vous permettront d'apprécier des moments conviviaux auprès de votre charmante hôtesse.

Chambre d'hôte La Maison du Tisserand – *14 r. de l'Ancienne-Cure - 06 08 89 93 82 - www.algranate.fr - 2 ch. 95/145 € - 17 €.* Cette belle demeure, outre une vue magnifique sur les collines, sera une halte reposante. Sa propriétaire, Marie, sensible et cultivée, saura vous faire partager ses passions avec simplicité et rigueur, en particulier celle qu'elle nourrit pour embellir la Maison des arts textiles et du design. La table d'hôte, excellente, est l'assurance de partager un moment privilégié.

À proximité

PREMIER PRIX

Hôtel Le Macarena – *29 pl. Pion - 21150 Pouillenay - 6 km à l'ouest de Flavigny par D 9 - 03 80 96 93 22 - www.hotelrestaurantmacarena.com - P - 7 ch. 65/75 € - 8 € - 1/2 P possible - formule déj. 14 € - 28 € - pizza le soir 8/13 €.* L'enseigne se veut un tantinet exotique, mais la décoration générale de cette ferme convertie en hôtel se révèle beaucoup plus sobre. Les chambres, fonctionnelles, sont bien tenues.

Aux alentours

PREMIER PRIX

Chambre d'hôte La Demoiselle – *R. Sous-les-Vieilles-Halles - 21510 Aignay-le-Duc - 37 km au nord-est - 03 80 93 90 07 - www.maisonlademoiselle.com - P - 5 ch. 52 € - 24 €.* Surplombant la ville, à flanc de coteau, cette maison de maître du 18e s. ouvre sur un charmant jardinet, ensoleillé jusque tard. Le décor des chambres – belle voûte de pierre, mobilier simple et choisi, bouquet de fleurs séchées – reste sobre, sans froideur. Mais l'atout majeur de cette maison est l'accueil attentif et discret des propriétaires. Cuisine, on ne peut plus régionale, et de qualité.

BUDGET MOYEN

Chambre d'hôte Manoir de Tarperon – *Rte de St-Marc - Beaunotte - à mi-chemin entre Aignay-le-Duc et St-Marc-sur-Seine sur D 901 - 03 80 93 83 74 - www.tarperon.fr - P - fermé nov.-mars - 5 ch. 80 € - 20 € sur réserv. le soir.* Magnifique manoir dans son écrin de verdure, au bord de la rivière. Les coquettes chambres personnalisées sont colorées et meublées avec soin. Confortable salon-bibliothèque prolongé d'une véranda. Possibilité de parcours de pêche à la mouche au confluent de la Coquille et du Revinson.

Hôtel de la Poste – *17 r. Carnot - 21440 Saint-Seine-l'Abbaye - 34 km au sud-est - 03 80 35*

00 35 - www.postesoleildor.fr - P - *fermé 20 déc.-8 janv. et dim. soir - 15 ch. 85/95 € - 10 € - 1/2 P possible - 30/60 € - fermé sam. midi et dim.* Louis XIV aurait séjourné dans cet ancien relais de poste apprécié pour son jardin ombragé. Chambres assez spacieuses. Le restaurant avec sa belle cheminée a conservé son cachet bourguignon. Cuisine traditionnelle.

RESTAURATION

BUDGET MOYEN

La Grange – *Pl. de l'Église - 03 80 96 20 62 - www.ferme-auberge-la-grange-flavigny21.fr - - mars-avr. et nov. : dim. midi et j. fériés midi ; vac. de printemps-vac. de la Toussaint : mar.-dim. midi (tlj en juil.-août) - 24/31 € et 39 € bc - réserv. conseillée.* Laissez-vous tenter par les menus servis par les agriculteurs de la région qui cuisinent et vous font déguster des produits frais de leurs élevages et de leur fabrication. Une belle découverte que cette ancienne grange située au cœur du village. Également boutiques de produits à emporter.

ACHATS

Anis de Flavigny – *4 r. de l'Abbaye - 03 80 96 29 01 - www.anis-flavigny.com - boutique : avr.-juin et sept.-oct. 9h-18h, sam. 10h-19h, dim. et j. fériés 10h-18h (fermé 1er Mai) ; juil.-août 9h-19h, w.-end et j. fériés 10h-18h ; reste de l'année : se rens. - visite de la fabrique avec dégustation tlj sf w.-end, j. fériés et vac. de Noël 9h-11h30 - gratuit.* Aménagée dans l'enceinte même de l'abbaye, cette confiserie se fait gardienne de la tradition locale : le bonbon à l'anis de Flavigny… Depuis 1591, un « bien bon bonbon », nature ou parfumé (menthe, violette, rose, fleur d'oranger, etc.). Un must !

Domaine de Flavigny-Alésia – *Pont du Laizan - 03 80 96 25 63 - www.vignoble-flavigny.com.* Installée dans l'ancienne dépendance monastique de l'abbaye de Flavigny-sur-Ozerain, cette cave propose, sous l'appellation « vin de pays des coteaux de l'Auxois », les vins issus des 14 ha de vignes replantées en 1994 sur les coteaux argilo-calcaires du village. L'encépagement se répartit en aligoté, chardonnay et auxerrois pour les blancs, en pinot noir et césar pour les rouges, et en pinot beurot pour les rosés.

ACTIVITÉS

Randonnée pédestre – Sur les sentiers du pays de l'Auxois : Des Anis au vignoble (7,8 km, 2h30) et Autour du mont Drouot (5,1 km, 1h40). Départ sur le parking de Flavigny-sur-Ozerain.

Châtillon-sur-Seine

★

5 385 Châtillonnais – Côte-d'Or (21)

Baignée par une Seine encore chétive, Châtillon reçoit les eaux abondantes de la Douix, source de type vauclusien émergeant au cœur de la cité dans un joli cadre verdoyant. Rien ne laisse présager, en flânant dans les vieux quartiers de cette coquette ville, qu'elle recèle en ses murs les fruits d'une extraordinaire découverte archéologique : des objets issus d'une tombe princière celte, découverts non loin de Châtillon, sur la butte du mont Lassois...

NOS ADRESSES PAGE 473
Hébergement, restauration, achats, activités, etc.

S'INFORMER

Office de tourisme – *1 r. du Bourg - 21400 Châtillon-sur-Seine - ✆ 03 80 91 13 19 - www.chatillonnais-tourisme.fr - juil.-août : 9h-19h, dim. et j. fériés 10h-13h ; reste de l'année : tlj sf dim. 9h-12h, 14h-18h - fermé certains j. fériés.*

SE REPÉRER

Carte de microrégion B1 (p. 434-435) – La ville est desservie par la D 971 (Dijon à 85 km au sud-est), la D 965 (Tonnerre à 50 km à l'ouest) et la D 980 (Montbard à 33 km au sud).

À NE PAS MANQUER

Le trésor de Vix, au musée du Pays châtillonnais ; la touchante *Mise au tombeau* Renaissance de l'église St-Vorles ; la forêt de Châtillon et les curieux marais du Cônois.

AVEC LES ENFANTS

La Maison de la forêt et son parcours accrobranche à Leuglay ; une randonnée à dos d'âne ou de poney ; dans le parc de l'abbaye du Val-des-Choues, le repas de la meute de chiens de chasse.

Se promener

LA VIEILLE VILLE

Circuit au départ de l'église St-Nicolas (parking à proximité). Prenez la rue du Bourg en laissant l'église derrière vous.

Elle s'est développée au 9e s. autour d'une forteresse, qui servira plus tard de place avancée au duché de Bourgogne. Vous remarquerez quelques jolies façades du 18e s. et, à l'angle de la rue du Recept, une maison à pans de bois (16e s.) et médaillons sculptés.

Si vous préférez tout voir à pied, allez tout droit vers l'église St-Vorles *(escaliers)* et la source de la Douix *(indiquée à gauche)*. Sinon, prenez à droite la rue du Bourg-à-Mont : au no 46, la **maison des Barrodeau** (13e s.) est la plus ancienne du bourg et garde une tête sculptée en angle et des fenêtres géminées à arcades trilobées.

Continuez jusqu'au no 24 pour admirer la grille de l'ancien couvent des Carmélites, puis revenez sur vos pas. Prenez à gauche, à la hauteur de l'ancienne chapelle des Carmélites (17e s.), successivement transformée en lieu de culte de l'Être suprême et tribunal civil, et parcourez la rue des Avocats, qui compte de belles demeures du 18e s. La bibliothèque municipale a hérité à la

UN PEU D'HISTOIRE

À un siècle d'intervalle, Châtillon a vécu des heures historiques. En février 1814, alors que **Napoléon Ier** défend pied à pied les approches de la capitale, a lieu à Châtillon un congrès entre la France et les puissances alliées – Autriche, Russie, Angleterre, Prusse. Napoléon repousse les propositions qui lui sont faites (les coalisés demandent le retour aux frontières antérieures de 1792) ; la lutte reprend et se termine par la chute de l'Empire. En septembre 1914, les troupes françaises battent en retraite devant la violente poussée des Allemands. Le **général Joffre**, commandant en chef des armées françaises, a installé son quartier général à Châtillon-sur-Seine ; c'est de là qu'il lance son fameux ordre du jour du 6 septembre : « Au moment où s'engage une bataille dont dépend le salut du pays, il importe de rappeler à tous que le moment n'est plus de regarder en arrière… » L'avance allemande est stoppée et la contre-attaque française sur la Marne prend l'ampleur d'une grande victoire.

Révolution d'un fonds exceptionnel : 18 000 volumes, récupérés des abbayes et couvents voisins.
Tournez à droite dans la rue St-Nicolas jusqu'à l'église ; admirez les vitraux Renaissance de l'arbre de Jessé et du miracle du pèlerin de St-Jacques pendu et dépendu.

Église St-Vorles

L'église domine le quartier du Bourg. De la terrasse ombragée, la vue s'étend sur la ville basse et la vallée. À proximité se dressent les ruines du château et la tour de Gissey. L'édifice a plus de 1 000 ans. Modifié au début du 11e s. par l'évêque de Langres (le chœur est roman), il conserve des éléments de l'art préroman carolingien : double clocher, double transept, chapelle haute et arcatures lombardes.
La chapelle basse St-Bernard garde le souvenir du saint (voir encadré), qui y vécut le « miracle de la lactation » devant une représentation de Notre-Dame de Toutes Grâces. Voici comment une biographie du 17e s. raconte ce miracle que le jeune homme en prière vécut dans l'église : « Quand il vint à ces paroles "Montrez que vous êtes notre Mère", l'image détacha miraculeusement une de ses mains et, la portant à sa mamelle, elle en fit distiller trois gouttes de lait dans la bouche et sur la langue du saint, qui produisirent en son âme une douceur et un ravissement d'esprit extraordinaires. » Le bras nord du transept renferme une **Mise au tombeau** Renaissance, sculptée vers 1530 par un artiste de l'école champenoise.

★ Musée du Pays châtillonnais - trésor de Vix

14 r. de la Libération - ✆ 03 80 91 24 67 - www.musee-vix.fr - ♿ - visite guidée sur demande

LE SAVIEZ-VOUS ?

Une place porte ici le nom d'**Auguste de Marmont**, né à Châtillon en 1774. Fidèle de Napoléon (aide de camp en Italie, fait duc de Raguse en 1808 et maréchal d'Empire l'année suivante), il conclut, fin mars 1814, un cessez-le-feu pour les troupes qu'il commandait, avant de rejoindre Talleyrand. Sa tombe se trouve au cimetière St-Vorles.

L'élevage du mouton fut la grande ressource des plateaux du Châtillonnais. Aussi, le commerce de la **laine** connut-il à Châtillon une activité florissante jusqu'au 18e s.

Détail de la frise du cratère de Vix, VIe siècle av. J.-C., bronze, collection du musée du Pays châtillonnais - trésor de Vix.
G DAGLI ORTI/De Agostini Editore/age fotostock

préalable (1h30) juil.-août : 10h-17h30 ; reste de l'année : tlj sf mar. 10h-17h30 - fermé 1er janv., 1er Mai, 24-25 déc. - 7 € (-18 ans 3,50 €) - possibilité de visite commentée trésor de Vix juil.-août : 11h et 15h ; vac. scol. (hors juil.-août) : 15h.

Bon à savoir : avec le pass Archéo, visitez le musée du Pays châtillonnais - trésor de Vix et bénéficiez d'un tarif préférentiel dans les trois autres lieux (Alésia, Autun et Bibracte) sur présentation de votre ticket d'entrée.

Après avoir découvert le patrimoine naturel de la région et apprécié les vitrines consacrées à la préhistoire, rejoignez le 1er étage pour admirer les trésors de l'âge du fer et, surtout, l'extraordinaire découverte archéologique qui eut lieu, en janvier 1953, près de Vix.

★★ **Trésor de Vix** – C'est au pied de l'oppidum du mont Lassois que MM. Moisson et Joffroy découvrirent, sous un tumulus, une tombe princière du premier âge du fer (vers 500 av. J.-C.). Près de la dépouille d'une femme celte d'environ 40 ans ont été exhumés un char d'apparat, des éléments de vaisselle en bronze, en céramique et en argent, un splendide **torque** (collier) de 480 g en or, un service à boire dont un gigantesque **cratère à volutes** en bronze, trouvaille exceptionnelle prouvant la vitalité des échanges avec le monde méditerranéen (grec, massaliote, étrusque).

LE VASE DE VIX

Ses dimensions en font le plus grand vase métallique de l'Antiquité qui soit parvenu jusqu'à nous. Vous n'en verrez pas de plus grand, même en Grèce : haut de 1,64 m, large de 1,27 m, d'un poids de 208 kg, il pouvait contenir 1 100 l de vin. Mesurez-vous à lui ! La richesse de sa décoration – frise formée de motifs d'appliques en haut relief figurant une suite de guerriers et de chars, têtes de Gorgones sur les anses – permet de le rattacher aux œuvres les plus abouties des bronziers du sud de l'Italie (la Grande Grèce) au 6e s.

Les autres salles de ce niveau présentent les découvertes des sites proto-historiques et antiques de la région. L'agglomération de Vertault (20 km à l'ouest de Châtillon) a livré de nombreux objets qui illustrent la vie quotidienne et l'artisanat à l'époque gallo-romaine. Cette période est notamment représentée par une remarquable collection d'**ex-voto** anatomiques en pierre provenant des sources de la Douix *(voir ci-dessous)* et de la Coquille (*voir p. 464*), ainsi que des sanctuaires du Tremblois et d'Essarois.

Le dernier étage retrace l'histoire du Châtillonnais du Moyen Âge au 20e s. Dans la salle des monastères et abbayes, remarquez notamment le buste reliquaire de **saint Vorles** et, dans celle figurant l'essor du Châtillonnais, l'exceptionnel ensemble de **bois gravés** (17e et 18e s.). L'espace consacré au maréchal Marmont (1774-1852) abrite son bureau, signé Jacob-Desmalter, et quelques objets personnels intéressants. La visite s'achève avec une évocation de la métallurgie au travers de lithographies et de peintures, ainsi qu'un hommage aux notables de la région illustré de portraits et bustes de marbre.

UN MOINE AUX SOURCES DE LA SEINE

Le mot *sequana* ou *secana* viendrait du celte *squan* ou *quan*, qui signifie « tortueux » (il est vrai que le fleuve est assez sinueux). La déesse fluviale **Sequana**, vénérée aux sources de la Seine, aurait été « christianisée » dans le personnage de saint Seine (en latin *Sequanus*). Ce moine, qui aurait vécu en Bourgogne au 6e s., serait le fondateur de l'abbaye éponyme.

★ Source de la Douix

Elle jaillit dans un site ravissant, au pied d'un escarpement rocheux haut de plus de 30 m, environné de verdure. Cette source est dite de type vauclusien parce qu'elle collecte les eaux des infiltrations du plateau calcaire pour ressurgir à la verticale. Le débit normal est de 600 l par seconde, mais peut atteindre 3 000 l en période de crue, l'hiver. L'eau jaillit alors à gros bouillons. La source coule à l'ombre de magnifiques marronniers. De la promenade aménagée sur la plate-forme rocheuse, découvrez une jolie **vue** sur la vallée.

À proximité Carte de microrégion p. 434-435

Mont Lassois B1

▶ *7 km au nord-ouest par la D 971.*

La butte du mont Lassois (ou mont St-Marcel) domine la plaine environnante. Au sommet s'élève la petite église romane (12e s.) St-Marcel, couverte de « laves » (pierres plates). C'est au pied de la butte, à proximité de la Seine, que fut découvert le fameux « trésor de Vix » *(voir ci-dessus)*.

Abbaye de Molesme B1

▶ *30 km au nord-ouest par la D 965 puis à droite la D 953.*

✆ 03 80 81 44 47 - ♿ - visite guidée pour les groupes uniquement sur demande préalable.

Les vicissitudes de la Révolution ont laissé peu de choses de ce qui était devenu une riche et importante abbaye : la salle à manger et les salons des moines (18e s.), leur cellier (13e s.) et l'hôtellerie (18e s.). La restauration des propriétaires a permis de rendre aux bâtiments leurs ouvertures, leur toit et leur sol de dalles, et les belles **voûtes★** ont perdu leur enduit d'origine pour révéler leur variété. La visite commentée permet de retrouver le dessin du cloître et ses diverses évolutions dans le jardin et sur les façades.

Château de Montigny-sur-Aube C1

23 km au nord-est par la D 965 et la D 996.
2 r. de l'Église - 06 08 90 75 10 - www.chateaudemontigny.com - de fin avr. à mi-nov. : 14h-18h30 - fermé lun. et certains j. fériés - possibilité de visite guidée sur demande (1h) - 8 € (-18 ans 5 €).
La forteresse féodale du 12e s., dont seule subsiste la « tour rouge », a été embellie au 16e s. Aujourd'hui, la façade nord du corps de logis est toujours visible, avec son ordonnance classique où se superposent les ordres dorique, ionique et corinthien. La **chapelle**, isolée du château, offre un excellent exemple du style Renaissance classique : à la sobriété de l'architecture s'oppose la richesse de la décoration et des ornements intérieurs, tels les 240 caissons de la voûte. Dans les **vergers-potagers** sont cultivées des espèces légumières et fruitières anciennes, que l'on peut déguster dans l'orangerie.

Nod-sur-Seine B2

13 km au sud de Châtillon-sur-Seine sur la D 971.
C'est dans ce petit village qu'eut lieu, le 12 septembre 1944, la jonction entre les premiers éléments de l'armée de De Lattre de Tassigny débarquée en Provence et la 2e division blindée du général Leclerc. Une stèle a été élevée en souvenir de l'événement.

Forêt de Châtillon C2

Au sud-est de Châtillon-sur-Seine.
La vaste forêt domaniale, la plus grande forêt de feuillus de Bourgogne avec ses 9 000 ha, offre aux promeneurs le dépaysement et les richesses d'une nature préservée. Les découvertes archéologiques, à Essarois notamment, ont révélé un fort développement de la région à l'époque gallo-romaine. Haut lieu de la Résistance pendant la dernière guerre, elle est jalonnée de stèles commémoratives. Le grand **monument de la Forêt** rappelle la mort de 37 maquisards, fusillés en juin 1944.

Prévue pour 2018, la création du Parc national des forêts de Champagne et Bourgogne constituera la plus grande réserve naturelle de France. Située sur la forêt de Châtillon, mais également Arc-en-Barrois, Châteauvillain et Auberive, le parc aura pour objectif de valoriser les richesses du territoire (forêts, sources et rivières, vestiges archéologiques, industriels et religieux)d'un point de vue pédagogique, scientifique et touristique.

★ **Maison de la forêt** – *20 km au sud-est de Châtillon-sur-Seine par la D 928 - 1 r. de la Ferme - 03 80 81 86 11 - www.maison-foret.com - de déb. avr. à mi-sept. : 9h-12h, 14h-18h, w.-end 14h-18h - fermé lun., 1er Mai - 5 € (-16 ans 3 €).* On y apprendra une foule d'informations passionnantes : identification de traces d'animaux, de chants d'oiseaux, d'écorces, de feuilles et de bois, histoire de la forêt à travers les millénaires, objets et produits issus du bois, mini-interviews hautes en couleur de professionnels du bois. Les bornes interactives sont bien

JUSTE AVANT CÎTEAUX

Robert de Molesme installe à l'abbaye de Molesme sa première fondation en 1075. Il y arrive avec une douzaine de moines, parmi lesquels les fervents Étienne Harding et Albéric. Désireux de réformer la règle bénédictine, il se heurte à l'opposition de la plupart des moines ; il fondera donc Cîteaux, 23 ans après Molesme. Bruno, le premier des chartreux, passa lui aussi deux ans à Molesme, mais préféra chercher un lieu plus désert pour une règle plus exigeante. Tous les quatre furent canonisés.

conçues, si bien que les questions trouvent ici leurs réponses, et certains préjugés la fin de leur carrière… *(voir aussi « Nos adresses »).*

Abbaye du Val-des-Choues C2

25 km au sud-est de Châtillon-sur-Seine par la D 928 puis prenez la D 16 sur la droite. Suivez l'itinéraire fléché depuis Chatillon-sur-Seine par Vanvey. 03 80 81 01 09 - www.abbayeduvaldeschoues.com - - juil.-août : 10h-18h ; avr.-juin et sept. : tlj sf mar. 10h-17h ; de déb. oct. à la Toussaint : w.-end 13h-17h - 8 € (-15 ans 4 €) - repas de la meute de chiens tlj juin-août et w.-end le reste de l'année : 16h.

L'origine de cette abbaye, isolée au cœur de la forêt, est incertaine. La tradition l'attribue au frère Viard, chartreux de Lugny *(on peut encore voir, sur rendez-vous, le portail de cette chartreuse près de Recey-sur-Ource).* Reconnue par Rome en 1203, elle essaima 20 monastères. Rattachée en 1761 à l'ordre cistercien, elle devint l'abbaye du Val-St-Lieu.

Les parties conventuelles, dont l'abbatiale, ont été détruites par des vendeurs de biens. Dans les vastes bâtiments du 17e s. qui subsistent sont rassemblées des collections sur la forêt, la chasse et le gypse.

Le parc, doté d'un grand bassin, accueille une oisellerie et quelques cervidés. Il est le théâtre, chaque année, le premier dimanche d'août, d'une grande fête de chasse. L'abbaye abrite d'ailleurs une meute de 150 chiens que vous pourrez découvrir à la saison estivale.

Marais du Cônois C2

37 km au sud-est de Châtillon-sur-Seine par la D 928 (jusqu'à Recey-sur-Ource), puis la D 959 à droite et la D 102, à gauche dans Bure-les-Templiers.

Le dépliant indispensable au bon déroulement de la visite est disponible auprès du Conservatoire (03 80 79 25 99), des principaux offices du tourisme de la région ou sur www.cen-bourgogne.fr. L'hiver ou après la pluie, prévoyez des bottes.

Sentier de 1,5 km, prévoir 1h de visite. Vous verrez ici une rareté, une « bizarrerie » de la nature : des marais à flanc de coteau. Les eaux de pluie filtrent à travers la roche calcaire du plateau, puis rencontrent une couche imperméable de marnes. C'est à la hauteur de ces marnes que jaillissent sur plusieurs hectares une multitude de petites **sources**.

Après la courte traversée d'une coupe forestière et de bois de hêtres et d'érables par une large allée, faites un petit détour par la ferme, typique, du Cônois. L'arrivée dans la zone de marais est signalée par des passerelles de bois (pilotis) sous lesquelles suintent les sources (audibles, bien que difficiles à voir), mais aussi par le changement d'essences : frênes, peupliers trembles et saules cendrés font leur apparition. Grâce à un microclimat particulièrement froid, la zone humide est colonisée par une flore spécifique *(bonne signalisation sur place)*, dont la rare *Epipactis* des marais, orchidée qui fleurit en juin et en juillet. Puis longez un ruisseau ; l'eau étant très chargée en calcaire, elle en recouvre tout ce qui y trempe : branches et feuilles sont « transformées en pierre », le marais est dit « tufeux ». Quittez-le ensuite en remontant dans le bois.

CIRCUIT DES LAVOIRS

Dans la Côte-d'Or et dans l'Yonne, des initiatives ont permis la sauvegarde de nombreux lavoirs. Citons la Fondation de France, qui combine restauration et installation d'œuvres d'art contemporaines. Celui de Vanvey, au bord de l'Ource, propose un parcours sonore qui nous guide vers l'ancienne geôle, transformée par Annette Messager en « remise dormante ». Tandis qu'à Bure-les-Templiers, Liam Gillick a repensé le dessin du motif des deux portes du lavoir. *Pour découvrir les lavoirs du Châtillonnais et du Tonnerrois, contactez les offices de tourisme départementaux ou locaux.*

NOS ADRESSES À CHÂTILLON-SUR-SEINE

HÉBERGEMENT/RESTAURATION

BUDGET MOYEN

Hôtel Sylvia – *9 av. de la Gare - ✆ 03 80 91 02 44 - www.sylvia-hotel.com - P ♿ - 16 ch. 75/85 € - ☕ 8 €.* Ce charmant hôtel progressivement rénové – intérieur un peu vieillot – dispose d'un petit jardin très agréable en été, notamment à l'heure du très savoureux et copieux petit-dejeuner, servi avec des brioches faites maison, tout comme les compotes, le yaourt… Très bon accueil.

UNE FOLIE

Château de Courban – *7 r. du Lavoir - ✆ 03 80 93 78 69 - www.chateaudecourban.com - P 🏊 ♿ - 24 ch. 99/250 € - ☕ 14 € - 1/2 P possible - ✕ fermé le midi sf dim. - menus 47/95 €.* Cette gentilhommière de 1837 est champêtre, élégante, authentique et confortable. Les jardins, la piscine et le Spa ajoutent au cachet du lieu. Le chef japonais étoilé, Takashi Kinoshita, compose une cuisine dans l'air du temps et n'hésite pas à faire appel aux bons produits du terroir bourguignon… Une réussite !

ACTIVITÉS

Randonnée pédestre

À pied en pays châtillonnais – *✆ 03 80 91 13 19 - www.chatillonnais-tourisme.fr.* Pas moins de 21 trajets balisés (le circuit des roches de la Digeanne, le sentier des Vignes, les circuits des Marots, autour du Val des Choues, et bien d'autres…) vous invitent à découvrir les environs au détour de jolies promenades de 3 à 21 km.

Randonnée équestre

Centre équestre Poney-Club de la Barotte – *Rte de Langres - ✆ 03 80 91 53 03 - www.centreequestre-labarotte.fr - fermé dernière sem. de juin et 2 sem. fin août.* Dix chevaux et une vingtaine de poneys vous attendent pour des promenades accompagnées, randonnées ou stages.

La Ferme d'Aulot – *21290 Bure-les-Templiers - 30 km au sud-est de Châtillon-sur-Seine via D 928 - ✆ 03 80 81 01 64 - www.aulot.asso.fr.* L'activité de ce petit hameau perché au sommet d'une colline repose sur une vingtaine de chevaux et poneys. Séjours équestres ou « détente » en famille lors de week-ends, etc.

Tussiliiq - Âniers en Châtillonnais – *2 Grande-Rue - 21510 Beaulieu - ✆ 06 07 60 06 68 - www.tussiliiq.com - fermé en hiver.* Si vous souhaitez randonner léger sans renoncer à l'essentiel, confiez votre fardeau à un âne bâté. Plusieurs formules, de un à six jours, pour découvrir forêts et rivières du Châtillonnais au rythme d'un animal doux et attachant.

Parc de loisirs

Maison de la forêt – *Ruelle de la Ferme - 21290 Leuglay - 20 km à l'est de Châtillon-sur-Seine via D 928 - ✆ 03 80 81 86 11 - www.maison-foret.com - avr.-sept. et vac. de la Toussaint : 9h-12h, 14h-18h, w.-end 14h-18h - fermé lun.* Grâce au parcours accrobranche, grimpez jusqu'à la cime des arbres en sécurité. Lors des sorties nature, vous découvrirez les traces des animaux et apprendrez à identifier la flore de la région (15 € pour 2h30 d'activités, 25 € pour une journée complète).

COMPRENDRE LA BOURGOGNE

L'Offrande de l'église, chapiteau de la cathédrale d'Autun.
I. Vdovin/age fotostock

La Bourgogne aujourd'hui

La Bourgogne demeure une terre de contrastes. Fortement industrialisée à l'est, avec le couloir Dijon-Mâcon, très bien desservie par de grands axes routiers, fluviaux et ferroviaires, la région conserve pourtant de vastes territoires enclavés et faiblement peuplés, tel le Morvan. Elle peut néanmoins s'enorgueillir de ses savoir-faire industriels et de la renommée internationale des produits de ses terroirs.

La Bourgogne agricole

UNE AGRICULTURE EFFICACE

La Bourgogne reste une région rurale : un tiers des Bourguignons, soit 530 000 personnes, vivent en milieu rural, contre 18 % sur le reste du territoire. En moyenne sur ces dernières années, la Bourgogne représente 6,5 % de la surface agricole utile de la France métropolitaine pour 5,7 % de la superficie totale. La part de l'emploi agricole est de 4 % (Bourgogne-Franche-Comté) alors qu'elle est de 2,5 % au niveau national, soit un poids régional de 6,6 %. Quatre principaux domaines de production assurent les trois quarts des recettes agricoles. Les **grandes cultures** (blé, orge et colza notamment) dominent. Les céréales et oléoprotéagineux représentent 48 % de la surface agricole utile, ce qui place la Bourgogne, à elle seule, au troisième rang national pour l'orge et le colza, plante principalement utilisée (sous forme de tourteaux) pour l'alimentation animale. On retrouve ces grandes cultures céréalières dans l'Yonne, avec des paysages de vastes champs sans haies ni clôtures, rappelant un peu la Beauce ou la Brie. Par ailleurs, la forêt occupe le tiers de la région Bourgogne Franche-Comté : chênes et surtout résineux nourrissent une filière sylvicole particulièrement développée.

L'élevage bovin se situe au cinquième rang national (11 % du cheptel national). La race charolaise confirme sa suprématie dans la région avec plus de 90 % du cheptel. Les prairies du Morvan, du Charolais, du Brionnais et du Nivernais nourrissent des vaches charolaises, qui fournissent une viande de qualité à la renommée mondiale, des laitières de race holstein et des montbéliardes, cette dernière race ayant d'ailleurs son berceau dans le Châtillonnais, au nord de Dijon. Également originaire de Saône-et-Loire, le **mouton charolais** est réputé pour sa viande. La **filière avicole** bourguignonne représente 15 % des salariés du secteur agro-alimentaire. Elle compte la prestigieuse **volaille de Bresse**, estampillée d'une AOC, dont la production se répartit sur les départements de l'Ain, de Saône-et-Loire et du Jura.

LA NOUVELLE RÉGION DE BOURGOGNE-FRANCHE-COMTÉ

Effective depuis le 1er janvier 2016, suite à la réforme territoriale de 2014, la Bourgogne-Franche-Comté (BFC) est la nouvelle appellation régionale de cette fusion administrative qui rassemble désormais huit départements (Côte-d'Or, Doubs, Haute-Saône, Jura, Nièvre, Saône-et-Loire, Territoire de Belfort, Yonne). Avec 47 800 km^2, la BFC est la cinquième région de France en superficie. Un rang inversement proportionnel à son poids démographique, car, avec 2,82 millions d'habitants (soit 59 hab./km^2), la BFC est la région française la moins peuplée (après la Corse). Une part de la Bourgogne fait d'ailleurs partie de la diagonale du vide, ligne imaginaire allant des Ardennes aux Pyrénées qui relie les espaces les moins denses. Les trois aires les plus peuplées de Bourgogne sont l'axe Dijon-Beaune-Chalon-Mâcon, la vallée de l'Yonne (d'Auxerre à Sens) et le Val de Loire (de Nevers à Cosne-Cours-sur-Loire). Avec un PIB de 73 milliards d'euros en 2013, elle se situe au 11e rang des régions françaises, loin des régions voisines comme l'Île-de-France (623 milliards d'euros) ou Rhône-Alpes-Auvergne (230 milliards d'euros). La BFC est malgré tout, avec 187 000 emplois dans le secteur primaire (17,3 % des emplois régionaux), la plus industrialisée des 13 régions françaises. Grâce à la viticulture et à l'élevage, l'identité agricole reste forte, totalisant 4 % de l'emploi régional (4e rang des régions). Le point noir est le secteur des services marchands. Il est d'ailleurs le plus faible de toutes les régions en termes d'emploi.

La **viticulture** occupe 28 841 ha en Bourgogne et bénéficie à 99 % de l'Appellation d'origine protégée (AOP). La production viticole représente à elle seule près du tiers de la valeur de la production agricole régionale. La commercialisation, en dehors des domaines viticoles, est assurée par 115 maisons de négoce et par des coopératives, pour la plupart situées en Saône-et-Loire. Au total, le secteur viticole représente 2 % des surfaces agricoles exploitées en Bourgogne (3 850 domaines viticoles) et emploie 45 200 personnes (directs et indirects), soit 7 % de l'emploi total en Bourgogne et totalise 3,4 % du PIB de la région.

Une industrie diversifiée

TRADITION MINIÈRE ET SIDÉRURGIQUE

Grâce à ses forêts, vastes réserves de combustible végétal, et à ses gisements de fer, la Bourgogne connut dès l'Antiquité une importante activité métallurgique. Les fouilles archéologiques ont révélé qu'à l'époque gauloise, certains centres comme **Bibracte** et **Alise-Ste-Reine** abritaient des artisans métallurgistes dont la production était appréciée des Romains.

Grands producteurs de fer jusqu'au milieu du 14e s., les **moines cisterciens** jouèrent un rôle primordial dans l'évolution des techniques, en Bourgogne et ailleurs : inventeurs de l'arbre à cames (dispositif permettant de synchroniser plusieurs mouvements), ils surent utiliser l'énergie hydraulique pour activer de petits martinets à fer et, dès le début du 13e s., des soufflets de forge. Des températures élevées et une meilleure combinaison du carbone et du fer étaient ainsi atteintes, ce qui leur permit de découvrir la fonte. Le bâtiment de forge de l'abbaye de **Fontenay** *(voir p. 436)* représente un des rares témoignages de cette industrie du Moyen Âge.

Au 16e s., la production s'intensifia grâce à l'invention des hauts-fourneaux. La Grande Forge de **Buffon** *(voir Montbard, p. 440)* offre un des derniers exemples de cette sidérurgie dite classique, tributaire de la force hydraulique et du charbon de bois.

Le 18e s. vit naître en Angleterre la sidérurgie moderne, avec l'utilisation du coke comme combustible et la découverte de la machine à vapeur. En 1785, la **Fonderie royale du Creusot** *(voir p. 222)* alimenta pour la première fois en France ses hauts-fourneaux au coke. Faute de soutien financier, cette réussite technique ne fut pas exploitée. Les forges à l'anglaise ne virent le jour en France qu'en 1819, deux ans plus tard à **Fourchambault** en Bourgogne, et en 1822 à **Ste-Colombe-sur-Seine**. En 1826, les « houillères, forges, fonderies et ateliers du Creusot » furent rachetés par les **Schneider** et devinrent en une quarantaine d'années le plus grand centre sidérurgique et mécanique de France.

Aux 18e et 19e s., le développement de la sidérurgie et l'exploitation des ressources houillères régionales engendrèrent la création ou la croissance de nombreuses villes, dont **Le Creusot, Montceau-les-Mines, Montchanin, Blanzy** (Saône-et-Loire), **La Machine, Decize, Imphy, Fourchambault** et **Guérigny** (Nièvre).

Au 20e s., ces industries furent touchées par la crise due à la concurrence et à l'utilisation d'énergies autres que le charbon. Certaines de ces villes entamèrent alors une période difficile. Néanmoins, aujourd'hui la Bourgogne reste une région industrielle, offrant un emploi à 18,6 % des salariés bourguignons. Classée au 11e rang national, l'industrie bourguignonne (100 000 emplois salariés, 18,6 % de l'emploi régional en 2014 contre 28 % en 1990) présente une activité très diversifiée dominée par quatre secteurs primordiaux pour la région, aussi bien en termes d'emplois que de valeur ajoutée.

Métallurgie et transformation des métaux

Héritage historique d'une longue tradition régionale, ce secteur représente encore près de 16,5 % des emplois industriels en Bourgogne (19 000 salariés). L'activité se divise en trois domaines : la **sidérurgie**, autour de grands groupes tels Ugine et Alz France (Gueugnon), Industeel Creusot et Imphy Alloys ; le **travail des métaux** (Benteler Automotive, St-Gobain Seva, Aubert et Duval Techphy) ; la **fabrication de produits métalliques** avec l'équipementier automobile Valeo, ou Seb, fabricant des cuves de Cocotte-Minute et de friteuses.

Industrie des biens d'équipement mécanique

Ce deuxième secteur d'importance comprend la fabrication des **machines-outils** ou d'usage général, la **chaudronnerie**, la fabrication de réservoirs et de chaudières, le **machinisme agricole**. Parmi les établissements les plus importants se trouvent Areva NP (basé à Chalon-sur-Saône, qui fait bénéficier la Bourgogne d'un savoir-faire unique en matière de conception et de fabrication des composants industriels froids des centrales nucléaires) et Thermodyn (groupe General Electric) pour la fabrication des compresseurs.

Industries agroalimentaires

Elles composent le troisième employeur régional et regroupent des noms prestigieux. Premières industries françaises en termes d'effectifs dans les domaines : condiments et assaisonnement

(Amora-Maille/Unilever, EDC/Kühne, Fallot, Reine de Dijon SA) ; jus de fruits et légumes (Eckes Granini, Foulon Sopagly, Refresco…) ; le troisième en meunerie et panification (Dijon Céréales, Eurogerm, Jacquet 2000, Fournée Dorée…) ; le quatrième en produits laitiers frais (Senoble, Yoplait, Régilait…) ; le cinquième en viandes et produits carnés (Bigard, Duc, LDC, Sicavyl…).

Leurs atouts sont nombreux.

En amont, un **parc scientifique et universitaire de premier ordre** (Centre européen des sciences du goût, Institut national de la recherche agronomique, Établissement national d'enseignement supérieur d'agronomie de Dijon, Institut universitaire de la vigne et du vin, École nationale supérieure de biologie appliquée à la nutrition et à l'alimentation, etc.).

En aval, une **production agricole à forte valeur ajoutée** (5,6 % des emplois y créent plus de 6 % de la valeur ajoutée, alors qu'à l'échelle nationale 3,5 % des emplois n'en produisent que 2,6 %). Une équation liée à la renommée des productions régionales : bœuf de Charolles, volaille de Bresse, sans oublier bien sûr **les vins bourguignons**.

Chimie

Quatrième et dernier gros secteur, celui des industries de la chimie, du caoutchouc et des matières plastiques. De nouveaux acteurs ont fait leur apparition, comme le géant Titanobel (Pontailler-sur-Saône), fabricant d'explosifs, qui totalise 65 % du marché national.

L'**industrie du caoutchouc** est présente avec Michelin à Blanzy et sa filiale Pneu Laurent à Avallon, spécialisée dans le pneu rechapé. Côté **plasturgie**, ce sont les activités d'emballage qui fournissent le plus grand nombre d'emplois.

Autres secteurs

Parmi les autres secteurs industriels, le marché des **équipements et composants électriques et électroniques** est assez bien développé (Sagem, Actaris…).

Côté **savoir-faire traditionnel**, la Bourgogne est aussi la première région nationale pour la pierre de taille (pierres calcaires et marbrières).

L'**industrie du verre** est emmenée par le groupe St-Gobain (boutellerie). Essilor International, leader mondial des verres ophtalmiques, est basé à Dijon.

L'**industrie pharmaceutique** connaît aujourd'hui une nouvelle croissance, tirée par un marché en pleine expansion dont profitent les laboratoires Vendôme, Merck, Macors et Sanofi.

Le vin

Le nom de Bourgogne est, pour tous les gourmets, synonyme de bon vin. Son vignoble est l'un des plus beaux du monde, et sa renommée s'appuie sur un savoir-faire millénaire lié à une solide tradition gastronomique.

Les vignobles

LE VIN DE BOURGOGNE DANS L'HISTOIRE

L'origine de la vigne est très ancienne dans l'Auxerrois, puisque des bas-reliefs visibles sur le site gallo-romain d'Escolives-Ste-Camille attestent la production de vin sur place depuis le 2e s. La culture de la vigne se généralise à l'époque gallo-romaine.

Au 12e s., autorisés par la règle à boire un peu de vin, les moines de Cîteaux développent le vignoble et constituent le célèbre **Clos de Vougeot**. En plantant du chardonnay blanc dans la région de Pontigny, ils « inventent » le **chablis**.

Les ducs de Bourgogne se nomment « princes des meilleurs vins de la chrétienté » et font présent de leur vin aux rois. Charles le Téméraire en offre même à son pire ennemi, le roi Louis XI, qui apprécie particulièrement le **volnay**.

Philippe Auguste, déjà, avait fait venir un baril de Beaune, « vin de riche gent », avant d'affronter Jean sans Terre et ses alliés à Bouvines (1214).

On sait que le Roi-Soleil prolongeait ses jours avec les **vins de Nuits**, que la Pompadour raffolait de la **romanée-conti** (son abbé, le libertin cardinal de Bernis, célébrait pour sa

LES VIGNOBLES EN QUELQUES CHIFFRES

Entre Auxerre et la région de Mâcon, soit 230 km du nord au sud, la Bourgogne viticole compte 29 395 ha de vignes en production, soit 4 % du vignoble français mais 3 % de la production nationale. Sur cette superficie, on dénombre 84 Appellations d'origine contrôlée (23 % du vignoble français d'AOC). L'AOC atteste de la qualité du produit et dépend de quatre critères (terroir d'origine, mode de production, histoire du produit et savoir-faire du producteur). La Bourgogne produit 1,41 million d'hectolitres, soit 186 millions de bouteilles par an (0,6 % de la production vinicole mondiale), dont près de 50 % partent à l'export.

La production moyenne est de 59 % de vins blancs, 30 % de vins rouges et 11 % de crémants de Bourgogne.

Les deux cépages principaux sont : le chardonnay, raisin blanc à grains dorés (50 % de l'encépagement), et le pinot noir, raisin noir à jus blanc (41 % de l'encépagement). On trouve également le gamay, raisin noir à jus blanc (2,5 %), l'aligoté, raisin blanc (6 %), puis le sauvignon, le pinot blanc, le pinot beurot, le césar et le sacy (0,5 %). *Source : BIVB, 2017.*

Vignoble de la côte de Beaune en automne et le village d'Aloxe-Corton au loin.
G. Labriet/Photononstop

QUELQUES CLÉS DE LECTURE SUR LES AOC

Les 84 AOC *(voir encadré précédent)*, soit 23 % des AOC françaises, se répartissent sur 4 niveaux d'appellation : les appellations **Grands Crus** (33 AOC) sont produites sur les meilleures parcelles des communes : les fameux climats qui sont le produit d'une parcelle de terre conjuguant des conditions géologiques et climatiques particulières, associées à l'expertise d'un vigneron qui travaille en totale osmose avec les caractéristiques du cépage adapté à sa parcelle. On trouve ensuite les appellations **Villages** et **Premiers Crus** (44 appellations) ; les appellations **régionales** (7 appellations).
Sources : www.vins-bourgogne.fr.

part la messe avec du **meursault**) et que Napoléon Ier avait un faible pour le **corsé chambertin**. Au sujet de ce dernier cru, Alexandre Dumas dira par la bouche d'Athos que « rien ne projette sur l'avenir une teinte plus rose ».

Au 18e s. s'organise le commerce des vins : à Beaune, puis à Nuits-St-Georges et à Dijon, s'ouvrent des maisons de négociants qui envoient dans le royaume et en pays étrangers (Angleterre, Belgique, Scandinavie, Suisse, Prusse, Amérique) des représentants chargés d'ouvrir de nouveaux marchés aux vins de Bourgogne.

Au cours du 19e s., les échanges internationaux s'étant fort développés, le **phylloxéra**, un insecte venu d'Amérique, fait son apparition dans le département du Gard en 1863. Signalé à Meursault en 1878, il ravage en peu de temps tout le vignoble bourguignon, provoquant la ruine de la population viticole.

Heureusement, la greffe de plants français sur des porte-greffes américains immunisés permet de reconstituer la vigne. On ne conserve que les meilleurs terroirs, ce qui garantit la qualité des crus.

LES CINQ RÉGIONS VITICOLES

La Bourgogne comprend cinq régions de production : Chablis et Grand Auxerrois, la côte de Nuits, la côte de Beaune, la côte chalonnaise et le Mâconnais.

Sur le **département de l'Yonne**, on dénombre cinq vignobles.

La région de **Chablis** propose d'excellents vins blancs, secs et légers, dont le fleuron des appellations est bien sûr le Chablis grand cru (104 ha seulement), regroupé en sept climats (Blanchot, Bougros, les Clos, Grenouilles, Preuses, Valmur, Vaudésir) situés sur un coteau exposé sud, sud-ouest à Chablis *(voir p. 417)* et à Fyé.

Dans l'**Auxerrois**, au sud d'Auxerre, les côtes d'Auxerre s'étendent sur une dizaine de communes de production : Augy, St-Bris-le-Vineux, Vaux, Vincelotte… Les plus connues sont Irancy (Appellation Village), Coulanges-la-Vineuse et Chitry. St-Bris, produit à base de sauvignon, est également en Appellation Village. Le **vignoble jovinien** est implanté sur les coteaux des communes de Joigny, Champvallon et Volgré, le long de l'Yonne et le bourgogne côte-St-Jacques sur celui du lieu-dit la Côte St-Jacques. Le **vignoble tonnerrois** *(voir encadré p. 414)*, situé dans la vallée de l'Armançon, s'étend sur les communes d'Épineuil, Tonnerre, Vézinnes, pour les plus connues. Enfin, le **vignoble du Vézelien** est implanté sur les pentes autour du village de Vézelay (Asquins, St-Père, Tharoiseau) dominant la vallée de la Cure. Depuis 2017, le vignoble de Vézelay est en Appellation Village (uniquement pour les blancs).

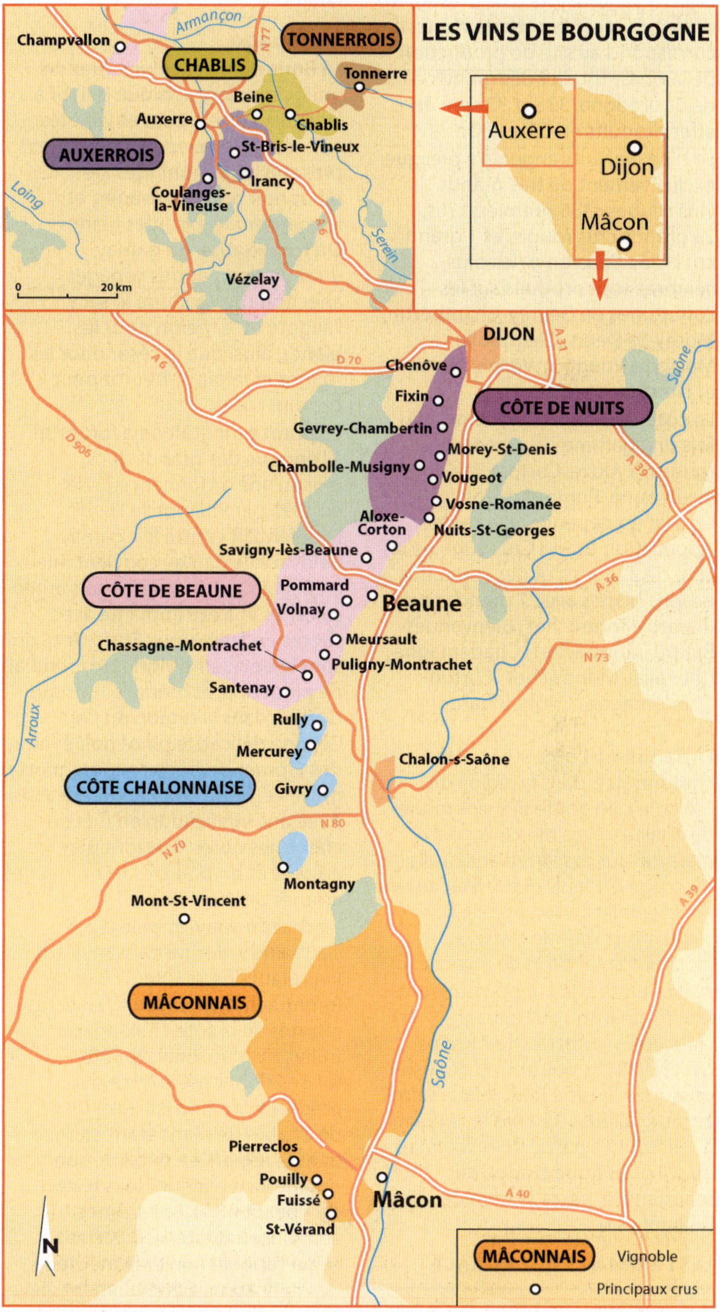
LES VINS DE BOURGOGNE
Auxerre
Dijon
Mâcon
Armançon
TONNERROIS
CHABLIS
Champvallon
N 77
Tonnerre
Beine
Chablis
Auxerre
St-Bris-le-Vineux
AUXERROIS
Irancy
Coulanges-la-Vineuse
Loing
A 6
Serein
Vézelay
0
20 km
DIJON
A 31
D 70
Chenôve
Fixin
CÔTE DE NUITS
Gevrey-Chambertin
Saône
A 6
D 906
Morey-St-Denis
Chambolle-Musigny
Vougeot
A 39
Vosne-Romanée
Aloxe-Corton
Nuits-St-Georges
Savigny-lès-Beaune
A 36
CÔTE DE BEAUNE
Pommard
Volnay
Beaune
Meursault
Chassagne-Montrachet
Puligny-Montrachet
N 73
Santenay
Rully
Arroux
Mercurey
Chalon-s-Saône
CÔTE CHALONNAISE
Givry
N 80
N 70
Montagny
Mont-St-Vincent
A 39
MÂCONNAIS
Saône
Pierreclos
Pouilly
Fuissé
Mâcon
A 40
St-Vérand
N
MÂCONNAIS
Vignoble
Principaux crus

Dans la **Côte-d'Or** se déploie, de Dijon à Santenay, le plus prestigieux des vignobles : la **côte de Nuits**. Il correspond au site de production de la quasi-totalité des grands crus de Bourgogne. 32 sur 33 sont en effet produits en Côte-d'Or.

La côte de Nuits engendre presque exclusivement de très grands vins rouges : 135 premiers crus, 23 grands crus rouges et 1 grand cru blanc (Musigny) ; les plus célèbres sont produits sur les communes de Gevrey-Chambertin, Morey-St-Denis, Chambolle-Musigny, Vougeot, Vosne-Romanée et Nuits-St-Georges.

La **côte de Beaune** présente à la fois une gamme de grands vins rouges, à Aloxe-Corton, Savigny-lès-Beaune, Pommard, Volnay (le Corton est cependant la seule Appellation Grand Cru rouge de la côte de Beaune), et des sommités en vins blancs avec 7 grands crus (Bâtard-Montrachet ; Bienvenues-Bâtard-Montrachet ; Charlemagne ; Chevalier-Montrachet ; Corton-Charlemagne ; Criots-Bâtard-Montrachet ; Montrachet).

En **Saône-et-Loire**, sur la **côte chalonnaise**, dans la région de Mercurey, on goûte des vins rouges de qualité (givry, mercurey, rully), mais surtout des vins blancs (rully, montagny), tandis que le **Mâconnais** s'enorgueillit de son pouilly-fuissé, vin blanc de grande classe, aux arômes d'amande et de noisette.

Les amateurs de vin poursuivront leur route jusqu'au Hameau Dubœuf, à Romanèche-Thorins *(voir p. 118)*. Ils pourront y déguster quelques crus de beaujolais : saint-amour, juliénas, chénas et moulin-à-vent. Cette partie du Mâconnais, au sol granitique chargé de manganèse, porte le nom de « haut Beaujolais ».

LES FERMENTS DE LA GRÂCE

La qualité d'un vin dépend à la fois du cépage – type de raisin –, du terroir, du climat et du travail de l'homme.

Le cépage

La Bourgogne est d'une grande unité ampélographique (relatif à la vigne, aux espèces et variétés, aux cépages), avec deux cépages presque hégémoniques : le pinot noir pour les rouges, et le chardonnay pour les blancs. On trouve aussi du gamay, du sauvignon et des cépages anecdotiques comme le sacy, l'aligoté et le melon pour les blancs, ainsi que le césar pour les rouges et le pinot-beurot pour certains rosés.

Le **pinot noir** était déjà fort prisé à l'époque des grands ducs, puisqu'une ordonnance prise en 1395 par Philippe le Hardi le défendait contre le « gamay déloyal » (le gamay convient mieux en Beaujolais). Il aime les sols argilo-calcaires et a été implanté avec succès en Suisse, aux États-Unis, qui sont le deuxième vignoble mondial de pinot noir, et même en Afrique du Sud, dans la région du Cap. Cépage délicat, le pinot noir évoque des arômes de fruits rouges (griotte, groseille, framboise) et noirs (cassis). Avec une vinification en fûts de chêne, les notes se feront plus épicées et on pourra y retrouver des arômes de sous-bois.

Le **chardonnay**, appelé aussi « aubaine », donne naissance aux vins blancs de la côte de Beaune (montrachet, meursault), aux crus réputés de la côte chalonnaise (rully), du Mâconnais (pouilly-fuissé), dont c'est le terrain de prédilection, ainsi qu'aux vins de Chablis (le plant étant connu dans la région, en dépit de son origine cistercienne, sous le nom de « beaunois »). Les arômes, complexes et intenses, varient selon l'appellation et la méthode de vinification. Généralement élevé en fûts de chêne, le chardonnay de Bourgogne exhale des notes

	CARACTÉRISTIQUES	GARDE
Vins blancs	**Auxerrois et tonnerrois :** légers et acidulés, aux arômes floraux et miellés. **Chablis :** floraux dans leur jeunesse ; pour les meilleurs, des arômes de miel, de grillé et de fruits secs dans leur grand âge. **Côte-de-nuits :** gras et longs en bouche. **Côte-de-beaune :** grands vins ronds et généreux, qui deviennent opulents en vieillissant. **Côte chalonnaise :** assez légers. **Mâconnais :** chardonnays, généralement assez simples (à l'exception du pouilly-fuissé, plus complexe), aux arômes d'amande et de noisette.	Vieillissent bien grâce à leur potentiel acide. Garde de trois à cinq ans, et bien au-delà pour les plus riches.
Vins rouges	**Auxerrois et tonnerrois :** peu tanniques, relativement clairs et de belles saveurs de fruits rouges. Les **irancys** sont plus structurés. **Côte-de-nuits :** réputés pour leur charpente et leur finesse. Varient beaucoup selon les appellations villages, les crus et les climats. **Côte-de-beaune :** puissants et très aromatiques. **Côte chalonnaise :** assez légers.	Les meilleures bouteilles peuvent attendre vingt ans, voire plus.
Crémants	Les crémants, blancs ou rosés, sont légers et frais, leurs arômes fruités.	Se boivent dès leur commercialisation ; peuvent aussi être gardés quelques années.

de fumé, grillé, beurre, miel, tilleul, fruits secs et fruits tropicaux.

Le terroir

C'est dans les sols caillouteux et secs des coteaux, laissant filtrer l'eau et s'échauffant facilement, que la vigne se plaît le mieux. En Bourgogne, malgré la diversité des sols, il existe une certaine unité géologique. Les terrains calcaires, sur les escarpements de faille, donnent des vins bouquetés, forts en alcool et de longue conservation (côte-de-nuits, côte-de-beaune), les terrains composés de silice, de calcaire et d'argile, des vins minéraux, aromatiques (chablis, qui se déploie sur une couche d'huîtres fossiles *(voir Chablis p. 417)*.

Les climats

Le « climat » est un mot qui n'existe qu'en Bourgogne et désigne un lieu-dit, une parcelle de terre délimitée. Le climat est le critère de reconnaissance en AOC en Bourgogne, alors que c'est le cépage en Alsace, la propriété-château en bordelais, et la marque en Champagne. Depuis 2015, les climats de Bourgogne sont inscrits au patrimoine mondial de l'Unesco *(voir encadré p. suiv.)*

La particularité de la région tient à sa diversité, dont rend compte l'unité traditionnelle de mesure des surfaces, qui n'est pas l'hectare, mais l'ouvrée soit 4 ares et 28 centiares (l'are équivaut à 100 m^2 et le centiare à 1 m^2). Une ouvrée équivalait à la surface qu'un homme pouvait travailler à la pioche en un jour.

Elle permet aussi de délimiter plus facilement la diversité géologique des sols, qui se décline selon la pente, l'ensoleillement, le vent, le gel, etc. Ainsi dénombre-t-on 59 types de sols pour la seule côte de Nuits.

Cette connaissance extrêmement précise de chaque parcelle de

LES CLIMATS DE BOURGOGNE AU PATRIMOINE MONDIAL

Depuis juillet 2015, le territoire que forment la côte de Beaune et la côte de Nuits (les climats du vignoble de Bourgogne), avec leurs villages et Beaune et Dijon, a rejoint la liste des sites classés au Patrimoine mondial de l'Unesco, entendus comme « œuvres conjuguées de l'homme et de la nature ». Cette conjugaison a pour nom « terroir », pris dans son expression bourguignonne : le climat. Un climat (ce terme est apparu dès 1584) est une parcelle de vigne connue souvent sous le même nom depuis des siècles et qui possède une identité propre, autant culturelle, à travers ses 2 000 ans d'histoire (traces d'une vigne gallo-romaine datant du 1er s. à Gevrey-Chambertin) que naturelle par ses sols, sous-sols, expositions et microclimats. Le climat (1 247 climats sont référencés) est donc le produit d'un terroir (sols, météorologie, cépages) combiné au travail de l'homme, un savoir-faire traditionnel pour entretenir, cultiver et faire fructifier ces terroirs uniques que pourrait bien menacer l'uniformisation des pratiques et des goûts.

Pour en savoir plus : *www.climats-bourgogne.com.*

terre a conduit les vignerons bourguignons à donner un nom à chaque climat. Ce sont des noms souvent pittoresques et leur origine est fort variée. Elle peut être botanique : Clos des Chênes, la Truffière ; zoologique : Clos des Mouches, Aux Perdrix, la Levrière ; climatique : Côte Rôtie, Vigne du Soleil ; géologique : Sur les Grèves, les Terres Blanches. Certains noms de climats tiennent de l'anecdote ou de la pure fantaisie : la Pucelle, les Amoureuses, Chevalier, les Procès, l'Homme Mort, Redrescul… Le nom des climats les mieux situés, c'est-à-dire produisant les meilleurs vins, a le privilège d'être accolé au nom du village, par exemple « Beaune-Clos des Mouches ». Parmi ces climats, certains sont renommés depuis longtemps et leur nom seul suffit à les désigner : chambertin, musigny, clos-de-vougeot, richebourg.

Le travail dans la durée

La vigne sans l'homme n'est rien – ou plutôt demeure à l'état de liane. D'où l'importance de sa mise en valeur par le viticulteur qui la taille, la protège du gel, la palisse et maîtrise la vendange, avant d'assurer la vinification et d'élever le vin.

L'art de la dégustation

Après la sélection des bons crus, il faut savoir servir le vin en suivant certaines règles qui assurent à l'amateur le meilleur plaisir de bouche.

LA CONSERVATION

Les vins de Bourgogne vieillissent assez bien et atteignent leur apogée après quelques années *(voir tableau p. préc.)*. Le vieillissement est variable selon les conditions de stockage, qui doivent respecter certaines règles : lieu sombre et aéré, sans vibrations, température stable de 11 à 14 °C environ, sol de terre battue couvert de graviers, et dont l'hygrométrie se situe entre 70 et 80 %.

LA BONNE TEMPÉRATURE

Pour un **vin rouge**, il est conseillé de laisser reposer la bouteille quelques heures à température ambiante (18 à 20 °C), puis de l'ouvrir une heure avant le repas. Selon leur âge, les rouges sont servis plutôt chambrés (14 à 18 °C) ou relativement frais, comme on

VOCABULAIRE RELATIF À LA DÉGUSTATION

Bien en bouche : vin riche et équilibré, qui remplit la bouche.
Chaleureux : vin qui procure, par sa richesse en alcool, une sensation de chaleur.
Charnu : vin qui a du corps, et donne la sensation de mordre dans un fruit.
Corsé : vin riche en alcool ; on dit aussi qu'il a du « corps », de la « cuisse » ou de la « jambe ».
Épais : vin très coloré, qui donne une sensation de lourdeur et d'épaisseur.
Gouleyant : vin facile à boire, fruité, frais.
Gras : vin à la fois moelleux, charnu, corsé et riche en alcool (signes d'un grand vin).
Mâché : vin assez consistant, qui donne la sensation de pouvoir être mâché.
Nerveux : vin qui dénote un caractère vif, avec une pointe d'acidité.
Râpeux : vin très astringent, qui racle le palais.
Rond : vin souple, charnu, légèrement velouté.
Souple : vin peu chargé en tanin, agréable au palais.

le conseille pour les vins jeunes (5 ans), qui se boivent à 12-14 °C. Précisons que les bourgognes rouges, moins tanniques que les bordeaux, ne demandent pas à être décantés avant le service.
Les **vins blancs secs** et les **rosés** seront appréciés frais (à 8 °C), et les blancs **moelleux** encore plus frais (environ 6 °C).
Il est préférable d'aller *crescendo* pendant le repas : commencez par le cru le plus jeune et le plus léger, pour finir par le plus âgé et le plus puissant et charpenté. L'ordre des bouteilles est important car il ne faudrait pas étouffer ou heurter vos papilles !

L'ART ET LA MANIÈRE

Avant de porter votre verre aux lèvres, goûtez le vin avec les yeux et avec le nez. Si vous voulez mettre des mots sur vos sensations, nous vous indiquons les termes usités.
La vue – La dégustation commence par un examen visuel de la « robe » et du « disque » du vin. La robe, différente selon les crus, désigne la couleur et la limpidité du vin. Le disque est la surface du vin dans le verre : il doit être brillant et ne présenter aucune particule.
L'odorat – Chaque vin a son parfum, aux odeurs évocatrices classées en 10 familles : animale, boisée, épicée, balsamique, chimique, florale, fruitée, végétale, empyreumatique et éthérée. Commencez par inhaler le vin au repos, c'est le premier nez. Puis faites-le tourner dans le verre pour libérer les arômes, en essayant de distinguer chaque famille, c'est le deuxième nez du vin. Avec les années, un vin dégage des odeurs sauvages et épicées.
Le goût – L'examen gustatif débute par une « attaque en bouche » de quelques secondes, où le vin entre brièvement en contact avec la langue. Ensuite, l'« évolution en bouche » permet d'apprécier plus longuement toutes les nuances du vin qui éclatent sur le palais. Avalez alors une gorgée pour vous délecter de la « fin de bouche ».
Voir « L'œnotourisme » p. 544.

La gastronomie

La cuisine en Bourgogne est riche et généreuse. Point de prétention dans ses élaborations : elle se façonne avec les produits que lui donne sa terre et nourrit les bons vivants comme les amateurs de cuisine raffinée. Notez que l'un des plus anciens livres de recettes, « Le Cuisinier françois », fut rédigé par François Pierre, dit La Varenne (Dijon 1618-1678), écuyer de cuisine du marquis du Blé d'Uxelles à Cormatin, au milieu du 17e s.…

Les produits du terroir

Heureuse province, la Bourgogne dispose de riches pâtures pour les troupeaux de bœufs charolais et de moutons, que l'on voit dans les prés du Morvan à la Bresse, et qui fournissent d'excellentes **viandes**. Elle possède aussi des champs céréaliers réservés aux volailles de Bresse, élevées en liberté. Les innombrables rivières, lacs et torrents abritent tanches, brochets, sandres, truites ainsi qu'ablettes et goujons.

Les **terroirs** de l'Auxerrois fournissent des cerises marmottes, des escargots et des cornichons, tandis que le pays d'Othe produit des pommes à cidre, le Val de Saône, des oignons, l'Auxois, des prunes et pruneaux (à Vitteaux).

La fabrication de **fromages** donne, dans le nord de la région, des « pâtes molles », soumaintrain et époisses, tous deux au ton ocre, ce dernier très coulant et très fort, à la croûte lavée au marc (l'une des 42 AOC en France), et le non-affiné saint-florentin, commercialisé depuis le 18e s. dans l'Auxerrois.

Dans le sud sont produits surtout des fromages de chèvre : le bouton-de-culotte, haut de 3 cm, le charolais et le mâconnais, également coniques. La faisselle, fromage frais, se sert accompagnée d'herbes aromatiques.

Les spécialités

En **entrée** sont proposés les gougères, bouchées soufflées de pâte à chou au gruyère que l'on consomme tièdes, les escargots de Bourgogne et les œufs en meurette.

Parmi les plats de **poissons**, voici la meurette de poisson, les brochets braisés ou en quenelles et les fritures de goujons. La pochouse, une matelote cuisinée avec des poissons d'eau douce et du vin blanc, se décline aussi au vin rouge aromatisé et épicé, auquel on incorpore lardons, petits oignons et champignons.

Le vin, qui joue un rôle de premier plan dans nombre de recettes, est également présent dans certains plats de **viandes**, tel le classique **bœuf bourguignon**, familial et traditionnel (le collier de bœuf mijote longuement dans du vin rouge, avec des oignons, des carottes et des lardons), dont la saveur est rehaussée par un bon cru régional, un irancy par exemple. Citons aussi le **coq au vin**, souvent présenté comme étant « au chambertin »…

L'excellent charolais – tendre, fin, goûteux – est poêlé avec des champignons ; la potée bourguignonne se prépare avec de la palette et du jarret de porc, des choux, carottes, navets et pommes de terre. Quant aux meurettes et aux matelotes, elles accompagnent non seulement les poissons *(voir p. préc.)* mais aussi les œufs pochés et les volailles.

Au registre des **sucreries**, le péché de gourmandise peut se prolonger avec la flamusse, les cacous aux cerises, les tartouillats, les gaufrettes mâconnaises et tous les desserts à base de fruits rouges, tels les flans au cassis ou les sorbets. Et en extra, goûtez les pralines de Montargis, les anis de Flavigny, les nougatines et les négus de Nevers.

Spécialités dijonnaises…

À Dijon, les spécialités sont toutes un régal, comme le jambon persillé (les morceaux maigres sont pris dans une gelée de volaille très persillée) ou le poulet Gaston-Gérard (du nom d'un ancien maire de la ville).

La moutarde de Dijon est celle que les Européens consomment le plus. Très répandue en Bourgogne dès le Moyen Âge, elle fut pour Rabelais « ce baume naturel et réparant l'andouille ». On prépare ainsi le lapin « à la dijonnaise ».

On appréciera aussi le pain d'épice, fait avec du seigle, du miel et de l'anis, qui se présente soit sec, sous forme de pavé, soit moelleux, rond, fourré de marmelade, recouvert d'un glaçage ou décoré de fruits confits et enveloppé d'un papier d'argent : c'est une vraie friandise qui porte le nom de nonnette parce qu'elle était autrefois confectionnée par les nonnes, dans les couvents.

Le cassis entre dans la préparation de bonbons, les cassissines, de gelées, de confitures, de jus de fruits et surtout de la liqueur dite « crème de cassis » (AOC cassis de Dijon), commercialisée depuis un siècle et demi par Lejay-Lagoute.

… et bressanes

En Bresse, les gourmets pourront savourer le gratin de queues d'écrevisses, les cuisses de grenouilles sautées avec une persillade, le poulet à la crème et aux morilles et le gâteau de foies blonds (œufs, crème, foies de volaille).

Le vin et l'assiette

Le repas débute par un moment de convivialité : l'**apéritif**.

Sur ce chapitre, l'ambassadeur de Bourgogne s'appelle le **kir** – du nom du chanoine Félix Kir qui fut maire de Dijon de 1945 à 1968.

Pour le réussir, il convient de prendre une liqueur de cassis peu alcoolisée, 16 °, car il faut équilibrer le sucre de la liqueur avec l'acidité du vin blanc aligoté en respectant la proportion : 1/5 de liqueur et 4/5 de vin. La recette du kir royal est la même, mais le vin pétillant (un crémant de Bourgogne ou un champagne) remplace le vin blanc.

Ensuite, il s'agit de choisir les **vins** adaptés aux mets :

– Avec **fruits de mer** ou **poissons** : chablis, meursault, pouilly-fuissé, mâcon ou autres vins blancs secs, servis frais et non frappés (12-14 °C) ; le puligny-montrachet accorde parfaitement ses arômes de fleurs, telle l'aubépine, et d'amande fraîche aux poissons et fruits de mer finement cuisinés ; pour atténuer le gras du saumon fumé, un simple aligoté convient très bien.

– Avec **volailles**, **viandes blanches** et **plats légers** : côte-de-beaune, mercurey (très bien avec le bœuf bourguignon), beaujolais ou vins rouges légers servis à température de cave (15-16 °C).

– Avec **gibier**, **viandes rouges**, **cèpes** et **fromages** : chambertin, chambolle-musigny, côtes-de-nuits, pommard et autres vins rouges corsés servis chambrés (16-18 °C) ; avec les chèvres secs, n'hésitez

LA TRUFFE DE BOURGOGNE

Très prisé au 19e s., le *Tuber uncinatum*, ou « truffe de Bourgogne », faisait même concurrence à sa cousine périgourdine, avec une production de 78 tonnes par an en 1900. Tombée dans l'oubli après la Première Guerre mondiale, la truffe bénéficie d'un regain d'intérêt depuis les années 1990. Ce champignon, qui vit en association avec les racines des arbres, est noir à l'extérieur, brun foncé veiné de blanc à l'intérieur ; il est récolté avec l'aide d'un chien ou d'un porc, du mois de septembre au mois de janvier, selon un arrêté préfectoral. Cette truffe a un goût de noisette et une chair croquante : elle se consomme fraîche, très finement émincée au moment de la servir. Elle se marie parfaitement à une poularde de Bresse.

pas à déboucher une bouteille de blanc tel un pouilly-fumé, délivrant ses arômes de bois brûlé et de végétaux.

Avec le café, les agapes se terminent sur une **fine** ou un **marc de Bourgogne**. Cet alcool charpenté est produit par la distillation des marcs de raisin – peaux et pépins – et vieilli en fût de chêne.

Les grands chefs

À Joigny (Yonne)

L'histoire du restaurant tenu par Jean-Michel Lorain est le parfait exemple d'une saga familiale. C'est ici que le fils, Michel, fit ses débuts de cuisinier avant de donner sa renommée à l'établissement dans les années 1970. Puis ce fut l'arrivée du petit-fils Jean-Michel, en 1983, qui travailla avec son père, après avoir fréquenté les cuisines de Troisgros, Taillevent et Girardet, entre autres. Une épopée familiale qui fit briller la 3e étoile en 1986.

À La Côte St-Jacques, superbe hostellerie dominant l'Yonne, chaque assiette qui sort des cuisines du talentueux **Jean-Michel Lorain** est un véritable hymne à la gastronomie. Une cuisine inventive, qui célèbre le beau produit.

La Côte St-Jacques – *14 fg de Paris - ✆ 03 86 62 09 70 - www.cotesaintjacques.com.*

À Chagny (Saône-et-Loire)

Éric Pras, ancien second en cuisine chez Régis Marcon – un trois étoiles depuis 2007 – et élu « Meilleur Ouvrier de France » en 2004, dirige la Maison Lameloise à Chagny. Dans ce lieu emblématique, la succession de Jacques Lameloise a été une réussite : le maintien de la troisième étoile en est la preuve. Éric Pras, tout en gardant les classiques de la maison, a apporté une touche personnelle de légèreté dans cette belle cuisine d'exception.

Maison Lameloise – *36 pl. d'Armes - ✆ 03 85 87 65 65 - www.lameloise.fr.*

À Saulieu (Côte-d'Or)

C'est à Saulieu que se trouve le célèbre restaurant qui, avec Bernard Loiseau, puis son épouse, a marqué la gastronomie au-delà de la Bourgogne. Bernard Loiseau s'est révélé le précurseur d'une cuisine de la légèreté et de la mise en valeur du produit. **Patrick Bertron**, qui fut le second de Bernard Loiseau durant plus de 20 ans, a succédé dignement à son maître. Il reste fidèle à certaines recettes emblématiques de la maison, tout en apportant sa touche personnelle dans un registre de haute gastronomie.

Le Relais Bernard Loiseau – *2 r. d'Argentine - ✆ 03 80 90 53 53 - www.bernard-loiseau.com.*

Histoire

Terre d'épopée, la Bourgogne a vu s'affronter Jules César et Vercingétorix. Terre de spiritualité, elle conserve l'immense héritage monastique des deux grands ordres religieux du Moyen Âge. Terre des fameux ducs de Bourgogne, grands mécènes, la région est alors au faîte de sa puissance et de sa renommée. Terre riche et nourricière, sillonnée de cours d'eau, elle a vu ses paysages se modeler au gré des inventions et des créations de l'homme.

Une terre de passage

Mille ans après les Burgondes, la Bourgogne gouvernée par des princes a bien failli être de nouveau un puissant royaume. Si le nez de Louis XI eût été plus court… Il convient donc de faire la claire distinction entre l'histoire de la Bourgogne et l'histoire de France, en particulier avant la fin du 15e s.

ÉPOQUE PRÉHISTORIQUE

Dès les prémices du peuplement de l'Europe, la Bourgogne est un lieu de passage et d'échanges entre le Bassin parisien et la vallée de la Saône, les pays du Nord et la Méditerranée. L'homme de **Cro-Magnon** vit dans les grottes d'Arcy-sur-Cure, quand il les préfère aux campements. La mise au jour d'ossements et d'outillages à la roche de Solutré atteste l'existence d'établissements humains entre 18000 et 15000 ans avant l'ère chrétienne. Ce site paléolithique a d'ailleurs donné son nom à l'outillage de pierre en forme de feuilles de laurier, depuis lors désigné comme **solutréen**.

ANTIQUITÉ

Avant J.-C.

- **8e s.** – Invasion des **Celtes** (civilisation dite de « Hallstatt », du nom d'un village autrichien célèbre pour ses épées de fer) et apparition de tertres funéraires et de sépultures par incinération ou par inhumation, comme celles de Blanot *(voir le Musée archéologique de Dijon, p. 49)* et de Villethierry *(voir le musée de Sens, p. 371)*.
- **v. 530** – Début de la **société gauloise** et développement du commerce avec les négociants grecs d'Italie du Sud, ce dont témoigne le trésor de Vix, découvert sur la route de l'étain, dans la région de Châtillon-sur-Seine. À l'âge de La Tène (second âge de fer), la région est habitée par trois peuples gaulois : les **Éduens**, le plus puissant de Gaule avec les Arvernes, qui a pour capitale l'oppidum de Bibracte ; les **Séquanes**, au bord de la Saône ; les **Lingons**, sur le plateau de Langres, dans le Châtillonnais.
- **58** – Menacés par les Helvètes, les Éduens demandent le secours de Rome, leur alliée. Par sa victoire près de Montmort (non loin de Bibracte), **Jules César** commence la conquête des Gaules.
- **52** – Insurrection générale des Gaulois contre l'envahisseur romain.

Les Éduens s'allient aux Arvernes après la victoire de **Vercingétorix** à Gergovie. Assiégé à Alésia, le chef des Arvernes rend les armes à César, qui entreprend la rédaction de ses *Commentaires sur la guerre des Gaules*.

Après J.-C.

- **21** – Les Éduens, conduits par **Sacrovir**, se révoltent sans succès contre l'empereur romain Tibère et prennent en otages à Augustodunum (Autun) des fils de chefs gaulois qui recevaient une éducation romaine.
- **70** – Avec la *Pax romana*, la civilisation gallo-romaine s'épanouit à Autun et Sens.
- **313** – Par l'édit de Milan, l'empereur Constantin accorde aux chrétiens la liberté de culte : au cours du siècle, le christianisme s'étend en Bourgogne, avec les saints Andoche, Bénigne et Reine. En 418, saint Germain, ancien commandant de garnison romaine, devient évêque d'Auxerre.
- **356** – Invasion germanique.

LA BURGONDIE

- **442** – Originaires de l'île de Bornholm, en mer Baltique, et porteurs d'une civilisation avancée, les Burgondes s'installent dans le bassin de la Saône et du Rhône, puis fondent un royaume auquel ils donnent leur nom : *Burgundia*, qui deviendra Bourgogne. Le roi **Gondebaud** institue l'égalité entre sujets romains et burgondes. Mais l'Empire romain d'Occident se disloque : Rome est prise en **476** par des Barbares venus de l'est.
- **500** – **Clovis**, roi des Francs, vainc les Burgondes, qui deviennent tributaires des Mérovingiens. En **534**, ses héritiers annexent le royaume burgonde, qui occupe le quart sud-est de la France actuelle.
- **734** – **Charles Martel** reprend en main la Bourgogne après les invasions arabes. À la mort de son fils Pépin le Bref (768), la région revient à Carloman, frère de Charles Ier. Ce dernier s'en empare en 771.
- **841** – Dans la lutte pour l'Empire de Charlemagne, **Charles II le Chauve** bat son frère Lothaire à Fontanet (Fontenoy-en-Puisaye, près d'Auxerre). Par le traité de Verdun (843), l'Empire d'Occident est démembré entre les fils de Louis le Pieux : la Bourgogne franque, qui s'arrête à la Saône, revient à Charles le Chauve ; la Bourgogne impériale, dont le nord deviendra le comté de Bourgogne, ou Franche-Comté, est attribuée à **Lothaire**.

LE DUCHÉ DE BOURGOGNE

Les ducs capétiens tiendront une place importante dans la politique du royaume de France. À leur époque, la Bourgogne devient un véritable bastion de la chrétienté : c'est l'ère du rayonnement des grands **ordres monastiques** établis à Cluny, Cîteaux et Clairvaux.

- **Fin du 9e s.** – Ayant repoussé les Normands, Richard le Justicier, comte d'Autun, fonde le duché qui englobe les *pagi*, c'est-à-dire les comtés, de la zone franque.
- **910** – Fondation de Cluny par Guillaume d'Aquitaine.
- **1002-1016** – Le roi de France Robert II le Pieux, fils d'Hugues Capet, occupe la Bourgogne.
- **1032** – Henri Ier, fils de Robert II le Pieux, cède le duché à son frère Robert Ier le Vieux (branche bourguignonne de la maison capétienne) afin de préserver son trône. Langres, Troyes, Sens, Auxerre, Mâcon et Nevers n'en font plus partie.
- **1098** – Fondation de l'abbaye de Cîteaux.
- **1146** – **Saint Bernard** prêche à Vézelay la deuxième croisade. Après leur échec devant Damas, Germains et Français rentrent en 1149.

Vercingétorix jette ses armes aux pieds de César, Lionel-Noël Royer, 1899.
D.R.

- **1186** – Le duc Hugues III de Bourgogne, qui mène une active diplomatie matrimoniale, se soumet à Philippe Auguste.
- **1361** – Après un hiver où la Bourgogne est pillée par les Anglais (guerre de Cent Ans, 1337-1453), le jeune duc Philippe de Rouvres meurt de la peste ; avec lui s'éteint la lignée des ducs capétiens. Le duché passe alors entre les mains du roi de France, Jean II le Bon, qui le remet en apanage à son quatrième fils, **Philippe le Hardi**, dès 1363.

LE RETOUR À LA COURONNE

- **1477** – À la mort de Charles le Téméraire, duc de Bourgogne, **Louis XI** annexe la Bourgogne ducale au domaine royal et crée le parlement de Dijon. Lésée d'une grande part de son héritage, **Marie de Bourgogne**, fille du défunt duc, épouse la même année le futur empereur germanique, Maximilien de Habsbourg. Elle lui donne un fils, Philippe le Beau, et une fille, Marguerite d'Autriche. À la mort de Marie, en 1482, le reste des territoires de l'ancien duché revient à son époux.
- **1482** – Le **traité d'Arras** met fin à la guerre de succession franco-germanique, la Bourgogne ducale revenant au royaume de France.
- **1519** – À la tête du Saint Empire romain germanique, **Charles Quint**, fils de Philippe le Beau, est prince bourguignon et francophone. L'un de ses principaux objectifs est de reconquérir ses droits à l'héritage du duché de Bourgogne. Son rêve est d'ailleurs de prendre place parmi les siens dans la chartreuse de Champmol *(voir Dijon, p. 51)*.
- **1525** – Le désastre de **Pavie**, en février, contraint François Ier à céder le Milanais et la Bourgogne, à laquelle Charles Quint renoncera plus tard (paix de Cambrai en 1529, puis traité de Crépy-en-Laonnois en 1544).
- **1559** – Par le traité de **Cateau-Cambrésis**, qui marque la fin des guerres d'Italie, la province est définitivement rattachée au royaume de France.
- **1595** – Henri IV bat les Espagnols à Fontaine-Française, libérant la

Bourgogne. L'Espagne garde le Charolais.

- **1601** – La Bourgogne s'agrandit de la Bresse, du Bugey et du Valmorey, acquis au duc de Savoie.
- **1631-1789** – À partir du règne de Louis XIII et jusqu'à la Révolution, les **princes de Condé** se succèdent comme gouverneurs de la province, partageant le pouvoir avec l'intendant de la généralité de Dijon (justice, police et finances). En 1650, le Grand Condé implique ses administrés dans la fronde contre le jeune roi Louis XIV.
- **1693-1710** – Années difficiles : la région connaît plusieurs famines.
- **1789** – En juillet, St-Florentin est l'un des centres d'où part la Grande Peur. Près de Cluny et de Cormatin, des groupes de paysans révoltés sont battus par les milices. Les coupables de ces jacqueries sont condamnés à Dijon.
- **1790** – Le 24 février, la province est divisée en **quatre départements**. Les grands domaines du clergé, dont les vignobles, sont vendus à la bourgeoisie. Le Clos de Vougeot passe de la poche des moines de Cîteaux à celle de banquiers parisiens.

DE LA FIN DE L'EMPIRE À LA LIBÉRATION

- **1814** – Napoléon rompt les négociations de Châtillon-sur-Seine, qui auraient permis de faire la paix avec l'Autriche, la Russie, l'Angleterre et la Prusse, sur la base des frontières de 1792.
- **1832** – Le **canal de Bourgogne** est ouvert à la navigation.
- **1837** – **Lamartine** est élu député de Mâcon.
- **1842** – Lamartine fonde à Mâcon le journal *Le Bien public*.
- **1848** – Lamartine proclame la IIe République et intègre le gouvernement provisoire comme ministre des Affaires étrangères.
- **1849** – Inauguration de la **gare** ferroviaire de Dijon et ouverture de la section Dijon ville-Chalon-sur-Saône de la ligne Paris-Lyon.
- **1859** – Première **vente aux enchères** des vins des Hospices de Beaune.
- **1878** – Destruction du vignoble par le **phylloxéra**.
- **1934** – La création de la **confrérie des Chevaliers du Tastevin** à Nuits-St-Georges sort le vignoble bourguignon de sa léthargie.
- **1940-1944** – Pétain rencontre le maréchal Goering à St-Florentin le 1er décembre 1941. La ligne de démarcation traverse la Bourgogne du Sud : elle suit le Doubs, puis la Saône jusqu'à Chalon (en zone occupée), descend au sud jusqu'à Montchanin, et longe le canal du Centre jusqu'à la frontière de l'Allier. Le Mâconnais reste en zone libre. La Résistance est active en Bourgogne :

SUIVEZ LE GUIDE !

Dans les années 1140 paraît un ouvrage à l'usage des pèlerins de St-Jacques. Truffé de détails pratiques, il décrit les étapes et les monuments à la manière du Guide Vert… Aujourd'hui, les associations jacquaires fournissent un « credencial », sorte de carnet de route, indispensable pour bénéficier dans les gîtes de prix « pèlerins ».

Un **balisage** « Itinéraire du pèlerin de St-Jacques - Voie historique de Vézelay » est mis en place le long du parcours, scindé en étapes de près de 30 km, évitant aux randonneurs du 21e s. de se perdre.

Depuis 1998, les chemins de St-Jacques sont inscrits au **patrimoine mondial de l'Unesco**, notamment du fait du rôle capital qu'ils jouèrent dans les échanges et le développement religieux et culturel au niveau européen.

UNE CULTURE CHEVALERESQUE

Créé en l'honneur de Dieu, de la Vierge et de saint André, et inspiré de la légende de Jason et des Argonautes, l'**ordre de la Toison d'or** comporte à l'origine 25 membres qui jurent de servir le Grand Maître : le duc et ses successeurs. Les chevaliers se réunissent au moins tous les trois ans, vêtus du plus somptueux des costumes. La devise ducale « Aultre n'auray » se détache, comme la promesse de fidélité de Philippe à Isabelle. Le collier de l'ordre est fait de briquets – des fusils – et de silex d'où jaillissent des étincelles, en souvenir du rabot et des rabotures de Jean sans Peur, de symboles bourguignons et d'une dépouille de bélier. La Toison d'or est aujourd'hui encore un ordre des plus insignes et des plus fermés. À la mort de l'un de ses membres, les héritiers renvoient au Grand Maître le collier orné de la toison.

les forêts du Châtillonnais et du Morvan abritent le maquis.
Le frère Roger Schutz, venu de Suisse, mais de mère bourguignonne, s'installe à **Taizé**. Il y jette les bases d'une communauté œcuménique ; ses premiers hôtes sont des juifs réfugiés.

- **Septembre 1944** – Le 11, **Dijon est libéré**. Le 14, la division Leclerc et l'armée de Lattre de Tassigny opèrent leur jonction près de Châtillon-sur-Seine.

DEPUIS 1944

- **1945** – Le **chanoine Kir** est élu maire de Dijon.
- **1953** – Découverte du trésor de Vix dans le Châtillonnais.
- **1970** – Création du **Parc naturel régional du Morvan**.
- **1971** – Le dernier service hospitalier quitte l'hôtel-Dieu de Beaune. Le bâtiment est désormais entièrement dévolu aux visites.
- **1976** – La Communauté de l'Emmanuel organise sa première session d'été à Paray-le-Monial.
- **1981** – Mise en service du **TGV**. La Bourgogne est desservie par les gares du Creusot-Montchanin et de Mâcon-Loché.
- **1982** – Cinq cents ans après son rattachement à la France, création de la **région Bourgogne**.
- **1994-1996** – Ouverture au public du Centre archéologique européen de Bibracte et du musée de Bibracte *(voir p. 273)*.
- **2003** – Création de la **100e AOC** : saint-bris (vin blanc sec produit à partir du cépage sauvignon).
- **2005** – Les Hospices de Beaune confient la vente aux enchères des vins à **Christie's**.
- **2012** – Ouverture du MuséoParc Alésia (Côte-d'Or).
- **2015** – Inscription des climats de Bourgogne au patrimoine mondial de l'Unesco.
- **2016** – Suite à la réforme territoriale, la Bourgogne-Franche-Comté (BFC) est la nouvelle appellation régionale.

Les grands ducs d'Occident

C'est sous la dynastie des Valois, branche cadette de la dynastie capétienne, que la Bourgogne devient en un peu plus d'un siècle (1361-1477) une puissance politique de premier plan. À Dijon, les grands ducs d'Occident mènent un train fastueux. Leur prestige est d'autant plus grand que la monarchie française est affaiblie par la folie de Charles VI et la guerre de Cent Ans. Cependant, tout s'effondre à la mort de Charles le Téméraire, qui s'est fait nombre d'ennemis : c'en est fini de l'État bourguignon.

PHILIPPE II LE HARDI, LE BIEN NOMMÉ (1363-1404)

Lors de la **bataille de Poitiers** contre le Prince Noir (1356), Philippe, âgé d'à peine 15 ans, combat héroïquement aux côtés de son père, le roi de France Jean le Bon. Il se voit qualifier de « hardi » lorsque, blessé et emprisonné avec son père, il assène un soufflet à un gentilhomme anglais qui tient des propos désobligeants envers le roi. Lorsqu'il fait son entrée solennelle à Dijon en novembre 1364, ses titres de courage lui ayant valu le duché, Philippe est un beau chevalier, aimant le jeu, le luxe et les femmes, ne négligeant rien pour servir les intérêts de sa maison.
Par son mariage en 1369 avec la veuve de Philippe de Rouvres, **Marguerite de Flandre**, il hérite à la mort du comte de Flandre en 1384 d'un important territoire : Nivernais, comté de Bourgogne, Franche-Comté, Artois et Flandre, qui fait de lui le plus puissant prince de la chrétienté.
Dans le palais qu'il a fait reconstruire à Dijon, il convie peintres et sculpteurs de son domaine de Flandre. Soucieux d'assurer à sa dynastie une nécropole royale, Philippe, premier pair de France, fonde la **chartreuse de Champmol** et charge le sculpteur Jean de Marville des plans de son tombeau. Les plus beaux marbres sont apportés de Liège, les pierres d'albâtre de Gênes.
À sa mort, il a dilapidé sa fortune au point que ses fils doivent, pour payer les funérailles, mettre en gage l'argenterie ducale. Selon la coutume de Bourgogne, sa veuve vient, en signe de renonciation à la succession mobilière, déposer sur le

Généalogie des Maisons de France et de Bourgogne aux XIVe et XVe siècles

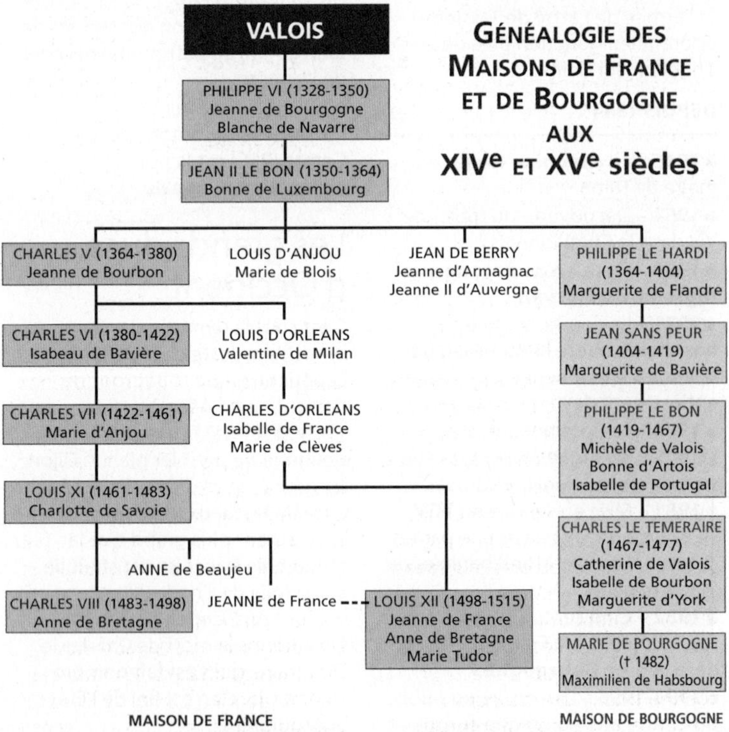

cercueil sa bourse, son trousseau de clés et sa ceinture.

JEAN SANS PEUR (1404-1419)

Né à Dijon en 1371, chétif et laid, mais brave, intelligent et ambitieux, Jean de Nevers s'illustre en avril 1396 par une grande parade à Dijon, pour fêter son départ en croisade contre les Turcs, cette dernière tournant au désastre à Nicopolis. Il n'est libéré qu'au prix d'une rançon astronomique.
Succédant à son père, Philippe le Hardi, mais plus prudent et rusé que lui, il reprend la lutte au Conseil royal face au parti de son cousin et ennemi Louis d'Orléans, frère du roi dément Charles VI, et prône des réformes administratives. Il espère en toute simplicité régner sur la France. Comme Louis a pour emblème un bâton noueux, Jean adopte un rabot, signifiant par là qu'il saura bien un jour « planer ce bâton », ce qu'il réalise en commanditant l'assassinat de son rival le 23 novembre 1407. Il quitte aussitôt Paris.
Avec la **paix de Chartres** et le pardon du roi, Jean sans Peur regagne la capitale, mais il est violemment combattu par la faction des Orléans, que dirige désormais, à la place du nouveau duc Charles, captif des Anglais depuis Azincourt (1415), le beau-père de celui-ci, Bernard d'Armagnac. Ce conflit des **Armagnacs** et des **Bourguignons** dresse les Français les uns contre les autres (entre 1411 et 1435), en pleine guerre de Cent Ans, au profit des envahisseurs anglais.
Après le massacre des Armagnacs, fin mai 1418, Jean fait son entrée à Paris le 14 juillet au bras d'**Isabeau de Bavière**. Henri V d'Angleterre ayant pris Rouen, « le Renard de Bourgogne » recherche un accord avec le dauphin, le futur roi Charles VII. Lors de leur entrevue au pont de Montereau, le 11 septembre 1419, il est « traytreusement occis et murdry » par un proche du dauphin.

PHILIPPE III LE BON (1419-1467) ET LA TOISON D'OR

Par esprit de vengeance, mais aussi pour préserver la Bourgogne, Philippe III le Bon, fils unique de Jean sans Peur, s'allie aux Anglais. Il est l'un des signataires du **traité de Troyes** en 1420, par lequel le dauphin est déchu de ses droits. Lors de l'entrée de Philippe le Bon à Dijon en 1422, les Bourguignons fidèles au roi de France prêtent hommage à Henri V d'Angleterre tout en précisant dans les textes que c'est simplement par respect de la volonté du duc. Dix ans plus tard, sur les instances de Jeanne d'Arc, **Charles VII** est sacré à Reims et tente de reconquérir son royaume. En réaction, Philippe le Bon cherche à s'allier la noblesse en fondant, à l'occasion de son mariage à Bruges avec Isabelle de Portugal (janvier 1430), l'ordre souverain de la Toison d'or.
La même année, **Jeanne d'Arc** est capturée à Compiègne par le Bourguignon Jean de Luxembourg, puis livrée aux Anglais pour 10 000 écus d'or. Par le traité d'Arras (1435), dans la crainte de se retrouver isolé, Philippe change d'alliance, se réconcilie avec Charles VII et agrandit en contrepartie son domaine (comtés d'Auxerre et de Mâcon, villes de la Somme à titre précaire). Dijon, qui a perdu un peu de son lustre au profit de Bruges et de Bruxelles, devient cependant la capitale d'un puissant État qui comprend une grande part de la Hollande et de la Belgique, le Luxembourg, la Flandre, l'Artois, le Hainaut, la Picardie et le territoire compris entre la Loire et le Jura. Cinq grands officiers, le maréchal de Bourgogne, l'amiral de Flandre, le chambellan, le grand écuyer et

le chancelier **Nicolas Rolin**, des poètes et des artistes comme Van Eyck entourent le duc, qui possède l'une des cours les plus fastueuses d'Europe. Ce déploiement de luxe engendre quelques tensions : en 1453, l'année qui met un terme à la guerre de Cent Ans, les états généraux à Dijon s'insurgent contre les privilèges outranciers des commensaux de Philippe, la cour étant installée à Bruxelles.

CHARLES LE TÉMÉRAIRE (1467-1477)

Le dernier des ducs valois de Bourgogne, peut-être le plus célèbre, fortement charpenté, vigoureux, bien que d'une taille en dessous de la moyenne, aime la chasse et les exercices violents. Dès 1465, son père lui a confié le commandement des armées de Bourgogne. C'est aussi un esprit cultivé qui connaît le flamand, l'anglais, le latin, et consacre du temps à l'étude ; l'histoire surtout le passionne. Il est audacieux, orgueilleux et dévoré d'ambition. Puisque son père a porté le même nom que Philippe de Macédoine, il rêve de devenir un nouvel Alexandre. Lors de sa venue à Dijon en 1474 (il y est né en 1433), des fêtes sont organisées pour sa « joyeuse entrée », avec des scènes et des décors inspirés par l'Ancien Testament.

Le rêve de conquête du Téméraire, consiste à vouloir rattacher les moitiés nord et sud de ses principautés afin de créer un royaume. Pour cela, et pour lutter contre les rébellions que suscite son très habile rival **Louis XI**, il soutient des guerres continuelles. Il est proche de la réussite lorsque, en 1475, il conquiert la Lorraine, mais ses troupes sont épuisées et subissent des défaites contre les Suisses. Il meurt en assiégeant Nancy (envisagée comme capitale), défendue par René d'Anjou, duc de Lorraine, qui avait repris la ville trois mois plus tôt. Son corps est retrouvé dans un étang glacé, le visage rongé par les loups. À propos de la triste fin de la dynastie, Olivier de La Marche parle du « grand trabuchement » de 1477.

Art et culture

Du vase de Vix aux vitraux modernes de la cathédrale de Nevers, la Bourgogne offre au visiteur un riche patrimoine, témoin de toutes les époques artistiques. Églises romanes, monastères cisterciens ou bénédictins, hôtels-Dieu et chemins de St-Jacques jalonnent cette terre de spiritualité. Petites cités et belles villes invitent à la flânerie, tout autant que les châteaux et leurs jardins.

Carrefour de routes et de voies d'eau, la Bourgogne a connu, depuis la plus haute Antiquité, des migrations de peuples et subi l'influence de civilisations diverses. Sous le règne du monachisme, l'art roman fleurit autour de Cluny et de Cîteaux. Une autre période, très riche sur le plan de la création artistique, est celle du gothique tardif déployé à la cour des grands ducs. Philippe le Hardi puis Philippe le Bon seront les mécènes d'une pléiade de peintres, sculpteurs, musiciens, originaires pour la plupart des « Pays-Bas » du duché.

Les premières pierres de la christianisation

L'ART GALLO-ROMAIN

Au moment de la conquête romaine, la capitale éduenne (du peuple de la Gaule celtique), **Bibracte** *(voir p. 273)*, rassemblait de nombreux artisans celtes qui excellaient dans le travail du bois, de la céramique et des métaux comme le fer, le bronze puis l'argent.

Vers l'an 5 av. J.-C., Auguste décide de construire un nouveau chef-lieu selon les principes romains : plan orthogonal, grands axes routiers. **Augustodunum** (Autun) supplante Bibracte et devient une ville phare au niveau économique et culturel. D'autres cités, comme Alésia, Mâlain et Entrains, se développent sur des sites où l'artisanat prospère. Il faudra attendre le 2e s. pour qu'apparaissent les premiers éléments (castrum de Divio) de la future capitale, **Dijon**.

Un art de tailleurs de pierre

La nouveauté apportée par les Romains dans le monde gaulois est le **travail de la pierre**, dont les monuments cultuels sont les premiers champs d'application. Beaucoup mieux conservés que les monuments et sculptures en bois, ils nous permettent aujourd'hui d'apprécier l'art de la période gallo-romaine.

L'examen des stèles ou des sanctuaires est révélateur des différents degrés de romanisation : dans les grandes villes, l'influence de Rome est assez hégémonique, et de nombreux temples sont élevés en l'honneur d'Apollon, souvent associé à des divinités indigènes ; dans les campagnes, le panthéon romain parvient plus difficilement à assimiler les dieux celtes. Les *matres* gauloises, divinités de la Prospérité et de la Fécondité, restent très vénérées ; les sources sont encore fréquentées pour leurs pouvoirs curatifs ; les ex-voto anatomiques

en bois *(voir Musée archéologique de Dijon, p. 49)* y sont peu à peu remplacés par d'autres en pierre *(voir musée du Pays châtillonnais à Châtillon-sur-Seine, p. 467).*
Une grande importance est donnée aux monuments funéraires, et les stèles, de plus en plus expressives et réalistes, donnent une image fidèle de l'organisation de la société gallo-romaine *(voir musée d'Art et d'Histoire d'Auxerre, p. 395).*
Les riches propriétaires se font construire des **villas** à la romaine : la *cella* gauloise est entourée de portiques, décorée de colonnes et de mosaïques, agrémentée de thermes et de salles chauffées par hypocauste (système de chauffage par le sol utilisé à l'époque romaine).
À l'aube de l'avènement de la culture chrétienne, amorcée à Autun par le martyre de saint Symphorien et accélérée par l'évangélisation de saint Martin, de nouvelles inspirations apparaissent, qui vont changer et marquer l'art de la région.

L'ART CAROLINGIEN

Une période inventive

Après la période d'éclipse du haut Moyen Âge, l'époque carolingienne (8e-9e s.) connaît un renouveau artistique qui se manifeste principalement en **architecture**. Parmi les éléments novateurs, on relève la crypte annulaire sous le chevet, la crypte-halle aux dimensions d'une véritable église souterraine et le chapiteau cubique. Les plans des édifices religieux sont simples et les constructions, en pierre grossièrement taillée, rudimentaires. On en voit des exemples dans l'ancienne crypte de **St-Bénigne** à Dijon, ainsi que dans celles de Ste-Reine à Flavigny-sur-Ozerain et de St-Germain à Auxerre. La **sculpture** s'exprime alors assez maladroitement : deux chapiteaux de St-Bénigne représentent, sur chaque face, un homme en prière, les mains levées vers le ciel. Travaillée sur place, la pierre témoigne des tâtonnements du sculpteur ; certaines faces sont restées à l'état linéaire. Vestige de la basilique construite au milieu du 8e s., la crypte de Flavigny conserve quatre fûts de colonnes, dont trois semblent être romains et le quatrième carolingien ; les chapiteaux présentent un décor de feuilles plates d'une facture encore fruste.
À la même époque, fresques et enduits sont employés dans la décoration des édifices religieux. D'admirables **fresques** représentant avec beaucoup de vivacité la lapidation de saint Étienne ont été mises au jour en 1927 à St-Germain d'Auxerre.

L'élan monastique de l'art roman

LA GRANDE ÉPOQUE ROMANE

La blanche robe des églises

Bénéficiant de conditions particulièrement favorables à son expansion (villes nombreuses, riches abbayes, matériaux abondants), l'école romane bourguignonne se développe avec une extraordinaire vitalité aux 11e et 12e s., en particulier dans la région de l'actuelle Saône-et-Loire, avec environ 300 édifices, contre une quarantaine dans l'Yonne et la Côte-d'Or. L'an 1000 correspond à un nouvel élan dans le désir de bâtir, qu'expliquent la fin des invasions, l'essor de la féodalité et du monachisme, la découverte de nouveaux procédés de construction et… la croissance démographique. Il ne reste malheureusement de cette époque que très peu de monuments civils ou militaires, souvent construits en bois, et c'est

Anzy-le-Duc, chapiteau de l'église romane.
F. Guiziou/hemis.fr

pourquoi on confond souvent art roman avec art religieux.
Parmi les abbés constructeurs d'alors, **Guillaume de Volpiano** édifia à Dijon, sur l'emplacement du tombeau de saint Bénigne, une nouvelle basilique. L'église St-Vorles de Châtillon-sur-Seine – profondément modifiée dans les premières années du 11e s. – permet de définir les caractères de l'**art préroman** : construction sommaire faite de pierres plates mal assemblées, piliers massifs, décoration très rudimentaire de niches creusées dans les murs et de corniches à bandes lombardes.
L'exemple le plus saisissant d'art roman qui nous soit parvenu est certainement **St-Philibert de Tournus**, dont le narthex et son étage composent les parties les plus anciennes. On est surpris par la puissance de cette architecture.

L'école clunisienne

Si l'art roman à ses débuts doit beaucoup aux influences étrangères, méditerranéennes surtout, la période suivante voit avec Cluny le triomphe d'une formule nouvelle, un art opulent dont les caractères vont se répandre à travers toute la Bourgogne et au-delà.
La fondation par **Bernon**, en 910, d'un couvent (dit Cluny I) sur les terres mâconnaises du duc d'Aquitaine, Guillaume le Pieux, marque l'origine d'une importante réforme monastique. L'époque est propice : les débuts de la féodalité et l'instabilité du pouvoir royal se combinent à un mouvement mystique et un afflux d'hommes vers les cloîtres. À Cluny, le retour à l'esprit de la **règle bénédictine** est marqué par l'observance des grands principes : chasteté, jeûne, obéissance, silence (la communication se fait par gestes dans un langage de signes visuels). Les offices divins occupent la plus grande partie du temps.
Édifiée entre 955 et 981, l'abbatiale dite **Cluny II** est déjà dotée d'une grande abside originale et d'un chevet à chapelles échelonnées et orientées.

SAINT BENOÎT ET LA RÈGLE BÉNÉDICTINE

Né en Nursie (Italie), Benoît s'installe, après avoir vécu en ermite, à la tête d'un groupe de moines sur le mont Cassin en 529. S'inspirant des préceptes contemplatifs de saint Basile et de Cassien, il élabore ses *Constitutions*, d'où sortira la fameuse « règle bénédictine ». Le travail manuel y tient une grande place : « les ouvriers de Dieu » travaillent six à huit heures, tandis que quatre heures sont réservées à la lecture et quatre autres à l'office divin. La règle suggère que « le monastère soit construit de sorte que le nécessaire – à savoir l'eau, le moulin, le jardin – soit à l'intérieur et que s'y exercent différents métiers ». Le succès de cette règle tient à la volonté des rois carolingiens d'imposer un modèle monastique. Dès 670, le concile d'Autun la fait adopter par de nombreuses abbayes. Louis le Pieux, l'un des fils de Charlemagne, l'étend à tout l'empire en 817. Ces orientations sont à la source de toutes les règles monastiques actuelles.

L'abbatiale St-Pierre-et-St-Paul – **Cluny III** –, commencée en 1088 par saint Hugues et achevée vers 1130, a des dimensions proprement gigantesques. Elle est d'ailleurs appelée la « seconde Rome », produite à la fois en raison de son indépendance à l'égard du pouvoir politique et de son engagement au service de la vitalité de l'Église. Elle est en effet directement rattachée au Saint-Siège, ce qui lui assure une grande autonomie vu l'éloignement du pouvoir pontifical.

L'expansion de l'ordre clunisien est extrêmement rapide, si l'on songe qu'au début du 12e s., en Europe, 1 450 maisons comptant 10 000 moines en dépendaient. Parmi les « filiales » bourguignonnes, citons les abbayes ou prieurés de St-Germain d'Auxerre, Paray-le-Monial, St-Marcel de Chalon, Vézelay, Nevers (St-Sever et St-Étienne) et La Charité-sur-Loire. Une telle floraison s'explique en grande partie par la personnalité et la pérennité des grands abbés de Cluny (tels saint Odon, saint Maïeul, saint Odilon, saint Hugues, Pierre le Vénérable), préparant ensemble leur succession, secondés par des hommes compétents. Georges Duby parle de « l'esprit d'équipe au coude à coude » qui règne entre les moines noirs (moines de Cluny). Durant deux ou trois générations, Cluny est donc au cœur d'un véritable empire. Personnage considérable, plus puissant parfois que le pape, dont il est le guide et le conseiller, l'abbé est consulté par les rois pour trancher les différends ou régler les litiges. Les richesses s'accumulent (chaque filiale paie une redevance) et, au sommet de la pyramide, l'abbé adopte le train de vie d'un grand seigneur, au point de se faire construire une résidence particulière. Peu à peu, la spiritualité de l'ordre en est affectée, et le pouvoir suprême lui-même n'est plus exercé de façon efficace.

Les vestiges de l'abbatiale, encore impressionnants par leur ampleur, permettent de dégager les caractères généraux de cette « école ». La voûte est en berceau brisé, véritable innovation par rapport au plein cintre, issu de l'époque romaine. Chaque travée comporte un arc doubleau : en diminuant les poussées, les arcs brisés permettent d'alléger les murs et d'élever ainsi les voûtes à une très grande hauteur. Cette ordonnance à trois niveaux, coiffée d'une voûte en berceau brisé, se retrouve dans de nombreux édifices de la région : l'église de **Paray-le-Monial**, celles de **La Charité-sur-Loire**, **St-Lazare d'Autun**, **Semur-en-Brionnais**. La collégiale St-Andoche de **Saulieu**

est aussi de la famille des grandes églises clunisiennes.
Parmi les églises de village construites sous l'inspiration de Cluny, celles du **Brionnais** sont remarquables : Montceaux-l'Étoile, Varenne-l'Arconce, Charlieu, Iguerande…

La colline éternelle

Face à cette école clunisienne, le cas de la basilique de Ste-Marie-Madeleine à **Vézelay** est à part. Construite au début du 12ᵉ s., la nef est voûtée d'arêtes, alors que jusque-là seuls les collatéraux, de faibles dimensions, l'étaient. Les grandes arcades sont surmontées directement par des fenêtres hautes qui, s'ouvrant dans l'axe de chaque travée, éclairent la nef. Les pilastres sont remplacés par des colonnes engagées, et les arcs doubleaux soutenant la voûte restent en plein cintre (peut-être l'église d'Anzy-le-Duc a-t-elle servi de modèle…). Pour rompre la monotonie de cette architecture, on a recours à l'emploi de **matériaux polychromes** : calcaires de teintes variées, claveaux alternativement blancs et bruns. En tant que lieu de pèlerinage, la basilique est dotée d'un chevet à déambulatoire et de chapelles rayonnantes.

L'art cistercien

Dans la première moitié du 12ᵉ s., le plan cistercien fait son apparition en Bourgogne. Caractérisé par un esprit de simplicité, il apparaît comme l'expression de la volonté de **saint Bernard** *(voir encadré p. 436)*, édictée dans la Charte de charité (1119). En lutte contre le relâchement des moines clunisiens, il s'oppose avec violence et passion à la théorie des grands constructeurs des 11ᵉ et 12ᵉ s., comme saint Hugues, Pierre le Vénérable, Suger, qui estiment que rien n'est trop riche pour le culte de Dieu. L'architecture dépouillée qu'il préconise reflète bien les principes mêmes de la règle cistercienne : une beauté sobre et recueillie faite pour la prière et la charité. S'il se heurte au début à de grandes difficultés – rigueur du climat, maladies –, il impose à ses moines comme à lui-même les plus durs travaux. La nourriture, frugale, n'a d'autres fins que de reconstituer les forces (d'où le réfectoire, terme issu de « refaire »).

L'envolée de Clairvaux

Trois ans après son entrée à Cîteaux, Bernard est envoyé pour essaimer aux limites de la Bourgogne et de la Champagne, dans la vallée de l'Absinthe, qui devient « Clairvaux » (la claire vallée). Promu abbé, il accomplit une œuvre gigantesque. Sous son abbatiat, Clairvaux connaît la prospérité : dès 1135, 1 800 ha de forêts et 350 ha de prés et de champs dépendent de l'abbaye, où des bâtiments de pierre ont remplacé les bâtisses de bois des premières années.
Les cisterciens imposent un plan quasi unique à toutes les constructions de l'ordre, dirigeant eux-mêmes les travaux des nouvelles abbayes. Leur exigence engendre la naissance d'un style aisément identifiable *(voir Fontenay p. 436 et Pontigny p. 387)*. Le renom de Bernard attire bientôt à Clairvaux un grand nombre de vocations, si bien qu'en 1121 est fondée dans la Marne l'abbaye de Trois-Fontaines, que suivront bientôt 70 monastères.
Fontenay montre la disposition habituelle des différents bâtiments, qui s'est répandue à travers l'Europe, de la Sicile à la Suède.
Une façade simple, sans portail, avec un lanterneau, mais pas de clocher : les cisterciens vivent à l'écart des routes fréquentées. Une nef aveugle couverte d'un berceau brisé, comme dans l'architecture clunisienne. Des bas-côtés voûtés de berceaux transversaux. Un transept qui déborde largement

SAINT BERNARD, MYSTIQUE ET POLITIQUE

Prodigieuse destinée que celle de ce fils d'un chevalier du duc de Bourgogne, né au château de Fontaine, près de Dijon : cherchant la miséricorde de Dieu, il se présente à l'âge de 21 ans (en 1112) avec une trentaine de compagnons au monastère de Cîteaux, alors sous l'abbatiat d'Étienne Harding. Dénué de tout et de faible constitution, mais d'une brillante intelligence, ce mystique est amené à jouer un rôle politique de premier plan. Il rédige la règle des Templiers, combat l'antipape en 1130-1137, fait condamner la scolastique d'Abélard à Sens, prêche la 2e croisade à Vézelay, contre l'hérésie cathare, prend la défense des Juifs attaqués par les croisés, entretient une correspondance avec Héloïse jusqu'à la fin de sa vie et participe au développement du culte marial par de superbes textes *(Louanges sur la Vierge Mère)*. À sa mort en 1153, Cîteaux compte 700 moines et se voit rattacher 350 abbayes, dont les quatre premières « filles » : La Ferté, Pontigny, Morimond et Clairvaux.

(croix latine), deux chapelles carrées s'ouvrant à chaque croisillon, et un chœur, carré et peu profond, se terminant par un chevet plat, éclairé par deux rangées de fenêtres, en triplet. Enfin, cinq fenêtres percées au-dessus de l'arc triomphal, et chaque travée des bas-côtés éclairée par une fenêtre. En évitant tout décor, en éliminant pratiquement tout motif d'ornementation, que ce soit les vitraux de couleur, les pavements, les peintures murales ou les chapiteaux historiés, les cisterciens parviennent à exécuter des monuments d'une remarquable pureté. À l'instar des verrières en grisaille, même les enluminures sont monochromes (La Grande Bible de Clairvaux). C'est la lumière seule, la « Lumière d'En Haut », qu'il convient de glorifier.

LA SCULPTURE ROMANE

Avec le choix du support, tympan et chapiteau, la sculpture monumentale épouse l'architecture. Le **Brionnais**, où l'on trouve une concentration exceptionnelle de portails sculptés, est le plus ancien foyer de sculpture romane bourguignonne. Dès le milieu du 11e s., un style un peu rude et naïf naît à Charlieu et dans la région : les sculpteurs se soucient peu du réel, les figures sont ramassées, hiératiques et riches en symboles. Après avoir travaillé à Cluny, appelés par l'abbé **Hugues de Semur**, qui appartenait à la famille des seigneurs du Brionnais, les artistes optent pour une grâce nouvelle, allongeant les figures et créant des compositions plus souples.

La grande abbaye bénédictine de **Cluny** draine en effet sur son chantier de nombreux sculpteurs et imagiers des régions voisines, devenant un centre de création pendant une vingtaine d'années (de 1095 à 1115). Un art délicat y voit le jour. Sur les chapiteaux du chœur – rare témoignage parvenu jusqu'à nous, présenté dans le farinier –, une végétation variée et des personnages aux attitudes adroitement observées révèlent un goût nouveau pour la nature (allégories des saisons, fleuves du paradis). Les figures sont drapées de tuniques flottantes où les plis déterminent un modelé en harmonie avec la sérénité recherchée, preuve que l'on commence à s'émanciper des contraintes formelles du chapiteau.

Dans le domaine du ciseau, l'influence clunisienne s'exerce à **Vézelay**. Outre ses chapiteaux historiés, la basilique de

Ste-Marie-Madeleine abrite un grand portail sculpté dont le tympan représente le Christ envoyant ses apôtres en mission avant son ascension au ciel. La composition est envahie par un mouvement magistral où souffle l'Esprit : les corps s'agitent et les draperies, sillonnées de plis aigus et serrés, bouillonnent. Cette œuvre, réalisée vers 1125, présente des points communs avec le portail du Jugement dernier de St-Lazare d'**Autun** (1130-1135), aux figures très allongées, aux draperies plissées, encore plus fines et moulées sur les corps. Le sculpteur Gislebertus s'est attaché à rendre toute la diversité des attitudes et des sentiments humains. Les chapiteaux de la nef et du chœur évoquent de façon vivante des scènes de la Bible et de la vie des saints, dont s'inspireront avec talent les artistes de St-Andoche à Saulieu. Une volonté de renouvellement du style se fait jour au milieu du 12e s. sur les portails de St-Lazare à **Avallon** : on y trouve conjointement une décoration luxuriante où apparaissent des colonnes torses, expression de la « tendance baroque » de l'art roman bourguignon, et une statue-colonne qui fait songer à celles de Chartres. Les rondes-bosses du tombeau de saint Lazare à Autun (1170-1184) annoncent également par leur troublante présence l'évolution vers le gothique.

LA PEINTURE ROMANE

Dans la crypte de la cathédrale d'**Auxerre**, qui renferme des fresques du 11e s., on voit une représentation exceptionnelle du Christ à cheval, tenant dans sa main droite une verge de fer. Il est intéressant de le comparer avec le Christ en majesté peint dans le cul-de-four de l'abside, daté du 13e s. À **Anzy-le-Duc**, un ensemble important de peintures murales, découvert au milieu du 19e s., fait montre d'une tout autre technique : teintes mates, très atténuées, dessins au trait sombre recouvrant un fond composé de bandes parallèles.
Une tradition à fonds bleus apparue à Cluny III est reprise dans la chapelle du « château des Moines », résidence des abbés à **Berzé-la-Ville**, à travers de belles compositions, probablement exécutées par les artisans de l'abbaye. L'imposant Christ en majesté, entouré de six apôtres et de nombreux autres personnages, a un air de famille avec les mosaïques

UNE TERRE INSPIRANTE

À plusieurs reprises, la Bourgogne s'est trouvée à l'origine de grandes réformes religieuses. À partir du 10e s., elle est avec Cluny à l'avant-garde d'un mouvement mystique qui touchera l'ensemble de l'Église d'Occident. Au tournant des années 1100, elle conduit le renouveau de la vie monastique, avec saint Bernard. Aujourd'hui encore, elle est le ferment de mouvements religieux : la beauté des liturgies revit désormais à **Vézelay** *(voir p. 243)* sous l'impulsion des Fraternités monastiques de Jérusalem ; la plus internationale des communautés religieuses de Bourgogne s'est installée à **Taizé** *(voir Cluny, p. 144)*. La Communauté de l'Emmanuel, formée à partir d'un groupe de prière du Renouveau charismatique catholique, a choisi **Paray-le-Monial**. La Boulaye, près de Montchanin, au sud d'Autun, héberge aujourd'hui le plus important centre d'étude et de pratique bouddhique d'Europe : Dashang Kagyu Ling, le **temple des Mille Bouddhas**. Quant aux fresques byzantines, elles ont pour écrin le centre monastique orthodoxe d'**Uchon**.

de l'impératrice Théodora à St-Vital de Ravenne (6e s., Italie). Cette correspondance entre l'art clunisien et l'art byzantin s'explique par l'action prépondérante de saint Hugues, qui entretenait des relations constantes avec l'Italie, et Rome tout particulièrement. Considérant cette influence de Cluny sur l'art du 12e s., on peut dire que la destruction de la grande abbatiale de Cluny au début du 19e s. est une perte irréparable pour notre patrimoine et pour la connaissance de l'art roman.

Les effets de la réforme cistercienne

Comme c'est souvent le cas, le rôle des cisterciens ne s'est pas limité au domaine de la foi. Extrêmement organisés et efficaces, les moines blancs ont su tirer parti des terres les plus ingrates, souvent au fond des vallées, en défrichant et en construisant digues et canaux. Ils sont ainsi passés maîtres en hydraulique *(voir Cîteaux, p. 105)*, dans les techniques viticoles *(voir La Côte, p. 64)*, et en œnologie comme en métallurgie *(voir Fontenay, p. 436)*. Du 12e s. à nos jours, la famille cistercienne a connu des crises et des renouveaux. En 1998, des moines venus du monde entier ont participé aux célébrations du 900e anniversaire de Cîteaux.

De l'art gothique à l'art brut

LE GOTHIQUE

Dès le milieu du 12e s., la **croisée d'ogives** apparaît en Bourgogne, prélude à une orientation nouvelle de l'architecture : allégement des voûtes, élargissement des baies, suppression des chapiteaux. À l'extérieur, les arcs-boutants dispensent les murs de porter, lesquels en profitent pour s'orner d'immenses verrières.

Une architecture allégée

Les cisterciens sont parmi les premiers à adopter cette formule des arcs diagonaux brisés et l'utilisent vers 1150 à Pontigny. À Sens, la première grande cathédrale gothique (1135-1176), dédiée à saint Étienne, est érigée selon les directives de l'archevêque Sanglier.
Un **style bourguignon** se précise à Notre-Dame de Dijon, construite de 1230 à 1251 : au-delà du transept, le chœur, assez profond, est flanqué d'absidioles et terminé par une haute abside; un triforium court au-dessus des grandes arcades, tandis qu'au niveau des fenêtres hautes, le mur de clôture de la nef, un peu en retrait, permet d'aménager une seconde galerie de circulation. Dans l'ornementation extérieure, la présence d'une corniche – dont la forme varie d'un monument à l'autre – se développant autour du chœur, de la nef, de l'abside ou du clocher, est un mode de décoration typiquement bourguignon.
Parmi les édifices élevés selon ces principes, on peut citer la cathédrale d'Auxerre, la collégiale St-Martin de Clamecy, l'église Notre-Dame de Semur-en-Auxois. Dans cette dernière, l'absence de triforium accentue encore l'impression de hauteur vertigineuse qui se dégage d'une nef étroite. L'église de St-Père, près de Vézelay, présente certaines ressemblances avec Notre-Dame de Dijon. Toutefois, elle en diffère par son élévation, qui est de deux étages, avec une galerie devant les fenêtres.
L'architecture devient, à la fin du 13e s., de plus en plus légère et défie les lois de l'équilibre. En témoigne le chœur, aérien, de l'église de **St-Thibault**, dont la voûte s'élève à 27 m sur une largeur de 9,26 m.

L'architecture civile

Dijon et un certain nombre de villes comme Flavigny-sur-Ozerain,

Noyers-sur-Serein ou encore Châteauneuf-en-Auxois ont conservé des maisons à colombages et hôtels particuliers édifiés au 15e s. par de riches bourgeois. C'est également de cette époque du **gothique tardif** que datent une partie du palais des ducs de Bourgogne à Dijon (tour de la Terrasse, cuisines ducales), le palais synodal à **Sens** et l'hôtel-Dieu de **Beaune**, triomphe de l'architecture de bois. Parmi les châteaux, dont beaucoup ont gardé l'allure des forteresses du 13e s., signalons **Châteauneuf**, construit par Philippe Pot, sénéchal de Bourgogne, Posanges et le palais ducal de **Nevers**.

La sculpture au 13e s.

Les œuvres de pierre héritent de l'influence de l'Île-de-France et de la Champagne en ce qui concerne la composition et l'ordonnance des sujets traités. Les statues-colonnes, d'un grand raffinement, présentent un hanchement plus marqué afin de souligner les mouvements ascendants du corps.
Voir la statuaire de **Notre-Dame de Dijon**, le portail de **St-Thibault**, en Auxois, et le tympan de la porte des Bleds à Semur-en-Auxois.

Les œuvres du 14e s.

L'avènement des grands ducs valois correspond, pour la Bourgogne, à une époque de rayonnement artistique. Pour décorer la **chartreuse de Champmol**, Philippe le Hardi dépense sans compter, attirant à Dijon nombre d'artistes, pour la plupart originaires des Flandres. Parmi les sculpteurs ayant successivement travaillé à la réalisation de son tombeau, **Claus Sluter** (v. 1350-1406) est le plus grand. Il a su mettre du tempérament dans ses personnages. **Claus de Werve**, son neveu et élève, poursuit l'œuvre du maître avec une plus grande douceur. Du portail de la chapelle, il a aussi exécuté les statues du mécène et de son épouse, Marguerite de Flandre, qui seraient d'authentiques portraits : les draperies et les vêtements sont traités avec un art consommé, les expressions des personnages sont d'un réalisme saisissant. La sculpture s'oriente là vers une manière toute nouvelle : les statues cessent désormais de faire corps avec l'architecture, et la physionomie est traitée de façon naturaliste, n'hésitant pas à accuser les aspects de la laideur ou de la souffrance.

La peinture gothique au service d'artistes de renom

Autour du chantier de la chartreuse de Philippe le Hardi, peintres et enlumineurs venus de Paris ou des Flandres s'activent. Les œuvres de **Jean Malouel**, du Brabançon **Henri Bellechose** et de **Melchior Broederlam** se distinguent par la fluidité des formes humaines et l'élégance générale. Dus à ce dernier, les revers du retable de la Crucifixion (bois sculpté par Jacques de Baerze) font preuve d'un sens du détail, d'une maîtrise de la palette et d'un travail de l'espace qui sont la marque du **style gothique international**.
Sous le règne de Philippe le Bon, un style spécifiquement bourguignon apparaît, aux proportions plus harmonieuses et aux draperies plus sobres. Les œuvres les plus connues de cette période sont le polyptyque de l'hôtel-Dieu de Beaune, dû à **Rogier Van der Weyden**, et la *Nativité au cardinal Rolin*. Cette magnifique icône de **Jan Van Eyck** (désormais au Louvre) décora dès 1435 la chapelle du commanditaire dans la cathédrale d'Autun. Commandées elles aussi par **Nicolas Rolin**, les tapisseries de l'hôtel-Dieu de Beaune comptent parmi les plus belles de l'époque. N'oublions pas, toujours au 15e s., le nom de **Pierre Spicre**, peintre

dijonnais, auteur des fresques de l'église Notre-Dame de Beaune.

DE LA RENAISSANCE AU ROMANTISME

Retour à l'antique

Sous l'influence de l'Italie, l'art bourguignon suit au 16e s. une orientation nouvelle, marquée par un retour aux canons antiques. En architecture, la transition s'effectue en douceur. L'**église St-Michel** de Dijon est composite : tandis que la nef, commencée au début du 16e s., est de style gothique, la façade, dont la construction s'échelonne entre 1537 et 1570, est un parfait exemple du style Renaissance. C'est le triomphe des lignes horizontales, de l'emploi des ordres antiques et des voûtes à caissons. On intègre dans les façades des médaillons à l'antique, des bustes en haut relief, et les sujets religieux font place à des sujets profanes. C'est dans les années 1520 que sont sculptées les stalles de l'**église de Montréal**, œuvre d'inspiration locale où pétille l'esprit bourguignon.

Dans la seconde moitié du 16e s. se répand à Dijon la décoration ornementale due notamment à **Hugues Sambin**.

La Bourgogne n'a certes pas connu une floraison de châteaux de plaisance comme le Val de Loire, mais elle compte toutefois de grandioses demeures, telles Sully, Tanlay ou Ancy-le-Franc.

Baroque et classique

Le style baroque, enclin à la fantaisie, fait son apparition en Bourgogne sous le règne de Louis XIII dans les ors et la décoration polychrome du château de Cormatin. Le sculpteur **Jean Dubois**, né à Dijon en 1625, réalise dans cet esprit la statuaire et le mobilier de nombreux édifices. Influencé par le château de Versailles, l'art classique est marqué par la recherche de l'équilibre rationnel. À Dijon, on aménage la **place Royale** et on construit le palais des États de Bourgogne sur les plans de **Jules Hardouin-Mansart**. Les familles de parlementaires se font édifier des hôtels particuliers : bien qu'ayant gardé les caractères de la Renaissance, l'**hôtel de Vogüé** (1607-1614) présente la disposition nouvelle d'un corps de logis retiré au fond d'une cour, l'accès à la rue se faisant par une porte cochère, l'autre façade ouvrant sur des jardins.

L'ordonnance des châteaux classiques, édifiés ou agrandis aux 17e et 18e s., se signale par la rigueur et la symétrie, des ailes en retour ou esquissées par des avant-corps, une façade à fronton triangulaire ou un portique qui rappellent les temples antiques. Bussy-Rabutin, Commarin, Talmay, Beaumont-sur-Vingeanne, Pierre-de-Bresse, Drée ou St-Fargeau en sont de beaux exemples.

En peinture, au 18e s., la bourgeoisie trouve son chantre en la personne du Tournusien **Greuze**, fort apprécié de Diderot, qui s'illustre en traitant la peinture de genre avec les ressources de la peinture d'histoire. Ce sont l'élève favori de David, **Girodet** (né à Montargis), et un enfant de Cluny, **Prud'hon**, élève lui de Devosge à l'académie de Dijon, qui reprennent le flambeau et deviennent peintres de l'Empire. Les figures rêveuses et sensuelles de l'un, les images traitées avec ardeur par l'autre, annoncent déjà l'art romantique.

L'ART MODERNE ET L'ART CONTEMPORAIN

Les œuvres créées au cours du 19e s. ont leur source scientifique dans la « Vallée de l'Image » : la photographie d'abord, avec

UN SCULPTEUR BOURGUIGNON

Le **musée municipal François-Pompon** réserve une place d'honneur aux œuvres de ce grand sculpteur bourguignon *(voir p. 265)*. Né à Saulieu en 1855, cet artiste fait ses débuts en tant qu'apprenti dans l'atelier de son père menuisier-ébéniste, avant d'entrer comme tailleur de pierre chez un marbrier funéraire. Il arrive à Paris à l'âge de 20 ans et, pour gagner sa vie, travaille comme praticien pour les plus grands sculpteurs : Falguière, Rodin, Camille Claudel. Ce n'est qu'en 1922, à l'âge de 67 ans, qu'il connaît enfin le succès avec *L'Ours*, après des années à observer au Jardin des plantes le mouvement des animaux, travaillant en éliminant peu à peu tous les détails pour ne conserver que l'essentiel. Pompon meurt à Paris en 1933.

Niépce, qui l'invente *(voir le très riche musée à Chalon-sur-Saône, p. 167)*, puis le cinéma, grâce au précurseur **Étienne-Jules Marey**, qui transmettra ses découvertes aux frères Lumière.

Dans le domaine de l'architecture, l'ingénieur dijonnais **Gustave Eiffel** (1832-1923) se spécialise dans la construction métallique : ponts, viaducs… et la tour qu'il élève à Paris pour l'Exposition universelle de 1889. Le visionnaire **Claude Parent**, concepteur des centrales nucléaires, dessine l'église Ste-Bernadette de Nevers en se référant pour partie à l'art cistercien.

Peinture et sculpture

La sculpture est représentée par les académiques **Jouffroy** (*La Seine*, statue ornant le bassin des Sources à St-Seine-l'Abbaye) et **Eugène Guillaume** (*Le Mariage romain*, au musée de Dijon), ainsi que par **François Pompon** *(voir encadré)*, créateur de formes animalières avec un parti pris pour la simplification expressive des formes, proche de l'esthétique japonisante.

Parmi les peintres, on retient le Beaunois **Félix Ziem** (1821-1911), proche de Corot, qui a peint la campagne de Lormes, et le Dijonnais **Alphonse Legros** (1837-1911), ami de Rodin, dont le style réaliste et les thèmes ruraux évoquent son aîné Gustave Courbet. La veine de Legros pour les scènes d'intérieur s'est en quelque sorte perpétuée au travers du penchant intimiste de **Vuillard** – né à Cuiseaux en 1868. Plus proches de nous, le Dijonnais **Jean Bertholle** (1909-1996) a travaillé avec Jean Le Moal et Manessier avant d'opter pour l'abstraction dans les années 1950. Tombé amoureux de la région de Clamecy, le grand affichiste **Charles Loupot** (1892-1962) s'établit à Chevroches. Il introduit dans « la réclame » le cubisme et le constructivisme *(voir ses œuvres au musée d'Art et d'Histoire Romain-Rolland p. 337)*, tandis que l'Avallonnais **Gaston Chaissac**, « peintre rustique moderne » ou « Pablo morvandiau », selon ses propres termes, fut l'explorateur infatigable des supports et techniques inédits, vite étiquetés « art brut ».

Créateurs des 20e et 21e s.

Plusieurs **centres d'art contemporain** sont implantés en Bourgogne, au château de Ratilly, au château du Tremblay, ou à Dijon – le FRAC et l'association Le Consortium y font découvrir les créations les plus récentes. Par ailleurs, le palais synodal de Sens, l'abbaye St-Germain à Auxerre, le musée des Ursulines à Mâcon, la galerie des Ducs à Nevers et le musée René-Davoine à Charolles offrent de belles expositions.

À Vézelay, le **musée Zervos** présente le legs du fondateur des *Cahiers d'art*. L'art brut a trouvé un

ABC d'architecture

Architecture religieuse

Plan-type d'une église

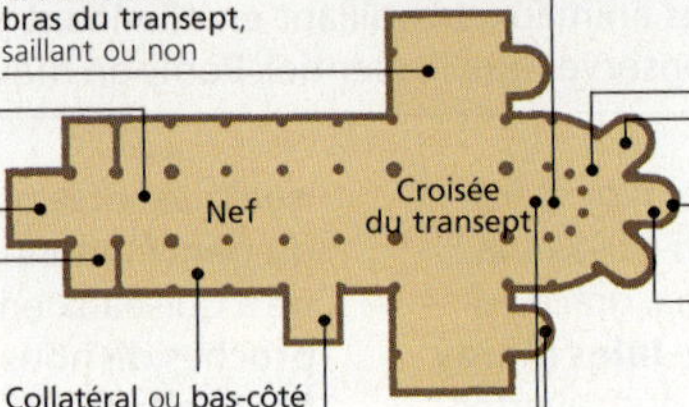

Coupe d'une église

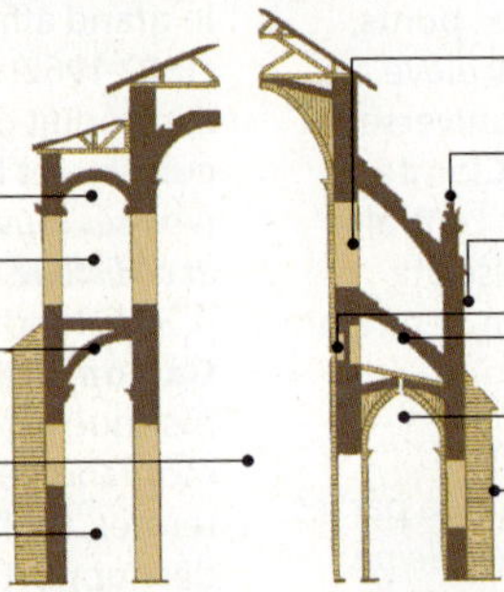

AUTUN – Portail principale de la cathédrale St-Lazare (12e s.).

R. Corbel/MICHELIN

VÉZELAY – Nef de la basilique Ste-Madeleine (1096-1215).

R. Corbel/MICHELIN

TOURNUS – Abbatiale St-Philibert (11e-12e s.).

L'aspect de forteresse du mur marquant le front du narthex, réduit défensif de l'abbaye, est un exemple du premier art roman qui pénètre en Bourgogne vers l'an mil.

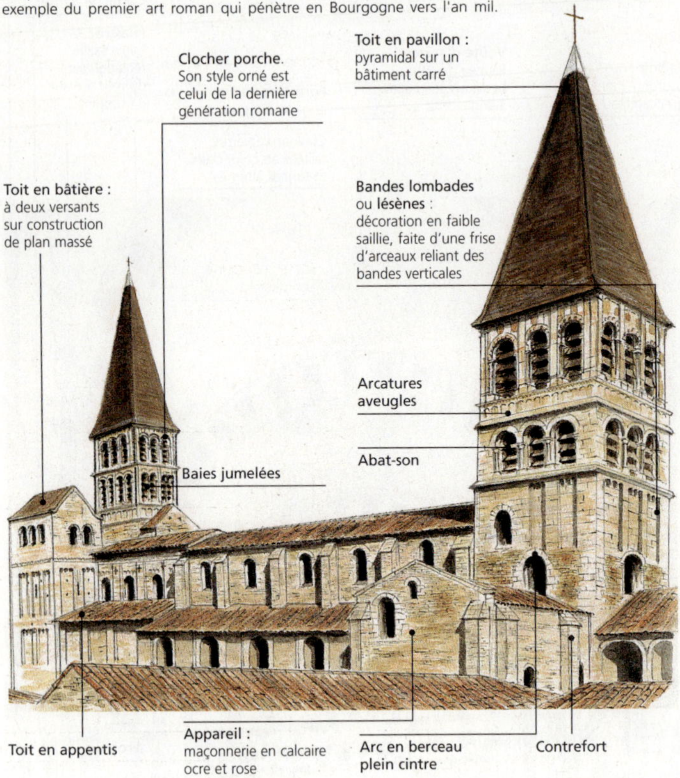

PONTIGNY – Abbatiale (1150-1206).

L'architecture cistercienne se caractérise par sa simplicité, son austérité. Un soin particulier est porté à l'agencement des différents éléments de construction.

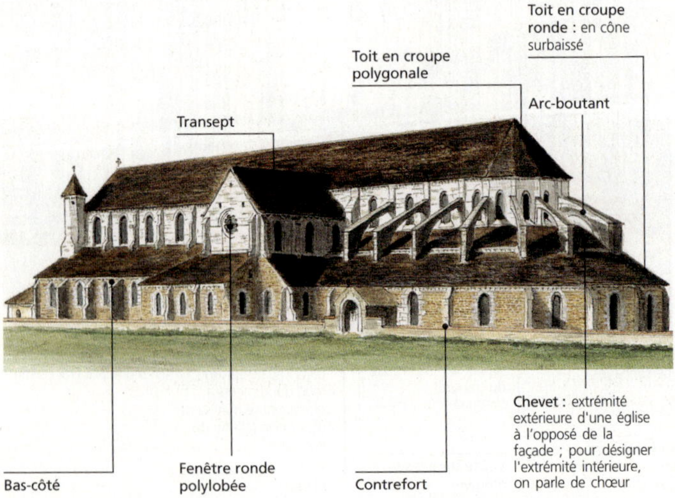

R. Corbel/MICHELIN

DIJON – Église St-Michel (16e et 17e s.).

La façade à deux tours s'inscrit dans la tradition gothique. Les trois portails évoquent ceux de l'art roman qui, assimilé à un art romain décadent, a servi plus ou moins directement de modèle pendant la Renaissance.

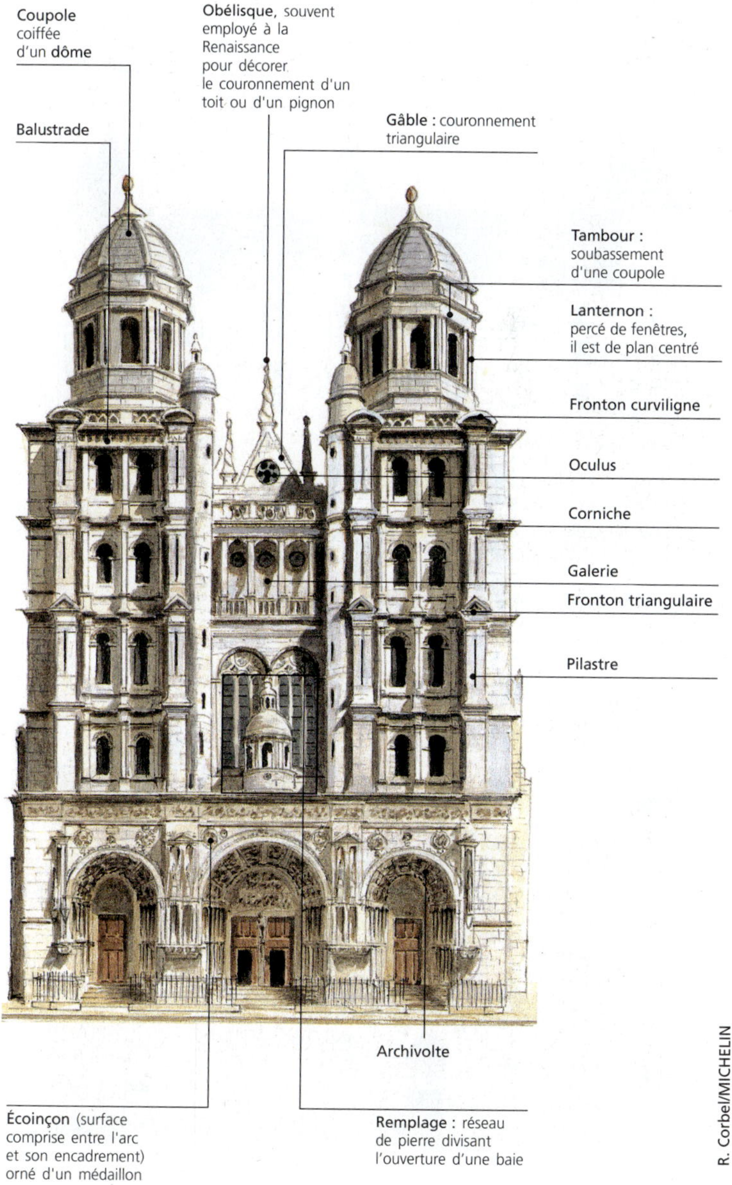

R. Corbel/MICHELIN

Architecture civile

NEVERS - Palais Ducal (16e s.).

Le palais ducal de Nevers préfigure les châteaux de la Loire. Une régularité nouvelle ordonne une structure dont l'origine médiévale est rappelée par les grosses tours latérales.

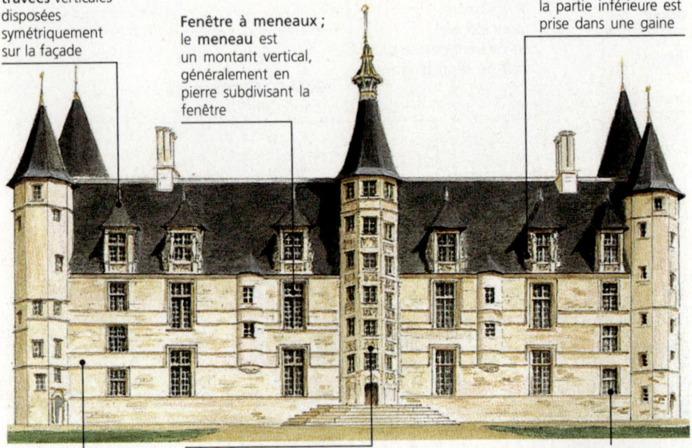

ANCY-LE-FRANC – Cour intérieure du château (commencé en 1544).

La cour carrée à quatre ailes semblables est un exemple célèbre de « travée rythmique », association de baies, pilastres et niches alternés, inventée par Bramante.

R. Corbel/MICHELIN

DIJON - Palais des États de Bourgogne (1681-1786).

LE CREUSOT
Manufacture des cristaux de la Reine (1784-1788), château des Schneider.

lieu privilégié à Dicy, près de Joigny, l'acier inox brille dans des œuvres monumentales à Gueugnon, en Saône-et-Loire, et les sculptures dues à **Arman**, **Gottfried Honegger** ou **Karel Appel** ont transformé le campus universitaire de Dijon en véritable musée de plein air. Ajoutons que l'artiste shanghaïen **Yan Pei-Ming** (né en 1960), l'un des grands représentants de cet art chinois contemporain qui domine le marché actuel, travaille et vit à Dijon depuis une vingtaine d'années.

Pensées et belles-lettres

La déclinaison des splendeurs bourguignonnes serait incomplète sans ses talents littéraires. Depuis le Moyen Âge et le mécénat des grands ducs, la région les a vus s'exercer dans des domaines divers, de la chronique historique de Christine de Pisan aux recherches de Georges Duby, des envolées romantiques de Lamartine aux romans d'Henri Vincenot.

LE MOYEN ÂGE : LITTÉRATURE ET POUVOIR POLITIQUE

Originaire de Fontaine-lès-Dijon, **saint Bernard** est le fondateur et le premier abbé de l'abbaye de Clairvaux. Connu et consulté par tous, ascète et mystique, c'est un grand prédicateur et l'un des plus illustres écrivains de son temps. Son œuvre se compose de traités, de sermons et d'une riche correspondance avec les papes, les abbés et les princes. Son rôle politique est primordial *(voir encadré p. 504)*.
Mécènes, les grands ducs de Bourgogne encouragent la littérature. Ainsi, **Christine de Pisan** (1365-1430), première femme de lettres à gagner sa vie par sa plume, est la protégée du roi de France Charles V. Elle dédie au frère de ce dernier, Philippe le Hardi, duc de Bourgogne, sa biographie, *Faits et bonnes mœurs du roi Charles V*.
L'histoire bourguignonne du 15e s. est relatée par de célèbres chroniqueurs : **Molinet** (1435-1507) consacre la plus grande partie de sa vie à l'historiographie de la maison de Bourgogne. **Commynes** (1447-1511) est au service du comte de Charolais, le futur Charles le Téméraire, avant de s'attacher au roi de France, Louis XI, puis à Charles VIII, avec lequel il se rend en Italie. La profondeur de sa réflexion historique le distingue des chroniqueurs de son temps et nous autorise à le considérer comme le premier véritable historien bourguignon.

DE LA PLÉIADE AUX LUMIÈRES

Bonaventure des Périers (Arnay-le-Duc, 1510-1543) et **Pontus de Tyard** (1521-1605) sont les principales figures littéraires de la Renaissance bourguignonne.
Le premier, conteur et ami du poète Clément Marot, voit son œuvre principale, *Cymbalum Mundi* (Carillon du monde), jugée trop caustique, brûlée sur ordre du parlement. Il y ridiculise à la fois protestants et catholiques.
Le second, membre de la Pléiade, comme Ronsard et Du Bellay, travaille à une œuvre philosophique sous forme de discours qui lui permettent d'explorer toutes les sciences. Il devient évêque de Chalon-sur-Saône en 1578.
À la fois homme de guerre et homme de lettres, **Roger de Rabutin** (1618-1693), comte de Bussy, est né à Épiry, dans le Morvan, et mort à Autun. Ce brillant officier, érudit, est aussi un libertin. Ayant ripaillé pendant la Semaine sainte, il est exilé sur ses terres, où il rédige *l'Histoire amoureuse des Gaules*, chronique grivoise et indiscrète sur la Cour.

Saint-Sauveur-en-Puisaye, musée Colette.
Ch. Boisvieux/hemis.fr

Rabutin échange avec sa cousine Mme de Sévigné une piquante correspondance et fait décorer son château d'une galerie de portraits assortie d'inscriptions caustiques.

Mme de Sévigné (1626-1696), bien que née à Paris, appartient à une très ancienne et très noble famille de Bourgogne. À ce titre, elle se rendra plusieurs fois en Auxois, dans les châteaux de Bourbilly et d'Époisses ou de Bussy-Rabutin.

Né à Dijon dans une famille de magistrats, **Jacques Bénigne Bossuet** (1627-1704) est l'un des prédicateurs majeurs de son temps. Nommé précepteur du Grand Dauphin, il entre à l'Académie en 1671. L'écriture de cet historien, polémiste face aux protestants, aux jésuites et à l'autorité du pape, est merveilleuse d'équilibre et de clarté.

Maréchal de France, Sébastien Le Prestre, marquis de **Vauban** (1633- 1707), né à St-Léger-de-Foucherets, avant tout connu en tant qu'ingénieur militaire, est aussi un homme de lettres de talent. Il écrit sur des sujets divers (économie, géographie, population) et sur des projets de systèmes de canalisations, d'imposition de la noblesse, de monnaie unique européenne… Son château, celui de Bazoches, est une élégante demeure entretenue par ses descendants. Il est enterré dans l'église de Bazoches.

La Bourgogne a été touchée par l'esprit des Lumières. **Charles de Brosses** (1709-1777) fréquente le cercle de gens cultivés qui est à l'origine de la fondation, en 1740, de l'Académie des sciences, arts et belles-lettres de Dijon - c'est en répondant au concours lancé par l'Académie en 1750 que Rousseau se fit connaître en écrivant son *Discours sur les sciences et les arts*.

Buffon (1707-1788), originaire de Montbard, joue un rôle de premier ordre dans la vulgarisation des sciences. Après des études de médecine, de botanique et de mathématiques à Angers, il reçoit la charge de surintendant du jardin du Roi (le Jardin des plantes), à Paris. Il consacre quarante ans de sa vie aux 36 volumes de son *Histoire naturelle,* que l'on considère comme l'un des monuments du 18e s. Il est élu à l'Académie française en 1752.

Restif de La Bretonne (1734-1806), né à Sacy dans l'Yonne, dresse un tableau réaliste des mœurs de son siècle dans une œuvre multiforme et inclassable. Il donne de précieux renseignements sur la société de la fin du 18e s. Si ses descriptions sont parfois scandaleuses, son naturalisme est sincère et tranche avec les déclarations à la mode et l'hypocrisie de certains écrivains de son temps.

DU ROMANTISME À LA LITTÉRATURE CONTEMPORAINE

Né à Mâcon, **Alphonse de Lamartine** (1790-1869) part pour Milly et s'attache à ce terroir qu'il aime appeler sa « terre natale ». Quand il doit se séparer de sa maison de Milly en 1860, c'est un véritable déchirement. Il réside par la suite au château de St-Point, loin des agitations de la vie parisienne. Son attachement à la Bourgogne transparaît clairement dans ses poèmes : « Ah ! c'est que j'ai quitté pour la paix du désert/La foule où toute paix se corrompt ou se perd,/C'est que j'ai retrouvé dans mon vallon champêtre/Les soupirs de ma source et l'ombre de mes hêtres,/Et ces monts, bleus piliers d'un cintre éblouissant,/Et mon ciel étoilé d'où l'extase descend ! »

La région est aussi le berceau de **Pierre Larousse** (1817-1875), originaire de Toucy, qui se lance dans la grande aventure de la rédaction du *Nouveau Dictionnaire de la langue française,* paru en 1856, et du *Grand Dictionnaire universel*. Il met aussi au point des principes pédagogiques novateurs pour l'époque, qui développent activement l'intelligence et le jugement des enfants.

Jules Renard (1864-1910), que l'on connaît par son roman *Poil de Carotte,* passe toute son enfance à Chitry-les-Mines, partagé entre sa vie de famille difficile et sa passion pour la nature.

L'écrivain **Romain Rolland** (1866-1944), né à Clamecy en 1866, vivra à Vézelay de 1938 jusqu'à sa mort en 1944. Professeur d'histoire de la musique à la Sorbonne, il enseigne à l'école française de Rome et à l'École normale supérieure. L'écriture l'intéresse par-dessus tout, et dès qu'il le peut (1912), il cesse d'enseigner. Il reçoit le prix Nobel de littérature en 1915 pour son roman-fleuve en 10 volumes, *Jean-Christophe*. D'un idéal humaniste, pacifiste, il rencontre Tagore et Gandhi, correspond avec Freud, qui l'admire, et Paul Claudel, dont il partage la passion pour Wagner.

Quant à **Colette** (1873-1954), elle n'oubliera jamais sa merveilleuse enfance à St-Sauveur : « Vous n'imaginez pas quelle reine de la terre j'étais à douze ans. »

Jacques Copeau (1879-1949) collabore à la création de la *NRF* et fonde en 1913 le théâtre du Vieux-Colombier à Paris, puis installe sa troupe, Les Copiaux, à Pernand-Vergelesses. Il relance au 20e s. l'esprit des fabliaux du Moyen Âge et de la *commedia dell'arte*.

L'historien **Georges Duby** (1919-1996)**,** spécialiste du Moyen Âge, recherche dans le Mâconnais, près de Cluny, les traces des Français de l'an 1000. Disciple de la « nouvelle histoire », il s'intéresse aux mentalités et aux idées sans renoncer à l'histoire événementielle.

Né en 1951 au Creusot, **Christian Bobin** (*Le Très-Bas, La plus que vive*), écrivain de l'instant, a surpris le microcosme de l'édition parisienne en caracolant en tête des ventes, tout en continuant à vivre et à écrire dans sa ville d'origine. Il s'est récemment installé dans une ancienne bergerie aux portes du Morvan, où il se consacre à son œuvre qui oscille entre poésie et méditation.

Pensez également à consulter la rubrique « *Bibliographie* » *p. 555*. Elle contient quelques suggestions de lecture (beaux livres, documents, ouvrages pratiques ou romans) pour mieux connaître la région ou approfondir un thème.

Maisons de pays

La Bourgogne est un seuil entre deux massifs anciens, le Morvan et les Vosges, une terre de passage entre le Bassin parisien et la vallée de la Saône, entre la France du Nord et le Midi méditerranéen. Les influences en matière de construction sont donc multiples et s'ajoutent à la diversité des terroirs. Les toitures de tuile plate ou vernissée, de lave ou d'ardoise, les constructions de calcaire ou de granit font l'attrait de l'architecture bourguignonne.

ARCHITECTURE DU VIGNOBLE

C'est l'art de vivre du vigneron qui a contribué à l'élégance de l'architecture rurale de la **Côte**. Concentré dans les villages, l'habitat se cache parfois derrière de hauts murs et d'amples portails ; isolé au milieu des vignes, il s'entoure de bâtiments annexes plus ou moins considérables et de chais séparés (Clos de Vougeot).
On distingue trois sortes de **maisons vigneronnes**. La maison de base se compose d'une seule et unique pièce à vivre, comme « soulevée » par la cave dont les murs épais et la voûte de pierre conservent la fraîcheur et l'humidité. Vient ensuite le modèle intermédiaire, doté d'une écurie et d'une petite grange appelée « magasin ». Enfin, reconnaissables à leur galerie et à leur escalier extérieur protégé par un auvent, les maisons plus cossues comportent une cuverie et un cellier. Les demeures de maîtres comme celles des ouvriers vignerons ont généralement ceci en commun : l'habitation à l'étage est desservie par un escalier de pierre extérieur au-dessus des caves et des celliers, et l'usage répandu de galeries, porches et auvents donne des façades ouvertes et plaisantes.
Dans l'**arrière-côte**, c'est-à-dire sur les « hautes côtes », où l'on produit également du vin, les maisons et dépendances, étroitement imbriquées, sont souvent adossées à une pente, au cœur d'un village-rue accroché à flanc de coteau, le plus près possible des vignes. On y retrouve une certaine sobriété : un logis très réduit, en surélévation au-dessus de la cave peu ou pas enterrée, située sous l'escalier de pierre et protégée des variations de température par l'ampleur du palier, localement appelé « plafond » ; un « magasin », faisant office de cuverie ; un pressoir, surmonté d'un fenil où étaient engrangés bottes de paille et outils.
Le paysage est également parsemé ici et là de jolis **castels** flanqués de tourelles rondes ou carrées coiffées de toits pentus. Il s'agit d'exploitations agricoles consacrées tantôt à la vigne, tantôt à d'autres cultures. Et n'oublions pas les charmantes **caillebottes**, ou cabottes, cabanes faites de pierre sèche, parfois dotées d'une cheminée, qui servent d'abri aux viticulteurs pour déjeuner et stocker leurs outils.

EN PAYS CALCAIRE

Le calcaire domine dans la Côte-d'Or. Il se durcit en surface et fournit un matériau très résistant. La roche du jurassique se clive en moellons très plats et se délite en minces feuilles, les « laves », utilisées par les couvreurs.
Dans le **Châtillonnais**, les villages, peu nombreux, sont installés dans les clairières ou le long des vallées. La grande exploitation comprend

Les Hospices de Beaune.
S. Vidler/age fotostock

de vastes bâtiments autour d'une cour centrale fermée par de hauts murs ; les entrées des granges sont généralement surmontées d'arcs surbaissés. La petite exploitation de la fin du 18e s. abrite sous le même toit le logement et les bâtiments d'exploitation ; l'entrée de la grange est surmontée d'un linteau de bois. La pièce commune comporte une porte et une fenêtre accolées sur lesquelles s'alignent les ouvertures du fenil ou du grenier, qui bénéficient ainsi de la sécheresse assurée par la chaleur sous-jacente du logement. Le banc de pierre devant la maison est très fréquent en basse Bourgogne.

Dans le **Mâconnais**, les murs des maisons de vignerons sont bâtis avec du calcaire, utilisé presque à sec et sans enduit. Une galerie, protégée par l'avancée du toit, prolonge sur l'extérieur l'ancienne salle commune et sert, l'hiver, à vaquer aux occupations domestiques à l'abri de la pluie, l'été, de cuisine ou de salle à manger. Les ferronneries de porte, qui étaient autrefois fabriquées par le forgeron du village, présentent des modèles originaux de loquets de porte, d'entrées de serrure, de heurtoirs, où s'ordonnent cœur, croix, oiseau et porte-bonheur.

EN PAYS CRISTALLIN

Montagne ancienne vouée à l'élevage, le **Morvan** a donné naissance à des maisons sobres en granit, couvertes d'ardoises, et à des granges-étables dont la façade est protégée de la pluie par l'avancée du toit. L'habitat est groupé en hameaux dispersés, appelés « huis », à mi-distance des pâturages, des cultures et des bois.

La maison morvandelle est un volume simple et dépouillé. La souche de cheminée en pierre taillée, l'escalier extérieur et les encadrements des ouvertures donnent de la noblesse à cet habitat pauvre. Pour ne pas empiéter sur un espace intérieur réduit, composé d'une seule pièce commune, et parfois d'une chambre supplémentaire, l'accès aux combles se fait par une échelle ou un escalier extérieur toujours situé sur le mur pignon.

CARRIÈRES DE PIERRE

Que ce soit dans le Châtillonnais, le Tonnerrois, le Beaunois, l'Autunois ou le Clunysois, on remarque des trouées dans les vignobles : ce sont les carrières à ciel ouvert de **pierre de Bourgogne**. Celle-ci est un calcaire sédimentaire qui se distingue par ses grains fins, la présence de coquillages fossiles et sa variété de couleurs : ocre beige, rosé ou même bleuté. Elle est employée en dallage et sur les façades des constructions, par exemple à l'abbaye de Cîteaux.

Créée en 1996, l'association Pierre de Bourgogne, située à Baigneux-les-Juifs, regroupe des professionnels de la filière pierre, du carrier au sculpteur en passant par les laviers, les poseurs et les tailleurs.

Pour en savoir plus, consultez le site www.pierre-bourgogne.fr.

Devenu un pays d'élevage bovin, le Morvan accueille de grosses exploitations composées de deux bâtiments de part et d'autre d'une cour, perpendiculaires à la rue. L'exploitation type présente sous le même toit l'habitation et la grange. Les couleurs chaudes du granit apparaissent, marquant l'irrégularité de l'appareillage.

UNE MOSAÏQUE DE TOITURES

Les splendides toitures de tuile de la région sont l'un des éléments forts de son identité. Le visiteur ne pourra qu'être ébloui par les toits de l'hôtel-Dieu de Beaune, de l'hôtel de Vogüé à Dijon ou du château de La Rochepot.

L'origine de ces **tuiles vernissées polychromes**, appareillées en motifs géométriques, lignes brisées, losanges, entrelacs ou chevrons, est mal connue; elles proviendraient d'Europe centrale *via* les Flandres. Ces toits décorés étaient chargés de messages symboliques, politiques ou religieux, signalant le statut social d'un notable ou la réputation d'une communauté religieuse ou laïque. Les épis de faîtage sont également en terre cuite vernissée, les girouettes travaillées, et des ergots figurent sur les arêtes des toits à pans coupés, en particulier dans la Côte-d'Or.

Sur les reliefs, les toits sont recouverts de tuiles plates dites **tuiles de Bourgogne**. Longues et étroites, fabriquées dans le Sénonais, elles sont marron foncé. Les moines cisterciens en recouvraient les toits des abbayes. Malheureusement, la tuile mécanique d'emboîtement est venue la remplacer.

Les **laves** calcaires sont des chutes de carrière sans valeur marchande, longtemps utilisées par les couvreurs. Dans les lavières, on levait ou « lavait » les croûtes superficielles pour atteindre la pierre à bâtir. Chaque « lave » pouvait être calée par des cailloux (comme sur l'église d'Ozenay, village du Mâconnais) pour que l'air puisse circuler entre les pierres, facilitant l'évaporation de l'eau et évitant le gel. Le poids considérable de ce matériau (de 600 à 800 kg au m^2) nécessitait de fortes et coûteuses charpentes, ce qui n'empêche pas nombre de lavoirs et de fontaines d'en disposer.

Nature et paysages

De l'Auxois au Beaujolais, de la Saône à la Loire, les terroirs très divers, dont l'assemblage a formé la Bourgogne, ont su conserver leur caractère et leur diversité. Coteaux ensoleillés où s'épanouit la vigne, forêts profondes et plateaux herbeux occupés par un verdoyant bocage rythment le paysage. Partout présente, l'eau féconde les plaines alluviales fertiles et attire une faune aviaire des plus riches.

Les pays bourguignons

Lieu de contact entre le Bassin parisien, le Massif central et le Val de Saône, avec une histoire géologique mouvementée, la Bourgogne offre sur 31 000 km² une mosaïque de paysages particulièrement variés. Ce patrimoine naturel autorise une économie diversifiée, prise entre les influences du bassin du Rhône et de Paris, dans laquelle élevage et viticulture se voient reconnaître d'incontestables domaines d'excellence.

LES MONTS ET BORDURES ENCAISSÉES DU MORVAN

Au centre de la Bourgogne, le **Morvan** est la seule entité géographique que la Bourgogne ne partage pas avec d'autres régions. Ses sommets arrondis et ses vallées aux versants escarpés en font un pays de moyenne montagne. Ses beaux paysages, où alternent vastes forêts et bocages, sont hérités d'une histoire mouvementée.

L'altitude moyenne du Morvan est modeste : 450 m. Les altitudes maximales se situent en son centre, tout particulièrement au Haut-Folin (901 m). Nettement limité à l'est par une ligne de faille abrupte, le Morvan s'incline peu à peu au nord pour se confondre avec les plateaux bourguignons. Il est irrigué par un dense réseau hydrographique qui alimente surtout le bassin de la Seine. Le climat montagnard et les sols peu fertiles expliquent, au moins en partie, l'extension de la forêt (la plus grande de Bourgogne, plantée aujourd'hui surtout de résineux) et la prépondérance de l'élevage sur les cultures.

L'**Auxois**, la **Terre Plaine** et le **Bazois** sont des dépressions (fossés) qui bordent le Morvan à l'est, au nord et à l'ouest.

LES CUESTAS ET PLATEAUX DU BASSIN PARISIEN

Au nord, le **Châtillonnais** apparaît comme une suite de vastes plateaux couverts par la plus grande forêt de feuillus de Bourgogne et creusés de vallées sèches. Le **Sénonais** et ses plateaux de cultures de céréales et de betteraves rappellent la Brie. L'agriculture intensive s'explique par la fertilité des sols constitués de craie recouverte de limons.

A. Le Bot/Gamma-Rapho/Getty Images

Paysage de Bourgogne autour de Vézelay.

Picavet/Getty Images

Saint-Léger-sous-Beuvray.

Ch. Boisvieux/hemis.fr

Pierre-Perthuis, vieux pont sur la rivière Cure.

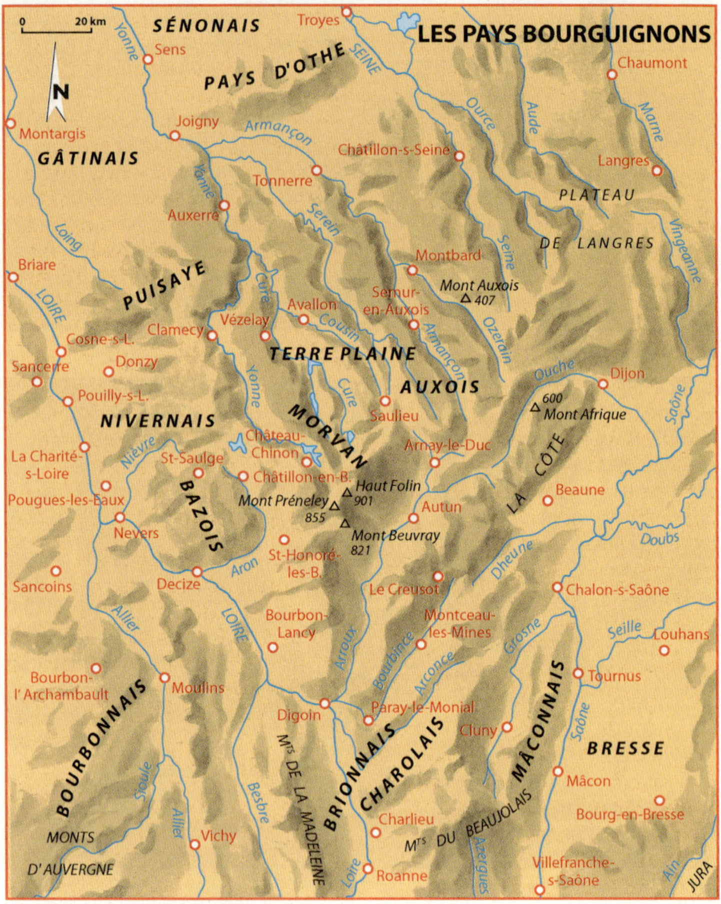

À l'inverse, le **Gâtinais**, de sable et d'argile, synonyme de « mauvaise terre », se consacre à l'élevage dans un bocage morcelé. La **Puisaye** jouxte le Gâtinais au sud-est. La région est parsemée de nombreux étangs. Les vastes forêts alternent avec la culture de plantes fourragères et l'élevage dans un paysage bocager. Personne n'a mieux su en révéler la beauté que Colette, qui y est née : « Le charme, le délice de ce pays fait de collines et de vallées si étroites que quelques-unes sont des ravins, c'est les bois, les bois profonds et envahisseurs, qui moutonnent et ondulent jusqu'à là-bas aussi loin qu'on peut voir. » *(Claudine à l'école)*

En **Nivernais**, le bocage couvre les plateaux découpés en collines qui s'inclinent en pente douce vers la vallée de la Loire.

Dans les régions de collines et de plateaux du **Charolais** et du **Brionnais**, les marnes donnent d'excellents prés d'« embouche » pour la race charolaise, la fierté et la richesse de la région.

LES PLAINES ET CÔTES DE LA SAÔNE

Le **fossé de la Saône** résulte d'un effondrement contemporain du soulèvement alpin. Les plaines du Val de Saône sont une voie de passage de premier ordre entre l'Europe du Nord et l'Europe du Sud, la vallée du Rhin au nord et le sillon rhodanien au sud. Les terrasses alluviales de la Saône et de ses affluents, l'Ouche et la Tille, sont recouvertes de prairies et de terres de cultures. Ces plaines s'étendent au pied de plateaux calcaires.

Entre les vallées de l'Ouche et de la Dheune, le haut plateau calcaire de la **Montagne** s'abaisse progressivement vers l'est par une série de gradins. Le plus à l'est forme la **Côte-d'Or**. Alors que les plateaux sont occupés par la culture, les bois et les pâtures, le talus est couvert de vignes. La rive droite de la Saône est bordée par le **Mâconnais**, qui prolonge la Côte-d'Or au sud. Ancienne région de polyculture, le Mâconnais est aujourd'hui spécialisé dans la viticulture. Son vignoble sert de frontière méridionale à la Bourgogne.

Vallonnée et sillonnée de nombreux ruisseaux, les « caunes », la plaine de la **Bresse** s'étend de la Saône au Revermont jurassien. Les sols lourds sont difficiles à travailler, c'est pourquoi la région s'est essentiellement tournée vers l'élevage, particulièrement avicole.

LE SEUIL DE BOURGOGNE

Le seuil de Bourgogne est, au sens strict, la ligne de partage des eaux entre le bassin de la Seine et celui de la Saône. Il marque la frontière entre les cours d'eau qui alimentent la Seine et ceux qui regagnent la Saône, entre les plateaux du Bassin parisien (Auxerrois, Châtillonnais, Tonnerrois) et ceux inclinés vers le Val de Saône. S'abaissant lentement vers le nord-ouest, il est constitué de plateaux secs contrastant avec les vallées verdoyantes de l'Yonne, de la Seine, de l'Armançon et du Serein.

Carrefour naturel important, il relie le Bassin parisien au sillon rhodanien, la France du sud-est à celle du nord-ouest, par diverses voies de communication.

La faune

Dans les terroirs de **bocages**, constitués depuis le Moyen âge et présents surtout dans le sud de la région, les haies vives hébergent de nombreux oiseaux, insectes, mammifères et reptiles, qui y trouvent à la fois le gîte et le couvert.

Campagnols, musaraignes, hérissons et même renards s'y rencontrent communément ; des prédateurs ailés, tels que pies-grièches, huppes fasciées ou buses variables profitent de la richesse du milieu.

La tombée du jour marque le début du ballet des chauves-souris : vous aurez peut-être la chance d'apercevoir le petit

UN AMBASSADEUR FAMEUX

L'*Helix pomatia*, ou **escargot de Bourgogne**, est le plus célèbre des gastéropodes de France. Ce mollusque appartient à une espèce sauvage difficile à élever. Sa coquille est spiralée et de couleur brun-jaune, sa chair est brun clair, ferme et élastique. On le trouvait autrefois le long des chemins. Depuis 1979, son ramassage en Bourgogne est réglementé et limité dans le temps, du 1er avril au 30 juin, car il est en voie de disparition, victime de notre voracité. De nos jours, l'escargot que l'on consomme est une espèce proche, généralement venue d'Europe centrale. Toutefois, sur les bords de l'Yonne, le véritable escargot de Bourgogne a droit lui aussi à son festival, à **Bassou**, où on le cuisine au beurre fin.

rhinolophe dans sa quête nocturne de moustiques, de papillons et d'araignées. Ne le dérangez pas : son espèce est en régression.

Dans les **zones de culture**, les perdrix grises, les cailles des blés, les grives, les alouettes, les busards cendrés, les lapins de garenne et les lièvres sont encore visibles, même s'ils souffrent tous de la mécanisation agricole.

Dans les **forêts** du Châtillonnais, du Tonnerrois ou des Bertranges, dans la Nièvre, les cervidés sont très nombreux. On vient les entendre au moment du brame au début de l'automne. S'il est exceptionnel de croiser un cerf et des biches, il est en revanche facile de rencontrer des chevreuils. Renards, sangliers et chats sauvages sont les hôtes de ces bois, comme les mésanges, sitelles, troglodytes et autres grimpereaux.

De la Loire à la Saône et ses plaines inondables, des étangs de la Bresse à ceux de la Puisaye et aux sources de la Seine, les **milieux humides** sont le lieu de rassemblement de milliers d'oiseaux migrateurs. Ces espaces naturels, fragiles, sensibles aux intrusions humaines, méritent d'être respectés et préservés. Sur les grèves de la Saône, il est possible d'observer les courlis cendrés et les râles des genêts.

Les étangs et marais sont fréquentés par des grèbes et canards de surface (colverts) ou plongeurs (fuligules) ; échassiers (hérons, bécassines), passereaux et petits rapaces (busards des roseaux, milans) abondent. À partir des lieux d'observation aménagés sur les berges, ou depuis votre embarcation en naviguant sur les canaux, vous observerez les habitants à plumes des roselières. Vous serez ébloui par l'élégance des aigrettes, la vivacité des martins-pêcheurs et l'habileté du balbuzard pêcheur. Ne négligez pas pour autant une gent ailée plus modeste, celle des libellules et agrions.

Pensez aussi à écouter, les soirs d'été, le concert des rainettes et crapauds.

Pas moins de 40 espèces de poissons fréquentent les **eaux** de la région, témoignant ainsi de leur qualité.

Les rivières aux eaux vives et fraîches, telles que l'Ouche, la Tille et la Bèze, sont peuplées de truites fario et d'écrevisses (dont la pêche est interdite dans la région) ; les bras calmes de la Loire abritent des brochets, et la Saône le géant silure.

Les saumons et les lamproies viennent de nouveau se reproduire dans la Loire et l'Allier.

Les étangs et les lacs (il y en a, dit-on, près de 5 000 en Bourgogne), quant à eux, sont le royaume des carpes et des poissons blancs, tandis que les canaux sont appréciés des sandres et des gardons.

Les berges de la Loire sont habitées par les castors, qui se nourrissent de feuilles et d'écorce. Travailleurs acharnés, ils érigent de véritables barrages de branchages, ouvrages d'art qui leur servent d'abri. De nombreux étangs et rivières de Bourgogne abritent d'autres rongeurs, les tristement célèbres ragondins. Importés d'Amérique du Sud, ils se sont multipliés dans un environnement favorable. Leurs terriers sapant les berges, ils sont aujourd'hui considérés comme nuisibles. En revanche, les loutres ont pratiquement disparu.

La flore

Plus de **1 500 espèces** de plantes ont été recensées en Bourgogne. Certaines sont plus emblématiques que d'autres d'un climat ou de la géologie. Parmi celles-ci, il faut citer l'ajonc, qui apprécie les sols siliceux et que l'on trouve dans certains terrains granitiques du Morvan ; l'érable de Montpellier et l'inule des montagnes, qui s'épanouissent sous le climat déjà méridional des côtes

chalonnaise et mâconnaise (on y entend les cigales, c'est un signe !). Environ 30 % de la Bourgogne est couverte de **massifs forestiers** (970 000 ha), dont les types varient suivant les sols et les climats. Ils sont peuplés d'essences feuillues, chênes (rouvres ou pédonculés), hêtres, charmes et frênes, sauf dans le Morvan, où les résineux, épicéas et douglas, s'étendent de plus en plus et couvrent 40 % de la surface forestière. Ce sont nos arbres de Noël *(voir encadré p. 266)* !
Les **champignons** sont rois dans les forêts aux sols acides : ainsi, à l'automne, bolets, cèpes et colombettes remplissent les paniers des amateurs, qui savent aussi distinguer la délicieuse oronge vraie de sa presque jumelle, la vénéneuse amanite tue-mouches.
Les **fruits rouges**, que l'on peut parfois trouver à l'état sauvage, font eux aussi la réputation de la Bourgogne : framboises, mûres, groseilles, cerises de l'Yonne (les fameuses marmottes), cassis de Dijon (et de la Côte), que l'on trouve chez les marchands en sirop ou en crème, ou myrtilles des landes du Morvan des Sommets. Fruits cultivés avec passion près de Concœur, ils sont conditionnés en pots et en bouteilles.
Le **vignoble** occupe une surface beaucoup plus limitée (26 550 ha), mais sa renommée participe depuis 2 000 ans à l'identité de la région, notamment le long de la Côte.
Enfin, les **paysages agricoles** couvrent 60 % de la région. Les plateaux du nord de la Bourgogne se couvrent de champs de colza et de céréales d'hiver, qui leur donnent de magnifiques éclats au printemps. Le blé, l'orge, le maïs et le tournesol sont également cultivés dans le Sénonais, le Nivernais, le Dijonnais et la plaine de la Saône.

L'environnement

Le **parc national des forêts de Champagne et de Bourgogne**, qui a vu le jour en 2019, regroupe 127 communes, 71 en Côte-d'Or et 56 en Haute-Marne. L'objectif est de préserver les patrimoines naturel, culturel, paysager et humain sur une zone comprise entre Auxerre, Chaumont et Langres, et caractérisée par des forêts feuillues de plaine.
Par ailleurs, le Morvan bénéficie d'une protection en tant que **parc naturel régional**, mais, là comme ailleurs, l'équilibre est fragile. Ainsi, pour protéger ce patrimoine, plus de 70 sites naturels font partie du **réseau Natura 2000**, dont une dizaine est répertoriée comme zones importantes sur le plan ornithologique : l'arrière-côte dijonnaise et beaunoise, les massifs forestiers du Châtillonnais, la forêt de Cîteaux, les prairies inondables du Val de Saône, la vallée alluviale entre Iguerande et Digoin…
En Bourgogne, quatre zones sont des **réserves naturelles classées**. Il s'agit de la zone de tourbières et d'étangs de La Truchère Ratenelle, aux environs de Tournus ; du Bois du Parc, dans la vallée de l'Yonne, qui conserve des fossiles de coraux extraordinaires ; des îles de la Loire, entre La Charité et Pouilly ; et de la combe de Lavaux, sur les communes de Gevrey-Chambertin et de Brochon, pour sa faune et sa flore exceptionnelles.
Près de **400 espèces** animales et végétales bénéficient également de protection, car menacées de disparition du fait des insecticides, de la motorisation, de l'urbanisation et de certaines pratiques de loisirs (quads, escalade, etc.) : parmi elles, la loutre, l'écrevisse à pieds rouges, le râle des genêts, les hirondelles, les chauves-souris…

ORGANISER SON VOYAGE

Canal du Nivernais, rochers du Saussois.
Ch. Boisvieux/hemis.fr

Aller en Bourgogne

Par la route

LES GRANDS AXES

A 6 (Paris-Lyon)
A 5 (Paris-Troyes)
A 40 (Mâcon-Genève)
A 31 (Metz-Dijon)
A 36 (Besançon-Mulhouse)
A 77 (Montargis-Nevers)
Informations autoroutières – ✆ 3620 (appel non surtaxé) - www.autoroutes.fr - fréquence FM : 107.7.

LES CARTES MICHELIN

Cartes Départements 319 (Nièvre, Yonne), **320** (Côte-d'Or, Saône-et-Loire) et, pour les zones limitrophes, **318** (Loiret, Loir-et-Cher), **327** (Loire, Rhône) et **328** (Ain, Haute-Savoie).
Cartes Régions 519 (Bourgogne) et **520** (Franche-Comté).
Carte de France 721.
En ligne : calcul d'itinéraires sur **www.viamichelin.fr**.

DISTANCES EN KM	Auxerre	Beaune	Bourg-en-Bresse	Chalon-sur-Saône	Dijon	Mâcon	Montargis	Nevers	Sens
Auxerre	–	146	250	169	147	226	77	108	58
Beaune	146	–	108	29	39	85	219	150	203
Bordeaux	523	572	576	559	611	549	499	448	548
Bourg-en-Bresse	250	108	–	77	143	35	323	212	307
Chalon-sur-Saône	169	29	77	–	68	57	243	154	226
Dijon	147	39	143	68	–	123	222	186	197
Lille	375	498	603	532	465	587	321	451	309
Lyon	294	153	60	125	191	68	355	220	351
Mâcon	226	85	35	57	123	–	300	174	284
Marseille	607	465	372	437	503	379	664	532	663
Montargis	77	219	323	243	222	300	–	126	52
Nevers	108	150	212	154	186	174	126	–	166
Paris	164	307	406	329	300	387	109	239	111
Sens	58	203	307	226	197	284	52	166	–
Strasbourg	393	336	381	345	310	394	443	485	391

En train

LE RÉSEAU GRANDES LIGNES

TGV – Au départ de Paris-gare de Lyon, plusieurs TGV quotidiens mènent au Creusot-Montceau-Montchanin en 1h20, à Dijon et Mâcon en 1h40, Beaune en 2h10 et Chalon-sur-Saône en 2h30.
Pour le sud, liaisons directes pour Marseille et Montpellier au départ de Dijon (3h30/3h30) et Mâcon (2h25/2h40). Comptez autour de 5h de Toulouse à Mâcon (*via* Nîmes ou Narbonne).
Les **TGV Lyria** de Paris-gare de Lyon à Genève s'arrêtent à Mâcon (1h30) ou Lyon (2h), tandis que ceux qui vont de Paris à Lausanne s'arrêtent à Dijon. Dijon est à 2h de Lausanne et à 1h40 de Lyon.
Notez que des **trains Corail** et **TER** circulent aussi entre Paris et Nevers (1h55), Paris et Auxerre (1h40), entre Lyon et Nevers (3h20), Nantes et Nevers (4h30), Dijon et Nevers (2h20). Paray-le-Monial est à 1h55 de Lyon.
Informations et réservations – ✆ 3635 (0,40 €/mn) - www.oui.sncf.

LES TRAINS EXPRESS RÉGIONAUX

De nombreuses liaisons TER complètent les lignes TGV. Les villes de Dijon et Mâcon sont reliées plus de 10 fois par jour (1h05) avec des arrêts à Beaune et Chalon-sur-Saône.
Informations et réservations – www.ter.sncf.com/bourgogne-franche-comte ou http://viamobigo.fr.

En avion

Le principal aéroport bourguignon, celui de Dijon, est réservé aux vols privés (aviation d'affaires) ou pour des usages spécifiques (vols charters). Si vous désirez venir en avion, il vous faudra passer par **Lyon**.

LES AÉROPORTS DE LA RÉGION

Aéroport Lyon-St-Exupéry – ✆ 0 826 800 826 (0,18 €/mn) - www.lyonaeroports.com. Il dessert toutes les grandes villes (Paris, Toulouse, Marseille, Nantes, Bordeaux, Lille, Nice, Strasbourg, Montpellier, Rennes) et bien d'autres de taille moyenne (Caen, Poitiers, Clermont-Ferrand, Toulon, La Rochelle, Limoges, etc.). Nombreux vols pour l'Europe (dont Bruxelles et Zurich).
Aéroport Dole-Jura – À 50 km de Dijon - R. de Dole - 39500 Tavaux - ✆ 03 84 72 04 26 - www.aeroports-voyages.fr. Il propose des vols réguliers et des avions charters touristiques (vols saisonniers). Il dessert Nice, Lisbonne, Porto, Casablanca, Fès et Marrakech. Un service de navettes dessert les gares de Dijon et Beaune.

Avant de partir

Météo

CARACTÉRISTIQUES CLIMATIQUES

En Bourgogne, le climat est soumis à de forts contrastes en fonction des saisons et des reliefs. Vous n'aurez pas le même temps sur les plateaux du Morvan, connus pour leur fort taux d'humidité et leur fraîcheur, que dans la plaine de la Loire à l'ouest, à dominante océanique, connue pour sa douceur, ou dans celle de la Saône à l'est, déjà méditerranéenne dans sa partie sud.

Été – Il peut être chaud et sec. C'est le moment de parcourir le Morvan ou de naviguer sur les canaux.

Automne – C'est la saison idyllique pour profiter de la beauté des paysages de Bourgogne.

Hiver – Saison humide et rigoureuse, elle est rythmée par les foires et les fêtes vigneronnes.

Printemps – C'est, avec l'automne, la plus belle saison. Les champs de colza embellissent les paysages de l'Yonne. Ce département est aussi réputé pour ses cerisiers en fleur.

Adresses utiles

LES INSTITUTIONS

Comité régional du tourisme

Conseil régional de Bourgogne – BP 20623 - 21006 Dijon Cedex - ✆ 0 825 002 100 - www.bourgogne-tourisme.com.

Comités départementaux de tourisme

Côte-d'Or – 19 r. Ferdinand-de-Lesseps - BP 1601 - 21035 Dijon Cedex - ✆ 03 80 63 69 49 - www.cotedor-tourisme.com.

Nièvre – 2 av. St-Just - BP 10318 - 58003 Nevers Cedex - ✆ 03 86 36 39 80 - www.nievre-tourisme.com.

Saône-et-Loire – 389 av. de Lattre-de-Tassigny - 71000 Mâcon - ✆ 03 85 21 02 20 - www.destination-saone-et-loire.fr.

Yonne – 1-2 quai de la République - 89000 Auxerre - ✆ 03 86 72 92 00 - www.tourisme-yonne.com.

OFFICES DE TOURISME

Vous trouverez les adresses des offices de tourisme dans la rubrique « S'informer » des villes et sites décrits dans la partie « Découvrir la Bourgogne ».

Généralités sur la Bourgogne : www.bourgogne.net et www.bourgogne-tourisme.com.

PERSONNES À MOBILITÉ RÉDUITE

Dans ce guide, les sites et établissements qui peuvent accueillir des personnes à mobilité réduite sont signalés par le symbole ♿.

Tourisme et Handicaps : liste des sites labellisés sur www.tourisme-handicaps.org.

www.bourgogne-tourisme.com/profils/tourisme-et-handicap : nombreuses informations pratiques (hébergements, activités).

www.canalous-bourgogne.com : ce spécialiste du **tourisme fluvial** basé à Digoin dispose de 2 bateaux accessibles pour les personnes en fauteuil roulant.

Morvan pour tous : le site du parc du Morvan (https://tourisme.parcdumorvan.org, onglet Morvan pour tous) recense les activités, hébergements et visites adaptées pour les personnes handicapées. Possibilité de louer du matériel

(handbike, FTT…) à la Maison du Parc *(voir coordonnées p. 235)*.

Accessibilité de Dijon

www.destinationdijon.com : liste des sites, hébergements, restaurants, transports accessibles aux personnes à mobilité réduite.

Transports

SNCF Accès Plus – www.accessibilite.sncf.fr : liste des gares adaptées.
Avion – Air France propose le service d'assistance Saphir, ☏ 09 69 36 72 77 - www.airfrance.fr.

Se loger

Retrouvez notre sélection d'hébergements dans « Nos adresses à… », situées en fin de description des principaux sites de la partie « Découvrir la Bourgogne ».

NOTRE SÉLECTION

Les hôtels

Nous indiquons les prix à la nuitée pour deux personnes, ainsi que celui du petit-déjeuner s'il n'est pas inclus dans le tarif. Pour un choix plus étoffé, **Le Guide Michelin France** recommande des hôtels dans toute la France.

Les chambres d'hôte

Les prix, mentionnés à la nuit, incluent le petit-déjeuner. Certains propriétaires proposent aussi une **table d'hôte**, en général le soir, et toujours réservée aux résidents de la maison. Il est conseillé de réserver votre étape en raison du grand succès de ce type d'hébergement.

Le camping

Le Guide Camping Michelin France propose tous les ans une sélection de terrains visités régulièrement par nos inspecteurs. Renseignements pratiques, niveau de confort, prix, agrément, location de bungalows, de mobile homes ou de chalets y sont mentionnés.

LES BONS PLANS

Les services de réservation

Fédération nationale des destinations départementales – 74-76 r. de Bercy - 75012 Paris - ☏ 01 44 11 10 20 - www.destination-france.net. Elle anime un réseau de 65 agences départementales de réservation, dont elle fournit les coordonnées sur demande.
Fédération nationale Clévacances – 54 bd de l'Embouchure - 31022 Toulouse Cedex 2 - ☏ 05 61 13 55 66 - www.clevacances.com. Locations de vacances ou chambres d'hôte.

L'hébergement rural

Maison des Gîtes de France et du tourisme vert – 56 r. St-Lazare - 75009 Paris - ☏ 01 49 70 75 75 - www.gites-de-france.com. Cet organisme donne les adresses des relais départementaux et publie des guides sur les différentes possibilités d'hébergement en milieu rural.
Fédération des stations vertes de vacances – BP 71698 - 21016 Dijon Cedex - ☏ 03 80 54 10 50 - www.stationverte.com. Ces stations

NOS CATÉGORIES DE PRIX

	Hébergement	Restauration
Premier prix	jusqu'à 70 €	jusqu'à 20 €
Budget moyen	de 70 à 110 €	de 20 à 35 €
Pour se faire plaisir	de 110 à 150 €	de 35 à 50 €
Une folie	plus de 150 €	plus de 50 €

Ma route des vacances

18 cartes des Régions de France

sont des destinations de vacances familiales, retenues tant pour leur qualité de vie que celle de leurs structures d'accueil et d'hébergement.

Bienvenue à la ferme – Service agriculture et tourisme - 9 av. George-V - 75008 Paris - ✆ 01 53 57 11 50 - www.bienvenue-a-la-ferme.com. Ce guide, édité par l'Assemblée permanente des chambres d'agriculture, propose par région et par département des fermes-auberges, campings à la ferme, fermes de séjour.

L'hébergement pour randonneurs

Guide et site Internet – Le site www.gites-refuges.com et le guide *Gîtes d'étape et Refuges* d'A. et S. Mouraret sont principalement destinés aux amateurs de randonnée, d'alpinisme, d'escalade, de ski et de cyclotourisme.

Les auberges de jeunesse

Fédération unie des auberges de jeunesse – 27 r. Pajol - 75018 Paris - ✆ 01 44 89 87 27 - www.fuaj.org. La carte Fuaj est délivrée en échange d'une cotisation annuelle de 11 € pour les -26 ans, de 16 € au-delà de cet âge et de 23 € pour les familles.

Se restaurer

Retrouvez notre sélection de restaurants dans « Nos adresses à… », en fin de description des principaux sites de la partie « Découvrir la Bourgogne ». Ces établissements sont listés par catégorie de prix, sur la base d'un tarif minimal/maximal en haute saison.

NOTRE SÉLECTION

Nous avons sélectionné des **restaurants** régionaux, mais aussi classiques ou thématiques, et des adresses plus simples où faire une pause.

Plusieurs **fermes-auberges** vous permettront de goûter des produits authentiques provenant de l'exploitation agricole, préparés dans la tradition et généralement servis en menu unique. Réservation obligatoire ! **Le Guide Michelin France** recommande des restaurants dans toute la France.

LES TOQUES NIVERNAISES

Née en 1991, l'association des Toques nivernaises référence les restaurateurs (une quinzaine) respectant une charte gastronomique soucieuse de la qualité de l'accueil, des mets et du service, mais aussi de l'origine des produits (frais et locaux) mis à la disposition d'une cuisine gastronomique originale.

www.les-toques-nivernaises.com

LES LABELS

Sites remarquables du goût

En Bourgogne, ce label récompense la vente des Hospices de Beaune (vin) ; le marché à la volaille de Louhans ; le marché aux bovins de St-Christophe-en-Brionnais ; le Cassissium de Nuits-St-Georges (crème de cassis) ; l'abbaye de Flavigny (bonbons à l'anis) ; Saulieu (viande de charolais).

Consultez le site Internet www.sitesremarquablesdugout.com.

Le ministère du Tourisme attribue aux restaurateurs qui assurent la promotion des produits du terroir le label **Restaurateurs de France**.

Sur place de A à Z

Pour obtenir de la documentation, adressez-vous aux **comités départementaux de tourisme** *(voir p. 532)*. Pour trouver d'autres adresses de prestataires, reportez-vous aux rubriques « Visites » et « Activités » dans les carnets d'adresses des villes ou sites de ce guide.

CANAUX

Près de 1 200 km de canaux, construits à partir du 17e s., constituent, avec les rivières navigables (Yonne, Saône, Seille), un réseau exceptionnel. Les lieux de navigation sont multiples, entre le **canal de Bourgogne** (242 km, 189 écluses dont une automatisée), **le canal du Nivernais** (174 km, 116 écluses toutes manuelles), le **canal du Centre** (112 km, 61 écluses toutes automatisées), le Val de Saône et les canaux du Val de Loire.

Les canaux sont généralement fermés de mi-novembre à mi-mars. Les autres périodes de « chômage » (fermeture des voies navigables pour travaux d'entretien) sont indiquées aux plaisanciers par des « avis à la batellerie », consultables sur le site www.vnf.fr. Les écluses ne fonctionnent pas le dimanche de Pâques, le 1er Mai, le dimanche de Pentecôte, le 14 Juillet et le 1er novembre.

Bateaux habitables

Location sans pilote accompagnateur de bateaux aménagés pour 2 à 12 personnes. Les principales bases de départ se situent à Auxerre, Digoin, Joigny, St-Jean-de-Losne et Tournus. Une douzaine de loueurs pour 30 bases de départ, répertoriés sur www.bourgogne-tourisme.com.

Bateaux promenades

Croisière à l'heure, à la demi-journée ou à la journée sur des bateaux pouvant accueillir de 6 à 200 personnes. Vous pouvez embarquer à Auxerre, Pouilly-en-Auxois, St-Jean-de-Losne, Chalon-sur-Saône, La Truchère, Écuisses, Digoin, Montsauche-les-Settons et Bazolles. Des programmes à la carte sont possibles, mais certains bateaux ne naviguent qu'en haute saison.

CANOË-KAYAK

Comité régional de Bourgogne-Franche-Comté de canoë-kayak – 1 r. Étienne-Baudinet - 21000 Dijon - ✆ 03 80 45 32 83 - www.canoekayakbourgognefranchecomte.com.
Pour savoir où pratiquer ce sport, vous pouvez aussi vous adresser aux comités départementaux *(voir p. 532)*. Quelques sites à retenir : Autun, les Settons, Chaumeçon, Panthier-en-Auxois, Bazolles. Pour le Morvan, où l'on peut pratiquer toute l'année des descentes de torrents en rafting, voir « Nos adresses dans le Parc naturel régional du Morvan ».

ESCALADE

La Bourgogne est un bon terrain d'essai avant d'attaquer les hauts sommets.
Rendez-vous dans la région de Clamecy (roches de Surgy et de Basseville, rochers du Saussois et leurs dalles en surplomb) ; Saffres, près de Vitteaux, site école très fréquenté le week-end ; Bouilland, Hauteroche, Vieux-Château pour les sportifs confirmés ; Chambolle-Musigny et Talant, près de Dijon, pour les débutants. Sans oublier

Vergisson, Solutré, St-Denis-de-Vaux, le mont Rome.
www.bouger-nature-en-bourgogne.com/escalade
Fédération française de montagne et d'escalade – 8 quai de la Marne - 75019 Paris - 01 40 18 75 50 - www.ffme.fr. Carte des sites en France et fiches techniques.

GASTRONOMIE

Adresse utile

Maison régionale des arts de la table – 15 r. St-Jacques - 21230 Arnay-le-Duc - 03 80 90 11 59 - http://musee-artsdelatable.fr. Elle présente chaque année, d'avril à novembre, une exposition sur un thème lié à la gastronomie et aux arts de la table. Vous y trouverez aussi un espace boutique et un salon de thé.

Cours de cuisine

Des séjours avec cours de cuisine sont organisés par nombre de chefs, souvent en hiver. Pour télécharger la liste : www.bourgogne-tourisme.com. Vous trouverez ci-dessous quelques adresses.
En Côte-d'Or :
Avec ou Sans Toque – Beaune ou Dijon - 06 81 84 19 27 - www.avecousanstoque.fr.
Le Charlemagne – 1 rte des Vergelesses - 21420 Pernand-Vergelesses - 03 80 21 51 45 - www.lecharlemagne.fr.
Dans l'Yonne :
Les Cours de Cuisine – 03 86 62 09 70 - www.cotesaintjacques.com. Jean-Michel Lorain, chef du restaurant étoilé La Côte St-Jacques *(Joigny, voir p. 386)*, partage son univers et initie à la cuisine contemporaine. Forfait séjour et programme sur demande.
Dans la Nièvre :
Tomate et Chocolat – 1 bis av. du Général-de-Gaulle - 58000 Nevers - 03 86 69 05 63.

MONTGOLFIÈRE

Les montgolfières sont nombreuses à survoler les vignobles à la belle saison et en automne.
Vols de 1h à 3h, d'avril à novembre. Mieux vaut réserver le week-end.
Bourgogne Montgolfière – 71390 Moroges - 03 85 47 99 85 - www.montgolfiere-en-bourgogne.fr. Au départ de St-Désert ou de Montagny en Saône-et-Loire, vols au-dessus des vignobles de la côte chalonnaise.
France Montgolfières – 03 80 97 38 61 - www.franceballoons.com. Vols au-dessus de la région de Vézelay.
Air Escargot – 71150 Remigny - 03 85 87 12 30 - www.air-escargot.com. Ascensions dans la région de Nuits-St-Georges, Beaune, Chalon-sur-Saône.

NAUTISME

La **voile** (bateau ou planche) se pratique sur le lac du Bourdon (près de St-Fargeau), le lac de Pont (près de Semur-en-Auxois), le lac de Panthier (à Commarin), le lac Kir (à Dijon), le lac de la Sorme (près de Montceau-les-Mines) et les plans d'eau des Genièvres (Montagny-lès-Beaune), des Settons (Morvan), de Villeneuve-sur-Yonne et de Torcy (près du Creusot).
Vous pourrez aussi naviguer à Mâcon, Épervans, Autun et Chalon-sur-Saône.
Basés de juin à septembre sur la Saône, la Loire, l'Yonne et le lac des Settons, de nombreux clubs de **ski nautique** accueillent débutants ou sportifs confirmés à Auxonne, Seurre, Pont-et-Massène.

PARCS ET JARDINS

Le guide de l'Association des parcs et jardins de Bourgogne, disponible gratuitement dans les jardins et offices de tourisme locaux, recense tous les jardins

bourguignons, y compris ceux qui ne sont ouverts qu'à l'occasion de la Journée des jardins. www.parcsetjardins-bourgogne.com.

Depuis 2003, le label « **Jardin remarquable** », attribué chaque année par le ministère de la Culture, vise à reconnaître et à valoriser la qualité de certains jardins ouverts à la visite, ainsi que les efforts faits pour leur présentation et leur accueil du public. Pour connaître les jardins labellisés en Bourgogne, consultez le site www.parcsetjardins.fr.

PÊCHE

Truites, perches, tanches, carpes, anguilles, ombles, brochets, sandres et écrevisses circulent dans quelque 5 000 étangs, lacs, rivières et canaux. Les pêcheurs peuvent lancer leurs lignes dans les étangs de Bresse, de la Puisaye et du Morvan (pêche au coup), sur les parcours et dans les réservoirs (pêche à la mouche), ou encore en bateau sur la Saône.

Fédération nationale de la pêche en France et de la protection du milieu aquatique – 17 r. Bergère - 75009 Paris - ✆ 01 48 24 96 00 - www.federationpeche.fr.

POTERIE

Pour visiter les ateliers de Puisaye *(voir encadré p. 351)*.

Pour toute autre information : **Pays de Puisaye-Forterre** – 3 pl. de la République - 89170 St-Fargeau - ✆ 03 86 74 10 07 - www.puisaye-tourisme.fr.

Des **stages** de découverte, d'initiation ou de perfectionnement aux activités de la céramique pour tous ont lieu toute l'année au Centre international de formation aux métiers d'art et de la céramique (EMA-Cnifop) - rte de St-Sauveur - 58310 St-Amand-en-Puisaye - ✆ 03 86 39 60 17 - www.cnifop.com.

RANDONNÉE ÉQUESTRE

De nombreux centres équestres proposent des randonnées à travers la région.

Comité régional du tourisme équestre en Bourgogne – Il regroupe toutes les informations sur la pratique équestre dans la région : clubs, stages et compétitions.

En Saône-et-Loire, les randonneurs à cheval découvriront 730 km de **pistes vertes** balisées et jalonnées de gîtes, chambres d'hôte et hôtels équipés pour accueillir les cavaliers et leurs montures.

RANDONNÉE PÉDESTRE

Les principaux itinéraires

La Bourgogne est une terre de marcheurs depuis le Moyen Âge. C'est de Vézelay que part l'une des **routes de St-Jacques-de-Compostelle** : le chemin de Vézelay, ou *Via Lemovicensis*, qui traverse la Bourgogne par la Nièvre sur 149 km, menant de la basilique Ste-Madeleine de Vézelay à Nevers. Pour plus de détails : **Compostelle 2000** – 26 r. de Sévigné - 75004 Paris - ✆ 01 43 20 71 66 - www.compostelle2000.com ou www.chemins-compostelle.com (infos culturelles, pratiques et logistiques).

Auxerre-Vézelay : chaque année (fin avril) est organisée la grande randonnée pédestre (de 17 à 56 km) sur **les pas de saint Jacques de Compostelle** (49e édition en 2018).

Des itinéraires peuvent être téléchargés gratuitement sur : www.randonnee-yonne.com. Le calendrier des randonnées est consultable sur : https://yonne.ffrandonnee.fr

La Bourgogne est par ailleurs sillonnée par quelque **6 000 km de sentiers** balisés, adaptés à l'effort de chacun, qui permettent d'apprécier des aspects connus ou moins

connus de la région : les îles de la Loire, vers Decize et le bec d'Allier, remarquables pour leur faune ; la forêt de Cîteaux en Côte-d'Or ou celle de Vauluisant (traversée au sud par le GR 2) ; le bocage de Puisaye, sur les traces de Colette ; les chemins de moyenne montagne du Morvan ou les villages du Mâconnais, sur les traces de Lamartine, etc.
La région est également traversée par le **GR 13** (qui va de Fontainebleau à Bourbon-Lancy). Au total, **35 itinéraires** permettent de parcourir le Parc naturel régional du Morvan. Le **chemin des Moines** offre un circuit de 5 à 9 jours de Couches à Cluny. Le **chemin de Bibracte à Alésia** (120 km, 6 jours à pied) est, lui, partiellement tracé sur l'ancienne voie empruntée par l'armée gauloise. La **route des Grands Crus** (87 km, 3 à 5 jours) est idéale pour découvrir les vignobles. Il faut aussi mentionner la fameuse **Voie verte** *(voir p. 151)*. Rens. sur www.voiesvertes.com.

Où s'informer ?

Fédération française de randonnée pédestre – 64 r. du Dessous-des-Berges - 75013 Paris - 01 44 89 93 93 - www.ffrandonnee.fr. La Fédération donne le tracé détaillé des GR, GRP et PR ainsi que de précieux conseils. Vente de topoguides sur Internet.
www.bouger-nature-en-bourgogne.com.

ROUTE HISTORIQUE

Route historique des ducs de Bourgogne – Château de Sully - 71360 Sully - 03 85 82 09 86 - www.route-des-ducs.com. L'Association de la route des ducs de Bourgogne regroupe 16 sites majeurs du patrimoine bourguignon, répartis sur quatre départements. Parmi les châteaux, notons ceux d'Ancy-le-Franc, d'Arcelot, de Bazoches, Béru, Commarin, Couches, Frôlois, etc.

ROUTES TOURISTIQUES

Voir aussi les Routes du Vin dans la rubrique « Œnotourisme » p. 544.

En Côte-d'Or

Toutes ces routes, cartes et dépliants sont téléchargeables sur www.cotedor-tourisme.com.
Durant votre séjour, renseignez-vous auprès des offices de tourisme et profitez des nombreuses formules proposées : le « Dijon City Pass » permet de découvrir des sites incontournables de la ville et d'utiliser les transports publics de la métropole (carte valable 24h, 48h ou 72h). Avec le « pass Archéo », visitez le MuséoParc Alésia, le musée Rolin d'Autun, Bibracte et le musée du Pays Châtillonnais - Trésor de Vix.
Route des Grands Crus – *Voir p. 546.*
Route du Crémant – En haute Côte-d'Or, dans le Châtillonais, les vignerons vous feront découvrir ce vin pétillant. Le musée du Vigneron à Chaumont-les-Bois, l'œnocentre Ampélosis à Massingy ou les festivités annuelles lors de la St-Vincent à Châtillon contribueront à l'initiation. Rens. 03 80 62 11 17.
Route du Cassis – Vous traverserez les villages des hautes côtes et les champs de cassis. Vous y rencontrerez producteurs et liquoristes. Renseignements à l'office du tourisme de Nuits-St-Georges - 03 80 62 11 17.

En Saône-et-Loire

Pour obtenir des informations, consultez le site www.destination-saone-et-loire.fr.
Route des Châteaux – Elle égrène de splendides demeures médiévales, comme Berzé-le-Châtel, Germolles, Rully, Pierreclos, Brancion ou Brandon, et des châteaux des 17e et 18e s., tels Cormatin, Drée, La Ferté, Pierre-de-Bresse ou St-Aubin.
Rens : Maison de la Saône-et-Loire – 389 av. de

Lattre-de-Tassigny - 71000 Mâcon - ✆ 03 85 21 02 20 - www.destination-saone-et-loire.fr.

Une brochure est disponible gratuitement : https://cdt71.media.tourinsoft.eu/upload/ROUTE-DES-CHATEAUX-2018-BD.pdf

Chemins du Roman – De Paray-le-Monial, trois circuits en boucle d'environ 120 km chacun vous mèneront dans les églises romanes du Brionnais et du Charolais. Rens : Centre d'études des patrimoines - St-Christophe-en-Brionnais - ✆ 03 85 25 90 29 - www.cep.charolais-brionnais.net.

Route Lamartine – Une boucle de 60 km vous conduira sur les traces de l'écrivain et homme politique originaire de Mâcon *(voir p. 133)*. Rens : www.macon-tourism.com.

Dans l'Yonne

Chemin cistercien – Ce chemin de 220 km et 10 étapes, qui traverse forêts, vignobles, villages remarquables, démarre à l'abbaye de Cîteaux et s'achève avec l'abbaye de Pontigny.

Route des Peintures murales de Puisaye – Avec l'ocre extraite dans la région, les artistes du Moyen Âge ont orné les églises de décors peints, que l'on découvre le long de cette route. Vous pourrez visiter la poterie de La Bâtisse et le chantier médiéval de Guédelon, qui exploitent toujours l'ocre. Rens : Maison de la Puisaye-Forterre - r. Raymond-Ledroit - 89170 St-Fargeau - ✆ 03 86 74 19 19 - http://puisaye-forterre.com et www.puisaye-tourisme.fr/wp-content/uploads/2018/01/brochure-2016-min.pdf.

De nombreux autres itinéraires sont disponibles sur www.tourisme-yonne.com.

SITES NATURELS

Le Conservatoire des sites naturels bourguignons est une association de protection et de gestion des milieux naturels qui propose de faire découvrir le patrimoine naturel de la Bourgogne ainsi que sa flore et sa faune. Dépliants décrivant les sentiers balisés sorties-découvertes gratuits : **Conservatoire d'espaces naturels de la Bourgogne** – Chemin du Moulin-des-Étangs - 21600 Fenay - ✆ 03 80 79 25 99 - www.cen-bourgogne.fr.

SOUVENIRS

Retrouvez notre sélection de boutiques et d'artisans dans « Nos adresses à… », en fin de description des principaux sites de la partie « Découvrir la Bourgogne ».

Plaisirs de bouche

Vins, sirops, eaux-de-vie, liqueur de cassis, fromages, moutardes, truffes, gourmandises et pains d'épice sont à découvrir au fil du voyage.

Pour la maison

À Charlieu se perpétue une tradition ancienne de **tissage de la soie**. La boutique du musée de la Soierie vend des souvenirs en soie, fabriqués sur place. Les métiers des **textiles** se réunissent à Flavigny vers la fin du mois de juin (✆ 03 80 96 20 40).

Les œuvres en **grès** ou en **faïence** des **potiers** se trouvent à Nevers, dans le Morvan et, surtout, en Puisaye. En juillet, ne manquez pas le marché des potiers à St-Sauveur.

Le travail du **bois** donne des objets que l'on dénichera à Chauffailles ou à Donzy-le-Pertuis.

À Vézelay, vous pourrez visiter des galeries d'art et d'artisanat ou rapporter des **œuvres monastiques**, en vente aussi à l'abbaye de la Pierre-qui-Vire.

THERMALISME

La Bourgogne compte deux stations thermales, l'une dans le Morvan, à St-Honoré-les-Bains *(voir p. 282)*, et l'autre en Saône-et-Loire, à Bourbon-Lancy *(voir p. 216)*.

VÉLO ET VTT

Avec 3 000 km de circuits de difficulté variée, sur des terrains plus ou moins accidentés, les possibilités d'escapade à vélo sont nombreuses. Aux plus sportifs les reliefs du Morvan.

Documentation

Voies vertes et cyclotourisme – Agence départementale du tourisme et de promotion du territoire - ✆ 03 85 21 02 20 - www.destination-saone-et-loire.fr.

À vélo le long de l'Yonne et du canal du Nivernais – Agence de développement touristique de l'Yonne - ✆ 03 86 72 92 00 - www.tourisme-yonne.com.

La Côte-d'Or à vélo – Côte-d'Or Tourisme - ✆ 03 80 63 69 49 - www.cotedor-tourisme.com.

La Bourgogne à vélo – Site dédié au vélo du Comité régional du tourisme de Bourgogne - www.la-bourgogne-a-velo.com.

Fédération française de cyclisme – 5 r. de Rome - 93561 Rosny-sous-Bois Cedex - ✆ 01 49 35 69 24 - www.ffc.fr. La fédération propose 47 000 km de sentiers VTT balisés, répertoriés dans un guide annuel gratuit.

Parcours

Voie verte *(voir p. 151)*, où l'on peut pédaler à l'abri de la circulation motorisée.

Canal du Nivernais *(voir p. 331)* : une manière originale de découvrir la Bourgogne à vélo est de longer le chemin de halage, idéal avec les enfants car sans dénivelé. À emporter dans sa sacoche : *Canal du Nivernais à vélo*, éd. Michelin, 2011.

Tour de Bourgogne à vélo – Il s'agit d'une boucle de 800 km de voies vertes et véloroutes qui sillonne la Bourgogne en empruntant des chemins de halage, des chemins à travers les vignobles, des voies ferrées désaffectées… Rens. : www.la-bourgogne-a-velo.com (site très bien fait pour organiser votre périple).

Entre Beaune et Dijon, la **Voie des Vignes** traverse le secteur des climats : Aloxe-Corton, Nuits-St-Georges, Vosne-Romanée, Clos de Vougeot, Gevrey-Chambertin… Un parcours d'une grande intensité œnologique.

Grande traversée du Massif central (GTMC) – 1 380 km d'Avallon au Cap d'Agde, accessibles aux VTT et VTT électriques - www.la-gtmc.com.

Prestataires

Bourgogne Randonnée – Agence Traces et Découverte - ✆ 03 85 20 54 88 - www.bourgognerando.com.

Bourgogne Escapades – ✆ 06 26 97 01 70 - www.bourgogne-escapades.com.

Bourgogne Évasion – ✆ 06 64 68 83 57 - www.bourgogne-evasion.fr.

France Randonnée – ✆ 02 99 67 42 21 - www.france-randonnee.fr.

Œnotourisme

L'exceptionnelle diversité des vins de Bourgogne apparaît dans ses 84 Appellations d'origine contrôlée (AOC) et ses 33 grands crus (1,4 % de la production totale).
La Bourgogne comprend cinq régions viticoles : Chablis-Grand Auxerrois, côte de Nuits, côte de Beaune, côte chalonnaise, Mâconnais.
Voir le chapitre « Le vin » p. 480.
Consultez la rubrique « Achats » des carnets d'adresses dans les chapitres La Côte, Beaune, Mâcon, Auxerre, Chablis, Tonnerre.

S'INFORMER

Avant de partir

Bureau interprofessionnel des Vins de Bourgogne (BIVB) sur www.vins-bourgogne.fr (notamment la rubrique Escapades viticoles).
12 bd Bretonnière - BP 150 - 21024 Beaune Cedex - 03 80 25 04 80.
Il vend le *Guide des Appellations des vins de Bourgogne* (14,90 €), incontournable pour les amateurs.

Sur place

Athenaeum – 5 r. de l'Hôtel-Dieu - 21200 Beaune - 03 80 25 08 30 - www.athenaeum.com. C'est un espace pluriculturel de 1 200 m² dédié à la vigne et au vin. On y trouve vins vendus au prix de la propriété, livres, documentation, films, matériel de cave, verrerie et objets divers.
Confrérie des Chevaliers du Tastevin – Elle se réunit dans le château du Clos de Vougeot, haut lieu de la Bourgogne vineuse depuis 1945. Pour recevoir gratuitement le *Guide des vins de Bourgogne tastevinés*, avoir des informations sur les activités de la confrérie, des renseignements sur l'histoire des Chevaliers du Tastevin : 03 80 61 07 12 - www.tastevin-bourgogne.com. Encadré p. 69.
Le musée du Vin de Bourgogne, à Beaune, raconte l'histoire de la vigne depuis l'Antiquité. La cuverie abrite une série de pressoirs historiques aux technologies diverses. p. 86.

OÙ ET COMMENT S'INITIER ?

Stages d'initiation

Pour développer l'art du « savoir boire », des stages d'initiation à la dégustation des vins de Bourgogne et des séjours œnologiques sont organisés à Beaune. Ils peuvent durer 2h, une journée, un week-end ou plusieurs jours.
École des vins de Bourgogne – 6 r. du 16e-Chasseurs - 21200 Beaune - 03 80 26 35 10 - www.vins-bourgogne.fr (rubrique l'École des Vins).
Sensation Vin – 1 r. d'Enfer - 21200 Beaune - 03 80 22 17 57 - www.sensation-vin.com.

VISITER ET ACHETER

Visite des caves

Attention, on ne peut pas se présenter à tout moment chez les producteurs viticulteurs, à moins de posséder une adresse précise, un numéro de téléphone et d'avoir rendez-vous… Sachez aussi que le fléchage et la signalétique restent parcimonieux.
Le **Bureau interprofessionnel des Vins de Bourgogne (BIVB)** publie depuis quelques années une brochure gratuite sur le tourisme viticole : **En route**

MAISONS DES VINS	INFOS PRATIQUES	CARACTÉRISTIQUES
Buxy	Cave des Vignerons de Buxy Les Vignes de la Croix 71390 Buxy ✆ 03 85 92 03 03 www.vigneronsdebuxy.fr	Côte chalonnaise : mercurey, montagny, pinot noir, chardonnay, aligoté. 6 millions de bouteilles vendues par an.
Châlon-sur-Saône	Maison des Vins de la côte chalonnaise 2 promenade Ste-Marie 71100 Chalon-sur-Saône www.maisonvinsbourgogne.com ✆ 03 85 41 64 00	Côte chalonnaise. Sélection printemps-été (de Pâques à la Paulée) et sélection automne-hiver. Un jury sélectionne 122 meilleurs crus. Bouteilles renouvelées tous les 6 mois. Bouzeron, rully, mercurey, givry, montagny.
Mâcon	Maison mâconnaise des Vins 484 av. de Lattre-de-Tassigny 71000 Mâcon www.maison-des-vins.com ✆ 03 85 22 91 11	Chardonnays, gamays, pinots noirs, aligotés. Vente des AOC locales et dégustations commentées.
Nuits-St-Georges	La Maison des Vignerons 4 r. Charles-Arnoult 21700 Nuits-St-Georges ✆ 03 80 62 18 77 www.nuitsaugrandjour.com	Vins de propriétaires récoltants. Côte-de-nuits, hautes-côtes-de-nuits et côte-de-beaune. Présentation par 40 viticulteurs de 4 à 8 crus différents. Au total, 180 appellations.
Tournus	Les Vignerons de Mancey 71700 Tournus ✆ 03 85 51 71 62 www.lesvigneronsdemancey.fr	60 vignerons présentant les cépages bourguignons : chardonnay, pinot noir, aligoté et gamay. Espace scénographique expliquant les vignobles de Bourgogne. Espace dégustation avec harmonie mets et vins, initiation aux vins.
AUTRES SITES	**INFOS PRATIQUES**	**CARACTÉRISTIQUES**
Montagny-lès-Beaune	Veuve Ambal Rue du Pré-Neuf 21200 Montagny-lès-Beaune ✆ 03 80 25 90 81	Spécialiste du crémant de Bourgogne. Visite des caves et des ateliers. Dégustation. Boutique.
Nuits-St-Georges	L'Imaginarium Av. du Jura 21700 Nuits-St-Georges ✆ 03 80 62 61 40 www.imaginarium-bourgogne.com	Crémants et vins de Bourgogne. 3 parcours pour découvrir le vin. « Magie des bulles » pour les vins effervescents. Dégustation. Boutique.
St-Bris-le-Vineux	Caves Bailly-Lapierre 89530 St-Bris-le-Vineux ✆ 03 86 53 77 77	Crémant de Bourgogne. Visite de 3 ha de caves dans une ancienne carrière de pierre souterraine, berceau de l'AOC crémant de Bourgogne. Dégustation.

Voir le chapitre « Le vin » p. 480.

vers les bourgognes (éd. 2016), disponible sur son site ou auprès des offices de tourisme. Celle-ci répertorie 375 domaines, maisons et caves, adhérents à la charte d'accueil **De vignes en caves** (garantissant un accueil de qualité et personnalisé), sans oublier la centaine de manifestations viticoles, et présente des itinéraires sur cartes (routes des Vins et sites). Une enseigne à l'entrée de la propriété permet de les identifier. Nombreux documents accessibles sur le site (cartes, etc.).

Routes des Vins

Route des Grands Crus de Bourgogne (Côte-d'Or) – Sur env. 60 km, elle longe la côte de Nuits et la côte de Beaune, traversant 37 villages vitcoles prestigieux entre Dijon et Santenay : Vosne-Romanée, Nuits-St-Georges ou Pommard, notamment. On peut également la suivre sur un sentier pédestre et VTT. Rens. ✆ 03 80 62 11 17 - www.cotedor-tourisme.com/bourgogne/route-des-grands-crus.

Route touristique des Grands Vins de côte chalonnaise (Saône-et-Loire) – La côte chalonnaise prolonge au sud sur 100 km la route des Grands Crus, de Santenay à St-Gengoux-le-National.
Rens. : CCI de Chalon-sur-Saône - ✆ 03 85 42 36 00 et Association de la route touristique des Grands Vins de côte chalonnaise : Caroline Torland – 7 r. Georges-Maugey - Chalon-sur-Saône - ✆ 03 85 93 23 57.

Route touristique des Vignobles de l'Yonne – L'association Route touristique des vignobles de l'Yonne facilite la découverte des caves, villages viticoles et haltes gourmandes. Elle propose 5 itinéraires fléchés dans les vignobles chablisien, auxerrois, tonnerrois, jovinien et vézelien. Carte disponible dans les offices de tourisme ou sur www.tourisme-yonne.com et www.vignobles-yonne.com - ✆ 03 86 49 40 60.

Route des vins Mâconnais-Beaujolais – 500 km pour 78 villages-étapes à découvrir. Demandez le *Guide de la route des vins Mâconnais-Beaujolais* (gratuit). Renseignements à l'Office du tourisme du Mâconnais-Val-de-Saône *(voir p. 114)*.

Route du Crémant du Châtillonnais – Au fil d'un itinéraire balisé parcourant les 120 km du vignoble, vous serez accueilli dans les caveaux et découvrirez le patrimoine et les paysages préservés du Châtillonnais. Renseignements : Maison du Pays châtillonais - ✆ 03 80 81 57 57 - www.routeducremant.fr.

Maisons des vins

Elles présentent une sélection des meilleurs producteurs de la zone viticole concernée, vendue au même prix que chez les producteurs.

Autres sites

L'**Imaginarium** et les **caves de Bailly** *(voir tableau p. 545)* sont des sites que l'on peut découvrir avec des enfants, qui apprécieront le décor et les parcours de découverte.

Vin et musique

Le **Festival musical des Grands Crus de Bourgogne** associe dégustation de vin et musique. 5 événements : le Festival du Chablisien (en juin) ; les Rencontres musicales de Noyers (en juil.) ; de Bach à Bacchus, à Meursault (en juil.) ; les Grandes Heures de Cluny (en août) ; le festival Musique au Chambertin, à Gevrey-Chambertin (en sept.). Rens. : www.musicalgrandscrus-bourgogne.fr.
Jazz O'verre Beaune (fin sept.) réunit artistes internationaux et jeunes musiciens, avec dégustation de vins de Bourgogne. Rens. : www.jazz-beaune.fr.

En famille

Le pictogramme 👪 signale les sites pouvant intéresser les enfants.

Villes et Pays d'Art et d'Histoire – Ce réseau propose des visites-découverte et des ateliers du patrimoine aux enfants *(merc., sam. et vac.)*. En juillet-août, lors de l'opération « L'Été des 6-12 ans », ces activités sont proposées durant la visite des adultes.

En Saône-et-Loire, **Aventures Mômes** propose des activités nature pour les 4-14 ans (rens. sur www.destination-saone-et-loire.fr). Dans l'Yonne, le site *www.famille-yonne.com* répertorie par thèmes tous les sites particulièrement accueillants pour les enfants.

SITES OU ACTIVITÉS À FAIRE EN FAMILLE

CHAPITRE DU GUIDE	NATURE	MUSÉES	LOISIRS
Alésia (MuséoParc)		MuséoParc	Ateliers, jeux gallo-romains Ludothèque
Autun		Muséum d'histoire naturelle Château de Sully	Bases de loisirs d'Autun et d'Arnay-le-Duc
Auxerre		Musée d'Histoire naturelle	Coulée verte Balade en bateau
Auxerrois	Réserve naturelle du Bois-du-Parc Boucle de la grotte des Fées	Grottes d'Arcy-sur-Cure	Baignade à Mailly-la-Ville Balade en calèche dans le vignoble auxerrois
Beaune	Parcs de la Bouzaise et de la Creusotte	Hôtel-Dieu Château de Savigny-lès-Beaune	Moutarderie Fallot
Bibracte - Mont Beuvray	Site de l'oppidum	Musée de Bibracte Musée des galvachers (Anost)	
Bourbon-Lancy		Le « Bredin » automate	Balades sur les bords de la Loire ou dans les forêts
Brancion		Visite costumée du château	
Canal du Nivernais		Voûtes de la Collancelle	Kayak, bateaux électriques, vélo…
Chalon-sur-Saône		Galerie des Sciences de l'abbaye de La Ferté	Balade à vélo le long des bords de la Saône
La Charité-sur-Loire	Réserve naturelle du Val de Loire (Pouilly-sur-Loire)	Pavillon du milieu de Loire (Pouilly-sur-Loire)	
Charolles		Maison du charolais	Chemin des fours à chaux

SITES OU ACTIVITÉS À FAIRE EN FAMILLE			
CHAPITRE DU GUIDE	**NATURE**	**MUSÉES**	**LOISIRS**
Château d'Ancy-le-Franc			Jeu-découverte au château
Château de Bazoches		Vie de Vauban	
Château de Cormatin	Labyrinthe végétal		
Château-Chinon	Maquette du barrage de Pannecière	Circuit des fresques en trompe-l'œil de Moulins-Engilbert	Les Ruchers du Morvan
Château de Tanlay		Château de Maulnes	
Châtillon-sur-Seine	Promenades à dos de cheval, de poney ou d'âne	Parc de l'abbaye du Val-des-Choues	Maison de la forêt et son parcours accrobranche (Leuglay)
Clamecy		Carrière souterraine d'Aubigny (Taingy)	Joutes nautiques et descente bidon en été
La Clayette	Parc du château de Drée	Maison des patrimoines (Matour) Lab 71 (Dompierre-les-Ormes)	
Cluny		Musée d'Art et d'Archéologie	Haras national
Cosne-Cours-sur-Loire		Musée paysan de la Bourgogne nivernaise de Cadoux	Cyclorail du Sancerrois Promenade en canoë ou à cheval
La Côte	Vallon de la Tournée	Parc Noisot (Fixin) Cassissium (Nuits-St-Georges) Maison aux Mille Truffes et Champignons (Marey-lès-Fussey)	
Le Creusot-Montceau	Parc de la Verrerie Villa Perrusson (Écuisses)	Musée de l'Homme et de l'Industrie Musée de la Mine Usine Aillot - Galerie du Camion ancien	Balade en train au parc touristique des Combes Activités aquatiques au plan d'eau du Breuil
Dijon	Parc du château d'Arcelot	Musée des Beaux-Arts Musée de la Vie bourguignonne Jardin des Sciences	Lac Kir Parcours de la Chouette La Minoterie Fabrique de pain d'épices
Flavigny-sur-Ozerain	Source de la Coquille	Fabrique des anis	

SITES OU ACTIVITÉS À FAIRE EN FAMILLE			
CHAPITRE DU GUIDE	**NATURE**	**MUSÉES**	**LOISIRS**
Fontaine-Française	Grottes de Bèze		Train touristique des Lavières (Is-sur-Tille)
Guédelon		Visite du chantier médiéval	Atelier de taille de pierre
Joigny		Musée des Arts populaires (Laduz) La Fabuloserie (Dicy)	
Louhans		Écomusée de la Bresse bourguignonne (Pierre-de-Bresse et environs)	Site de loisirs du Domaine de la Loge Balade en canoë-kayak
Mâcon		Le Hameau Dubœuf en Beaujolais	Parc zoologique et de loisirs Touroparc Zoo (Romanèche-Thorins)
Le Mâconnais	Grottes d'Azé Grottes de Blanot Site naturel de la Boucherette	Animations et ateliers au château de Brancion	
Montargis		Musée vivant de l'Apiculture gâtinaise (Château-Renard)	
Montbard		Musée Buffon Grande Forge de Buffon	Centre nautique Amphitrite Balade à vélo
Nevers		Musée de la Mine Musée de la Marine fluviale	Zebulle Parc
Noyers-sur-Serein	Promenade sur le site du vieux château		P'tit train de l'Yonne (Massangis)
Nuits-St-Georges		Le Cassissium, l'Imaginarium : parcours ludique et animations	
Paray-le-Monial	ObservaLoire de Digoin Parc du Moulin Liron		Balade à vélo sur la Voie verte
Parc naturel régional du Morvan	Les lacs, les sentiers nature et les balades en randonnée	Maison du Parc Écomusée du Morvan	Base de loisirs des Settons Nombreuses activités (eaux vives, escalade…)
Prémery	Observation de la faune de l'étang de Vaux		Balade à pied ou à vélo

SITES OU ACTIVITÉS À FAIRE EN FAMILLE			
CHAPITRE DU GUIDE	**NATURE**	**MUSÉES**	**LOISIRS**
La Puisaye	Parc animalier de Boutissaint Lac du Bourdon	Ferme du château de St-Fargeau Musée d'Art et d'Histoire de Puisaye (Villiers-St-Benoît)	Cyclorail de Puisaye Train touristique du pays de Puisaye-Forterre Parc d'aventure du Bois de la Folie Pyramide du Loup
Roche de Solutré		Musée de la Préhistoire de Solutré	Animations à la Maison du Grand Site
St-Christophe-en-Brionnais	Foire au bétail		
Saulieu	Le sentier de découverte du lac de St-Agnan	Musée municipal François-Pompon	Activités nautiques sur le lac des Settons
Semur-en-Auxois	Parc animalier de l'Auxois (Arnay-sous-Vitteaux)		Livret-jeu pour découvrir la cité Plage du lac de Pont
Semur-en-Brionnais	Randonnées à dos d'âne Foire au bétail de St-Christophe-en-Brionnais	Musée de la Soierie (Charlieu) Musée du Reflet brionnais (Iguerande)	Croisière fluviale avec activités (départ de Briennon) Animations au château St-Hugues Balade à vélo sur la Voie verte
Sens		Visite guidée de Sens avec un comédien	Serres tropicales du parc du Moulin-à-Tan
Tournus	Réserve naturelle de La Truchère Ratenelle	Centre Éden (Cuisery)	Base de loisirs nautiques de Laives Croisières sur la Saône ou la Seille
Val Lamartinien	Jardins de la forteresse	Forteresse de Berzé-le-Châtel	
Vallée de l'Ouche	Une croisière avec Cap Canal (Pouilly-en-Auxois) Lac de Panthier		Chemin de fer de la vallée de l'Ouche Croisière fluviale Randonnées pédestres ou à vélo
Vallée de la Saône		Maison du blé et du pain (Verdun-sur-le-Doubs)	Activités nautiques sur la Saône
Vézelay		Site archéologique des Fontaines salées	Parc « préhistorique » de Cardo Land
Voie verte	Circuit « Les petits chevaliers » à St-Gengoux-le-National		Acro'Bath (Bergesserin) Balade à vélo, à pied ou à cheval

Mémo

Agenda

Pour plus de détails sur les fêtes et manifestations en Bourgogne, consultez www.bourgogne-tourisme.com/a-voir-a-faire/agenda et les sites des comités départementaux de tourisme et agences de développement touristique *(voir p. 532)*.

La Maison du Parc régional du **Morvan** édite le *Magazine culturel en Morvan*, recensant les dates, tarifs, lieux et coordonnées des manifestations et spectacles. *Morvan en fête* est en vente sur place, en été. Consultez également le site https://tourisme.parcdumorvan.org.

Pour découvrir le calendrier détaillé des manifestations dijonnaises (foires, salons, congrès, brocantes, expositions, spectacles), consultez le site du Parc des congrès et des expositions de Dijon : **www.dijon-congrexpo.com**.

JANVIER-FÉVRIER

Chalon-sur-Saône – Carnaval (une sem. autour du Mardi gras) - ✆ 03 85 43 08 39 - http://carnavaldechalon.com.

Dijon – Festival Art Danse - https://art-danse.org.

St-Vincent tournante – Dernier w.-end de janv. Cette procession en l'honneur du patron des vignerons a lieu chaque année dans un village différent. En 2020, c'est à Gevrey-Chambertin que se déroulera la fête.

FÉVRIER

Dijon – Festival À pas contés : arts et spectacles vivants, jeunes et tous publics - ✆ 03 80 30 98 99 - apascontes.fr.

MARS

Auxonne – Carnaval (1er dim.) - ✆ 03 80 37 34 46 - www.carnavalauxonne.fr.

Châtillon-sur-Seine – Défilé carnavalesque Tape-Chaudrons et Fête du crémant - ✆ 03 80 91 50 76 - http://chatillon-mairie.fr.

Nuits-St-Georges – Vente des vins des hospices de Nuits - ✆ 03 80 62 11 77 - www.nuits-saint-georges.com.

PÂQUES

Tonnerre – Les Vinées tonnerroises : dégustation de vins et de produits gastronomiques, promenades en calèche - ✆ 03 86 55 14 48 - www.vineestonnerroises.com.

AVRIL

Auxerre-Vézelay – Randonnée pédestre sur une partie du chemin de St-Jacques-de-Compostelle (mi-avr.) - ✆ 03 86 62 07 19.

Avallon – Le Carnavallon, carnaval festif (mi-avr.) - ✆ 03 86 34 13 50.

Beaune – Festival international du film policier (déb. avr.) - ✆ 03 80 26 21 30 - www.beaunefestivalpolicier.com.

Mâcon – Salon des vins et Concours des grands vins de France - ✆ 03 85 21 30 30 - www.concours-salons-vins-macon.com.

Toucy – Salon du livre ancien Pierre-Larousse (mi-avr.) - ✆ 03 86 67 03 19.

MAI

Auxerre – Fleurs de vignes (années paires) : dégustation de vins, concerts, expositions, animations pour les enfants (3e dim. de mai).

Chablis – Marché des vins de l'Yonne : dégustation, vente de vins, produits du terroir, artisanat… (2e sam. de mai) - ✆ 03 86 42 80 80.
Chalon-sur-Saône, Nuits-St-Georges – Montgolfiades (w.-end de Pentecôte) - ✆ 03 85 48 37 97 - www.achalon.com.
Dijon, Marsannay-la-Côte – Marathon de la Route des Grands Crus (mai) - ✆ 03 80 65 92 65 - www.marathondesgrandscrus.com.
Marsannay-la-Côte – Ultra-trail de Côte-d'Or (fin mai) - ✆ 06 14 48 68 69 - www.ultratrail21.com.
Nevers - 12 heures de Nevers Magny-Cours : course à moto - ✆ 03 86 21 80 00 - www.circuitmagnycours.com.
Saulieu – Journées gourmandes, organisées pendant le w.-end de l'Ascension.
Semur-en-Auxois – Mai médiéval : Fête des fous (à la Pentecôte), Course des chausses et course de la bague - ✆ 03 80 97 05 96.

JUIN

Abbaye de Vauluisant – Festival de musique (mi-juin) - ✆ 03 86 86 78 40 - www.vauluisant.com.
La Charité-sur-Loire – Braderie aux livres (dim. à la mi-juin).
Le Creusot – Blues en Bourgogne (dernier w.-end) - ✆ 03 85 55 68 99.
Prenois – Grand Prix de l'Âge d'Or - Circuit Dijon-Prenois (1er w.-end)- ✆ 01 42 59 73 40 - https://peterauto.peter.fr.
St-Jean-de-Losne – Pardon des mariniers et fête de la batellerie (3e dim.) - ✆ 03 80 48 19 19 - www.saintjeandelosne.com.
Vézelay – Chemin de lumière (21 juin) - www.vezelaytourisme.com.

JUIN-SEPTEMBRE

Auxerre – Les Grandes Heures d'Auxerre (son et lumière dans la cathédrale) - ✆ 03 86 52 23 29 - www.ot-auxerre.fr.
Sens – Lumières de Sens (son et lumière projeté sur la cathédrale) - ✆ 03 86 65 19 49 - www.tourisme-sens.com.

JUILLET

Autun – Festival des histoires vraies (3 j. autour du 14 juil.) - http://lesrendezvousdejuillet.fr.
Bazoches – Nuits musicales de Bazoches : opéra, musique classique et gospel dans l'église St-Hilaire (4 j. fin du mois) - ✆ 03 86 22 82 74 - www.nuitsmusicalesdebazoches.com.
Chablis – Festival du chablisien (mi-juil.) : concerts suivis de dégustations - ✆ 03 86 42 80 80.
Chalon-sur-Saône – Festival Chalon dans la rue (mi-juil.) - www.chalondanslarue.com.
Dijon – Estivales d'Orgue de la cathédrale de Dijon - ✆ 06 83 91 46 29 - www.dijonorguecathedrale.org.
Nuits-St-Georges – Festival Sons d'une nuit d'été : musique de variétés et éclectisme ✆ 06 81 30 38 87 - www.festivalnuits.fr.
Rogny-les-Sept-Écluses – Grand spectacle pyrotechnique (dernier sam.) - ✆ 03 86 74 54 93.
Selongey, Nuits-St-Georges, Seurre, Dijon – Festival international de carillon (déb. juil.) - ✆ 03 80 43 00 57.
Sens – MusicaSens : festival gratuit de musique et de danse (déb. juil.) - ✆ 03 86 95 68 20 - www.tourisme-sens.com.
St-Bris-le-Vineux – Fête des peintres de vignes en caves (3e w.-end) - ✆ 03 86 53 31 79 - http://saint-bris-le-vineux.fr.
St-Sauveur-en-Puisaye – Foire aux potiers (3e w.-end) - ✆ 03 86 45 69 12.
Vézelay – Pèlerinage de la Madeleine (22 juil.) et mise en lumière de la basilique (3e sem.).

JUILLET-AOÛT

Autun – La cathédrale en lumière et visites-spectacles nocturnes (tous les soirs) - ✆ 03 85 86 80 38 - www.autun-tourisme.com ; **Augustodunum©** : spectacle historique au théâtre romain (fin juil.-déb. août) - ✆ 03 85 86 80 38 - www.augustodunum.fr.

Auxerre, Chalon, Cosne, Dijon, Nevers, Sens – Garçon, la note ! : concerts gratuits dans des cafés et bars éphémères (tout l'été) - https://garcon-la-note.com.

Beaune – Festival international d'opéra baroque - ✆ 03 80 22 97 20 - www.festivalbeaune.com.

La Charité-sur-Loire – Festival Blues en Loire (20-23 août) - www.bluesenloire.com.

Cluny – Les Grandes Heures (concerts et dégustation de vins) et Festival de jazz (août) - ✆ 03 80 59 05 34 - www.cluny-tourisme.com.

St-Fargeau – Son et lumière : grand spectacle historique (vend. et sam. de mi-juil. à fin août) - ✆ 03 86 74 05 67 - www.chateau-de-st-fargeau.com.

Vitteaux – Courses hippiques Pôle hippique de l'Auxois (1er w.-end) - ✆ 03 80 33 90 14 - www.vitteaux-tourisme.com.

JUILLET-SEPTEMBRE

Noyers – Festival des grands crus de Bourgogne avec « Les Rencontres musicales » - ✆ 03 80 34 38 40 - www.musicalesdenoyers.com.

Sens – Festival international d'orgue (cathédrale) - ✆ 03 86 83 97 70 - www.tourisme-sens.com.

AOÛT

Arnay-le-Duc – Musicales en Auxois : 9 concerts dans 9 lieux différents (1re quinz.) - ✆ 03 80 96 20 24.

Cluny – Marché des potiers (années paires, vers le 10 août) ; Jazz à Cluny (vers le 20 août) - ✆ 03 85 59 05 04 - www.cluny-tourisme.com.

Corbigny – Fêtes musicales de Corbigny (1re quinz.) - ✆ 03 86 20 02 53 - www.corbigny.fr.

Dijon - Fêtes de la vigne - 1 sem. à Dijon, Beaune, sur la Côte et dans d'autres communes de Côte-d'Or - ✆ 03 80 30 37 95 - www.fetesdelavigne.org. Prochaine édition en 2020.

Noyers – Festival Vallées et Veillées : musiques du monde, contes pour enfants - ✆ 03 86 82 66 06.

Pierre-de-Bresse – Marché des potiers de Bourgogne (vers le 10) - ✆ 03 85 76 27 16 - www.ecomusee-bresse71.fr.

Pouilly-sur-Loire – Foire aux vins (15 août) - ✆ 03 86 39 03 75 - www.pouillysurloire.fr.

Saulieu – Nuits cajun et zydeco : musique, danse, gastronomie, cinéma en provenance de Louisiane (plusieurs jours durant 1re quinz. d'août) - ✆ 06 08 53 88 75 - www.bayouprod.com ; Exposition nationale et Fête du charolais (w.-end suivant le 15 août) - ✆ 03 80 64 00 21.

St-Honoré-les-Bains – Fête des fleurs (dim. après le 15) - ✆ 03 86 30 71 70.

St-Léger-sous-Beuvray – Fête du Grand Morvan et de l'accordéon (15 août) - ✆ 03 85 82 73 26.

Vézelay – Rencontres musicales : concerts dans la basilique, le village, à St-Père, Asquins et Avallon (fin août) - ✆ 03 86 32 34 24 - www.lacitedelavoix.net.

Villars-Fontaine – Street Art on the Roc (fin août) : concerts, cinéma, théâtre et brocante à la Karrière - http://villart.fr/.

SEPTEMBRE

Alise Ste-Reine – Alésia Trail - ✆ 06 61 52 36 36 - www.alesiatrail.com.

Barbirey-sur-Ouche – Entre cour et jardins : tous les deux ans, arts du spectacle dans les jardins de Barbirey, de Dijon (jardin de l'Arquebuse) et de St-Germain-le-Rocheux - ✆ 06 07 75 14 90 - www.ecej.fr. Prochaine édition en 2020.

Beaune – Jazz et grands vins de Bourgogne (mi-sept.) - ✆ 07 89 04 97 37 - www.jazz-beaune.fr.

Chenove – Fête de la pressée (dernier w.-end) - ✆ 03 80 51 55 70 - www.ville-chenove.fr.

Dijon – Vélotour (1er dim. de sept.) : randonnée vélo sur 3 parcours entre 15 et 25 km - www.cotedor-tourisme.com ; Fête de la gastronomie en Côte-d'Or (3 j. ; nombreux sites en Bourgogne) - www.cotedor-tourisme.com ; Festival international de musique mécanique (prochaine édition en 2018) - ✆ 03 80 73 47 40 - www.facebook.com/dijcolorg.

Sens – Fête de la St-Fiacre : éclatants décors floraux dans la cathédrale par les horticulteurs (dim. à la mi-sept.) ; Trail du Grand Sénonais : trois courses dont un ultra-trail de 130 km - https://trail-du-grand-senonais.fr.

St-Christophe-en-Brionnais – Concours de bovins de race charolaise (1er sam. de sept.) - ✆ 03 86 25 82 16.

Tonnerre – Les Médiévales de Tonnerre (mi-sept.) - ✆ 03 86 55 14 48.

Vougeot – Livres en vignes à la cuverie du château (dernier w.-end) - ✆ 06 86 27 13 42 - www.livresenvignes.com.

OCTOBRE

Avallon – Salon des antiquaires - ✆ 03 86 34 14 19 - www.avallonnais-tourisme.com.

Chalon-sur-Saône – Paulée des vendanges (3e w.-end) - ✆ 03 85 45 22 99 - www.achalon.com.

Dijon – Grande brocante d'automne - ✆ 03 80 77 39 00 - www.dijon-congrexpo.com.

Nevers – Nevers à vif : festival rock - ✆ 03 86 61 23 52 - www.nevers-a-vif.fr.

Nuits-St-Georges – Fête du vin bourru (dernier w.-end) - ✆ 03 80 62 11 17 - www.cotedor-tourisme.com.

Paray-le-Monial – Fête de sainte Marguerite-Marie (mi-oct.) - ✆ 03 85 81 62 22 - www.tourisme-paraylemonial.fr.

FIN OCTOBRE-DÉBUT NOVEMBRE

Chablis, Joigny, St-Bris-le-Vineux – Fêtes des vins de l'Yonne - ✆ 03 86 42 80 80 (Chablis) ; ✆ 03 86 62 11 05 (Joigny) ; ✆ 03 86 53 66 76 (St-Bris).

Dijon – Foire internationale et gastronomique - ✆ 03 80 77 39 00 - www.dijon-congrexpo.com.

NOVEMBRE

Beaune – Exposition générale de vins de Bourgogne (2 j. mi-nov.) - ✆ 03 80 25 00 25.

Clos de Vougeot, Beaune, Meursault – Les Trois Glorieuses : vente aux enchères des vins des Hospices de Beaune (mi-nov.) - ✆ 03 80 61 07 12 - www.tastevin-bourgogne.com.

Noyers – Marché de la truffe (dim. de nov. et déc.) - ✆ 03 86 82 66 06.

DÉCEMBRE

Charolles – Festival du bœuf (déb. déc.) : concours de bovins et dégustations - ✆ 03 85 24 17 54.

Châteauneuf-en-Auxois – Messe de minuit et crèche vivante (24 déc.) - ✆ 03 80 49 21 64.

Dijon – Festival Les Nuits d'Orient : concerts, spectacles et expositions autour de la culture orientale ✆ 03 80 74 59 84.

Louhans – Concours de volailles « Les Quatre Glorieuses » (3e sem.) - ✆ 03 85 75 10 07 - www.bresse-bourguignonne.com.

Santenay– Marché du chocolat (1er dim.) - ✆ 03 80 20 63 15.

Bibliographie

PRESSE QUOTIDIENNE

Côte-d'Or – *Le Bien public.*
Nièvre – *Le Journal du Centre.*
Saône-et-Loire – *Le Journal de Saône-et-Loire.*
Yonne – *L'Yonne républicaine.*

OUVRAGES GÉNÉRAUX

La Route des abbayes en Bourgogne, par F. Barbut et A. Parinet, Ouest-France, 2008.
Balades sur les routes de Bourgogne, par C. Vialle, Ouest-France, 2005.

HISTOIRE – ART – TRADITIONS

L'Art cistercien, par G. Duby, Champs, Flammarion, 2010.
L'État bourguignon 1363-1477, par Bertrand Schnerb, Perrin, 1999.
Les Grands Ducs de Bourgogne, par J. Calmette, Albin Michel, 1976.
Hommes et Terre de Bourgogne, par H. Vincenot, Hachette Littératures, 2000.

VIN ET GASTRONOMIE

Les Vins de Bourgogne, par F. Kennel, Aedis, 2001.
Les Vins de Bourgogne, par S. Pitiot et J.-C. Servant, Pierre Poupon, 2010.
Cuisine de Bourgogne d'hier et d'aujourd'hui, par G. Carpentier, Ouest-France, 2001.

LA BOURGOGNE LITTÉRAIRE

A. de Lamartine, *Méditations poétiques*, Gallimard. Les œuvres du grand poète romantique, élevé à Milly près de Mâcon.
Colette, *Le Blé en herbe, Chéri, La Chatte, Sido, Le Fanal bleu, La Naissance du jour, Les Vrilles de la vigne*, etc., Le Livre de Poche. Les classiques de la grande romancière de St-Sauveur.
M. Duras, *Hiroshima mon amour,* Gallimard, 1960. L'intrigue se déroule entre Nevers et Hiroshima.
J. Genet, *Notre-Dame-des-Fleurs,* Gallimard, 1972. Souvenirs d'enfance de l'auteur placé dans la famille d'un menuisier d'Alligny-en-Morvan. Un très beau texte.
S. Germain, *Jour de colère,* Gallimard, 1989. Personnages vivant au cœur des forêts morvandelles.
J. Renard, *Poil de carotte*, Gallimard. L'œuvre de Jules Renard est imprégnée de son attachement pour « sa petite patrie », la Nièvre.
J. Roy, *Vézelay ou l'Amour fou*, Albin Michel, 1990.
R. Rolland, *Colas Breugnon*, Le Livre de Poche. Un conte rabelaisien se déroulant en Nivernais, écrit par l'un des plus grands pacifistes du 20e s.
H. Vincenot, *La Billebaude, Le Pape des escargots, Les Étoiles de Compostelle, Le Maître des abeilles,* Gallimard. Vincenot raille avec plaisir les travers du monde moderne en célébrant la rudesse d'une Bourgogne millénaire.

Notes

Notes

Notes

Notes

Notes

Notes

Notes

Notes

INDEX GÉNÉRAL

Dijon : villes, curiosités et régions touristiques.
Vauban, maréchal de : noms historiques ou termes faisant l'objet d'une explication.
Les sites isolés (châteaux, abbayes, grottes…) sont répertoriés à leur propre nom.
Nous indiquons par son numéro, entre parenthèses, le département auquel appartient chaque ville ou site. Pour rappel :
21 : Côte-d'Or
58 : Nièvre
71 : Saône-et-Loire
89 : Yonne

A

B

C

D

Q

R

S

T

U

V

CARTES ET PLANS

CARTE GÉNÉRALE

CARTES DES MICRORÉGIONS

PLANS DE VILLE

PLANS DE MONUMENTS

CARTES THÉMATIQUES

CARTES DES CIRCUITS

LÉGENDE DES CARTES ET PLANS

Curiosités et repères

- Itinéraire décrit, départ de la visite
- Église
- Mosquée
- Synagogue
- Temple
- Temple : bouddhique - hindou
- Bâtiment
- Monastère - Phare
- Fontaine
- Point de vue
- Château - Ruine ou site archéologique
- Barrage - Grotte
- Monument mégalithique
- Tour génoise - Moulin
- Temple - Vestiges gréco-romains
- Autre lieu d'intérêt, sommet
- Distillerie
- Palais, villa, habitation
- Cimetière : chrétien - musulman - israélite
- Oliveraie - Orangeraie
- Mangrove
- Auberge de jeunesse
- Gravure rupestre
- Pierre runique
- Église en bois
- Église en bois debout
- Parc ou réserve national
- Bastide

Sports et loisirs

- Piscine : de plein air - couverte
- Plage - Stade
- Port de plaisance - Voile
- Plongée - Surf
- Refuge - Promenade à pied
- Randonnée équestre
- Golf - Base de loisirs
- Parc d'attractions
- Parc animalier, zoo
- Parc floral, arboretum
- Parc ornithologique réserve d'oiseaux
- Planche à voile, kitesurf
- Pêche en mer ou sportive
- Canyoning, rafting
- Aire de camping - Auberge
- Arènes
- Base de loisirs, base nautique ou canoë-kayak
- Canoë-kayak
- Promenade en bateau

Informations pratiques

- Information touristique
- Parking - Parking - relais
- Gare : ferroviaire - routière
- Voie ferrée
- Ligne de tramway
- Départ de fiacre
- Métro - RER - Tramway
- Station de métro (Calgary, ...) (Montréal)
- Téléphérique, télécabine
- Funiculaire, voie à crémaillère
- Chemin de fer touristique
- Transport de voitures et passagers
- Transport de passagers
- File d'attente
- Observatoire
- Station-service - Magasin
- Poste - Téléphone
- Internet
- H Hôtel de ville
- Banque, bureau de change
- J POL Palais de justice - Police
- GNR Gendarmerie
- T M Théâtre - Musée
- U Université
- Musée de plein air
- Hôpital
- Marché couvert
- Aéroport
- Parador, Pousada (Établissement hôtelier géré par l'État)
- A Chambre d'agriculture
- D Conseil provincial
- G Gouvernement du district, Délégation du Gouvernement Police cantonale
- L Gouvernement provincial (Landhaus)
- P Chef-lieu de province
- Station thermale
- Source thermale

Axes routiers, voirie

- Autoroute ou assimilée
- Échangeur : complet - partiel
- Route
- Rue piétonne
- Escalier - Sentier, piste

Topographie, limites

- Volcan actif - Récif corallien
- Marais - Désert
- Frontière - Parc naturel

Comprendre les symboles utilisés dans le guide

LES ÉTOILES

★★★ Vaut le voyage ★★ Mérite un détour ★ Intéressant

HÔTELS ET RESTAURANTS

9 ch.	Nombre de chambres		Wi-Fi
7,5 €	Prix du petit-déjeuner en sus		Piscine
50 €	Prix de la chambre double, petit-déjeuner compris	CC	Paiement par cartes de crédit
bc	Menu boisson comprise		Carte de crédit non acceptée
	Air conditionné dans les chambres	P	Parking réservé à la clientèle
	Restaurant dans l'hôtel	Tram	Station de tramway la plus proche
	Établissement servant de l'alcool (à l'étranger)	M	Station de métro la plus proche

SYMBOLES DANS LE TEXTE

	À faire en famille		Organisme de tourisme
	Pour approfondir		Astuce, conseil
	Promenade à pied		Adresse coup de cœur
	Randonnée à vélo	A2 B	Repère sur le plan
	Facilité d'accès pour les handicapés		

NOTE AU LECTEUR

Michelin a apporté le plus grand soin à la rédaction de ce guide et à sa vérification. Toutefois, les informations pratiques (formalités administratives, prix, adresses, numéros de téléphone, adresses Internet, etc.) doivent être considérées comme des indications du fait de l'évolution constante de ces données.

Il n'est pas totalement exclu que certaines d'entre elles ne soient plus, à la date de parution du guide, tout à fait exactes ou exhaustives. N'hésitez pas à nous signaler toute omission ou inexactitude que vous pourriez constater, ainsi qu'à nous faire part de vos avis et suggestions sur les adresses contenues dans ce guide.

Avant d'entamer toute démarche, formalités administratives ou douanières notamment, vous êtes invité à vous renseigner auprès des organismes officiels. Ces informations ne sauraient, de ce fait, engager notre responsabilité.

Collection sous la direction de Philippe Orain

Responsable d'édition et rédactrice en chef du guide : Lucie Fontaine

Secrétaire d'édition : Émilie Vialettes

Rédaction : Aurélie Thépaut, Geneviève Clastres, Hervé Milon, Sylvie Kempler, Françoise Klingen, Gonzague Benoît-Latour, Gaëlle Lapandry, Philippe Pataud-Célérier, Pierre-Oliver Signe, Magali Triano

Remerciements : l'ADT de la Nièvre, l'ADT de Saône-et-Loire, l'ADT de l'Yonne, l'ADT de Côte d'Or.

Ont contribué à ce guide : Iulia-Elena Costache, Mihăiţă Cristian Constantin, (**Cartographie**), Véronique Aissani, Carole Diascorn (**Couverture**), Maria Gaspar, Marie Simonet, Sophie Roques, Margot Santraine (**Iconographie**), Elsa Guichard, Bénédicte Lathes, Isabelle Foucault, Marion Desvignes-Canonne (**Données objectives**), Bogdan Gheorghiu, Cristian Catona, Hervé Dubois, Pascal Grougon (**Prépresse**), Dominique Auclair (**Pilotage**)

Conception graphique
Christelle Le Déan, Sandro Borel (maquette intérieure)
Laurent Muller (couverture)

Régie publicitaire et partenariats
business-solutions@tp.michelin.com
Le contenu des pages de publicité insérées dans ce guide n'engage que la responsabilité des annonceurs.

Contacts
Qu'avez-vous pensé de ce guide ?
Répondez à notre questionnaire en ligne, en allant sur le site :
satisfaction.michelin.com

Vous souhaitez nous contacter ?
Envoyez-nous un email à l'adresse : tourisme@tp.michelin.com

Parution 2019

Michelin Travel Partner
Société par actions simplifiée au capital de 15 044 940 EUR
27 Cours de l'Ile Seguin - 92100 Boulogne Billancourt (France)
R.C.S. Nanterre 433 677 721

Dépôt légal : 02-2019 – ISSN 0293-9436
Compograveur : IGS-CP, L'Isle-d'Espagnac
Imprimeur : Canale, Ilfov (Roumanie)
Imprimé en Roumanie : 01-2019

Usine certifiée 14001
Sur du papier issu de forêts bien gérées